Hans Günter Hockerts

Der deutsche Sozialstaat

Schriftenreihe Band 1250

Hans Günter Hockerts

Der deutsche Sozialstaat

Entfaltung und Gefährdung seit 1945

bpb:
Bundeszentrale für politische Bildung

Dr. Hans Günter Hockerts hatte bis 2009 den Lehrstuhl für Zeitgeschichte an der Ludwig-Maximilians-Universität München inne. Er ist u.a. Mitglied der Kommission für Sozial- und Wirtschaftsgeschichte der Bayerischen Akademie der Wissenschaften und der Historikerkommission beim Bundesministerium der Finanzen zur Erforschung der Geschichte der Reichsfinanzverwaltung.

Die Originalausgabe erscheint als Band 199 in der Reihe *Kritische Studien zur Geschichtswissenschaft*, hrsg. von Helmut Berding, Dieter Gosewinkel, Jürgen Kocka, Paul Nolte, Hans-Peter Ullmann und Hans-Ulrich Wehler.

Für Doris, Philip und Gregor

Bonn 2012
Sonderausgabe für die Bundeszentrale für politische Bildung
Adenauerallee 86, 53113 Bonn

Umschlaggestaltung:Micael Rechl, Kassel
Umschlagabbildung: © plainpicture / Martin Langer

Satz: textformart, Göttingen
Druck und Bindung: Hubert & Co, Göttingen

ISBN 978-3-8389-0250-0

www.bpb.de

Inhalt

Einleitung

Eine Grundfigur des 20. Jahrhunderts lag im Konflikt zwischen der liberalen Demokratie und ihren beiden mächtigsten Gegenbewegungen: Faschismus und Kommunismus. Am Ende ging die liberale Demokratie als Überraschungssieger hervor, überraschend jedenfalls dann, wenn man die europäischen Verhältnisse um 1930 oder um 1940 oder auch das Konvergenzdenken der sechziger und siebziger Jahre zum Maßstab nimmt. Dieser Erfolg wäre ohne das Prinzip der Sozialstaatlichkeit kaum möglich gewesen. Denn damit bewies der Liberalismus eine Fähigkeit zur Selbstkorrektur, die angesichts eklatanter Mängel dringend geboten war. Die liberale Demokratie ist ja paradox konstruiert: Die Marktökonomie, auf die sie sich stützt, produziert unablässig soziale Ungleichheit, während die demokratische Ordnung auf der Idee der politischen Gleichheit beruht. Das sind zwei divergierende Baupläne für dasselbe Haus – mit der Folge einer strukturellen Spannung, die ständig neu austariert werden muss. Für das Ausbalancieren des im Grunde instabilen Gesamtsystems ist der Sozialstaat von fundamentaler Bedeutung. Denn zu seinen Zielen zählt es, soziale Ungleichheit einzudämmen, Armut und soziale Ausgrenzung zu bekämpfen und Risiken auszugleichen, die die Vorsorgekraft des Einzelnen übersteigen. Daher gilt der moderne Sozialstaat – zwar nicht seinen Verächtern, aber seinen Verfechtern – als eine zentrale politische Errungenschaft der entwickelten Demokratien.

Wie die Verhältnisse, in die er interveniert, sind auch Gehalt und Gestalt des Sozialstaats in permanenter Veränderung begriffen. Ein solches Verständnis des »Sozialstaats als Prozeß«[1] liegt den Aufsätzen zugrunde, die im vorliegenden Band vereinigt sind. Zu verschiedenen Zeitpunkten entstanden, spiegeln sie doch alle das Bemühen wider, den Wandlungen deutscher Sozialstaatlichkeit seit 1945 auf die Spur zu kommen.[2] Daher spannt sich der Bogen von den Gründerjahren der Bundesrepublik über die wohlfahrtsstaatliche Expansionswelle in der sozialliberalen Reformära bis zu dem Veränderungsdruck, unter den der Sozialstaat in jüngster Zeit geraten ist. Auch die ostdeutsche Alternative kommt in den Blick. Der SED-Staat wollte die Eigendynamik kapitalistischer Markt-

1 *H.F. Zacher*, Der Sozialstaat als Prozeß, in: Ders, Abhandlungen zum Sozialrecht, hg. v. *B. Baron v. Maydell* u. *E. Eichenhofer*, Heidelberg 1993, S. 73–93, hier S. 74.

2 Für den Wiederabdruck habe ich die Aufsätze älteren Datums überarbeitet, sie jedoch im Zeithorizont ihrer Entstehung belassen, über den das Verzeichnis der ersten Druckorte Auskunft gibt. Sofern aktualisierende Hinweise geboten schienen, sind sie in zusätzlichen Anmerkungen eigens ausgewiesen. Nachworte zu den Beiträgen 1 und 4 weisen auf die Forschungsgeschichte seit der Veröffentlichung hin.

wirtschaft nicht sozialstaatlich bändigen, sondern staatssozialistisch beseitigen. Die Geschichte der DDR bietet somit ein lehrreiches Exempel für die Folgen eines solchen Gegenentwurfs zur Kombination von Marktwirtschaft, Konkurrenzdemokratie und Sozialstaatlichkeit.

Der *erste Teil* des Bandes befasst sich mit der sozialstaatlichen Gründung der Bundesrepublik. Zunächst wird die schwere soziale Krise beleuchtet, die den Beginn der westdeutschen Demokratie bedrohte. Dass diese gefahrvolle Ausgangslage binnen weniger Jahre ihre dramatischen Akzente verlor, ist durchaus nicht allein dem »Wirtschaftswunder« zu verdanken, das in der populären Geschichtserinnerung alle anderen Einflussgrößen überragt. Um diese verengte Sichtweise zu korrigieren, hebt der Eröffnungsbeitrag (1) die spezifische Bedeutung der Sozialpolitik hervor – mit dem Befund, dass deren Anteil an der Integration der westdeutschen Nachkriegsgesellschaft und der Stabilisierung der Bonner Republik kaum überschätzt werden kann. Der nächste Beitrag (2) entfaltet die Frage nach dem Verhältnis von Kontinuität und Diskontinuität in der Grundanlage des westdeutschen Sozialstaats. Um das Gewicht der Tradition zu ermessen, wird insbesondere die Auseinandersetzung mit dem britischen Beveridge-Plan ins Auge gefasst, dem Inbegriff wohlfahrtsstaatlicher Neuansätze nach dem Zweiten Weltkrieg. Dass die Bonner Politik eine solche Umsteuerung abwehrte und am Traditionsbestand der Bismarckschen Sozialversicherung festhielt, wird nicht zuletzt am Sprachgebrauch erkennbar, der damals vorherrschte: Während der spezifisch deutsche Ausdruck »Sozialstaat« im juste milieu der Ära Adenauer einen steilen Aufstieg erlebte, erhielt der mit britischen oder skandinavischen Reformvorstellungen assoziierte Begriff des »Wohlfahrtsstaats« einen dezidiert negativen Beiklang. Erst seit den 1970er Jahren werden »Wohlfahrtsstaat« und »Sozialstaat« im Deutschen mehr und mehr als Synonyme benutzt.[3]

Ein weiterer Beitrag (3) wendet sich der größten sozialpolitischen Innovation der Ära Adenauer zu: der Dynamisierung der Renten. Wie Gøsta Esping-Andersen in seiner viel zitierten Typologie der »Worlds of Welfare Capitalism« zu Recht betont, ist »Adenauer's great pension-reform« als »a pioneer« zu bezeichnen – als Pionier auf dem Weg zu einem Sicherungsniveau, das nicht mehr nur am Notdürftigen orientiert ist.[4] Die im Wahlkampfjahr 1957 verabschiedete Rentenreform verfolgte ein weitaus ehrgeizigeres Ziel: die Sicherung des relativen sozialen Status. Mit dem Programm der Statussicherung verlor der deutsche Sozialstaat den herkömmlichen Beigeschmack eines Notbehelfs für arme Leute. Die Sozialversicherung, sein Kernstück, erfuhr vielmehr einen so starken Rangschub nach oben, dass sie nun auch für die Mittelschichten eine attraktive

3 Im vorliegenden Band werden beide Begriffe – wenn nicht eigens anders vermerkt – bedeutungsgleich gebraucht. Zur negativen Konnotation des Wohlfahrtsstaatsbegriffs in der Ära Adenauer vgl. auch den Beitrag 14.

4 *G. Esping-Andersen*, The Three Worlds of Welfare Capitalism, Cambridge 1990, S. 25, 32.

Perspektive bot. Mit dieser Weichenstellung trug die Adenauerzeit entschieden zur langfristigen Ausweitung der Sozialstaatsklientel bei, ebenso zur dominierenden Position der Alterssicherung im deutschen Sozialleistungssystem – gemessen daran, dass die gesetzliche Rentenversicherung im Sozialbudget der Bundesrepublik kontinuierlich den mit Abstand größten Einzelposten darstellt.[5] Diese Institution hat hierzulande ein etwa doppelt so hohes Gewicht wie vergleichsweise in Großbritannien, wo nicht die Alterssicherung, sondern der Nationale Gesundheitsdienst als Markenzeichen des Wohlfahrtsstaates gilt.[6]

Zählt die Politik der Wiedergutmachung für die Opfer der nationalsozialistischen Verfolgung zum Thema Sozialstaat? Dafür können mehrere Gesichtspunkte sprechen. Die ersten Hilfsmaßnahmen für NS-Verfolgte nach Kriegsende orientierten sich an Fürsorgeregelungen. Später wurden Elemente der Wiedergutmachung in das Sozialversicherungsrecht eingebaut. Das Sozialbudget der Bundesregierung enthält stets – eingeklemmt zwischen den Positionen Lastenausgleich und Sonstige Entschädigungen – die Position »Wiedergutmachung«, in der alle einschlägigen Leistungen außer den Erstattungen für Vermögensschäden erfasst sind. Doch führt die Frage, wie die deutsche Nachkriegspolitik den NS-Verfolgten im Medium materieller Entschädigung und Rückerstattung begegnet ist, zweifellos weit über jegliche Definition des Sozialstaatsbegriffs hinaus. Ohne allzu viel Rücksicht auf solche terminologische Stolpersteine habe ich den Versuch eines Gesamtüberblicks (4) vor allem deshalb aufgenommen, um einen für die Entwicklung der deutschen Demokratie wichtigen Lernprozess vor Augen zu führen: Die Bundesrepublik musste lernen, nicht nur an die »deutschen Opfer« zu denken, die in den Augen der allermeisten Wähler hervorstachen und zu den großen Sozialgesetzen der Kriegsopferversorgung und des Lastenausgleichs führten, sondern auch an die »Opfer der Deutschen«, die fast über den ganzen Globus verteilt waren und es alles andere als leicht hatten, ihre Ansprüche anzumelden.

Der Wiederabdruck der Beiträge zur sozialstaatlichen Gründung der Bundesrepublik bietet willkommene Gelegenheit, zu einigen strittigen Punkten Stellung zu nehmen. Götz Aly hat in seinen Bestseller »Hitlers Volksstaat« etliche Bemerkungen eingestreut, mit denen er »Konturen der späteren Bundesrepublik« im »nationalen Sozialismus« des NS-Regimes »durchscheinen« lassen möchte. In diesem Zusammenhang tauchen ungenannte »nationalsozialistische Sozialpolitiker« als Vordenker der dynamischen Rente von 1957 auf. Als einziger Beleg dient ein Planungspapier aus dem Arbeitswissenschaftlichen Institut der Deutschen Arbeitsfront (DAF), in dem es heißt, die Lebenshaltung der

5 So weist z. B. das Sozialbudget 2009 insgesamt 754 Mrd. Euro für soziale Leistungen aus, davon entfielen allein auf die Rentenversicherung 250 Mrd. Vgl. Sozialbudget 2009, hg. v. *Bundesministerium für Arbeit und Soziales*, o. O. 2010, S. 7.

6 Zum Vergleich mit Großbritannien (öffentliche Rentenausgaben in Prozent des Bruttoinlandprodukts 2003) vgl. *K. Hinrichs/J. F. Lynch*, Old-Age Pensions, in: The Oxford Handbook of the Welfare State, hg. v. *F. G. Castles* u. a. Oxford 2010, S. 353–366, hier S. 359.

»Arbeitsveteranen« dürfe nicht allzu stark von der der »arbeitenden Volksgenossen« abweichen.[7] Mit einem so dürftigen Hinweis ist eine realhistorische Verbindungslinie allerdings nicht erwiesen. Die Idee, den Status der Rentner näher an den der Lohnempfänger heranzurücken, war vielmehr Teil eines breiten, internationalen Debattenstroms, in dem auch das Internationale Arbeitsamt mit einer Empfehlung 1944 und einem Übereinkommen 1952 Akzente setzte. Wer sich dieser Idee zuwandte – wie Adenauer selbst, als er die dynamische Rente zum Gegenstand seiner Richtlinienkompetenz machte, oder die SPD, deren Anteil an der Rentenreform 1957 hoch zu veranschlagen ist – war daher keineswegs auf braune Schrittmacher angewiesen. Es lässt sich auch kein Beleg dafür finden, dass die politisch entscheidenden Akteure einen solchen Bezug vor Augen hatten. Außerdem: Die Zukunftspläne der DAF beruhten stets auf erb- und rassenbiologischen Wertigkeitskriterien und einer Zertrümmerung des Rechtsstaats, was sie von den »Konturen der späteren Bundesrepublik« fundamental unterscheidet.

Gleichwohl sind zwei Verbindungslinien personeller Art bemerkenswert, die ich noch nicht kannte, als ich den Beitrag über das Gewicht der Tradition schrieb. Die eine betrifft den Ökonomen und Soziologen Gerhard Mackenroth (1903–1955). Mit dem NS-Regime sympathisierend, lehrte er seit 1934 in Kiel und Straßburg, nach dem Krieg wieder in Kiel. Seine 1952 formulierte These, dass »aller Sozialaufwand immer aus dem Volkseinkommen der laufenden Periode gedeckt werden muss«, so dass es – realwirtschaftlich gesehen –»immer nur ein Umlageverfahren« geben könne, ist als »Mackenroth-Theorem« berühmt geworden. In der Entstehungsgeschichte der dynamischen Rente spielt dieser Lehrsatz insofern eine Rolle, als er der Abwendung vom Kapitaldeckungsverfahren und der Hinwendung zur Umlagefinanzierung einen nationalökonomischen Begleitschutz gab. Ich hatte darin eine Rezeption keynesianischer Ideen, insbesondere auch eine Anlehnung an einen Passus des Beveridge-Plans gesehen.[8] Winfried Schmähl konnte hingegen nachweisen, dass Mackenroths Formulierung nahezu wörtlich mit einem Gedankengang übereinstimmt, der 1939/40 in Schriften des Arbeitswissenschaftlichen Instituts der DAF publiziert worden war.[9] Dass Mackenroth diese Spur verwischen konnte und seine Formel sich ziemlich nahtlos in die breite Nachkriegs-Rezeption keynesianischer Ideen einfügen ließ, lässt mancherlei Rückfragen zu. Hier möge der Hinweis genügen, dass akademisch geschulte Planer der DAF ein konzeptionelles Duell mit Vordenkern der alliierten social-security-Bewegung ausfochten

7 *G. Aly*, Hitlers Volksstaat. Raub, Rassenkrieg und nationaler Sozialismus, Frankfurt a.M. 2005, S. 20, 22.

8 Vgl. den Beitrag 2 im vorliegenden Band.

9 Verfasser war der wissenschaftliche Generalreferent dieses Instituts, Theodor Bühler. Vgl. *W. Schmähl*, Über den Satz: »Aller Sozialaufwand muß immer aus dem Volkseinkommen der laufenden Periode gedeckt werden«, in: Hamburger Jahrbuch für Wirtschafts- und Gesellschaftspolitik 26 (1981), S.147–171.

und dabei zu teilweise ähnlichen Konzeptionselementen gelangten.[10] Diese waren jedoch – darin lag der entscheidende Unterschied – stets in einen rassenbiologischen Deutungs- und Verwertungszusammenhang integriert. Nach 1945 waren einige dieser Elemente – wie eben die Begründung des Umlageverfahrens – in einer sozusagen entnazifizierten Form wieder gebrauchs- und anschlussfähig.

Die andere Verbindungslinie bezieht sich auf den Wirtschaftswissenschaftler Wilfrid Schreiber (1904–1975). Bei Erwin von Beckerath in Bonn 1948 promoviert, veröffentlichte er im Jahr seiner Habilitation (1955) eine Broschüre, die ihn schlagartig bekannt machte, weil sie eine beträchtliche Impulswirkung auf die Rentenreform von 1957 hatte. Mitunter wird er sogar als »Vater der Rentenreform« gepriesen, was freilich sehr übertrieben ist.[11] Über seine politische Vita vor 1945 war bis vor wenigen Jahren so gut wie nichts bekannt.[12] Neuerdings weiß man mehr. Der Journalist Schreiber trat 1933 der NSDAP bei, übernahm 1934 die Leitung der Abteilung »Wissen und Weltanschauung« des Reichssenders Köln und machte dann Karriere in der Reichsrundfunkgesellschaft.[13] Die äußeren Daten bezeugen mehr Nähe als Distanz zum NS-Regime. Inhaltliche Bekundungen sind bisher nur sehr spärlich fassbar, doch lassen sie ein dezidiert »volksgemeinschaftliches« Denken erkennen – mit scharfer Wendung gegen die »vielen Interessengruppen, in die der Volkskörper damals«, nämlich in der Weimarer Republik, »zerspalten war«.[14] Vor diesem Hintergrund kann man einige Passagen der Programmschrift von 1955 etwas anders lesen als bisher. Schreiber schlug dort vor, sämtliche Empfänger von Arbeitseinkommen in einer »Rentenkasse des deutschen Volkes« zusammenzufassen, also die herkömmliche Einteilung in Versicherungspflichtige und Nichtversicherungspflichtige, in Arbeiter, Angestellte und Selbständige komplett über Bord zu werfen. Dieser Vorschlag, der so gar nicht in die Rekonstruktionsperiode der »klassischen« deutschen Sozialversicherung passte, löste damals wegen seiner Radikalität viel Kopfschütteln aus. Er verhallte auch absolut wirkungslos. Erst im Nachhinein lässt sich das Geheimnis dieses Teils des Schreiber-Plans lüften: Wir haben es hier mit einer entnazifizierten Fassung seines früheren volksgemeinschaft-

10 Darauf spielte meine – zugegeben – überspitzte Wendung an: »In gewisser Hinsicht war Robert Ley der deutsche William Beveridge«. Vgl. *H.G. Hockerts*, Sicherung im Alter. Kontinuität und Wandel der gesetzlichen Rentenversicherung 1889–1979, in: *W. Conze* u. *M.R. Lepsius* (Hg.), Sozialgeschichte der Bundesrepublik Deutschland. Beiträge zum Kontinuitätsproblem, Stuttgart 1983, S. 296–323, hier S. 309. Zur social-security-Bewegung vgl. den Beitrag 14 im vorliegenden Band.

11 Vgl. den Beitrag 4.

12 Völlig unbeachtet ist die Vita vor 1945 noch bei *J. Kersten*, Soziale Marktwirtschaft planen. Wilfrid Schreibers »Lehre vom ökonomischen Humanismus«, in: Mittelweg 36 18 (2009), S. 82–98.

13 Vgl. *H.G. Hockerts*, Artikel Wilfrid Schreiber, in: Neue Deutsche Biographie Bd. 23, Berlin 2007, S. 533f.

14 *W. Schreiber*, Der Westdeutsche Rundfunk im ersten Jahr der nationalsozialistischen Revolution, in: Westdeutscher Beobachter, 30.1.1934.

lichen Denkens zu tun.[15] Jedoch lässt sich bisher nicht genau sagen, woher die Anregungen für den politisch wirksamen Teil des Reformplans kamen. Darin entwickelte Schreiber das Modell einer Dynamisierung der Renten, verbunden mit der Denkfigur eines Generationenvertrags. In gewissem Maße lag die Dynamisierungsidee damals in der Luft. Bei der Konkretisierung scheint Schreiber zum Teil »aus schwedischen Quellen« geschöpft zu haben.[16]

Eine strategisch wichtige »Richtungsentscheidung der deutschen Sozialpolitik« sieht auch Werner Abelshauser in der Rentenreform. Er fügt jedoch die These hinzu, damit habe Ludwig Erhard als Repräsentant einer großen konzeptionellen Alternative eine entscheidende Niederlage erfahren. Statt einer »effizienteren Ausgestaltung des tradierten Bismarckschen Systems der Sozialpolitik« habe Erhard auf die Wohlstandswirkung des Marktes und auf breite Vermögensbildung im Sinne eines Volkskapitalismus gesetzt.[17] Tatsächlich gehörte Erhard zu den Bremsern auf dem Weg zur dynamischen Rente. Eine automatische Kopplung der Renten an die Tariflohnentwicklung lehnte er ab; das Gesetz sah eine solche dann auch nicht vor. Ansonsten verwarf Erhard die Reform in den Kabinettsberatungen aber nicht grundsätzlich, sondern wollte nur ihr Ausmaß begrenzen. Eine spürbare Erhöhung des Rentenniveaus und eine Anlehnung der Rente an die Produktivitätsentwicklung befürwortete er ebenso wie das Umlageverfahren. Die Stilisierung Ludwig Erhards zum Bannerträger einer großen Alternative kann daher nicht überzeugen.

Die Richtungsentscheidung von 1957 beendete vielmehr einen Konzeptionenstreit ganz anderer Art. Die SPD hatte sich dem Ideenbestand des britisch-skandinavischen Welfare State programmatisch angenähert und insbesondere das Modell einer einheitlichen Grundrente für alle Staatsbürger übernommen. Davon rückte sie im Vorfeld der Rentenreform ab, um in dem von der Regierungskoalition dominierten Kräftefeld nicht an den Rand gedrängt zu werden, sondern konkurrierend-konstruktiv mitwirken zu können. Umgekehrt scheiterten nun auch solche Bestrebungen, die auf eine Geburt des Bonner Sozialstaats aus dem Geist der Bedürftigkeitsprüfung hinausliefen. Das in dieser Frage sehr rührige Bundesfinanzministerium hatte sich an die Spitze all jener Kräfte gesetzt, die einen stärker auf die Fürsorge zugeschnittenen Grundriss

15 Auch in seiner bevölkerungspolitischen Argumentation kann man – nicht nur, aber auch – einen Nachklang dieses Denkens erkennen. Vgl. den Beitrag 13.

16 Dies betont Oswald von Nell-Breuning, der Schreiber persönlich kannte. Vgl. *O. v. Nell-Breuning*, Drei Generationen in Solidarität – Rückbesinnung auf den echten Schreiber-Plan, in: *Ders.* u. *C. G. Fetsch* (Hg.), Drei Generationen in Solidarität. Rückbesinnung auf den echten Schreiber-Plan, Köln 1981, S. 27–42, hier S. 27. Tatsächlich weist Schreibers Modell einige Ähnlichkeit mit einem Reformplan auf, der seit 1950 in Schweden öffentlich erörtert wurde. Vgl. hierzu *E. Liefmann-Keil*, Wirtschaftliches Wachstum und Altersversicherung. Zur Sozialreformdebatte in Schweden, in: Sozialer Fortschritt 5 (1956), S. 17f.

17 *W. Abelshauser*, Erhard oder Bismarck? Die Richtungsentscheidung der deutschen Sozialpolitik am Beispiel der Reform der Sozialversicherung in den Fünfziger Jahren, in: GG 22 (1996), S. 376–392.

sozialer Sicherung anstrebten. Eine Weile sah es so aus, als könnten sich fiskalische Motive mit einer engen Auslegung des katholischen Subsidiaritätsprinzips und dem Steuerungsdenken von Experten verknüpfen, die in einer Fürsorgezentrierung die Chance sahen, die sozialen Leistungen auf die »wirklich Bedürftigen« zu konzentrieren. Die Rentenreform setzte solchen Alternativkonzepten ein Ende, indem sie die traditionelle Sozialversicherung als grundlegendes Ordnungsmodell bekräftigte und dessen Attraktivität zugleich mit neuen Akzenten steigerte.

Der *zweite Teil* des Bandes wendet sich der wohlfahrtsstaatlichen Expansionswelle zu, die mit der Großen Koalition (1966 bis 1969) einsetzte und zur Zeit der sozialliberalen Koalition unter der Kanzlerschaft Willy Brandts (1969 bis 1974) ihren Höhepunkt erreichte. Diese Jahre bezeichnen die Phase der größten Beschleunigung der Sozialstaatsexpansion in der Geschichte der Bonner Republik. Binnen kurzem sprang die Sozialleistungsquote von 25,5 Prozent (1969) auf 33,4 Prozent (1975) – so viel wie nie zuvor und nie wieder danach bis zur Sondersituation der deutschen Wiedervereinigung. Mit dem Wachstum der Sozialausgaben war ein qualitativ erweitertes Zielspektrum der staatlichen Interventionen verbunden, ebenso ein neuer Denkstil im Zeichen eines etwas rauschhaft erlebten Fortschritts- und Planungsoptimismus. Dank des breiten Einzugs wissenschaftlicher Experten in die Politikberatung präsentierte sich der Staat wie eine aufgeklärte Schaltzentrale zur Steuerung der ökonomischen und sozialen Verhältnisse. Er verstand sich als »umfassende Planungs-, Entwicklungs- und Serviceagentur der Gesellschaft« (Dieter Grimm).

Die Bilanz dieser Reformära (7, 8) fällt zwiespältig aus. Einerseits trug eine Fülle von Initiativen zur Steigerung der Wohlfahrt, zur Systematisierung des sozialstaatlichen Wissens und zur Entfaltung der sozialen Demokratie bei. So wird zum Beispiel niemand den Ausbau sozialer Dienste und öffentlicher Infrastrukturen missen wollen, der zu den Kennzeichen dieser Zeit zählt. Andererseits weitete der Staat seinen Aktionsradius nun so sehr aus, dass er sich überdehnte und überfrachtete. Er versprach mehr als er auf die Dauer halten konnte. Schon die um 1970 aufbrechende Bürgerinitiativbewegung brachte den sozialplanerischen Steuerungsoptimismus zum Teil ins Wanken. Die neuen sozialen Bewegungen wandten sich gegen eine durchgängige Steuerung gesellschaftlicher Abläufe durch das politisch-administrative System. Dabei gewann ein zivilgesellschaftlich motivierter Selbsthilfebegriff an Boden, der eine seiner Spitzen gegen die Staatszentrierung der Sozialpolitik richtete.[18] Vor allem aber platzte bald die Illusion, dass die Politik mit dem Instrumentenkasten der Globalsteuerung stetiges Wirtschaftswachstum und Vollbeschäftigung garantieren könne. Auf eben dieser Prämisse beruhten jedoch etliche große Versprechen der Reformära, die eine langfristige Kostendynamik in Gang

18 Eine Fernwirkung sehe ich darin, dass der grüne Koalitionspartner in der Regierung Schröder wenig Bedenken gegen den Rückbau staatlicher Leistungen anmeldete.

setzten. So zog die Sozialpolitik einen Wechsel auf die Zukunft, der nur unter sehr günstigen Umständen beglichen werden konnte. Als es anders kam, summierten sich die belastenden Folgen des expansiven Sozialstaats zu einer schweren Bürde.

Als besonders kostenträchtiges Beispiel kann die Rentenreform von 1972 gelten, die in einer bizarren Überbietungskonkurrenz der Parteien zustandekam (6). Die Finanzierung basierte auf einer regierungsamtlichen Prognose, die die günstige Wirtschaftsentwicklung für weitere 15 Jahre fortschrieb. So häuften sich in den Rentenkassen – rein rechnerisch – riesige Überschüsse an, die auf die politischen Akteure in diesem Wahlkampfjahr eine unwiderstehliche Anziehungskraft ausübten. Opposition und Regierung übertrumpften sich daher so generös, dass der fiktive Geldsegen bald ebenso restlos wie waghalsig ausgegeben war. Die Rentenreform von 1972 bezeichnet den Kulminationspunkt einer Entwicklung, in der die Expansion sozialer Leistungen als politisch billiges Nebenprodukt des opulenten Wirtschaftswachstums zu haben war. Kurz darauf veränderten sich die Rahmenbedingungen so einschneidend, dass eine solche Rechnung nicht mehr aufging.

Die im *dritten Teil* des Bandes versammelten Beiträge nehmen einen Perspektivenwechsel vor. Sie rücken die Sozialpolitik der DDR in den Blick – sowohl aus Gründen des systematischen Vergleichs als auch im Bestreben, die doppelte deutsche Zeitgeschichte im Horizont der Wiedervereinigung aufeinander zu beziehen und miteinander zu verknüpfen. Daher wird auch die Frage aufgegriffen, welche Traditionsbestände im SED-Staat weiterwirkten und inwieweit sich West und Ost bei der Ausformung der Sozialstaatlichkeit – anspornend oder abschreckend – wechselseitig beeinflussten. Die Sozialpolitik der DDR weist zwar im Zeitverlauf unterschiedliche Phasen auf; sie blieb aber stets auf zwei Grundmerkmale bezogen. Zum einen beruhte sie auf sozialistischer Planwirtschaft, so dass sowohl die Risiken als auch die dynamischen Kräfte des Marktes ausgeschaltet waren. Zum anderen war sie stets an das Machtmonopol der SED gebunden. Daher diente der planwirtschaftliche Versorgungsstaat immer auch – im Grunde sogar primär – der Selbstlegitimation der Diktatur. Gewiss, die ostdeutschen Bürger konnten die »sozialen Errungenschaften«, die sich der SED-Staat auf die Fahne schrieb, mehr oder minder eigensinnig nutzen, und vieles spricht dafür, dass darin die wichtigste Brücke des Einverständnisses zwischen Herrschaft und Bevölkerung lag. Diese Brücke war jedoch nur partiell und temporär tragfähig. Wie die Schlussbilanz offenbart hat, konnte die Sozialpolitik die Legitimations- und Effizienzmängel der SED-Diktatur nicht wirkungsvoll kompensieren. Sie trug sogar auf ihre Weise dazu bei, die Wirtschaftskraft der DDR zu untergraben. Als zusammengebrochener Sozialstaat eignet sich die DDR nicht für nostalgische Verklärung. Sie bietet vielmehr ein Lehrstück für die abschüssige Bahn, die sich ergibt, wenn die Zusagen der sozialen Sicherheit und die Erfordernisse der wirtschaftlichen Effizienz zu weit voneinander abgekoppelt werden.

Seit Mitte der 1970er Jahre ist jedoch auch der bundesdeutsche Sozialstaat in Bedrängnis geraten, besonders massiv seit den 1990er Jahren. Dieser jüngsten Periode der Krisen und Umgestaltungen, die bis zur Schwelle der Gegenwart führt, wendet sich der *vierte Teil* des Bandes zu. Ein Beitrag (14) stellt die großen Trends vor, die mehr oder minder alle westeuropäischen Wohlfahrtsstaaten unter Veränderungsdruck gebracht haben. Globalisierung der Märkte, zumal der Finanzmärkte, Standortkonkurrenz, Postfordismus, Erosion des Normalarbeitsverhältnisses: solche Stichworte verweisen auf Umbrüche in der Weltwirtschaft, im Produktionssystem und in der Arbeitswelt. Der Aufstieg neoliberaler Axiome lenkt das Augenmerk auf die Macht einer Denkweise, die der Devise »mehr Markt« und »weniger Staat« auf breiter Front zum Durchbruch verhalf. Auch die europäische Integration übte im Zuge der Liberalisierung und Deregulierung des Gemeinsamen Marktes beträchtliche Anpassungszwänge aus. Folgenreich waren zudem komplexe Prozesse des sozialen und kulturellen Wandels, die sich auf Familienstrukturen, Geschlechterverhältnisse und das private Bindungsverhalten auswirken. Damit ging eine langfristige Verschiebung der demographischen Grundverhältnisse einher. Außerdem haben die Folgen der Zuwanderung nicht nur demographische Daten verändert, sondern auch soziale Spannungslinien verschärft. Dafür ist die außerordentlich hohe Armutsrate von Migranten der zweiten Generation symptomatisch.

Mit alledem hat sich das Relationsgefüge des deutschen Sozialstaats so tiefgreifend verändert, dass die ererbten Programme nicht mehr einfach fortgeschrieben werden können. Zu den ins Auge springenden Krisensymptomen zählen die hohe Arbeitslosigkeit, eine Zunahme prekärer Beschäftigung, wachsende soziale Ungleichheit (12) sowie chronische Defizite in den öffentlichen Kassen. Die Staatsverschuldung ist seit den 1970er Jahren nahezu unaufhaltsam gestiegen, während der politisch disponible Anteil an den Bundesausgaben drastisch schrumpfte (von rund 43 Prozent 1970 auf rund 19 Prozent 2005), weil mehr und mehr Ausgaben langfristig gebunden sind.[19] Fiskalische Kosten in die Kassen der Sozialversicherung zu verschieben, um den Bundesetat zu Lasten der Beitragszahler zu schonen – dieser Ausweg ist spätestens seit Mitte der 1990er Jahre versperrt. Denn der Gesamtbeitrag zur Sozialversicherung erreichte damals mit rund 40 Prozent des Bruttolohns das Maximum dessen, was nach weit verbreiteter Auffassung an Lohnnebenkosten tragbar ist. Auch die kommunalen Finanzen gerieten unter so massiven Druck, dass mehrere Entlastungsgesetze sie vor dem drohenden Kollaps bewahren mussten.[20]

19 Vgl. *W. Streeck*, Re-Forming Capitalism: Institutional Change in the German Political Economy, Oxford 2009, S. 68–89.

20 Sowohl die Einführung der sozialen Pflegeversicherung 1995 als auch die Hartz-IV-Reform 2005 diente nicht zuletzt dem Zweck, die kommunale Finanzkrise zu entschärfen, die mit den rasant steigenden Sozialhilfekosten für hoch betagte Pflegebedürftige bzw. Arbeitslose zusammenhing.

Somit etablierte sich ein Regime der fiskalischen Austerität als beherrschende Rahmenbedingung wohlfahrtsstaatlicher Politik.[21] In einer geradezu dialektischen Verschränkung wuchs jedoch zugleich der Bedarf an sozialen Leistungen. Denn im Wandel von Wirtschaft und Gesellschaft traten nun neue soziale Risiken hervor, für die der tradierte Sozialstaat nicht gut gerüstet war. Paradebeispiele sind die lückenhafte Absicherung atypisch Beschäftigter sowie die mangelnde Anpassung des Sozialleistungssystems an neue Familienstrukturen und Geschlechterrollen. Auch im Zeichen der demographischen Alterung musste die Frage nach der Zukunftsfähigkeit des Sozialstaats neu verhandelt werden, wobei das neue Leitbild der »Generationengerechtigkeit« einen fulminanten Aufstieg erlebte. In dieser hier nur knapp umrissenen Gesamtkonstellation konnten und können konkurrierende Ansprüche kaum noch – wie zur Blütezeit des Wohlfahrtsstaats – durch Verteilung von Zuwächsen erfüllt werden. Es geht vielmehr wie in einem Nullsummenspiel um die Umschichtung von Beständen. Tatsächlich ist zur Zeit der rot-grünen Koalitionsregierung eine Neujustierung des Sozialstaats in Gang gekommen, die Elemente des Abbaus, des Ausbaus und des Umbaus miteinander verknüpfte.

Die beiden wichtigsten Reformwerke dieser Art betreffen die »aktivierende« Neuausrichtung der Arbeitsmarktpolitik (Agenda 2010 und Hartz-Reformen) und die Umsteuerung in der Politik der Alterssicherung (2001–2004).[22] Ein Beitrag (13) erschließt diesen mit der Erfindung der »Riester-Rente« verbundenen Komplex. Dabei wird erkennbar, dass die demographische Herausforderung ein mächtiger Bewegungsfaktor geworden ist, der sich freilich für Gegenwartsinteressen trefflich instrumentalisieren lässt: Die demographische Keule wurde auch geschwungen, um Verteilungsstrukturen aus ganz anderen Gründen zu ändern. Der Beitrag zeigt, wie massiv der Lobbyismus der Finanzbranche war und wie irrlichternd der Begriff der Generationengerechtigkeit sein kann. Die Teil-Privatisierung der Alterssicherung bietet zudem ein Musterbeispiel für eine Haupttendenz der aktuellen Reformpolitik: die Einbeziehung von Märkten in sozialstaatliche Arrangements. Da es sich um politisch konstituierte und mit sozialpolitischen Zielen regulierte Märkte handelt, bürgert sich für diese Mischform staatlicher und marktlicher Steuerungsprinzipien der Begriff des »Wohlfahrtsmarktes« ein. Hier tritt der Sozialstaat als eigenständiger Produzent von Wohlfahrt zurück, jedoch in der Rolle des sozialen Regulators hervor. Mit anderen Worten: Der »sorgende Staat« bewegt sich auf das Modell des »gewährleistenden Staates« zu.[23]

21 *Streeck*, Re-Forming Capitalism, S. 94.

22 Zur Wende in der Arbeitsmarktpolitik vgl. die Hinweise in Beitrag 14 sowie jetzt die detaillierte Analyse von *A. Hassel* u. *C. Schiller*, Der Fall Hartz IV. Wie es zur Agenda 2010 kam und wie es weitergeht, Frankfurt a. M. 2010.

23 Zu dieser Gegenüberstellung vgl. *B. Vogel*, Wohlstandskonflikte. Soziale Fragen, die aus der Mitte kommen, Hamburg 2009, S. 84–115.

Als Kompromisspaket verabschiedet, lässt die Riester-Reform noch zwei weitere Trends erkennen: Wie die kräftige Aufwertung der betrieblichen Alterssicherung erweist, kommt den Tarifparteien beim Umbau des Sozialstaats eine bedeutende Rolle als Flexibilitätsressource zu. Und wie der Einbau einer steuerfinanzierten Grundsicherung in das gesetzliche Rentensystem zeigt, geht die Tendenz zum Abbau der statuskonservierenden Lebensstandardsicherung mit einer Stärkung von Elementen der Basissicherung einher.

Im Ganzen hat die neue deutsche Alterssicherungspolitik den Abschied von der dynamischen Rente eingeleitet. Somit beleuchtet dieser Beitrag (13) das Endstück eines historischen Bogens, dessen Anfang (3) und Höhepunkt (6) zuvor erörtert worden sind. Ich betrachte diesen Abschied mit einiger Wehmut. Denn die Spreizung der Alterseinkommen wird zunehmen und die Gefahr der Altersarmut wird wachsen. Außerdem mangelt es auf dem Altersvorsorgemarkt an Transparenz und Qualitätswettbewerb. Die Unwägbarkeiten der privaten kapitalmarktabhängigen Vorsorge sind größer als es sich die Rentenreformer im Boom der Finanzmärkte vorgestellt haben. Allerdings ist ein Grundgedanke der Umsteuerung nicht ganz von der Hand zu weisen: In Zeiten, da die Lohnquote eine sinkende und die Kapitaleinkommen eine steigende Tendenz aufweisen, ist ein Förderprogramm nicht abwegig, das darauf zielt, dass die Arbeitnehmer einen Teil ihres Alterseinkommens aus Kapitalerträgen schöpfen. Und in Zeiten, da nahezu die Hälfte der Bundesausgaben an Rentner (Zuschüsse zur Rentenversicherung) und Rentiers (Schuldendienst) geht, ist eine Umschichtung zugunsten investiver Zwecke dringend geboten.

Wie geht es weiter mit dem Sozialstaat? Lutz Leisering hat 2008 vermerkt, der deutsche Sozialstaat sei derzeit »gefangen zwischen der alten sozialstaatlichen Mitte, die Reformbedarf erkennt, aber reformpolitisch zaudert, einem markigen, aber oft nicht weniger hilflosen Marktliberalismus und einem neuen Sozialpopulismus«.[24] Was den markigen Ton des Marktliberalismus betrifft: Er ist unter den Schockwellen der globalen Finanz- und Wirtschaftskrise, die 2008 einsetzte, leiser geworden. Der drohende Kollaps war ja nicht etwa einem Übermaß an Sozialstaatlichkeit, sondern der Entfesselung des Finanzmarktkapitalismus zu verdanken. Um so mehr ist jetzt von der Rückkehr des Staates als Schutzinstanz die Rede. Doch ist das Krisenmanagement mit einer so gigantischen Staatsverschuldung erkauft worden, dass das fiskalpolitische Regime der Austerität die wohlfahrtsstaatliche Politik auf absehbare Zukunft sogar noch strenger beherrschen wird als bisher.[25] Wie sich unschwer vorhersehen lässt, wird der Primat der Haushaltskonsolidierung von liberal-konservativer Seite genutzt werden, um dem Sozialstaat eine weitere Schlankheitskur zu ver-

24 *L. Leisering*, Der deutsche Nachkriegssozialstaat. Entfaltung und Krise eines zentristischen Sozialmodells, in: *H.-P. Schwarz* (Hg.), Die Bundesrepublik Deutschland. Eine Bilanz nach 60 Jahren, München 2008, S. 423–443, hier S. 443.

25 *W. Streeck*, Noch so ein Sieg, und wir sind verloren. Der Nationalstaat nach der Finanzkrise, in: Leviathan 38 (2010), S. 159–173.

ordnen; aber auch die Kräfte links von der Mitte werden nicht umhin kommen, mit dem Dauerdefizit zu rechnen. Zwar gibt es durchaus Möglichkeiten, die soziale Sicherung auf eine breitere Finanzierungsbasis zu stellen,[26] aber es wird von den politischen Kräfteverhältnissen abhängen, ob und wie davon Gebrauch gemacht wird. Falls keine weiteren Schocks weltwirtschaftlicher oder euro-räumlicher Art die Grundlagen des wohlfahrtsstaatlichen Arrangements erschüttern, sind allerdings auch keine scharfen Einschnitte im Sozialleistungsgefüge mehr zu erwarten. Denn die wichtigsten Weichen zur langfristigen Reduktion der Kostendynamik sind ohnehin bereits gestellt, und die Explosivkraft des Protests gegen »Hartz IV« wird seine warnende Wirkung auf die politische Klasse kaum verfehlen.[27]

Die Diagnose, dass die alte sozialstaatliche Mitte reformpolitisch zaudere, mag für die Zeit bis zum Ende der 1990er Jahre zutreffend gewesen sein, für die jüngste Dekade gilt sie jedoch nicht. Die Teil-Privatisierung der Alterssicherung, die Konstituierung eines Wohlfahrtsmarkts für Altersvorsorge, die »aktivierende« Neuausrichtung der Arbeitsmarktpolitik – diese Achsendrehung ist ja primär von den beiden Großparteien der besagten Mitte durchgesetzt worden, und zwar ohne viel Zaudern. Dabei wurden zwei generelle Trends erkennbar, die wohl auch die künftige Entwicklung großenteils bestimmen werden. Erstens ist die Status- oder Lebensstandardsicherung eine Rückbauzone der staatlichen Wohlfahrtsproduktion geworden, während diverse Formen von Public-Private-Mix sowie Elemente der Basissicherung wachsende Bedeutung gewinnen. Da die Sozialpolitik immer heiß umkämpft ist und in einer Konkurrenzdemokratie nie einem einheitlichen Gesamtplan folgen kann, sind allerdings auch Gegenakzente möglich. So weicht das 2007 eingeführte Elterngeld von dieser Grundtendenz ab und hält das alte Markenzeichen der (begrenzten) Lebensstandardsicherung aufrecht. Zweitens hat das Ziel, den Anteil der Erwerbstätigen an der Bevölkerung zu steigern, eine überragende Priorität erhalten. Damit folgt die deutsche Sozialpolitik der sogenannten Lissabon-Strategie, die von der Europäischen Union seit 2000 mit Nachdruck betrieben wird. Getragen von der Sozialphilosophie, dass gesellschaftliche Teilhabe primär durch Erwerbsarbeit erreicht werden soll, ist diese Leitlinie darauf gerichtet, die Beschäftigungsquoten hochzustemmen, Beschäftigungsfähigkeit zu fördern (»Employability«), Abgänge aus den Transferbezügen zu forcieren und Sozialabgaben zu begrenzen (»Work First«). Eine solche Strategie der »Aktivierung« hat in der Bundesrepublik breiten gesellschaftlich-politischen Rückhalt gefunden, was nicht zuletzt damit zusammenhängt, dass darin der Königsweg aus dem bevorstehenden demographischen Dilemma gesehen wird: Während der Altenanteil sich auf eine

26 Z.B. durch weitere Umverlagerung vom Beitragsaufkommen auf das Steueraufkommen, das wesentlich breiter fundierbar ist.

27 Vgl. *C. Lahusen* u. *B. Baumgarten*, Das Ende des sozialen Friedens? Politik und Protest in Zeiten der Hartz-Reformen, Frankfurt a. M. 2010.

historisch beispiellose Höhe zubewegt, wird der Anteil der Personen im Erwerbsalter demnächst deutlich sinken.

Die zentrale Frage ist daher bald nicht mehr, ob der Arbeitsgesellschaft die Arbeit ausgeht, sondern umgekehrt, ob ihr die Arbeitskräfte ausgehen. Darin kann man eine Chance sehen, die heute noch immer hohe Arbeitslosigkeit abzubauen, die derzeit jährlich mit gesamtfiskalischen Kosten von rund 70 Mrd. Euro zu Buche schlägt. Vor überzogenen Erwartungen sei jedoch gewarnt, denn der »historisch gewachsene Überschuss unqualifizierter Arbeitskräfte« wird sich angesichts des gewandelten Nachfrageprofils auf dem Arbeitsmarkt nur zum Teil abtragen lassen.[28] Umso größeres Gewicht legt der »aktivierende« Sozialstaat auf die Mobilisierung von Menschen, die als eine Art Effizienzreserve in den Blick kommen. Dies betrifft insbesondere ältere Arbeitnehmer sowie das – nach vorherrschender Deutung – »verschenkte Potenzial« von Frauen, die bisher nicht oder nur am Rande in die Erwerbsgesellschaft integriert waren.[29] Zum einen ist daher die einst weit ausgedehnte Praxis der Frühverrentung gestoppt und eine Trendumkehr zur Verlängerung der Lebensarbeitszeit eingeleitet worden. Zum anderen hat die Politik zur Förderung der Vereinbarkeit von Familie und Beruf einen kräftigen Rangschub nach oben erhalten, auch bei solchen Parteien, die sich früher mit Händen und Füßen gegen die steigende Frauenerwerbsquote gewehrt haben. Dass die Frauen- und Familienpolitik sich in der Rückbauphase des Sozialstaats als Ausbausektor etablieren konnte, hängt mit der Schubkraft der Gleichstellungspolitik im »Gender Mainstreaming« zusammen, aber auch – wahrscheinlich sogar noch mehr – mit der absehbaren demographischen Verknappung des Faktors Arbeit.

Die außerhäusliche Betreuung von Kindern, die ein Kernstück dieses Ausbausektors bildet, wird außerdem mit der Dringlichkeit des Kampfs gegen Erziehungs- und Bildungsarmut begründet. Dies verweist auf eine weitere Leitvorstellung des »aktivierenden« Sozialstaats: Die knapper, älter und weiblicher werdende Erwerbsbevölkerung soll auch besser ausgebildet sein. Zweifellos liegt in einer klugen Bildungs- und Weiterbildungspolitik eine zentrale Voraussetzung für Zuwächse an Arbeitsproduktivität, womit sich die Problematik des demographischen Alterns am besten entschärfen und abfedern lässt. Doch wäre das Bild zu schön gefärbt, wenn man es bei einer solchen *win-win*-Perspektive belassen und nicht auch gravierende Spannungsfelder benennen würde. Ein solches liegt im Zielspektrum der Aktivierungs- und Bildungspolitik: Der produktivistische Imperativ kann andere Werte wie die Befähigung zur selbstbestimmten und eigensinnigen Lebensführung gefährden.[30] Zudem ist an die

28 *W. Abelshauser*, Strukturelle Arbeitslosigkeit: Eine Diagnose aus historischer Perspektive, in: Jahrbuch für Wirtschaftsgeschichte 2/2009, S. 249–262.

29 *J. Allmendinger*, Verschenkte Potenziale? Lebensverläufe nicht erwerbstätiger Frauen, Frankfurt a. M. 2010.

30 Dies ist der Tenor bei *S. Lessenich*, Die Neuerfindung des Sozialen. Der Sozialstaat im flexiblen Kapitalismus, Bielefeld 2008.

konfliktträchtige Geschäftsgrundlage zu erinnern, mit der die Neujustierung des Sozialstaats stets zu rechnen hat: Es geht kaum noch um die Verteilung von Zuwächsen, sondern in erster Linie um Umschichtungen *innerhalb* des Sozialetats. Daher rivalisieren Bildungsinvestitionen – wie alle Zukunftsinvestitionen – mit massiven, vielfältigen Ansprüchen auf sozialen Gegenwartskonsum. Bekanntlich begünstigt der Kurzstreckenlauf der parlamentarischen Wahlperioden die kurzfristigen, aktuellen Interessen entschieden mehr als die investiven Ausgaben, die erst in der Ferne Früchte tragen. Ob die gebotene Umgewichtung von konsumtiven zu investiven Ausgaben dennoch gelingen wird, ist daher die Schlüsselfrage an die Zukunftsfähigkeit des Sozialstaats.

Die sozialstaatliche Gründung der Bundesrepublik

1. Integration der Gesellschaft: Gründungskrise und Sozialpolitik in der frühen Bundesrepublik

Die Gründung der Bundesrepublik Deutschland war von einer schweren sozialen Krise begleitet, für die sich die historiographische Einbürgerung des Begriffs der Gründungskrise empfiehlt.[1] Begriffe dienen der Organisation von Aufmerksamkeit, und der Begriff der Gründungskrise ist wohl geeignet, die unter dem Eindruck schneller Stabilisierungserfolge verschüttete Aufmerksamkeit für die anfangs hochgradige innere Labilität des neuen Staatsgefüges zurückzugewinnen: für das große Ausmaß an sozialen Notständen und Erschütterungen, an Spannungen und Gegensätzen innerhalb der westdeutschen Gesellschaft – und für die damit verbundene Ungewissheit über die Entwicklungsmöglichkeiten des staatlichen Neubeginns.

Im Folgenden werden zunächst die wichtigsten Merkmale der sozialen Krise in den Gründerjahren der Bundesrepublik gekennzeichnet. Sodann folgt ein Überblick darüber, wie die Sozialpolitik der 1950er Jahre auf diese Herausforderungen geantwortet hat. Daran schließen sich einige Überlegungen über den Stellenwert an, den die Sozialpolitik im Rahmen der Konsolidierung der westdeutschen Nachkriegsgesellschaft hatte.

Die soziale Gründungskrise

Die sozialgeschichtlichen Hauptmerkmale der Gründungskrise lassen sich in drei typische Bereiche einteilen: Kriegs- und Diktaturfolgen, Mängel in der sozialen Sicherung für die sog. Standardrisiken des Lebens sowie Spannungen zwischen einem gewerkschaftlich-sozialdemokratischen Oppositionsblock und dem Kurs der Bundesregierung. Betrachten wir zunächst den Bereich der vom Nationalsozialismus und vom Zweiten Weltkrieg hinterlassenen sozialen Hypotheken. Hier ist vor allem der Zustrom von 7,9 Millionen Flüchtlingen und Vertriebenen aus den früheren deutschen Ostgebieten und von 1,5 Millionen Flüchtlingen aus der SBZ/DDR zu nennen, die bis 1950 ins Bundesgebiet kamen.

1 *L. Niethammer*, Entscheidung für den Westen – Die Gewerkschaften im Nachkriegsdeutschland, in: *H. O. Vetter* (Hg.), Aus der Geschichte lernen – die Zukunft gestalten, Köln 1980, S. 224–234, hier S. 232.

Das waren zusammen 9,4 Millionen Menschen oder knapp 20 Prozent der westdeutschen Bevölkerung,[2] die in Form der Vertreibung unter den Spätfolgen des nationalsozialistischen Vernichtungs- und Hegemonialkriegs und den Ergebnissen der alliierten Siegerdiplomatie zu leiden hatten, oder sich in Form der Flucht den angsterregenden Besatzungspraktiken der östlichen Besatzungsmacht entzogen hatten.

Die Pauperisierung dieser Menschen, ihre Entwurzelung und der zumeist totale Verlust ihrer Existenzgrundlagen gehörten zweifellos zu den massivsten Belastungen des westdeutschen Gesellschaftsgefüges. Wegen des hohen Zerstörungsgrades der Städte wurden die Vertriebenen zunächst überwiegend in ländliche Gebiete gelenkt. Dort konnten sie auf das Notdürftigste untergebracht werden. Aber ihre Zusammenballung in agrarischen, industriearmen Regionen überforderte die Aufnahmefähigkeit dieser Gebiete und bot den Vertriebenen kaum soziale Eingliederungschancen. Ob und wie es gelingen würde, die Vertriebenen zu integrieren – in einer für sie selbst befriedigenden Weise, aber auch ohne tiefgehende Erschütterung der aufnehmenden Gesellschaft –, das war 1950 noch eine ganz offene Frage, zumal die wirtschaftliche Lage der Bundesrepublik ohnehin unsicher war, von Arbeitslosigkeit gekennzeichnet, mit Mängeln und Engpässen in fast allen Bereichen von Infrastruktur, Produktion und Versorgung. »Das Flüchtlingsproblem«, so hat Hans-Peter Schwarz plastisch und treffend formuliert, tickte »als Zeitbombe im Gebälk des jungen Staates«.[3]

Aber auch innerhalb der einheimischen Bevölkerung gab es große Gruppen, die von den Folgen des Nationalsozialismus und des Krieges besonders hart getroffen und besonders schwer geschädigt worden waren – desintegrierte Teile der westdeutschen Nachkriegsgesellschaft.[4] Dazu zählten die Opfer der nationalsozialistischen Verfolgung. Soweit sie überlebt hatten, standen jetzt viele gesundheitlich und beruflich geschädigt da, in ihrer wirtschaftlichen Existenz zurückgeworfen. Dazu zählten die 4,1 Millionen Kriegsopfer, die der Krieg als Invaliden, Witwen oder Waisen hinterlassen hatte.[5] Dazu zählten die Spätheimkehrer aus der Kriegsgefangenschaft; zwischen 1947 und 1955 waren das 1,6 Millionen Menschen, die nun wieder Anschluss an das Zivilleben suchten.[6]

2 *S. Bethlehem*, Heimatvertreibung, DDR-Flucht, Gastarbeiterzuwanderung. Wanderungsströme und Wanderungspolitik in der Bundesrepublik Deutschland, Stuttgart 1982, S. 22–25.

3 *H.-P. Schwarz*, Die Ära Adenauer. Gründerjahre der Republik 1949–1957, Stuttgart 1981, S. 120.

4 Vgl. die Typologie »sozialer Schicksale« bei *H. Schelsky*, Wandlungen der deutschen Familie in der Gegenwart. Darstellung und Deutung einer empirisch-soziologischen Tatbestandsaufnahme, Stuttgart 1960, S. 46–49.

5 Dies war die Zahl der Ende 1950 »anerkannten Versorgungsberechtigten«; vgl. Bevölkerung und Wirtschaft 1872–1972, hg. v. *Statistischen Bundesamt*, Stuttgart 1972, S. 225.

6 Sozialer Fortschritt 4 (1955), S. 240. – Vgl. generell: *E. Maschke* (Hg.), Zur Geschichte der deutschen Kriegsgefangenen des Zweiten Weltkrieges, 15 Bde. und 2 Beihefte, München 1962–1974.

Bis weit in die 1950er Jahre hinein schufen ferner die Rückführung und der Starthilfebedarf von Evakuierten ein »gravierendes innenpolitisches Problem«,[7] also von Menschen, die während des Krieges aus ihren von Frontlinien oder Bombardierung bedrohten Heimatorten in weniger gefährdete Zufluchtsorte umgesiedelt worden waren. Man wird auch die *Displaced Persons* nicht vergessen dürfen, also ausländische Zwangsarbeiter und Flüchtlinge fremder Nationalität, die sich bei Kriegsende in einer Zahl von etwa sechs Millionen in den Westzonen Deutschlands befunden hatten; 1949 waren sie größtenteils repatriiert, aber ein- bis zweihunderttausend dieser ebenfalls Entwurzelten blieben auf der Suche nach Einbürgerung und Existenzsicherung in der westdeutschen Gesellschaft.[8]

Notstände gab es weiterhin in den Teilen der einheimischen Bevölkerung, denen im Krieg das Haus oder die Wohnung samt Einrichtung oder das Betriebsvermögen zerbombt oder zerschossen worden war. Sie hießen im Amtsdeutsch Kriegssachgeschädigte, und dazu zählten, wenn man die Familienangehörigen nicht mitrechnet, 3,4 Millionen Personen.[9] So wie alle zuvor genannten Gruppen erwarteten auch diese Geschädigten Entschädigung. Das erhofften schließlich auch die von der Währungsreform 1948 besonders hart Getroffenen. Dieser drastische Währungsschnitt hatte sämtliche Geldvermögen zu 95 Prozent entwertet und hinterließ diejenigen verarmt, die von ihrem Angesparten abhängig waren.

Diese Übersicht sei mit einem Blick auf eine drückende Notlage beendet, die sich quer durch alle bisher genannten Gruppen und weit darüber hinaus zog: die katastrophale Wohnungsnot. Flächenbombardierung von Wohngebieten war ein Schwerpunkt der alliierten Luftkriegsstrategie gewesen. Man wollte so die Moral der Zivilbevölkerung in Hitlers totalem Krieg zermürben. Das hatte zu massiven Zerstörungen von städtischem Wohnraum geführt,[10] während umgekehrt die ins Bundesgebiet strömenden Wanderungsbewegungen den Wohnraumbedarf sprunghaft vermehrten. Das Ergebnis war ein enormes Wohnungsdefizit. 1950 fehlten etwa fünf Millionen Wohnungseinheiten, das entsprach rund einem Drittel des notwendigen Wohnungsbestandes.[11]

7 *C. Kleßmann*, Die doppelte Staatsgründung. Deutsche Geschichte 1945–1955, Göttingen 1982, S. 40.

8 *W. Jacobmeyer*, Vom Zwangsarbeiter zum heimatlosen Ausländer. Die Displaced Persons in Westdeutschland, Göttingen 1985.

9 Sozialenquete. Soziale Sicherung in der Bundesrepublik Deutschland. Anlagenband zum Bericht der Sozialenquete-Kommission, Stuttgart 1966, S. 14. – Vgl. generell: Dokumente Deutscher Kriegsschäden. Evakuierte, Kriegssachgeschädigte, Währungsgeschädigte, hg. v. *Bundesminister für Vertriebene, Flüchtlinge und Kriegssachgeschädigte* (bzw. später vom Bundesministerium des Innern), 5 Bde. und 2 Beihefte, Bonn 1958–1971.

10 *M.-L. Recker*, Wohnen und Bombardierung im Zweiten Weltkrieg, in: *L. Niethammer* (Hg.), Wohnen im Wandel, Wuppertal 1979, S. 408–428.

11 *L. Preller*, Praxis und Probleme der Sozialpolitik, 2. Halbband, Tübingen 1970, S. 587.

Alle diese Erbfolgen des »Dritten Reiches« wurden von einem zweiten Bereich sozialer Spannungslinien überlagert, die nicht primär kriegsfolgebedingt waren. Hier handelte es sich (um es im »Soziolekt« zu sagen) um Spannungen, die aus der Externalisierung sozialer Kosten durch die marktwirtschaftlich konkurrierenden Betriebe herrührten. Diese Betriebe bezahlen – idealtypisch gesehen – in Form des Lohnes nur die Kosten der unmittelbaren Arbeitsleistung; dagegen kommen sie nicht ohne Weiteres für die Einkommenssicherung derer auf, die arbeitslos sind oder wegen Krankheit vorübergehend nicht arbeiten oder wegen hohen Alters auf Dauer nicht mehr erwerbstätig sind. Auch die Mehrkosten kinderreicher Familien werden nicht in Form von Lohnzuschlägen in die betriebliche Kalkulation eingesetzt; die Familiengröße ist kein Kriterium marktwirtschaftlicher Lohnzumessung.

Die Kalkulationen der privatautonom-dezentral entscheidenden Betriebe werden insofern von einem erheblichen Teil sozialer Neben- und Folgekosten der Arbeitskraft freigesetzt. Diese Begünstigung ermöglicht die besondere Effizienz marktwirtschaftlicher Produktion. Sie macht aber auch Institutionen der sozialen Sicherung erforderlich, die diese Kosten auffangen, um den nicht über ein laufendes Markteinkommen verfügenden Menschen auf andere Weise Einkommenssicherheit zu geben.

Für unsere Zwecke ist nun festzuhalten, dass das System der sozialen Sicherung in den Anfangsjahren der Bundesrepublik sehr schwerwiegende Defizite aufwies. So waren zum Beispiel die Sozialrentner, also die 3,9 (1950) bzw. 5,5 (1955) Millionen Empfänger von Versicherten- oder Witwenrente aus der gesetzlichen Rentenversicherung,[12] buchstäblich verelendet. Seit ihrer Einführung in der Bismarck-Zeit war die Rentenversicherung zu keinem Zeitpunkt imstande gewesen, den Nexus von Alter und Armut zu durchbrechen. Die Gründe will ich hier beiseite lassen[13] und nur dieses Ergebnis festhalten: Den meisten Arbeitnehmern drohte am Ende des Arbeitslebens der Absturz in die Altersarmut. Die krasse Verteilungsdisparität zwischen der arbeitenden und der nicht mehr arbeitenden Generation war um 1950 besonders stark ausgeprägt. Das belastete die Lage der Sozialrentner und verdüsterte zugleich die Zukunftserwartung im Lebensgefühl der noch Erwerbstätigen. Eine »fast panische Angst vor dem Rentenalter« diagnostizierten die gewerkschaftlichen Monatshefte 1953 in weiten Kreisen der Arbeiter und Angestellten.[14]

Ein weiteres Beispiel: Während die Angestellten, wenn sie krank wurden, sechs Wochen lang ihr volles Gehalt weiter bezogen, galt das für die Arbeiter, also für etwa die Hälfte der erwerbstätigen Bevölkerung, nicht. Sie erhiel-

12 *T. Maunz* u. *H. Schraft* (Hg.), Die sozialpolitische Gesetzgebung der Bundesrepublik auf dem Gebiete der Sozialversicherung 1950–1960 mit Zahlenspiegel über Entwicklung und Stand, Berlin 1961, Übersicht RV I.

13 Dazu *H. G. Hockerts*, Sicherung im Alter. Kontinuität und Wandel der gesetzlichen Rentenversicherung 1889–1979, in: *W. Conze* u. *M. R. Lepsius* (Hg.), Sozialgeschichte der Bundesrepublik Deutschland. Beiträge zum Kontinuitätsproblem, Stuttgart 1983, S. 296–323.

14 Gewerkschaftliche Monatshefte 4 (1953), S. 90.

ten, in den Gründerjahren der Bundesrepublik noch immer so wie in der Bismarck-Zeit, von der Krankenversicherung ein Krankengeld in der Höhe der Hälfte ihres Nettolohns. Wir wissen aus Erhebungen der 1950er Jahre, dass diese Regelung im Bewusstsein der befragten Arbeiter als eine krasse soziale Benachteiligung perzipiert war.[15] Einen Familienlastenausgleich in dem Sinne, dass kinderreiche Familien Kindergeld erhalten, gab es nicht und hatte es nie gegeben, sieht man von einem rassenideologisch und bevölkerungspolitisch motivierten Intermezzo im Nationalsozialismus ab. Das Ergebnis war – mit den Worten einer Untersuchung von 1953 – eine deutliche »Beziehung zwischen Kinderzahl und Armut«.[16] Im Klartext: Viele Familien mit großer Kinderzahl lebten kümmerlich, teils wegen der Zusatzkosten, die die Kinder verursachten, teils weil die Kinderversorgung es den Müttern in Haushalten mit geringem Einkommen erschwerte, durch eigene Erwerbstätigkeit zum Familieneinkommen beizutragen. Der zweite Merkmalsbereich der sozialen Krise in der Gründungssituation der Bundesrepublik verweist also auf Existenzunsicherheit in der Folge von Defiziten der sozialen Sicherung.

Der dritte Krisenbereich lag in der Spannung zwischen den sozialökonomischen Zielen der im Deutschen Gewerkschaftsbund organisierten Arbeiterbewegung und dem Kurs der Regierungskoalition. Ein Eckpfeiler der Sozialverfassung – die Wiederherstellung der Tarifvertragsautonomie der Gewerkschaften und Arbeitgeberverbände – war zwar unumstritten: Der Staat zog sich mithin aus der direkten Verantwortung für die Gestaltung eines Großteils der Lohn- und Arbeitsbedingungen zurück. Heftig umstritten waren dagegen drei weiterreichende Forderungen, die sich der DGB auf seinem Gründungskongress 1949 programmatisch vorgemerkt hatte: zentrale volkswirtschaftliche Planung, Vergesellschaftung der Schlüsselindustrien, »Mitbestimmung der organisierten Arbeitnehmer in allen personellen, wirtschaftlichen und sozialen Fragen der Wirtschaftsführung«.[17] In Anbetracht der gegenläufigen neoliberalen Marktwirtschaftspolitik der Bundesregierung waren die Zeichen also auf Sturm gesetzt mit unsicherem Ausgang.

Als Nahziel und zentrale Kampfarena rückte der DGB den auf Mitbestimmung zielenden arbeitsrechtlichen Programmteil in den Vordergrund. Vom Ausgang dieser Auseinandersetzung hing die noch unentschiedene Frage der Integration der Gewerkschaften in das neue Staatsgefüge großenteils ab.

Wenn man alles bisher Gesagte in einer Zusammenschau sieht und die gleichzeitige Lagerung dieser sozialen Sprengstoffe berücksichtigt; wenn man bedenkt, dass der ökonomische Aufschwung bis Mitte 1952 ungesichert war –

15 *H. Popitz* u.a., Das Gesellschaftsbild des Arbeiters. Soziologische Untersuchungen in der Hüttenindustrie, Tübingen 1957, S. 112f.

16 *I. Eisner* u. *R. Proske*, Der Fünfte Stand. Eine Untersuchung über die Armut in Westdeutschland, in: Frankfurter Hefte 8 (1953), S. 109.

17 *H. O. Hemmer*, Stationen gewerkschaftlicher Programmatik. Zu den Programmen des DGB und ihrer Vorgeschichte, in: Gewerkschaftliche Monatshefte 33 (1982), S. 506–518.

bei niedrigem Lohnniveau und einer im Gefolge der Währungsreform zunächst rapide steigenden Arbeitslosenquote;[18] wenn man als Spannungsindikator hinzunimmt, dass das westdeutsche Parteiensystem 1950 im Begriff stand, sich in eine Vielzahl von Regional- und Protestparteien zu zersplittern[19] – dann erscheint der etwas dramatische Begriff der *Gründungskrise* nicht übertrieben, sondern durchaus angemessen.

Sozialpolitische Interventionen

Wie hat die Sozialpolitik der 1950er Jahre auf die soeben skizzierten Notstände, Spannungen und Gegensätze reagiert? Theoretische Erörterungen darüber, was »Sozialpolitik« ist, können hier beiseite bleiben. Für unsere Zwecke kann die alte Definition (1899) des Sozialwissenschaftlers Bortkiewicz genügen, wonach Sozialpolitik »die in Gesetzgebung und Verwaltung sich äußernde Stellungnahme des Staates zu den sozialen Gegensätzen« ist.[20] Das Grundgesetz hatte für diese Stellungnahme nur wenige Normen vorgegeben: ein generelles Sozialstaatsgebot zwar, aber nahezu keine Konkretisierung. Der Parlamentarische Rat hatte die Frage der Wirtschafts- und Gesellschaftsordnung vielmehr bewusst weitgehend offen gehalten, also der Gestaltungskompetenz des Gesetzgebers überlassen, oder deutlicher gesagt: dem Durchsetzungskampf der politischen Kräfte.

Auf Parteiebene fügt sich die Konstellation dieser Kräfte nicht ohne Weiteres der einfachen Formel: hier Bürgerblock der Regierung Adenauer – dort sozialdemokratische Opposition. Man kann diese Formel am ehesten im Hinblick auf die große, scharfe und öffentlichkeitsmobilisierende Konfrontation in der Außen- und Wiederbewaffnungspolitik akzeptieren. Die wirtschaftspolitischen Auseinandersetzungen gerieten aber nach wenigen Jahren in eine »vergleichsweise windstille Zone«,[21] und in der Sozialpolitik ist mit dieser Dichotomie am wenigsten anzufangen. Zwar gab es auch dort bemerkenswerte Divergenzen zwischen Regierungskoalition und Opposition, wir werden es noch sehen; aber oft überwog in den sozialpolitischen Ausschüssen des Bundestages die Zusammenarbeit. Werner Conze hat sogar von einer »Krypto-Großkoalition«

18 *W. Abelshauser*, Wirtschaftsgeschichte der Bundesrepublik Deutschland (1945–1980), Frankfurt a. M. 1983.

19 *J. W. Falter*, Kontinuität und Neubeginn. Die Bundesrepublik 1949 zwischen Weimar und Bonn, in: PVS 22 (1981), S. 236–263.

20 *L. von Bortkiewicz*, Der Begriff der »Sozialpolitik«, in: Jahrbücher für Nationalökonomie und Statistik 72 (1899), S. 334 f.; umfassender *F.-X. Kaufmann*, Elemente einer soziologischen Theorie sozialpolitischer Intervention, in: *ders.* (Hg.), Staatliche Sozialpolitik und Familie, München 1982, S. 49–86.

21 *K. Klotzbach*, Der Weg zur Staatspartei. Programmatik, praktische Politik und Organisation der deutschen Sozialdemokratie 1945 bis 1965, Berlin 1982, S. 238.

gesprochen,[22] womit er die sozialpolitische Einigungstendenz von Union und SPD gegen die angeblichen Bürgerblockpartner FDP und DP meinte. Die prominentesten Beispiele hierfür bieten das Montanmitbestimmungsgesetz 1951 und die Einführung der dynamischen Rente 1957.

Im Bereich der Wirtschafts- und Sozialpolitik ist es angemessener, zumindest drei politische Kräftezentren zu unterscheiden: den (vornehmlich protestantischen) bürgerlich-neoliberalen Wirtschaftsflügel in der Regierungskoalition, den christlich-sozialen (vorwiegend katholischen Arbeitnehmer-) Flügel innerhalb der Regierungskoalition mit Präsenz auch im DGB sowie die zunächst dominant sozialistischen Kräfte in SPD und DGB. Auch in dem katholisch-sozialen Flügel gab es anfangs viel Distanz zum marktwirtschaftlichen Credo des Wirtschaftsflügels. Dem Konkurrenzprinzip des Marktes wohne keine gemeinschaftsbildende Ethik inne, so hieß der entscheidende Einwand, daher müsse man ihm das Kooperationsprinzip berufsständischer Selbstverwaltungskörperschaften gegenüberstellen.[23] Während die katholisch-soziale Bewegung im Aufwind neoliberaler Marktwirtschaftserfolge wirtschaftspolitisch rasch ins Abseits gedrängt wurde, ging sie auf dem Feld der Sozialpolitik in die Offensive und erreichte hier einige beträchtliche Durchsetzungserfolge gegenüber den Neoliberalen, von denen viele dem Marktmechanismus fast alles, der wohlfahrtsstaatlichen Intervention umso weniger zutrauten.

Im Blick auf die drei genannten sozialpolitischen Kräftezentren lassen sich wechselnde Konstellationen und zahlreiche Kompromisse beobachten, zumal in der ersten Legislaturperiode (1949–53) viel sozialpolitischer Pragmatismus vorherrschte. In den sozialpolitischen Ausschüssen des Bundestags hatte man bis zur physischen Erschöpfung alle Hände voll mit den drängenden Tagesfragen zu tun. Daher bastelte man dort nicht an alternativen Sozialstaatsmodellen, sondern suchte schnelle und möglichst vom Konsens der großen Parteien getragene Lösungen. Das geschah oft in hektischer Eile, manchmal unter etwas chaotischen Umständen; gelegentlich musste ein Sozialgesetz, ehe es in Kraft trat, schon wieder novelliert werden, weil alle miteinander in der Eile wichtige Komplikationen übersehen hatten.[24]

Im Vordergrund der sozialpolitischen Gesetzgebung stand in diesen Anfangsjahren die Kriegsfolgenbewältigung. Einige wichtige Sozialgesetze dieses Bereichs sind jetzt kurz vorzustellen, wobei vorweg etwas zu betonen ist, was vielleicht selbstverständlicher klingt, als es ist: Die Gesamtanlage der westdeutschen Politik zielte auf den Abbau des vom Krieg hinterlassenen Spannungspotentials. »Die Alternative ist nie auch nur erwogen worden: bewusstes Offen-

22 Manuskript 1980, zit. nach *U. Engelhardt*, Strukturelemente der Bundesrepublik Deutschland. Überlegungen zum Problem historischer Kontinuität am Beispiel der Betriebsverfassung, in: VSWG 69 (1982), S. 379.

23 *A. Langner* (Hg.), Katholizismus, Wirtschaftsordnung und Sozialpolitik 1945–1963, Paderborn 1980.

24 *H. G. Hockerts*, Sozialpolitische Entscheidungen im Nachkriegsdeutschland. Alliierte und deutsche Sozialversicherungspolitik 1945 bis 1957, Stuttgart 1980, bes. S. 143, 182 f.

halten der explosiven Lage, um von den Deutschland-Mächten mit der Drohung gewaltsamer Konflikte die Rückgabe der Ostgebiete zu erzwingen«.[25] Vielmehr galt im Kabinett die Maxime, dass »der innere soziale Friede auf jeden Fall gesichert werden müsse«.[26]

Den Beginn machte die Kriegsopferversorgung mit dem Bundesversorgungsgesetz von 1950, das in seinen Grundzügen auch heute noch gilt. Es war zur sozialen Sicherung all derjenigen konzipiert, die durch den Krieg Schäden an Körper und Gesundheit erlitten hatten, vor allem also ehemalige Wehrmachtsangehörige, aber auch Zivilisten, sofern sie durch unmittelbare Kriegseinwirkung körperlich versehrt worden waren. Diese Erweiterung des Personenkreises spiegelte die Folgen eines »totalen« Krieges wider, der in großem Ausmaß auch die Zivilbevölkerung in Mitleidenschaft gezogen hatte. Das Gesetz wurde in enger Zusammenarbeit mit der sozialdemokratischen Opposition ausgearbeitet und einvernehmlich verabschiedet.[27] Es hat auch bei sehr kritischen Beobachtern ein positives Echo gefunden, da der vorgesehene Leistungsrahmen bedarfsgerecht weit gespannt war.[28] Dieser umfasste neben Rentenzahlungen an die Kriegsopfer und ihre Hinterbliebenen auch ein breites Spektrum an medizinischer und beruflicher Rehabilitation, an Erziehungsbeihilfen für Kinder, an Erholungs- und Wohnungsfürsorge und Sonderleistungen für besonders hart Betroffene. Ergänzend trat 1953 ein Schwerbeschädigtengesetz hinzu, das mit arbeitsrechtlichen Mitteln die Zuverdienstchancen von Kriegsbeschädigten und Kriegswitwen in den privaten Unternehmen und im öffentlichen Dienst zu verbessern suchte. Das Niveau der Kriegsopferrenten war allerdings anfangs geradezu kümmerlich. Denn die Zahl der Leistungsempfänger war sofort groß, das Finanzvolumen des Bundes aber anfangs gering und die Konkurrenz anderer sozialpolitisch motivierter Ausgabeprogramme stark. Immerhin sind die Ausgaben für die Kriegsopferversorgung im Laufe der 1950er Jahre beträchtlich gesteigert worden, nicht zuletzt dank kräftiger Öffentlichkeitsmobilisierung durch zwei (damals mächtige) Kriegsopferverbände, die auch über wirksame personelle Querverbindungen in den großen Bundestagsfraktionen verfügten.

Über die konkreten Auswirkungen dieser und anderer Sozialgesetze auf die Lebensumstände der betroffenen Gruppen wissen wir bisher wenig. Die Zeit-

25 *Schwarz*, Die Ära Adenauer, S. 169.

26 Wie Bundesfinanzminister Schäffer in einem Schreiben an den Staatssekretär des Bundeskanzleramts am 26.5.1952 resümierte, zit. n. *Hockerts*, Sozialpolitische Entscheidungen, S. 193.

27 Vgl. einstweilen *L. Trometer*, Die Kriegsopferversorgung nach 1945, in: *R. Bartholomäi* u. a. (Hg.), Sozialpolitik nach 1945. Geschichte und Analysen, Bonn 1977, S. 191–206; *R. Hudemann*, Formation et action des associations de victimes de la guerre en Allemagne de l'Ouest et en R. F. A. (1945–1958), in: *A. Wahl* (Hg.), Mémoire de la seconde guerre mondiale, Metz 1984, S. 23–40.

28 Vgl. z. B. Die Quelle. Funktionärsorgan des Deutschen Gewerkschaftsbundes 1 (1984), S. 585.

geschichtsforschung hat bis dato eher die Entstehung von Gesetzen und die damit verbundenen Intentionen untersucht als den Gesetzesvollzug und die Wirkungen im Bedürfnishorizont der Empfänger. Eine solche Ausweitung der Sozialpolitikgeschichte zur Sozialgeschichte beginnt erst jetzt allmählich.[29]

So fehlen auch noch alle Vorarbeiten für eine Sozialgeschichte der Spätheimkehrer aus der Kriegsgefangenschaft. Auch hier muss also ein Hinweis darauf genügen, dass zwischen 1950 und 1953 ein relativ breit angelegtes gesetzliches Hilfsprogramm entwickelt wurde. Es reichte von Entschädigungszahlungen bis zum Anspruch auf Wohnraumzuteilung, von Ausbildungsbeihilfen und arbeitsrechtlichem Schutz bis zur rentensteigernden Einfädelung der Kriegsgefangenenzeit in die Rentenversicherung, von Sonderregelungen für Krankenversicherung und Zahnersatz bis hin zu einem besonderen Schutz vor Zwangsvollstreckungen fünf Jahre lang nach der Heimkehr.[30] Die ganze Komplexität einer hoch organisierten Gesellschaft bildet sich geradezu mikroskopisch in diesen Eingliederungsprogrammen ab.

Zu den wichtigen, aber bisher in Entstehung, Durchführung und Wirkung kaum untersuchten sozialpolitischen Programmen gehörte auch der weitverzweigte Bereich der »Wiedergutmachung« für Opfer der nationalsozialistischen Verfolgung.[31] Er umfasste die beiden großen Teilgebiete der Restitution (Rückerstattung von im Verfolgungszusammenhang entzogenem Eigentum) und der Entschädigung (vor allem für Verfolgungsschäden an Gesundheit und beruflicher Existenz, auch für den Versorgungsverlust der Angehörigen getöteter Verfolgter). Auch hier war es nicht immer mit der Überweisung von Geldbeträgen getan; die gesetzlichen Entschädigungsprogramme sahen zudem Dienstleistungen vor, Amtshilfen, Heilverfahren, Vorrechte bei der Wiedereingliederung ins Berufsleben, Vergünstigungen in der Sozialversicherung. Wer einen Antrag auf Entschädigungsleistungen stellte, musste aber – allein schon wegen der zunächst unzureichenden personellen Ausstattung der Wiedergutmachungsämter – mit oft langwierigen Nachprüfungsverfahren rechnen, inwieweit er wirklich Opfer des NS im Sinne des Gesetzes war. Die Vermutung drängt sich auf, dass viele ältere Leute unter den NS-Opfern schon verstorben waren, wenn der Briefträger mit dem Bewilligungsbescheid kam. Es wäre sicher wichtig, die Ergebnisse gerade dieses Entschädigungsprogramms von der Empfängerseite her repräsentativ zu untersuchen.[32]

29 Bisher vor allem im Hinblick auf die Vertriebenen, vgl. z.B. *F. Bauer*, Flüchtlinge und Flüchtlingspolitik in Bayern 1945–1950, Stuttgart 1982. Vgl. auch das Nachwort zu diesem Beitrag.

30 Sozialer Fortschritt 2 (1953), S. 150f., 249f.; ebd. 4 (1955), S. 240f.

31 Vgl. das Nachwort zu diesem Beitrag.

32 Einen Anfang macht die Implementationsstudie des Instituts für angewandte Sozialforschung der Universität Köln: Leistungsverwaltung und Verwaltungsleistung. Analyse von Vollzugsproblemen am Beispiel der Entschädigung für Opfer der nationalsozialistischen Verfolgung, Köln 1983.

Das Kernstück der Kriegsfolgengesetzgebung ist im Lastenausgleichgesetz von 1952 zu sehen.[33] Hier ging es um die Frage: Wie schaffen wir einen Ausgleich zwischen den Glücklichen, die durch den Krieg materiell nichts oder wenig verloren haben, und denen, die viel oder alles verloren haben? Also eine Umverteilungsprozedur größten Stils mit massiven Interessenkollisionen, und ein dementsprechend hart umkämpftes Gesetz. Das Gesetz machte die einheimischen Besitzschichten abgabepflichtig. Sie mussten die Hälfte des Sachvermögens, das sie am Stichtag der Währungsreform im Juli 1948 besaßen, abgeben. Das klingt dramatisch. Aber die Modalitäten der Abgabe haben diesen Eingriff dann doch sehr abgemildert. Insbesondere war die Abgabeschuld nicht sofort fällig, sondern 30 Jahre lang in Vierteljahresraten zu zahlen. Dies führte nicht wirklich zu einer Teilung der Vermögen, sondern zu einer Art Sondersteuer auf Vermögen. In den meisten Fällen konnte diese Sondersteuer aus den Vermögenserträgen gezahlt werden; sie machte in der Regel keine Eingriffe in die Vermögenssubstanz erforderlich.

Hier wollte die SPD erheblich weiter gehen als die Regierungskoalition. Aber im Rahmen einer »Wiederaufbaustrategie, die dem privaten Unternehmer eine führende Rolle zuwies«,[34] war die von der Regierungskoalition durchgesetzte Regelung nahezu zwangsläufig. Denn ein Zugriff auf die Substanz der erhalten gebliebenen Vermögen hätte jedenfalls dort, wo es sich um Produktivvermögen handelte, eine schnelle Entfesselung der marktwirtschaftlichen Kräfte gelähmt. Hier haben wir also einen klaren Fall der Nachrangigkeit von Sozialpolitik gegenüber den wirtschaftspolitischen Grundentscheidungen. Das werbende Argument der Regierungskoalition, dass die wachsende Produktivität letztlich auch wieder den sozialpolitisch Bedürftigen zugute kommen würde, war zunächst einmal ein Wechsel auf die Zukunft. Aber es ist nicht von der Hand zu weisen, dass dieser Wechsel im Wirtschaftsboom der späten 1950er Jahre in einem beträchtlichen Maße eingelöst worden ist. Keine Vermögensumschichtung also, aber insgesamt hat der aus verschiedenen Finanzierungsquellen gespeiste Lastenausgleichsfonds doch sehr große Geldsummen umverteilt. Bis 1961 zahlte er 42 Milliarden DM aus; bis 1954 immerhin schon fast 10 Milliarden.[35] Für die damaligen Größenordnungen war das viel. Dies zeigt ein vergleichender Blick auf den Bundeshaushalt, der 1954 eine Abschluss-Summe von 27 Milliarden DM aufwies.[36]

33 Vgl. zuletzt *R. Schillinger*, Der Lastenausgleich, in: *W. Benz* (Hg.), Die Vertreibung der Deutschen aus dem Osten. Ursachen, Ereignisse, Folgen, Frankfurt a. M. 1985, S. 183–192; *ders.*, Der Entscheidungsprozeß beim Lastenausgleich (1945–1952), Ostfildern 1985.

34 *Abelshauser*, S. 143.

35 Zahlen einschließlich des bizonalen Vorgängergesetzes (»Soforthilfe«), das im August 1949 in Kraft getreten war.

36 *V. von Schmiedeberg*, Geschichte und Entwicklung der Haushaltspolitik des Vereinigten Wirtschaftsgebiets und der Bundesrepublik Deutschland von 1945 bis 1954, Bonn 1962, S. 126.

Auf der Empfängerseite des Gesetzes standen in erster Linie die Vertriebenen, daneben auch die Kriegssachgeschädigten. Nach welchen Gesichtspunkten sollten die Gelder verteilt werden? Das war die am heftigsten umstrittene Frage. Sollte man jeweils bestimmte Quoten des verlorenen Vermögens ersetzen? Das erstrebten starke Kräfte unter den Vertriebenen, insbesondere der die Regierungskoalition unter Druck setzende »Zentralverband vertriebener Deutscher«. Oder sollte der Lastenausgleich nicht auf die verlorenen Vermögen bezogen sein, sondern allein nach Kriterien der akuten Bedürftigkeit Lebensunterhalt sichern und Eingliederungshilfen geben? Dafür engagierte sich die sozialdemokratische Opposition. Auch hier gerieten die Interessen wieder hart aneinander. Am Ende stand ein Kompromiss: Der Lastenausgleich hielt am Prinzip der Vermögensentschädigung fest, gab aber der Sicherung des laufenden Lebensunterhalts und einem sehr breiten Spektrum von eingliederungsfördernden Maßnahmen zeitlich und sachlich den Vorrang.

Es würde zu weit führen, dieses Maßnahmenspektrum im Einzelnen zu kennzeichnen. Auch auf einige flankierende gesetzliche und administrative Maßnahmen sei nur ein kurzer Blick geworfen. Wichtig waren insbesondere große Umsiedlungsaktionen, kombiniert mit entsprechenden Wohnungsbauprogrammen, mit denen die Zusammenballung der Vertriebenen in ländlichen Gebieten aufgehoben und die sozialen Eingliederungsmöglichkeiten verbessert wurden. Integrationsbedarf bestand auch im Bereich des sozialversicherungsrechtlichen Schutzes. Hier griff zunächst eine Interimslösung, die sich nicht gut bewährte, so dass sie 1960 ersetzt wurde. Seither erhielten die Vertriebenen alle Rentenversicherungsbeiträge gutgeschrieben, die sie geleistet hätten, wenn sie ihr bisheriges Arbeitsleben nach bundesdeutschem Recht verbracht hätten – eine etwas komplizierte, aber für die Lebenslage der Betroffenen wichtige Regelung, die sie vollständig und in diesem Fall tatsächlich ohne Rücksicht auf die Kostenfrage mit der einheimischen Bevölkerung gleichstellte.[37]

Insgesamt gesehen ist unstrittig, dass der Lastenausgleich zur »ausgebliebenen Radikalisierung«,[38] d.h. zur sozialen Befriedung eines deklassierten und depossedierten Bevölkerungsteils in einem erheblichen Maße beigetragen hat.[39] Ebenso unstrittig ist aber dies: Die sozialpolitischen Programme auf Bundes-, Länder- und Gemeindeebene konnten nur deshalb so schnell wirksam werden, weil »eine Reihe von anderen Faktoren den Integrationsprozess ebenfalls

37 *D. Zöllner*, Sozialpolitik, in: *W. Benz* (Hg.), Die Bundesrepublik Deutschland, Geschichte in drei Bänden, Bd. 2, Frankfurt a.M. 1983, S. 301, 310 f.

38 *H. Grieser*, Die ausgebliebene Radikalisierung. Zur Sozialgeschichte der Kieler Flüchtlingslager im Spannungsfeld von sozialdemokratischer Landespolitik und Stadtverwaltung 1945–1950, Wiesbaden 1980.

39 Überzeugend, da ohne Idyllisierung der im Ganzen doch mit deutlichen Benachteiligungen verbundenen Integration der Vertriebenen: *P. P. Nahm*, Doch das Leben ging weiter. Skizzen zur Lage, Haltung und Leistung der Vertriebenen, Flüchtlinge und Eingesessenen nach der Stunde Null, Köln 1971.

begünstigte«.[40] Das war in erster Linie der rapide Wirtschaftsaufschwung, der eine relativ schnelle Eingliederung in den Erwerbsprozess ermöglichte, wobei zu berücksichtigen ist, dass die im erwerbsfähigen Alter stehenden mittleren Jahrgänge unter den Vertriebenen anteilsmäßig stärker vertreten waren als unter der übrigen Bevölkerung.[41] Ebenso entscheidend war die Art und Weise, wie die Vertriebenen, aufs Ganze gesehen, diese Möglichkeit genutzt haben. Nämlich mit hoher Berufsmobilität, die oft schmerzliche Umstellungen abverlangte, mit ausgeprägter Leistungsorientierung, um nicht zu sagen Arbeitsfanatismus, mit Konzentration der Energien auf den wirtschaftlichen Aufstieg, verbunden mit eher konservativen Leitbildern in politischer und kultureller Hinsicht. Insofern haben die Vertriebenen das juste milieu der Ära Adenauer weit mehr mitgetragen und mitgeprägt als infrage gestellt. Sie wurden nicht, wie anfangs so oft befürchtet, zu einer gesellschaftssprengenden Kraft, sondern im Gegenteil: mehr und mehr zum festen Wählerstamm der Regierung Adenauer.[42]

Während nur kurz auf Hilfs- bzw. Entschädigungsprogramme für Evakuierte, Währungsreformgeschädigte und *Displaced Persons* hingewiesen sei,[43] muss ausführlicher vom Wohnungsbau die Rede sein, der als flankierendes Programm für die Integration einzelner Geschädigtengruppen wichtig war und darüber hinaus ein Massenproblem des Nachkriegselends betraf. Für den sozialen Frieden war es ganz elementar, dass die Menschen aus den Barackenlagern, Kellern und Untermietzimmern herauskommen konnten, wo sie unter den schäbigsten Bedingungen zusammengepfercht waren. Marktwirtschaftlich war das nicht zu schaffen. Der Markt hätte die Mieten entsprechend der Wohnungsknappheit in schwindelerregende Höhen getrieben. Tatsächlich sind die enormen Wohnungsbauerfolge der 1950er Jahre nicht in erster Linie marktwirtschaftlich bewirkt worden, sondern durch staatliche Förderungsprogramme.

Den Anfang machte ein vom Bundestag 1950 einstimmig verabschiedetes Wohnungsbaugesetz. Dank massivem Einsatz öffentlicher Mittel hat dieses Gesetz bis 1956 zum Bau von zwei Millionen Sozialwohnungen geführt. Das geschah so, dass der Staat den Wohnungsbaugesellschaften Zuschüsse und billige Darlehen gab, dafür aber Größe und Ausstattung der Wohnungen, die Miethöhen und den jeweiligen Kreis der Bezugsberechtigten festlegte. Mit diesen Steuerungen erreichte der soziale Wohnungsbau, dass gerade einkommensschwache Schichten und die besonders integrationsbedürftigen Schich-

40 *Kleßmann*, S. 242.

41 *Bethlehem*, S. 35, Tabelle 6.

42 *P. Waldmann*, Die Eingliederung der ostdeutschen Vertriebenen in die westdeutsche Gesellschaft, in: *J. Becker* u.a. (Hg.), Vorgeschichte der Bundesrepublik Deutschland. Zwischen Kapitulation und Grundgesetz, München 1979, S. 163–192.

43 Bundesevakuierungsgesetz vom 14.7.1953; Gesetz zur Milderung von Härten der Währungsreform (Altsparergesetz) vom 14.7.1953; Gesetz über die Rechtsstellung heimatloser Ausländer vom 25.4.1951; hierzu vgl. auch Deutschland im Wiederaufbau. Tätigkeitsbericht der Bundesregierung für das Jahr 1955, o. O., o. J., S. 363 f.

ten wie Vertriebene und Kriegsopfer zu erschwinglichen Wohnungen kamen, die bestimmte, wenn auch sehr bescheidene Standards an Wohnungsqualität erreichten.

5,7 Millionen Wohnungen sind im Jahrzehnt von 1950 bis 1960 in der Bundesrepublik gebaut worden, davon 3,2 Millionen Sozialwohnungen für Personen und Familien mit geringem Einkommen.[44] Der breite Konsens, den die Regierung Adenauer Ende der 1950er Jahre innerhalb der Bevölkerung fand, dürfte ohne diese schnelle und für viele Menschen unmittelbar spürbare Entschärfung der Wohnungsnot gar nicht erklärbar sein. Erst wenn man dies hinreichend betont hat, sollte man auch auf bedenkliche Nebenwirkungen dieses Baubooms hinweisen, der z. B. kaum Rücksichten auf städtebauliche Gesichtspunkte genommen und die Vermögensverteilung zugunsten großer Baulöwen verzerrt hat.

Bisher war nur von jenem Bereich der Sozialpolitik die Rede, den wir der Nachgeschichte des Nationalsozialismus und des Krieges zurechnen können. In den 1950er Jahren zunächst vordringlich, verlor dieser Sozialpolitik-Bereich im Laufe der Jahrzehnte kontinuierlich an Gewicht. Immerhin gibt es aber auch heute[45] in der Bundesrepublik noch mehr Empfänger von Kriegsopferversorgung als z. B. Studierende; und die Leistungen des Lastenausgleichs, die z. T. in Renten auf Lebenszeit bestehen, werden noch weit jenseits des Jahres 2000 führen. Auch in dieser Hinsicht bezahlen wir also noch Rechnungen für Hitlers Krieg.

Wenden wir uns jetzt dem zweiten, kontinuierlich an Gewicht zunehmenden Bereich der Sozialpolitik zu, der sozialen Sicherung für die sog. Standardrisiken des Lebens. Anfangs überwog die Improvisation so sehr, dass Kritiker von Sozialrechtsdschungel und Rentenchaos sprachen. Regierung und Opposition begannen daher 1952/1953 über die Frage nachzudenken: Wie kann im sozialpolitischen Bauabschnitt des neuen Staates durchgreifend Klarheit, Ordnung und Effizienz geschaffen werden? Den Anfang machte die SPD, indem sie im Bundestagswahlkampf 1953 einige Stichworte für einen »sozialen Gesamtplan« vorlegte. Sehr konkret war das noch nicht, aber offensichtlich ging es um den Import einiger Gedanken der britischen und schwedischen Wohlfahrtsstaatsplaner, z. B. das Konzept einer allgemeinen Staatsbürgergrundrente aus Steuermitteln.[46]

Weniger bekannt ist, dass auch die regierungsinterne Arbeit 1953–1955 auf die Entwicklung einer Gesamtkonzeption für eine Sozialleistungsreform zielte, auf die Erarbeitung eines *Code social*.[47] Insbesondere Adenauer selbst drängte

44 *H.-G. Pergande* u. *J. Pergande*, Die Gesetzgebung auf dem Gebiete des Wohnungswesens und des Städtebaues, in: Deutsche Bau- und Bodenbank Aktiengesellschaft 1923–1973, Frankfurt a. M. 1973, S. 18–209, hier S. 187.

45 Bezogen auf die Erstveröffentlichung dieses Beitrags 1986.

46 Vgl. den Beitrag 2 im vorliegenden Band.

47 Vgl. im Einzelnen *Hockerts*, Sozialpolitische Entscheidungen, S. 216–425.

darauf. Er wünschte eine übersichtliche Kodifikation und Koordination des Sozialrechts – eine Art sozialpolitische Grundlegung des neuen Staates, komplementär zur außenpolitischen Grundlegung, die in diesen Jahren abgeschlossen wurde. Denn er sah einerseits, dass die Kriegsfolgengesetzgebung die sozialstaatliche Intervention ruckartig gesteigert hatte: 1952 gab es auf dem Gebiet der Bundesrepublik mehr Fälle laufender Renten- und Unterstützungszahlungen (14,8 Millionen) als während der Weltwirtschaftskrise im ganzen Deutschen Reich (1933: 12 Millionen); seit 1949 wandte die Bundesrepublik jährlich einen größeren Anteil des Volkseinkommens für soziale Leistungen auf als alle vergleichbaren Staaten.[48] Andererseits war offensichtlich, dass noch viele Defizite der sozialen Sicherung behoben werden mussten. Die Frage war nur, wo und wie die Interventionsdynamik enden sollte. Welche Bereiche des Lebens sollten wohlfahrtsstaatlich geregelt werden, wofür sollten kleinere Vergemeinschaftungen zuständig bleiben und wofür jeder einzelne Bürger selbst? Es ging dem Kanzler letztlich um die Grenzziehung zwischen einem »Sozialstaat«, der die westdeutsche Gesellschaft mit sozialpolitischen Integrationsklammern stabilisiert und einem »Versorgungsstaat«, der Eigeninitiativen und Privatautonomie zu lähmen droht. Wo und wie die Grenzlinien im Einzelnen zu ziehen seien, darüber war er sich nicht im Klaren. Ihn zeichnete auch nicht die theoretische Erregbarkeit derer aus, die sich über so etwas schwindelig denken. Doch er wünschte und hoffte, dass die Planer der Kodifikation eine richtige Linienführung fänden.

Die auf einen *Code social* gerichteten Planungen liefen sich jedoch fest. Dies lag zum Teil an Zielkonflikten im Regierungslager, auch an Ressort-Rivalitäten, doch nicht zuletzt (so überraschend dies klingen mag) am raschen Wirtschaftswachstum. Denn so lange die wirtschaftliche Decke noch dünn war, schien es sehr wichtig, die sozialen Leistungen durch Umschichtung und Koordination bedarfsgerecht zu verteilen und zu fixieren. Das Wirtschaftswachstum aber eröffnete immer neue Verteilungsspielräume. Man konnte deshalb – vor allem unter dem politischen Wettbewerbsdruck der Wahlkämpfe – hier und dort zulegen, ohne konzeptionelle Kohärenz des Gesamtsystems und ohne Angriff auf Besitzstände. Sozialpolitik konnte zum »politisch billigen Nebenprodukt des Wirtschaftswachstums«[49] werden.

So kam es, dass am Ende der zweiten Legislaturperiode keine Gesamtkonzeption stand, sondern nur eine Teilreform, die jedoch wie ein Paukenschlag wirkte: die Rentenreform von 1957. Über Nacht stiegen die Bezüge von sechs Millionen Rentnern um durchschnittlich 60 bis 70 Prozent. Das war ein Akt nachholender Gerechtigkeit für eine Schicht, die bis dahin zu den Stiefkindern

48 Vgl. die tabellarischen Übersichten in: Die öffentliche Fürsorge. Beiträge und Studien zu einem Sozialatlas, Heft 1, hg. v. *Bundesministerium des Innern*, Köln 1956, S. 3. *International Labour Office* (Hg.), The Cost of Social Security 1949–1957, Genf 1961, S. 205–210.

49 Um eine in anderem Zusammenhang benutzte Formulierung von *J. Alber*, Vom Armenhaus zum Wohlfahrtsstaat, Frankfurt a. M. 1982, S. 164, aufzugreifen.

des Wirtschaftswunders gehört hatte. Das Reformwerk erschöpfte sich jedoch nicht in einer einmaligen Wohltat, sondern hob die gesetzliche Alterssicherung dauerhaft auf eine neue Grundlage: Die Altersrente erhielt einen kräftigen Rangschub nach oben (»Lohnersatzfunktion«), verbunden mit der neuen Norm der gleichgewichtigen Entwicklung von Renten und Löhnen (»Dynamisierung«).[50] Gewiss hatte die Reform auch Schattenseiten. Wer am Rande oder außerhalb des Erwerbslebens stand, konnte nur spärliche oder gar keine eigenen Rentenansprüche erwerben – mit der Folge, dass Armut noch zwei, drei Jahrzehnte später vor allem bei älteren Witwen zu finden war.[51] Gleichwohl zählt die Rentenreform von 1957 zu den populärsten Gesetzen der Ära Adenauer. Dass die damals lebende Rentnergeneration hocherfreut war und sich in der Bundestagswahl 1957 bei der Kanzlerpartei bedankte, ist leicht erklärlich. Aber auch die meisten Arbeitnehmer, die noch im Erwerbsalter standen, applaudierten der Novelle. Denn mit ihr verlor auch der Blick auf das eigene Rentenalter den materiellen Schrecken: Die dynamische Rente versprach, den ökonomischen Aufschwung in die Phase des individuellen Lebensabends hinein zu verlängern und eine gerechtere Norm für die Verteilung des Sozialprodukts zwischen den Generationen zu verwirklichen.

Fasst man die soziale Sicherung gegenüber den Standardrisiken ins Auge, so sticht die Rentenreform zweifellos als das herausragende Ergebnis der 1950er Jahre hervor. Doch sind auch weitere Ausbauschritte bemerkenswert. Die Kindergeldgesetzgebung setzte 1954 zwar nur zögerlich ein, führte jedoch über einige Novellierungsetappen zu einer spürbaren Entlastung kinderreicher Familien.[52] Wenn Arbeiter krank wurden, konnten sie sich in den ersten sechs Wochen – und somit in der weit überwiegenden Zahl der Krankheiten mit Arbeitsunfähigkeit – mehr und mehr auf Einkommenssicherheit verlassen: Seit 1957 stockte ein gesetzlich vorgeschriebener Arbeitgeberzuschuss das Krankengeld auf 90 Prozent des Nettoarbeitsentgelts auf, seit 1961 auf 100 Prozent. Damit war ein Sozialrechtsvorsprung der Angestellten, der die Arbeiter lange empfindlich diskriminiert hatte, im Wesentlichen aufgeholt.[53] Das Bundessozialhilfegesetz von 1961 ordnete das unterste Netz des Sozialstaats, die traditionelle Armenfürsorge, so grundlegend neu, dass man darin eines der wichtigsten sozialpolitischen Reformwerke der Ära Adenauer sehen kann. Dieses Gesetz stärkte Rechtsansprüche, hob die Grundsicherung über das physische Existenzminimum und führte das neue Konzept der »Hilfe in besonderen Lebenslagen« ein. Vorbeugend und fördernd konzipiert, sollten solche Hilfen

50 Vgl. im Einzelnen den Beitrag 3 im vorliegenden Band.

51 Dieser Befund bezog sich auf die Zeit der Erstveröffentlichung dieses Beitrags (1986), gestützt auf *H.-J. Krupp* u. *W. Glatzer* (Hg.), Umverteilung im Sozialstaat. Empirische Einkommensanalysen für die Bundesrepublik Deutschland, Frankfurt a.M 1978, S. 148.

52 Vgl. einstweilen *Preller*, S. 628–634.

53 Die arbeitsrechtliche Form der Lohnfortzahlung wurde allerdings erst 1969 auf die Arbeiterschaft ausgedehnt.

Armutsrisiken ausgleichen, die das Sozialleistungssystem sonst nicht hinreichend berücksichtigte.[54]

Kehren wir nun noch einmal zur Situation um 1950 zurück – mit der Frage nach der Integration der Gewerkschaftsbewegung in den neuen Staat, dem dritten Teilaspekt der Gründungskrise. In dieser Kampfarena ging es zunächst und vor allem um das Postulat der Mitbestimmung. Hier entschärfte das Montanmitbestimmungsgesetz von 1951 den Konflikt so nachhaltig, dass man es mit einigem Recht den »sozialen Gründungskompromiß der Bundesrepublik« genannt hat.[55] Mit diesem Gesetz sahen die Gewerkschaften ihre Mitbestimmungsforderung im Bereich des Bergbaus und der eisen- und stahlerzeugenden Industrie – damals Schlüsselsektoren der Volkswirtschaft – sehr weitgehend erfüllt. Neuere Quellenstudien haben bestätigt, dass der Gewerkschaftserfolg nicht allein auf Kampfentschlossenheit und Streikdrohung zurückzuführen ist, sondern ebenso auf das Interesse des Bundeskanzlers, sich in einer innen- und außenpolitisch labilen Lage der gewerkschaftlichen Unterstützung zu versichern. Insbesondere wollte Adenauer die Entstehung eines sozialdemokratisch-gewerkschaftlichen Oppositionsblocks gegen Westintegration und Wiederbewaffnung der Bundesrepublik verhindern. Das ist auch in erheblichem Maße gelungen. Am deutlichsten lässt sich ein Junktim gegenseitiger Absprache nachweisen zwischen Adenauers Einsatz für die Montanmitbestimmung und dem gewerkschaftlichen Ja (bei sozialdemokratischem Nein) zu Schuman-Plan und Montan-Union, also zur Grundlegung der westeuropäischen Wirtschaftsintegration.[56]

Die Stoßrichtung des DGB zielte auf Verallgemeinerung des im Montanbereich durchgesetzten paritätischen Mitbestimmungsmodells. Der Paritätsgrundsatz, der die wirtschaftliche Verfügungsmacht der Eigentümerseite essenziell beschnitt, konnte hingegen weder im Betriebsverfassungsgesetz von 1952 verankert noch zur Grundlage einer regionalen und überregionalen Wirtschaftskammerverfassung gemacht werden. Die Enttäuschung trieb die gewerkschaftlichen Energien dann jedoch nicht in eine Fundamentalopposition, sondern führte nach heftigen internen Kämpfen zu einer neuen Konstellation, die man »Wachstumspakt«[57] nennen kann. Gemeint ist die sozialpartnerschaftliche Unterstützung eines für beide Seiten – Kapitaleigner und Arbeitnehmer – nützlichen schnellen Wirtschaftswachstums.

Der Wachstumspakt erweiterte die Spielräume für erhebliche, meist kampflos auf dem Verhandlungswege erreichte Gewerkschaftserfolge auf dem Ge-

54 *W. Konen*, Der Weg zur Sozialhilfe, in: *Bartholomäi*, S. 401–412; *R. Landwehr* u. *R. Baron* (Hg.), Geschichte der Sozialarbeit. Hauptlinien ihrer Entwicklung im 19. und 20. Jahrhundert, Weinheim 1983.

55 *Niethammer*, S. 233.

56 *G. Müller-List* (Bearb.), Montanmitbestimmung. Das Gesetz über die Mitbestimmung der Arbeitnehmer in den Aufsichtsräten und Vorständen der Unternehmen des Bergbaus und der Eisen und Stahl erzeugenden Industrie vom 21. Mai 1951, Düsseldorf 1984.

57 *Niethammer*, S. 232.

biet der Lohnzuwächse, der Arbeitszeitverkürzung und der sozialen Sicherung. Er beschleunigte zugleich, und zwar im Einklang mit schwindender Resonanz sozialistischer Kampfziele in den eigenen Mitgliederreihen, einen Prozess programmatischer Umorientierung: 1963 nahm der DGB den Sprengstoff gesellschaftlicher Gegenentwürfe aus seinem Grundsatzprogramm heraus und richtete sich auf ein kooperatives Modell des gesellschaftlichen Interessenausgleichs ein.

Integrationswirkungen der Sozialpolitik

Drei Schlussbemerkungen knüpfen an diese Wende zu einem kooperativen Stil der Interessenpolitik an. Im Verlaufe der 1950er Jahre ist – erstens – eine erstaunlich schnelle Entschärfung gesellschaftlicher Konfliktlagen zu beobachten, während sich die Konsenszonen in der westdeutschen Bevölkerung entsprechend rasch ausweiteten. Symptomatisch drückt sich dies in einer auffälligen Konzentration und Integrationsstärke des Parteiensystems aus: Drei Bundestagsfraktionen repräsentierten 1961 rund 94 Prozent aller Wähler, wobei auch die große Oppositionspartei es nicht mehr für wählerwirksam und ratsam hielt, im Hinblick auf Wirtschafts- und Gesellschaftsordnung oder im Blick auf die politische, ökonomische und militärische Westintegration der Bundesrepublik grundsätzliche Alternativen anzubieten.

Welten lagen zwischen dem Zustand um 1960 und dem, was die Alliierten bei Kriegsende 1945 erwartet hatten: nämlich braune Guerilla und aggressiv nationalistische Irredenta. Aber auch zu dem, was eingangs *die Gründungskrise* genannt wurde, war der Entwicklungsabstand groß. Um es zugespitzt zu sagen: Die Gründungskrise hatte sich binnen eines Jahrzehnts in einer Hülle der Zufriedenheit[58] und Sekurität aufgelöst. Oder etwas weniger zugespitzt: Die Konfliktlagen in der Gesellschaft waren nicht schlechterdings aufgehoben, aber sie hatten ihre dramatischen Akzente verloren.

Zweifellos liegt – wie zweitens hervorzuheben ist – der Hauptschlüssel für die Erklärung dieses Vorgangs in dem beispiellosen Wirtschaftswachstum und der rapiden ökonomisch-technischen Modernisierung.[59] Erstmals in der deutschen Geschichte setzte so etwas wie eine Demokratisierung der Konsumchancen ein – mit alltagsverändernder und in der Orientierung auf Leistung und Konsum konsensstiftender Wirkung. Es genügen Stichworte wie Zuwächse an Real-

58 Mit negativem Wertakzent sprach Walter Dirks 1962 von einer »Dunsthülle der Zufriedenheit mit dem Zustand, wie er ist«. Vgl. *H. P. Bahrdt* u. a., Gibt es noch ein Proletariat?, Frankfurt a. M. 1962, S. 99.

59 *H.-P. Schwarz*, Modernisierung oder Restauration? Einige Vorfragen zur künftigen Sozialgeschichtsforschung über die Ära Adenauer, in: *K. Düwell* u. *W. Köllmann* (Hg.), Rheinland-Westfalen im Industriezeitalter, Bd. 3, Wuppertal 1984, S. 278–293.

einkommen und Freizeit, Technisierung der Haushalte, Beginn des Autobooms und des Fernsehzeitalters. Das stürmische Wirtschaftswachstum hat gleichsam unterhalb der sozialpolitischen Eingreifschwelle viel dazu beigetragen, dass der soziale Sprengstoff der Gründungskrise so überraschend schnell entschärft werden konnte. Der Boom absorbierte die Massenarbeitslosigkeit, er führte auf tarifvertraglichem Wege zum Anstieg des Lohnniveaus, und er vergrößerte die sozialpolitischen Verteilungsspielräume, um nur die wichtigsten Prosperitätswirkungen zu nennen.

Wirtschaftswachstum als eine der großen Integrationsformeln der Republik: dies ist eine bekannte und oft hervorgehobene Sichtweise. Aber dabei bleibt im Schatten, was mit der dritten Schlussbemerkung um so stärker betont sei: Das Klettern der Produktionsziffern und die tarifvertragliche Verteilung der Arbeitsverdienste war für einen großen Teil der Massennotstände und sozialen Spannungen der 1950er Jahre zunächst einmal ganz bedeutungslos. Denn ein Großteil dieser Nöte und Spannungen wurde vom Zuteilungsmechanismus des Marktes und der Tarifverträge gar nicht erfasst oder nur negativ in Form des Ausschlusses.

Hier liegt nun eine spezifische Bedeutung der Sozialpolitik für die Integration der westdeutschen Nachkriegsgesellschaft. Die Sozialpolitik bot, wie wir gesehen haben, Integrationshilfen für die verschiedenen Gruppen der durch den Krieg und die Kriegsfolgen Benachteiligten. Sie verminderte Spannungen zwischen Vertriebenenminorität und eingesessener Majorität. Sie lenkte die Erreichbarkeit von Wohnraum einigermaßen nach den Bedarfsströmen. Sie entlastete die Nachkriegsgesellschaft von der herkömmlich krassen Verteilungsdisparität zwischen den Generationen. Sie schwächte traditionelle Merkmale der Proletarität ab, insbesondere die Einkommensunsicherheit bei Krankheit und im Alter, denn sie erhöhte und verstetigte den Lohnersatz in diesen Lebenslagen. Sie verringerte in einem erheblichen Maß die gesellschaftliche Bruchlinie zwischen Arbeitern und Angestellten, indem sie herkömmlich weit auseinander liegende Sozialrechtspositionen dieser Arbeitnehmerkategorien annäherte bzw. vereinheitlichte.

Natürlich könnte man auch eine sozialpolitische Defizitbilanz eröffnen; auch in dieser Hinsicht würde man fündig werden.[60] Aber am Ende wäre doch zumindest dies unstrittig: Die Sozialpolitik der Ära Adenauer hat »keine Verfestigung kompakter Gruppen von ausgesprochen Notleidenden zugelassen«.[61] Auch deshalb war Ende der 1950er Jahre keine in Elementen der Gründungskrise wurzelnde Protestbewegung mit Tiefenwirkung mehr in Sicht. Als eine solche Bewegung um die Mitte der 1960er Jahre entstand, geschah dies in einer grundlegend veränderten Konstellation: Sie war getragen von Teilen einer Ge-

60 Vgl. z.B. *E. Standfest*, Sozialpolitik als Reformpolitik. Aspekte der sozialpolitischen Entwicklung in der Bundesrepublik Deutschland, Köln 1979, S. 47 ff.

61 *R. Löwenthal*, Dauer und Verwandlung, in: *ders.* u. *H.-P. Schwarz* (Hg.), Die zweite Republik. 25 Jahre Bundesrepublik Deutschland – eine Bilanz, Stuttgart 1984, S. 12 f.

neration, die die Sekurität voraussetzte, um deren Herstellung es der Sozialpolitik in den 1950er Jahren gegangen war, die dank Wohlstandstransfers aus den produktiven Sektoren der Volkswirtschaft vom Zwang zu mühseliger Alltagsbewältigung freigesetzt war und deshalb abkömmlich für die Suche nach neuen soziokulturellen Normen.

Nachwort

Der Aufsatz entstand in einer Zeit (1986), als über Leitperspektiven zur Erforschung der Frühgeschichte der Bundesrepublik lebhaft debattiert wurde. Es kam mir damals darauf an, (a) Politik- und Sozialgeschichte enger zusammenzuführen, (b) den Beginn des westdeutschen Staates im Zeichen einer schweren sozialen Krise zu konzipieren und (c) die erstaunlichen Stabilisierungserfolge nicht umstandslos dem raschen Wirtschaftswachstum zuzurechnen, das ja auch destabilisierend wirken konnte, sondern auch – sogar ganz wesentlich – dem Ausbau des Sozialstaats.

Die Bündelung des bedrohten Beginns im Begriff der »Gründungskrise«, den ich einer Anregung Lutz Niethammers verdanke, hat in etliche Gesamtdarstellungen zur Geschichte der Bundesrepublik Eingang gefunden. Die in dem Aufsatz angeschnittenen Themen sind seither in zahlreichen Arbeiten behandelt worden. Hervorzuheben ist die elfbändige »Geschichte der Sozialpolitik in Deutschland seit 1945«, die vom Bundesministerium für Arbeit und Soziales und vom Bundesarchiv 2001- 2008 herausgegeben wurde. Einschlägig sind hier insbesondere Bd. 2: 1949–1949. Die Zeit der Besatzungszonen. Sozialpolitik zwischen Kriegsende und der Gründung zweier deutscher Staaten, hg. von *U. Wengst*, Baden-Baden 2001; Bd. 3: Bundesrepublik Deutschland 1949–1957. Bewältigung von Kriegsfolgen, Rückkehr zur sozialpolitischen Normalität, hg. von *G. Schulz*, Baden-Baden 2006; Bd. 4: Bundesrepublik Deutschland 1957–1966. Sozialpolitik im Zeichen des erreichten Wohlstands, hg. von *M. Ruck* u. a., Baden-Baden 2008. Der weit gefächerte Sozialpolitikbegriff dieser Reihe erfasst alle Themenfelder, die der Aufsatz berührt.

Einige Themen, die in dem Aufsatz als Desiderate erscheinen, sind inzwischen vorzüglich bearbeitet worden. Zu den grundlegenden Monographien zählen: *M. L. Hughes*, Shouldering the Burdens of Defeat. West Germany and the Reconstruction of Social Justice, Chapel Hill 1999; *A. Kossert*, Kalte Heimat: Die Geschichte der deutschen Vertriebenen nach 1945, München 2008; *C. Kuller*, Familienpolitik im föderativen Sozialstaat. Die Formierung eines Politikfeldes in der Bundesrepublik 1949–1975, München 2004; *F. Föcking*, Fürsorge im Wirtschaftsboom. Die Entstehung des Bundessozialhilfegesetzes von 1961, München 2007. Die im Blick auf die Nachkriegszeit oft unterschätzte Virulenz des Evakuierungsproblems ist regional eindringlich untersucht worden: *K. Klee*, Im »Luftschutzkeller des Reiches«. Evakuierte in Bayern 1939–1953: Politik, soziale Lage, Erfahrungen, München 1999. Für die Nachkriegsentwicklung der westdeutschen Arbeiterbewegung hat sich die neuere Zeitgeschichtsforschung beklagenswert wenig interessiert; umso bemerkenswerter ist die zugespitzt argumentierende Studie von *J. Angster*, Konsenskapitalismus und Sozialdemokratie. Die Westernisierung von SPD und DGB, München 2003. Die in dem Aufsatz angeregte Erforschung der Geschichte der Wiedergutmachung hat sich hingegen zu einem stark expandierenden Forschungsfeld entwickelt. Vgl. dazu das Nachwort zum Beitrag 4 in diesem Band.

2. Das Gewicht der Tradition: Die deutsche Nachkriegssozialpolitik und der Beveridge-Plan

Alliierte Reformimpulse

Kurz nach dem Ende des Zweiten Weltkriegs vollzog die britische Labour-Regierung unter Clement Attlee eine tiefgreifende Reform des Wohlfahrtsstaats. Die Blaupause lieferte der unter Federführung von Sir William Beveridge ausgearbeitete und unter seinem Namen berühmt gewordene Beveridge-Plan.[1] Zur selben Zeit geriet das System der sozialen Sicherung auch im besetzten Deutschland dicht an den Rand eines Kontinuitätsbruchs. Das Arbeitsdirektorat des Alliierten Kontrollrats, in dem jede der vier Besatzungsmächte mit einer eigenen Arbeitsabteilung vertreten war, arbeitete 1946/47 den Entwurf für ein »compulsory social insurance law for Germany« aus, der von den traditionellen Prinzipien der deutschen Sozialversicherung bemerkenswert abwich.[2] Galt bisher in Deutschland das Leitbild, dass nur bestimmte, als besonders schutzbedürftig definierte Bevölkerungsgruppen in die gesetzliche Pflichtversicherung einzubeziehen seien,[3] worunter die höherverdienenden Angestellten und die Selbständigen grundsätzlich nicht gerechnet wurden, so sollte der Versicherungsschutz nun auf alle Staatsbürger (mit Ausnahme von Arbeitgebern, die mehr als fünf Arbeitnehmer beschäftigten) ausgedehnt werden. Der alliierte Entwurf orientierte sich also – wie der Beveridge-Plan – an einem die ganze Nation umfassenden Modell der sozialen Sicherung (»Volksversicherung«). Und während die deutsche Sozialversicherung bisher gruppen- bzw. klassenspezifisch organisiert war, sollte nunmehr – wieder in Übereinstimmung mit dem Beveridge-Plan – eine einheitliche Organisation eingeführt werden: Eine nur regional gegliederte Einheitsorganisation (»Einheitsversicherung«) sollte an die Stelle der

1 Der Beveridge-Plan. Sozialversicherung und verwandte Leistungen. Bericht von Sir William Beveridge, dem britischen Parlament überreicht im November 1942, Zürich 1943.

2 Vgl. im Einzelnen: *H. G. Hockerts*, Sozialpolitische Entscheidungen im Nachkriegsdeutschland. Alliierte und deutsche Sozialversicherungspolitik 1945 bis 1957, Stuttgart 1980.

3 So suchte z. B. der II. Zivilsenat des Bundesgerichtshofs noch 1951 die Zielgruppen der Sozialversicherung nur in »den des sozialen Schutzes besonders bedürftigen minderbemittelten Schichten der Bevölkerung«: Es sei gerade ein »Wesensmerkmal« der Sozialversicherung, »daß sie ihre Fürsorge auf ganz bestimmte Bevölkerungsgruppen richtet, die wegen ihrer wirtschaftlichen Schwäche zu eigener Fürsorge nicht fähig sind«. Vgl. Entscheidungen des Bundesgerichtshofs in Zivilsachen, Bd. 4, Köln 1952, S. 203.

Vielzahl herkömmlicher Versicherungsträger treten (z. B. gesonderte Rentenversicherungen für Arbeiter bzw. Angestellte; selbständige Betriebs-, Innungs-, Landkrankenkassen, Angestellten-Ersatzkassen), die jeweils auf bestimmte Bevölkerungsgruppen zugeschnitten waren und deren Beitragssätze und Leistungen erheblich differierten.

Einige Parallelen zu den in Großbritannien durchgeführten Reformen sind somit leicht erkennbar. Man könnte daher vermuten, dass es ein Ziel der Arbeitsabteilung der britischen Militärregierung gewesen sei, dem Beveridge-Plan im besetzten Deutschland Eingang zu verschaffen.[4] Diese Abteilung bildete im Apparat der Militärregierung – wie ein guter Kenner hervorgehoben hat – »easily the best group of civil servants and this was the direct result of Ernest Bevin's interest in its formation when he was at the Ministry of Labour«.[5] Das hauptsächliche Rekrutierungskriterium lag darin, »that the person should already be an established civil servant in the Ministry of Labour. As this ministry had a large departmental (i. e. executive grade mostly outside of London) staff it was possible to recruit able and reliable people who knew that their work in Germany, if good, would stand to their credit on their return to the United Kingdom«.[6] Nimmt man das erste Heft des »Arbeitsblatts für die Britische Zone« zur Hand, das unter dem Regiment dieser Abteilung stand, so sieht man, dass ein Bericht über den Beveridge-Plan den Aufsatzteil eröffnete.[7] In späteren Heften erläuterte der Direktor der Unterabteilung »Sozialversicherung« die britischen Reformgesetze.[8] Sir William Beveridge reiste im August 1946 persönlich durch das Gebiet der britischen Besatzungszone und hielt in mehreren Städten Vorträge über das britische Reformprogramm.[9] Er stattete auch dem »Zonenbeirat«, der deutschen Beratungskörperschaft der britischen Militärregierung, einen Besuch ab.

Es wäre jedoch verfehlt, aus solchen Indizien auf einen missionarischen Eifer im Zeichen des Beveridge-Plans zu schließen. Die Arbeitsabteilung der britischen Militärregierung kam vielmehr mit der Direktive nach Deutschland, die traditionelle deutsche Sozialversicherung so weit wie möglich aufrechtzuerhalten.[10]

4 So z. B. *H. Peters,* Die Geschichte der sozialen Versicherung, Bonn-Bad Godesberg 1973, S. 130.

5 *A. Albu,* Memories, Kapitel III, S. 13, unveröff. Manuskript.

6 A. M. Morgan in einem Brief an den Verf., 8.8.1978.

7 Arbeitsblatt für die Britische Zone 1 (1947), S. 28–30.

8 *T. J. Beatty,* Soziale Sicherheit in Großbritannien, in: Arbeitsblatt für die Britische Zone 2 (1948), S. 338–340, 419–422; *C. W. Cole,* Staatliche Fürsorge in Großbritannien, ebd., S. 293–295.

9 Vortragstext: *W. H. Beveridge,* Soziale Sicherheit und Vollbeschäftigung, Hamburg 1946 (= Kieler Veröffentlichungen, hg. v. Institut für Weltwirtschaft an der Universität Kiel, Heft 1).

10 Vgl. *G. Foggon,* Alliierte Sozialpolitik in Berlin, in: *R. Bartholomäi* u. a. (Hg.), Sozialpolitik nach 1945. Geschichte und Analysen, Bonn-Bad Godesberg 1977, S. 33–36. Dementsprechend »konservativ« war die Sozialversicherungsdirektive Nr. 1 der britischen Militärregierung vom 28.8.1945, abgedruckt in: Arbeitsblatt für die Britische Zone 1 (1947), S. 10 f.

Und die treibende Kraft der Reformplanung im Arbeitsdirektorat der Viermächteverwaltung war nicht die britische Abteilung, sondern die russische, in etwas geringerem Maße auch die amerikanische. Diese beiden Abteilungen ließen sich von deutschen Experten beraten, die unverkennbar in der Tradition sozialistisch-gewerkschaftlicher Reformforderungen standen. Hingegen war der Entwurf eines Reformgesetzes, den die Briten in die Beratungen des Arbeitsdirektors einbrachten, die wörtliche Übersetzung einer Vorlage aus der Feder eines früheren Beamten des deutschen Reichsarbeitsministeriums.

Zugespitzt kann man sagen: Die britische Arbeitsabteilung dachte hauptsächlich in finanziellen Kategorien. Sie wollte keinen Maßnahmen zustimmen, die das deutsche Sozialversicherungssystem teurer machten, sondern die Kosten möglichst senken. Daher wurden die Leistungen der Sozialversicherung in der britischen Zone erheblich stärker beschnitten als etwa in der amerikanischen. Auch im Zuge der Beratungen über den gemeinsamen alliierten Reformentwurf setzte sich die britische Seite für eine Senkung des herkömmlichen deutschen Leistungsstandards ein. So wollte sie erreichen, dass die Sozialversicherung ohne jeden Staatszuschuss auskommen könne. Damit wich die britische Position so deutlich vom Finanzierungsvorschlag des Beveridge-Plans ab, dass ein deutscher Gewerkschaftsvertreter sich nicht ungeschickt auf eben diesen Plan berief, als er die »unbedingte Notwendigkeit« steuerfinanzierter Zuschüsse verteidigte: Hierfür spreche ja schon die Tatsache, »daß nach dem Beveridge-Plan rund 50 Prozent Staatsmittel für die Renten aufzubringen sind«.[11] Am Ende einigten sich die Besatzungsmächte jedoch auf den Fortfall sämtlicher Staatszuschüsse. Einsparungsabsichten verband der alliierte Entwurf auch mit der Organisationsvereinheitlichung und der weiten Ausdehnung des Versichertenkreises: Das eine schien ein geeigneter Weg, um die Verwaltungskosten zu senken, und das andere ließ ein erhöhtes Beitragsaufkommen erwarten, was zur teilweisen Kompensation der fortfallenden Staatszuschüsse erwünscht war.

Die britische Sparpolitik muss vor dem Hintergrund der schwierigen ökonomischen Situation Großbritanniens gesehen werden. Eine Senkung der Kosten der deutschen Sozialversicherung sollte helfen, das besetzte Deutschland wirtschaftlich »self-sufficient« zu machen, um auf diese Weise die britischen Steuerzahler von der Finanzierungshilfe für lebensnotwendige deutsche Importe zu entlasten.

11 Vgl. Protokoll einer Sitzung des Zonenbeirats der britischen Zone am 14./15.8.1946, die eine Aussprache mit dem stellvertretenden britischen Militärgouverneur einschloss, abgedruckt in: Akten zur Vorgeschichte der Bundesrepublik Deutschland 1945–1949, Bd. 1, bearb. von *W. Vogel* u. *C. Weisz*, München 1976, S. 673.

Deutsche Gegenkräfte

Der alliierte Reformentwurf mobilisierte auf der deutschen Seite starke Gegenkräfte. Bereits das Beharrungsvermögen der herkömmlichen Organisationsstruktur löste Abwehrreaktionen aus, zumal ein Großteil der traditionellen Institutionen sehr schnell wieder »almost normally« funktionsfähig war.[12] Publizistisch und gutachterlich höchst rührig, kämpfte ein Netzwerk von Traditionsträgern des Reichsarbeitsministeriums für den Erhalt der »klassischen« Sozialversicherung. Vor allem aber drängte eine Vielzahl von Interessengruppen darauf, an den tradierten Formen festzuhalten, insbesondere an der Begrenzung der Versicherungspflicht, an der Vielfalt autonomer Krankenkassen und den separaten Rentenversicherungen für Arbeiter und Angestellte.[13] Getragen wurde diese Gegenbewegung vor allem von Exponenten der Privatversicherungen und der Ärzteschaft, des selbständigen Mittelstands in Handwerk, Handel und Landwirtschaft sowie von Kreisen der industriellen Unternehmer und der Angestellten. Ihre Opposition zeigt im Nachhinein, dass die Entwicklung der »gegliederten« Sozialversicherung in Deutschland dem Interessenspektrum, aber auch den normativen Leitbildern dieser Gruppen in hohem Maße Rechnung getragen hatte. Obgleich die deutsche Gewerkschaftsbewegung sich grundsätzlich an den Reformzielen »Einheitsversicherung« und »Volksversicherung« orientierte, lehnten auch Teile der Gewerkschaften den alliierten Entwurf ab, am deutlichsten der Gewerkschaftsbund der britischen Zone.[14] Ihn störten einige Teilaspekte der dort vorgesehenen Einheitsversicherung, vor allem aber die Senkung des Leistungsstandards und der geplante Fortfall aller festen Staatszuschüsse. Auch innerhalb der SPD war der alliierte Entwurf umstritten, zumal diese Partei noch nicht über ein hinreichend konkretes, verbindliches Reformprogramm verfügte.[15]

12 Vgl. Monthly Report of the Control Commission for Germany (British Element), Berlin, Vol. 1, Nr. 1, S. 11: »Surprisingly enough, it was found that even in the worst-devasted areas, the machinery was beginning to function again, if somewhat creakingly, and after an interval of a few weeks, benefits for sickness and industrial accident as well as pensions for widows, the aged and infirm, were continuing almost normally throughout the Zone«.

13 Vgl. dazu im Einzelnen *Hockerts,* Sozialpolitische Entscheidungen, S. 40–50.

14 Vgl. Die Gewerkschaftsbewegung in der britischen Besatzungszone. Geschäftsbericht des Deutschen Gewerkschaftsbundes (Britische Zone) 1947–1949, Köln 1949, S. 320 f.: Dem »energischen Auftreten des Deutschen Gewerkschaftsbundes« sei es »zu verdanken, daß sowohl die englische als auch die amerikanische Militärregierung davon Abstand nahmen, den fertigen Gesetzentwurf des Kontrollrats in ihren Besatzungszonen in Kraft zu setzen«.

15 Eine »einheitliche Sozialversicherung«, bei der »die Versicherten maßgebend mitzuwirken haben«, forderten die auf dem Hannoveraner Parteitag am 11.5.1946 beschlossenen Leitsätze. Nur wenig detaillierter war der »Entwurf eines Sozialprogramms der SPD«, der

Schließlich ist auch auf mentale Dispositionen hinzuweisen, die sich aus den besonderen deutschen Nachkriegsbedingungen ergaben. Sie lassen sich durch einen Vergleich der deutschen mit der britischen Ausgangssituation genauer bestimmen. In Großbritannien erschien die Reform der Sozialversicherung als eine große *nationale* Aufgabe, während sie in Deutschland die Gestalt eines Oktroi von Besatzungsmächten anzunehmen drohte – und dies auf einem Feld, auf dem die Deutschen einem verbreiteten Selbstverständnis zufolge seit Bismarck die weltweit führende Nation waren. Hier wurden Empfindlichkeiten wach, die noch dadurch gesteigert wurden, dass die Sozialversicherungstradition eine der wenigen Traditionen war, an denen das geschlagene und durch den Nationalsozialismus tief diskreditierte Deutschland ohne größere Schwierigkeiten anknüpfen konnte. Auf der Suche nach einem historischen Identitätsbewusstsein kam dem deutschen Selbstbild als Pioniernation staatlicher Sozialpolitik daher eine besondere Bedeutung zu. So betonte Konrad Adenauer während einer Großkundgebung der CDU im August 1946: »Die Sozialversicherung muß uns erhalten bleiben. Wir sind stolz darauf. Und zu dem Vorschlag von Beveridge, den er kürzlich in Hamburg gemacht hat, kann ich nur sagen, daß wir Deutsche ja schon seit 30 Jahren ähnliche Dinge hatten«.[16] Repräsentanten der alten Fachelite priesen die Bismarcksche Sozialversicherung gar als »Denkmal dauernder als Erz«, als »Geschenk des deutschen Volkes an die Welt«.[17] Verhaltener, doch durchaus nationalbewusst, meldeten auch Sozialdemokraten den Anspruch an, »daß die Sozialversicherung, die vor 70 Jahren aus deutschem

vom Sozialpolitischen Ausschuss des Parteivorstands 1947/48 formuliert und auf dem Düsseldorfer Parteitag im September 1948 veröffentlicht wurde. Dass die SPD nicht früher und konkreter zu einer parteioffiziellen Linie fand, lag zum einen an einer erst spät einsetzenden zentralen Koordination (erst im Dezember 1947 wurde das Sozialpolitische Referat beim Parteivorstand hauptamtlich besetzt), zum anderen an parteiinternen Meinungsdivergenzen. »Die Gegensätze über das Für und Wider bei der Reform der Sozialversicherung gehen bis weit in unsere Parteikreise hinein«, teilte der Leiter des Sozialpolitischen Referats am 19.3.1948 einem AOK-Geschäftsführer mit (AdsD, Bonn, Büro Schumacher, I 75).

16 Rede in Essen am 24.8.1946 (Archiv der Stiftung Bundeskanzler-Adenauer-Haus, Rhöndorf). Adenauer bezog sich auf eine Rede (vgl. Anm. 9), die Beveridge während seines Deutschlandbesuchs u. a. in Hamburg gehalten hatte. – Nachtrag zum Wiederabdruck: Eine bemerkenswert ähnliche Einschätzung hat sich tief in die Erinnerung von Helmut Schmidt eingegraben. Als Fritz Stern anno 2010 die Impulsfunktion des Beveridge-Plans im Nachkriegseuropa hervorhob, replizierte Schmidt: »Wobei die Deutschen den Anstoß durch Lord Beveridge nicht mehr benötigten. Die deutsche Sozialversicherung war bereits hochentwickelt, als die Engländer damit anfingen«. Vgl. *H. Schmidt* u. *F. Stern*, Unser Jahrhundert. Ein Gespräch, München 2010, S. 239.

17 So Andreas Grieser, der ab 1922 als Ministerialdirektor, 1932/33 als Staatssekretär im Reichsarbeitsministerium gewirkt hatte und 1947–1950 als Staatssekretär im bayerischen Arbeitsministerium amtierte, in Reden am 17.10.1947 bzw. 27.10.1950. Vgl. Versicherungswirtschaft und Versicherungspraxis 1 (1947), S. 122 bzw. Deutscher Bundesrat, Sitzungsbericht, 38. Sitzung, 27.10.1950, S. 704.

Vorgehen erwachsen ist, auch jetzt durch eine von deutschen Stellen vorzunehmende Regelung erneuert werden sollte«.[18]

Hinzu kam bei einigen führenden Gewerkschaftlern der britischen Zone eine taktische Überlegung. Man konnte nicht ausschließen, dass das vom Alliierten Kontrollrat vorgesehene neue Sozialversicherungssystem aufgrund der zerrütteten Volkswirtschaft bald in eine ernste Finanzierungs- und Leistungskrise geraten werde. Dies würde dann, so befürchtete man, zu einer nachhaltigen Diskreditierung richtiger Reformprinzipien führen und zugleich einen gefährlichen Ansatzpunkt für nationalistische, vielleicht sogar revanchistische Agitation bilden.[19]

Noch in einer weiteren Hinsicht unterschied sich die Ausgangssituation in Deutschland und Großbritannien. Hier hatte die Kriegserfahrung die nationale Solidarität und das Vertrauen in staatliche Interventionen eher gefördert und so dem Reformprogramm des Beveridge-Plans den Boden bereitet. In Deutschland jedoch stärkte die Erfahrung des nationalsozialistischen Herrschaftsmissbrauchs Gegenkräfte gegen Zentralisierungs- und Kollektivierungstendenzen, wie sie auch in der Form von Einheitsversicherungsplänen der »Deutschen Arbeitsfront« hervorgetreten waren. In gewisser Analogie zum Beveridge-Plan hatte die »Deutsche Arbeitsfront« alle Bürger in ein einheitlich organisiertes System sozialer Sicherung einbeziehen wollen,[20] und man hatte sich mit Schrecken ausmalen können, dass die Verwirklichung dieser Pläne die Institutionen der sozialen Sicherung restlos in ein herrschaftstechnisches Arsenal des NS-Regimes umgewandelt hätte. Im Gegenzug hatten schon Teile der deutschen Opposition gegen Hitler ein Festhalten an den traditionellen Formen der Sozialversicherung gefordert.[21] Nach 1945 wurde die Aversion gegen die nationalsozialistischen Einheitsversicherungspläne teils aus Überzeugung, teils aus Taktik auf die Ablehnung des alliierten Reformprogramms übertragen.[22] Wenn man in

18 Erklärung der SPD-Fraktion des Parlamentarischen Rats beim Stuttgarter Länderrat, 7.10. 1947 (Protokoll der 25. Tagung des Länderrats; PA BT). – Nachtrag zum Wiederabdruck: Zur Stilisierung des deutschen Selbstbilds als Mutterland der Sozialgesetzgebung vgl. *S. Kott*, L'Etat social et la nation allemande, in: *H. G. Hockerts* (Hg.), Koordinaten deutscher Geschichte in der Epoche des Ost-West-Konflikts, München 2004, S. 79–101.

19 Mündliche Mitteilungen von Walter Auerbach an den Verf.

20 *K. Teppe,* Zur Sozialpolitik des Dritten Reiches am Beispiel der Sozialversicherung, in: AfS 17 (1977), S. 195–250; *M.-L. Recker,* Nationalsozialistische Sozialpolitik im Zweiten Weltkrieg, München 1985. Das Reichsarbeitsministerium ließ den Beveridge-Plan unverzüglich nach seinem Erscheinen »nur für den Dienstgebrauch« übersetzen. Vgl. *Teppe,* S. 249, Anm. 257.

21 Vgl. Beck und Goerdeler. Gemeinschaftsdokumente für den Frieden 1941–1944, hg. v. *W. Ritter von Schramm,* München 1965, S. 127 f.

22 Vgl. z. B. eine Stellungnahme der Ärztekammern der drei westlichen Zonen zur Reform der Sozialversicherung, 3.11.1946: »Die Ärzteschaft wendet sich gegen den Gedanken der Einheitsversicherung und der Einheitsverwaltung, die die Gefahr des politischen Missbrauchs in sich schließen«. Es sei »nicht verständlich, daß ein gefährliches politisches Ziel, das nach 1933 vom Nationalsozialismus angestrebt wurde, nach dessen Beseitigung verwirklicht werden soll«. (Nachlass Krohn, Privatbesitz, Bonn).

der Einheits- und Volksversicherung ein modernisierendes Moment sehen will, dann liegt hier einer jener Fälle vor, in denen Modernisierungstendenzen nach 1945 in Deutschland durch die Erinnerung an nationalsozialistische Analogien verlangsamt worden sind.

Scheitern der alliierten Reformplanung

Die russische Besatzungsmacht setzte den alliierten Reformentwurf Anfang 1947 in ihrer eigenen Zone mit einigen Modifikationen in Kraft. Dagegen verzichteten die drei westlichen Besatzungsmächte auf analoge Schritte. Auch ein entsprechendes Kontrollratsgesetz, das für ganz Deutschland gegolten und daher Einstimmigkeit der vier Militärgouverneure vorausgesetzt hätte, kam nicht zustande. Zwar gelang dem alliierten Arbeitsdirektorat im Juli 1947 in fast allen Punkten des Gesetzentwurfs eine wenn auch mühsame Einigung (offen blieb nur die Streitfrage, ob die Beamten in die Versicherungspflicht einzubeziehen seien); doch scheiterte der Entwurf Anfang 1948 im Spitzengremium der Viermächteverwaltung, dem Alliierten Kontrollrat. Hier verweigerten der amerikanische und der britische Militärgouverneur, Lucius D. Clay und Brian H. Robertson, ihre Zustimmung. Denn der Kalte Krieg hatte die Rahmenbedingungen des Reformprojekts tiefgreifend verändert: In dem Maße, wie der Ost-West-Konflikt sich verschärfte und der Aufbau eines westdeutschen Staates für die Westmächte politische Priorität gewann, wurde die Übereinstimmung mit der auf westdeutscher Seite vorherrschenden Meinung für sie wichtiger als die Einigung mit der Sowjetunion, die nur auf der Grundlage des alliierten Entwurfs erreichbar war.

Das amerikanisch-britische Nein stand im Einklang mit jener breiten innerdeutschen Opposition unter Einschluss bedeutender Teile der Gewerkschaftsbewegung, von der oben die Rede war. Auf die Sozialversicherung trifft daher das Erklärungsmuster der »verhinderten Neuordnung« nicht zu, wonach sozialistisch-gewerkschaftliche Reformziele in den ersten Nachkriegsjahren zwar von der Bevölkerungsmehrheit erstrebt, aber von der amerikanischen Besatzungsmacht im stillen manipulativen Einvernehmen mit dem deutschen Bürgertum verhindert worden seien.[23] Ebenso wenig passt hier das Erklärungsmuster, dass die Briten »von den Amerikanern abgehalten wurden, Reformen zuzulassen«.[24] Denn das britische Abrücken von dem alliierten Reformprojekt

23 So z.B. *E. Schmidt,* Die verhinderte Neuordnung 1945–1952. Zur Auseinandersetzung um die Demokratisierung der Wirtschaft in den westlichen Besatzungszonen und in der Bundesrepublik Deutschland, Frankfurt a.M. 1970.

24 So z.B. *L. Niethammer,* Zum Verhältnis von Reform und Rekonstruktion in der US-Zone am Beispiel der Neuordnung des Öffentlichen Dienstes, in: VfZ 21 (1973), S. 177–188, hier S. 177.

war nicht das Resultat amerikanischen Drucks, sondern ergab sich aus wachsenden eigenen Bedenken. Symptomatisch für die Erleichterung, mit der die zuständigen Sachbearbeiter das ungeliebte Projekt abstießen, ist ein Schreiben an die Kollegen der Finanzabteilung: »In short, it has to be admitted that we have unfortunately been manoeuvred into a false position on agreeing to the reform of Social Insurance in the quadripartite machine and shall be grateful for anything you can do to frustrate or delay the course of this highly controversial measure in the Finance Directorate«.[25]

Vertagung von Grundsatzentscheidungen im Frankfurter Wirtschaftsrat

Im Zusammenhang mit der Währungsreform im Juni 1948 legten die drei westlichen Militärregierungen das Problem einer Sozialversicherungsreform in deutsche Hände. Neben den Landtagen der einstweilen noch gesonderte Wege gehenden französischen Zone kam damit der Frankfurter Wirtschaftsrat zum Zuge, also die deutsche Legislativkörperschaft des vereinigten amerikanischen und britischen Besatzungsgebietes. Mit dem im Dezember 1948 verabschiedeten »Sozialversicherungs-Anpassungsgesetz« erhöhte das Zweizonenparlament die Versicherungsleistungen beträchtlich über das im alliierten Reformentwurf vorgesehene Maß hinaus. Zugleich verringerte es herkömmliche Unterschiede in den Sozialrechtspositionen von Arbeitern und Angestellten. Die strittigen Grundsatzfragen einer Sozialversicherungsreform klammerte der Wirtschaftsrat jedoch aus, weil er so tiefgreifende Entscheidungen dem Parlament des im Entstehen begriffenen westdeutschen Staates vorbehalten wollte.

Tatsächlich war eine Leistungserhöhung unbedingt vordringlich, denn die von sozialen Leistungen abhängigen Bevölkerungsteile, insbesondere die Alters- und Invaliditätsrentner, waren nahezu verelendet. Setzt man 1938 = 100, so war der Index der Lebenshaltungskosten Ende 1948 um 73 Punkte gestiegen, die durchschnittliche Arbeiterrente, die schon 1938 kaum ausreichte, dagegen nur um 35 Punkte.[26] Umso größer war auf deutscher Seite die Erbitterung, als das Zweimächtekontrollamt der anglo-amerikanischen Militärregierungen dem Gesetz die Zustimmung versagte, da es die Kosten als zu hoch empfand. Es bedurfte sehr heftiger, von CDU/CSU und SPD gemeinsam geführter Kämpfe, bis das Gesetz dann doch – verspätet zum 1. Juni 1949 – in Kraft treten konnte. Genau ein Jahr lang hatten die Rentner mithin ohne kompensatorische Zulage

25 Social Insurance Branch an Finance Division, 10.2.1948 (BAK, Z 40/27).

26 Vgl. *G. Tietz,* Die Entwicklung der Durchschnittsrenten in der Invalidenversicherung und der Angestelltenversicherung seit 1938, in: BABl 6 (1955), S. 1087.

unter den Auswirkungen des Inflationsstoßes zu leiden, der auf die Währungsreform und die Liberalisierung der Wirtschaft gefolgt war.

Das Gewicht der Tradition im ersten Deutschen Bundestag

Das Ergebnis der ersten Bundestagswahl von 1949 führte die SPD, die überwiegend einem Umbau der Sozialversicherung zur Einheits- und Volksversicherung zuneigte, in die Opposition. Mit CDU/CSU, FDP und DP bildeten Parteien die Regierungskoalition, die übereinstimmend entschlossen waren, die Grundlagen der traditionellen deutschen Sozialversicherung zu verteidigen. Die Besetzung des Bundesarbeitsministeriums mit Traditionsträgern der Weimarer Reichsministerialbürokratie festigte diese Weichenstellung. Daher ist die sozialstaatliche Gründung der Bundesrepublik durch eine enge Anlehnung an Institutionen und Recht der Weimarer Republik gekennzeichnet. War das für die Weimarer Sozialversicherung charakteristische Selbstverwaltungsprinzip 1934 durch das »Führerprinzip« beseitigt worden, so setzte das 1951 verabschiedete Selbstverwaltungsgesetz dieses Prinzip wieder in Kraft. Zugleich entzog dieses Gesetz der unter den besonderen Bedingungen des Jahres 1945 in der Stadt Berlin etablierten Einheitsversicherung[27] die Grundlage und machte den Weg für die Wiedererrichtung oder auch Neugründung von Sonderkassen auch in Westberlin frei. Hatte das NS-Regime das Arbeitslosigkeitsrisiko dem Versicherungsprinzip entzogen, indem es den Arbeitseinsatz mit stark repressiven Zügen reglementierte und die marginal werdende Arbeitslosenhilfe der Fürsorge übergab, so begann in den westlichen Besatzungszonen bald nach Kriegsende der Wiederaufbau der Arbeitslosenversicherung. Mit dem Gesetz über die Errichtung der Bundesanstalt für Arbeitslosenvermittlung und Arbeitslosenversicherung übernahm 1952 eine Nachfolgeinstitution den Aufgabenbereich der entsprechenden Weimarer Reichsanstalt.

Ebenso folgten andere »Errichtungsgesetze« dem Vorbild früherer Reichsinstitutionen. Dies gilt besonders für die Gründung der Bundesversicherungsanstalt für Angestellte, die der Bundestag kurz vor den Neuwahlen von 1953 einstimmig beschloss. In diesem Punkt wich die SPD bemerkenswert stark von ihrem (intern nicht unangefochtenen) Vereinheitlichungskonzept ab, was allerdings leicht erklärbar ist. Wenige Monate zuvor, bei den Wahlen für die Selbstverwaltungskörperschaften in der Sozialversicherung, hatten die abstimmenden Angestellten mit großer Mehrheit für Listen votiert, die mit Nachdruck für

27 Zu der 1951 gestoppten Sonderentwicklung in Berlin vgl. *E. Reidegeld*, Die Sozialversicherung zwischen Neuordnung und Restauration. Soziale Kräfte, Reformen und Reformpläne unter besonderer Berücksichtigung der Versicherungsanstalt Berlin, Frankfurt a. M. 1982.

eine separate Angestelltenversicherung eintraten. Dieses Ergebnis ließ so eindeutige Rückschlüsse auf Wünsche eines umworbenen Wählerpotentials zu, dass keine Fraktion im Jahr der Bundestagswahlen gegen eine neuerliche Verselbständigung der Angestelltenversicherung zu stimmen wagte. Da Westberlin zum Sitz der neuen Bundesanstalt bestimmt wurde, erleichterte die Konnotation der Berlin-Hilfe die sozialdemokratische Zustimmung.

»Wiederaufbau« und Kontinuität kennzeichnen somit das Gefüge der Sozialversicherung. Zwei Akzente wurden allerdings neu gesetzt. Der eine betraf den Aufbau einer besonderen Sozialgerichtsbarkeit (Sozialgerichtsgesetz 1953). Bislang waren umstrittene Entscheidungen der Sozialversicherungsträger allein von exekutiven Instanzen auf ihre Rechtmäßigkeit überprüft worden. Nun wurden Exekutive und Judikative im Zeichen rechtsstaatlicher Grundsätze strikt getrennt. Der zweite Akzent betraf die Zusammensetzung der Selbstverwaltungsgremien der Sozialversicherung. Hier galt fortan das Prinzip der Parität zwischen Arbeitgeber- und Arbeitnehmervertretern. Dies wurde zum Teil mit der Beitragshälftelung im Finanzierungsverfahren begründet, vor allem aber mit dem Sozialpartnerschaftsgedanken. Damit verlor die Arbeitnehmerseite die Majorität in der Krankenkassenverwaltung, die sie von 1883 bis 1934 (bei entsprechendem Beitragsanteil) besessen hatte. Ob man hier eine folgenschwere Abkoppelung der Arbeiterbewegung von der Steuerung des Gesundheitswesens sehen soll, ist eine umstrittene Frage. Dass die Selbstverwaltung der gesetzlichen Krankenversicherung in den folgenden Jahrzehnten an Gestaltungskraft verlor, lag wohl eher an der Ausdünnung ihrer Kompetenzen durch den Staat, auch an der geringen Verhandlungsmacht, mit der das zerklüftete Kassenwesen den Oligopolen der Anbieterinteressen gegenübertrat.

Aufs Ganze gesehen lagen die innovativen Leistungen der Sozialpolitik in der ersten Legislaturperiode nicht auf dem Feld der Sozialversicherung. Man entdeckt sie eher beim Aufbau neuer Entschädigungs- und Versorgungssysteme, mit denen die katastrophale Kriegshypothek abgetragen werden sollte.[28] Das Lastenausgleichsgesetz leitete ein groß angelegtes Umverteilungsprogramm zugunsten der mehr als zehn Millionen Vertriebenen, Flüchtlinge und Ausgebombten ein. Mehrere Gesetze halfen den vier Millionen Menschen, die der Krieg zu Invaliden, Witwen und Waisen gemacht hatte. Da etwa ein Drittel des notwendigen Wohnungsbestandes fehlte, kurbelte der Gesetzgeber mit einem massiven Einsatz öffentlicher Mittel Wohnungsbauprogramme an, von deren Effizienz sich übrigens auch Sir Beveridge beeindruckt zeigte.[29]

28 Vgl. dazu den Beitrag 1 im vorliegenden Band.

29 Vgl. *J. H. Harris,* William Beveridge. A Biography, Oxford 1977, S. 465.

Im Schatten des Nationalsozialismus

Bisher war viel von Kontinuitätslinien zur Weimarer Republik die Rede, so dass sich nun auch die Frage nach dem Beziehungsverhältnis zur NS-Zeit stellt. Soweit die nationalsozialistische Politik der rassenideologisch motivierten Aussonderung und »Ausmerze« das Sozialrecht durchdrungen hatte, führt keine Brücke zum Sozialrecht der Bundesrepublik.[30] Aber auch an die Tendenz zur Universalisierung und Vereinheitlichung der sozialen Sicherung, die in den oben erwähnten DAF-Konzepten zum Vorschein kam, knüpfte die Bundesrepublik nicht an. Vielmehr wird eine Tendenz erkennbar, die man als Revitalisierung konservativer Positionen im Medium der Distanzierung vom Nationalsozialismus bezeichnen kann. Denn das Festhalten an der Kontinuität legitimierte sich zwar nicht primär, aber auch im Gegenzug zu den Reformplänen der DAF, die eine radikale Abkehr vom System der traditionellen Sozialversicherung im Visier gehabt hatten.

Das westdeutsche Sozialrecht nahm jedoch auch etliche Regelungen auf, die erstmals in der NS-Zeit eingeführt worden waren. Dies gilt z.B. für den Abbau von Alternativen zur privatwirtschaftlich organisierten Gesundheitssicherung, die es in der Weimarer Republik in Form von kasseneigenen Betrieben, insbesondere von kasseneigenen Ambulatorien mit festangestellten Ärzten gegeben hatte. Der Abbau wurde ab 1933 weitgehend vollzogen und in der Bundesrepublik fortgeführt. Während diese Entwicklungslinie, die niedergelassene Ärzte und private Mittelstandsbetriebe (z.B. Optiker) bevorzugte, als restaurativ kritisiert worden ist,[31] gelten andere in der NS-Zeit eingeleitete und in der Bundesrepublik fortentwickelte Neuerungen durchwegs als sozialpolitische Verbesserungen. Rein verwaltungstechnisch ist hier an die Ersetzung des »Klebens« von Beitragsmarken durch das Lohnabzugsverfahren (1942) zu denken, im materiellen Recht an die Einbeziehung der Handwerker in die Rentenversicherung (1938) sowie der Rentner in den Schutz der gesetzlichen Krankenversicherung (1941). Bedeutsam ist auch eine Reform der Unfallversicherung (1942), die von einem terminologischen Wandel – vom »Betriebsunfall« zum »Arbeitsunfall« – begleitet war: An die Stelle eines Katalogs versicherter Betriebe (in denen wiederum die Mehrzahl der kaufmännischen Angestellten unversichert blieb) trat nun die von der Betriebs- und Beschäftigungsart unabhängige Personenversicherung aller Arbeiter und Angestellten.

30 Vgl. im Einzelnen die Beiträge von *W. Süß* (Gesundheitspolitik), *C. Conrad* (Alterssicherung) und *W. Rudloff* (Öffentliche Fürsorge), in: *H.G. Hockerts* (Hg.), Drei Wege deutscher Sozialstaatlichkeit. NS-Diktatur, Bundesrepublik und DDR im Vergleich, München 1998.

31 *E. Hansen* u.a., Seit über einem Jahrhundert. Verschüttete Alternativen in der Sozialpolitik, Köln 1981.

Völkisch-biologistische Konzepte hatten die öffentliche Fürsorge viel tiefer als die Sozialversicherung durchdrungen.[32] Diese Perversion des Fürsorgerechts wurde nach 1945 grundsätzlich revidiert.[33] Beseitigt wurde nun auch die nationalsozialistische Organisationskonkurrenz zur öffentlichen und privaten Fürsorge: NS-Organisationen wie die »Nationalsozialistische Volkswohlfahrt« (NSV) und das »Winterhilfswerk« (WHW) hatten propagandawirksame Fürsorgedienste übernommen, während die private Wohlfahrtspflege teils verboten (Arbeiterwohlfahrt), teils behindert und bedrängt (Caritas, Innere Mission) worden war. Andererseits reichten bestimmte 1924 eingeführte Grundlagen des Fürsorgerechts kontinuierlich bis in die Gründerjahre der Bundesrepublik hinein und wurden erst 1961 deutlich fortentwickelt. In den Traditionsbestand der Bundesrepublik ging auch die Tendenz zur Standardisierung des Existenzminimums ein, die – dem »kommunalen Unterstützungswildwuchs« entgegenwirkend – mit einem »Richtsatz-Erlaß« von 1941 zum Durchbruch gekommen war.[34]

Bilanz 1953: Notwendigkeit einer umfassenden Reform?

Die Sozialleistungsquote (definiert als Anteil der öffentlichen Sozialleistungen am Volkseinkommen) lag 1953, am Ende der ersten Legislaturperiode, in der Bundesrepublik Deutschland mit 19,4 Prozent höher als in allen anderen vergleichbaren Staaten. Großbritannien wandte im selben Jahr 12,5 Prozent, Schweden 13,5 Prozent seines Volkseinkommens für öffentliche Sozialleistungen auf.[35] Die hohe deutsche Quote spiegelt das Verhältnis zwischen einer kriegsbedingt hohen Zahl von Leistungsempfängern und einem relativ niedrigen Sozialprodukt wider. Sie ergab sich also keineswegs aus einem besonders hohen Niveau der sozialen Leistungen. Im Gegenteil: Niemand bestritt, dass ein wesentlicher Teil der Leistungen unzureichend war, und außerdem gab es empfindliche Leistungslücken. Insbesondere hatte man vom ersten Bundestag

32 Vgl. *W. Ayaß*, »Asoziale« im Nationalsozialismus, Stuttgart 1995; *W. Gruner*, Öffentliche Wohlfahrt und Judenverfolgung. Wechselwirkungen lokaler und zentraler Politik im NS-Staat (1933–1942), München 2002.

33 Langsamer verlief hingegen der mentalitätsgeschichtliche Wandel im Umgang mit »Asozialität«. So hatte z.B. die Forderung nach einem Bewahrungsgesetz für »gefährdete« Erwachsene »auch nach 1945 unter den Vordenkern der Fürsorge, allen jüngsten Erfahrungen zum Trotz, zahlreiche Anhänger«. Vgl. *W. Rudloff*, Öffentliche Fürsorge, in: *Hockerts*, Drei Wege, S. 191–229, hier S. 205.

34 Vgl. *Rudloff*, S. 195.

35 The Cost of Social Security 1949–1957, hg. v. *International Labour Office*, Genf 1961. Eine tabellarische Zusammenfassung bei *D. Zöllner*, Öffentliche Sozialleistungen und wirtschaftliche Entwicklung. Ein zeitlicher und internationaler Vergleich, Berlin 1963, S. 29.

vergeblich die gesetzliche Einführung eines Familienlastenausgleichs erhofft. Weiterhin konnte kaum bestritten werden, dass das System sozialer Sicherung stark zersplittert, schlecht koordiniert und für alle Beteiligten völlig unübersichtlich war. Daher setzten 1952/53 Versuche einer umfassenden Reformplanung ein, wobei das Beispiel des Beveridge-Plans – positiv oder negativ – einen bedeutenden Einfluss ausübte. Dies wird im Folgenden im Hinblick auf die wissenschaftliche Diskussion, die sozialdemokratische Opposition und die Bundesregierung erläutert.

Deutsche Blicke nach London

Deutsche Beobachter studierten den Beveridge-Plan wie auch die darauf basierenden britischen Reformen mit großer Aufmerksamkeit. Bezeichnend ist eine Studienreise nach London, die 19 deutsche Experten im Januar 1953 unternahmen. Sie kamen aus Kreisen der Wissenschaft (z.B. die Professoren Hans Achinger, Gerhard Mackenroth und Bernhard Pfister sowie Karl Osterkamp vom Wirtschaftswissenschaftlichen Institut der Gewerkschaften), der Politik (z.B. die Vorsitzenden der sozialpolitischen Parteivorstandsausschüsse der SPD, Prof. Ludwig Preller, bzw. der CDU, Heinrich Lünendonk) und der Sozialverwaltung. Die Besuchergruppe konferierte in der Londoner Universität zwei Wochen lang mit führenden britischen Experten wie Richard M. Titmuss, Alan T. Peacock und Christine Cockburn.[36] Wenngleich die deutschen Gäste mit Kritik durchaus nicht sparten,[37] imponierte vielen doch die Einheitlichkeit und Übersichtlichkeit sowie das Grundkonzept des britischen Reformwerks. Ludwig Preller hob insbesondere folgende Vorzüge hervor: (a) die einfache und übersichtliche

36 Vgl. als Konferenzberichte: *W. Auerbach*, Beveridgeplan – 10 Jahre danach. Erfahrungen und Lehren, in: Soziale Sicherheit 2 (1953), S. 134–173; *H. Lünendonk*, Soziale Sicherung in England, in: Sozialer Fortschritt 2 (1953), S. 59–63, 85–88; Briefwechsel zwischen *L. Preller* u. *H. Lünendonk*, abgedruckt in: Sozialer Fortschritt 2 (1953), S. 102–106; *K. Osterkamp*, Soziale Sicherung in England, in: Gewerkschaftliche Monatshefte 4 (1953), S. 179–182.

37 So sah Preller im britischen System folgende Nachteile: (1) das niedrige Niveau der sozialen Geldleistungen (Krankengeld, Altersrente); (2) das Fehlen einer besonderen Invalidenrente, die im Beveridge-Plan zwar vorgeschlagen, aber nicht eingeführt worden war; Invalide erhielten in Großbritannien bis 1971 nur Krankengeld; (3) die finanzielle Beteiligung der Arbeitnehmer an den Kosten der Unfallversicherung, die in der Bundesrepublik allein von den Arbeitgebern aufgebracht wurden; (4) die Tatsache, dass Fachärzte fast ausschließlich im Bereich der Krankenhäuser tätig waren; (5) das Fehlen einer Selbstverwaltung. Als problematisch bezeichnete Preller das Prinzip der Einheitsrente, weil damit keine Lebensverhältnisse geschützt werden, die über dem Minimum liegen. Die Überfüllung der Krankenhäuser und ärztlichen Wartezimmer in Großbritannien führte er auf das »noch nicht ausreichend gelöste Problem der Unentgeltlichkeit« des Gesundheitsdienstes zurück. Vgl. *L. Preller*, Briefwechsel, S. 103f.

Gestaltung der Organisation, der Beiträge und der Leistungen; (b) die Erfassung der gesamten Bevölkerung; (c) die konzeptionelle Verknüpfung des Sozialleistungssystems mit der Vollbeschäftigungspolitik; (d) die starke Betonung der sozialen Dienste, vor allem im Bereich der Gesundheitsfürsorge und der Rehabilitation. Außerdem sah er in der systematischen »Verbindung von Heilungs-, Umschulungs- und arbeitsmarktpolitischen Hilfen« eine »besonders wertvolle Frucht der Anerkennung der Gesundheit als öffentlicher Aufgabe«.[38]

Einige britische Impulse wurden im deutschen Expertendiskurs unmittelbar wirksam. Dies gilt vor allem für die Bereitschaft, auf einen systematisch und umfassend angelegten Reformplan hinzuarbeiten und dabei Wirtschafts-, Finanz- und Sozialpolitik als eine konzeptionelle Einheit anzusehen. Es ist daher kein Zufall, dass die ersten deutschen »Modelle eines Sozialplans« von Autoren stammten, die die britische Entwicklung engagiert beobachteten.[39] Von den Redistributionsanalysen Alan T. Peacocks[40] angeregt, legte Hartmut Hensen 1955 seine in Deutschland bahnbrechende Arbeit »Die Finanzen der sozialen Sicherung im Kreislauf der Wirtschaft« vor.[41] Auffällig ist auch der Siegeszug der Fremdworte »Prävention« und »Rehabilitation«, die in den 1950er Jahren aus dem Englischen in den deutschen Sprachgebrauch vordrangen. Dienste der Gesundheitsvorsorge und der beruflichen Wiedereingliederung gesundheitlich geschädigter Personen kannte zwar auch die deutsche Sozialversicherungstradition; doch es war nicht zuletzt der britischen Vorbildwirkung zu danken, dass dieser Aspekt in der deutschen Nachkriegsdiskussion stärker betont wurde als früher.

Unter dem Einfluss der Gedanken von Beveridge kam das traditionelle deutsche Dogma ins Wanken, dass die Rentenversicherung einen Kapitalstock zur langfristigen Deckung der Rentenansprüche ansammeln müsse. Demgegenüber betonte Beveridge: »Der Staat, welcher die Macht hat, aufeinander folgende Generationen von Bürgern zur Versicherung zu zwingen und Steuern aufzuerlegen, ist von der Notwendigkeit befreit, Reserven für statistische Zwecke

38 Ebd.

39 *W. Auerbach*, Modell eines Sozialplans, in: Die Krankenversicherung (1952), wiederabgedruckt in: *ders.*, Beiträge zur Sozialpolitik, Neuwied 1971, S. 23–32; *G. Mackenroth*, Die Reform der Sozialpolitik durch einen deutschen Sozialplan, in: Schriften des Vereins für Socialpolitik, NF, Bd. 4, Berlin 1952, S. 39–76.

40 *A. T. Peacock* (Hg.), Income redistribution and social policy. A set of studies, London 1954. Peacock hatte sich sehr darum bemüht, auch einen Bericht über die Bundesrepublik zu erhalten; das deutsche statistische Material, so bemerkt er, sei jedoch nicht ausreichend gewesen. Den Pioniercharakter der Studien Peacocks würdigte *H. Achinger*, Wer bezahlt die soziale Sicherung?, in: Deutsche Zeitung und Wirtschaftszeitung, 4.8.1954.

41 *H. Hensen*, Die Finanzen der sozialen Sicherung im Kreislauf der Wirtschaft. Versuch einer ökonomischen Analyse, Kiel 1955. Es handelt sich um eine bei Mackenroth entstandene Dissertation. Aufgrund dieser Leistung wurde Hensen 1955 in das »Generalsekretariat für die Sozialreform« berufen, das 1954/55 im Bundesarbeitsministerium eingerichtet wurde. Später führte *E. Liefmann-Keil* in Vorbereitung ihres Standardwerks »Ökonomische Theorie der Sozialpolitik« (Berlin 1961) Gespräche u. a. mit Peacock und Titmuss.

anzusammeln«.[42] Gerhard Mackenroth griff diesen Gedanken 1952 in einem berühmt gewordenen Vortrag auf,[43] und Wilfrid Schreiber formulierte 1955 vor diesem Hintergrund das Konzept des »Generationenvertrags«: Die Deckung der Sozialleistungsansprüche sei darin zu sehen, dass die jeweils arbeitende Generation an die noch nicht bzw. nicht mehr arbeitende Generation Konsumansprüche abtrete. Dagegen seien Kapitalansammlungen als Deckungsmethode volkswirtschaftlich nicht zu rechtfertigen: Wolle man das Deckungskapital in Wirtschaftskrisen auflösen, so ergäbe dies einen krisenverschärfenden, prozyklischen Effekt. Im Krisenfall, so erläuterte Schreiber mit keynesianischer Argumentation, könne nur die Verpflichtung des Staates helfen, »aus Mitteln der autonomen Kaufkraftschöpfung Zuschüsse zu leisten, die den krisenbedingten Ausfall an Beitragsaufkommen kompensieren«.[44] In der Abwendung vom Kapitaldeckungsprinzip und der Hinwendung zum Prinzip des Umlageverfahrens lag eine wichtige Voraussetzung für die große Rentenreform von 1957, von der noch die Rede sein wird.

SPD: Reformplanung in Annäherung an den Beveridge-Plan

Die SPD rezipierte den Beveridge-Plan nicht zuletzt dank der Vermittlungsleistung von Walter Auerbach. Als sozialdemokratischer Emigrant war er von 1939 bis 1946 im Londoner Sekretariat der International Transportworkers' Federation tätig und an der Vorbereitung des Beveridge-Plans mittelbar beteiligt.[45] Von 1946 bis 1948 amtierte er als Vizepräsident des »Zentralamts für Arbeit« in der britischen Besatzungszone. In dieser Zeit profilierte er sich als einer der führenden Köpfe im sozialpolitischen Ausschuss beim Parteivorstand der SPD. Auf seine Anregung brachte die SPD-Fraktion 1952 im Deutschen Bundestag den Antrag ein, zur Vorbereitung eines umfassenden »Plans der sozialen Sicherung in Deutschland« eine aus unabhängigen Sachverständigen bestehende »Soziale Studienkommission« einzusetzen – »eine Art deutscher Beveridge-Ausschuß«, wie Auerbach intern kommentierte.[46] Auf Drängen des Bundesarbeitsministe-

42 Der Beveridge-Plan, Ziffer 24.

43 Vgl. *Mackenroth*, Reform. – Nachtrag: vgl. hierzu die Einleitung im vorliegenden Band.

44 *W. Schreiber*, Existenzsicherheit in der industriellen Gesellschaft, Köln 1955. Zitat aus einem Memorandum Schreibers für die Bundesregierung vom 31.12.1955. – Nachtrag zum Wiederabdruck: Das Memorandum ist veröffentlicht in: Die Kabinettsprotokolle der Bundesregierung. Ministerausschuss für die Sozialreform 1955–1960, bearb. v. *B. Martin-Weber*, München 1999, S. 296–311.

45 Vgl. den Gedenkartikel von *G. Muhr* zum Tode von Walter Auerbach, in: Soziale Sicherheit 24 (1975), S. 131. Auf Kontakte zwischen Auerbach und Beveridge Ende 1951/Anfang 1952 verweist *Harris*, S. 465.

46 Vgl. Protokoll der Tagung des Sozialpolitischen Ausschusses beim Parteivorstand der SPD am 17./18.11.1951 (AdsD, Nachlass Auerbach, Nr. 31).

riums, das die Kontrolle der Reformvorbereitung in der Hand behalten wollte, lehnte die Regierungskoalition diesen Antrag jedoch ab.

Auerbach hatte auch einen bedeutenden Anteil an der parteiinternen Vorbereitung eines Reformplans. Ein erstes Zwischenergebnis veröffentlichte der SPD-Parteivorstand 1952 unter dem Titel »Grundlagen eines sozialen Gesamtplans der SPD«.[47] Dabei handelte es sich um einen sehr knappen Text, der nur wenige Grundlinien skizzierte, aber signifikante Parallelen zum Beveridge-Plan erkennen lässt. Einige gemeinsame Tendenzen werden im Folgenden skizziert. Dabei ist allerdings zu berücksichtigen, dass die sozialdemokratischen Überlegungen nicht allein vom britischen Modell beeinflusst wurden, sondern auch vom schwedischen sowie vom allgemeinen Diskussionsstand auf der Ebene der International Labour Organization. Hier boten die Ergebnisse der 1944 in Philadelphia durchgeführten International Labour Conference eine wichtige Orientierungshilfe, die freilich ihrerseits weitgehend auf den Anregungen des Beveridge-Plans beruhte.

Die der Sozialversicherung im Beveridge-Plan zugewiesene Funktion – Befreiung von Not durch Sicherung eines Transfereinkommens im Falle von Erwerbslosigkeit, Krankheit, Unfall, Alter oder beim Tod des Ernährers – war für deutsche Verhältnisse keineswegs neu. Neu, zumindest in dieser systematisierten und theoretisch durchdachten Form, war hingegen die Erkenntnis, dass die Sozialversicherung diese Funktion nur dann erfolgreich erfüllen könne, wenn drei Voraussetzungen gewährleistet seien: erstens die Abwehr von Massenarbeitslosigkeit durch eine auf Vollbeschäftigung gerichtete Wirtschaftspolitik, zweitens ein umfassender Gesundheits- und beruflicher Wiedereingliederungsdienst, drittens ein Ausgleich der Familienlasten.

Der SPD-Plan anerkannte diese drei Voraussetzungen. Wie der Beveridge-Plan betonte auch das SPD-Konzept, dass soziale Sicherung nicht ohne Vollbeschäftigungspolitik möglich sei. Umgekehrt sei Vollbeschäftigung nicht ohne ein funktionierendes System sozialer Leistungen möglich. Hierbei dachten die Autoren vor allem an die produktive Wirkung der Sicherung von Gesundheit und Arbeitskraft sowie an die konjunkturstabilisierende Wirkung sozialer Geldleistungen. Wie der Beveridge-Plan sahen auch die sozialdemokratischen Autoren die Einrichtung einer Art »National Health Service« vor, der – ganz oder überwiegend aus allgemeinen Steuermitteln finanziert – alle Sach- und Dienstleistungen der Gesundheitssicherung zusammenfassen sollte.[48] Anders als der

47 Der 1952 veröffentlichte Text wurde mit einem erläuternden Beitrag von Ludwig Preller erneut abgedruckt in der Broschüre: Die Grundlagen des sozialen Gesamtplans der SPD. Unsere Forderung auf soziale Sicherung, Bonn 1953.

48 Der veröffentlichte Plan legte sich in der Frage der Organisation und der Finanzierung noch nicht fest, sondern sprach nur von einer »wirksamen Zusammenfassung«. Im sozialpolitischen Ausschuss beim Parteivorstand der SPD gab es sowohl die Meinung, dass der Gesundheitsdienst voll durch den Staatshaushalt finanziert werden solle, wie auch die Meinung, dass ein Teil der Kosten (Preller schlug vor: 20 %) durch Versicherungsbeiträge gedeckt werden solle. Vgl. Protokoll der Tagung des Sozialpolitischen Ausschusses beim

britische Plan legten sie jedoch – der deutschen Sozialversicherungstradition entsprechend – großen Wert auf das Prinzip dezentralisierter Selbstverwaltung. Wie der Beveridge-Plan forderte auch die SPD Kindergeld für das jeweils zweite und jedes folgende Kind, zu zahlen aus öffentlichen Mitteln.

Was die Geldleistungen der Sozialversicherung betrifft, so befürwortete die SPD eine steuerfinanzierte, einheitliche Grundrente für jeden Staatsbürger, der das Rentenalter erreicht hat oder dauernd erwerbsunfähig ist. Dies entsprach Beveridges Grundidee eines »flat national minimum« für jeden arbeitsunfähigen bzw. ins Rentenalter eintretenden Staatsbürger. Wenngleich Beveridge einen anderen Finanzierungsmodus vorgesehen hatte, steht doch die Vorbildwirkung seines Modells einer einheitlichen Staatsbürger-Grundrente außer Frage: »Diesen Gedanken«, so heißt es explizit in einem Protokoll über die Vorbereitung des SPD-Plans, »hat Beveridge ausgezeichnet ausgeführt«.[49] Anders als der Beveridge-Plan sah die SPD jedoch eine zusätzliche Schicht lohnbezogener Beiträge und Renten vor. Dieses stärker individualisierende Prinzip war tief in der deutschen Sozialversicherungstradition verwurzelt,[50] und es schien den sozialdemokratischen Planern weder wünschenswert noch politisch durchsetzbar, die soziale Sicherung ganz von der Relation zum Arbeitseinkommen abzukoppeln.

Von dem traditionellen deutschen Pfad entfernte sich der SPD-Plan durch die Einbeziehung *aller* Bürger und die Verlagerung des Schwergewichts auf Steuer- statt Beitragsfinanzierung. Verbunden mit der Forderung nach einer Reform des Steuersystems (weniger indirekte, mehr direkte progressive Besteuerung) sollte diese Verlagerung – wie in Großbritannien – eine stärkere vertikale Redistribution bewirken. Gleichwohl respektierte die SPD – wiederum wie der Beveridge-Plan – auch die Prinzipien des Leistungsanreizes und der Eigeninitiative. »Unter Gewährleistung einer im ganzen Lande gültigen Mindestversorgung soll der Staat es dem Einzelnen überlassen und ihn dazu anspornen, durch freiwillige Handlungen sich und seiner Familie mehr als dieses Minimum zu sichern«, schrieb Beveridge.[51] Ganz ähnlich betonte die SPD, der Bürger solle nur »gewisse Grundbeträge sozusagen automatisch« erhalten; auf diese

Parteivorstand der SPD am 17./18.11.1951. Übrigens warb Preller in der SPD nachdrücklich für das am britischen Modell studierte »Hausarztsystem« (periodische Eintragung jedes Einwohners in die Liste eines Arztes; der Arzt erhält eine Kopfpauschale für die damit übernommene Verantwortung). Ein entsprechender Vorschlag fand Eingang in den »Sozialplan für Deutschland«, den der SPD-Parteivorstand 1957 veröffentlichte; er hatte jedoch keine Realisierungschance.

49 Vgl. Protokoll der Tagung des Sozialpolitischen Ausschusses beim Parteivorstand der SPD am 17./18.11.1951.

50 Bereits das deutsche »Gesetz betr. die Invaliditäts- und Altersversicherung« von 1889 differenzierte die Beiträge und Leistungen nach Lohnklassen. Auf britischer Seite orientierte sich hingegen schon der grundlegende *National Insurance Act* von 1912 weitgehend am Prinzip der Einheitsrente und des Einheitsbeitrags.

51 Der Beveridge-Plan, Ziffer 9.

Weise werde »das Interesse des Einzelnen an seiner eigenen Sicherung, seine tätige Mitarbeit an und in ihr geweckt und gefördert«.[52] Im Bundestags-Wahlkampf 1957 legte die SPD dann einen »Sozialplan für Deutschland« vor, der sehr viel detaillierter war als die »Grundlagen eines sozialen Gesamtplans« von 1952. Die erweiterte Fassung griff jedoch nicht mehr auf alle Ansätze der früheren Planungsskizze zurück. Zum Beispiel tauchte die Forderung nach einer einheitlichen Grundrente für alle Staatsbürger nun nicht mehr auf. Inzwischen hatte sich die traditionelle Struktur der Sozialversicherung gefestigt und den Spielraum für grundsätzliche Alternativen begrenzt. Darauf nahmen die sozialdemokratischen Reformplaner 1957 Rücksicht.

Bundesregierung: Reformplanung in Distanz zum Beveridge-Plan

Sieht man von einigen nicht unbedeutenden internen Divergenzen ab, so lässt sich die Position der nach 1949 führenden Regierungspartei folgendermaßen kennzeichnen. Die CDU betonte stärker als die SPD die Kräfte der Eigeninitiative, der Selbstverantwortung für die eigene Existenz, des Leistungsanreizes, und sie suchte daher den Umkreis der staatlichen Interventionen enger zu begrenzen.[53] So lehnte sie es in ihren ersten Programmen ab, die Versicherungspflicht auf die Selbständigen und die höherverdienenden Angestellten auszudehnen. Und sie legte Wert darauf, dass die Sozialversicherung in einem möglichst großen Ausmaß durch zweckbestimmte Beiträge (»Versicherungsprinzip«) und weniger durch allgemeine Steuern (»Versorgungsprinzip«) finanziert werde. Dies zielte auf eine möglichst deutliche Äquivalenz von lohnbezogenen Beiträgen und beitragsbezogenen Leistungen. Sozialleistungen waren in dieser Perspektive nicht als allgemeines Attribut der Staatsbürgerschaft, sondern als ein Äquivalent für individuelle Beitragsentrichtung gedacht. Die Garantie eines Mindesteinkommens für alle war in dieser Konzeption nur in der Form von Fürsorgeleistungen vorgesehen, die an eine Bedürftigkeitsprüfung gebunden sind und daher leicht das Stigma des persönlichen Versagens vermitteln. Dass die Christlichen Demokraten in den 1950er Jahren den Begriff »Wohlfahrtsstaat« teils skeptisch, teils entschieden ablehnend benutzten, war ein Resultat dieser programmatischen Orientierung.

Allerdings unternahm auch die Bundesregierung, der die CDU die Initiative sehr weitgehend überließ, in den Jahren 1953 bis 1955 ernsthafte Anstrengungen, um einen Plan für eine umfassende Reform des Sozialleistungssystems

52 *Preller*, in: Die Grundlage des sozialen Gesamtplans der SPD, S. 27 f.

53 Einen Vergleich der sozialpolitischen Orientierung von CDU und SPD skizziert *G. V. Rimlinger*, Welfare Policy and Industrialization in Europe, America, and Russia, New York 1971, S. 163–168.

zu entwerfen. Insbesondere Bundeskanzler Adenauer zeigte sich an einem solchen Reformplan interessiert, der »nicht auf die Bismarckschen Gesetze das tausendste oder elfhundertste neue Gesetz setzt, sondern von Grund auf die ganze Sozialgesetzgebung der jetzigen Zeit anpasst«.[54] Daher favorisierte er eine Zeitlang einen Gedanken, den Bundesfinanzminister Fritz Schäffer 1953 ins Spiel brachte: Eine unter dem Vorsitz eines Wissenschaftlers oder eines ›elder statesman‹ arbeitende unabhängige Regierungskommission sollte den Reformplan entwerfen. Zur Begründung dieses in Deutschland ungewöhnlichen Verfahrens diente unter anderem der Hinweis auf die britische Regierungspraxis (Royal Commissions).[55] Nach einem zweijährigen regierungsinternen Kampf voller Ressort-Rivalitäten und Ziel-Konflikte blieb dieses Projekt freilich stecken. Auf der Suche nach einem Ausweg ergriff der Kanzler eine persönliche Initiative, indem er vier Sozialwissenschaftler seines Vertrauens bat, eine »Gesamtkonzeption über die Neuordnung des Systems der sozialen Sicherheit« auszuarbeiten. Das unter der Bezeichnung »Rothenfelser Denkschrift« bekannt gewordene Ergebnis[56] präsentierte Adenauer seinem Kabinett mit dem Hinweis, »daß er nach englischem Vorbild die Frage der Sozialreform durch eine unabhängige Kommission habe prüfen lassen«.[57]

Diese Denkschrift ist ein aufschlussreiches Dokument der Geschichte des sozialpolitischen Denkens in Deutschland. Sie setzte voraus, dass die Wirtschaftsunternehmen in einem marktwirtschaftlichen Produktionssystem mehr Kosten verursachen als sie erstatten, weil sie für einen erheblichen Teil der sozialen Kosten nicht aufkommen. Während der »welfare state« diese von den Wirtschaftsunternehmen externalisierten Kosten sozusagen verstaatlicht, wollte die Rothenfelser Denkschrift sie weitgehend denen in Rechnung stellen, die sie verursachen: den Wirtschaftsunternehmen. Zu »Betriebsgenossenschaften« zusammengeschlossen, sollten die Arbeitgeber die Transferzahlungen im Falle von Arbeitsunfällen, Krankheit, Rehabilitation und saisonaler Arbeitslosigkeit finanzieren. In gewisser Hinsicht knüpfte die Denkschrift also an Elemente der vorindustriellen Arbeitsverfassung (Fürsorgepflicht der Arbeitgeber) an: Die Ausgaben der Arbeitgeber sollten nicht nur die Kosten für die unmittelbare Arbeitsleistung decken, sondern weitgehend auch die indirekten Kosten der Reproduktion der Arbeitskraft.

54 So in einer Rede im baden-württembergischen Landtagswahlkampf in Stuttgart am 3.2.1956 (Stiftung Bundeskanzler-Adenauer-Haus, Rhöndorf). Vgl. dazu *H. G. Hockerts*, Adenauer als Sozialpolitiker, in: *D. Blumenwitz* u. a. (Hg.): Konrad Adenauer und seine Zeit. Politik und Persönlichkeit des ersten Bundeskanzlers, Bd. 2, Stuttgart 1976, S. 466–487.

55 Vgl. im Einzelnen *Hockerts*, Sozialpolitische Entscheidungen, S. 248–299.

56 Neuordnung der sozialen Leistungen. Denkschrift auf Anregung des Herrn Bundeskanzlers, erstattet von den Professoren *Hans Achinger, Joseph Höffner, Hans Muthesius, Ludwig Neundörfer*, Köln 1955.

57 Vgl. Protokoll der Kabinettsitzung vom 2.6.1955. – Nachtrag zum Wiederabdruck: Online-Version der Edition »Die Kabinettsprotokolle der Bundesregierung« unter http://www.bundesarchiv.de.

Zwischen den Einzelnen und den Staat schob die Denkschrift eine Stufenfolge sozialer Hilfe (Familie, Gemeinde, Betriebe, Versicherungsgemeinschaften), wobei sie möglichst viele Sicherungsfunktionen auf die unteren Stufen verlagerte und die unmittelbar vom Staat zu erbringenden Leistungen dementsprechend eng begrenzte. Den normativen Hintergrund dieses Konzepts bildete das »Subsidiaritätsprinzip« der katholischen Soziallehre, amalgamiert mit dem liberalen Prinzip der Begrenzung des Staatseinflusses. Jenes Prinzip besagte, dass die größeren gesellschaftlichen Gebilde nur solche Aufgaben übernehmen sollen, die von kleineren Sozialgebilden nicht mindestens ebenso gut erfüllt werden können. Allerdings wurde der Staat verpflichtet, Voraussetzungen zu schaffen, unter denen der Einzelne und die kleineren Sozialgebilde ihre Kräfte auch tatsächlich entfalten können. Der Staat wurde insbesondere dazu aufgerufen, allen Jugendlichen »ein normales Maß an Entwicklungschancen« zu sichern, das Stadt-Land-Gefälle auszugleichen und allen Arbeitsfähigen durch aktive Konjunktur- und Arbeitsmarktpolitik das »Recht auf Arbeit« real zu ermöglichen. Ebenso wurde anerkannt, dass soziale Leistungen nicht nur als volkswirtschaftliche Belastung, sondern auch als »Voraussetzung für den produktiven Einsatz der Kräfte« bewertet werden müssen. Mit einem einfachen Ja oder Nein zum Wohlfahrtsstaat lassen sich die Gedankengänge der Denkschrift also nicht kennzeichnen; sie liegen quer zu einer solchen plakativen Alternative.

Obwohl die konkreten Veränderungsvorschläge der »Rothenfelser Denkschrift« größtenteils nicht realisiert worden sind, war ihr Versuch, eine Alternative zum Modell des »welfare state« zu entwerfen, durchaus typisch für das in der CDU vorherrschende Denken. Dies lässt sich besonders deutlich am Beispiel des Kindergeldgesetzes von 1954 zeigen. Der Familienlastenausgleich betrifft kein Sonderproblem einer spezifischen Bevölkerungsschicht, sondern eine die gesamte moderne Gesellschaft durchdringende Problematik. Daher lag es nahe, diese Sicherungsaufgabe aus allgemeinen Steuermitteln zu finanzieren und unmittelbar in die staatliche Hand zu geben. In dieser Forderung stimmten SPD und Beveridge-Plan ganz überein, während das besagte Kindergeldgesetz eine solche Lösung strikt ablehnte und die Finanzierung des Kindergeldes den Unternehmen übertrug. Das Gesetz verpflichtete diese dazu, spezielle Ausgleichskassen zu bilden, die eine Arbeitgeberumlage in Höhe eines bestimmten Prozentsatzes der Lohnsumme der Betriebe einzogen. Dabei sollte jede Berufsgruppe die Kosten des Kindergeldes für ihre Angehörigen grundsätzlich selbst tragen. Die CDU setzte diese Regelung gegen den Widerstand sowohl der SPD als auch der eigenen Koalitionspartner durch, auch gegen viele skeptische Stimmen aus dem Arbeitgeberlager. Bei dieser Entscheidung überwog die Orientierung am Subsidiaritätsprinzip.[58]

58 Nicht zuletzt auf Drängen mittelständischer Arbeitgeber wurde die Finanzierung des Kindergeldes 1964 dann doch vom Bundeshaushalt übernommen. Die Arbeitgeberumlage belastete die lohnintensiven mittelständischen Betriebe relativ stärker als die Großindustrie.

»Dynamische Rente« versus »Flat-Rate Subsistence Pension«

Da die umfassend angelegte Reformplanung steckenblieb, trat die Dringlichkeit einer Teilreform umso stärker hervor. Dabei fiel der Blick der Bundesregierung vor allem auf die gesetzliche Rentenversicherung. Hier entdeckten die Sozialpolitiker eine Möglichkeit, die geradezu atemberaubend wirkte und bald auch den Bundeskanzler selbst beeindruckte: Im Übergang zur Wohlstandsgesellschaft konnte man das Leistungsniveau der Rentenversicherung so steigern, dass die Rente nicht mehr nur vor dem Absturz in die blanke Not bewahrt. Man konnte das Beitrags- und Leistungsgefüge erstmals so anheben, dass die Rente den im Arbeitsleben erworbenen Lebensstandard auch im Alter aufrechterhält. Ein solcher Paradigmenwechsel eröffnete ein Handlungsfeld, auf dem – auch im internationalen Vergleich – frischer Lorbeer winkte. War die Adenauersche Sozialpolitik bisher dem sozialdemokratischen Vorwurf der restaurativen Rückständigkeit ausgesetzt, so bot der beitragsgestützte und lohnbezogene Zuschnitt der deutschen Rentenversicherung eine günstige Startposition, wenn es um den Vorstoß zum neuen Ziel der Lebensstandardsicherung ging. Dieser Vorstoß gelang 1957 mit der Einführung der »dynamischen Rente«.[59] Die Altersrente sollte – mit den Worten des Regierungsentwurfs zur Rentenreform – künftig gewährleisten, dass »die Stellung des einzelnen im Sozialgefüge« auch im Alter »so bleibt, wie es dem vorausgegangenen Arbeitsleben entspricht«.[60] Diese Wende in der deutschen Politik der Alterssicherung erwies sich als überaus populär. Für die innere Konsolidierung des westdeutschen Staates hatte sie daher eine kaum zu überschätzende Bedeutung.

Zur selben Zeit war die Lage der alten Menschen in Großbritannien höchst unbefriedigend. Etwa 25 Prozent der Rentner war auf zusätzliche Hilfe durch die (an eine Bedürftigkeitsprüfung gebundene) öffentliche Fürsorge angewiesen,[61] während in der Bundesrepublik schon vor der Rentenreform eine viel geringere Quote der Rentner die Fürsorge in Anspruch genommen hatte.[62] Die Einheitsrente deckte kaum das Existenzminimum. Als »ein egalitäres System sozialer Sicherung, das im Gefüge einer ungleichen Gesellschaft etabliert wurde«, verhärtete sie zudem große Ungleichheiten in der Einkommenslage der Bevölkerung.[63]

59 Vgl. dazu im Einzelnen den Beitrag 3 im vorliegenden Band.

60 BT Drs. II/2437.

61 Vgl. *B. Abel-Smith,* Lohngebundene oder Einheitsrenten in Großbritannien? Zur gegenwärtigen Auseinandersetzung um die Reform des Beveridge-Systems, in: Sozialer Fortschritt 5 (1956), S. 226–228.

62 Vgl. Die öffentliche Fürsorge. Beiträge und Studien zu einem Sozialatlas, Heft 1, hg. v. *Bundesministerium des Innern,* Köln 1956, S. 3, 28.

63 Vgl. *R. Pinker,* Soziale Politik und Soziale Gerechtigkeit, in: Archiv für Wissenschaft und Praxis der sozialen Arbeit 1 (1975), S. 14. Dieser aus dem »Journal of Social Policy« (1974) übernommene Aufsatz analysiert die Entwicklung der englischen Sozialpolitik in der Nach-Beveridge-Ära.

Wer sich mit der niedrigen staatlichen Rente begnügen musste, fiel nicht nur weit hinter die Höhe der Löhne zurück, sondern war auch deutlich schlechter gestellt als jenes Drittel der britischen Arbeitnehmerschaft, das in Betrieben arbeitete, die für ihre Arbeitnehmer bei privaten Versicherungen zusätzliche Altersrentenverträge abschlossen. Die Kosten dieser Verträge wurden freilich zu drei Vierteln über Steuervergünstigungen bezahlt, also praktisch von der Gesamtheit der Steuerzahler.[64] Brian Abel-Smith, ein sozialpolitisch exponiertes Mitglied der Fabian Society und wissenschaftlicher Berater der Labour Party, kommentierte diesen Sachverhalt 1956 so: »Die frühe Nachkriegsvision von Millionen von Menschen, die einen klassenlosen Lebensabend, gesichert durch einheitliche Beveridge-Renten, erwarteten, ist dahingeschwunden. Wenn nichts unternommen wird, haben wir in Zukunft mit Gewißheit ›zwei Nationen im Alter‹: eine Nation mit zwei Renten (Staat und Arbeitgeber), die andere mit nur einer Rente (Staat)«. Die Einführung lohnbezogener Renten werde »für die alten Menschen größere Gleichheit bewirken als Existenzminimumrenten, deren Auffüllung durch betriebliche Altersrenten vom Zufall abhängt«. Abel-Smith plädierte daher »für die Schaffung einiger Ungleichheit zur Verhinderung noch größerer Ungleichheit«.[65]

Das karge Niveau der Einheitsrente war kein Zufall. Denn das System einer einheitlichen Staatsbürgerrente kann »aus finanziellen Gründen, aber auch der Arbeitsmoral wegen nur relativ niedrige Leistungen vorsehen, so daß vielleicht eben die nackte Subsistenz, nicht jedoch ein wohlerworbener Lebensstandard erhalten werden kann«.[66] Insofern öffnete die nur scheinbar egalitär wirkende Einheitsrente den Märkten der Privatversicherung ein weites Geschäftsfeld. Daher verwundert es auch nicht, dass es gerade Kreise der privaten Versicherungswirtschaft waren, die in der Bundesrepublik 1956/57 die Einführung einer staatlichen Einheitsrente für alle Bürger forderten.[67] Dagegen war die SPD inzwischen von dieser Forderung abgerückt. Dazu hatte die Beobachtung beigetragen, dass das Einheitsrentensystem trotz der gedanklichen Herkunft aus der britischen und schwedischen Wohlfahrtsstaatskonzeption weit weniger »wohlfahrtsstaatlich« wirkte als die »dynamische Rente« mit Lohnersatzfunktion.

64 Mit sehr kritischem Werturteil teilte Richard M. Titmuss dies während der deutsch-englischen Konferenz von Januar 1953 mit; vgl. die Konferenzberichte von *Auerbach*, Beveridgeplan, S. 170, und *Preller*, Briefwechsel, S. 103.

65 *Abel-Smith*, S. 227.

66 *W. Fischer*, Der Wandel der sozialen Frage in den fortgeschrittenen Industriegesellschaften, in: Soziale Probleme der modernen Industriegesellschaft, hg. v. *B. Külp* u. *H.-D. Haas*, Bd. 1, Berlin 1977, S. 35–68, hier S. 47.

67 Vgl. eine im Mai 1956 vom Verband der Lebensversicherungsunternehmen verbreitete Denkschrift »Die elastische Staatsbürgergrundrente als Grundlage einer echten sozialen Reform«. Teilabdruck in: Die Sozialreform. Dokumente und Stellungnahmen, hg. v. *M. Richter*, Bad Godesberg o.J. (Loseblattsammlung). Vgl. ferner den ungezeichneten Artikel: Die Privatversicherung nimmt das Wort, in: Sozialer Fortschritt 5 (1956), S. 113f.

»The Flat-Rate Subsistence Pension – a Fading Hope«, diese nüchterne Bilanz zog auch die Labour Party im Jahre 1957.[68] Und in der Tat: Eine zentrale Idee des Beveridge-Plans – Sicherung vor Not durch die Garantie eines Minimum-Einkommens für alle – war gleichsam historisch überrundet worden durch die Idee der Sicherung des relativen sozialen Status. Das Eine passte zur verarmten Kriegs- und Nachkriegswirtschaft, dies Neue zur prosperierenden Industriegesellschaft.[69] Es mutet daher geradezu symbolisch an, dass die deutschen Rentner der führenden Regierungspartei in den Bundestagswahlen von 1957 zu einem triumphalen Wahlerfolg verhalfen, während sich im selben Jahr ein Protestmarsch britischer Rentner durch die Straßen Londons bewegte.[70] Waren 1953 deutsche Experten zum Studium des britischen Systems nach London gereist, so konnte 1957 berichtet werden: »England studiert die deutsche Rentenreform«.[71]

Weitere Reformen im zweiten Nachkriegsjahrzehnt

Mustert man weitere Tendenzen der Sozialpolitik in der Ära Adenauer, so verdienen drei Aspekte besondere Beachtung. Erstens wird eine Tendenz zur Inklusion weiterer Bevölkerungsgruppen in Systeme der sozialen Sicherung und Förderung erkennbar. Man denke an die Einführung des Kindergelds (1954), der Ausbildungsförderung (1957), der Altershilfe für Landwirte (1957), des

68 National Superannuation. Labour's Policy for Security in Old Age, London 1957. Diese Programmerklärung beruht auf Vorarbeiten, an denen u. a. Titmuss und Abel-Smith beteiligt waren. Das Programm sah die Einführung eines »wage related superannuation scheme« vor sowie eine automatische Anpassung der Renten an die Entwicklung der Lebenshaltungskosten. Damit zielte es auf eine Sicherung des realen Werts der Renten, jedoch nicht – wie in der Bundesrepublik – auf eine Teilhabe des Rentners am Wirtschaftswachstum. William Beveridge bekämpfte übrigens das Prinzip, die Renten in einen Bezug zu den Löhnen zu setzen, und lehnte insbesondere die Idee einer automatischen Rentenanpassung ab. Vgl. *Harris*, S. 463 f.

69 Dass »im Laufe des wirtschaftlichen Wachstums der Kern des ›Sicherheits‹-Problems sich von der ›Sicherung eines Existenzminimums‹ auf eine ›Sicherung des relativen sozialen Status‹ verlagert«, betonen auch *P. Flora* u. a., Zur Entwicklung der westeuropäischen Wohlfahrtsstaaten, in: PVS 18 (1977), S. 707–772, hier S. 722.

70 Vgl. z. B. ein Foto auf der Titelseite von: Welt der Arbeit. Wochenzeitung des Deutschen Gewerkschaftsbundes, 8.3.1957.

71 So die Überschrift eines Berichts in: Welt der Arbeit, 22.2.1957. »Selten«, so heißt es dort, »ist in der Presse der englischen Arbeitnehmer eine im Ausland eingeführte Sozialmaßnahme mit so großem Interesse verfolgt worden wie jetzt die deutsche Rentenreform«. Mit einem gewissen Stolz vermerkte der Leiter der Sozialversicherungsabteilung im Bundesarbeitsministerium, dass der National Superannuation-Plan der Labour Party einige Ähnlichkeiten mit dem deutschen Gesetz aufweise: *K. Jantz,* Zum System der Sozialen Sicherheit in England, in: BABl 8 (1957), S. 480–487.

»Schlechtwettergelds« für Bauarbeiter (1959), des »Wohngelds« (1965), auch an die Beseitigung der (1938 noch eingeräumten) Möglichkeit für Handwerker, sich von der Rentenversicherungspflicht befreien zu lassen (1962). Allerdings gewann im Ausklang der Adenauer-Zeit auch eine gegenläufige Tendenz an Stärke, der es darum ging, den weiteren Ausbau der kollektiven sozialen Sicherung zu bremsen und die Gesellschaft stärker nach dem Vorbild des besitzenden Bürgers zu modellieren. Breit gestreute »Volksaktien«, individuelle Sparförderung, Begrenzung von Versicherungspflicht, mehrfach unternommene Anläufe, Selbstbeteiligung an den Kosten ärztlicher Behandlung und anderswo einzuführen: Darin kann man Versuche sehen, die Gesellschaft in einem spezifischen Sinn zu verbürgerlichen, insbesondere die Art des Umgangs mit den verfügbaren Einkommenszuwächsen in bürgerlich vertraute Bahnen zu lenken.

Zweitens: Die Trennung von Arbeitern und Angestellten, die seit dem Versicherungsgesetz für Angestellte von 1911 tiefe Spuren im deutschen Sozialrecht zog, war von einem mittelständischen Abgrenzungsinteresse großer Teile der Angestelltenschaft getragen. Diese Interessenformation war in den frühen fünfziger Jahren noch stark genug, um die Errichtung der Bundesversicherungsanstalt für Angestellte durchzusetzen. Im zweiten Nachkriegsjahrzehnt kam es jedoch zu bemerkenswerten Angleichungsvorgängen, welche die Bildung einer übergreifenden Arbeitnehmerkategorie förderten. So vereinheitlichte die Rentenreform von 1957 das Leistungsrecht der Arbeiter- und der Angestelltenversicherung vollständig. Dies war durchsetzbar, weil es sich nicht um ein Nullsummenspiel handelte, bei dem die einen verloren, was die anderen gewannen. Vielmehr verhalf die Reform unter den Bedingungen der Prosperität beiden Versicherungszweigen zu deutlichem Niveaugewinn. Was die Einkommenssicherung im Krankheitsfall betrifft, so sahen sich die Arbeiter – in den Gründerjahren der Bundesrepublik noch immer so wie in der Bismarckzeit – auf ein Krankengeld in Höhe der Hälfte ihres Nettolohns gesetzt, während die Angestellten, wenn sie krank wurden, sechs Wochen lang ihr volles Gehalt weiterbezogen. In dieser Frage durchlief die (durch Arbeitskampf und Tarifverhandlungen vorangetriebene) Angleichung mehrere Stufen. Mit einer Kombination von Krankengeld und Lohnzuschuss hob ein Gesetz 1957 die Einkommensposition kranker Arbeiter für sechs Wochen auf 90 Prozent des Nettolohns, ein weiteres Gesetz steigerte diese Kombination 1961 auf 100 Prozent des Nettolohns. Die neue sozialpolitische Ansatzhöhe der Sicherung des erarbeiteten Lebensstandards, des relativen sozialen Status, von dem im Zusammenhang mit der Rentenreform die Rede war, kam nun also auch hier zum Ausdruck.

Drittens: Unter Verzicht auf den Begriff der »Fürsorge« ordnete das Bundessozialhilfegesetz 1961 das unterste Netz des Sozialstaats neu. Für die Bestimmung des »notwendigen Lebensunterhalts« wurden Verfahren gefunden, die die Grundsicherung deutlich über das physische Existenzminimum hinaus anhoben und ihre Standardisierung und Verrechtlichung förderten (Warenkorb-

Regelsatz-Komplex). In der Hoch-Zeit des Wirtschaftswunders verabschiedet, ging die Reform jedoch davon aus, dass die große Mehrheit der Arbeitsbevölkerung gar nicht mehr Gefahr laufe, eine solche »Hilfe zum Lebensunterhalt« in Anspruch nehmen zu müssen. Massenarmut galt als historisch überwunden – dank der Lohnsteigerungen, der Vollbeschäftigung und des erhöhten Leistungsniveaus der Sozialversicherung. Statt als das letzte soziale Netz massenhaft finanzielle Notlagen aufzufangen, sollte die Sozialhilfe nun für eine weit anspruchsvollere Aufgabe frei werden: für die individuelle Hilfe bei Nöten, die unter dem Aspekt einer Chancen- oder Teilhabeverarmung zu sehen sind. Daher setzte das Gesetz einen neuen Akzent: Es entfaltete einen Aufgabenkatalog von »Hilfen in besonderen Lebenslagen«, die – in einer auch international ungewöhnlich großen Bandbreite – als positive Entfaltungshilfen konzipiert waren. Dies knüpfte an fürsorgerische Ansätze der 1920er Jahre an, die damals jedoch in der Massenabfertigung der Arbeitslosenheere erstickt worden waren. Im Übrigen stabilisierte dieses Gesetz das duale System der öffentlichen und privaten Wohlfahrtspflege, das in der Weimarer Zeit in einer für den deutschen Sozialstaatsweg charakteristischen Weise entstanden war. Während der Nationalsozialismus die private Wohlfahrtspflege teils aufgelöst, teils zurückgedrängt hatte, gewann sie nach 1945 wieder große Bedeutung, und die Unionsparteien gaben dem sonst wenig umstrittenen Bundessozialhilfegesetz einen spezifischen Akzent, indem sie gegen den Widerstand der anderen Fraktionen sogar eine Nachrangigkeit staatlicher Sozialhilfe hinter kirchlichen Trägern und freien Wohlfahrtsverbänden durchsetzten.

Die Bundesrepublik in der Ära Adenauer: ein Wohlfahrtsstaat wider Willen?

Die Labour Party übernahm 1945 die Regierung mit dem erklärten Ziel, Großbritannien in einen »Wohlfahrtsstaat« umzuwandeln, und die Konservative Partei machte die institutionellen Reformen der Jahre 1945/48 nach dem Regierungswechsel nicht wieder rückgängig. Dagegen stand die führende Regierungspartei der Ära Adenauer einer Ausdehnung wohlfahrtsstaatlicher Interventionen eher skeptisch gegenüber. Gleichwohl war die Bundesrepublik, wie Gaston V. Rimlinger treffend betont, am Ende dieser Ära »in reality an advanced welfare state«. Rimlinger verweist auf »the nearly universal coverage of employed persons and the relatively high levels of contributions and pensions«.[72] Der Anteil öffentlicher Sozialausgaben am Bruttosozialprodukt lag 1963 in der Bundesrepublik bei 17,1 Prozent, in Schweden bei 13,8 Prozent, in Großbritannien

72 *Rimlinger*, S. 184.

bei 11,8 Prozent.[73] Ende der 1950er Jahre wurden in der Bundesrepublik etwa 13 Prozent der Durchschnittslöhne für die Sozialversicherung abgezweigt, in Großbritannien nur vier Prozent; auch unter Einschluss der Steuern lag die Abgabenbelastung des britischen Durchschnittsarbeiters erheblich niedriger als die seines westdeutschen Kollegen.[74]

Wie lässt sich diese Entwicklung erklären? Aus einer Vielzahl politischer und struktureller Faktoren seien hier die wohl wichtigsten herausgegriffen: (a) Mit der steigenden Arbeitnehmerquote[75] stieg auch die Zahl der in das Sicherungssystem einbezogenen Personen und (b) erhöhte sich zugleich das politische Gewicht der an öffentlichen Sozialleistungen interessierten Wähler, das (c) unter den Bedingungen einer parlamentarischen Demokratie mit Parteien- und Verbandskonkurrenz und periodischen allgemeinen Wahlen relativ stark zur Geltung kam. (d) Die demographische Entwicklung (steigender Anteil der alten Menschen an der Gesamtbevölkerung) erhöhte automatisch die Kosten des Sicherungssystems.[76] (e) Besondere Kriegsfolgeprobleme bewirkten einen staatlichen Interventionsschub. (f) Ein anhaltendes Wirtschaftswachstum eröffnete neue Verteilungsspielräume, so dass steigende Sozialansprüche ohne einen Angriff auf Besitzstände realisierbar waren. (g) Vor dem Hintergrund der Krisen und Katastrophen der deutschen Geschichte galt eine aktive Sozialpolitik auch in Kreisen der Regierungsparteien als eine Voraussetzung für die innere Stabilisierung des demokratischen Staates, zumal ein Flügel der führenden Regierungspartei in der sozialpolitisch aufgeschlossenen Tradition der christlich-sozialen Bewegung stand, während der betont neoliberale Flügel durch die nicht-nivellierende Struktur des deutschen Systems sozialer Sicherung ausgesöhnt wurde. (h) Der Fortfall traditioneller nationalistischer Integrationsmechanismen erhöhte in der frühen Bundesrepublik die Bedeutung sozialpolitischer Legitimation. Dies umso mehr, als die Ost-West-Spaltung Deutschlands die nationale Frage in einer ganz neuen, die Sozialpolitik aktivierenden Weise stellte: defensiv in dem Sinne, die westdeutsche Bevölkerung »sozial widerstandsfähig zu machen« und »damit eine stärkere Sicherheit gegen kommunistische Einflüsse und Unterwanderungen zu schaffen«,[77] offensiv in dem Sinne,

73 The Cost of Social Security 1961–1963, hg. v. *International Labour Office*, Genf 1967. Eine tabellarische Zusammenfassung bei *L. Preller*, Praxis und Probleme der Sozialpolitik, Bd. 2, Tübingen 1970, S. 554.

74 Vgl. *A. Shonfield*, Geplanter Kapitalismus. Wirtschaftspolitik in Westeuropa und USA, Köln 1968, S. 106.

75 *Zöllner*, S. 31–41 sieht in der (nicht-landwirtschaftlichen) Arbeitnehmerquote die primäre Determinante der Sozialleistungsquote.

76 Korrelationsuntersuchungen von *H. L. Wilensky* über die Bestimmungsgründe für Höhe und Wachstumsraten der Sozialleistungsquote ergaben im internationalen Vergleich als »die strengste Korrelation« diejenige zwischen »der Höhe der Sozialausgaben pro Kopf der Bevölkerung und dem Anteil der Bevölkerung über 65 Jahren an der Gesamtbevölkerung«. Zitiert nach *Fischer*, S. 54.

77 Aus dem Vorwort von Bundeskanzler Adenauer in: Deutschland im Wiederaufbau. Tätigkeitsbericht der Bundesregierung für das Jahr 1955, o. O. o. J., S. IV.

die Bundesrepublik für die Bevölkerung der DDR »attraktiv« zu erhalten,[78] um einer Verfestigung der deutschen Teilung entgegenzuwirken und die damals von allen Parteien vertretene »Magnettheorie« der deutschen Wiedervereinigung von der sozialpolitischen Seite her abzustützen.

Offene Probleme am Ende der Ära Adenauer

Der wohl größte sozialpolitische Erfolg der Ära Adenauer lag in der weitgehenden Absicherung der Einkommenslage jener Arbeitnehmer, die vorübergehend (bei Krankheit) oder auf Dauer (im Alter) keinen Arbeitslohn mehr bezogen. Gemessen an dem Problembewusstsein und dem Forderungskatalog des Beveridge-Plans blieben hingegen bedeutende Probleme ungelöst, insbesondere diese: (a) Die nicht-monetären Sozialleistungen waren bemerkenswert schwach entwickelt. So konnte noch Anfang der 1970er Jahre konstatiert werden: »Die ökonomisch-monetäre Schlagseite der bundesdeutschen Sozialpolitik kontrastiert zu einer umfassenden Zurückhaltung gegenüber Dienstleistungen«.[79] (b) Es gab noch kein umfassendes Sozialbudget, das über die Höhe, Struktur und voraussichtliche Entwicklung der Kosten der sozialen Sicherung unterrichtet und ihre Verflechtung mit den übrigen volks- und finanzwirtschaftlichen Daten zu klären sucht. Den ersten Versuch einer solchen Zusammenschau legte die Bundesregierung im Jahre 1969 vor.[80] (c) Die Idee eines Sozialgesetzbuchs, welches das Recht der sozialen Sicherung in einer übersichtlichen und widerspruchsfreien Kodifikation zusammenfasst, wurde zwar mehrfach erwogen, aber im politischen Alltagsgeschäft wieder fallen gelassen. Die Arbeit daran begann erst 1970. (d) Die Rentenreform von 1957 hielt an dem traditionellen Leitbild fest, dass nicht-erwerbstätige Ehefrauen keine eigenständige, sondern eine vom Ehemann abgeleitete Sicherung haben. Erst in den 1980er Jahren setzte sich in der Rentenpolitik der Gedanke durch, dass die von Frauen und Müttern erbrachte Familienarbeit eigene Rechte begründet. Dagegen hatte der Beveridge-Plan bereits bei Kriegsende gefordert, »die Frauen nicht als von ihren Ehemännern abhängige Personen, sondern als Partner« zu behandeln und die »Hausfrauen als selbständige Versicherungsklasse« anzuerkennen.[81]

78 Dies betonte Adenauer im Bundesparteivorstand der CDU am 13.1.1956. Vgl. *G. Buchstab* (Hg.), Adenauer: »Wir haben wirklich etwas geschaffen«. Die Protokolle des CDU-Bundesparteivorstandes 1953–1957, Düsseldorf 1990, S. 731.

79 *H.F. Zacher,* Faktoren und Bahnen der aktuellen sozialpolitischen Diskussion, in: Archiv für Wissenschaft und Praxis der sozialen Arbeit 3 (1972), S. 241–266, hier S. 241.

80 *H. Berié,* Das Sozialbudget als Instrument der staatlichen Sozialpolitik, in: *B. Külp* u. *H.-D. Haas* (Hg.), Soziale Probleme der modernen Industriegesellschaft, Bd. 2, Berlin 1977, S. 830–868.

81 Der Beveridge-Plan, Ziffern 106, 117.

Für alle diese Probleme hatte der Beveridge-Plan gedankliche Vorarbeit geleistet. Trotz mancher inzwischen nicht mehr überzeugender Lösungsvorschläge zeigt sich daher auch im Nachhinein die große Zukunftsträchtigkeit des mit Beveridges Namen verbundenen »Ideenschubs«, da er »im Zusammenhang mit der Wirtschaftspolitik und einer geschlossenen Theorie der sozialen Bedürfnisse eine Vollständigkeit aufwies, die bis dahin in keinem anderen Lande erreicht worden war«.[82]

82 *H. Achinger,* Sozialpolitik als Gesellschaftspolitik. Von der Arbeiterfrage zum Wohlfahrtsstaat, Frankfurt a. M. 1971², S. 102 f.

3. Wie die Rente steigen lernte: Die Rentenreform 1957

Die Rentenreform von 1957 stellt in mehrfacher Hinsicht eine Epochenzäsur dar. Dies gilt zunächst für die Geschichte der gesetzlichen Rentenversicherung, die mit neuen Ordnungsideen auf eine neue Grundlage gestellt wurde. Die Rente erhielt »Lohnersatzfunktion«, verlor also für langjährig Versicherte den Charakter einer ärmlichen Überlebenshilfe. Und sie wurde »dynamisiert«, mithin in ein geregeltes Beziehungsverhältnis zur allgemeinen Lohnentwicklung gesetzt. Mit der »dynamischen Rente« wuchs das Leistungsniveau der sozialen Sicherung erstmals deutlich über die Bedarfsgrenze des Existenzminimums hinaus: Als neues und für die weitere Sozialrechtsentwicklung typisches Ziel rückte die sozialpolitische Absicherung des erworbenen Lebensstandards, des relativen sozialen Status in den Bereich des Möglichen. Zäsurbedeutung hatte diese Rentenreform mithin auch für die Geschichte der Sozialversicherung, ja des Sozialstaats im Ganzen. Denn sie befreite die Sozialversicherung von der Assoziation, lediglich ein Notbehelf für arme Leute zu sein und bewirkte mithin eine »radikale qualitative Aufwertung von Sozialstaat«.[1] Schon zeitgenössisch ist die Rentenreform daher als »das wohl bedeutendste Sozialgesetzeswerk seit der Einführung der Sozialversicherung und seit der Schaffung der Arbeitslosenversicherung« wahrgenommen worden.[2]

Epoche machte die Rentenreform auch im Hinblick auf die deutsche Sozialgeschichte. Denn sie hob den Status der Sozialrentner aus der Nachbarschaft von Fürsorgeempfängern in die Nähe vergleichbarer Arbeitnehmer. Die Verstetigung des Lebensarbeitseinkommens förderte den Abschied von der durch Existenzunsicherheit gekennzeichneten proletarischen Lebenslage. Zudem trug die Angleichung des Rentenrechts für Arbeiter und Angestellte zur Bildung einer übergreifenden Arbeitnehmerkategorie bei. Insgesamt entlastete die Reform die westdeutsche Gesellschaft von einer strukturellen Spannung, die bisher als Folge der krassen Verteilungsdisparität zwischen der erwerbstätigen und der nicht mehr erwerbstätigen Generation Tag für Tag bemerkbar gewesen war.

In diesem Zusammenhang entstand auch ein neuer Leitbegriff der politischen Rhetorik: Generationenvertrag. Den Hintergrund bildete die Umsteuerung des

1 *W. Bogs*, Miterlebte Phasen bei der Planung und Verwirklichung des sozialen Rechtsstaats Bundesrepublik Deutschland, in: *N. Blüm* u. *H.-F. Zacher* (Hg.), 40 Jahre Sozialstaat Bundesrepublik Deutschland, Baden-Baden 1989, S. 306.

2 Welt der Arbeit, 25.1.1957.

Finanzierungsverfahrens. Bis dato galt – weniger in der Praxis als in der offiziellen Doktrin – immer noch die Ursprungsphilosophie der gesetzlichen Rentenversicherung, die auf ein Kapitaldeckungsverfahren zielte. Nun wurde diese Doktrin verabschiedet. Das neue Rentensystem basierte auf dem Prinzip des Umlageverfahrens. Die Beitragszahler bauen somit keinen Kapitalstock für ihre eigene Rente auf, sondern finanzieren die jeweils aktuellen Bezüge der Rentenempfänger. Während makroökonomische Theorien diesen Wandel volkswirtschaftlich legitimierten, appellierte der Begriff des Generationenvertrags an die Sozialmoral: Er warb für eine Politik der Alterssicherung, die das Rentensystem nicht auf die Ansammlung von Deckungskapital, sondern auf die Solidarität der Generationen stützt.

Sozialreform oder Rentenreform?

Die Rentenreform von 1957 stand am Ende einer Legislaturperiode, an deren Anfang sowohl die von den Unionsparteien geführte Regierungskoalition als auch die sozialdemokratische Opposition ein wesentlich umfassenderes Reformwerk angekündigt hatten.[3] Die SPD war in den Bundestagswahlkampf 1953 mit Grundzügen eines »Sozialen Gesamtplans« hineingegangen, der versuchte, Elemente der neuen britisch-skandinavischen Welfare-State-Konzeption (z. B. allgemeine Staatsbürger-Grundrente, überwiegend steuerfinanzierter nationaler Gesundheitsdienst) auf die deutschen Verhältnisse zu übertragen. In seiner Regierungserklärung von Oktober 1953 erhob auch Bundeskanzler Adenauer eine »umfassende Sozialreform« zum Regierungsprogramm. Damit sollte die Improvisationsperiode der Nachkriegszeit abgeschlossen und im sozialpolitischen Bauabschnitt des neuen Staates durchgreifend Klarheit und Ordnung geschaffen werden.

Tatsächlich zielte die regierungsinterne Arbeit bis Ende 1955 auf die Entwicklung einer Gesamtkonzeption für eine Sozialleistungsreform. Davon zeugen auch Gutachten und Denkschriften, die im Regierungsauftrag entstanden sind. So stellte Walter Bogs die »Grundfragen des Rechts der sozialen Sicherheit und seiner Reform« (Berlin 1955) dar; im persönlichen Auftrag Adenauers legten Hans Achinger, Joseph Höffner, Hans Muthesius und Ludwig Neundörfer eine Studie zur »Neuordnung der sozialen Leistungen« (Köln 1955) vor. Das Bundesarbeitsministerium richtete einen »Beirat für die Neuordnung der sozialen Leistungen« ein und bildete ressortintern ein »Generalsekretariat für die Sozialreform«, das unter der Leitung von Kurt Jantz junge, reformfreudige

3 Zum Folgenden *H. G. Hockerts*, Sozialpolitische Entscheidungen im Nachkriegsdeutschland. Alliierte und deutsche Sozialversicherungspolitik 1945 bis 1957, Stuttgart 1980, S. 216–319; *M. Richter* (Hg.), Die Sozialreform. Dokumente und Stellungnahmen, Bad Godesberg 1955 ff. (Loseblattsammlung).

Beamte (wie Dieter Schewe, Detlev Zöllner, Hartmut Hensen) vereinte. In einem verwickelten Kampf um Kompetenz- und Verfahrensfragen entstand zudem ein besonderer Ministerausschuss für Fragen der Sozialreform (»Sozialkabinett«).[4]

Die Gesamtkonzeptplanungen der Bundesregierung liefen sich jedoch fest. Dazu führte nicht zuletzt ein Konzeptionenstreit zweier Hauptkontrahenten. Indem er sich als Speerspitze aller an fürsorgerechtlichen Formen der Armutsbewältigung orientierten Kräfte anbot, strebte Bundesfinanzminister Fritz Schäffer einen Umbau des Sozialleistungsgefüges nach dem »Bedarfsprinzip« an. Darunter verstand er die Bindung aller steuerfinanzierten Sozialleistungen einschließlich der sehr erheblichen Staatszuschüsse zur Sozialversicherung an den Nachweis individueller Bedürftigkeit. Eine solche Geburt der Sozialreform aus dem Geiste des Bedürftigkeitsprinzips lehnte hingegen Bundesarbeitsminister Anton Storch entschieden ab. Ihm ging es vielmehr um eine sozialversicherungsrechtliche Abhebung der Arbeitnehmerschaft von den stigmatisierenden Formen traditioneller Armutsfürsorge. Anders als das Finanzressort, das mit einem umfassenden Reformplan die konkurrierenden Ansprüche zur wechselseitigen Mäßigung zwingen wollte, bevorzugte das Arbeitsressort ein schrittweises Vorgehen, wobei es in der Rentenversicherung den vordringlichsten Teilbereich sah.

Mehrere Faktoren führten Ende 1955 zu einem Konstellationswandel, der die Planung eines Gesamtkonzepts auf ein bald zum Stillstand führendes Nebengleis schob und eine Reform der Rentenversicherung ins Zentrum rückte. Darin lag eine Art Befreiungsschlag des Bundeskanzlers, der aus dem lähmenden Gesamtreform-Disput herausführen und die Energien auf eine noch vor den Bundestagswahlen von 1957 realisierbare Teilreform konzentrieren wollte. Dass dabei das Rententhema die Priorität erhielt, entsprach der Einsicht in die bedrückende Lage vieler Sozialrentner. Diese gehörten ganz unbestreitbar zu den Stiefkindern des Wirtschaftswunders. Eine Enquete des Statistischen Bundesamts hatte diesen Sachverhalt soeben noch einmal eindringlich untermauert.[5] Als Initialzündung wirkte indessen ein Anstoß von außen: der »Schreiber-Plan«.

4 Nachtrag zum Wiederabdruck: Die Kabinettsprotokolle der Bundesregierung. Ministerausschuss für die Sozialreform 1955–1960, bearb. v. *B. Martin-Weber*, München 1999.

5 Die sozialen Verhältnisse der Renten- und Unterstützungsempfänger, Heft 1: Die Sozialleistungen nach Leistungsfällen und Empfängern im September 1953, Stuttgart 1955; Heft 2: Die sozialen Verhältnisse der Haushaltungen mit Sozialleistungsempfängern im Frühjahr 1955, Stuttgart 1957.

Initialzündung »Schreiber-Plan«

Auf Einladung Adenauers referierte Wilfrid Schreiber, Kölner Privatdozent für Wirtschaftstheorie und Geschäftsführer des Bundes katholischer Unternehmer, im Dezember 1955 vor dem Sozialkabinett über die Grundzüge eines Rentenreformplans. Adenauer hatte – vermittelt durch seinen Sohn Paul – eine einschlägige Publikation Schreibers[6] kennengelernt und so beachtlich gefunden, dass er sie in die konzeptionellen Überlegungen der Bundesregierung einbeziehen wollte.

Schreibers Grundgedanken waren ebenso einfach wie radikal: Jeder Erwerbstätige zahlt laufend einen festen Prozentsatz seines Bruttoeinkommens in die »Rentenkasse des deutschen Volkes«, und diese gibt das jährliche Beitragsaufkommen jeweils voll an die Rentner weiter. Die Beiträge werden in Form von Anspruchspunkten gutgeschrieben, und der Quotient aus dem allgemeinen Beitragsaufkommen und der Summe aller Anspruchspunkte ergibt dann den jährlich neuen Wert jedes Anspruchspunktes. Der Plan brach also mit dem alten Dogma des Kapitaldeckungsverfahrens zugunsten eines reinen Umlageverfahrens, für das Schreiber den einprägsamen Begriff des »Solidar-Vertrags zwischen jeweils zwei Generationen« fand, und er koppelte die Rentenhöhe automatisch an die Entwicklung der Arbeitseinkommen. Hiermit glaubte Schreiber einen gravierenden Konstruktionsfehler der klassischen Rentenformel behoben zu haben, denn diese berechnete die Rente nach dem Nominalwert von Beitragszahlungen, die von der Entwicklung der Produktion, der Preise und Löhne längst überholt waren, wenn man in Rente ging. Auch während des Rentenbezugs gab es kein geregeltes Anpassungsverfahren. Es hing vielmehr ganz von der Gunst oder Ungunst des Augenblicks ab, ob der Gesetzgeber etwas für die Sozialrentner übrig hatte.

Ohne die politische Impulswirkung des Schreiber-Plans schmälern zu wollen, muss man hervorheben, dass ähnliche Gedanken, wenn auch weniger zugespitzt, damals vielfach in der wissenschaftlichen und politischen Diskussion geäußert wurden. Gerhard Mackenroths berühmter Satz, dass »aller Sozialaufwand immer aus dem Volkseinkommen der laufenden Periode gedeckt werden« müsse und es insofern volkswirtschaftlich »immer nur ein Umlageverfahren« gebe,[7] artikulierte eine inzwischen weithin geteilte Sichtweise. Ebenso wurde das Prinzip einer Koppelung der Renten an variable Größen vielfach, wenn auch meist noch ohne operative Klarheit diskutiert. Die Internationale Arbeitskonferenz hatte 1952 empfohlen, laufende Renten »nach namhaften Änderungen in der allgemeinen Verdiensthöhe, die sich aus namhaften Änderungen in

6 *W. Schreiber*, Existenzsicherheit in der industriellen Gesellschaft, Köln 1955.

7 *G. Mackenroth*, Die Reform der Sozialpolitik durch einen deutschen Sozialplan, in: Schriften des Vereins für Socialpolitik NF, Bd. 4, Berlin 1952, S. 41.

den Lebenshaltungskosten ergeben, zu überprüfen«.[8] Im »Generalsekretariat für die Sozialreform« lagen im Herbst 1955 schon verschiedene Varianten einer neuen Rentenformel bereit, die viel Ähnlichkeit mit dem legislatorischen Resultat von 1957 aufweisen. Während Schreiber den Beitragssatz konstant halten und insofern das demographische Risiko einseitig auf der Seite der Rentner lokalisieren wollte, betrachtete das Generalsekretariat umgekehrt die Rente-Lohn-Relation als das zu bewahrende und das Finanzierungssystem als das gegebenenfalls zu variierende Element. Außerdem ließ Schreibers Modell die Höhe des anzustrebenden Rentenniveaus offen, während das Generalsekretariat den Gedanken der Lohnkoppelung mit der zweiten neuen Ordnungsidee verband: die Rente so zu bemessen, dass sie den individuell erarbeiteten Lebensstandard im Alter aufrechterhält.

Schon vor Schreibers Vortrag im Sozialkabinett hatte das Generalsekretariat seine Gedanken in interministeriellen Verhandlungen zur Diskussion gestellt, war aber auf erhebliche Widerstände gestoßen. In dieser Situation schlug das Zusammenspiel Adenauer/Schreiber eine Bresche, die das Generalsekretariat dann zur Durchsetzung eigener Gedankengänge nutzen konnte. Es ist also nicht so, wie gelegentlich dargestellt wird, dass der regierungsinterne Siegeszug der dynamischen Rente der Sieg eines Außenseiters über die Bürokratie gewesen sei. Vielmehr konvergierten hier ähnliche Überlegungen, und es dürfte in erster Linie der geringen persönlichen Hebelkraft des Ministers Storch zuzuschreiben sein, dass die Dinge erst durch den Kontakt Adenauer/Schreiber wirklich in Bewegung geraten sind.

Kabinettskonflikt

Um die Jahreswende 1955/56 arbeitete Konrad Adenauer eine vom Generalsekretariat vorbereitete Vorlage über die wichtigsten Entscheidungsalternativen durch. Dabei stimmte er dem Gedanken einer Koppelung der Rente an die Lohnentwicklung zu, und zwar sowohl für die Erstfestsetzung der Rente (Hochrechnung aller früheren Beitragswerte auf das beim Eintritt ins Rentenalter aktuelle Lohnniveau) als auch für die laufende Anpassung der Bestandsrenten. Darin sah er eine Chance, das Rententhema zu entpolitisieren und insbesondere aus den Unwägbarkeiten der Wahlkämpfe herauszuhalten. Er akzeptierte den Gedanken, dass die Altersrente »den im Arbeitsleben erworbenen Lebensstandard« sichern solle. Er befürwortete eine verstärkte Bekämpfung der Frühinvalidität durch Prävention und Rehabilitation und wünschte, dass die Invaliditätsrente »eine ausreichende Lebenssicherung« gewährleiste. Eine Knüpfung von Rentenzahlungen an Bedarfsprüfungen lehnte er glatt ab, ebenso ein ungehemmtes Umlageverfahren, wie es Schreiber gewünscht hatte. Er plädierte

8 Vgl. BABl 3 (1952), S. 386.

vielmehr für eine Sicherheitsreserve zum Ausgleich von Konjunkturschwankungen. Im Unterschied zu Schreiber wünschte Adenauer auch keine völlige Streichung des Staatszuschusses, den er allerdings »möglichst gering« halten wollte. Er befürwortete die Ausdehnung der Versicherungspflicht auf alle Arbeitnehmer und empfahl, auch Selbständige bis zu einem bestimmten Einkommen in die Rentenversicherung einzubeziehen. Die Frage der Sicherung der Selbständigen trennte er jedoch bald wieder ab, um die Durchsetzungschance der Rentenversicherungsreform zu erhöhen.

Anschließend suchte Adenauer diese Vorentscheidungen in Beschlüsse des Sozialkabinetts umzusetzen. Tatsächlich verkündete ein Kommuniqué dieses Kabinettsausschusses im Januar 1956: »Das Kernstück der Neuregelung bildet der Übergang von der statischen zur so genannten dynamischen Leistungsrente«. Einen Monat später hieß es jedoch im nächsten Kommuniqué: »Da der Ausdruck dynamische Rente sprachlich falsch ist, soll an seine Stelle der Ausdruck Produktivitätsrente treten«.[9]

Wie dieses terminologische Schwanken andeutet, stieß Adenauer im Sozialkabinett auf tiefgreifende Meinungsverschiedenheiten. Bis das Kabinett sich im Mai 1956 auf einen Gesetzentwurf einigte, galt der von heftigen Auseinandersetzungen in der politischen Öffentlichkeit begleitete regierungsinterne Streit vor allem der Frage, wie die Bezugsgröße und die Verfahrensweise bei der periodischen Anpassung der laufenden Renten zu definieren sei. Vor allem Finanzminister Schäffer und Wirtschaftsminister Erhard äußerten größte Bedenken gegen eine automatische Anpassung der laufenden Renten an die Lohnentwicklung. Beide setzten sich mit Vehemenz für nicht-automatische Verfahren und preisbereinigte Bezugsgrößen ein, um die Rentner zwar an der wachsenden Produktivität zu beteiligen, aber nicht aus dem Geldentwertungsrisiko zu entlassen. Umgekehrt ließ Minister Storch erkennen, dass es ihm in erster Linie um einen Geldwertschutz für die Rentner ging. Von Inflationserfahrungen geprägt, unterbot er damit das Niveau des Konzepts, das seine Mitarbeiter im Generalsekretariat ausgearbeitet hatten und beharrlich im Auge behielten.

Regierungs- und Oppositionsentwurf im Vergleich

Der Regierungsentwurf war ein Kompromiss, der nicht zuletzt unter dem massiven Druck der parlamentarischen Opposition zustande kam. Unter der Regie von Ernst Schellenberg ließ die SPD ihre frühere Lieblingsidee einer steuerfinanzierten Grundrente fallen und schwenkte ganz auf die Linie der lohnbezogenen dynamischen Rente ein. Bereits im April 1956 trat sie mit einem

9 Bulletin des Presse- und Informationsamtes der Bundesregierung, 21.1.1956, S. 117 bzw. 21.2.1956, S. 297.

Gesetzentwurf hervor, der sozusagen die Maximalfassung dessen bildete, was die Reformplaner der Regierung erwogen. Im Vergleich der beiden Entwürfe fällt daher zunächst eine weitgehende Ähnlichkeit der Ziele und Methoden auf.[10] Bei dieser – von der ministerialbürokratischen Seite diskret geförderten – Konvergenz spielte die Überzeugung eine Rolle, dass eine so grundlegende Reform auf Dauer angelegt und mithin auf einer breiten Parlamentsmehrheit aufgebaut werden müsse.

Beide Entwürfe unternahmen es, das gesamte Recht der gesetzlichen Alters-, Invaliditäts- und Hinterbliebenensicherung neu zu gestalten, ohne die bestehende organisatorische Struktur infrage zu stellen. Beide sahen keine beitragsunabhängigen Rentenbestandteile mehr vor, sondern verstärkten vielmehr das Prinzip der Äquivalenz zwischen Beitragszahlung und Leistungshöhe. Beide bezogen alle Arbeitnehmer ohne Rücksicht auf die Höhe ihres Einkommens in die Versicherungspflicht ein, sahen für Arbeiter und Angestellte gleiches materielles Recht vor, und ersetzten – bei manchen Unterschieden im Detail – die alten Begriffsbestimmungen der Invalidität (Arbeiter) und Berufsunfähigkeit (Angestellte) durch neue, für beide Versicherungszweige einheitliche Definitionen von »Berufsunfähigkeit« und »Erwerbsunfähigkeit«. Beide klammerten die Frage der Sicherung der Selbständigen aus. Im Unterschied zum Regierungsentwurf hielt die Opposition jedoch die Möglichkeit zur freiwilligen Versicherung generell offen.

Das Kernstück bildete beide Male eine neue, »dynamische« Rentenformel, die vier Faktoren multiplikativ miteinander verknüpfte: Zur Messung der Lebensarbeitsleistung wurde (a) die Zahl der jeweils anrechnungsfähigen Versicherungsjahre und (b) das Verhältnis des jeweils versicherten Bruttolohns zum Durchschnittsbruttolohn aller Versicherten während der gesamten Versicherungszeit (persönliche Bemessungsgrundlage) berücksichtigt; während (c) das Instrument der allgemeinen Bemessungsgrundlage die Rentenberechnung auf das aktuelle Lohnniveau bezieht, steuert (d) der Steigerungssatz je Versicherungsjahr die prozentuale Höhe, in der das lebensdurchschnittlich erworbene, aktualisierte Bruttoentgelt durch die Rente ersetzt wird.

Beide Entwürfe wählten als aktualisierende Bezugsgröße (allgemeine Bemessungsgrundlage) den Bruttoarbeitsverdienst aller Versicherten, wobei die Regierung einen gleitenden Dreijahresdurchschnitt und die SPD das jeweils vergangene Jahr zugrunde legte. Der Regierungsentwurf wählte den Steigerungssatz für die Altersrente mit 1,5 Prozent so, dass die Rente (wohlgemerkt: netto) nach vierzig Versicherungsjahren 60 Prozent des aktualisierten, lebensdurchschnittlich erworbenen Bruttoentgelts erreicht. Durch die Wahl eines höheren Steigerungssatzes (1,8 Prozent) und die Einfügung eines fiktiven Mindesteinkommens in die Rentenberechnung ging die SPD über den Regierungsentwurf hinaus.

10 SPD-Entwurf vom 18.4.1956 (BT Drs. II/2314); Regierungsentwurf vom 23.5.1956 (BR Drs. 196/56), dem Bundestag am 5.6.1956 zugeleitet (BT Drs. II/2437).

Der wohl bedeutendste Unterschied lag in der Regelung, mit der die Rente während ihrer Laufzeit periodisch angepasst werden sollte. Die SPD plädierte für eine automatische Anpassung an die jährliche Lohnbewegung. Dagegen spiegelte der Regierungsentwurf einen prekären Kabinettskompromiss. Anpassungsmaßstab sollte die Entwicklung des Nettosozialprodukts zu Faktorkosten sein – ohne Preisbereinigung. Dies hatte Adenauer mit Vehemenz gegen die opponierenden Minister durchgesetzt. In der Erwartung, dass die parlamentarische Beratung zu einem realistischeren Ergebnis führen werde, hatte er hingegen konzediert, dass die Rentenanpassung zwar automatisch, aber nur alle fünf Jahre erfolgen sollte.

Reaktionen der Verbände

Die Entstehung der Gesetzesentwürfe war ebenso wie ihre spätere parlamentarische Behandlung von heftigen Auseinandersetzungen in der Öffentlichkeit begleitet. Die Gegner des – von ihnen so genannten – »dynamischen Leichtsinns« formierten sich zu einer mächtigen Phalanx, darunter renommierte Häupter der neoliberalen Schule wie Wilhelm Röpke, Versicherungsunternehmen, Banken, Sparkassen und Arbeitgeberverbände. Die Geldinstitute und das private Versicherungsgewerbe sahen ihre Interessen so stark bedroht, dass ihre Spitzenverbände sich 1956 gegen die Dynamisierung der Renten zur »Gemeinschaft zum Schutz der deutschen Sparer« zusammenschlossen. Wichtige Unterstützung erhielten die opponierenden Verbände durch die Bank deutscher Länder, deren Direktoriumspräsident, Wilhelm Vocke, zu den eindringlichsten Warnern gehörte.

So differenziert und zahlreich die Bedenken im Einzelnen waren, so lassen sie sich doch auf drei Haupteinwände zurückführen. Erstens: Die dynamische Rente werde inflationären Tendenzen Auftrieb geben. Man befürchtete, das neue Prinzip der Rentenberechnung werde ein währungspolitisch gefährliches Indexklausel-Denken salonfähig machen. Außerdem beunruhigte der Gedanke, dass die Millionen Rentner sich in ein Heer von Parteigängern überzogener gewerkschaftlicher Lohnforderungen verwandeln könnten. Tatsächlich stieg ja mit dem Prinzip der gleichgewichtigen Entwicklung von Löhnen und Renten die strategische Bedeutung der gewerkschaftlichen Lohnpolitik. Dagegen verlor das traditionell bremsende Argument, die Gefahr einer Lohn-Preis-Spirale verstoße gegen vitale Interessen der Rentner (denen bisher ja nur sinkende Preise, aber nicht steigende Löhne zugute gekommen waren) im Zeichen der »dynamische Rente« an Geltung. Zweitens: Die Alterssicherung werde zu weitgehend verstaatlicht, die individuelle Selbstverantwortung hingegen gelähmt. Insbesondere drohe ein Rückgang der privaten Sparquote, da nicht nur die Sparneigung, sondern – wegen der steigenden Beitragssätze – auch die Sparfähigkeit sinken werde. Außerdem sei es für den Kapitalmarkt schädlich, wenn die Rentenversicherung keinen eigenen Vermögensaufbau mehr betreiben müsse. Drittens: Die Kosten der Rentendynamik seien auf lange Sicht nicht hinreichend kalkulierbar. Insbesondere könnten Altersstrukturverschiebungen zu untragbaren Lasten führen.[11]

Andere Verbände unterstützten hingegen die Rentendynamisierung mit Nachdruck, voran der Deutsche Gewerkschaftsbund, dessen Vorstellungen sich weitgehend mit dem SPD-Entwurf deckten. Auch die Deutsche Angestellten-Gewerkschaft stimmte dem Kernstück der Reform zu, entfachte indessen einen Proteststurm gegen weitere Aspekte des Regierungsentwurfs. Statt eines für Arbeiter und Angestellte gemeinsamen Gesetzes wünschte sie die Beibehaltung eines besonderen Angestelltenversicherungsgesetzes, ferner die uneingeschränkte Erhaltung des Berufsunfähigkeitsbegriffs; eine Differenzierung der Witwenrente nach Alter oder Kinderzahl der Witwe lehnte sie ab. Im Ganzen gehört die Rentenreform zu den am heftigsten umstrittenen Gesetzeswerken der zweiten Legislaturperiode. Die Aktivität der interessierten Verbände trug zu einer ungewöhnlich starken Mobilisierung der Öffentlichkeit bei und setzte die parlamentarischen Beratungen unter einen »ungeheuren Druck«.[12]

Kontroversen im Regierungslager

Nachdem der Bundesrat im Juni 1956 mit vielfachen Änderungswünschen zu dem Regierungsentwurf Stellung genommen und der Bundestag diesen Entwurf wie zuvor schon den Oppositionsentwurf seinem sozialpolitischen Ausschuss übergeben hatte, begannen im September 1956 die parlamentarischen Ausschussberatungen. Sie wurden zunächst von Kontroversen innerhalb des Regierungslagers überschattet. Auf Kabinettsebene opponierten nach wie vor Schäffer, Erhard und andere Minister, so dass der Bundeskanzler sich im Oktober 1956 genötigt sah, ausdrücklich auf seine Richtlinienkompetenz zu pochen. Doch brachen auch in der über die absolute Mehrheit der Mandate verfügenden Unionsfraktion nahezu unüberbrückbare Gegensätze auf. Nach zahllosen Koordinationsgesprächen, in denen Peter Horn als Obmann der Fraktion auf dem Feld der Sozialpolitik eine Schlüsselrolle spielte, gelang es dann im November 1956, für die entscheidenden Paragraphen einen Kompromiss zu finden, der für

11 Der Regierungsentwurf ging davon aus, dass der auf 14 % erhöhte Beitragssatz bis 1966 ausreichen werde; danach sei bis 1986 mit 16,25 % zu rechnen. Ein öffentlicher Expertenstreit über die Modellrechnungen, der u. a. auch demographische Aspekte einbezog, endete ohne Einigung, aber mit einer Teilrevision der Regierungsprognose: 1977 bis 1986 werde ein Beitragssatz von 18,25 % erforderlich sein. 1986 endete die Vorausschau der damaligen Akteure. Vgl. *Hockerts*, S. 384 f.

12 So der Berichterstatter des Ausschusses für Sozialpolitik in der 2. Lesung des Gesetzes (Sten. Ber. BT 2. WP, 16.1.1957, S. 10181).

die Gesamtfraktion tragbar war und in das verabschiedete Gesetzeswerk Eingang gefunden hat.

Demnach blieb es, was die Erstfestsetzung der Rente betrifft, bei der automatischen Hochrechnung aller Beitragswerte auf das aktuelle Lohnniveau. Wie im Regierungsentwurf vorgesehen, wurde das aktuelle Lohnniveau als gleitender Dreijahresdurchschnitt der Bruttoverdienste aller Versicherten definiert, seine Auswirkung auf das Rentensystem jedoch durch Zwischenschaltung eines Karenzjahres verzögert. Dieser vergrößerte *time lag* zwischen Renten- und Lohnentwicklung senkte das Rentenniveau unter die ursprünglich vom Sozialkabinett angestrebte Höhe und dämpfte die Befürchtung, dass Millionen Rentner die Tarifkämpfe verschärfen könnten. Am Rande spielte auch der Gedanke herein, der *time lag* könne eine konjunkturglättende, antizyklische Wirkung haben. Das in dieser Form als »allgemeine Bemessungsgrundlage« erfasste aktuelle Lohnniveau war auch für die Anpassung der laufenden Renten relevant, denn das Gesetz legte fest: »Bei Veränderungen der allgemeinen Bemessungsgrundlage werden die Renten durch Gesetz angepaßt«. Die Lohnbewegung sollte also Jahr für Jahr ein Anpassungsverfahren auslösen. Aber was die Bezugsgröße der Anpassung betrifft, so hieß es nun salomonisch: »Die Anpassung hat der Entwicklung der wirtschaftlichen Leistungsfähigkeit und der Produktivität sowie den Veränderungen des Volkseinkommens je Erwerbstätigen Rechnung zu tragen«. Die Bundesregierung wurde verpflichtet, dem Parlament jährlich über die Entwicklung dieser volkswirtschaftlichen Gesamtgrößen zu berichten (worin ein wichtiger Ansatz zur gesetzlichen Institutionalisierung der volkswirtschaftlichen Gesamtrechnung in der Bundesrepublik lag) und zugleich einen Anpassungsvorschlag zu unterbreiten.

Dabei kam noch eine weitere Vorsichtsmaßnahme zur Geltung. Der Anpassungsvorschlag musste die Expertise eines Gremiums (»Sozialbeirat«) beachten, das eigens für diesen Zweck neu geschaffen wurde. Das Gesetz regelte die Zusammensetzung recht genau: je drei Vertreter der Versicherten und der Arbeitgeber, ein Vertreter der Deutschen Bundesbank sowie drei »Vertreter der Sozial- und Wirtschaftswissenschaften«. Die Etablierung dieses Expertengremiums ist nicht nur unter dem Gesichtspunkt der programmatischen Verknüpfung von Wirtschafts- und Sozialpolitik bemerkenswert, sondern auch unter zwei weiteren Aspekten: Man erkennt hier eine Nuance im Prozess der korporativen Durchdringung der westdeutschen Marktwirtschaft, ebenso ein Element der Institutionalisierung wissenschaftlicher Politikberatung.[13]

Die Abweichungen vom Regierungsentwurf sind offensichtlich. Hatte sich dieser für eine automatische Anpassung, wenn auch in großen Zeitabständen, entschieden, so war die Automatik nun dreifach abgeschwächt: durch die Zwischenschaltung des Gesetzgebers und eines Expertengremiums sowie die

13 Nachtrag zum Wiederabdruck: Zur Geschichte dieses Sozialbeirats vgl. *W. Schmähl*, Der Sozialbeirat – ein Kind der Rentenreform von 1957. Anmerkungen zu den Anfängen anlässlich seines fünfzigjährigen Bestehens, in: Deutsche Rentenversicherung 63 (2008), S. 149–163.

Variabilität des Anpassungsmaßstabs. Man wählte also eine Art halbautomatischer Lösung, die dem Gesetzgeber Spielraum belassen sollte, aber zugleich Hebel für eine jährliche Anpassung der Renten an die Wirtschaftsentwicklung bereitstellte. Damit die Hebelwirkung wiederum nicht allzu stark sei, führte der Unionskompromiss eine als Notbremse gedachte Revisionsklausel ein, wonach die »allgemeine Bemessungsgrundlage« in bestimmten Fällen von der realen Lohnentwicklung abgekoppelt und vom Gesetzgeber festgelegt werden konnte.

Dieser unter größten Mühen zustande gekommene Kompromiss überdeckte gegensätzliche Zukunftserwartungen. In der Sicht der Gegner einer bruttolohnbezogenen Rentendynamik hielt er genügend abweichende Gestaltungsmöglichkeiten offen; umgekehrt nahmen die Befürworter an, dass das Instrument der allgemeinen Bemessungsgrundlage sich mit einer gewissen Zwangsläufigkeit als der entscheidende Anpassungsmaßstab durchsetzen werde. Tatsächlich hat die Gesetzgebungspraxis dann über Jahrzehnte zu einer solchen De-facto-Automatik geführt.[14]

Während es in den Reihen der Unionsfraktion im Verlauf des November 1956 gelang, diese Linie eines Kompromisses zu finden, stieß sie bei den Koalitionsfraktionen DP und FVP auf hinhaltenden Widerstand. Diese Parteien sahen in dem Unionskompromiss eine zu starke Konzession an die Befürworter der Rentendynamik. Wie hart in den interfraktionellen Verhandlungen der Koalition gerungen wurde, möge Adenauers eigener Kommentar illustrieren: Er sei »fast verrückt« geworden angesichts der »unendlichen Schwierigkeiten«, die Koalition in dieser Sache unter ein Dach zu bringen.[15]

Ausschuss- und Plenarberatungen des Bundestags

Der Bundestagsausschuss für Sozialpolitik arbeitete unter dem Vorsitz von Willi Richter (SPD) und Josef Arndgen (CDU) mit höchster Intensität und schloss nach 42 Sitzungen am 21. Dezember 1956 seine Beratungen über den Gesamtbereich der Reform ab, die neben den neuen Berechnungsverfahren das Leistungsrecht der Alters-, Invaliditäts- und Hinterbliebenensicherung umfassend vereinheitlichte, vielfach änderte und durch neue Leistungsarten ausbaute. Die Ausschussfassung, die sich dann im Plenum in allen wesentlichen Punkten be-

14 Als Grundgröße der Anpassung war bis 1992 die Entwicklung der Bruttolöhne maßgeblich, doch wurde die Anpassung 1979, 1981 und 1984 abgesenkt. Außerdem wurde der Anpassungstermin 1978 und 1983 kostensparend verschoben. Die am 9.11.1989 verabschiedete »Rentenreform 1992« ging von der Brutto- zur Nettoanpassung über, führte also die Entwicklung der Nettolöhne als die maßgebliche Bezugsgröße ein.

15 Adenauer im Bundesparteivorstand der CDU, 23.11.1956; vgl. *G. Buchstab* (Hg.), Adenauer: »Wir haben wirklich etwas geschaffen«. Die Protokolle des CDU-Bundesparteivorstandes 1953–1957, Düsseldorf 1990, S.1105.

haupten konnte,[16] schwächte das Prinzip der Rentendynamik im Sinne des oben dargelegten Unionskompromisses ab. Außerdem führte sie bei den Angestellten wieder eine Versicherungspflichtgrenze ein. Somit verblieb ein Rechtsunterschied zwischen der Arbeiter- und der Angestelltenversicherung. Diese beiden Zweige bewahrten auch ihre finanzielle Selbständigkeit; doch wurde ihr Leistungsrecht völlig vereinheitlicht.

Der Ausschuss senkte die Altersgrenze für Frauen, wenn sie in den letzten 20 Jahren überwiegend versicherungspflichtig tätig gewesen waren, von 65 auf 60 Jahre und erhöhte den Witwenanteil an der Rente des verstorbenen Mannes von 50 auf 60 Prozent. Auch für Arbeiter und Angestellte öffnete er eine Tür zur Frühverrentung: Nach einem Jahr ununterbrochener Arbeitslosigkeit konnten sie fortan vorzeitig mit 60 in Rente gehen.[17] Der Ausschuss übernahm die wesentlichen Finanzierungsvorschriften des Regierungsentwurfs: Erhöhung des Beitragssatzes von 11 auf 14 Prozent, Zusammenfassung des Bundeszuschusses in einer Pauschalsumme, die sich im Maße der »allgemeinen Bemessungsgrundlage« verändert, Übergang zu einem »modifizierten Umlageverfahren«. Das reine Umlageverfahren kam also noch nicht zum Durchbruch (sondern erst 1969). Die neue Finanzierungsweise beruhte auf Zehnjahresperioden, in denen der Beitragssatz konstant bleiben und eine Rücklage in Höhe einer Jahresausgabe gebildet werden sollte.

Die abschließende Beratung im Plenum des Bundestags ist als »Rentenschlacht« in die Parlamentsgeschichte eingegangen. Vier volle Beratungstage, vom 16. bis 21. Januar 1957, beanspruchte diese längste Debatte, die das Bonner Parlament bis dahin je geführt hatte. Wie die DP und die FVP identifizierte sich auch die (seit Februar 1956 in Opposition stehende) FDP wegen prinzipieller Bedenken gegen die Rentendynamik nicht mit der Grundkonzeption der Ausschussfassung. Nach dem Verständnis der SPD griff der reformerische Elan dieser Fassung hingegen entschieden zu kurz. Demonstrativer als in den eher auf Kompromisse zielenden Ausschussverhandlungen markierte die SPD im Plenum mit insgesamt 156 Änderungsanträgen ihre weiterreichenden Ziele: stärkere Aktualisierung der »allgemeinen Bemessungsgrundlage«, automatische alljährliche Anpassung der laufenden Renten, Aufhebung der Versicherungspflichtgrenze für Angestellte, höhere Steigerungssätze und höhere Bundeszuschüsse, Rente nach Mindesteinkommen, stärkere Ausdehnung der Rehabilitationsleistungen, um nur die wichtigsten Änderungswünsche zu nennen. Da das Antragsbombardement der sozialdemokratischen Fraktion in nur wenigen Randpunkten Erfolg hatte, blieb ihre Zustimmung zu dem Gesetzeswerk bis zum Schluss fraglich.

16 Vgl. die Synopse der Ausschussfassung und der in der 2. Lesung gefassten Beschlüsse des Bundestages (BT Drs. II/3115).

17 Für Angestellte gab es diese Regelung schon seit 1929. Auf Drängen der SPD wurde sie nun auch auf Arbeiter ausgedehnt.

Auf einem mittleren Kurs zwischen der betont konservativen Seite des Hauses und der betont reformfreudigen sozialdemokratischen Opposition bestimmte die Unionsfraktion das Ergebnis des parlamentarischen Entscheidungsprozesses. Gemessen an den ursprünglich weit auseinanderklaffenden Meinungen operierte sie zuletzt mit bemerkenswert großer Geschlossenheit. In der Nacht zum 22. Januar 1957, nach fünfzehnstündiger Schlussdebatte, verabschiedete der Bundestag die Rentenreform mit sehr großer Mehrheit. Alle Abgeordneten der CDU/CSU, der FVP und auch – nach einer dramatischen Sondersitzung der Fraktion – der SPD stimmten zu. Die kleine Schar der FDP-Abgeordneten votierte mit Nein, die DP enthielt sich mehrheitlich. Nachdem der Bundesrat am 8. Februar 1957 einstimmig zugestimmt hatte, trat das Reformwerk rückwirkend zum 1. Januar 1957 in Kraft.[18]

Auf die Idee, das neue Modell der Altersicherung »dynamische Rente« zu nennen, war als Erster der Freiburger Ökonom J. Heinz Müller gekommen.[19] Wilfrid Schreiber, dessen Kontakt zum Kanzler viel mediales Aufsehen erregte, übernahm den Begriff und verbreitete ihn wie ein Markenzeichen. Wie oben dargelegt, sträubte sich die Bundesregierung eine Zeitlang gegen diese Bezeichnung und versuchte stattdessen, das Etikett »Produktivitätsrente« durchzusetzen. Aber der Siegeszug der Wortschöpfung »dynamische Rente« war unaufhaltsam.

Bilanz

Die Resonanz der Reform war gewaltig. »Bisher ist kein Beispiel dafür bekannt«, resümierten die Allensbacher Demoskopen, »daß irgendein Gesetz, eine Institution oder sogar Verfassung und Symbole des Staates auch nur annähernd so positive Resonanz gehabt haben wie die Rentenreform«.[20] Daher trug sie kräftig zum Wahltriumph der CDU/CSU im Bundestagswahlkampf 1957 bei.[21] Für die oppositionelle SPD, die die Bundesregierung unter Erfolgsdruck gesetzt und an dem Reformwerk parlamentarisch intensiv mitgearbeitet hatte, war das ein bitteres Ergebnis. Aber die Wähler neigen bekanntlich dazu, Erfolge auf das Konto der jeweils führenden Regierungspartei zu buchen. Adenauers Entscheidung, mit Macht auf die Neuregelung des Rentenrechts zu drängen, entsprang nicht zuletzt einem wahltaktischen Kalkül. Aber es ging ihm doch auch um das

18 Gesetz zur Neuregelung des Rechts der Rentenversicherung der Arbeiter und Gesetz zur Neuregelung des Rechts der Rentenversicherung der Angestellten, jeweils vom 23.2.1957 (BGBl 1957 I S. 45 ff. und 88 ff.; Übertragung der Reform auf die Knappschaftsversicherung mit Gesetz vom 21.5.1957 (BGBl 1957 I S. 533 ff.).

19 Vgl. *Hockerts*, S. 311.

20 Vgl. die Kurzfassung eines Allensbacher Gutachtens, das auf einer Repräsentativerhebung von April 1957 beruht, in: BABl 1960, S. 66 f.

21 *G. Schmidtchen*, Die befragte Nation, Freiburg 1959, S. 166 f.

weiterreichende Ziel, die Gesellschaft mit sozialpolitischen Integrationsklammern zu stabilisieren, Spannungen zwischen den Generationen abzubauen, übrigens auch darum, die Bundesrepublik für die Bevölkerung der DDR attraktiv zu halten.[22]

Die Reform erhöhte die damals laufenden Renten auf einen Schlag um durchschnittlich 60 bis 70 Prozent.[23] Das war ein Akt nachholender Gerechtigkeit, hatten die Sozialrentner doch bis dahin im Schatten des Wirtschaftswunders gestanden. Darüber hinaus suchte die Reform den traditionellen Zirkel von Alter und Armut grundsätzlich und auf Dauer zu durchbrechen, indem sie die Dynamik der Wirtschaft in das Recht derer aufnahm, die nicht mehr im Erwerbsprozess stehen. Damit änderte sich nicht nur die Funktion der Renten – vom Zuschuss zum Lohnersatz –, sondern auch ihr Relationsgefüge: Die Altersrenten sollten fortan mit dem Wachstum der Arbeitseinkommen Schritt halten.[24]

Die neue Rentendynamik sah keine Grundsicherung vor. Bis 1957 hatte es einheitliche Grundbeträge gegeben, die fielen nun weg. Stattdessen kam eine ziemlich strenge Äquivalenz von (lohnbezogenem) Beitrag und (beitragsbezogener) Rente zum Zug. Dahinter stand eine programmatische Absicht: Die Rente sollte den Erfolg und die Dauer des individuellen Arbeitslebens möglichst genau abbilden und die Bürger somit auch spüren lassen, dass das Transfereinkommen nicht aus einer unerschöpflichen Börse kam. Außerdem überwog der Optimismus, dass die Festlegung einer Grundsicherung (außerhalb der öffentlichen Fürsorge) in einer von Vollbeschäftigung und Prosperität gekennzeichneten Arbeitswelt gar nicht nötig sei. Im Kern beruhte die Rentenreform also auf dem Leitbild des liberalen Leistungsprinzips. Das schadete ihrer Popularität damals keineswegs. Im Gegenteil: Damit entsprach sie einem sozialkulturellen Entwicklungstrend, der geprägt war von der Erwartung individueller Aufstiegschancen mit Konzentration auf Arbeit, Leistung und Konsum. Dieser Trend hatte längst auch die traditionellen Sozialmilieus der Arbeiterbewegung erfasst und bis auf Schwundstufen und Restbestände erodiert.

Die Rentenreform umfasste durchaus auch Elemente des sozialen Ausgleichs. Insbesondere führte sie Ersatz-, Ausfall- und Zurechnungszeiten als Ausgleichsfaktoren für Zeiten der Verdienstunterbrechung bzw. für den Fall der Frühin-

22 Dass die Bundesrepublik »attraktiv« bleiben müsse für »Menschen in der Zone«, hob Adenauer z.B. im Bundesparteivorstand der CDU am 13.1.1956 hervor. Vgl. *Buchstab*, S. 731.

23 Sozialbericht 1958, Teil II: Rechnungsergebnisse in den gesetzlichen Rentenversicherungen (BT Drs. III/568).

24 Das Sozialkabinett hatte im Februar 1956 ein Rentenniveau angepeilt, das nach 40 Versicherungsjahren bei 69 bis 72 % des Nettoarbeitseinkommens vergleichbarer Arbeitnehmer liegt. Mit der verabschiedeten Rentenformel ließ sich eine solche Höhe jedoch nur bei einer längeren Versicherungsdauer erreichen. Das tatsächliche Rentenniveau (Nettorente eines Durchschnittsverdieners nach 45 Versicherungsjahren, bezogen auf das Nettoarbeitsentgelt aller Versicherten) lag 1957 bei 66,7 %; es sank bis 1965 auf 59,3 %, stieg bis 1977 auf die Rekordhöhe von 73,2 % und pendelte sich danach bis 1989 bei rund 70 % ein.

validität ein.[25] Doch betrachtete sie es nicht als Aufgabe der Rentenversicherung, Verzerrungen in der Lohnstruktur nachträglich auszugleichen. So blieben all diejenigen benachteiligt, die während ihrer Erwerbs- und Beitragszeiten in strukturell weniger begünstigten Gebieten oder in unterbezahlten Berufen tätig waren oder – wie lange bei Frauenarbeit üblich – Lohnabschläge hinnehmen mussten. Es blieb somit der Lohnpolitik überlassen, für eine als Grundlage des Rentensystems tragfähige Einkommensverteilung zu sorgen.

In ihrer Gesamtanlage war die Rentenreform erwerbsarbeitszentriert. Andere Arbeitsformen, zumal die von Hausfrauen und Müttern geleistete Familienarbeit, nahm das Rentenrecht nicht zur Kenntnis. Familienarbeit begründete keine eigenständige soziale Sicherung. So selbstverständlich galt noch das Leitbild des männlichen Familienernährers, der die Ehefrau mitversorgt. Kurz: Die Rentenreform von 1957 war vor allem auf die voll erwerbstätigen, hinreichend verdienenden, in der Regel männlichen Arbeitnehmer zugeschnitten. Für diese hat sie die Gefahr deprimierender Altersarmut gebannt und eine neue Normalität begründet: die Sicherheit des Ruhestands.

25 Als Ersatzzeiten galten v. a. Zeiten des Militär- und Kriegsdiensts, der Vertreibung und der NS-Haft. Als Ausfallzeiten wurden v. a. Zeiten der Arbeitslosigkeit (ab der 6. Woche) gerechnet. Zurechnungszeiten betrafen den Fall der Frühinvalidität.

4. Wiedergutmachung in Deutschland 1945–2000

Ein umstrittener Begriff und ein weites Feld

Im Generationswechsel der Zeithistoriker ist der Wiedergutmachungsbegriff in Misskredit geraten. Er gilt als »unerträglich verharmlosend«, als ein »an relativierenden und exkulpatorischen Inhalten kaum zu überbietender Begriff«.[1] Eine zornige Publizistin ging noch weiter und schrieb: »Gegen das Wort Wiedergutmachung hätte man sofort gerichtlich Einspruch erheben und verbieten müssen, es im Zusammenhang mit den Judenverfolgungen zu nennen«.[2] Bis zu einem gewissen Grad ist die Abwehr verständlich. Denn die Auflösung des Rechts in Angst und Schrecken, die millionenfache Verfolgung und Vernichtung lassen sich nicht ungeschehen oder rückgängig und in diesem Sinne niemals wieder gut machen. Und es mag schon sein, dass mancher die Verwandlung von Schuld in Schulden meint, wenn er von Wiedergutmachung spricht, und mit den Schulden die Schuld als erledigt ansieht – des weiteren Hinsehens nicht mehr wert.

Blättert man im Grimm'schen Wörterbuch, so wird man indessen belehrt, dass *gutmachen* im Deutschen von alters her *ersetzen, bezahlen, sühnen* bedeutet.[3] Vielleicht erklären solche Bedeutungsschichten, warum jüdische Emigranten deutscher Herkunft den Wiedergutmachungsbegriff – eine deutsche Spracheigentümlichkeit, die sich nicht übersetzen lässt – zumeist akzeptierten, mitunter auch selbst propagierten.[4] In den Gründerjahren der Bundesrepublik haben gerade diejenigen den Begriff der Wiedergutmachung gehegt und gepflegt, die klarer als andere erkannten, dass die Deutschen sehr viel zu ersetzen,

1 *A. Assmann* u. *U. Frevert*, Geschichtsvergessenheit, Geschichtsversessenheit. Vom Umgang mit deutschen Vergangenheiten nach 1945, Stuttgart 1999, S. 57; *H. Berghoff*, Zwischen Verdrängung und Aufarbeitung. Die bundesdeutsche Gesellschaft und ihre nationalsozialistische Vergangenheit in den Fünfziger Jahren, in: GWU 49 (1998), S. 96–114, hier S. 103.

2 *L. Fleischmann*, Dies ist nicht mein Land. Eine Jüdin verläßt die Bundesrepublik, Hamburg 1980, S. 70.

3 Darauf verweist *C. Goschler*, Wiedergutmachung. Westdeutschland und die Verfolgten des Nationalsozialismus (1945–1954), München 1992, S. 25. Vgl. Deutsches Wörterbuch von *Jacob* u. *Wilhelm Grimm*, Bd. 9, München 1984, S. 1469 f. (Nachdruck der Ausgabe Leipzig 1935).

4 Dafür ist der von Siegfried Moses im Juli 1943 in Tel Aviv publizierte Artikel: »Die Wiedergutmachungsforderungen der Juden« ein frühes Zeugnis. Vgl. hierzu *H. Thamer* (Hg.), In zwei Welten. Siegfried Moses zum 75. Geburtstag, Tel Aviv 1962.

zu bezahlen und zu sühnen hatten. In den Kreisen des Widerstands war der Begriff gang und gäbe, und es waren gerade die entschiedensten Vorkämpfer der Hilfe für die Opfer der nationalsozialistischen Verfolgung, die ihn hochschätzten. Einer von ihnen, der Unionsabgeordnete Franz Böhm, hat 1954 zeitgenössische Konnotationen präzise entschlüsselt: »Wen die Grausamkeiten der Hitlerzeit damals, als sie verübt wurden, entsetzten, wer mit den Opfern fühlte, wer, wenn er konnte, zu helfen suchte, dem ist heute die Wiedergutmachung *Herzenssache*. Wer aber damals mit Hitler sympathisierte, wer jeden, den die Gestapo abholte, für einen Feind, Übeltäter oder Schädling hielt oder wer sich auch nur beim Anblick all der Herzlosigkeit und Brutalität mit dem Satz tröstete: wo gehobelt wird, da fallen Späne, für den ist heute die Wiedergutmachung ein *Ärgernis*«.[5] Der Begriff wurde damals als Appell an das Gewissen gebraucht, um Trägheit und Teilnahmslosigkeit zu überwinden. Weil die Protagonisten der Wiedergutmachung unter der politischen und moralischen Schuld litten, wollten sie wenigstens die bezifferbaren Schulden nach besten Kräften beglichen sehen – wohl wissend, dass man »ohnehin nur einen Bruchteil wiedergutmachen« könne.[6] Zudem wollten sie Zeichen setzen für »tätige Reue« und die »symbolische Wiederinkraftsetzung des Sittengesetzes«.[7] Daher zogen sie eine moralisch verpflichtende Pathosformel einer Redeweise vor, die sich auf farblose Fachtermini wie »Entschädigung« beschränkt.

Heute polarisiert das Wort auf ganz andere Weise. Wer heute von Wiedergutmachung spricht, will in der Regel zustimmen, dass viel geleistet worden ist. So heißt es in einer Dokumentation des Bundesfinanzministeriums von März 1999, die öffentliche Hand habe bisher 103,8 Milliarden DM für die

5 *F. Böhm*, Recht und Moral im Rahmen der Wiedergutmachung (undatiertes, auf Ende 1954 zu datierendes Redemanuskript in seinem Nachlass, ACDP, I-200, Nr. 006/2). Hervorhebung vom Vf. Ähnlich *ders.*, Wie besiegen wir die Trägheit des Herzens? Gedanken zur Wiedergutmachung, in: FAZ vom 13.1.1955, S. 2 und *ders.*, Die politische und soziale Bedeutung der Wiedergutmachung (1956), in: *ders.*, Reden und Schriften, hg. v. *E.-J. Mestmäcker*, Karlsruhe 1960, S. 193–215.

6 Heinrich v. Brentano in der Unionsfraktion am 17.3.1953. Vgl. Die CDU/CSU-Fraktion im Deutschen Bundestag. Sitzungsprotokolle 1949–1953. Bearb. v. *H. Heidemeyer* (Quellen zur Geschichte des Parlamentarismus und der politischen Parteien. Vierte Reihe, Bd. 11), Düsseldorf 1998, S. 693.

7 So im Blick auf Adenauers Anteil am Israel-Abkommen: *H.-P. Schwarz*, Adenauer. Der Aufstieg 1876–1952, Stuttgart 1986, S. 899. Aus der stattlichen Zahl der Beispiele für ein alles andere als verharmlosendes Verständnis der Wiedergutmachung vgl. *K. Jaspers*, Die Schuldfrage, Heidelberg 1946; *D. Gosewinkel*, Adolf Arndt. Die Wiederbegründung des Rechtsstaats aus dem Geist der Sozialdemokratie (1945–1961), Bonn 1991, S. 225–246; *P. Weber*, Carlo Schmid 1896–1979. Eine Biographie, München 1996, S. 465–471. Dass die Wiedergutmachung sowohl materiell als auch moralisch »in der Seele jedes einzelnen Deutschen« zu leisten sei, gehörte zu den Leitgedanken von Ernst Müller-Meiningen jr. als Redakteur der Süddeutschen Zeitung (Zitat: SZ vom 5./6.4.1952, S. 2); den Aspekt der Selbstreinigung – es gelte auch, »sich selber wieder gut zu machen« – betonte auch Bundespräsident Heuss, Ansprache zur »Woche der Brüderlichkeit«, in: Bulletin des Presse- und Informationsamtes der Bundesregierung, 6.3.1956, S. 401.

Wiedergutmachung aufgebracht; die Summe werde sich wegen der noch laufenden Verpflichtungen, vor allem der Rentenzahlungen, voraussichtlich auf 124 Milliarden DM erhöhen. Damit seien »nahezu alle durch NS-Unrecht verursachte Schäden erfaßt« und zwar in einem »nach Grund und Umfang der Schädigung ausgewogenen Verhältnis«.[8] Zum *Ärgernis* ist der Begriff vielmehr denen geworden, die ihn als Inbegriff der Verharmlosung verwerfen. Das geschieht inzwischen geradezu rituell und daher nicht selten so undifferenziert, dass ausgerechnet die Protagonisten der Wiedergutmachung in die Fänge eines anachronistischen Fehlschlusses geraten, als sei es ihnen nur um eine Art Schadensabwicklung gegangen.

Wie auch immer man die semantische Debatte führt, terminologisch sind wir auf den Wiedergutmachungsbegriff angewiesen. Denn als die einzig verfügbare sprachliche Klammer hält er eine Vielzahl von Vorgängen und Rechtsgebieten zusammen, die darüber entscheiden, ob und wie aus Verfolgten Berechtigte wurden.[9] Der Sammelbegriff umfasst zumindest fünf Teilbereiche, die man in aller Kürze so umreißen kann: (1) Rückerstattung von Vermögenswerten, die den Verfolgten geraubt oder entzogen worden sind. (2) Entschädigung für Eingriffe in die Lebenschancen, für den Verlust an Freiheit, Gesundheit, beruflichem Fortkommen und anderes mehr. (3) Dazu kommen Sonderregelungen, vor allem im öffentlichen Dienst und in der Sozialversicherung, sowie (4) die juristische Rehabilitierung, deren Aufgabe es ist, Unrechtsurteile zu beseitigen – vor allem in der Strafjustiz,[10] aber man denke auch an Unrechtsakte wie die Ausbürgerung und die Aberkennung akademischer Grade.[11]

Diese vier Punkte sind zunächst vom innerstaatlichen Recht her gedacht. Aber die Verfolger haben Staatsgrenzen niedergerissen, Terror nach außen getragen und Millionen von Ausländern zwangsweise in das Deutsche Reich verbracht. Das Thema hat daher auch weite internationale Dimensionen. Diese bilden den Hintergrund für (5) eine Reihe zwischenstaatlicher Abkommen, die als weitere Kategorie dem Sammelbegriff der Wiedergutmachung zuzurechnen sind. Und noch viel weiter ließe der Begriff sich fassen, wenn man ihn aus dem Rahmen der Politik und des Rechts herauslöst, um ihn zu öffnen für die Formenvielfalt gesellschaftlicher Eigeninitiativen[12] und die ideelle und erinnerungskulturelle Aufarbeitung der Geschichte von Verfolgern und Verfolgten.

Wir betreten also ein weitverzweigtes Feld, zumal sich die Perspektiven im vereinten Deutschland verdreifachen. Gehalt und Gestalt der Wiedergut-

8 BMF. Dokumentation 3/99, hg. v. *Bundesministerium der Finanzen*, S. 2, 38.

9 *L. Herbst*, Einleitung, in: *ders.* u. *C. Goschler* (Hg.), Wiedergutmachung in der Bundesrepublik Deutschland, München 1989, S. 9.

10 *R. Vogl*, Stückwerk und Verdrängung. Wiedergutmachung nationalsozialistischen Strafjustizunrechts in Deutschland, Berlin 1997.

11 *H. G. Lehmann*, Wiedereinbürgerung, Rehabilitation und Wiedergutmachung nach 1945. Zur Staatsangehörigkeit ausgebürgerter Emigranten und Remigranten, in: Exilforschung. Ein internationales Jahrbuch 9 (1991), S. 90–103.

12 Wie z. B. die Aktion Sühnezeichen und das Maximilian-Kolbe-Werk.

machung stellen sich ja tiefgreifend anders dar, je nachdem, ob man das westliche, das östliche oder das ganze Deutschland seit 1990 ins Auge fasst. Der folgende Überblick konzentriert sich auf die drei Hauptstücke: Rückerstattung, Entschädigung, zwischenstaatliche Abkommen. Zunächst und am ausführlichsten wird von der westdeutschen Entwicklung bis zum Jahr der Vereinigung die Rede sein.[13] Dabei werden zwei Fragen leiten: Welche Spuren hat die jeweilige Zeitkonstellation in das Gesicht der Wiedergutmachung geschrieben? Und wo liegen die Wurzeln dafür, dass die Frage der Entschädigung in den 1990er Jahren nochmals ein so großes politisches Thema werden konnte? Sodann kommt die DDR in den Blick, und zwar unter Aspekten des Vergleichs. Schließlich wird versucht, die Gegenwartsgeschichte der Wiedergutmachung seit der Epochenzäsur von 1989/90 zu umreißen.

Rückerstattung und Entschädigung im Westen Deutschlands

Die Betrachtung beginnt dort, wo die frühen Weichen gestellt worden sind: in der amerikanischen Besatzungszone. Die US-Militärregierung gab anfangs der *Rückerstattung* die Priorität und erarbeitete zusammen mit den Ministerpräsidenten der Länder das Gesetz Nr. 59 »Rückerstattung feststellbarer Vermögensgegenstände«, das im November 1947 in Kraft trat.[14] Wer im Besitz eines unter Verfolgungsdruck weggegebenen oder weggenommenen Vermögens gelangt war, musste es nun zurückgeben oder in bestimmten Fällen Schadensersatz in

13 Unentbehrlich ist ein – mit Ausnahme des ersten Bandes – von beteiligten Beamten verfasstes, halbamtliches Sammelwerk: Die Wiedergutmachung nationalsozialistischen Unrechts durch die Bundesrepublik Deutschland, hg. v. *Bundesminister der Finanzen* in Zusammenarbeit mit *W. Schwarz*. Bd. I: *W. Schwarz*, Rückerstattung nach den Gesetzen der Alliierten Mächte, München 1974; Bd. II: *F. Biella* u. a., Das Bundesrückerstattungsgesetz, München 1981; Bd. III: *E. Féaux de la Croix* u. *H. Rumpf*, Der Werdegang des Entschädigungsrechts unter national- und völkerrechtlichem und politologischem Aspekt, München 1985; Bd. IV: *W. Brunn* u. a., Das Bundesentschädigungsgesetz. Erster Teil (§§ 1 bis 50 BEG), München 1981; Bd. V: *H. Giessler* u. a., Das Bundesentschädigungsgesetz. Zweiter Teil (§§ 51 bis 171 BEG), München 1983; Bd. VI: *H. Finke* u. a., Entschädigungsverfahren und sondergesetzliche Entschädigungsregelungen, München 1982. Als lose Beilage zu Bd. VI erschien eine »Schlußbetrachtung« aus der Feder von W. Schwarz, die ergänzt, aber nicht ersetzt wird durch *ders.*, Die Wiedergutmachung nationalsozialistischen Unrechts durch die Bundesrepublik Deutschland. Ein Überblick, in: *Herbst/Goschler*, S. 33–54. Unter rechtshistorischen und rechtsdogmatischen Gesichtspunkten deutlich weiterführend: *C. Pawlita*, »Wiedergutmachung« als Rechtsfrage? Die politische und juristische Auseinandersetzung um Entschädigung für die Opfer nationalsozialistischer Verfolgung (1945 bis 1990), Frankfurt a. M. 1993. Vornehmlich auf das halbamtliche Sammelwerk, das Bundesgesetzblatt und die Fachzeitschrift RzW (vgl. Anm. 129) stützt sich der Überblick von *H.-J. Brodesser* u. a., Wiedergutmachung und Kriegsfolgenliquidation. Geschichte – Regelungen – Zahlungen, München 2000.

14 *Schwarz*, Rückerstattung, S. 23–58; *Goschler*, Wiedergutmachung, S. 106–128.

Geld leisten. Ganz überwiegend ging es dabei um das Vermögen von Juden. Denn die jüdischen Deutschen waren am allermeisten ausgeplündert worden.[15] Außerdem galt für die Rückgabe des sogenannten Organisationsvermögens, das den Gewerkschaften, den demokratischen Parteien, kirchlichen und karitativen Organisationen entzogen worden war, eine andere gesetzliche Basis; der Alliierte Kontrollrat schuf sie im April 1947 mit einer alle vier Zonen übergreifenden Direktive.[16]

Amerikaner und Deutsche haben das Rückerstattungsgesetz gemeinsam ausgearbeitet, aber die Militärregierung hat es schließlich im Alleingang verkündet. Denn in einigen Punkten gab es unüberbrückbare Konflikte. So konnte das Gesetz bei »loyalen Erwerbern«, die sich persönlich von Druck auf Verfolgte freigehalten hatten, zu größeren Härten führen als es den Ministerpräsidenten recht und billig schien.[17] Der größte Dissens betraf indessen das »erbenlose Vermögen«. Diese blasse juristische Formel bezeichnete die Hinterlassenschaft von Familien, die im Völkermord mit Kind und Kindeskind umgekommen waren. Die amerikanische Militärregierung war an eine Zusage gebunden, die sie einem Komitee der amerikanischen jüdischen Organisationen gegeben hatte: Demzufolge sollte eine internationale jüdische Nachfolge-Organisation gegründet werden, um das erbenlose Eigentum zu übernehmen. Hier bekamen es die Ministerpräsidenten und ihre Berater mit der Angst zu tun. Sie stellten sich vor, dass große Vermögenswerte, die man für den Wiederaufbau dringend bräuchte, ins Ausland abgezogen würden.

An diesem Streitpunkt ist auch der Versuch gescheitert, eine gesamtdeutsche Lösung im Alliierten Kontrollrat zu finden. Die britische Seite zögerte, weil sie befürchtete, die Nachfolge-Organisation werde die Mittel dem jüdischen Aufstand gegen das britische Mandat in Palästina zufließen lassen. Entschiedener opponierten die französische und die russische Seite, die beide meinten,

15 Vgl. *F. Bajohr*, »Arisierung« in Hamburg. Die Verdrängung der jüdischen Unternehmer 1933–1945, Hamburg 1997; *ders.*, Verfolgung aus gesellschaftsgeschichtlicher Perspektive. Die wirtschaftliche Existenzvernichtung der Juden und die deutsche Gesellschaft, in: GG 26 (2000), S. 629–652; *I. Wojak* u. *P. Hayes* (Hg.), »Arisierung« im Nationalsozialismus. Volksgemeinschaft, Raub und Gedächtnis, Frankfurt a. M. 2000.

16 Die Kontrollratsdirektive Nr. 50 ist in den vier Zonen und in Berlin mit unterschiedlichen Gesetzen und Verordnungen umgesetzt worden. Eine Zusammenstellung findet sich bei *Biella* u. a., S. 14. Die Geschichte der Rückerstattung von »Organisationsvermögen« – so genannt, weil es von nationalsozialistischen Organisationen einverleibt worden war – ist nahezu terra incognita. Spärliche Hinweise etwa bei *D. Brunner*, 50 Jahre Konzentration GmbH. Die Geschichte eines sozialdemokratischen Unternehmens 1946–1996, Berlin 1996, S. 47–51. Zu den Hauptaufgaben der 1946 gegründeten Konzentration GmbH zählte es, das enteignete Parteieigentum für die SPD zurückzugewinnen bzw. dafür entschädigt zu werden. Als erstes Objekt erhielt die SPD 1948 das Karl-Marx-Haus in Trier zurück, auf das auch die SED Ansprüche erhoben hatte.

17 Das betrifft z. B. die Haftung privater Erwerber für die vom NS-Regime einkassierten Teile des seinerzeit gezahlten Kaufpreises und das Ausmaß der Haftung von Zweit- oder Dritterwerbern.

das erbenlose Vermögen müsse den deutschen Ländern überlassen bleiben.[18] Die amerikanische Initiative fand somit weder im Kontrollrat, noch bei den Ministerpräsidenten der eigenen Zone hinreichend Konsens, daher der Alleingang. Gleichzeitig setzte die französische Militärregierung eine erheblich abweichende Verordnung in Kraft, während die britische Militärregierung im Mai 1949 mit einer vereinfachten Fassung des US-zonalen Gesetzes nachzog, und auf diese stützte sich wiederum die seit Juli 1949 in den Westsektoren von Berlin geltende Regelung.[19]

Allem Anschein nach sahen es die Ministerpräsidenten nicht ganz ungern, dass die Militärregierung die Verantwortung für das Rückerstattungsgesetz auf die eigenen breiten Schultern nahm. Denn in dieser »äußerst schwierigen Angelegenheit«[20] steckte sozialer Sprengstoff. Einige Jahre lang liefen organisierte Interessenverbände Sturm, wobei sie möglichst krasse Einzelfälle nach vorn schoben.[21] Das änderte aber nichts daran, dass die Westalliierten auf eine strenge und relativ zügige Durchführung der Rückerstattung achteten. Das Gros der Fälle, in denen Privatpersonen, einschließlich Privatunternehmen, rückerstatten mussten, war daher schon in den fünfziger Jahren abgewickelt. Auch nach der Gründung der Bundesrepublik behielten die Westmächte die Fäden in der Hand. Die von den Militärregierungen erlassenen Gesetze galten (bis 1990) weiter, und bis zur Mitte der fünfziger Jahre entschieden in den Ländern der früheren Bizone ausschließlich alliierte Richter in letzter Instanz. Als die Pariser Verträge 1955 die Besatzungszeit beendeten, ging die oberste Gerichtsbarkeit auf diesem Gebiet nicht etwa an den Bundesgerichtshof über; vielmehr trat ein international zusammengesetztes Oberstes Rückerstattungsgericht die Nach-

18 *R. Hudemann*, Anfänge der Wiedergutmachung. Französische Besatzungszone 1945–50, in: GG 13 (1987), S. 181–216.

19 Als Nachfolge-Organisationen wurden 1947 für die US-Zone die Jewish Restitution Successor Organisation (JRSO) und 1950 für die Britische Zone die Jewish Trust Corporation for Germany (JTC) gegründet; die JTC erhielt 1951, als die französische Regelung der Frage des »erbenlosen Vermögens« auf die amerikanische Linie einschwenkte, einen French Branch. Der Anteil der Nachfolge-Organisationen am Wert der Rückerstattungen ist zeitgenössisch offenbar überschätzt worden; Schwarz schätzt ihn (Rückerstattung nach den Gesetzen der Alliierten Mächte, S. 377) auf 8 % und rundet in seinem Überblicksbeitrag in *Herbst/Goschler*, S. 37 auf 10 %.

20 Wie Ministerpräsident Ehard formulierte; vgl. Die Protokolle des Bayerischen Ministerrats 1945–1954, hg. v. der *Historischen Kommission bei der Bayerischen Akademie der Wissenschaften und der Generaldirektion der Staatlichen Archive Bayerns*. Das Kabinett Ehard I: 21. Dezember 1946 bis 20. September 1947, bearb. v. *K.-U. Gelberg*, München 2000, S. 265; zur Beratung des Gesetzes vgl. ebd., S. 111–116.

21 Dass das Gesetz »in nicht seltenen Fällen für den individuellen Rückerstattungspflichtigen zu krassen Konsequenzen führte«, ist unbestritten, der Anteil solcher Fälle am Gesamtgefüge aber noch unklar. Die zitierte Wendung bei *H. Strauss*, Die Rückerstattung entzogener und geraubter Vermögensgegenstände, in: Deutsche Wiedergutmachung 1957. Eine Serie von Vorträgen gehalten über den Sender WHOM, New York, hg. v. *Axis Victims League* u. *American Association of Former European Jurists*, Düsseldorf 1957, S. 12–15, hier S. 14.

folge der alliierten Berufungsgerichte an. Dessen Senate waren mit alliierten und deutschen Richtern paritätisch besetzt; den Vorsitz führten neutrale Präsidenten, z. B. schwedischer, dänischer und schweizer Herkunft.[22] Einem zeitgenössischen kritischen Beobachter zufolge war diesen Gerichten »die große Linie der wiedergutmachungsfreundlichen Rechtsprechung zu danken, nach welcher sich die unteren Instanzen, wenn auch nicht immer willig gerichtet haben«.[23]

Was lässt sich über die quantitative Seite des Vorgangs sagen? Schätzungsweise haben rund einhunderttausend Privatpersonen ein Wertvolumen von etwa 3,5 Milliarden DM herausgegeben, das zumeist Grundbesitz, aber auch Unternehmen oder Beteiligungen an Unternehmen betraf. Auf Preisverhältnisse der 1990er Jahre umgerechnet, ergibt das ein Volumen von ungefähr 10,5 Milliarden DM.[24] Was solche dürren Zahlen sozial- und wirtschaftsgeschichtlich bedeuten, ist bisher kaum bekannt. Hier liegt ein wichtiges Feld der künftigen Forschung, vor allem auch in einer auf die Verfolgten und die Nutznießer der Verfolgung gerichteten lebens- und erfahrungsgeschichtlichen Perspektive, die das Jahr 1945 übergreift.[25] Wie verlief die Begegnungsgeschichte, wenn jüdische Alteigentümer und »arische« Erwerber in den neuen Rollen als Berechtigte und Pflichtige zusammentrafen? Wie groß war die Schar der Aufrechten, die die Interessen des bedrängten Verkäufers gewahrt hatten, wenn sie einen Handel tätigten, vielleicht sogar mit heimlichen Treuhandabreden? Entsprach dem Wechsel von Beraubung und Rückerstattung ein sozialer Auf- und Abstieg der Ariseure? Wahrscheinlich hat das beginnende Wirtschaftswunder, zusammen mit der Bereitschaft vieler Verfolgter, sich auf einen Vergleich einzulassen, häufig für eine weiche Landung gesorgt, wie zum Beispiel im Fall der Kaufhauskette Hertie.[26]

Jene 3,5 Milliarden DM repräsentieren freilich keineswegs den Gesamtwert dessen, was den jüdischen Verfolgten weggenommen worden ist. Abgesehen

22 Die Satzung des Obersten Rückerstattungsgerichtes (mit Sitz in Herford) ist als Anhang dem Dritten Teil (»Innere Rückerstattung«) des »Vertrags zur Regelung aus Krieg und Besatzung entstandener Fragen« (sog. Überleitungsvertrag) beigegeben; im Mai 1952 unterzeichnet, trat dieser Vertrag im März 1955 in revidierter Fassung in Kraft (BGBl 1955 II, S. 181–194). Erst 1990 ging die Zuständigkeit auf den Bundesgerichtshof über.

23 *Strauss*, S. 14.

24 *Schwarz*, Rückerstattung, S. 345–394. Zum Umrechungsfaktor vgl. Fünfzig Jahre Deutsche Mark. Notenbank und Währung in Deutschland seit 1948, hg. v. der *Deutschen Bundesbank*, München 1998, S. 311.

25 Vgl. diesen Ansatz bei *I. Birkwald*, Ein Opfer der Finanzverwaltung. Der ganz normale Fall Oppenheim vor und nach 1945, in: Verfolgung und Verwaltung. Die wirtschaftliche Ausplünderung der Juden und die westfälischen Finanzbehörden, hg. v. *A. Kenkmann* u. *B.-A. Rusinek*, Münster 1999, S. 102–121.

26 Zu diesem Fall vgl. *R. Theis*, Wiedergutmachung zwischen Moral und Interesse. Eine kritische Bestandsaufnahme der deutsch-israelischen Regierungsverhandlungen. Frankfurt a. M. 1989, S. 318–321; *F. Fichtl* u. a., »Bambergs Wirtschaft judenfrei«. Die Verdrängung der jüdischen Geschäftsleute in den Jahren 1933 bis 1939, Bamberg 1998, S. 377–392.

von verschiedenen Dunkelziffern und von Abwertungsverlusten im Zuge der Währungsreform umfasst diese Zahl das meiste dessen nicht, was der größte aller Entzieher geraubt hat: das Deutsche Reich. Bei den Raubzügen des Reiches spielten vor allem bewegliche Gegenstände eine Rolle: Edelmetall, Kunstgegenstände, Wertpapiere, Schmuck, auch Hausrat und anderes mehr.[27] Das meiste davon war nach Kriegsende nicht mehr greifbar und konnte also auch nicht mehr zurückgegeben werden. Die alliierten Gesetze ließen offen, wie die gegen das Deutsche Reich gerichteten Ansprüche auf Schadensersatz befriedigt werden sollten. Aber die Westmächte verpflichteten die Bundesrepublik im Rahmen der Verträge, die 1955 die Besatzungszeit beendeten, zu einer Regelung dieser Frage,[28] und diese Verpflichtung erfüllte die Bundesrepublik 1957 mit dem *Bundesrückerstattungsgesetz*, mit dem sie die Haftung für die »rückerstattungsrechtlichen Geldverbindlichkeiten« des vergangenen Reichs übernahm.[29]

Im Rahmen dieses Gesetzes hat die Bundesrepublik rund vier Milliarden DM aufgebracht.[30] Sofern die Beute im Ausland gemacht worden war, wurde der Schaden allerdings nicht immer ersetzt, sondern nur dann, wenn das Beutegut seinerzeit auf das Gebiet der späteren Bundesrepublik gelangt war. Das andere oblag der Regelungshoheit anderer Staaten. Die Wege des Beuteguts mussten also nachgezeichnet werden. Das gelang für die Raubaktionen des Reichs in Westeuropa oft gut und dank beschleunigender Sammelverfahren auch zügig, während Ansprüche, die sich auf Entziehungen in Osteuropa stützten, häufig an Beweisnot scheiterten.[31]

Eine Zwischenbilanz zum Thema Rückerstattung in Westdeutschland kann somit dreierlei festhalten. Erstens ist dieser Teil der Wiedergutmachung offensichtlich nur begrenzt auf das Konto deutscher Selbstbestimmung zu buchen. Vielmehr ist deutlich geworden, dass wichtige Weichen von alliierter, vor allem von amerikanischer Seite gestellt worden sind. Zweitens deutet sich schon hier eine Asymmetrie von West und Ost auf dem Feld der Wiedergutmachung an; sie wird im Folgenden noch viel stärker hervortreten. Drittens waren bis in die achtziger Jahre hinein auch sehr kundige und kritische Geister davon überzeugt, dass »im Großen und Ganzen« auf »dem Gebiet der Rückerstattung das

27 *H. Umbreit*, Auf dem Weg zur Kontinentalherrschaft, in: Das Deutsche Reich und der Zweite Weltkrieg, Bd. 5/1, Stuttgart 1988, S. 3–345, bes. S. 309–320; *L.H. Nicholas*, Der Raub der Europa. Das Schicksal europäischer Kunstwerke im Dritten Reich, München 1995; *A. Heuss*, Kunst- und Kulturgutraub. Eine vergleichende Studie zur Besatzungspolitik der Nationalsozialisten in Frankreich und der Sowjetunion, Heidelberg 2000.

28 Im Dritten Teil (»Innere Rückerstattung«) des Überleitungsvertrags (vgl. Anm. 22).

29 Vgl. im Einzelnen *Biella* u.a.

30 BMF. Dokumentation 3/99, S. 38.

31 Vgl. *Biella* u.a., S. 269–275 (Osteuropa), S. 531–583 (Westeuropa). Vom Schadensausgleich in Geld, um den es hier geht, ist die Rückgabe der noch greifbaren Güter zu unterscheiden, die in den besetzten Gebieten unrechtmäßig angeeignet worden waren. Zu diesen Restitutionsleistungen vgl. *G. Mai*, Der Alliierte Kontrollrat in Deutschland 1945–1948, München 1995, S. 347–355.

geschehen ist, was menschenmöglich war«.[32] Seither ist aber deutlich geworden, dass die Rückerstattungsgesetze der Nachkriegszeit die Beteiligung und Gewinne von *Vermittlern* wenig beachtet haben, da sie sich auf die privaten oder staatlichen *Erwerber* konzentrierten. Die Vermittler werden erst neuerdings stärker wahrgenommen und erregen unter Stichworten wie Arisierungsgewinne und Raubgold viel Aufsehen. Dabei muss man genau unterscheiden: Arisierung in dem Sinne, dass z. B. eine Bank eine andere geschluckt hat, ist mit Sicherheit längst Gegenstand eines Rückerstattungsverfahrens gewesen; heute geht es um Provisionen und dergleichen bei der Vermittlung von Arisierungsgeschäften. Ähnlich verhält es sich mit dem Raubgold. Die jüngsten Auseinandersetzungen beziehen sich auf Handelsgewinne, die mit solchem Gold gemacht worden sind. Das Gold selbst war, wenn es sich um Beute aus den Zentralbanken besetzter Länder handelte, von den Siegermächten sogleich beschlagnahmt und in geregeltem Verfahren zurückgegeben worden. War das Gold Privatpersonen geraubt, so konnten Ansprüche nach dem Bundesrückerstattungsgesetz geltend gemacht werden.[33]

Auch bei der zweiten Säule der Wiedergutmachung, der *Entschädigung*, sind die Grundlagen in der amerikanischen Zone gelegt worden. In dem einheitlich für alle Länder der Zone ausgearbeiteten Entschädigungsgesetz findet man das Grundkonzept, das die bundesdeutschen Gesetze dann übernommen und nicht mehr prinzipiell verändert haben. Das gilt vor allem für die Definition des Verfolgten-Begriffs, der eine Verfolgung aus Gründen politischer Gegnerschaft, der Rasse, des Glaubens oder der Weltanschauung voraussetzte, sowie die Typisierung der Schadenstatbestände, die zu jeweils besonderen Entschädigungsleistungen berechtigten.[34] Das Gesetz beruhte fast ganz auf deutschen Entwürfen, an denen Vertreter der politischen Verfolgten einflussreich beteiligt waren. Der spezifische Anteil der Militärregierung lag darin, die *Displaced Persons* in den Berechtigtenkreis einzubeziehen, soweit sie sich am Stichtag des

32 *M. Hirsch*, Folgen der Verfolgung. Schädigung – Wiedergutmachung – Rehabilitierung, in: Die Bundesrepublik Deutschland und die Opfer des Nationalsozialismus. Tagung vom 25. bis 27. November 1983 in der Evangelischen Akademie Bad Boll. Protokolldienst 14/84, Bad Boll 1984, S. 19–32, hier S. 21.

33 *J. Bähr* unter Mitarb. v. *M. C. Schneider*, Der Goldhandel der Dresdner Bank im Zweiten Weltkrieg. Ein Bericht des Hannah-Arendt-Instituts, Leipzig 1999; *J. Steinberg*, Die Deutsche Bank und ihre Goldtransaktionen während des Zweiten Weltkrieges, München 1999; *G. D. Feldman*, Unternehmensgeschichte im Dritten Reich und die Verantwortung der Historiker. Raubgold und Versicherungen, Arisierung und Zwangsarbeit, in: Geschichte vor Gericht. Historiker, Richter und die Suche nach Gerechtigkeit, hg. v. *N. Frei* u. a., München 2000, S. 103–129.

34 Das später noch weiter untergliederte Grundmuster betraf Schaden an Leben, Körper, Gesundheit, Freiheit, Eigentum, Vermögen und im wirtschaftlichen Fortkommen. Der juristendeutsche »Schaden an Leben« meint die Tötung des Ernährers. Schäden an Eigentum und Vermögen betrafen z. B. Plünderungen, Boykott oder diskriminierende Sonderabgaben; dieser entschädigungsrechtliche Aspekt trat neben den rückerstattungsrechtlichen Aspekt der Entziehung von Eigentum.

1. Januar 1947 in einem DP-Lager der Zone aufhielten: zumeist befreite Juden aus Osteuropa, die dorthin nicht zurückkehren wollten, sowie Juden, die 1946 aus Furcht vor neuen Ausschreitungen Osteuropa verlassen und in der amerikanischen Zone Zuflucht gesucht hatten.[35] Mit dieser Änderung setzte die Militärregierung das Gesetz im August 1949 in Kraft – gerade noch rechtzeitig, um dem soeben entstehenden westdeutschen Kernstaat ein Präjudiz mit auf den Weg zu geben.[36]

Der erste Deutsche Bundestag ließ sich allerdings Zeit mit der Vereinheitlichung des Entschädigungsrechts im Bundesgebiet. Die Verhandlungen blieben jahrelang in der Frage der Kompetenzen- und Kostenverteilung zwischen Bund und Ländern stecken. Zügiger kam ein Sondergesetz für eine spezielle Gruppe von Verfolgten zustande, das »Gesetz zur Regelung der Wiedergutmachung nationalsozialistischen Unrechts für Angehörige des öffentlichen Dienstes«. Es trat im Mai 1951 in Kraft, etwas später folgte ein Seitenstück für die im Ausland lebenden Angehörigen des öffentlichen Dienstes. In der Substanz sonst gleich, war diese Variante auf die Situation der Emigranten zugeschnitten und verdient daher in der Exil- bzw. Remigrationsforschung besondere Beachtung.[37] Es lohnt sich, einen Moment bei dem Gesetz von Mai 1951 zu verweilen, weil es einige bedeutsame historische Einblicke gibt. Wir haben es hier mit »einer Art von Koppelungsgeschäft« zu tun.[38] Am selben Tag trat nämlich das sogenannte 131er Gesetz in Kraft, das die Ansprüche der heimatvertriebenen Beamten, der

35 *A. Königseder* u. *J. Wetzel*, Lebensmut im Wartesaal. Die jüdischen DPs (Displaced Persons) im Nachkriegsdeutschland, Frankfurt a. M. 1994.

36 *Goschler*, Wiedergutmachung, S. 128–148.

37 Das »Gesetz zur Regelung der Wiedergutmachung nationalsozialistischen Unrechts für die im Ausland lebenden Angehörigen des öffentlichen Dienstes« vom 18.3.1952 stellte zur Wahl: Rückkehr in die Bundesrepublik mit Anspruch auf »bevorzugte Wiederanstellung« oder Verbleiben im Emigrationsland mit Anspruch auf Versorgungsbezüge. Das Gesetz stellte also keineswegs »lediglich finanzielle Entschädigungen und Versorgungen in Aussicht«, wie *C.-D. Krohn*, Einleitung, in: *ders.* u. *Patrik von zur Mühlen* (Hg.), Rückkehr und Aufbau nach 1945. Deutsche Remigranten im öffentlichen Leben Nachkriegsdeutschlands, Marburg 1997, S. 8–21, hier S. 20 annimmt, um irrtümlich zu folgern, dass das Gesetz nichts zum Thema »Reintegration der Emigranten« beigetragen habe. Wenn sich die in Frage kommenden Emigranten im Ausland eine auskömmliche Existenz (z. B. als Professoren) aufgebaut hatten, konnte eine Rückkehr freilich mit erheblichen finanziellen Einbußen verbunden sein: Blieben sie im Ausland, so erhielten sie zusätzlich zu ihrem dort verdienten Einkommen die deutschen Versorgungsbezüge (wobei die Modalitäten des Devisentransfers erst seit April 1954 geregelt waren); wählten sie hingegen die Wiederanstellung in der Bundesrepublik, so hatten sie nur ein Einkommen. Dieser Aspekt erfasst gewiss nur einen Teil des zumeist sehr vielschichtigen Motivationsgefüges, ist aber in der Emigrationsforschung bisher gar nicht in Rechnung gestellt worden, auch nicht in den ansonsten sehr aufschlussreichen Fallstudien von *A. Szabó*, Vertreibung, Rückkehr, Wiedergutmachung. Göttinger Hochschullehrer im Schatten des Nationalsozialismus, Göttingen 2000.

38 *Goschler*, Wiedergutmachung, S. 235; zum 131er Gesetz vgl. *U. Wengst*, Beamtentum zwischen Reform und Tradition. Beamtengesetzgebung in der Gründungsphase der Bundesrepublik Deutschland 1948–1953, Düsseldorf 1988, S. 233 f.

früheren Berufssoldaten wie auch der im Zuge der Entnazifizierung entlassenen Beamten regelte. Das geschah recht großzügig, so dass auch eine erhebliche Zahl von Personen mit braunen Flecken wieder zu Amt und Würden oder doch zu günstigen Versorgungsansprüchen kam. Der Nachgeborene mag darin einen Skandal sehen, der erste Deutsche Bundestag tat das nicht: Vielmehr verabschiedete er dieses Gesetz einstimmig und balancierte es mit dem gleichfalls einstimmig angenommenen Wiedergutmachungsgesetz. Das Junktim ist bezeichnend für den Geist der frühen fünfziger Jahre: Die Zeichen standen damals gerade nicht auf strikte Trennung von Tätern und Opfern, sondern auf Brückenschlag, Ruhe und Integration auf dem Weg zur ersehnten Normalität.[39]

In unserem Zusammenhang ist noch ein anderer Aspekt von Interesse. Die Schubkraft des Junktims bewirkte, dass die Spezialentschädigung im öffentlichen Dienst großzügiger ausfiel als die Normalentschädigung für den Rest der Gesellschaft. Im Gesamtbild der Wiedergutmachung gibt es schwere Disharmonien, darunter die, dass der verfolgte Beamte viel besser entschädigt wurde als der verfolgte Nichtbeamte. Die im Lauf der Jahre durch mehrere Novellen weiter wachsende Diskrepanz hat später einmal zu einem der großen Skandalfälle in der Geschichte der Republik beigetragen, nämlich zum Sturz des Bundestagspräsidenten Eugen Gerstenmaier im Januar 1969. Da ihm 1938 aus politischen Gründen die Venia legendi verweigert und mithin die Chance auf eine Professur vereitelt worden war, hatte Gerstenmaier eine Entschädigung beantragt und erhalten, die sich mitsamt Nachzahlungen auf eine hohe, sechsstellige Summe belief. Das entsprach ganz und gar dem Gesetz; ebenso wurden z. B. auch Hannah Arendt und Herbert Marcuse entschädigt, beide mit der Begründung, dass sie sich normalerweise habilitiert hätten und Professor geworden wären.[40] Die öffentliche Erregung darüber, dass der Bundestagspräsident sich »in harter D-Mark honorieren« lasse, dass der Hitler-Staat ihn »nicht zur Professur und Kathederwürde kommen ließ«,[41] hätte sich insoweit gegen das Gesetz statt gegen Gerstenmaier richten müssen. Aber der jähzornige Schwabe machte es seinen Gegnern mit unbedachten Äußerungen leicht; der – unhaltbare – Vorwurf trat hinzu, er habe zum eigenen Vorteil auf eine Novellierung des Gesetzes Einfluss

39 *N. Frei*, Vergangenheitspolitik. Die Anfänge der Bundesrepublik und die NS-Vergangenheit, München 1996. Auch die öffentliche Symbolik schwächte Trennungsstriche mit Zeichen der Überbrückung ab. So war der Volkstrauertag – 1952 erstmals bundesweit und einheitlich gefeiert – nicht nur dem Gedenken an die Kriegsopfer gewidmet, sondern er saugte auch die nach 1945 überall in Deutschland begründete Tradition der Gedenktage an die Opfer der NS-Verfolgung auf.

40 *L. Weissberg*, Introduction, in: *H. Arendt*, Rahel Varnhagen. The Life of a Jewess. First complete Edition, hg. v. *L. Weissberg*, Baltimore 1997, S. 38–41; *R. Wiggershaus*, Die Frankfurter Schule. Geschichte, theoretische Entwicklung, politische Bedeutung, München 1988, S. 122.

41 Kommentar der Frankfurter Rundschau vom 11.1.1969, S. 3. Mit diesem Kommentar und einem Leitartikel auf der Titelseite derselben Ausgabe brachte die Zeitung den Fall ins Rollen.

genommen, und die ganze Sache bot ohnehin eher den Anlass als die Ursache für seinen Sturz in einer auf Machtwechsel drängenden Zeit.[42]

Doch kehren wir in die frühen fünfziger Jahre zurück. Während es mit dem bundeseinheitlichen Entschädigungsgesetz nicht recht vorangehen wollte, trat mit dem Staat Israel ein neuer Faktor in die Auseinandersetzung. Nach sondierenden, geheimen Kontakten leitete eine Regierungserklärung Adenauers im September 1951 offizielle Gespräche mit Israel ein. Daraus entstanden Dreiecksverhandlungen, denn als dritter Partner trat die *Conference on Jewish Material Claims against Germany* (Claims Conference) hinzu, ein neuer Dachverband der wichtigsten internationalen jüdischen Organisationen, der in den Verhandlungen die außerhalb Israels lebenden Juden vertrat.[43]

Die Verhandlungen, die in Wassenaar bei Den Haag geführt wurden und im September 1952 in das Luxemburger Abkommen mündeten, bilden ein besonders bewegendes Kapitel der Wiedergutmachungsgeschichte. Das Abkommen mit Israel galt im Bewusstsein der Öffentlichkeit lange als »die Wiedergutmachung schlechthin«,[44] und auch die historische Forschung hat sich bisher überwiegend auf diesen einen Teilbereich konzentriert. Daher ist der Forschungsstand sehr differenziert.[45] Im Rahmen dieses Versuchs, ein Gesamtbild der Wiedergutmachung zu skizzieren, können dem Luxemburger Abkommen indes nur wenige Bemerkungen gewidmet werden.

»Was sollen unsere ermordeten Großeltern pro Stück kosten?« Das riefen aufgebrachte Demonstranten in Israel, wo große Teile der Gesellschaft mit Abscheu auf die Verhandlungen reagierten. Das Abkommen wählte die Eingliederungskosten überlebender Flüchtlinge zum Maßstab und verpflichtete die Bundes-

42 Die Rechtslage mitsamt den Vorzugsregelungen des Gesetzes ist ebenso wie der Hintergrund der Novelle, die sich aus einer Entscheidung des Bundesverfassungsgerichts ergab, präzise dargestellt von *O. Küster*, Die Rechtslage im Wiedergutmachungsfall Dr. Gerstenmaier, in: Mitteilungsblatt der bayerischen Verfolgten und Widerstandskämpfer 24 (1969), S. 1 f. Vgl. auch einen ausführlichen, klärenden Brief von F. Böhm an die Redaktion der Frankfurter Rundschau vom 13.1.1969, den das Blatt aber nicht abdruckte (ACDP, I-200, Nr. 005/1).

43 *R. W. Zweig*, German Reparations and the Jewish World. A History of the Claims Conference, Boulder and London 1987; *N. Sagi*, German Reparations. A History of the Negotiations, New York 1986.

44 *L. Herbst*, Einleitung, in: *ders./Goschler*, S. 13.

45 Vgl. die Beiträge von *N. Sagi*, *Y. A. Jelinek*, *R. Huhn*, *M. Wolffsohn*, *W. Albrecht*, *N. Frei* in: *Herbst/Goschler*, jeweils mit Hinweisen auf die ältere Literatur, sowie neuere Studien wie: Holocaust und Shilumim. The Policy of Wiedergutmachung in the Early 1950s, hg. v. *A. Frohn*, Washington 1991; *P. Münch*, Zwischen »Liquidation« und Wiederaufbau. Die deutschen Juden, der Staat Israel und die internationalen jüdischen Organisationen in der Phase der Wiedergutmachungsverhandlungen, in: Historische Mitteilungen 10 (1997), S. 81–111; *Y. Weitz*, Ben Gurions Weg zum »Anderen Deutschland« 1952–1963, in: VfZ 48 (2000), S. 255–279. Als aufschlussreiche neue Edition vgl.: Der Auswärtige Ausschuss des Deutschen Bundestages. Sitzungsprotokolle 1949–1953. Bearb. von *W. Hölscher*, 2 Halbbände, Düsseldorf 1998, besonders die Protokolle der Sitzungen vom 16.5.1952 und vom 12.3.1953, S. 783–805, S. 1495–1549.

republik zu Warenlieferungen im Wert von drei Milliarden DM an den Staat Israel, verteilt auf zwölf Jahre, sowie zur Zahlung von 450 Millionen DM an die Claims Conference.[46] Zeitpunkt und Modalitäten, weniger das Gesamtvolumen der Leistungen, waren für Israel sehr wichtig, weil dieses Land sich damals in einer verzweifelten wirtschaftlichen Situation befand. Zur Bezeichnung der Leistungen wählte Israel das biblisch-hebräische Wort Shilumim, in dessen rein funktionaler Bedeutung (*Zahlungen*) keine Konnotation von Schuldvergebung oder Verzeihen mitschwingt.[47]

Seit Langem ist bekannt, dass Adenauer das Israel-Abkommen zu seiner eigenen Sache gemacht hat. Er setzte es gegen Widerstände durch, die sich im Bundeskabinett regten, in der Regierungskoalition,[48] auch in der Presse[49] und im demoskopisch ermittelten Meinungsklima.[50] Die Gegner argumentierten mit den Kosten oder ließen sich von den heftigen Sanktionsdrohungen der arabischen Staaten beeindrucken oder schoben diese vor. Niemand wagte es, antisemitische Ressentiments zum Ausdruck zu bringen, aber hier und da wurde doch greifbar, dass sie nicht spurlos verflogen waren. Man muss die Kostenargumente bis zu einem gewissen Grad ernst nehmen, nicht so sehr im isolier-

46 *N. G. Finkelstein*, The Holocaust Industry. Reflections on the Exploitation of Jewish Suffering, New York 2000 wirft der Claims Conference vor, sie habe die 450 Mio. DM großenteils zweckentfremdet. Laut »Haager Protokoll Nr. 2« lag der Verwendungszweck in der »Unterstützung, Eingliederung und Ansiedlung jüdischer Opfer der nationalsozialistischen Verfolgung nach der Dringlichkeit ihrer Bedürfnisse, wie sie von der Claims Conference festgestellt wird«. Die Bundesregierung dachte dabei an individuelle Hilfen, besonders in Härtefällen, die das Bundesentschädigungsrecht nicht erfasste, und sie zeigte sich in der Tat irritiert, als die jährlichen Verwendungsberichte etwas anderes erkennen ließen: Die Claims Conference unterstützte vornehmlich Gemeinschaftseinrichtungen karitativer und kultureller Art. Sie berief sich dabei auf ihr Recht, über die Dringlichkeit der Bedürfnisse zu entscheiden, und verwies auf den mittelbaren Nutzen für verfolgte Einzelpersonen. Wenn die Toleranzgrenze der Vereinbarung verletzt gewesen wäre, hätte die Bundesregierung ein Schiedsgericht anrufen können, das im Protokoll eigens vorgesehen war. Sie hat das nicht getan. Gemessen an den vertragsrechtlichen Verpflichtungen kann von einer Zweckentfremdung also nicht die Rede sein. Finkelsteins Streitschrift gibt der Zeithistorie indes den begrüßenswerten Impuls, die Geschichte der Empfängerinstitutionen der Entschädigung (wie auch der »Nachfolgeorganisationen« in der Rückerstattung) in ihre Forschungen einzubeziehen.

47 Vgl. *Y. A. Jelinek*, Zwischen Moral und Realpolitik. Eine Dokumentensammlung, Gerlingen 1997, S. 22. Zu den ökonomischen Wirkungen *G. Könke*, Wiedergutmachung und Modernisierung. Der Beitrag des Luxemburger Abkommens von 1952 zur wirtschaftlichen Entwicklung Israels, in: VSWG 75 (1988), S. 503–548.

48 Einen Oppositionskern bildete die CSU. Ein notorisch gut informierter Beobachter erklärte dies damit, dass die Partei meine, sie könne »die Israel-Vorlage gegenüber der Bayernpartei stimmungsmäßig draußen nicht vertreten«. Vgl. Parlamentarischer Bericht des Bundespresseamts, 18.3.1953, in: Die CDU/CSU-Fraktion im Deutschen Bundestag. Sitzungsprotokolle 1949–1953, S. 688.

49 Gegen das Abkommen wandten sich insbesondere Die Zeit, Der Spiegel und der Stern.

50 *W. Bergmann*, Antisemitismus in öffentlichen Konflikten. Kollektives Lernen in der politischen Kultur der Bundesrepublik 1949–1989, Frankfurt a. M. 1997, S. 174–185.

ten Blick auf diesen einen Vertrag, sondern wegen der Gesamtheit der Anforderungen, die im Verlaufe des Jahres 1952 auf die Bundesregierung einstürmten. So bestanden die Westalliierten darauf, dass der westdeutsche Frontstaat des Kalten Krieges Wiederbewaffnungskosten in der Größenordnung von 13 Milliarden DM einplante. Außerdem liefen zeitgleich mit den Israel-Verhandlungen in London Verhandlungen anderer Art: Dort verpflichtete sich die Bundesrepublik, die aus der Vor- und Nachkriegszeit stammenden deutschen Auslandsschulden zu übernehmen und in einer Größenordnung von 14,5 Milliarden DM zu verzinsen und zu tilgen.[51] Im selben Jahr beschloss der Bundestag ein aufwendiges Lastenausgleichsgesetz für die Heimatvertriebenen. Nimmt man dieses und anderes zusammen und bedenkt man, dass der Bundeshaushalt eine Größenordnung von 23 Milliarden DM aufwies, bedenkt man ferner, dass der ökonomische Aufschwung 1952 noch nicht gesichert war, dann wird man dem Adenauer-Biographen Hans-Peter Schwarz zustimmen müssen: Die Regierung Adenauer befand sich 1952 auf einem »glitschigen Pfad« und hat einen riskanten Wechsel auf die Zukunft ausgestellt, der »nur unter allergünstigsten Umständen beglichen« werden konnte.[52]

Adenauer hätte das Israel-Abkommen nicht durchsetzen können ohne die Hilfe der sozialdemokratischen Fraktion im Bundestag, die dabei einen großen Abstand zu ihrer Wählerschaft in Kauf nahm,[53] und ohne den nachdrücklichen Hinweis in den eigenen Reihen, dass »die USA Wert darauf legen«.[54] Daran anknüpfend hat sich eine Kontroverse in der Frage entwickelt, ob das Luxemburger Abkommen sich amerikanischem Druck oder deutscher Freiwilligkeit verdankt.[55] Aber wie so oft trifft eine so grobe Alternative nicht den

51 *C. Buchheim*, Londoner Schuldenabkommen, in: Deutschland unter alliierter Besatzung 1945–1949/55, hg. v. *W. Benz*, Berlin 1999, S. 355–357. Im Nachhinein erwies sich der Schuldendienst als relativ leichte Last, da die westdeutsche Zahlungsbilanz seit 1953 stets hohe Devisenüberschüsse aufwies.

52 *Schwarz*, Adenauer, S. 904.

53 Einer Allensbacher Untersuchung zufolge hielten im August 1952 mehr Anhänger der SPD (44 %) als der CDU (37 %) das Abkommen für überflüssig, weitere 27 % SPD-Anhänger bzw. 28 % CDU-Anhänger waren zwar dafür, hielten aber die Summe für zu hoch. Vgl. *Bergmann*, S. 181.

54 So Heinrich v. Brentano in der Unionsfraktion am 17.3.1953; vgl. Die CDU/CSU-Fraktion im Deutschen Bundestag. Sitzungsprotokolle 1949–1953, S. 693. Aus der recht großen Zahl weiterer Belege: »Der Bundeskanzler mißt dem Abkommen höchste Bedeutung zu und wünscht, daß die Ratifizierung vor seiner Abreise nach den USA erfolge«. Vgl. Protokoll der Fraktionsvorstandssitzung vom 2.3.1953, ebd., S. 677.

55 Michael Wolffsohn hat nachgewiesen, dass die amerikanische Priorität im Ensemble der Verhandlungen von 1951/52 nicht beim deutsch-israelischen Abkommen lag. Der Umkehrschluss, die Wiedergutmachung an Israel sei »freiwillig und ohne amerikanischen Druck« und »nicht wegen, sondern trotz ›des Auslands‹« geleistet worden, ist jedoch überzogen. Vgl. *M. Wolffsohn*, Ewige Schuld? 40 Jahre deutsch-jüdisch-israelische Beziehungen, München 1988, S. 21; ähnlich *ders.*, Das deutsch-israelische Wiedergutmachungsabkommen von 1952 im internationalen Zusammenhang, in: VfZ 36 (1988), S. 691–731. Ungesichert ist auch die Aussage, Adenauer sei in der Suezkrise 1956 von Dulles gebeten worden, die Zahlungen

Kern der Sache.[56] Die Wahrheit ist gemischt und lässt sich am besten so zusammenfassen: Die Bundesregierung besaß im Blick auf das Israel-Abkommen einen relativ großen Handlungsspielraum, und Adenauer entschloss sich aus moralischen, außenpolitischen und außenwirtschaftlichen Motiven, hier einen möglichst starken Akzent zu setzen. Dass die DDR-Propaganda es nicht lassen konnte, das Abkommen zu diffamieren – sie nannte es einen »schmutzigen Handel«, ein »Geschäft zwischen westdeutschen und israelischen Großkapitalisten« auf Kosten der werktätigen Massen Westdeutschlands –, gab der Bundesrepublik zusätzlich Kredit in der Konkurrenz um die Präsentation des besseren Deutschland.[57]

Von der Öffentlichkeit fast unbemerkt, steckte im Vertragswerk von Luxemburg ein sehr bedeutsames Protokoll, das – auch in den finanziellen Auswirkungen – weit über den im Rampenlicht stehenden Israel-Vertrag hinausführte. Im sogenannten *Haager Protokoll Nr. 1* vereinbarte die Bundesregierung mit der Claims Conference wichtige Grundsätze und viele Einzelheiten für den Ausbau des Bundesentschädigungsrechts.[58] Man hat es einen »fast revolutionären Vorgang« genannt, dass eine ausländische Nichtregierungsorganisation somit einen vertraglich geregelten Einfluss auf die innerdeutsche Gesetzgebung erhielt.[59] Damit war ein Konsultativstatus verbunden, den die Claims Conference intensiv nutzte, als das Bundesentschädigungsgesetz und seine Novellen ausgearbeitet wurden. So war ihr Status weit über den eines Interessenverbandes herausgehoben, zumal sie de facto auch eine Art Immediatrecht des Zugangs zum Bundeskanzler erhielt. Wahrscheinlich ist es nicht übertrieben, das *Haager Protokoll Nr. 1* als die *Magna Charta* der Entschädigungsgeschichte zu bezeichnen.[60] Jedenfalls gingen die dort vereinbarten Regelungen erheblich über das hinaus, was die Westalliierten dem deutschen Gesetzgeber ins Stamm-

an Israel einzufrieren und habe mit seiner Weigerung »Schwierigkeiten mit dem wichtigsten Bündnispartner« in Kauf genommen (Ewige Schuld, 30 f.); vgl. dagegen *S. O. Berggötz*, Nahostpolitik in der Ära Adenauer. Möglichkeiten und Grenzen 1949–1963, Düsseldorf 1998, S. 393.

56 Schon an der Chronologie scheitert das Fehlurteil von *C. Pross*, Wiedergutmachung. Der Kleinkrieg gegen die Opfer, Frankfurt a. M. 1988, S. 292: »Die Bundesrepublik erkaufte sich die Marshall-Plan-Hilfe und die Integration in das westliche Bündnis mit der Wiedergutmachung«.

57 *A. Timm*, Hammer, Zirkel, Davidstern. Das gestörte Verhältnis der DDR zu Zionismus und Staat Israel, Bonn 1997, S. 132.

58 Protokoll Nr. 1, in: BGBl 1953 II, S. 85–94. Protokoll Nr. 2: ebd., S. 94–97.

59 *E. Katzenstein*, Jewish Claims Conference und die Wiedergutmachung nationalsozialistischen Unrechts, in: *H. J. Vogel* u. a. (Hg.), Die Freiheit des Anderen. Festschrift für Martin Hirsch, Baden-Baden 1981, S. 219–226, hier S. 224. Katzenstein – seit 1956 Direktor der Claims Conference in der Bundesrepublik – hat am BEG 1956, am Bundesrückerstattungsgesetz 1957 und am Bundesentschädigungs-Schlussgesetz 1965 mit Entwürfen, Memoranden und Eingaben intensiv mitgearbeitet.

60 *Féaux de la Croix/Rumpf*, S. 198. Archivgestützte Studien über die Entstehung der einschlägigen Gesetze, Verordnungen und Novellen stehen allerdings noch aus.

buch schrieben, als sie im Mai 1952 den sogenannten Überleitungsvertrag unterzeichneten.[61] Sie verpflichteten ihn unter anderem dazu, die Vorschriften des Entschädigungsgesetzes der US-Zone als bundesdeutschen Mindeststandard zu bewahren. Um die formative Phase des Bundesentschädigungsrechts zu verstehen, muss man sich neben den innerdeutschen Auseinandersetzungen also stets auch den Druck und die Einflüsse von außen vor Augen führen: seitens der drei westlichen Besatzungsmächte und der in der Claims Conference zusammengeschlossenen Verbände.

Im Juli 1953 war es dann soweit: Der Bundestag verabschiedete mit großer Mehrheit das erste bundeseinheitliche Entschädigungsgesetz.[62] Aber es war im Endspurt der ersten Legislaturperiode hastig gezimmert und enthielt viele Mängel und Unklarheiten. Alle Beteiligten fassten es als Provisorium auf; nicht wenige hatten ihre Zustimmung davon abhängig gemacht, dass es alsbald novelliert werde. Die Arbeiten an einer großen Novelle begannen im folgenden Sommer und nahmen angesichts eines Bergs ungewöhnlich komplizierter Einzelfragen fast zwei Jahre in Anspruch.[63]

Derweil verlief die Umsetzung des 53er Gesetzes mehr schlecht als recht. Diesen Eindruck gewinnt man aus Bundestagsdebatten, in denen die Vorkämpfer der Wiedergutmachung – ein kleiner, aber über Fraktionsgrenzen hinweg kooperierender Kreis – die Entschädigungspraxis der Jahre 1954/55 wiederholt aufs Heftigste kritisierten. Sie sprachen von einem »bestürzenden Gesamteindruck« (Franz Böhm/CDU), von einem »wirklich erschütternden Bild über den Stand der Dinge« (Adolf Arndt/SPD), von einer »beschämenden Praxis« (Hans Reif/FDP).[64] Die Kritik bezog sich auf klägliche Beispiele der Rechtsprechung, auf Verzögerungen beim Erlass notwendiger Rechtsverordnungen des Bundesfinanzministeriums, auf das föderative Gestrüpp bei der Verteilung der Lasten und Zuständigkeiten und nicht zuletzt auf den unbefriedigenden administrativen Vollzug, der in der Hand der Bundesländer lag. Die Abgeordneten warfen den Ländern mehr oder minder schwere organisatorische Mängel beim Aufbau der Entschädigungsbehörden vor, und sie sahen in den Behörden einen engherzigen, kleinlichen Geist am Werk, vor allem in jenen vier Ländern, die es im Unterschied zu den anderen vorgezogen hatten, die Entschädigungsämter

61 Vgl. den Vierten Teil (»Entschädigung«) des Überleitungsvertrags (vgl. Anm. 22).

62 Etwas missverständlich »Bundesergänzungsgesetz zur Entschädigung für Opfer der nationalsozialistischen Verfolgung« genannt, trat das Gesetz am 1.10.1953 in Kraft (BGBl 1953 I, S. 1387). Die Anregung des württemberg-badischen Justizministers Victor Renner, die Verabschiedung mit einem symbolischen Staatsakt im ehemaligen KZ Bergen-Belsen vorzunehmen, wurde nicht aufgegriffen (PA BT, I 537, A 2, Nr. 22).

63 Die Novelle wurde von einem Arbeitskreis vorbereitet, in dem Vertreter aller Fraktionen des Bundestags sowie Vertreter der Länder und mehrerer Bundesressorts zusammenwirkten. Vgl. dazu den aus der Sicht des Finanzressorts verfassten Bericht bei *Féaux de la Croix/Rumpf*, S. 83–92.

64 Einschlägige Debatten fanden u. a. am 10.12.1954, 23.2.1955 und 14.12.1955 statt. Die Zitate stammen aus der Debatte vom 10.12.1954. Vgl. Sten. Ber. 2. WP, S. 3102, 3105, 3104.

dem Finanzminister zu unterstellen.[65] Wie der Zwischenruf »131er!« zeigt, regte sich auch der Verdacht, dass frühere Bürokraten des Hitlerstaats in den Stuben der Entschädigungsämter saßen und das Werk der Wiedergutmachung hemmten.[66]

Diese kritisch zugespitzten Bundestagsdebatten, die in Presse und Rundfunk eine beachtliche Resonanz fanden,[67] sind unter zwei Aspekten hervorzuheben. Zum einen durchbrachen sie die »gewisse Stille« der fünfziger Jahre.[68] Die Wiedergutmachung lenkte den Blick zurück auf die »beispiellosen Kollektiv- und Massenverbrechen« des Dritten Reiches; diese wurden nicht beschwiegen, sondern gegeißelt, ebenso wie die »Verwüstungen der politischen Moral« durch das »Mitansehen dieser Verbrechen« und »das jahrelange Umjubeln einer verbrecherischen Regierung«.[69] Zum andern geben die Debatten der historischen Forschung bemerkenswerte Fingerzeige auf die damalige Entschädigungspraxis. Sie bilden aber eine zu schmale Basis, um zu generalisierbaren Befunden über Personal und Praxis der Bürokratie und der Gerichte gelangen zu können.[70] Eindringliche Studien, die auch den Wirkungsanteil ehemaliger Verfolgter in Verwaltung und Rechtsprechung berücksichtigen müssten, stehen noch aus.[71]

65 Die anderen Länder unterstellten die Entschädigungsbehörden dem Innenminister, dem Arbeits- bzw. Sozialminister oder dem Justizminister. Vgl. die Übersicht bei *Finke* u. a., S. 9. Ob und wie sich diese Zuordnungsunterschiede in der Entschädigungspraxis auswirkten, wäre noch zu prüfen.

66 Sten. Ber. 2. WP, S. 3102 (10.12.1954), 3489 (23.2.1955). Beide Male war der Unionsabgeordnete Johannes Albers der Zwischenrufer.

67 Stichproben zufolge brachte der Bayerische Rundfunk eine Sondersendung, woraus die SZ am 11.11.1954 Auszüge druckte (»Der Skandal der Wiedergutmachung«); die FAZ widmete der Debatte vom 14.12.1955 eine ganze Seite.

68 Inzwischen zum Topos geworden und weniger im Befund als in der Bewertung umstritten, findet die »gewisse Stille« sich erstmals bei *H. Lübbe*, Der Nationalsozialismus im deutschen Nachkriegsbewußtsein, in: HZ 236 (1983), S. 579–599. Lübbe interpretierte sie als eine Art Heilschlaf, als »sozialpsychologisch und politisch nötiges Medium der Verwandlung unserer Nachkriegsbevölkerung in die Bürgerschaft der Bundesrepublik Deutschland«.

69 Franz Böhm am 14.12.1955. Vgl. Sten. Ber. 2. WP, S. 6328. *H. Dubiel*, Niemand ist frei von der Geschichte. Die nationalsozialistische Herrschaft in den Debatten des Deutschen Bundestages, München 1999, geht auf diese Debatte nicht ein; man könnte sie jedoch zu den Sternstunden des Bundestags der fünfziger Jahre zählen.

70 Anders *Pross*, S. 92–98. Dabei lässt er das Lob beiseite, das sich immerhin auch in die erregte Kritik mischte. Unter »allseitigem Beifall« sprach Franz Böhm am 14.12.1955 (S. 6329) »diesen vortrefflichen Tausenden, die in allen möglichen Ämtern, teilweise mit mangelnder Vorschulung, sich um den praktischen Vollzug der Wiedergutmachung bemüht haben, unseren Dank und unsere Hochachtung« aus.

71 BEG § 208, Abs. 3 legte fest, dass der Vorsitzende oder einer der Beisitzer der Entschädigungskammer (bei den Landgerichten) und der Entschädigungssenate (bei den Oberlandesgerichten) dem »Kreis der Verfolgten angehören« soll. Vgl. das Beispiel der Kasseler Landgerichtsdirektorin Platiel bei *H. Haas-Rietschel* u. *S. Hering*, Nora Platiel. Sozialistin – Emigrantin – Politikerin. Eine Biographie, Köln 1990.

Im Übrigen ist mancher bestürzende Fall eher auf Gesetzesmängel als auf die verfehlte Umsetzung zurückzuführen, wie das folgende Beispiel illustriert. In der Münchner Kaulbachstraße, im jüdischen Altersheim, lebte ein alter Herr, der im Frühjahr 1953 Post vom Bayerischen Landesentschädigungsamt erhielt. Was er zu lesen bekam, sind wenige Sätze: »Der Antragsteller ist im Jahre 1938 nach Brasilien emigriert, da er Jude ist. Es ist kein weiterer Nachweis vorhanden, daß der Antragsteller aus Gründen der Rasse verfolgt wurde, sondern er emigrierte ins Ausland, um einer Verfolgung zu entgehen. 1950 kam er als 70-Jähriger nach Deutschland zurück. Nach § 1 des Entschädigungsgesetzes hat ein Recht auf Wiedergutmachung, wer wegen seiner politischen Überzeugung, aus Gründen der Rasse, des Glaubens oder der Weltanschauung verfolgt wurde. Da eine Verfolgung im Sinne des § 1 nicht vorliegt, muß der Antrag auf Wiedergutmachung abgelehnt werden«.[72]

Wenn man einmal eine Erfahrungsgeschichte der Wiedergutmachung schreibt und nach ihrer Wirkung auf die Empfänger fragt, wird man solche Quellen gegen den Strich lesen müssen: Was mag der alte Herr empfunden haben, als er einen solchen Widersinn in den Händen hielt? Geht man dem unbeholfenen Ablehnungsbescheid auf den Grund, so stößt man auf den Wortlaut des Gesetzes. Der setzte nämlich voraus, dass der Verfolgerstaat sich aktiv gegenüber dem individuellen Opfer gerührt hatte. Sonst, so dachte sich der Gesetzgeber, könnte jeder behaupten, er habe sich verfolgt gefühlt oder aus politischer Opposition auf bestimmte Vorteile, z. B. den Eintritt in den Staatsdienst, verzichtet. Ganz falsch war der Gedanke ja nicht, den Verfolgungsbegriff an überprüfbare Merkmale eines konkreten Verfolgungsaktes zu binden. Aber dass selbst die besten Köpfe der Wiedergutmachung nicht rechtzeitig bemerkten, wie weit man damit im Falle der Kollektivverfolgung die Wirklichkeit verfehlte, das irritiert dann doch sehr.

Neu gefasst, diesmal gut durchgearbeitet und einstimmig verabschiedet, erschien das Bundesentschädigungsgesetz (BEG) 1956 im Gesetzblatt; es trat aber rückwirkend ab 1953 in Kraft, um diese und andere Pannen zu reparieren.[73] Das BEG ist das Kernstück der westdeutschen Wiedergutmachung. Von den 103,8 Milliarden DM, die die öffentliche Hand bisher für die Wiedergutmachung aufgewandt hat, entfallen rund 77 Prozent auf dieses Gesetz, wenn man die frühere Fassung von 1953 und eine spätere Novelle von 1965 mit einbezieht. Rund zwei Millionen Anträge sind im Rahmen des BEG anerkannt und etwa 1,2 Millionen abgelehnt worden.[74] Anders als die Zahl der Anträge ist die der Antragsteller statistisch nicht erfasst. Im groben Durchschnitt kann man

72 Schreiben des Landesentschädigungsamtes an Anton U. vom 9.4.1953 (PA BT, I 537 B). Der Antrag bezog sich noch auf das – vom Bundesergänzungsgesetz insoweit beibehaltene – Entschädigungsgesetz der US-Zone.

73 Bundesgesetz zur Entschädigung für Opfer der nationalsozialistischen Verfolgung vom 29. Juni 1956 (BGBl 1956 I, S. 559).

74 BMF Dokumentation 3/99, S. 38 f.

sagen, dass auf einen Antragsteller zwei bewilligte Anträge entfallen, weil in der Regel verschiedene Schädigungsarten zusammentrafen, am häufigsten Gesundheits- und Berufsschaden.[75] Man darf also schätzen, dass ungefähr eine Million Personen Leistungen nach dem BEG erhalten haben oder noch erhalten. Rund 80 Prozent der Entschädigungsgelder flossen oder fließen ins Ausland, etwa zur Hälfte nach Israel. Darin kommt zum Ausdruck, dass es sich oft um frühere deutsche Bürger handelt, die emigriert sind; sonst hätten sie nicht überlebt.

Mit dem BEG von 1956 kam so etwas wie Schwung in die Entschädigungspraxis. In mancher Hinsicht ging es nun zügig voran. Auch die Zahl der Anträge stieg nun deutlich, vor allem aus dem Ausland. Dort hatten viele die Bereitschaft oder Fähigkeit der Bundesrepublik zur individuellen Entschädigung bisher so skeptisch eingeschätzt, dass sie einen Antrag erst gar nicht stellten.[76] Das änderte sich nun, zumal die wohl größte Rechtshilfeorganisation der bisherigen Rechtsgeschichte, die United Restitution Organization (URO), sich darauf spezialisierte, den in alle Winde zerstreuten jüdischen Verfolgten zu ihrem Recht zu verhelfen. Die URO beschäftigte zur Zeit ihrer größten Aktivität gut 1.000 Mitarbeiter und machte rund eine halbe Million Ansprüche für etwa 300.000 Mandanten geltend. Zu ihren Verdiensten zählt nicht zuletzt die Zurückdrängung solcher in- und ausländischer Anwälte, die übermäßige, mitunter exorbitante Erfolgshonorare verlangten.[77]

Anders als das Israel-Abkommen stand das Bundesentschädigungsgesetz nicht im Rampenlicht der Öffentlichkeit. Zeitgenössische Beobachter hatten sogar den Eindruck, dieser Bereich spiele sich in »einem politischen und publizistischen Abseits« ab.[78] So pauschal wird man diese Einschätzung nicht übernehmen können, denn es gibt durchaus auch Gegenbeispiele, wie das beachtliche Echo der kritischen Parlamentsdebatten 1954/55 zeigt. Methodisch fundierte Studien zur Medienresonanz stehen noch aus. Die verfügbaren Indizien sprechen aber dafür, dass der Gesetzesvollzug – wie schon die Gesetzesgenese – aufs Ganze gesehen wenig öffentliches Interesse gefunden hat. Daher kamen skandalträchtige Nachrichten – Betrugsfälle, überhöhte Honorare, der unehrenhafte Sturz zweier Vorsitzender des Wiedergutmachungsausschusses des Bundestages – überproportional stark zur Geltung. Was das Publikum in den Medien

75 *K. Heßdörfer*, Die finanzielle Dimension, in: *Herbst/Goschler*, S. 55–59.

76 »Many potential beneficiaries had such little confidence in those laws that they did not even care to register their claims«, hieß es z.B. im Report on URO's Activities 1954, vom 1.2.1955.

77 Vgl. *H.G. Hockerts*, Anwälte der Verfolgten. Die United Restitution Organization, in: *Herbst/Goschler*, S. 249–271.

78 Die Arbeit an der Wiedergutmachung sei »abseits vom öffentlichen Interesse, einsam und glanzlos getan«, vermerkte Otto Küster, Umschau, in: RzW 9 (1958), S. 129. Walter Schwarz hat im Rückblick wiederholt betont, die Wiedergutmachung habe sich »nahezu vier Jahrzehnte in einem politischen und publizistischen Abseits befunden«, so z.B. *Schwarz*, Wiedergutmachung – Ein Überblick, in: *Herbst/Goschler*, S. 53.

über die Entschädigung erfahren konnte, hat Ressentiments womöglich eher gefördert als vermindert.[79]

»Wir müssen offen sagen: die Wiedergutmachung ist bei uns nicht volkstümlich. Das ist das beängstigende Gefühl, das jeder einzelne hat, der sich aus Neigung, aus Pflichtgefühl oder von Berufs wegen mit dieser Frage beschäftigt«, vermerkte Franz Böhm 1955 im Bundestag.[80] Die Parteien zogen es vor, das Thema Entschädigung möglichst aus dem öffentlichen Streit herauszuhalten. Das mit der Claims Conference vereinbarte Entschädigungsprogramm hätte sonst wohl eher Gegendruck als Aufwind zu spüren bekommen.[81] Außerdem zahlte sich diese Materie nicht in Wählerstimmen aus, zumal das meiste Entschädigungsgeld ins Ausland floss. So schlossen die Parteien, genauer gesagt: die Handvoll entscheidender Akteure im Wiedergutmachungsausschuss des Bundestages, insgeheim eine Art große Koalition und handelten ohne viel Rücksicht auf die öffentliche Meinung.

War die Wiedergutmachung also das Werk eines Elitenkartells *gegen* die Volksmehrheit? Vorsichtiger und wohl richtiger ist die Formulierung: *ohne* die Volksmehrheit. Denn eine politisch bedeutsame Gegenbewegung formierte sich nicht, auch wenn es den Anschein hat, dass ein Spitzenpolitiker wie Fritz Schäffer sie gelegentlich mit demagogischen Tönen anzufachen suchte.[82] Die Unpopularität der Wiedergutmachung hat offenbar kein für das Wählerverhalten relevantes Ausmaß erreicht. Dafür bietet die Bundestagskandidatur von Franz Böhm einen guten Testfall, war er doch als Verhandlungsführer beim Israel-Abkommen und als Vorkämpfer der Entschädigungsgesetze so exponiert wie kaum ein anderer. Er soll 1952 geseufzt haben: »Was soll man tun, wenn ein

79 Otto-Heinrich Greve musste 1958 zurücktreten, weil er sein Amt mit seiner Anwaltspraxis verquickt hatte, Alfred Frenzel 1960, nachdem er als CSSR-Spion verhaftet worden war. Zuspitzend urteilte *Otto Küster*, Erfahrungen in der deutschen Wiedergutmachung, Tübingen 1967, S. 11: Neben den Erfolgshonoraren sei Betrug das einzige, was viele Deutsche von der Wiedergutmachung wissen. Ohne den Wirkungsanteil der Presse an seiner deplorablen Bilanz zu befragen, hielt *R. Zundel*, Dramaturgie eines Skandals, in: Die Zeit, 31.1.1969, S. 6, fest: »Die Wiedergutmachungsgesetze sind nie populär gewesen; was an Praktiken davon bekannt wurde, weckte Argwohn, Ressentiments«.

80 Sten. Ber. 2. WP, S. 3491 (23.2.1955).

81 Auch die Globalabkommen der Bundesrepublik mit elf westeuropäischen Staaten, von denen unten die Rede sein wird, scheinen kaum ein öffentliches Thema gewesen zu sein.

82 Schäffers Gegensteuern lässt sich nur teilweise mit der Räson seiner Rolle als Bundesfinanzminister erklären. Den Höhepunkt der Polemik leistete er sich, als er schon nicht mehr Finanzminister war, mit einer Rede auf einer CSU-Veranstaltung in Plattling im Dezember 1957, als er u. a. behauptete, die Wiedergutmachung erschüttere die Stabilität der Deutschen Mark. Damit erregte er publizistisch viel Wirbel, stieß aber auf eine breite Front der heftigen Ablehnung; auch das Bundeskabinett distanzierte sich einschließlich seines Nachfolgers im Finanzressort, Franz Etzel. Vgl. SZ vom 18.12.1957 (»Schäffer auf Abwegen«); *K. R. Grossmann*, Die Ehrenschuld. Kurzgeschichte der Wiedergutmachung, Frankfurt a. M. 1967, S. 87; *M. Wolffsohn*, Von der verordneten zur freiwilligen »Vergangenheitsbewältigung«? Eine Skizze der bundesdeutschen Entwicklung 1955/1965, in: German Studies Review XII/1 (1989), S. 111–137.

ganzes Volk bockt«;[83] aber als er 1953 und 1957 in einem Frankfurter Wahlkreis kandidierte, der für seine Partei sehr gefährdet war, gewann er beide Male das Mandat. Im Einzelnen bedarf die Resonanz der Wiedergutmachung in der deutschen Bevölkerung noch der Untersuchung, wobei nach Milieus, nach Generationen sowie im Zeitverlauf möglichst genau zu differenzieren ist.[84]

In die gewisse Stille der Entschädigung drang 1964/65 vorübergehend Gefechtslärm ein, als eine von langer Hand vorbereitete Novelle des Bundesentschädigungsgesetzes in die Entscheidungsphase trat. Der westdeutsche Kernstaat war mit atemberaubender Geschwindigkeit zum Rang eines der weltweit führenden Industriestaaten aufgestiegen, die Wirtschaft boomte, und so mehrten sich die Stimmen, die das Entschädigungsprogramm aus den früheren Knappheitsbedingungen herausführen wollten, um es deutlich anzuheben und auszuweiten.[85] Neben anderen Verfolgtenorganisationen[86] drängte vor allem die Claims Conference auf eine große Novelle. Grundsätzlich pflegte sie, insbesondere ihr Präsident Nahum Goldmann, einen diplomatischen Verhandlungsstil, der mit dichten und dauerhaften Kontakten zu Parlament, Regierung und Verwaltung abgestützt war. Daneben setzte sie nun auch verstärkt Mittel zur Mobilisierung der öffentlichen Meinung ein, sowohl in der Bundesrepublik, wohin sie einen Experten für Public Relations entsandte, als auch in den USA, wo eine von Senatoren unterstützte Protestkundgebung im Mai 1965 viel Aufsehen erregte, das dann wieder auf die deutschen Medien einwirkte.[87]

Wegen des Kostenaufwands umstritten, erschien die Novelle im September 1965 unter dem Titel »Bundesentschädigungs-Schlussgesetz« im Gesetzblatt.[88] Die Bezeichnung Schlussgesetz mag etwas von der Schlussstrich-Mentalität auf-

83 *O. Küster*, Wiedergutmachung und Rehabilitierung, in: Tagung vom 25. bis 27. November 1983 in der Evangelischen Akademie Bad Boll (wie Anm. 32), S. 86–89, hier S. 87.

84 Die Allgemeine Wochenzeitung der Juden in Deutschland berichtete im November 1957 über einen jungen Spengler, welcher der Jüdischen Gemeinde in Frankfurt a.M. einen selbstgefertigten Leuchter übergab und bemerkte: »Ich wollte etwas wiedergutmachen und darum arbeitete ich in meiner Freizeit an diesem Leuchter, der eine Bitte um Verzeihen sein soll«. Zit. nach *M. Kittel*, Die Legende von der »Zweiten Schuld«. Vergangenheitsbewältigung in der Ära Adenauer, Berlin 1993, S. 281.

85 Die bisher detaillierteste, jedoch ganz aus dem Blickwinkel des beteiligten Finanzressorts verfasste Darstellung der Gesetzesgenese bei *Féaux de la Croix/Rumpf*, S. 96–110.

86 Die »Arbeitsgemeinschaft Deutscher Verfolgtenorganisationen« umfasste (Stichjahr 1958): die Arbeitsgemeinschaft der Vertretungen politisch, rassisch und religiös Verfolgter, die Zentralstelle politisch verfolgter Sozialdemokraten, den Zentralrat der Juden in Deutschland, den Zentralverband demokratischer Widerstandskämpfer und Verfolgtenorganisationen (ZDWV) und den Zentralverband der durch die Nürnberger Gesetze Betroffenen nichtjüdischen Glaubens.

87 Vgl. den Erinnerungsbericht dieses Experten: *Grossmann*, bes. S. 128–154. Der Chef des Presse- und Informationsamts der Bundesregierung, Karl-Günther von Hase, sprach in diesem Zusammenhang intern von einer »Kampagne des Weltjudentums«. Vgl. Akten zur Auswärtigen Politik der Bundesrepublik Deutschland, hg. im Auftrag des Auswärtigen Amtes vom Institut für Zeitgeschichte (AAPD), 1965, Bd. 1, S. 365 (22.2.1965).

88 BGBl 1965 I, S. 1315.

genommen haben, die damals in Teilen der Öffentlichkeit um sich griff und in einer Regierungserklärung Ludwig Erhards anklang, als er »das Ende der Nachkriegszeit« proklamierte.[89] Doch hatte das Schluss-Siegel hier auch oder vor allem eine spezifische Funktion: An die Claims Conference adressiert, besagte es, dass ihr aus dem Luxemburger Vertrag abgeleitetes Einwirkungsrecht nun definitiv erschöpft sei. So ließ Nahum Goldmann denn auch öffentlich verlauten, mit dem Schlussgesetz seien alle restlichen Wünsche erfüllt, was ihm in Verfolgtenkreisen freilich erheblichen Widerspruch eintrug.[90] Goldmann plädierte sogar für die Errichtung einer jüdischen Kulturstiftung, die nach dem Abschluss der Wiedergutmachung die Erinnerung »an dieses einmalige Gesetzeswerk lebendig erhalten« sollte.[91]

Zu den Wünschen, welche die Claims Conference mit Vorrang vorgetragen hatte, zählte eine Ausweitung des Berechtigtenkreises: Es sollten auch die (in der Regel jüdischen) Verfolgten entschädigt werden, die nach dem bisher geltenden Stichtag des 1. Oktober 1953 aus Osteuropa ausgewandert waren. Vor allem für diesen Zweck (*Post-Fifty-Three*) schuf das Schlussgesetz einen mit 1,2 Milliarden DM ausgestatteten Sonderfonds.

Weit über hundert Änderungen, durchwegs Verbesserungen, setzte das Schlussgesetz in Kraft. Einer der Änderungsartikel war so bitter nötig, dass er besonders hervorgehoben sei. Er hieß »Angleichung« und machte es möglich, rechtskräftig abgeschlossene Fälle neu aufzurollen, um irrige Entscheidungen aus der Welt zu schaffen. Wieder waren also Fehlentwicklungen zu korrigieren. Eine wurzelte in einer traditionellen Lehrmeinung der Psychiatrie, die seit den 1920er Jahren das Versicherungs- und Versorgungsrecht durchdrungen hatte: Die Psyche körperlich gesunder Personen sei so gut wie unbegrenzt belastbar. Dass die NS-Verfolgung psychisch bedingte Gesundheitsschäden verursachen konnte, mochten führende Psychiater daher nicht anerkennen. Ihre Begutachtungspraxis führte serienweise zur Ablehnung solcher Anträge. Ende der fünfziger Jahre brach indessen ein heftiger Expertenstreit aus, in dem sich 1963/64 eine andere Denkschule der Psychiatrie durchzusetzen und die Begut-

89 In seiner Regierungserklärung vom 10.11.1965. Dazu *K. Hildebrand*, Von Erhard zur Großen Koalition 1963–1969, Stuttgart 1984, S. 160 f. Vgl. auch *E. Ehrmann*, Wie lange noch und zu welchem Preis?, in: Die Zeit vom 6.3.1964, S. 16: »Statt die Wiedergutmachung zu verewigen, sollte man sie nun wirklich abschließen. Sie hat ihre Pflicht getan«. Es sei an der Zeit, »damit zu Ende zu kommen, damit ein neues Kapitel begonnen werden kann – ohne Belastung durch die Vergangenheit«. Die FAZ kommentierte das Gesetz am 25.6.1964 unter der Überschrift »Ein Schlußstrich«.

90 *Grossmann*, S. 144. Um die Bindewirkung der Zusage Goldmanns nicht zu gefährden und keine neuerliche Mobilisierung der öffentlichen Meinung zu riskieren, warnte Botschafter Blankenhorn (London) dringend davor, die Leistungen nach dem BEG-Schlussgesetz in das Haushaltssicherungsgesetz einzubeziehen, das nach der Bundestagswahl im Herbst 1965 vorbereitet wurde. Vgl. sein Schreiben an das AA vom 2.12.1965 (AAPD 1965, Bd. 3, S. 1833).

91 Ein einschlägiges Memorandum übergab Goldmann am 22.1.1964 dem Bundespräsidenten Heinrich Lübke (AAPD 1964, Bd. 1, München 1995, S. 198, Anm. 35).

achtungspraxis in den Entschädigungsverfahren bahnbrechend zu verändern vermochte.[92] Das Schlussgesetz reagierte rasch auf die neuen Standards der Wissenschaft und gebot, dass über die bereits abgelehnten Ansprüche auf Antrag des Berechtigten erneut zu entscheiden sei.

Eine andere Fehlentwicklung verweist auf ein besonders betrübliches Kapitel in der Geschichte der Wiedergutmachung. Es betrifft die Sinti und Roma und weitere unter dem zeitgenössischen Zigeunerbegriff zusammengefasste Gruppen und Gruppierungen. Diese Verfolgtengruppen waren nicht eigentlich vom Gesetz benachteiligt, wohl aber von der Rechtsprechung und Verwaltung. Der Bundesgerichtshof entschied 1956, Zigeuner seien erst ab 1943 aus Gründen der Rasse verfolgt worden, weil Himmler damals die Deportation eines Großteils der Zigeuner nach Auschwitz anordnete. Bis 1943 handele es sich hingegen nicht um rassische Verfolgung, sondern um polizeiliche Ordnungsmaßnahmen. Diese seien nicht entschädigungsfähig.[93] Das Urteil wirft ein Schlaglicht darauf, dass die Geschichte der Wiedergutmachung auch eine Geschichte des Unterscheidens ist – zwischen dem, was die westdeutsche Gesellschaft als nationalsozialistisches Unrecht begriff, und dem, was sie als zustimmungswürdigen Traditionsbestand weiterführte. Das Urteil zeigt die Fortdauer einer mentalen Disposition, in der bestimmte Phasen und Formen der Unterdrückung der Zigeuner als normal und nicht als Verfolgung erschienen.[94]

Das war nicht die einzige höchstrichterliche Entscheidung der fünfziger und frühen sechziger Jahre, in der ein unheilvoller Sockel der Mentalitätsgeschichte weiterwirkte. Dazu zählt zum Beispiel auch ein BGH-Urteil von 1961, das darauf hinauslief, dass der einfache Bürger zum Widerstand gegen das NS-Regime gar nicht erst zugelassen war.[95] In den frühen und mittleren sechziger Jahren machte sich dann jedoch ein Korrekturschub bemerkbar – so auch in der Frage der Verfolgung der Zigeuner, da der Bundesgerichtshof 1963 zu einer Neubewertung gelangte und seine verfehlte Rechtsprechung aufgab. Hier wie auch bei anderen Korrekturen griff nun der *Angleichungsartikel* des Schlussgesetzes: Zigeuner, deren Entschädigungsansprüche für die vor 1943 erlittene Verfolgung rechtskräftig abgelehnt worden waren, konnten nun eine neue Entscheidung

92 Den Durchbruch markieren *H. Pau* u. *H.-J. Herberg* (Hg.), Psychische Spätschäden nach politischer Verfolgung, Basel 1963, sowie *W. v. Baeyer* u. a., Psychiatrie der Verfolgten. Psychopathologische und gutachtliche Erfahrungen an Opfern der nationalsozialistischen Verfolgung und vergleichbarer Extrembelastungen, Berlin 1964; vgl. hierzu die fundierte Besprechung von *U. Venzlaff*, Die Begutachtung psychischer Störungen Verfolgter, in: RzW 17 (1966), S. 196–200.

93 *A. Spitta*, Entschädigung für Zigeuner? Geschichte eines Vorurteils, in: *Herbst/Goschler*, S. 385–401; *Hockerts*, Anwälte, S. 269–271.

94 Vgl. *G. Margalit*, Die deutsche Zigeunerpolitik nach 1945, in: VfZ 45 (1997), S. 557–588, sowie als eindringlichen Forschungsbericht: *M. Zimmermann*, Zigeunerbilder und Zigeunerpolitik in Deutschland. Eine Übersicht über neuere historische Studien, in: Werkstatt Geschichte 25 (2000), S. 35–58.

95 Vgl. *A. Arndt*, Agraphoi nomoi (Widerstand und Aufstand), in: Neue Juristische Wochenschrift 15 (1962), S. 430–433; *Kittel*, S. 209–212.

beantragen. Das heißt freilich im Umkehrschluss, dass bis 20 Jahre nach Kriegsende Entschädigungsansprüche von Zigeunern zu Unrecht abgelehnt worden sind.

Schließlich muss noch von einem Grundpfeiler der westdeutschen Entschädigung die Rede sein, der seit der Urform in der amerikanischen Zone alle Gesetzesfassungen getragen hat und auch im Schlussgesetz bekräftigt worden ist. Es handelt sich um ein folgenschweres Prinzip, das in juristischer Sprache subjektiv-persönliches Territorialitätsprinzip heißt. Es machte den Kreis der Anspruchsberechtigten von bestimmten räumlichen Beziehungen zum Bundesgebiet bzw. zum früheren Deutschen Reich abhängig und verknüpfte Wohnsitz- und Stichtagsregelungen auf recht komplizierte Weise. Einbezogen waren (in der seit 1956 geltenden Fassung) die Verfolgten, die am 31. Dezember 1952 in der Bundesrepublik oder in West-Berlin lebten[96] sowie jene Emigranten, die zur Zeit der Verfolgung auf dem Gebiet des Reiches in den Grenzen von 1937 gewohnt hatten, sofern sie bis Ende 1952 ihren Wohnsitz in Israel oder sonstwo in der westlichen Welt genommen hatten.[97] Die NS-Verfolgten unter den aus Ostmitteleuropa vertriebenen Deutschen waren auch dann einbezogen, wenn sie erst nach 1952 in die Bundesrepublik kamen. Auf Wunsch der Claims Conference wurden ferner die (in der Regel jüdischen) Verfolgten aufgenommen, welche die osteuropäischen Vertreibungsgebiete unabhängig vom Vertreibungsgeschehen in Richtung Westen verlassen hatten – laut BEG bis zum Stichtag des 1. Oktober 1953, seit dem Schlussgesetz von 1965 auch die *Post-Fifty-Three*. Hier führte nun das Territorialitätsprinzip zu dem Konstruktionszwang, dass diese Juden ihre frühere Zugehörigkeit zum *deutschen Sprach- und Kulturkreis* beweisen mussten. De facto wurde der Nachweis auf einen deutschen Sprachtest reduziert, aber kann man sich peinlichere Szenen vorstellen als die, die das Gesetz hier schuf? Da versammelten sich Immigranten aus Osteuropa in den Stuben des israelischen Finanzministeriums oder in den Räumen einer westdeutschen Auslandsvertretung und bemühten sich – wenn sie denn, oft notgedrungen, einen Entschädigungsanspruch stellen wollten – um den Nachweis hinreichender Kenntnisse in der Sprache der Verfolger.[98]

96 Bzw. vorher im Geltungsbereich des Gesetzes gewohnt hatten, sofern es um Ansprüche von Hinterbliebenen ging.

97 Somit waren auch Emigranten aus dem Gebiet der späteren DDR und der deutschen Ostgebiete, die 1945 zu Polen kamen, einbezogen. In den Haager Verhandlungen hatte die Claims Conference auch die Einbeziehung jüdischer Emigranten aus Österreich in das westdeutsche Entschädigungsrecht gewünscht, was aber am energischen Widerspruch Adenauers scheiterte. Zur Wiedergutmachung in Österreich vgl. *R. Knight* (Hg.), »Ich bin dafür, die Sache in die Länge zu ziehen«. Wortprotokolle der österreichischen Bundesregierung von 1945–52 über die Entschädigung der Juden, Frankfurt a.M. 1988, Wien 2000[2]; *B. Bailer*, Wiedergutmachung kein Thema, Wien 1993.

98 Uwe Johnson hat in seinem Roman »Jahrestage« (3. April 1968 bis Juni 1968) eine solche Situation eindrucksvoll geschildert. Auf fragwürdige Praktiken verweist in diesem Zusammenhang *H. Klee*, Die besonderen Gruppen von Verfolgten, in: *Giessler* u.a., S. 422–424.

Wenngleich das Entschädigungsprogramm also nicht vom Staatsangehörigkeitsrecht her konzipiert war, so richtete es sich doch im Kern an die deutschen und nicht an die ausländischen Verfolgten. Eine Sonderregelung erweiterte den Berechtigtenkreis um Staatenlose und Flüchtlinge im Sinne der Genfer Konvention. Hier handelte es sich in der Regel um Osteuropäer, die nicht mehr in ihre kommunistisch beherrschten Heimatländer zurückkehren konnten oder wollten. Für sie öffnete sich auf Druck der Westmächte das Tor zur Entschädigung, aber mit stark reduziertem Anspruchsumfang – zumal dann, wenn sie nicht als rassisch, politisch oder religiös Verfolgte eingestuft wurden, sondern als »aus Gründen ihrer Nationalität Geschädigte«. Die Rechtsfigur der »Nationalgeschädigten« war juristisch unscharf und ist historisch zweifelhaft, weil sich ein besonderer Verfolgungsgrund »Nationalität« kaum vom rassischen bzw. politischen Kontext der NS- Besatzungsherrschaft in Osteuropa abspalten lässt.[99]

Globalabkommen

Was aber sollte mit den ausländischen Opfern der nationalsozialistischen Verfolgung geschehen, die ja sehr viel zahlreicher waren? Sie wurden auf die völkerrechtlich zu regelnden Reparationen verwiesen. Das entsprach durchaus der vorherrschenden Völkerrechtslehre. Der Reparationsbegriff des Versailler Vertrags hatte ausdrücklich die zivilen Personenschäden einbezogen: Schäden an Leib und Leben, Gesundheit und Freiheit, Deportation und Zwangsarbeit – all das war dort eigens aufgeführt. Das Potsdamer Abkommen bezog den Begriff allgemein auf *Verluste und Leiden*; ebenso unterschied das Pariser Reparationsabkommen im Januar 1946 nicht zwischen Kriegs- und Verfolgungsschäden, sondern bündelte sämtliche Schadensarten (mit Ausnahme von Sozialversicherungsansprüchen) im Reparationsbegriff.[100]

Im Grunde hätte es ja auch unerheblich sein können, ob die Entschädigung der ausländischen NS-Verfolgten unter dem Titel der Wiedergutmachung oder dem der Reparationen geregelt wurde. Aber das Londoner Schuldenabkommen von 1953 schuf einen folgenschweren Unterschied. In den Artikel 5 des Abkommens fand ein Absatz 2 Eingang, der lange nur in Fachkreisen beachtet wurde,[101] inzwischen aber weltberühmt ist, weil er seit einigen Jahren im Rampenlicht

99 *U. Herbert*, Nicht entschädigungsfähig? Die Wiedergutmachungsansprüche der Ausländer, in: *Herbst/Goschler*, S. 273–302; *Pawlita*, S. 352–372.

100 *B. Heß*, Völker- und zivilrechtliche Beurteilung der Entschädigung für Zwangsarbeit vor dem Hintergrund neuerer Entscheidungen deutscher Gerichte, in: *K. Barwig* u.a. (Hg.), Entschädigung für NS-Zwangsarbeit. Rechtliche, historische und politische Aspekte, Baden-Baden 1998, S. 65–92; *Pawlita*, S. 81–87, 119–124, 156–159; *U. Kischel*, Wiedergutmachungsrecht und Reparationen. Zur Dogmatik der Kriegsfolgen, in: Juristenzeitung 52 (1997), S. 126–131.

101 *Herbert*, S. 279 f.

der Medienöffentlichkeit steht. Er lautet: »Eine Prüfung der aus dem Zweiten Weltkrieg herrührenden Forderungen von Staaten, die sich mit Deutschland im Kriegszustand befanden oder deren Gebiet von Deutschland besetzt war, und von Staatsangehörigen dieser Staaten gegen das Reich und im Auftrage des Reichs handelnde Stellen oder Personen (...) wird bis zur endgültigen Regelung der Reparationsfrage zurückgestellt«. Wann die endgültige Regelung vorzunehmen sei, wird nicht gesagt, aber nach vorherrschendem Verständnis und insbesondere nach bundesrepublikanischer Auffassung war mit »endgültig« der Abschluss eines Friedensvertrags gemeint.[102] Diese Regelung war auf der Londoner Konferenz nicht unumstritten. Vor allem die niederländische Delegation lief Sturm dagegen; sie hielt es für unannehmbar, dass damit auch individuelle Entschädigungsansprüche niederländischer Staatsbürger blockiert seien. Aber am Ende entschied ein Machtwort der amerikanischen Delegation.[103] Die USA wollten die damals noch schwachen Schultern der Bundesrepublik nicht überfrachtet und vor allem den Schuldendienst nicht gefährdet sehen.

So waren also die Ansprüche der ausländischen NS-Verfolgten im Prinzip bis zu einem Friedensvertrag vertagt, und der rückte in immer weitere Ferne oder wie man bald meinen konnte: ad calendas graecas. Damit wollten sich einflussreiche Verfolgtenverbände in den westlichen Nachbarstaaten der Bundesrepublik aber keinesfalls abfinden. Mit großer öffentlicher Resonanz, zum Teil auch mit guten Kontakten zur Regierung, vertraten sie die Interessen von Bürgern, die als Widerstandskämpfer in deutsche Konzentrationslager verschleppt oder als zivile Zwangsarbeiter ausgenutzt worden waren. Daher drangen einige westeuropäische Regierungen darauf, die Ansprüche der *Westverfolgten*, wie man sie nannte, in das Bundesentschädigungsrecht einzufädeln. Als mit der Verabschiedung des BEG 1956 offenkundig wurde, dass das nicht gelang, traten acht westeuropäische Staaten mit einer gemeinsamen Démarche an die Bundesregierung heran und verlangten nun Entschädigungsverhandlungen von Staat zu Staat.[104] Damit wichen sie durchaus von der Linie des Londoner Schuldenabkommens ab, dem sie mitsamt der Sperrwirkung des Artikels 5, Absatz 2 sehenden Auges zugestimmt hatten. Aber damals waren sie außenpolitischer Räson gefolgt, jetzt überwog der innenpolitische Druck.

Es folgte ein langes Tauziehen in der Frage, ob und inwieweit nationalsozialistische Verfolgungsakte unter den Reparationsvorbehalt des Londoner Schuldenabkommens fallen. Dabei sah sich die Bundesrepublik in eine Zwick-

102 Zumal der Sechste Teil (»Reparationen«) des Überleitungsvertrags (vgl. Anm. 22) festlegte: »Die Frage der Reparationen wird durch den Friedensvertrag zwischen Deutschland und seinen ehemaligen Gegnern oder vorher durch diese Frage betreffende Abkommen geregelt«.

103 *P. Helmberger*, Der Versuch einer Generalbereinigung. Die Verhandlungen zwischen den Niederlanden und der Bundesrepublik um den Ausgleichsvertrag vom 8. April 1960, in: Zentrum für Niederlande-Studien, Jahrbuch 4 (1993), S. 71–98.

104 Es handelte sich um Frankreich, die Benelux-Staaten, Griechenland, Großbritannien, Norwegen und Dänemark.

mühle versetzt. Einerseits wollte sie auf jeden Fall ihre Rechtsposition bewahren, wonach das Londoner Abkommen sie jeder völkerrechtlichen Entschädigungspflicht bis zum Friedensvertrag enthebt; andererseits lag ihr sehr daran, Störfaktoren im Prozess der Westintegration auszuräumen, denn diese war das Lebenselixier der Republik. Der Ausweg lag darin, *freiwillige* Leistungen anzubieten. Auf dieser Basis schloss die Bundesrepublik in den Jahren 1959 bis 1964 mit elf Staaten im Westen, Norden und Süden Europas Globalabkommen, wofür sie insgesamt 876 Millionen DM bereitstellte.[105]

Von der historischen Forschung bisher kaum beachtet, trugen diese elf Abkommen erheblich zur Eingliederung der Bundesrepublik in die westliche Welt bei.[106] Im Vorgriff auf den Friedensvertrag, der ins Ungewisse rückte, bereinigten sie Störfelder durch Zwischenregelungen, und zwar nicht allein im Blick auf die umstrittene Entschädigungsfrage: Gleichsam im Huckepackverfahren räumten die Abkommen auch eine Reihe weiterer Hindernisse aus der Hinterlassenschaft des Krieges bilateral aus dem Weg. Der Abschluss der meisten Verhandlungen, die zunächst sehr zäh verliefen, fiel in die dramatische Zeit der zweiten Berlin-Krise, denn nun kam aus Bonner Sicht alles darauf an, »dem Osten die Einigkeit des Westens zu demonstrieren«.[107] Das war zugleich die Zeit, in der antisemitische Vorfälle (1959/60), vor allem aber der Eichmann-Prozess in Jerusalem das Thema »Vergangenheitsbewältigung« zu einem Politikum ersten Ranges machten, was wiederum die SED mit gehäuften Kampagnen auszunutzen suchte, um die Bundesrepublik als Eldorado von Nazi-Tätern zu diskreditieren und das Ansehen der DDR als »antifaschistischer Staat« womöglich aufzupolieren.[108] So dienten die Globalabkommen, denen die DDR nichts Vergleichbares zur Seite zu stellen hatte,[109] in einem gewissen Maße auch als Abwehrschild gegen »Aufweichungskampagnen von Seiten des Ostblocks«.[110] Die

105 Vertragspartner waren die acht Staaten der Démarche von 1956, mit denen die Bundesrepublik bis Ende 1958 multilateral, ab 1959 bilateral verhandelte, sowie Italien, die Schweiz und Schweden. Hinzu kam der Wiedergutmachungsteil im deutsch-österreichischen Finanz- und Ausgleichsvertrag von Oktober 1962.

106 Vgl. das Nachwort zu diesem Beitrag.

107 So der deutsche Delegationsleiter in den Verhandlungen mit den Niederlanden, Rolf Lahr, im April 1959, zit. nach *Helmberger*, S. 88. Die Einigung in den deutsch-französischen Verhandlungen fand kurz vor der Pariser Gipfelkonferenz von Mai 1960 statt; der deutsche Botschafter in Paris, Blankenhorn, hatte in einem Fernschreiben (»citissime«) an das AA am 3.5.1960 auf »möglichst großes deutsches Entgegenkommen« gedrängt, um den Abschluss noch vor der Gipfelkonferenz zu ermöglichen, und dafür Adenauers Einverständnis gewonnen (PA AA, B81-Bd. 201).

108 *M. Lemke*, Kampagnen gegen Bonn. Die Systemkrise der DDR und die West-Propaganda der SED 1960–1963, in: VfZ 41 (1993), S. 153–174.

109 Zu den Entschädigungsforderungen, mit denen die DDR im Zuge der Anerkennungswelle 1972/73 konfrontiert wurde, vgl. *P. J. Winters*, Die Außenpolitik der DDR, in: Handbuch der deutschen Außenpolitik, hg. v. *H.-P. Schwarz*, München 1976[2], S. 769–812, hier S. 809 f.

110 So argumentierte der Staatssekretär im AA, van Scherpenberg, in einem Schreiben vom 16.2.1960 an den Staatssekretär im Bundesfinanzministerium, Hettlage, um seiner For-

elf Abkommen wurden als Gesten des guten Willens anerkannt.[111] Sie blieben jedoch in einer relativ bescheidenen Größenordnung, so dass mehrere Vertragspartner sich ausdrücklich vorbehielten, bei einer allgemeinen Prüfung gemäß Artikel 5, Absatz 2 des Londoner Schuldenabkommens – sprich beim Abschluss eines Friedensvertrags mit Deutschland – weitere Ansprüche zu stellen.

Wie die elf Abkommen zeigen, konnte und wollte die Bundesrepublik die Frage der *Westverfolgten* im Zuge der Westintegration nicht ungeregelt lassen. Anders verhielt es sich mit den *Ostverfolgten*, denn der Ost-West-Konflikt und die Teilung Deutschlands haben auch das Gefüge der Wiedergutmachung stark beeinflusst. Davon wird unten noch die Rede sein – beim deutsch-deutschen Vergleich und im Blick auf die Wiederbelebung von Rückerstattungs- und Entschädigungsfragen, sobald der Konflikt beendet und Deutschland vereint war. Hier ist zunächst festzuhalten, dass der Kalte Krieg in Gestalt der sogenannten *diplomatischen Klausel* direkten Eingang in das Bundesentschädigungsrecht erhielt.[112] Die Klausel schloss aus, dass Entschädigungsgelder in Staaten flossen, mit denen die Bundesrepublik keine diplomatischen Beziehungen unterhielt. Da Israel und Finnland mit einer *als ob*-Bestimmung von der Ausnahme ausgenommen wurden, betraf die Sperre de facto allein die im Sowjetimperium lebenden Verfolgten. Hier wirkte sich die generelle Abschottungstendenz des Kalten Krieges aus; im Einzelfall konnte noch die Logik der Hallstein-Doktrin hinzutreten, wie sich am Beispiel Jugoslawiens zeigen ließe.[113] Während also ein Wohnsitz im Ostblock zum Ausschluss des Anspruchs führte, hat die Bundesrepublik für die – zumeist jüdischen – Verfolgten, die von Osten nach Westen auswanderten, in mehreren zeitlichen Schüben Entschädigung in der Größenordnung von 30 Milliarden DM gezahlt.[114]

Zu den wenigen Breschen, die das westdeutsche Entschädigungsrecht in die Front des Kalten Krieges schlug, zählen Beihilfen für Opfer pseudomedizini-

derung Nachdruck zu verleihen, die Verhandlungen über das deutsch-griechische Globalabkommen schleunigst positiv abzuschließen. Zit. nach der Münchner Magisterarbeit von *S.-S. Spiliotis*, Der Fall Merten, Athen 1959: Ein Kriegsverbrecherprozeß im Spannungsfeld von Wiedergutmachungs- und Wirtschaftspolitik (1991), S. 147. Vgl. auch ein aus dem PA AA stammendes Dokument »Öffentlichkeitsarbeit der Bundesregierung im Zusammenhang mit dem Eichmannprozeß« (1961), das bei *Jelinek*, S. 584–586 abgedruckt ist.

111 So verwies der britische Außenminister Butler im Gespräch mit dem Staatssekretär des AA, Carstens, am 15.7.1964 auf den »guten politischen Effekt, den das Wiedergutmachungsabkommen im House of Commons hinterlassen habe« (AAPD 1964, Bd. 2, München 1995, S. 840).

112 § 4, Abs. 1c BEG bzw. § 238a BEG-Schlussgesetz.

113 Als eine jugoslawische Delegation im September 1963 im Bonner Auswärtigen Amt in der Wiedergutmachungsfrage sondierte, hielt ihr Staatssekretär Lahr entgegen: »Man könne nicht gut den einen Teil Deutschlands anerkennen und von dem anderen die Erfüllung gesamtdeutscher Verpflichtungen fordern« (AAPD 1963, Bd. 2, München 1994, S. 1175). In derselben Sache hatte Staatssekretär Carstens im Juni 1963 am Rande eines Berichts notiert: »Das soll doch die SBZ übernehmen!« (ebd., S. 678).

114 Diese Schätzung bei *Brodesser* u. a., S. 108 ist m. E. realistisch.

scher KZ-Experimente. Die Bundesregierung beschloss im Juni 1960, solche Beihilfen ungeachtet der diplomatischen Klausel zu zahlen. Damit folgte sie allerdings keinem eigenen Impuls, sondern reagierte auf Druck aus den USA. Ein von der New Yorker Wochenschrift *Saturday Review* vorbereiteter Besuch von 35 Polinnen, die im KZ Ravensbrück Opfer solcher Experimente geworden waren, hatte in der amerikanischen Öffentlichkeit hohe Wellen geschlagen, zumal die polnischen Frauen auch den Senat besuchten und im Weißen Haus empfangen wurden. Dabei stieß ihr Ausschluss aus den westdeutschen Leistungen auf so viel Unverständnis und Kritik, dass die Bundesregierung über mehrere Kanäle den Rat erhielt, diese Frage zu regeln und aus dem Blickfeld der amerikanischen Öffentlichkeit zu rücken. Der Bundestag ging im Mai 1960 voran und verabschiedete eine von der SPD eingebrachte Entschließung zugunsten der polnischen Opfer von Menschenversuchen; das Bundeskabinett entschied sich im Juni 1960 für eine nicht auf Polen beschränkte, sondern auf Osteuropa erweiterte Regelung. Dieser Beschluss setzte sich über ein Memorandum des Bundesfinanzministeriums hinweg, das davor warnte, »den bisher im Wiedergutmachungsrecht verankerten Ausschluß der in den Ostblockstaaten lebenden Geschädigten auch nur in einem Teilbereich aufzugeben«[115] Für die Zahlungen nahm Bonn zunächst die Hilfe des Internationalen Komitees des Roten Kreuzes in Anspruch. Um das Verfahren zu vereinfachen, schloss die Bundesrepublik später einschlägige Globalabkommen über insgesamt 123 Millionen DM mit Jugoslawien (1961 und 1963), der CSSR (1969), Ungarn (1971) und Polen (1972).[116]

Da Bonn und Moskau seit 1955 diplomatische Beziehungen unterhielten, griff die Ausschlussklausel im Blick auf die Sowjetunion nicht. Aber der Kreml war seinerseits nicht an Entschädigungsverhandlungen mit der Bundesrepublik interessiert. Um die vom Volksaufstand im Juni 1953 erschütterte DDR zu stabilisieren, hatte die Sowjetunion im Herbst 1953 auf weitere Reparationen verzichtet, ohne zwischen Kriegsschäden im engeren Sinne und nationalsozialistischer Verfolgung zu unterscheiden.[117] Ja mehr noch: Die Millionen Sowjetbürger, die zur Zwangsarbeit nach Deutschland deportiert worden waren, sahen sich nach der Rückkehr pauschal als Nazi-Kollaborateure verdächtigt und behandelt, ebenso die überlebenden sowjetischen Kriegsgefangenen. Viele gerieten in Stalins Lager und Gefängnisse, auch die anderen lebten als Bürger zweiter Klasse – stets in der Angst, dass man ihnen die Zeit in Deutschland als Verrat anrechnete. Die Diskriminierung der Repatrianten blieb in der sowjetischen Gesellschaft bis zur Ära Gorbatschow erhalten. Kein Gedanke daran, für sie Entschädigung zu verlangen! Dann hätte man sie erst im eigenen Land

115 Memorandum vom 25.5.1960 (PA AA B 81/149).

116 Vgl. das Nachwort zu diesem Beitrag.

117 Ob der Verzicht sich nur auf die DDR oder auf ganz Deutschland bezog, ist umstritten. Allerdings verwies das Potsdamer Abkommen die Reparationsansprüche der Sowjetunion ohnehin nahezu ganz auf die eigene Zone.

rehabilitieren müssen. Erst das Ende des Ost-West-Konflikts hat für diese Opfer zweier Diktaturen eine Aussicht auf Entschädigung eröffnet.[118]

Auch Polen, das neben den westlichen Teilen der Sowjetunion vom nationalsozialistischen Expansions- und Vernichtungskrieg am schlimmsten getroffene Land, verzichtete 1953 auf weitere deutsche Reparationen, entwickelte aber im Laufe der sechziger Jahre die Rechtsauffassung, dass die individuellen Entschädigungsansprüche polnischer NS-Verfolgter, besonders der KZ-Häftlinge und Zwangsarbeiter, nicht unter den Reparationsbegriff fallen. Offenbar hat Polen für solche Ansprüche allein die Bundesrepublik und nicht auch die DDR haftbar gemacht.[119] Als im Zuge der neuen deutschen Ostpolitik über den Warschauer Vertrag verhandelt wurde, blieb diese Frage zunächst noch ausgespart: Aus polnischer Sicht hatten andere Agenda, vor allem die Grenzfrage, entschieden Vorrang, und die Regierung Brandt/Scheel wollte die innenpolitisch ohnehin heftig umstrittenen Ostverträge nicht noch zusätzlich belastet sehen. Nach dem Abschluss der Verhandlungen im Dezember 1970 brachte die polnische Seite das Thema Entschädigungen aber sondierend zur Sprache, nach der Ratifikation des Vertrages 1972 auch offiziell.[120] Die sozialliberale Koalition beharrte indes auf der deutschen Rechtsposition, und Bundeskanzler Willy Brandt zog im internen Gespräch mit dem polnischen KP-Chef Gomulka einen zusätzlichen Abwehrring: Polen habe immerhin ein Drittel des früheren deutschen Staatsgebietes erhalten und die deutschen Vertriebenen hätten Eigentum von kaum mehr zu schätzendem Wert hinterlassen.[121] Diese aufrechnende Sichtweise, die heute in der *nicht*öffentlichen Meinung noch verbreitet ist, hat damals die öffentliche Meinung weitgehend bestimmt. Die Argumentation traf im Befund zu, war aber im Bezug verfehlt, sofern es um die individuelle Entschädigung von NS-Verfolgten ging, die ja von der Westverschiebung Polens keinerlei Nutzen hatten.

118 *P. Poljan*, Die Endphase der Repatriierung sowjetischer Kriegsgefangener und die komplizierten Wege ihrer Rehabilitierung, in: Die Tragödie der Gefangenschaft in Deutschland und in der Sowjetunion 1941–1956, hg. v. *K.-D. Müller* u. a., Köln 1998, S. 365–394.

119 Jedenfalls gibt es kein einschlägiges Abkommen zwischen Polen und der DDR. Ob es interne Sondierungen bzw. fehlgeschlagene Verhandlungen gab, wäre im Licht der Archivalien noch zu prüfen. *Féaux de la Croix/Rumpf*, S. 340 zufolge richteten die RGW-Staaten ihre Entschädigungsforderungen ausschließlich an die Bundesrepublik, womit sie einem Staat die Alleinhaftung zurechneten, dem sie die Alleinvertretung verweigerten. Wie eine Aktennotiz von Staatssekretär Carstens 1963 (vgl. Anm. 113) zeigt, gab es freilich auch den umgekehrten Widerspruch, wonach die als Staat nicht anerkannte SBZ völkerrechtlich mit haften sollte.

120 *K. Miszczak*, Deklarationen und Realitäten. Die Beziehungen zwischen der Bundesrepublik Deutschland und der (Volks-)Republik Polen von der Unterzeichnung des Warschauer Vertrages bis zum Abkommen über gute Nachbarschaft und freundschaftliche Zusammenarbeit 1970 bis 1991, München 1993.

121 *W. Brandt*, Begegnungen und Einsichten. Die Jahre 1960–1975, Hamburg 1976, S. 538; *A. Baring* in Zusammenarbeit mit *M. Görtemaker*, Machtwechsel. Die Ära Brandt-Scheel, Stuttgart 1982, S. 486 f.

Anders als mit den westeuropäischen Ländern hat die Bundesrepublik mit Polen kein Globalabkommen auf freiwilliger Basis geschlossen, sieht man vom Spezialfall der Beihilfe für die Opfer medizinischer Experimente ab.[122] Hier stellte sich freilich bald heraus, dass die polnischen Behörden die Gelder großenteils nicht an die Opfer weiterleiteten, was alles andere als ein günstiges Licht auf die Wertigkeit individueller Entschädigung im kommunistischen Polen wirft.[123] Wie gering diese war, offenbarte eine Offerte des Parteichefs Gomulka schon 1970: Ihm schwebe vor, »das Entschädigungsproblem als erledigt zu erklären«, wenn die Bundesrepublik einen großen Kredit zu vorteilhaften Konditionen gewähre.[124] Auf dem Zenit der Entspannungspolitik – im Umkreis der Helsinkikonferenz 1975 – erhielt Polen einen solchen Kredit wie zuvor schon Jugoslawien. Darin kann man eine Art indirekter Entschädigung sehen, gewissermaßen die osteuropäische Variante der westeuropäischen Globalabkommen – allerdings mit dem Unterschied, dass es ganz dem Belieben der osteuropäischen Regierungen überlassen blieb, ob die Geschädigten davon einen individuellen Nutzen hatten.[125] Zugleich wurden Rentenansprüche polnischer Zwangsarbeiter, die in die deutschen Rentenkassen Beiträge gezahlt hatten, pauschal abgegolten.[126]

In diesem Zusammenhang ist noch ein besonders trauriges Kapitel der polnischen Nachkriegsgeschichte zu vermerken. 1980 vereinbarte die Bundesregierung mit der Claims Conference einen kleinen Härtefonds für jüdische Verfolgte, die seit der Mitte der sechziger Jahre aus Osteuropa nach Westen ausgewandert waren. Das betraf auch die jüdische Gemeinschaft Polens; sie war 1968 unter dem Druck einer Vertreibungskampagne nahezu vollständig ausgewandert. Der Exodus bedeutete praktisch das Ende der jüdischen Geschichte in Polen.[127]

122 Das einschlägige Abkommen vom 16.11.1972 stellte 100 Mio. DM (plus 3 Mio. DM Verwaltungskosten) bereit. Zu den Protagonisten des Abkommens zählte Carlo Schmid, zu den Bremsern Bundesfinanzminister Alex Möller, der am 3.12.1969 an Schmid schrieb: »Wenn ich mir einmal vorstelle, daß wir eines Tages in Verhandlungen mit Ostblockstaaten über eine pauschalisierte allgemeine Wiedergutmachungsregelung kämen, dann könnte ich mir nur mit Schrecken ausmalen, welche Rolle dann ein Abkommen spielen müßte, das für den begrenzten Kreis der polnischen Opfer pseudomedizinischer Versuche mit 120 Mio. DM zuzüglich der [sc. seit 1960 bereits gezahlten] rund 20 Mio DM, also mit 140 Mio DM abgegolten hätte«. Vgl. *Weber*, S. 737.

123 *Miszczak*, S. 90 f.

124 *Brandt*, S. 538.

125 Das Muster dieser Form indirekter Entschädigung bildeten zwei Abkommen mit Jugoslawien 1972 und 1974 über insgesamt 1 Mrd. DM. Vgl. *Féaux de la Croix/Rumpf*, S. 342. Schon 1963 schlug die jugoslawische Seite Kreditgewährung als »Abgeltung der Wiedergutmachung« vor (AAPD 1963, Bd. 2, München 1994, S. 758). Vgl. das Nachwort zu diesem Beitrag.

126 Zum deutsch-polnischen Vertragspaket von 1975 (Finanzkredit von 1 Mrd. DM, Rentenabkommen, Ausreise-Protokoll) vgl. *Pawlita*, S. 435 f., *Misczcak*, S. 153–169.

127 *B. Kosmala* (Hg.), Die Vertreibung der Juden aus Polen 1968. Antisemitismus und politisches Kalkül, Berlin 2000.

Initiativen in den 1980er Jahren

In den frühen achtziger Jahren galt es in Expertenkreisen als ausgemacht, dass die Wiedergutmachung zum Abschluss gekommen sei. So sah es auch Walter Schwarz, einer der besten Sachkenner und ein Mann mit einer bemerkenswerten Biographie. Als Sohn jüdisch-polnischer Einwanderer 1906 in Berlin geboren, hatte er Jura studiert und war kurz vor dem Novemberpogrom 1938 nach Palästina emigriert. Dort, im britischen Mandatsland, wiederholte er sein Anwaltsexamen. Es folgten vier Weltkriegsjahre bei der Royal Air Force in Afrika. 1950 von der Jewish Agency nach München berufen, schrieb er eine Dissertation über die Abgrenzung von Rückerstattung und Entschädigung, mit der er in Heidelberg promoviert wurde.[128] Ab 1952 baute er in Westberlin eine Anwaltspraxis auf – eine vorbildliche auf dem Gebiet der Wiedergutmachung, dessen Verzweigungen bald nur noch wenige überblickten. Zu seinen Mandanten gehörten prominente Namen wie Max Reinhardt, Samuel Fischer und Ernst Bloch.[129]

Mehr und mehr galt er als führender Kopf, nicht nur als Anwalt, auch als Verfasser von Memoranden und rastlos tätiger Impulsgeber bei der Fortbildung des Rechts. Die Universitätsjuristen kümmerten sich nicht um dieses Gebiet, und so übernahm er es, eine Fachzeitschrift zu entwickeln und auf hohem Niveau zu halten.[130] Die Zeitschrift war gewissermaßen das Zentralorgan der Wiedergutmachung, ein bedeutendes Forum der Debatte, der Kritik und Dokumentation. Auch die Korrektur höchstrichterlichen Vorurteile – wie im Falle der Ernennung der Sinti und Roma zu Nichtverfolgten – ging nicht selten von hier aus.[131] Walter Schwarz war außerdem Initiator und Mitherausgeber des großen, halbamtlichen Reihenwerks über die Wiedergutmachung, dessen erster Band, von ihm selbst verfasst, 1974 erschien.[132]

Mit dem Jahrgang 1981 stellte die Zeitschrift ihr Erscheinen ein – wegen Mangels an Material. Schwarz schickte seine Handexemplare an die Universität Tel Aviv, die ihn darum gebeten hatte, und schrieb in einem Zeitungsartikel:

128 Druckfassung der Dissertation: *W. Schwarz*, Rückerstattung und Entschädigung. Eine Abgrenzung der Wiedergutmachungsformen, München 1952.

129 *W. Schwarz*, Späte Frucht. Bericht aus unsteten Jahren. Hamburg 1981.

130 Die Zeitschrift »Rechtsprechung zum Wiedergutmachungsrecht« (RzW) erschien ab November 1949 im Verlag C.H. Beck, zunächst nur als Urteilssammlung in Form einer Beilage der Neuen Juristischen Wochenschrift, seit 1957 – als Schwarz die Schriftleitung übernahm – mit Aufsatzteil, seit Juli 1961 als selbständige Zeitschrift. In drei Jahrzehnten haben sich nicht mehr als drei deutsche Professoren in der RzW zu Wort gemeldet. Eine Auswahl der kritischen Kommentare von Walter Schwarz ist auch gesondert gedruckt: In den Wind gesprochen? Glossen zur Wiedergutmachung des nationalsozialistischen Unrechts, München 1969.

131 So leitete *F. Calvelli-Adorno*, Die rassische Verfolgung der Zigeuner vor dem 1. März 1943, in: RzW 12 (1961), S. 529–537 die Wende in der verfehlten BGH-Rechtsprechung ein.

132 Vgl. Anm. 13.

»Die Werkleute verlassen den vollendeten Bau«.[133] In der Tat war das Gebäude der Wiedergutmachung inzwischen recht stabil geworden, in vieler Hinsicht auch ansehnlich. Nach dem Schlussgesetz hatte es zwar keine Novelle mehr gegeben,[134] aber noch deutliche Verbesserungen, vor allem mithilfe der Sozialversicherung[135] und verbesserter Grundsatzurteile. Außerdem waren Sonderfonds hinzugetreten, so zuletzt 1981 ein Fonds zur Abgeltung von Härten in Einzelfällen, der vorwiegend ehemaligen republikanischen Spanienkämpfern und Sinti und Roma zugute kam. Wenn er eine Bilanz seines Lebens zöge, schrieb Walter Schwarz, inzwischen 78 Jahre alt, im Jahre 1984, dann würde er meinen, »daß ein Deutscher das Recht hätte, auf das Werk der Wiedergutmachung *stolz* zu sein«.[136]

Aber während die Werkleute den vollendeten Bau verließen, traf ein neuer Trupp auf der Baustelle ein – und empfand das bisher Geleistete als skandalös missraten.[137] Ein Proteststurm schlug Schwarz entgegen, als er das Wort des Stolzes im April 1986 im Berliner Abgeordnetenhaus wiederholte, geladen als Sachverständiger bei den Beratungen über eine Initiative der Alternativen Liste.[138] Der Nestor seinerseits bewunderte allenfalls ironisch den »Schneid« junger Deutscher, die »weder Verfolgung noch Wiedergutmachung miterlebt« hätten, mit dem »juristischen Abc« nicht vertraut seien, aber nun um so selbstgerechter zu Gericht sitzen wollten. Die anschwellende Kritik wirkte auf ihn eher emotional gesteuert als rational kontrolliert, auch zu sehr auf »Randprobleme und Randgruppen« statt auf »das Wesentliche« fixiert.[139] Man sieht: Der generationelle Wandel, verbunden mit dem Wertewandel seit der Mitte der sechziger Jahre, erfasste nun auch die Wiedergutmachung.[140] Schwarz hatte sich durchaus

133 *W. Schwarz*, Zum letzten Kapitel der Wiedergutmachung, in: Aufbau, 14.1.1983.

134 Helmut Schmidt bekräftigte in seiner Regierungserklärung vom 17.5.1974, dass die Bundesregierung die Wiedergutmachung als »abgeschlossen« betrachte. Vgl. *K. von Beyme* (Hg.), Die großen Regierungserklärungen der deutschen Bundeskanzler von Adenauer bis Schmidt, München 1979, S. 333.

135 Die bisher kaum erforschte Wiedergutmachung in der Sozialversicherung, vor allem der Rentenversicherung, gilt als untadelig. Die einschlägige Gesetzgebung begann in der Bizone, wurde mehrfach verbessert, besonders deutlich 1971. Da die Sozialversicherung solche Kosten nicht gesondert ausweist, sind sie in den üblichen Kostenbilanzen der Wiedergutmachung nicht enthalten.

136 Leserbrief von Walter Schwarz, abgedruckt in Die Zeit vom 26.10.1984, S. 40. Hervorhebung vom Vf.

137 Signalcharakter hatten eine Tagung der Evangelischen Akademie Bad Boll im November 1983 (vgl. Anm. 32) und ein »Zeit-Dossier«: *D. v. Westernhagen*, Wiedergutgemacht?, in: Die Zeit vom 5.10.1984, S. 33–36.

138 Vgl. *Pross*, S. 22.

139 Wie Anm. 135.

140 Der Generationsansatz im Sinne Karl Mannheims ist hier aufschlussreich, einschließlich der Regel, dass nachwachsende Generationseinheiten bestimmte Leitgestalten aus älteren Generationseinheiten als Deutungshelfer und moralische Beglaubiger wählen. Im vorliegenden Zusammenhang geriet Otto Küster in die Rolle einer solchen Leit- und Lichtgestalt, vor allem bei *Pross*. Dabei entging diesem Autor allerdings, dass gerade auch Küster

eine kritische Sicht auf die Wiedergutmachung bewahrt. Aber als Erfahrungspessimist legte er die Messlatte weniger hoch; als Jurist achtete er stärker auf die Trennung und die Eigenart der Sphären Recht und Moral; als Angehöriger einer älteren Generation hatte er zum Teil andere Bewertungsmaßstäbe, besonders im Blick auf Randgruppen; und im Bann eines Völkermords ohnegleichen – auch selbst ein jüdischer Verfolgter – hielt er an der Gewichtung fest: »Alle diese sehr lautstarken Gruppen machen zusammen nur wenige Prozent aller Verfolgten aus. Die überwältigende Mehrheit der Verfolgten sind Juden«.[141]

Die Kritiker kamen vorwiegend aus dem Umfeld der Grünen und erhoben vor allem in zweierlei Hinsicht schwere Vorwürfe. Zum einen erschien ihnen die Entschädigungspraxis als eine chronique scandaleuse. Redeweisen wie »Kleinkrieg gegen die Opfer«, »Kehrseite der Wiedergutmachung« oder gar »zweite Verfolgung« bürgerten sich ein. In der Tat gibt es, wie oben dargelegt, bestürzende Beispiele, besonders in der medizinischen Gutachterpraxis der fünfziger Jahre. Doch fehlt ein tragfähiges Netz von Implementationsstudien, so dass der Grad der Generalisierbarkeit von Befunden zur Personalauswahl, Auslegung, Umsetzung und Wirkung der Gesetze noch unklar ist.[142]

Zum anderen entdeckten die Kritiker die bald so bezeichneten »vergessenen Opfer«, die nicht in den Verfolgungsbegriff des Entschädigungsrechts aufgenommen waren: nach dem Erbgesundheitsgesetz von 1933 Zwangssterilisierte, Homosexuelle, ferner diejenigen, die als »Asoziale« oder »Berufsverbrecher« in die Konzentrationslager eingeliefert worden waren, sowie Deserteure oder wegen

sich gegen die Einbeziehung »Asozialer«, eugenisch Zwangssterilisierter wie auch von Zigeunern in den Kreis der Entschädigungsberechtigten eingesetzt hatte. Zur Generationsfrage vgl. *K. Mannheim*, Das Problem der Generationen, in: *ders.* Wissenssoziologie. Auswahl aus dem Werk, eingel. u. hg. v. *K.H. Wolff*, Berlin 1964, S. 509–565 (Erstveröffentlichung 1928).

141 Wie Anm. 136. Sehr verletzte ihn die in Bad Boll protokollierte Bemerkung (S. 87) von Otto Küster: »Die Sprecher des Judentums sind fast alle dieser [sc. Berufsschadens-] Rente teilhaftig, und soweit ihr Herz nicht entschieden für die schlecht weggekommenen Schicksalsgenossen schlägt, kämen sie sich undankbar vor, wenn sie unsere Wiedergutmachung nicht loben würden«.

142 Kurt May, damals hochbetagter Leiter des Central Office der URO, die im Ganzen etwa 300.000 Mandanten in Rückerstattungs- und Entschädigungsfragen vertreten hat, schrieb mir 1988 über das soeben erschienene Buch von *Pross* (mit dem Untertitel »Der Kleinkrieg gegen die Opfer«) ein heftig ablehnendes Urteil und fügte hinzu, er werde es nicht zulassen, dass sich die Mitarbeiter der URO auf die dort dargestellten Einzelbeispiele berufen. Abwägender als der Titel des Buches heißt es bei *Helga* und *Hermann Fischer-Hübner* (Hg.), Die Kehrseite der »Wiedergutmachung«. Das Leiden von NS-Verfolgten in den Entschädigungsverfahren. Mit einem Vorwort von *H. Koschnick*, Gerlingen 1990, S. 24 f.: Es sei »von den Berechtigten immer wieder mit Anerkennung von der Entschädigungspraxis gesprochen« worden, vor allem von solchen, die Leistungen in Form von Renten erhielten. »Es waren auch gerade Verfolgte, die bei aller Kritik die ›Wiedergutmachung‹ als Ganzes gewertet sehen wollten und in diesem Sinne auch als eine bleibende deutsche Leistung anerkennend gewertet haben. Auf der anderen Seite war nicht zu übersehen, daß in nur allzu vielen Einzelfällen ungerechte und verständnislose Entscheidungen getroffen worden sind«.

»Wehrkraftzersetzung« Verurteilte.[143] Diese Gruppen waren nicht eigentlich »vergessen«, sondern mit Bedacht nicht aufgenommen worden in ein Entschädigungsprogramm, das seit Anbeginn den politisch, rassisch oder religiös Verfolgten vorbehalten war. Es waren nicht zuletzt Repräsentanten der politischen Verfolgten gewesen, die in den frühen Jahren darauf bestanden hatten, dass über diese Dreiertypologie hinaus keine weiteren Gruppen in das Entschädigungsgesetz hereinkamen.[144] Anderes Unrecht wollten sie anderweitig geregelt sehen, und sie fanden damit ein offenes Ohr bei allen, die aus fiskalischen Gründen die Kosten der Entschädigung einzudämmen suchten. Dass die *Politischen* besonders gegenüber den früheren Häftlingsgruppen der *Asozialen* und *Kriminellen* eher auf Ausschluss als Einschluss bedacht waren, hing zum Teil mit schlechten Erfahrungen in der Häftlingsgesellschaft der NS-Lager zusammen. Außerdem glaubten die *Politischen*, selbst noch um Anerkennung ringen zu müssen in einer Zeit, da viele Deutsche erst noch lernen mussten, dass der Widerstand gegen den Nationalsozialismus kein Verrat gewesen war, sondern – wie die Präambel des Bundesentschädigungsgesetzes eigens hervorhob – »ein Verdienst«.

Wieder erweist sich die Geschichte der Wiedergutmachung als eine Geschichte des Unterscheidens – hier im Sinne der Notwendigkeit, typisches NS-Unrecht abzugrenzen. Bei den genannten Gruppen hat der Gesetzgeber die Alternative Ja oder Nein verworfen und eine Art Kompromiss konstruiert: Demzufolge waren diese Gruppen keine »Opfer typischen NS-Unrechts« im Sinne des Bundesentschädigungsgesetzes, weil auch unter rechtsstaatlichen Bedingungen Strafen bzw. Eingriffe möglich gewesen wären – wie im Falle der eugenischen Zwangssterilisierung, die auch anderswo, so in Schweden und in einigen Staaten der USA praktiziert worden war.[145] Andererseits sah und anerkannte der Gesetz-

143 So konstituierte sich z. B. 1983 eine »Projektgruppe für die vergessenen Opfer des NS-Regimes in Hamburg e. V.«; sie publizierte den Band: Verachtet – verfolgt – vernichtet. Zu den »vergessenen« Opfern des NS-Regimes, Hamburg 1986. – Zur Rezeption dieses Themas in der Presse vgl. z. B. Frankfurter Rundschau vom 13.2.1986, S. 4 (»Die vergessenen Nazi-Opfer«); zur Rezeption in kirchlichen Kreisen vgl. Vergessene Opfer. Kirchliche Stimmen zu den unerledigten Fragen der Wiedergutmachung an nationalsozialistischen Opfern, hg. v. *Kirchenamt der Evangelischen Kirche in Deutschland* (EKD), Hannover 1987. In der Reihe eines Katholischen Arbeitskreises erschien *L. Schirilla*, Wiedergutmachung für Nationalgeschädigte. Ein Bericht über die Benachteiligung von Opfern der nationalsozialistischen Gewaltherrschaft, München 1982.

144 *H.-D. Kreikamp*, Zur Entstehung des Entschädigungsgesetzes der amerikanischen Besatzungszone, in: *Herbst/Goschler*, S. 61–75; *Goschler*, Wiedergutmachung, S. 134 f.; *Hudemann*; *R. Hennig*, Entschädigung und Interessenvertretung der NS-Verfolgten in Niedersachsen 1945–49, Bielefeld 1991, S. 36 f.

145 *S. Kühl*, Die Internationale der Rassisten. Aufstieg und Niedergang der internationalen Bewegung für Eugenik und Rassenhygiene im 20. Jahrhundert, Frankfurt a. M. 1997. Im Wiedergutmachungsausschuss des Bundestages hatte Franz Böhm (CDU) vorgeschlagen, die Sterilisisierten generell in die Entschädigung einzubeziehen, weil es unter den Bedingungen des Dritten Reiches eine ordnungsgemäße Sterilisierung gar nicht habe geben können; dagegen wandte sich u. a. der Ausschussvorsitzende Greve (SPD). Die Argumentation

geber, dass die brutalisierende Steigerung, der Terror, zweifellos Unrecht gewesen war. Daher ordnete er solche Gruppen der Sammelkategorie »sonstiges Staatsunrecht« zu, für welche das Allgemeine Kriegsfolgengesetz von 1957 ein Auffangnetz bildete. Im Rahmen dieses Gesetzes konnte Härteausgleich beantragt werden, aber die Hürden waren hoch, die Antragsfristen eng, und so hat das Kriegsfolgengesetz für diese Gruppen kaum Bedeutung erlangt.

Die Trennung von *NS-Unrecht* und *sonstigem Staatsunrecht* fand bis in die frühen achtziger Jahre hinein viel Konsens, dann aber wurde die Kritik heftig und erstmals auch resonanzfähig. In der Tat handelte es sich insofern um eine künstliche Trennung, als sie auseinanderriss, was im Verständnis des NS-Regimes zusammengehörte, nämlich die Sanierung des Volkskörpers mit Hilfe der Biologisierung des politischen und sozialen Denkens und mit den Mitteln des Krieges.[146] Wie schon oben im Blick auf die Sinti und Roma, so zeigt sich auch hier im Blick auf die »Vergessenen«: Die Geschichte der Wiedergutmachung spiegelt den »Prozeß der sich verändernden Wahrnehmung der Geschichte des Nationalsozialismus und seiner Verbrechen«,[147] nicht minder auch die sehr unterschiedliche Fähigkeit verschiedener Gruppen, eigene Interessen wirkungsvoll zu artikulieren und durchzusetzen.

So verbanden sich die erregten geschichtspolitischen Kontroversen der achtziger Jahre, die im »Historikerstreit« gipfelten,[148] zum Teil mit Debatten über einen erweiterten Verfolgungsbegriff. Die Rede von Bundespräsident Richard von Weizsäcker am 8. Mai 1985 ist auch in diesem Zusammenhang zu sehen, da er einige, wenngleich nicht alle Gruppen der »vergessenen Opfer« in das Gedenken einbezog. Die Grünen legten seit ihrem Einzug in den Bundestag 1983 einen Schwerpunkt ihrer parlamentarischen Initiativen auf Debatten und Gesetzentwürfe zur Ausweitung des Entschädigungsrechts.[149] Das Parlament ver-

in solchen Fragen der Inklusion und Exklusion verlief quer zu den Parteigrenzen (Protokoll der 19. Sitzung des Ausschusses für Fragen der Wiedergutmachung vom 7.2.1956, S. 19f.; PA BT, II 273).

146 Zum Kontext der Verfolgungsgeschichte der genannten Gruppen vgl. *G. Bock*, Zwangssterilisation im Nationalsozialismus. Studien zur Rassenpolitik und Frauenpolitik, Opladen 1986; *W. Ayaß*, »Asoziale« im Nationalsozialismus, Stuttgart 1995; *P. Wagner*, Volksgemeinschaft ohne Verbrecher. Konzeptionen und Praxis der Kriminalpolizei in der Zeit der Weimarer Republik und des Nationalsozialismus, Hamburg 1996; *B. Jelloneck*, Homosexuelle unterm Hakenkreuz, Paderborn 1990.

147 *Herbert*, S. 294.

148 Vgl. dazu *U. von Hehl*, Nationalsozialistische Herrschaft (Enzyklopädie deutscher Geschichte Bd. 39), München 1996, S. 110–115.

149 *Die Grünen im Bundestag/Fraktion der Alternativen Liste Berlin* (Hg.), Anerkennung aller Opfer nationalsozialistischer Verfolgung, Bonn 1986. Das ruckartig steigende parlamentarische Interesse lässt sich an der Zahl der Einträge zum Stichwort »Wiedergutmachung nationalsozialistischen Unrechts« im Sachregister zu den Verhandlungen des Deutschen Bundestages und des Bundesrates ablesen: Die Einträge füllen für die 8. Wahlperiode (1976–80) zwei Spalten, für die 9. Wahlperiode (1980–83) knapp anderthalb Spalten, für die 10. Wahlperiode (1983–87) hingegen achteinhalb Spalten.

anlasste die Bundesregierung zu einer großen Bestandsaufnahme und widmete eine öffentliche Anhörung vor allem der Lage der bisher im Schatten stehenden Opfergruppen.[150] Das materielle Ergebnis war am Ende der achtziger Jahre ein neuer Härtefonds im Rahmen des Kriegsfolgengesetzes und somit nicht die Aufnahme der genannten Gruppen in den Verfolgungsbegriff des Entschädigungsgesetzes.

Blickt man auf das letzte Jahrzehnt der alten Bundesrepublik, in dem auch die Korrektur von Urteilen der NS-Strafjustiz neue Aufmerksamkeit gewann,[151] fällt schließlich die Entdeckung des Themas *Zwangsarbeit* auf. Bis zum Beginn der achtziger Jahre war dies weder in der politisch-publizistischen Öffentlichkeit, noch in der Geschichtswissenschaft ein Thema von Gewicht. Das änderte sich binnen weniger Jahre sowohl in der Publizistik[152] als auch – und noch stärker – in Wissenschaft und Unterricht.[153] Hier wirkte sich die damalige Hochkonjunktur des alltagsgeschichtlichen Interesses aus. Nahm man den Alltag im Nationalsozialismus in den Blick, so sah man kaum eine Kommune, kaum ein Unternehmen, kaum einen Bauern, der nicht ausländische Arbeitskräfte einsetzte. Deren Zahl lag allein im Sommer 1944 bei 7,2 Millionen. Zwar handelte es sich um heterogene Personengruppen mit sehr verschiedenen Arbeits- und Lebensbedingungen – von einer gesindeähnlichen Stellung bis hin zum Terror der Vernichtung durch Arbeit; doch waren nur wenige mehr oder minder freiwillig gekommen, die Grundtatsache war Freiheitsentzug und Zwang. Der jeweils lokale Bezug des Themas eröffnete eine breite Auseinandersetzung, nicht zuletzt im Geschichtsunterricht. Im Schülerwettbewerb um den Preis des Bundespräsidenten, der 1982/83 dem Thema »Alltag im Nationalsozialismus« galt, zählten unter den preisgekrönten Arbeiten nicht weniger als 110 zum Themenkreis Kriegsgefangene/Fremdarbeiter. Die Flut des historischen Interesses verband sich damals zwar nur selten mit der Frage der Entschädigung. Aber als diese Verknüpfung gegen Ende der 1990er Jahre ein großes

150 Bericht der Bundesregierung über Wiedergutmachung und Entschädigung für nationalsozialistisches Unrecht sowie über die Lage der Sinti und Roma und verwandter Gruppen (BT Drs. X/6287, 31.10.1986); Wiedergutmachung und Entschädigung für nationalsozialistisches Unrecht. Öffentliche Anhörung des Innenausschusses des Deutschen Bundestages am 24. Juni 1987, hg. v. *Deutschen Bundestag*, Bonn 1987.

151 Im Sinne der eingangs entwickelten Typologie: die juristische Rehabilitierung. Vgl. dazu im Einzelnen *Vogl*. Symptomatisch ist der Beschluss des Deutschen Bundestages vom 25.1.1985, dass den Entscheidungen des NS-Volksgerichtshofs keine Rechtswirkung zukomme.

152 Viel Aufsehen erregte dank einer von der ARD 1984 ausgestrahlten Verfilmung: *B. B. Ferencz*, Lohn des Grauens. Die Entschädigung jüdischer Zwangsarbeiter. Ein offenes Kapitel deutscher Nachkriegsgeschichte, Frankfurt a. M. 1981.

153 Eine Bilanz für die achtziger Jahre: *H.-U. Ludewig*, Zwangsarbeit im Zweiten Weltkrieg: Forschungsstand und Ergebnisse regionaler und lokaler Forschungen, in: AfS 31 (1991), S. 558–577; eine neuere Zusammenfassung des Forschungsstands bei *M. Spoerer*, Zwangsarbeit im Dritten Reich, Verantwortung und Entschädigung, in: GWU 51 (2000), S. 508–527.

politisches Thema wurde, waren viele besonders aufnahmebereit, die zehn oder fünfzehn Jahre zuvor den Geschichtsunterricht westdeutscher Gymnasien genossen hatten.

Der ostdeutsche Weg

Das war – in einigen Umrissen – die westdeutsche Geschichte der Wiedergutmachung. Aber auch die ostdeutsche gehört zur Geschichte des vereinten Deutschlands. Fragt man nach den charakteristischen Unterschieden, so springen deren fünf ins Auge.[154]

Ein *erster* Unterschied, ja ein regelrechter Kontrast, ergibt sich aus der Spaltung der Sprache. In der DDR verstand man unter Wiedergutmachung so gut wie ausschließlich die Reparationen für die Sowjetunion – vor allem in Form von Demontagen, Entnahmen aus der laufenden Produktion und Besatzungskosten. Das war bis zu dem 1953 ausgesprochenen Verzicht auf weitere Reparationen eine sehr schwere Last. Versucht man abzuschätzen, was in allen vier Zonen für alle vier Besatzungsmächte an Demontagen, Entnahmen aus der laufenden Produktion und Besatzungskosten erbracht worden ist, so hat die Sowjetzone rund zwei Drittel getragen, während auf die drei westlichen Besatzungszonen zusammen nur ein Drittel entfällt.[155] Deshalb war und ist in der Bevölkerung östlich von Elbe und Werra die Meinung populär, die DDR habe die Wiedergutmachung praktisch allein bezahlt. Weitere Belastungen wie die Entnahme geistigen Eigentums, der Verlust des deutschen Auslandsvermögens und die Arbeitsleistung deutscher Kriegsgefangener lassen sich nicht eindeutig dem Westen oder Osten Deutschlands zurechnen. Aber die genannten Positionen erfassen allesamt das nicht, was der westdeutsche Wiedergutmachungsbegriff meint. Er umfasst vor allem Rückerstattung, Entschädigung und Globalabkommen – somit Leistungen, denen sich die DDR sehr weitgehend entzogen hat, so dass in der westlichen Literatur zu lesen ist, die DDR habe praktisch keine Wiedergut-

154 Zum Folgenden vgl. *A. Timm*, Jewish Claims against East Germany. Moral Obligations and Pragmatic Policy, Budapest 1997; *dies.*, Hammer, Zirkel, Davidstern; *L. Mertens*, Davidstern unter Hammer und Zirkel. Die Jüdischen Gemeinden in der SBZ/DDR und ihre Behandlung durch Partei und Staat 1945–1990, Hildesheim 1997; *J. Herf*, Zweierlei Erinnerung. Die NS-Vergangenheit im geteilten Deutschland, Berlin 1998; *C. Goschler*, Nicht bezahlt? Die Wiedergutmachung für Opfer der nationalsozialistischen Verfolgung in der SBZ/DDR, in: *C. Buchheim* (Hg.), Wirtschaftliche Folgelasten des Krieges in der SBZ/DDR, Baden-Baden 1995, S. 169–191.

155 Zusammenfassend und ohne Illusion über den methodisch erreichbaren Genauigkeitsgrad des Mengen- und Wertgerüsts: *C. Buchheim*, Kriegsschäden, Demontagen und Reparationen. Deutschland nach dem Zweiten Weltkrieg, in: Materialien der Enquete-Kommission »Aufarbeitung von Geschichte und Folgen der SED-Diktatur in Deutschland«, hg. v. *Deutschen Bundestag*, Bd. II/2, Baden-Baden 1995, S. 1030–1069.

machung geleistet. Hier zeigt der Vergleich also eine erste Differenz, wobei die gespaltene Sprache unterschiedliche Interessen spiegelt. Das Interesse der Bundesrepublik lag immer darin, Wiedergutmachung und Reparationen zu trennen, während die DDR umgekehrt daran interessiert war, diese Begriffe zu verschmelzen, um die umfangreichen Leistungen an die Sowjetunion auf das in anderer Hinsicht sehr dürftige Konto der Wiedergutmachung buchen zu können.

Ein *zweiter* Unterschied liegt darin, dass die DDR die individuelle Entschädigung für NS-Verfolgte strikt auf Bürger der DDR beschränkt hat. Dagegen sind rund 80 Prozent der westdeutschen Entschädigungsgelder ins Ausland geflossen, weil die meisten Verfolgten ihr Überleben der Emigration verdankten. Die restriktive Praxis der DDR traf vor allem die verfolgten Juden, denn von ihnen ist nur ein kleiner Bruchteil in die sowjetische Zone zurückgekehrt, und sie wanderten überwiegend wieder aus, als zu Anfang der fünfziger Jahre eine antisemitische Welle durch Osteuropa ging und auch die DDR erfasste. So blieben noch etwa ein- bis zweitausend, und im Verlauf der Jahrzehnte schrumpfte die jüdische Restgemeinde auf einige hundert Mitglieder. Die strikte Begrenzung der Entschädigung auf die Inlandsgesellschaft bedeutete de facto den Ausschluss des bei weitem größten Teils der jüdischen Verfolgten.

So führt *drittens* auch die Frage nach der Zusammensetzung des Kreises der hüben und drüben »anerkannten Verfolgten« zu einem starken Kontrastbild. Das westliche Deutschland hat der Verfolgung der Juden das größte Gewicht zugemessen, das östliche hingegen den verfolgten Kommunisten. Wie die Bundesrepublik es mit diesen hielt, habe ich bisher ausgespart, und hier ist der Ort, um dies nachzutragen. Seit 1953 hat das Bundesentschädigungsgesetz eine politische Klausel, derzufolge die Berechtigung verliert, wer die »freiheitlich demokratische Grundordnung bekämpft«. Das zielte in erster Linie gegen die KPD und die Westberliner SED.[156] In der Hochkonfrontation der fünfziger Jahre haben die westdeutschen Behörden und Gerichte diese Klausel restriktiv ausgelegt, so dass anscheinend nicht viele aus dem kommunistischen Widerstand Entschädigung erhielten.[157] Das Bundesverfassungsgericht hat die Ausschlussklausel 1961 für zulässig erklärt, aber die restriktive Praxis gestoppt und festgelegt, dass nur das Verhalten nach dem KPD-Verbot von 1956 für die Ent-

156 Auf diese Stoßrichtung weist die Geburt der politischen Klausel aus dem Geist des Kampfs um und in Berlin hin: Sie findet sich erstmals im Berliner Entschädigungsgesetz vom 8.1.1951, dessen § 2, Abs.1 schloss Personen aus, »die als Anhänger eines totalitären Systems die demokratische Staatsform bekämpfen«. Darauf bezogen sich die Ausschussberatungen des Bundestages über des Bundesergänzungsgesetz (vgl. u. a. das Sitzungsprotokoll des 23. Ausschusses am 7.5.1953, in: PA BT, I 537, A 2).

157 Vgl. *G. Jasper*, Die disqualifizierten Opfer. Der Kalte Krieg und die Entschädigung für Kommunisten, in: *Herbst/Goschler*, S. 361–384. Vgl. dagegen *F. M. Bischoff* u. *H.-J. Höötmann*, Wiedergutmachung – Erschließung von Entschädigungsakten im Staatsarchiv Münster, in: Der Archivar 51 (1998), Sp. 425–440, wo die Bescheide der Arnsberger Entschädigungsbehörde von 1954–1958 ausgewertet sind: Die Anträge von 2.416 Personen, die als Verfolgungsgrund ihre KPD-Anhängerschaft angaben, wurden zu 86 % bewilligt.

scheidung erheblich sei, nicht das Verhalten in der Zeit davor. Das BEG-Schlussgesetz von 1965 hat zudem Zugänge zu Härtefonds eröffnet. Wie sich die Lockerung auf die Entschädigungspraxis ausgewirkt hat, lässt sich bisher noch nicht generalisierend sagen, doch ist ganz offensichtlich: Die Kommunisten befanden sich im Westen in einer prekären Randposition, während sie im Osten den Platz ganz oben erhielten.

Hier machten die aus der Arbeiterbewegung stammenden, jetzt der SED zugehörigen NS-Verfolgten den größten Teil der »anerkannten Verfolgten« aus. Das ergab sich aus dem Ausschluss der emigrierten Juden, aber auch aus einer 1950 einsetzenden Welle der Aberkennung des Verfolgtenstatus. Dabei wirkten politische und ideologische Auslesekriterien mit, die auch zu neuer Verfolgung führten – besonders sichtbar im Fall der Zeugen Jehovas, die zuvor als religiös Verfolgte anerkannt waren und nun erneut verboten wurden.[158] Seit der Mitte der sechziger Jahre galt auch eine förmliche Rangordnung, da seither zwischen den heroisierten »Kämpfern gegen den Faschismus« und den bloß passiven »Opfern des Faschismus« unterschieden wurde. Die »Kämpfer«, weitgehend identisch mit früher verfolgten Kommunisten, erhielten höhere Ehrenpensionen als die »Opfer«.

Der so definierte und personifizierte Verfolgungsbegriff war aufs Engste mit der Legitimation des Herrschaftsmonopols der SED verwoben. Die SED präsentierte ihre Diktatur als Erfüllung des Vermächtnisses des deutschen Widerstands, und der Geschichtskult um die »Kämpfer gegen den Faschismus« sollte beglaubigen, dass der Widerstand im Wesentlichen ein kommunistischer gewesen sei. Die Verwandlung einer Gruppe von Verfolgten zur Ikone der Staatspropaganda kostete – in lebensgeschichtlicher Perspektive betrachtet – einen hohen Preis. Denn das politisch stilisierte Ritual war von den persönlichen Erinnerungen oft weit entfernt; es okkupierte die eigene, lebendige Erfahrung und filterte alles Körnige und Widersprüchliche heraus.[159] Als sich zeigte, dass die »Vereinigung der Verfolgten des Nazi-Regimes« (VVN) eine gewisse Eigenständigkeit wahrte und sich insbesondere gegen die Integration der »patriotischen Nazis« in das Konzept der »Nationalen Front« sträubte, da wurde sie 1953 aufgelöst und durch ein gefügiges Komitee ersetzt.[160]

158 *R. Kessler* u. *H.R. Peter*, Wiedergutmachung im Osten Deutschlands 1945–1953. Grundsätzliche Diskussionen und die Praxis in Sachsen-Anhalt, Frankfurt a.M. 1996, S. 203–209; *G. Hacke*, Zeugen Jehovas in der DDR. Verfolgung und Verhalten einer religiösen Minderheit, Dresden 2000.

159 *J. Danyel*, Die Opfer- und Verfolgtenperspektive als Gründungskonsens? Zum Umgang mit der Widerstandstradition und der Schuldfrage in der DDR, in: *ders.*, (Hg.), Die geteilte Vergangenheit. Zum Umgang mit Nationalsozialismus und Widerstand in beiden deutschen Staaten, Berlin 1995, S. 31–46; *R. Kessler* u. *H.R. Peter*, Antifaschisten in der SBZ. Zwischen elitärem Selbstverständnis und politischer Instrumentalisierung, in: VfZ 43 (1995), S. 611–633.

160 Zur Einbeziehung der »Patrioten« unter den »ehemaligen Nazis« auf Geheiß Stalins vgl. *W.K. Wolkow*, Die deutsche Frage aus Stalins Sicht (1947–1952), in: Zeitschrift für Ge-

Der *vierte* Vergleichspunkt – wieder ein starker Kontrast – betrifft die Rückerstattung des Vermögens, das den Verfolgten, insbesondere den jüdischen, entzogen worden war. Im Westen Deutschlands ist in dieser Hinsicht unter westalliiertem Einfluss und im Einklang mit dem Recht der bürgerlichen Eigentumsordnung viel geschehen. Im Osten ist ein Teil des jüdischen Gemeindeeigentums zurückgegeben worden – einige Synagogen, Gemeindegebäude, Friedhöfe. Dagegen hat die DDR sich strikt und stets geweigert, das private jüdische Eigentum zurückzugeben oder dafür Schadensersatz zu zahlen. Der Grund lag anfangs in der Priorität der sowjetischen Reparationsansprüche, dann wurde die Versuchung übermächtig, mit dem arisierten jüdischen Vermögen das sozialistische Volkseigentum zu arrondieren. Das SED-Politbüro war sich darin einig, die Arisierung als Einstieg in die Sozialisierung zu nutzen, soweit es das »große Kapital« betraf. Aber das für den »Aufbau des Sozialismus« notwendige Ausmaß der Verweigerung von Rückgabe oder Schadensersatz war durchaus umstritten. Paul Merker, der sich bereits im mexikanischen Exil für Wiedergutmachung an den Juden eingesetzt hatte, plädierte für ein flexibles Konzept, das die Rückgabe von Immobilien und mittelständischen Betrieben einschloss. Wie fast alle Westemigranten geriet indessen auch er in den frühen fünfziger Jahren in die Mühlen der Agentenhysterie, und dabei wurde ihm nicht zuletzt sein Einsatz für die Juden zum Verhängnis. Er sei, so hieß es 1952, als er verhaftet wurde, »ein Subjekt der USA-Finanz-Oligarchie, der die Entschädigung der jüdischen Vermögen nur forderte, um dem USA-Finanzkapital das Eindringen in Deutschland zu ermöglichen«.[161]

Gemessen an der bürgerlichen Eigentumsordnung war die Behandlung des »arisierten« Vermögens durch die SED schreiendes Unrecht. Aber auch der »Aufbau des Sozialismus« schloss eine weniger rigide und auf gehässige Tiraden verzichtende Rückgabe- und Entschädigungssperre nicht aus, wie die von Paul Merker markierte Linie zeigt.[162] Auch so gesehen lagerten also im Osten Deutschlands zwei Schichten historischer Erblast übereinander – bis sie dann im Zuge der deutschen Vereinigung abgetragen wurden. Denn das »Gesetz zur Regelung offener Vermögensfragen«, ein Bestandteil des Gesetzes zum Einigungsvertrag von September 1990, sicherte nicht allein denen Rückerstattung zu, die vom SED-Staat seit 1949 enteignet worden waren, sondern auch denen,

schichtswissenschaft 48 (2000), S. 20–49. Zur Auflösung der VVN vgl. *E. Reuter* u. *D. Hansel*, Das kurze Leben der VVN von 1947 bis 1953. Die Geschichte der Vereinigung der Verfolgten des Naziregimes in der SBZ und in der DDR, Berlin 1997.

161 Beschluss des ZK der SED vom 25.11.1952, zit. nach *Timm*, Hammer, Zirkel, Davidstern, S. 117. Zu Merker vgl. *Herf*, S. 138–193; zum Verhältnis Arisierung/Sozialisierung vgl. *K. Hartewig*, Zurückgekehrt. Die Geschichte der jüdischen Kommunisten in der DDR, Köln 2000.

162 Das thüringische Wiedergutmachungsgesetz von 1945 bot eine weitere, allerdings von SMAD und SED alsbald demontierte Variante der Geschichte der Rückerstattung in der SBZ. Vgl. *T. Schüler*, Das Wiedergutmachungsgesetz vom 14. September 1945 in Thüringen, in: Jahrbuch für Antisemitismusforschung 2 (1993), S. 118–138.

die ihr Vermögen bereits in der Zeit von 1933 bis 1945 unter Verfolgungsdruck verloren hatten.[163] Diesem Rückgriff in die Zeit vor 1945 stimmte die Regierung de Maizière nur zögernd zu. Die westdeutsche Seite legte darauf aber großen Wert, und es heißt, dass dabei ein (bisher nicht zugänglicher) Brief von Präsident Bush an Kanzler Kohl eine nicht unerhebliche Rolle gespielt hat.[164]

Um ein halbes Jahrhundert zeitversetzt, liefen bzw. laufen seither mehrere zehntausend Rückerstattungsverfahren auf dem Boden der ehemaligen DDR, an denen allerdings nicht mehr die Opfer, sondern die Erben von Opfern des NS-Unrechts beteiligt sind.[165] Um der Geschichte ein Gesicht zu geben, sei auf die Industriellenfamilie Simson verwiesen. Ihr Unternehmen mit Sitz in Suhl produzierte in den zwanziger Jahren Automobile und für die preußische Polizei Gewehre. 1935 wurde sie beraubt und verjagt, so dass Gauleiter Sauckel das Unternehmen in die »Wilhelm-Gustloff-Werke« umwandeln konnte. Nach 1945 gingen diese Werke im volkseigenen Ernst-Thälmann-Kombinat auf, das Millionen Motorräder mit dem geraubten Markennamen Simson produzierte. 1993, am Ende einer sechzig Jahre dauernden deutschen Abwicklung, erhielten die Erben das Industriegelände in Suhl zurück.[166]

Schließlich zeigt auch der *fünfte* Vergleichspunkt einen starken Kontrast. Dabei geht es um die Beziehungen zu Israel und der Claims Conference, die hier nur unter dem Aspekt der Entschädigung zu pointieren sind. Diese Beziehungen stellen sich in der westdeutschen Geschichte als Annäherung, in der ostdeutschen weithin als Verweigerung dar. Als Israel und die Claims Conference 1952 mit der Bundesrepublik das Luxemburger Abkommen schlossen, wandten sie sich auch an die DDR: auch sie stehe in Haftung für die in Israel oder weltweit verstreut lebenden jüdischen NS-Opfer. Aber eingespannt in die anti-israelische und pro-arabische Politik des Sowjetimperiums hat die DDR diese

163 Zum einschlägigen § 1, Abs. 6 des Vermögensgesetzes, zu seinen Novellierungen sowie zum 1994 folgenden Entschädigungs- und Ausgleichsgesetz als Alternative zur Naturalrestitution vgl. *C. Eck*, Die Wiedergutmachung zwischen 1945 und 1989 und die Regelung der Ansprüche von Verfolgten des Nationalsozialismus in § 1 Absatz 6 VermG, Diss. München 1996; *F. Ossenbühl*, Eigentumsfragen, in: Handbuch des Staatsrechts der Bundesrepublik Deutschland, hg. v. *J. Isensee* u. *P. Kirchhof*, Bd. IX: Die Einheit Deutschlands: Festigung und Übergang, Heidelberg 1997, S. 521–585, bes. S. 530 f., 567, 573.

164 Mündliche Mitteilung eines damaligen Mitarbeiters im Bundeskanzleramt. Der Vorgang ist – bezeichnend für den diskreten Stil der Regierung Kohl im Umgang mit Judaica – ausgespart in: Deutsche Einheit. Sonderedition aus den Akten des Bundeskanzleramtes 1989/90. Bearb. von *H. J. Küsters* u. *D. Hofmann*, München 1998. Dass die auf die NS-Zeit bezogene Rückerstattung zu den Agenda der Bush-Administration zählte, belegen *P. Zelikow* u. *C. Rice*, Germany Unified and Europe Transformed. A Study in Statecraft, Cambrigde-London 1995, S. 354 f.

165 Wie mir das Bundesamt zur Regelung offener Vermögensfragen am 24.5.2000 mitteilte, erfasst die Statistik die Verfahren nach § 1 Abs. 6 des Vermögensgesetzes nicht gesondert.

166 Vgl. *F. David*, Die Krupps von Suhl, in: Die Woche, 4.3.1993, S. 13. Zur Rückgabe des 1933 enteigneten und 1946 von der SED kassierten Vermögens der SPD sowie der sozialdemokratischen Arbeitersportvereine vgl. *Brunner*, S. 120–122.

Haftung von sich gewiesen. Während die Bundesrepublik hier »positive außenpolitische Effekte mithilfe der Wiedergutmachung« beförderte, unternahm die DDR den genau umgekehrten Versuch, »außenpolitisches Terrain mit der Nicht-Wiedergutmachung zu erobern«, nämlich bei den arabischen Staaten im Nahen Osten.[167] Der schrille Ton verschwand im Laufe der Jahre, aber bis zuletzt verharrte die SED auf dem Standpunkt: die DDR sei eine völkerrechtliche Neuschöpfung aus dem Geist einer höheren Stufe der Geschichte und hafte daher nicht für die Verbrechen des Hitlerfaschismus. Mit diesem komfortablen Geschichtsbild versetzte die SED-Diktatur sich in die Lage, die eigene Existenz als »die eigentliche Wiedergutmachung« darzustellen.[168]

Mitunter kam etwas Bewegung in die Dinge, so in der Mitte der siebziger Jahre, als die DDR international Anerkennung fand und sich mit einer symbolischen Geste zusätzliche Reputation verschaffen wollte. Die Regie des Politbüros reichte jedoch nur für einen Akt von großer Peinlichkeit. Vom Politbüro beauftragt, lud das »Komitee der Antifaschistischen Widerstandskämpfer der DDR« einen Vertreter der Claims Conference nach Berlin ein. Er bekam dort im November 1976 eine feierliche Deklaration zu hören, wonach im Geist der Humanität entschieden worden sei, der Claims Conference eine einmalige Spende von einer Million Dollar zu gewähren. Statt die erwartete Freude und Dankbarkeit zu zeigen, griff der Abgesandte zum Telefon und lehnte nach einem kurzen Gespräch mit der Zentrale in New York die Annahme der Spende ab. Das hinderte das Politbüro aber nicht daran, die Spende im Neuen Deutschland zu publizieren und das Geld nach New York zu überweisen, von wo es postwendend wieder nach Berlin zurückkam. Wie man sieht, trafen hier sehr fremde Welten aufeinander. Die Claims Conference war einen diplomatischen Verhandlungsstil gewohnt und schätzte solche einseitigen Akte gar nicht; und eine Million Dollar war zwar für die notorisch devisenschwache DDR nicht wenig, reichte in Manhattan aber noch nicht einmal für den Kauf eines Hauses.[169] Ein weiterer Anlauf folgte in den achtziger Jahren, als die DDR die Meistbegünstigungsklausel im Handelsverkehr mit den USA anstrebte und die Entschädigungsfrage damit zu einem Verhandlungspaket verband, was aber misslang. Später, schon im Strudel des Untergangs, trat der SED-Staat an Israel und internationale jüdische Organisationen mit Offerten heran, die mit der Suche nach Rettungsringen für die Eigenstaatlichkeit der DDR motiviert waren.[170]

167 *C. Goschler*, Wiedergutmachung als Vergangenheitsbewältigung, in: Bohemia 34 (1993), S. 295–304, hier S. 301.

168 Ebd., S. 302.

169 Diesen plastischen Wertvergleich zieht *A. Timm*, Alles umsonst? Verhandlungen zwischen der Claims Conference und der DDR über »Wiedergutmachung« und Entschädigung, Berlin 1996, S. 22.

170 *Timm*, Jewish Claims; *P. Moreau* u. a., Die Politik der letzten SED-Regierung und ihre Folgen, in: Materialien der Enquete-Kommission »Überwindung der Folgen der SED-Diktatur im Prozeß der deutschen Einheit«, hg. v. *Deutschen Bundestag*, Bd. VIII/3, Baden-Baden 1999, S. 2008–2173, hier S. 2147–2164.

Am Ende übernahm die Bundesrepublik im Zuge der Vereinigung die unabgetragene Hypothek der DDR gegenüber der Claims Conference. Eine Vereinbarung der beiden deutschen Staaten zur Durchführung des Einigungsvertrags hielt eine solche Verpflichtung im September 1990 eigens fest. Wie schon 1952 beim Luxemburger Abkommen, so vermischten sich auch diesmal Moral und außenpolitische Räson. Eine Woche vor der genannten Vereinbarung hatte ein Gesandter der amerikanischen Botschaft im Bundeskanzleramt vorgesprochen. Er ließ wissen, bei der Claims Conference bestehe wegen der ungeklärten Situation »erhebliche Unruhe«, und hier liege, wenn der Zwei-Plus-Vier-Vertrag dem Senat zur Zustimmung vorgelegt werde, ein »Risikopotential«.[171]

Wiedergutmachung im vereinten Deutschland

Wie bisher schon deutlich wurde, bezeichnen das Ende des Ost-West Konflikts und die Vereinigung Deutschlands auch auf dem Gebiet der Wiedergutmachung eine Epochenzäsur. Alte Problemfassungen wurden unter veränderten Bedingungen aktualisiert, neue traten hinzu.

Neu war zunächst, dass das vereinte Deutschland nun auch eine Verfolgungsgeschichte anderer Art aufzuarbeiten hatte, die der Opfer der SED-Diktatur. Es fällt auf, dass die Entschädigung für das in der DDR erlittene Unrecht nur sehr wenig öffentliche Aufmerksamkeit auf sich zieht. So haben z. B. die SED-Unrechtsbereinigungsgesetze, ihre Unzulänglichkeiten und ihr Novellierungsbedarf fast gar kein öffentliches Interesse gefunden.[172] Woran liegt die so starke Ungleichverteilung der Anteilnahme an den beiden Verfolgungsgeschichten? Das hat Gründe verschiedener Art, einer ist von besonderer Bedeutung: Die Massenverbrechen des Nationalsozialismus und die Menschenrechtsverletzungen der DDR haben andere Dimensionen. Zudem hat das NS-Regime die Wucht von Aggression und Terror vor allem gegen andere Völker gerichtet, während die SED-Diktatur mitsamt dem Mielke-Imperium Menschenrechte der Inlandsgesellschaft verletzt haben.[173] Auch darum ist das internationale Interesse an der einen Verfolgungsgeschichte so stark, während es im Blick auf die andere gegen Null tendiert.

171 Vermerk des Ministerialdirigenten Duisberg vom 13.9.1990, in: Deutsche Einheit. Sonderedition aus den Akten des Bundeskanzleramtes 1989/90, S. 1539–1541.

172 Vgl. *W. Tappert*, Die Wiedergutmachung von Staatsunrecht der SBZ/DDR durch die Bundesrepublik Deutschland nach der Wiedervereinigung, Berlin 1995, sowie die Beiträge zum Thema »Zur Situation der Opfer der SED-Diktatur und ihrer Rehabilitierung«, in: Materialien der Enquete-Kommission »Überwindung der Folgen der SED-Diktatur im Prozeß der deutschen Einheit«, hg. v. *Deutschen Bundestag*, Bd. II/2, Baden-Baden 1999, S. 101–390.

173 Eine überzeugende Typologie der Erscheinungsformen des SED-Unrechts bieten *K. Marxen* u. *G. Werle*, Die strafrechtliche Aufarbeitung von DDR-Unrecht. Eine Bilanz, Berlin 1999.

Aber die Menschenrechte sind nicht teilbar, und in der Lebensgeschichte der Verfolgten, etwa der 200.000 Personen, die in der DDR aus politischen Gründen verurteilt worden sind, hebt ein Unrecht ein anderes nicht auf. Daher wären die historische Forschung und die öffentliche Meinung der Republik gut beraten, mehr Aufmerksamkeit auf die Rehabilitation und Entschädigung der Opfer der SED-Diktatur zu lenken als bisher.[174] Welcher Kleinmut wäre es, würde man die NS-Opfer nur dann angemessen gewürdigt glauben, wenn andere Verfolgungsgeschichten verschwiegen oder bagatellisiert werden.

Aber auch für die Wiedergutmachung von NS-Unrecht begann 1990 eine neue Phase. Von einem der Bewegungsfaktoren war schon die Rede: Das vereinte Deutschland übernahm die Regelung der Rückerstattung, welche die DDR den NS-Verfolgten vorenthalten hatte, und ebenso die unabgetragene Hypothek der DDR gegenüber der Claims Conference.[175] Bewegung kam indessen auch auf den westdeutschen Pfad der Wiedergutmachung, wobei der Zwei-Plus-Vier-Vertrag von September 1990 einen Haupt- und Wendepunkt bildet. Dieser Vertrag war kein Friedensvertrag im völkerrechtlichen Sinne. Die Regierung Kohl hat vielmehr mit amerikanischer Unterstützung alles daran gesetzt, einen Friedensvertrag zu vermeiden, und die Akten des Kanzleramtes benennen die beiden Beweggründe sehr genau.[176] Zum einen wäre eine Friedenskonferenz ein zeitraubendes Mammutunternehmen geworden. Sämtliche Staaten, die mit dem Deutschen Reich im Krieg gestanden hatten, hätten daran teilnehmen können. Das waren rund 60 Staaten; Helmut Kohl wusste den amerikanischen Präsidenten sogar mit der Zahl 110 zu beeindrucken.[177] Zum anderen wollte Kohl vermeiden, dass eine Friedenskonferenz die mit dem Londoner Schuldenabkommen auf Eis gelegte Reparationsfrage wieder auftaute. Man könne »nicht

174 Zu ihrer angemessenen Einbeziehung in die Erinnerungskultur vgl. Bd. VI der Materialien der Enquete-Kommission »Überwindung der Folgen der SED-Diktatur im Prozeß der deutschen Einheit«, hg. v. *Deutschen Bundestag*, Baden-Baden 1999 (»Gesamtdeutsche Formen der Erinnerung an die beiden deutschen Diktaturen und ihre Opfer«). Zur Konkurrenz der Opfergruppen und zu den wechselhaften Phasen ihrer öffentlichen Hochschätzung vgl. *F. Boll*, Beobachtungen aus lebensgeschichtlichen Interviews mit Verfolgten des Nationalsozialismus und mit Verfolgten der SBZ/DDR, in: *K. D. Müller* u. *A. Stephan* (Hg.), Die Vergangenheit läßt uns nicht los, Berlin 1998, S. 153–172; vgl. auch *C.-E. Boetzel*, Zur unterschiedlichen Behandlung von Verfolgten des Nationalsozialismus und des Stalinismus/Kommunismus, in: Deutschland Archiv 27 (1994), S. 1084–1096.

175 Dies in Form des »Artikel 2-Abkommens«, das die Bundesrepublik am 29.10.1992 mit der Claims Conference gemäß Artikel 2 der Zusatzvereinbarung vom 18.9.1990 zum Einigungsvertrag schloss. Im Rahmen dieses Abkommens brachte die Bundesrepublik 1993–1999 rund 1 Mrd. DM auf.

176 Vgl. vor allem den Vermerk über das Gespräch des Bundeskanzlers mit Präsident Bush in Camp David am 24.2.1990, in: Deutsche Einheit. Sonderedition aus den Akten des Bundeskanzleramtes 1989/90, S. 860–874. Hieraus die folgenden Zitate.

177 Wie Kohl auf eine so hohe Zahl kam, ist unklar. *H. Mosler* u. *K. Doehring*, Die Beendigung des Kriegszustands mit Deutschland nach dem zweiten Weltkrieg, Köln 1963, S. 443, 452 zählen »55 Staaten (ohne Oststaaten)«, und die Oststaaten schlagen mit der Zahl 8 zu Buche.

50 Jahre nach dem Krieg noch einmal mit Reparationen anfangen«; das sei »innenpolitisch nicht durchzuhalten«. Ohne den Abschluss eines formellen Friedensvertrags aber, so heißt es in den Kanzleramtsakten, sei die Reparationsfrage »de facto erledigt«.[178]

Tatsächlich hat der Zwei-Plus-Vier-Vertrag die Reparationsfrage so behandelt, als ob sie nicht existiere,[179] und sie gilt seither im Verständnis der Bundesregierung als erledigt. Mit der Abwehr der Reparationsfrage wollte Kohl verhindern, dass völkerrechtlich verfochtene Forderungen in unabsehbarer Zahl und Höhe auf die Bundesrepublik zukommen. Stattdessen wünschte er eine Situation, in der die deutsche Seite freiwillig und somit in einer vorteilhafteren Verhandlungsposition Vereinbarungen treffen konnte. So kam es, dass nach dem Ende des Ost-West-Konflikts in Richtung Ost ähnliche Globalabkommen geschlossen wurden, wie um 1960 in Richtung West: 1991 mit Polen, 1993 mit drei Nachfolgestaaten der Sowjetunion (Russische Föderation, Ukraine und Republik Belarus), wobei das Leistungsvolumen sich auf insgesamt 1,5 Milliarden DM belief.[180] Wegen der großen Zahl der NS-Verfolgten in diesen Regionen, dem Zentrum des deutschen Eroberungs- und Vernichtungskriegs, und wegen des entsprechend großen Divisors bei der Verteilung der Gelder, reichte eine Gesamtsumme von dieser Größenordnung nur für das, was man eine humanitäre Geste zu nennen pflegt. Von 1995 bis 1998 kamen, jeweils bescheidener dimensioniert, Vereinbarungen mit den baltischen Staaten sowie der deutsch-tschechische Zukunftsfonds hinzu. Alle diese Vereinbarungen waren auch dazu angetan, für die Rechtsposition der Bundesregierung zu werben, dass die Reparationsfrage seit dem Zwei-Plus-Vier-Vertrag erledigt sei. Ganz gelegentlich blinkte von amerikanischer Seite eine Warnlampe auf – aber nur, um eine an anderer Stelle verhakte Verhandlung voranzubringen.

Die stärkste Bewegung aber, zugleich diejenige, die die Geschichte der Wiedergutmachung mit dem großen Politikum unserer Tage verbindet, betrifft das Hereinholen der deutschen Industrie in die bisher ganz vom Staat und mit staatlichen Geldern getragene Entschädigung. Seit den fünfziger Jahren war die deutsche Industrie wiederholt mit Forderungen ehemaliger Zwangsarbeiter

178 Vorlage des Ministerialdirektors Teltschik an Bundeskanzler Kohl, 15.3.1990, in: Deutsche Einheit. Sonderedition, S. 955 f.

179 Hingegen bewirkte eine Wiedervereinigungs-Klausel des Londoner Schuldenabkommens, dass der Schuldendienst 1990 in gewissem Maße wiederaufgelebt ist und bis zum Jahre 2010 fortgeführt wurde. Vgl. *P. Heyde*, Das Ende der Reparationen. Deutschland, Frankreich und der Youngplan 1929–1932, Paderborn 1998, S. 455.

180 *H. Küpper*, Die Wiedergutmachung nationalsozialistischen Unrechts in den Nachfolgestaaten der Sowjetunion, in: Osteuropa 46 (1996), S. 639–656; *ders.*, Die Wiedergutmachung nationalsozialistischen Unrechts in den Staaten Osteuropas, in: Osteuropa 46 (1996), S. 758–768. Die Erfahrungen mit der Verwaltung dieser Fonds sind nicht durchwegs befriedigend. So ist im Herbst 2000 ein ukrainischer Politiker wegen des Verdachts der Veruntreuung von rd. 86 Mio. DM in Hannover verhaftet worden. Vgl. NZZ vom 17.10.2000 (»Millionenbetrug mit Fonds für Nazi-Opfer?«).

konfrontiert. Sie hatte diese – mit wenigen Ausnahmen – stets abgewehrt und sich dabei in einer juristisch vorteilhaften Position befunden.[181] Solche Ansprüche galten als Reparationen und fielen somit unter die aufschiebende Wirkung des Londoner Schuldenabkommens. Dieses bezog sich zwar nur auf Ansprüche »gegen das Reich und im Auftrage des Reichs handelnde Stellen oder Personen«, aber die Vorstellung fand Glauben, dass die deutsche Industrie bei der Beschäftigung der Zwangsarbeiter nur »im Auftrage des Reichs« gehandelt habe.

Seit 1990 ist die Fundierung dieser Abwehr erst schwächer geworden, dann weggebrochen. Vor allem vier Faktoren haben darauf eingewirkt: Erstens wurde die Sperrwirkung des Londoner Schuldenabkommens brüchig, als die Rechtsprechung zum Teil dazu überging, den Zwei-Plus-Vier-Vertrag als Erfüllung der Funktion eines Friedensvertrages zu bewerten. Zweitens hat die historische Forschung gezeigt, dass die Formulierung »im Auftrage des Reichs« den Handlungsspielraum, die Initiative und somit auch die Verantwortung der Unternehmen zwar im Einzelfall, aber keineswegs in der Breite und im Durchschnitt angemessen beschreibt. Drittens verwarf das Bundesverfassungsgericht im Jahre 1996 eine Traditionslinie des Völkerrechtes, wonach individuelle Forderungen nur als zwischenstaatliche Reparationsforderungen verhandelt werden können; vielmehr könne der Einzelne seinen Anspruch gegebenenfalls auch selbst verfechten.[182] Damit war das Feld der Klagemöglichkeiten ruckartig erweitert – oder anders und in übergreifender Perspektive gesagt: Damit zog die neuere Entwicklung eines erweiterten Schutzes der Menschenrechte in die Arena der Wiedergutmachung ein. Allerdings setzt der vom Bundesverfassungsgericht geöffnete Weg voraus, dass sich die ausländischen Kläger auf innerdeutsch geltendes Recht beziehen können, und die deutschen Gesetze geben den früheren ausländischen Zwangsarbeitern keine klar kalkulierbaren Chancen.

Umso größer war die Schubwirkung des vierten Faktors, der eine allgemeine Tendenz unserer Zeit mit dem besonderen Thema der Entschädigung verbindet: die Globalisierung, hier in dem Sinne, dass viele deutsche Unternehmen Niederlassungen in den USA haben und dadurch auch unter amerikanisches Recht fallen. Bekanntlich setzte an diesem Punkt der Hebel der *class actions* an. Aber auch unabhängig von diesem Rechtsmittel reichen Image-Verluste oder Boykottdrohungen aus, um die Geschäftsinteressen auf dem wichtigen amerikanischen Markt massiv zu gefährden. Man soll nicht über Gebühr pauschalisieren, insbesondere nicht im Blick auf Unternehmen, die schon früher im Stillen tätig geworden sind, aber im Ganzen wird man sagen können: Die *class actions* in den USA bildeten den stärksten Bewegungsfaktor auf dem Weg, der 1998 zu der »Stiftungsinitiative der deutschen Wirtschaft« führte. Es folgten zwölf mühsame und dornige Verhandlungsrunden, in denen zunächst die Höhe der Stiftungssumme, dann der Verteilungsschlüssel, schließlich die Sicherung des

181 Vgl. im Einzelnen *Ferencz*; *Barwig* u.a.

182 Der Beschluss des Bundesverfassungsgerichts vom 13.5.1996 ist abgedruckt bei *Barwig* u.a., S. 222–247.

Rechtsfriedens für deutsche Unternehmen auszuhandeln waren, bis das Stiftungsgesetz im August 2000 nach der Unterzeichnung einer internationalen Abschlusserklärung in Kraft treten konnte.[183]

So ist nach einem halben Jahrhundert der Zeitpunkt nahegerückt, da die materielle Wiedergutmachung die Sphäre des politischen Handelns und Entscheidens verlässt und in die Sphäre der Geschichte übergeht. Sie verwandelt sich in ein Forschungsfeld der Historiker, auf dem noch viel zu tun ist. Eine Reihe von Desideraten hat dieser Beitrag hier und da angedeutet; einige übergreifende Perspektiven seien nochmals hervorgehoben. (1) Die Geschichte der Wiedergutmachung bietet spezifische Sonden und Indikatoren zur Erforschung der Auseinandersetzung der deutschen Gesellschaft mit dem Nationalsozialismus. Dabei lassen sich vier deutsche Vergangenheiten – die nationalsozialistische, die in West und Ost geteilte und die vereinte seit 1990 – unter bestimmten Aspekten unterscheiden und verknüpfen. (2) Der Zusammenhang von internationaler Aufmerksamkeit und westdeutscher Wiedergutmachungsbereitschaft ist noch weiter auszuloten, damit die Wirkung des Drucks und der Anstöße von außen, aber auch die Reichweite der deutschen Handlungsspielräume und Eigeninitiativen möglichst präzise bestimmt werden können. (3) Wie die Ost-West-Spannungen und die Konkurrenz der beiden deutschen Staaten den Orientierungsrahmen der Wiedergutmachung beeinflusst haben, bedarf für hüben und drüben noch detaillierter Studien. (4) Die Umsetzung der abstrakten Idee der Wiedergutmachung in die konkrete Welt des Handelns hing nicht nur von Debatten und Gesetzen ab, sondern weithin auch vom Tun und Lassen der Sachbearbeiter, Gutachter, Richter, Anwälte usw.; daher zählen gründliche Implementationsstudien zu den Desideraten. (5) Wir wissen noch nicht viel über die Bedeutung der Wiedergutmachung im Leben der Verfolgten, über die Erwartungen, die gehegt und die Erfahrungen, die gemacht wurden, individuell und kollektiv. Hier liegt ein weites Feld biographischer Forschung.

Aber die Fachhistorie hat kein Monopol im Gebrauch der Geschichte. Ob und wie die Wiedergutmachung in die geschichtliche Erinnerung eingeht, ist letztlich unser aller Entscheidung. Dabei wird es strittig zugehen, schon die Semantik des Wortes ist umstritten. Und der wohlmeinende Rat von Walter Schwarz, »daß ein Deutscher das Recht hätte, auf das Werk der Wiedergutmachung stolz zu sein«, wird das Publikum in die übliche Trias spalten – zwischen freudiger Zustimmung, empörter Ablehnung und bedächtiger Abwägung. Und in der Tat: Im Gesamtgebäude der Wiedergutmachung wechseln Licht und Schatten je nach dem Aspekt, den man wählt und dem Zeitpunkt, an dem man es betrachtet. Ins-

183 Den »Final Act« unterzeichneten am 17.7.2000 Vertreter der deutschen Wirtschaft, der Bundesregierung, der Regierungen der USA, Israels, Polens, der Tschechischen Republik, der Republik Belarus, der Ukraine und der Russischen Föderation, der Claims Conference sowie eine Reihe von Klägeranwälten. Das Gesetz zur Errichtung einer Stiftung »Erinnerung, Verantwortung und Zukunft« vom 2.8.2000 bildete einen Fonds, in den der deutsche Staat und die deutsche Wirtschaft jeweils 5 Mrd. DM einbrachten. Vgl. das Nachwort zu diesem Beitrag.

gesamt wäre es falsch, in Abrede zu stellen, dass die Bundesrepublik in den vergangenen Jahrzehnten viel für die Entschädigung geleistet hat, aber – blickt man auf die finanzielle Bilanz von rund 103 Milliarden DM[184] – nicht mehr als für den Lastenausgleich, der ein Gesamtvolumen von etwa 140 Milliarden DM aufweist und weniger als für die Kriegsopferversorgung, die ein vierfach größeres Volumen hat – übrigens nicht, weil das Versorgungsrecht günstiger wäre, sondern weil die Zahl der Berechtigten viel größer ist. Und jeder Aspekt, auch der, der Geglücktes zeigt, hat Verweisungscharakter. Er verweist auf einen Hintergrund, auf dem mit großen Lettern geschrieben steht: Verfolgung, Angriffskrieg, Völkermord.

Nachwort

Der Aufsatz bilanziert den im Jahr 2000 erreichten Forschungsstand. Der Fortgang der Forschung bot keinen Anlass zu Revisionen, daher konnte er hier unverändert abgedruckt werden. Doch haben seither mehrere Monographien und Sammelbände dazu beigetragen, das Gesamtbild zu erweitern und zu vertiefen. Dies gilt insbesondere für die Synthese von *C. Goschler*, Schuld und Schulden. Die Politik der Wiedergutmachung für NS-Verfolgte, Göttingen 2005. Die Internationalität der Entschädigungsgeschichte wird im Blick auf 15 Staaten in West und Ost entfaltet bei *H. G. Hockerts* u. a. (Hg.), Grenzen der Wiedergutmachung. Die Entschädigung für NS-Verfolgte in West- und Osteuropa 1945–2000, Göttingen 2006. Von paradigmatischer Bedeutung für die Frage nach der administrativen Praxis sowie der Erfahrungs- und Wirkungsgeschichte der Wiedergutmachung ist *T. Winstel*, Verhandelte Gerechtigkeit. Rückerstattung und Entschädigung für jüdische NS-Opfer in Bayern und Westdeutschland, München 2006. In einem ähnlichen Fragehorizont bewegen sich – die räumliche Dimension und das Spektrum der Verfolgtengruppen ausweitend – die Beiträge in *N. Frei* u. a. (Hg.), Die Praxis der Wiedergutmachung. Geschichte, Erfahrung und Wirkung in Deutschland und Israel, Göttingen 2009.

Zu den wichtigen Einzelstudien zählen *J. Lillteicher*, Raub, Recht und Restitution. Die Rückerstattung jüdischen Eigentums in der frühen Bundesrepublik, Göttingen 2007; *J. P. Spannuth*, Rückerstattung Ost. Der Umgang der DDR mit dem »arisierten« Eigentum der Juden und die Rückerstattung im wiedervereinigten Deutschland, Essen 2007; *S. M. Baumann*, Menschenversuche und Wiedergutmachung. Der lange Streit um Entschädigung und Anerkennung der Opfer nationalsozialistischer Humanexperimente, Entschädigung für Opfer von Humanexperimenten, München 2009. Die Entstehung und die Arbeit der

184 Auf Preisverhältnisse der 1990er Jahre umgerechnet ca. 212 Mrd. DM, wie Bundestagspräsident Thierse in einem Schreiben vom 2.12.1998 an die Redaktion der Blätter für deutsche und internationale Politik festhielt (abgedruckt ebd., Jg. 1999, S. 125).

Stiftung »Erinnerung, Verantwortung und Zukunft« sind eingehend dargestellt bei *M. Jansen* u. *G. Saathoff (Hg.),* »Gemeinsame Verantwortung und moralische Pflicht«. Abschlussbericht zu den Auszahlungsprogrammen der Stiftung »Erinnerung, Verantwortung und Zukunft«, Göttingen 2007.

In abstrahierender Betrachtung hat die deutsche Wiedergutmachungsgeschichte in internationale Diskurse Eingang gefunden, in denen über Vermögensschäden als Erinnerungsspeicher und die grundsätzliche Frage nach dem angemessenen Umgang mit historischem Unrecht nachgedacht wird. Hervorzuheben sind: *E. Barkan*, The Guilt of Nations – Restitution and Negotiating Historical Injustices, New York 2000; *J. Torpey* (Hg.), Politics and the Past. On Repairing Historical Injustices, Lanham 2003; *D. Diner* u. *G. Wunberg* (Hg.), Restitution and Memory. Material Restoration in Europe, New York 2007.

Die Entfaltung des westdeutschen Sozialstaats

5. Metamorphosen des Wohlfahrtsstaats

Der folgende Essay handelt von Sozialpolitik und Sozialgeschichte. Um ihren Zusammenhang zu verdeutlichen, sei sogleich eine summarische These vorausgeschickt: Sozialpolitik ist aus einer Randlage in das Zentrum des Wirtschafts- und Gesellschaftsprozesses gerückt. Was unter Bismarck als bescheiden dimensionierte »Arbeiterversicherung« begann, wirkt heute massiv auf die Lebenslage nahezu der gesamten Bevölkerung ein: Sozialpolitik beeinflusst nicht mehr nur den Not- und Ausnahmefall, sondern weitgehend den Normalfall. Somit hat die Frage nach der politischen Basis sozialer Prozesse erheblich an Bedeutung gewonnen, also die Umkehrung der traditionellen Frage nach der sozialen Basis politischer Prozesse. Das lässt sich in aller Kürze in zweierlei Hinsicht erläutern.

Erstens hat die Sozialpolitik eine neue Dimension für die Verteilung von Lebenschancen und Versorgungslagen, vielleicht sogar von »Versorgungsklassen«[1] begründet. Darauf deuten schon die gewaltigen Summen des Sozialbudgets hin, das längst etwa ein Drittel des Bruttosozialprodukts in Anspruch nimmt. Das zentrale Pumpwerk der Einkommensumverteilung, die Rentenversicherung, hat Jahresausgaben in der Größenordnung von zwei Dritteln des Bundeshaushalts. Die Rentner erhalten in zwei Monaten mehr Geld, als der Staat im Jahr für alle deutschen Hochschulen ausgibt.

Zweitens hat die Sozialpolitik die Erwerbsstruktur verändert. Das wird vor allem im Gesundheitswesen sichtbar, wo sich ganze Wachstumsbranchen als Pfründner der Sozialversicherung ansiedeln konnten. Denn diese schichtet in großem Umfang finanzielle Ressourcen auf Sach- und Dienstleistungen um. Allein für Gebisse haben die Krankenkassen über Jahre mehr Geld ausgegeben als alle öffentlichen Haushalte für kulturelle Angelegenheiten. Die wohlfahrtsstaatlichen Beschäftigungseffekte haben den volkswirtschaftlichen Strukturwandel zur Dienstleistungsgesellschaft beschleunigt. So gibt es heute zum Beispiel erheblich mehr Krankenhauspersonal als etwa Beschäftigte in der chemischen Industrie.

Beim Blick auf vierzig Jahre Sozialpolitik in der Bundesrepublik sticht also zunächst weniger die einzelne Zäsur ins Auge als vielmehr der lange Trend: Es ist die größte Expansionsperiode des Wohlfahrtsstaats in der deutschen Ge-

1 Zu diesem Begriff vgl. *R. M. Lepsius*, Soziale Ungleichheit und Klassenstrukturen in der Bundesrepublik Deutschland. Lebenslagen, Interessenvermittlung und Wertorientierungen, in: *H.-U. Wehler* (Hg.), Klassen in der europäischen Sozialgeschichte, Göttingen 1979, S. 166–209.

schichte. Schon 1952 gab es in der Bundesrepublik mehr Fälle laufender Renten- und Unterstützungszahlungen als während der Weltwirtschaftskrise im ganzen Deutschen Reich. Auch bei der Sozialpolitik der mageren Jahre ab 1975 handelt es sich im Ganzen eher um das Bremsen von Zuwächsen als um Sozialabbau. Erst wenn diese Gesamttendenz hinreichend betont ist, lassen sich beim zweiten, genaueren Hinsehen Zäsuren setzen. Es werden dann Phasen erkennbar, Formverwandlungen des Wohlfahrtsstaats in der Folge von Schüben des Wachstums und der Veränderung.

Nothilfe

Am Anfang war die Sozialpolitik vor allem Nothelfer bei der Bewältigung von Kriegsfolgen. Um die auf den Nägeln brennenden Massennotstände in Erinnerung zu rufen, genügen einige Stichworte: über neun Millionen deklassierte und pauperisierte Vertriebene und Flüchtlinge (mithin knapp 20 Prozent der westdeutschen Bevölkerung 1950), vier Millionen Menschen, die der Krieg als Invaliden, Witwen und Waisen hinterlassen hatte, drei bis vier Millionen einheimische Kriegssachgeschädigte, ein bis zwei Millionen Anschluss ans Zivilleben suchende, oft gesundheitlich zermürbte Spätheimkehrer, Evakuierte mit Rückführungs- und Starthilfebedarf, und nicht zuletzt: ein katastrophales Wohnungsdefizit.

Die Sprengsätze der sozialen Krise, die die Gründung der Bundesrepublik begleitet hat, sind schon im Verlauf der fünfziger Jahre weitgehend entschärft worden. Selbstverständlich muss man im rapiden Wirtschaftswachstum die entscheidende Bedingung für diese Erfolgsgeschichte sehen. Aber Wirtschaftswachstum kann auch desintegrierend wirken – nämlich dann, wenn die Begünstigungseffekte einseitig verteilt bleiben. Genau hier liegt eine spezifische Bedeutung der Sozialpolitik für die Überwindung der Gründungskrise: Sie hat keine Verfestigung kompakter Gruppen von ausgesprochen Notleidenden zugelassen. Das war der gemeinsame Nenner aller sozialpolitischen Maßnahmen der frühen fünfziger Jahre.

Hierzu zählen die großen bekannten Sozialgesetze zum Lastenausgleich, zur Kriegsopferversorgung, zum Wohnungsbau. Diese Gesetze ragen wie Baumkronen aus einem nahezu undurchdringlichen Gestrüpp sozialpolitischer Regulierungen hervor, das ebenso weit verzweigt wie kompliziert und oft auch improvisiert war. Kritische Geister sprachen damals von einem Sozialrechtsdschungel. Im Ganzen haben die Kriegsfolgen die sozialstaatliche Intervention ruckartig verstärkt. Daher verfügte die Bundesrepublik um 1950 über die höchste Sozialleistungsquote Westeuropas. Zugleich lockerte dieser Interventionsschub die traditionelle Verbindung von Sozialpolitik und Arbeiterpolitik. Denn die Kriegsfolgeschäden liefen quer zu allen Klassen- und Schichtungslinien und drängten insofern auf Verallgemeinerung sozialpolitischer Hilfe.

Lebensstandardsicherung

Die Ereignisgeschichte sozialpolitischen Handelns hat eine größere Bewegungsgeschwindigkeit als die Strukturgeschichte sozialer Verhältnisse. Deshalb wird man in der Regel keinen gemeinsamen Taktstrich setzen können. Ich meine aber, dass sowohl unter sozialgeschichtlichen wie sozialpolitischen Gesichtspunkten 1957/58 eine Zäsur zu sehen ist. Sozialgeschichtlich war das ein Scheitelpunkt, denn es ging für breite Bevölkerungskreise bis dahin eher um die Wiedergewinnung eines herkömmlich vertrauten, vom Zwang zur Bescheidenheit gekennzeichneten Lebenszuschnitts. Wie die Öffnung einer Schleuse erfasste und verwandelte dann jedoch die ökonomisch-technische Modernisierung die Lebensbedingungen immer größerer Bevölkerungskreise – zunächst als Wohlstandserwartung, dann als Wohlstandserfahrung. Die massenhafte Verbreitung neuer Konsumstandards – wie Auto, Fernseher, technische Haushaltsgeräte – begann den Alltag nachhaltig zu verändern. Als Vorbote der Freizeitgesellschaft erscheint der freie Samstag, das lange Wochenende, das als säkularisiertes Weekend den kirchlichen Sonntag bald in die Defensive drängte.

Eine Zäsur 1957/58: Sozialgeschichtlich *kann* man sie setzen, sozialpolitisch *muss* man es. Bis dahin handelte es sich – sieht man von neuen Versorgungs- und Entschädigungssystemen für die vom Krieg und seinen Folgen besonders Betroffenen ab – überwiegend um Wiederherstellung, um »Restauration«. Insbesondere wurde das alte Gefüge der Sozialversicherung wiederhergestellt, und zwar in doppelter Abgrenzung: einerseits von neuen Konzeptionen des britisch-skandinavischen Welfare State (mit allgemeiner Staatsbürger-Grundrente und einem überwiegend steuerfinanzierten nationalen Gesundheitsdienst), andererseits von einem um die kommunale Fürsorge zentrierten Modell sozialer Sicherung (das sich auf die »wirklich Bedürftigen« zu konzentrieren und diese mittels Bedürftigkeitsprüfung herauszufinden sucht). Adenauers Rentenreform setzte diesem Konzeptionenstreit 1957 ein definitives Ende, indem sie das Sozialversicherungsprinzip (mit lohnbezogenem Beitrag und beitragsbezogener Sozialleistung) als grundlegendes Ordnungsmodell der deutschen Sozialpolitik bekräftigte. Zugleich implantierte diese Reform neue sozialpolitische Ordnungsideen.

Neu war der Durchbruch zur Lebensstandardsicherung, wonach soziale Leistungen, soweit sie den Ausfall von Arbeitseinkommen auffangen, ihren kümmerlichen Charakter verlieren und etwas sehr Attraktives bieten sollen: die Sicherung des im Arbeitsleben erreichten relativen sozialen Status (insofern unter marktwirtschaftlichen Bedingungen übrigens auch eine Sicherung *gegen* die Gleichheit). In diesem Funktionswandel von der Überlebenshilfe zur Status-Sicherung liegt einer der wichtigsten Gründe dafür, dass die Sozialleistungsquote bei wachsendem Wohlstand nicht gesunken, sondern vielmehr gestiegen ist – ganz entgegen den ursprünglichen Erwartungen von liberaler Seite.

Neu war auch das Prinzip der Dynamisierung. Es macht die Sozialeinkommen von statischen Richtwerten (wie dem Nennwert früherer Beiträge) unabhängig und koppelt sie an bewegliche Bezugsgrößen (wie die aktuelle Entwicklung der Arbeitseinkommen). Zunächst in der Rentenversicherung eingeführt, ist das Prinzip der Dynamisierung dann sukzessive auf andere geldliche Sozialleistungen übertragen worden (Unfallrenten 1963, Kriegsopferversorgung 1970, Lastenausgleich 1972, Krankengeld 1974). Damit wurde die Dynamik des Wirtschaftsgeschehens in das Recht derer aufgenommen, die nicht mehr im Erwerbsprozess stehen.

Referenzgrößen: Bürgertum oder Arbeiternehmergesellschaft?

Der Ausklang der Ära Adenauers und Erhards (1958–1966) und die Jahre der Großen Koalition (1966–1969) lassen sich als deutlich voneinander abgrenzbare Phasen begreifen. Ein signifikanter Unterschied liegt in dem jeweils dominierenden Gesellschaftsbild. Von 1958 bis 1966 wurde der Versuch unternommen, dem weiteren Ausbau der kollektiven sozialen Sicherung gegenzusteuern und die Gesellschaft stärker nach dem Vorbild des besitzenden Bürgers zu modellieren. Breit gestreute »Volksaktien«, Sparförderung, Begrenzung von Versicherungspflicht, mehrfach unternommene Anläufe, Selbstbeteiligung an den Kosten ärztlicher Behandlung und anderswo einzuführen: Darin kann man Versuche sehen, die Gesellschaft in einem spezifischen Sinn zu verbürgerlichen, insbesondere die Art des Umgangs mit den verfügbaren Einkommenszuwächsen in bürgerlich vertraute Bahnen zu lenken. Zugleich haben in dieser Phase die Interessen des selbständigen Mittelstands in einem Maße an Durchsetzungschance gewonnen, das zu Anfang der fünfziger Jahre schwer vorstellbar war. Damals hatte die Kooperation von Staat, Industrie und Gewerkschaften den selbständigen Mittelstand an den Rand verwiesen; »Panik im Mittelstand« hatte sich angedeutet. Von 1958 bis 1966 sieht es so aus, als habe das frühliberale Erwartungsmodell, wonach der Fortschritt das Bürgertum zum »allgemeinen Stand« machen werde,[2] noch einmal den Anspruch auf Geltung erhoben. So erreichte ja auch die öffentliche Diskussion über die »Verbürgerlichung« der Arbeiterschaft in diesen Jahren ihren Zenit.

In der Phase der Großen Koalition ist – etwas zugespitzt gesagt – die Referenzgröße des Bürgertums gegen die der Arbeitnehmergesellschaft ausgetauscht worden. Dafür ist der Aufschwung einer aktiven Arbeitsmarktpolitik symptomatisch, die als Teil einer allgemeinen Arbeitnehmerpolitik konzipiert war (Arbeitsförderungsgesetz 1969). Zudem ging es mit der Einebnung sozialrechtlicher Unterschiede zwischen Arbeitern und Angestellten markant voran,

2 Vgl. *L. Gall*, Liberalismus und »bürgerliche Gesellschaft«. Zu Charakter und Entwicklung der liberalen Bewegung in Deutschland, in: HZ 220 (1975), S. 324–356.

so dass die Bildung einer übergreifenden Arbeitnehmerkategorie an Boden gewann. Besonders wichtig ist in dieser Hinsicht die im Endspurt der Großen Koalition eingeführte Lohnfortzahlung für Arbeiter – Endpunkt eines langen und heftig umstrittenen Weges zur Gleichstellung mit den Angestellten. Deren Standespolitik, in der Forschung zum Teil als vorindustrielles Relikt oder Fossil misstrauisch beäugt, erwies sich hier einmal mehr als Schrittmacher allgemeiner Arbeitnehmerrechte.

Lässt man sich etwas näher auf die sperrige Materie der Versicherungstechnik ein, so entdeckt man sogar in dem von der Großen Koalition diskret verabschiedeten »Finanzausgleich« zwischen der Arbeiter- und der Angestelltenversicherung einen durchaus aufregenden Vorgang. Diese bisher strikt getrennten Versicherungszweige wurden zu einer finanziellen Einheit verschmolzen, so dass seither Milliardenströme geräuschlos aus den Angestelltenbeiträgen in die Arbeiterkassen geflossen sind. In den fünfziger Jahren wäre ein solcher Finanzverbund noch als »Enteignung der Angestellten« wahrgenommen worden; ein Großalarm hätte das verhindert. Gewiss, schon die Rentenreform von 1957 hatte das Leistungsrecht bahnbrechend vereinheitlicht. Aber das war kein Nullsummenspiel gewesen, bei dem die Angestellten verloren, was die Arbeiter gewannen, sondern die Reform hatte beiden Versicherungszweigen zugleich zu deutlichem Niveaugewinn verholfen. Und sie war nur um den Preis strikter Beachtung der finanziellen, organisatorischen und gesetzessystematischen Separation der Angestellten durchsetzbar gewesen. Alles andere hätte zu entsetztem Aufschrei und gewaltigem politischen Echo geführt.

Der diskrete sozialpolitische Charme der Großen Koalition, die ja auch eine große Koalition der Sozialpolitiker war, verdankt sich (nicht nur) in diesem Fall einem Finanzierungszwang: Die Arbeiterversicherung rutschte massiv ins Defizit, während die Angestelltenversicherung Rücklagen auftürmte. Das ließ sich nur durch Fusionierung zu einer Art Arbeitnehmerversicherung balancieren. Wie dieses vielleicht etwas entlegene Beispiel andeutet, hängt das Überwechseln zur sozialpolitischen Bezugsgröße »Arbeitnehmergesellschaft« aufs Engste mit sozialstrukturellen Entwicklungen zusammen. In diesem Falle wirkte sich vor allem die in den sechziger Jahren an Tempo gewinnende »Tertiarisierung« der Erwerbsstruktur aus, also die Umschichtung von Arbeitskräften in die Dienstleistungsbereiche hinein. Das führte nicht nur zu beachtlicher Aufstiegsmobilität aus der Arbeiterschaft in Angestelltenverhältnisse, sondern auch zu dem genannten, zum Handeln zwingenden Ungleichgewicht der Rentenkassen.

Ein weiterer Phasenunterschied ist in einer charakteristischen Akzentverschiebung von der Sozialpolitik zur Gesellschaftspolitik zu sehen. Der traditionelle Kern der Sozialpolitik lag im Schutz gegen die vier großen Risiken des Einkommensverlustes (bei Unfall, Krankheit, Invalidität und Alter, Arbeitslosigkeit). In einer erweiterten Problemfassung gewannen jetzt Leistungsaufgaben bei der Bereitstellung öffentlicher Güter an Bedeutung: Bildungs- und Gesundheitswesen, Städtebau und Raumordnung, Energie und Umwelt, um nur einige Stichworte zu nennen.

Nichts anderes als eine solche politische Ausweitung des Sozialen hatte der Erfinder des Begriffs »Soziale Marktwirtschaft«, Alfred Müller-Armack, im Sinn, als er Ende der fünfziger Jahre die Parole ausgab, es müsse eine zweite, eine »gesellschaftspolitische« Phase der sozialen Marktwirtschaft beginnen. Die kräftigeren Akzente setzte jedoch erst die Große Koalition, die im Angesicht der Rezession ja auch – mit einiger Verspätung, aber umso enthusiastischer – die Keynesianische Botschaft aufnahm, mithin Wachstumsvorsorge und Vollbeschäftigung dezidiert in das wohlfahrtsstaatliche Aktionsprogramm hereinholte.

Die Blütezeit des Wohlfahrtsstaats

Der Aufstieg der SPD zur dominierenden Regierungspartei hat die sozialpolitische Aktivität markant gesteigert. Begünstigt vom Wirtschaftsboom und getragen von einer mächtigen Grundwelle der Reformerwartung, stechen die Jahre 1969 bis 1974 als die Phase der größten Beschleunigung wohlfahrtsstaatlicher Expansion ins Auge. Auch der Stil der Sozialpolitik änderte sich, erfasst von einer etwas rauschhaft erlebten Planungsmentalität. Die Informations- und Planungssysteme wurden stark ausgebaut, darunter das Sozialbudget und der Sozialbericht. Das war zweifellos verdienstvoll. Über das Prognosepotential sollte man sich indessen keinen Illusionen hingeben. So kündigte der Sozialbericht 1973 einen längerfristigen Arbeitskräftemangel an; der Bericht war kaum ausgeliefert, da stieg die Arbeitslosenzahl auf nahezu eine Million. Und die immensen Überschüsse, die für die Rentenfinanzen prognostiziert wurden, haben den Bundestag 1972 zu einer Rentenreform ermuntert, deren Finanzierungsgrundlagen so spekulativ waren wie ein Warentermingeschäft.

Die sozialpolitische Expansion dieser Jahre war weit verzweigt und entzieht sich jeder Zusammenfassung in wenigen Sätzen. Zur Markierung müssen drei Hinweise genügen. Zunächst: Arbeitsschutz, Arbeitssicherheit und »Humanisierung des Arbeitslebens« rückten – wenigstens programmatisch – zu einem neuen Schwerpunkt der Sozialpolitik auf. Das war ein Erfolg der gewerkschaftlichen Versuche, die Gestaltung der Arbeitsbedingungen stärker in den Begriff der Sozialpolitik einzubeziehen und somit auch in die begriffliche Organisation der öffentlichen Aufmerksamkeit. Sodann ist auf die rasche Expansion des Gesundheitssektors hinzuweisen, die dadurch erleichtert wurde, dass die Lohnfortzahlung die Krankenkassen von der Krankengeldleistung weitgehend entlastete. So wurden sehr erhebliche Mittel frei für eine Ausweitung der Sach- und Dienstleistungen; auch der Gedanke der vorbeugenden Gesundheitssicherung erhielt einen höheren Stellenwert.

Zum spektakulärsten Projekt geriet hingegen die Rentenreform von 1972.[3] Sie entstand in einer einzigartigen Situation zwischen Boom (der Wirtschaft) und

3 Vgl. dazu Beitrag 7 in diesem Band.

Patt (im Bundestag) und Wahlkampf (wegen der vorzeitigen Parlamentsauflösung). Diese Konstellation führte dazu, dass die beiden Volksparteien sich sozialpolitisch zu überbieten suchten, koste es, was es wolle. So kam eine maßlos überfrachtete Novelle zustande. Die Union steuerte eine kräftige Erhöhung des Rentenniveaus bei. Die SPD setzte die »flexible Altersgrenze« durch, wonach die Versicherten schon mit 63 Jahren Altersruhegeld beantragen konnten, und zwar ohne die versicherungstechnisch an sich notwendigen Abschläge. Zudem wurde ein Mindestlohn in die Rentenberechnung eingebaut, der die frühere Lohndiskriminierung von Frauen nachträglich milderte, sofern sie mindestens 25 Versicherungsjahre aufweisen konnten. Die FDP verschaffte den Selbständigen äußerst günstige Möglichkeiten, sich in die Rentenversicherung einzukaufen. Kurz: Selten zeigt sich eine der Triebfedern sozialpolitischer Expansion – Wettbewerbsdruck und Erfolgszwang in demokratischen Wahlen – so deutlich wie in der Überbietungskonkurrenz des Jahres 1972. Doch alles zusammen war nicht solide finanzierbar. Die Politik zog damals einen Wechsel auf die Zukunft, der nur unter günstigsten Umständen beglichen werden konnte. Nicht 1957, sondern 1972 hat die Rentenpolitik schwer gegen das Gebot verstoßen, die Sozialversicherung auf Dauer krisenfest zu finanzieren.

Konsolidierung

In einem etwas respektlosen Vergleich hat Niklas Luhmann die Expansionsdynamik des Wohlfahrtsstaats mit dem Flug der Heuschrecke verglichen. So wie die Heuschrecke nicht aufhören kann zu fliegen, bis ihr die Glukose ausgeht, so bremse der Wohlfahrtsstaat die Sozialleistungsexpansion erst dann, wenn das Geld ausgeht.[4] An diesen Vergleich fühlt man sich beim Blick auf die Wendemarke des Jahres 1975 erinnert, an der der Wandel der gesamtwirtschaftlichen Rahmenbedingungen die Sozialpolitik eingeholt und ihren langfristigen Expansionstrend gebrochen hat. Es folgte ein Austeritätsjahrzehnt, in dem die Sozialleistungssysteme unter dem Druck von Konjunktureinbrüchen, hoher Arbeitslosigkeit, steigendem »Rentenberg« und einer »Kostenexplosion« im Gesundheitswesen hart an die Grenzen der Finanzierbarkeit gestoßen sind. So setzte 1975 die Tendenz zur Kostendämpfung ein, und sie beherrschte das sozialpolitische Feld Ende der siebziger und Anfang der achtziger Jahre schließlich ganz.

Der erste Kanzler, der den neuen Wind zu spüren bekam, war Helmut Schmidt. »Rentenlüge«, »Rentendebakel« – so und ähnlich lauteten die Schlagzeilen, die 1976 auf ihn niederprasselten. Was war geschehen? Die Regierung Schmidt kündigte nach der Bundestagswahl 1976 eine Verschiebung und Sen-

4 *N. Luhmann*, Staat und Politik. Zur Semantik der Selbstbeschreibung politischer Systeme, in: *ders.*, Soziologische Aufklärung, Bd. 4, Opladen 1987, S. 74–103, hier S. 101.

kung der nächsten Rentenanpassung an, obwohl sie vor der Wahl etwas anderes versprochen hatte. Eindringliche Warnungen finden sich in den Akten der Regierung schon Monate vor dem Wahltermin.[5] Daher wird man keineswegs sagen können, dass die gefährliche Lage der Rentenfinanzen sich erst nach der Wahl offenbart habe. Der Aufschrei der Empörung war so groß, dass die folgende Rentenanpassung dann doch regulär vorgenommen wurde. Dies erwies sich aber nur als ein kurzer Aufschub. In den nächsten Jahren wurde die Anpassung der Renten mehrmals verschoben bzw. in der Höhe vermindert.

Oft bediente sich der Sparkurs eher lautloser Techniken, die indirekt wirkten, indem z.B. nicht Leistungen gesenkt, sondern Leistungsvoraussetzungen verschärft wurden. Eine folgenschwere Methode lag in der Abwälzung von Leistungen und Lasten auf die Gemeinden. Damit ist eine optimistische Weichenstellung aus der Hoch-Zeit des Wirtschaftswunders wieder verschüttet worden. Damals, bei der Verabschiedung des Bundessozialhilfegesetzes 1961, galt Massenarmut dank Lohnsteigerung, Vollbeschäftigung und Ausbau der sozialen Sicherung als überwunden. Statt als das letzte soziale Netz massenhaft finanzielle Notlagen aufzufangen, sollte die Sozialhilfe künftig frei sein für die anspruchsvollere Aufgabe der individuellen Hilfe bei besonderen Lebenslagen. Davon ist wenig übriggeblieben, als wieder Kostenlawinen auf die Sozialhilfe überwälzt wurden, insbesondere Kosten von Dauerarbeitslosigkeit, von langfristiger Pflegebedürftigkeit oder von Altersarmut bestimmter Bevölkerungsgruppen ohne hinreichende Erwerbsbiographie (vor allem Frauen). Faktisch hat dies die Funktion der Sozialhilfe verändert; sie ist für eine die Zweimillionengrenze überschreitende Empfängerzahl (1985) wieder zum Instrument einer Grundsicherung auf existenzminimalem Niveau geworden. Da die Krise auf einem gegenüber der Weimarer Republik etwa versiebenfachten Volkseinkommen einsetzte, ist die soziale Situation gleichwohl nicht annähernd so brisant wie während der Großen Inflation und der Weltwirtschaftskrise.

Wollte man das Jahrzehnt der Sparpolitik genauer bilanzieren, so fiele das Ergebnis je nach der gewählten Perspektive unterschiedlich aus. Auf der Ebene der Aggregatzahlen ließe sich feststellen, dass es sich eher um eine Periode der Konsolidierung handelt als des sozialen Abbaus. Das Wachstum der Sozialausgaben hielt an, aber die jährlichen Wachstumsraten wurden nun enger als zuvor an das Wachstum des Sozialprodukts angepasst. Bei einer auf die einzelnen Kategorien der Sozialstaatsklientel gerichteten Perspektive würde man sehen, dass die Sparpolitik eine unterschiedliche Eindringtiefe hatte. Die ins Schlingern geratene Rentenversicherung sah sich so spürbaren und zudem so unsystematischen Eingriffen ausgesetzt, dass das Bundesverfassungsgericht ein deutliches Signal für angebracht hielt: Es dehnte den Schutzbereich des Eigentumsartikels

5 Nachtrag zum Wiederabdruck: Den Nachweis führt *W. Schmähl*, Sicherung bei Alter, Invalidität und für Hinterbliebene, in: Geschichte der Sozialpolitik in Deutschland seit 1945, hg. v. *Bundesministerium für Arbeit und Sozialordnung* u. *Bundesarchiv*, Bd. 6: Bundesrepublik Deutschland 1974–1982, hg. v. *M. H. Geyer*, Baden-Baden 2008, S. 393–514, hier S. 420–428.

unserer Verfassung auf Versichertenrenten und Rentenanwartschaften aus.[6] So unklar die praktische Bedeutung dieser Rechtsprechung im Einzelnen sein mag, so signifikant ist ihre grundsätzliche Aussage: In der gewandelten Sozialstruktur einer hoch industrialisierten Arbeitnehmergesellschaft hat die Verwandlung des (bürgerlichen) Eigentumsbegriffs in die Form von Sozialrechtspositionen verfassungsrechtliche Dignität und Garantie erhalten.

Aber die Kostendämpfung traf Arbeitslose, Sozialhilfeempfänger und Sozialarbeiter vergleichsweise härter als das große Heer der Rentner, das zwar vielfach untergliedert ist, im Ganzen aber zehn Millionen Wählerstimmen mit sich führte. Zwar liegt die größere Armut und insofern der größere Hilfsbedarf sozial »unten«, aber die entscheidenden Wählerschichten gehören zu jener breiten Arbeitnehmermitte, die die Finanzierungslast des Wohlfahrtsstaats trägt, weil er ihren Sicherungsinteressen ein hohes und im Zweifel das höhere politische Gewicht zumisst. Die Austeritätsphase lädt zum Studium der Frage ein, welche Klientel der Wohlfahrtsstaat ungestraft vernachlässigen konnte, welche nur unter bestimmten Bedingungen und welche nicht.

Neujustierungsbedarf

Ein weiterer Perspektivenwechsel bringt zum Vorschein, dass das überkommene sozialpolitische System nicht allein an Grenzen der Finanzierbarkeit gestoßen ist, sondern auch an Grenzen der gesellschaftlichen Integrationsfähigkeit. Dabei wird eine Reihe sozialgeschichtlicher Entwicklungsschübe sichtbar, die auf einen größeren Umbau drängen. Ich verweise in aller Kürze auf drei:

(1) Die deutsche Bevölkerung wird von einer doppelten Altersdynamik verändert, die darin besteht, dass es immer mehr alte Menschen und immer ältere alte Menschen gibt. Das treibt nicht nur die Kosten der Alters- und Gesundheitssicherung automatisch in die Höhe, sondern das stiftet auch ein neues Risiko, das im herkömmlichen Sozialleistungssystem eigentlich nicht vorgesehen war: langfristige Pflegebedürftigkeit. Hier ist noch einmal »Sozialpolitik erster Ordnung« gefragt, also das innovative Aufgreifen sozialer Problemlagen. Längst hat sich sonst »Sozialpolitik zweiter Ordnung« in den Vordergrund geschoben, wo es darum geht, die bereits bestehenden Leistungssysteme funktionsfähig zu halten und die von ihnen ausgelösten Wechselwirkungen zu bewältigen. Oder handelt es sich hier, da die doppelte Altersdynamik auch den langfristigen Folgen des Wohlfahrtsstaats zuzurechnen ist, sogar schon um »Sozialpolitik dritter Ordnung«?

Pflegehilfe wirft nicht nur ein schwieriges Finanzierungsproblem auf, sondern ebenso die Frage nach menschenwürdigen Formen der Hilfe. Der auch

6 Urteil vom 28.2.1980. Vgl. Entscheidungen des Bundesverfassungsgerichts, Bd. 53, Tübingen 1980, S. 257, 289–299.

aus anderen Gründen wachsende Bedarf an personenbezogenen Diensten hat einer alten Kritik an der Staatszentrierung der Sozialpolitik ein neues Gesicht gegeben: Wie weit und mit welcher Leistungskraft kleinere soziale Netze und Selbsthilfeinitiativen gegen die Tendenzen zur Verrechtlichung und Bürokratisierung, zur Zentralisierung und Monetarisierung der Sozialpolitik aktivierbar sind, das gehört zu den strittigen Reformthemen der Gegenwart.

(2) Es zeigen sich die Schattenseiten einer sozialen Sicherung, die sozusagen durch das Nadelöhr eines lebenslangen Normalarbeitsverhältnisses hindurchführt. Vor allem die Rentenversicherung ist auf dieses Leitbild des voll erwerbstätigen Arbeitnehmers zugeschnitten. Man muss nun nicht gleich das Menetekel einer »Zwei-Drittel-Gesellschaft« an die Wand zeichnen. Aber in einer Zeit, in der mit Dauerarbeitslosigkeit zu rechnen ist, in der Teilzeitarbeit und unregelmäßige Beschäftigung vordringen und im Dienstleistungssektor neue Kleinselbständigkeit entsteht (die daran erinnert, dass das soziale Schutzbedürfnis der kleinen Selbständigen in der Arbeitnehmergesellschaft zumeist nicht gut aufgehoben wurde, sondern links liegen blieb) – in einer solchen Zeit stellt sich die Frage nach dem Zusammenhang von Sozialstruktur und Sozialpolitik doch neu: als Frage nach einer Grundsicherung (außerhalb der Sozialhilfe) für Menschen, die sich nicht in Normalarbeitsverhältnissen befinden, so dass die Basis der späteren Rentenzumessung bedenklich klein bleibt.

(3) Spitze Zungen sprechen von einer »geschlechtsspezifischen Spaltung des Sozialstaats«. Daran ist zumindest soviel richtig, dass es typische Benachteiligungen von Frauen im Zugang zu sozialen Leistungen gibt. Dagegen stößt einer der größten sozialgeschichtlichen Bewegungsfaktoren unserer Zeit: die Gleichstellung der Frauen.

Gleichstellung mit wem? Es geht durchaus nicht nur um die Gleichstellung von Frauen und Männern, sondern auch um eine solche von Frauen und Frauen. So geraten z. B. Frauen, die ihre Erwerbstätigkeit unterbrechen, um Kinder zu erziehen, gegenüber ihren voll erwerbstätigen Geschlechtsgenossinnen in mehrfacher Hinsicht, vor allem rentenrechtlich, ins Hintertreffen. Für das traditionelle Konzept der Sozialversicherung ist die von Hausfrauen, Müttern oder bei der häuslichen Pflege geleistete Arbeit unerheblich. Sie begründet keine eigenständige soziale Sicherung und wirkt sich auf die (vom erwerbstätigen Partner) abgeleiteten Ansprüche nicht qualifizierend aus. Hier hat sich Änderungsbedarf aufgestaut: Sozialpolitik soll neben dem betrieblichen auch den häuslichen Arbeitsplatz anerkennen, soll die Wahl zwischen Familie und Beruf erleichtern, aber auch die Vereinbarkeit beider Optionen verbessern. Bei einer statistischen Wahrscheinlichkeit, dass jede dritte Ehe geschieden wird, kann das Sozialrecht auch nicht mehr im gleichen Maße wie früher auf die Sicherungsfunktion der Voll-Familie bauen.

Die Hochflut der Kürzungen im Sozialbereich ebbte mit dem Haushaltsbegleitgesetz 1984 ab. Das Austeritätsjahrzehnt kam im Übergang zu einer anhaltend steigenden Konjunktur zum Ende. Da man über Geschichte bekanntlich schlecht schreiben kann, solange sie noch qualmt, lassen sich die Konturen der jüngsten Bewegungs- und Gestaltungsphase nur andeutungsweise skizzieren. Erkennbar wird eine zunehmende frauen-, familien- und bevölkerungspolitische Ausrichtung der Sozialpolitik. Vor allem die Erziehung von Kindern ist in mehr als einer Hinsicht in den Rang einer sozialpolitisch erheblichen Qualifikation aufgerückt. Dies könnte der Anfang einer sozialrechtlichen Neudefinition des Arbeitsbegriffs sein, insofern er sich aus seiner Verengung auf die Erwerbsarbeit löst. Wie weit dieser Ansatz tragen wird, lässt sich noch nicht absehen.

Nachdem der Prosperitätsschleier zerrissen ist, der eine Reihe von Strukturproblemen der sozialen Sicherung lange so freundlich verhüllt hatte, sind in den großen Bereichen des Gesundheitswesens und der Alterssicherung neuerdings Umbauten begonnen worden, die durchaus den Namen »Strukturreform« verdienen. Wie immer man das heftig umstrittene Gesundheits-Reformgesetz 1988 im Einzelnen bewerten will, so fügt es doch neuartige Regulative ein, die die Steuerungsfähigkeit eines gigantischen Tummelplatzes von Interessen (der Ärzte, der Krankenhausbetriebe, der Gesundheitshandwerker, der Pharmaindustrie, der Geräteproduzenten der Hochtechnologie-Medizin …) erhöhen.

Wie notwendig das im Grundsatz ist, zeigt das Quantum Wahrheit in der polemischen Pointe, die Sozialversicherung sei ein »Selbstbedienungsladen« der Gesundheitsberufe. Oder sollte es, um ein kleines Illustrationsbeispiel herauszugreifen, der reine Zufall sein, dass Internisten mit eigener Röntgeneinrichtung ein Vielfaches an Röntgenleistungen veranlassen im Vergleich zu jenen Kollegen, die Röntgenuntersuchungen als Auftragsleistungen durchführen lassen? Das Gesetz versteht sich als Zwischenschritt. Der Gesetzgeber macht Miene, als nächstes den Umstand anzupacken, dass unter den mit sehr unterschiedlichen Risikostrukturen ausgestatteten Krankenkassen ein verzerrter, zu Preissteigerung treibender Wettbewerb herrscht.

Ohne das überkommene Konzept der Rentenversicherung zu sprengen, zeigt auch die 1989 verabschiedete »Rentenreform 1992« Elemente einer Strukturreform, darunter das Ziel einer »Selbststeuerung« als »Regelkreis« gegenüber demographischen und konjunkturellen Risiken. Hier hat eine sozialpolitische Großkoalition den in jeder Hinsicht interessanten Versuch unternommen, die Rentenversicherung für Jahrzehnte aus der Tagespolitik herauszunehmen. Da diese Versicherung als »Arche der Kontinuität« zwischen den Generationen[7] in besonderem Maße Verlässlichkeit braucht, kann man in diesem Versuch, den Wohlfahrtsstaat vom Parteienkonflikt abzuheben, einen bedeutsamen Fortschritt sehen. Oder ist es eher bedenklich, dass der demokratische Staat sich Entpolitisierungsexklaven schafft?

Die meisten Vorschriften dieser dritten Rentenreform in der Geschichte der Bundesrepublik sollen 1992 in Kraft treten. Freilich: Wie das Deutschland beschaffen sein wird, das dann in das Jahr Eins des Europäischen Binnenmarktes eintritt, lässt sich heute[8] so wenig absehen wie die Wirkungsdynamik des Sozialraums Europa auf die Sozialgeschichte und die Sozialpolitik.

7 *M. Stolleis*, Die Arche der Kontinuität, in: FAZ, 16.6.1989.

8 Bezogen auf das Jahr der Erstveröffentlichung 1990.

6. Vom Nutzen und Nachteil parlamentarischer Parteienkonkurrenz: Die Rentenreform 1972

Die Geschichte der Sozialpolitik verbindet Sozialgeschichte und Politikgeschichte. Welche Dimension dieser Doppelbeziehung in den Vordergrund tritt, hängt von der gewählten Perspektive ab. Die eine verweist auf soziale Verhältnisse, in die die Politik interveniert, die andere auf Entscheidungsverläufe, die über die Intervention nach Form und Inhalt bestimmen. Wendet man sich, wie dies im Folgenden geschieht, der politikgeschichtlichen Dimension zu, so ist wiederum zu unterscheiden: zwischen einer spezifisch sozialpolitischen Sphäre, in der Ideen und Interessen eigener Art aufeinander treffen, und dem politischen Umfeld, das die Sozialpolitik an zusätzliche Bedingungen binden und ihre Funktionszusammenhänge verändern kann.

Das Mischungsverhältnis zwischen solchen internen und externen Faktoren ist höchst variabel. In einer Verkettung von Umständen können externe Faktoren das Übergewicht gewinnen – bis hin zur Reduktion der sozialpolitischen Entscheidung auf eine bloße Symbolfunktion. Dafür bietet der Bruch der letzten parlamentarisch-demokratisch gebildeten Regierung der Weimarer Republik im Jahre 1930 ein berühmtes Beispiel. Sie zerbrach aus Anlass der Frage, ob der Beitragssatz für die Arbeitslosenversicherung um ein halbes Prozent erhöht werden solle oder nicht.[1] Die folgende Studie greift ein anders gelagertes Beispiel für eine ungewöhnlich dichte Verflechtung von allgemeiner Politik und Sozialpolitik auf. In ihrem Zentrum steht die – nach der Adenauerschen Rentenreform von 1957[2] – zweite große Rentenreform in der Geschichte der Bundesrepublik. Schon der Zeitpunkt ihrer Verabschiedung verweist auf exzeptionelle Umstände: Der Bundestag eröffnete die zweite Beratung am 20. September 1972 unmittelbar nach der Vertrauensfrage des Bundeskanzlers Willy Brandt, die zur vorzeitigen Parlamentsauflösung führte, und er verabschiedete das Reformpaket innerhalb jener 48 Stunden, die das Grundgesetz als Intervall zwischen dem Einbringen der Vertrauensfrage und der Abstimmung darüber vorsieht.[3]

Die zeitliche Platzierung lässt vermuten, dass das Hohe Haus schon weitgehend zur Wahlkampfarena umgebaut war und Sozialpolitik als Wahlpolitik

1 *H. Timm*, Die deutsche Sozialpolitik und der Bruch der großen Koalition im März 1930, Düsseldorf 1952.

2 Vgl. dazu den Beitrag 3 im vorliegenden Band.

3 Sten. Ber. 6. WP, S. 11578–11651 bzw. S. 11701–11713.

betrieb. Ganz außerordentlich war dabei, dass nicht die Vorlage der sozialliberalen Regierungskoalition, sondern die von der CDU/CSU-Opposition vorgelegte Fassung die parlamentarische Mehrheit fand und zum Gesetz erhoben wurde. Im April 1972 war der Versuch, den Vorsitzenden der Unionsfraktion, Rainer Barzel, mit einem konstruktiven Misstrauensvotum zum Kanzler zu wählen, knapp gescheitert. Daher gewann der spektakuläre Abstimmungssieg in der Rentenfrage nun demonstrativen Charakter. Als eine auf die legislatorische Ebene übertragene Variante des konstruktiven Misstrauensvotums rückte er die parlamentarische Schwäche der Regierung Brandt/Scheel ebenso ins Licht wie den Anspruch der Opposition, die ›eigentliche Regierung‹ zu sein. Bemerkenswert ist außerdem die gewaltige Größenordnung der (bis 1986 auf 186 Milliarden DM berechneten) Kosten des Reformpakets, ebenso der Optimismus, mit dem die Abgeordneten der Prognose langfristiger Vollbeschäftigung und rezessionsfreien Dauerwachstums folgten. Da der mit dem »Ölschock« 1973 verbundene große Knick in der wirtschaftlichen Entwicklung der Bundesrepublik nur wenig später einsetzte und die politischen Rahmenbedingungen tiefgreifend veränderte, lässt sich die Rentenreform 1972 als die Peripetie eines Politikverständnisses begreifen, das von Planungsoptimismus und Wachstumsdenken geprägt war.

Der Beginn der politisch-parlamentarischen Auseinandersetzung um die zweite große Rentenreform lag allerdings nicht in den turbulenten letzten Tagen der ersten Regierung Brandt/Scheel. Sie hatte die innenpolitische Polarisierung bereits seit dem »Machtwechsel« 1969 begleitet, anfangs eher verhalten, dann zunehmend heftiger. Zwar hielt in erster Linie das Pro und Contra um die neue Ostpolitik die Republik in Atem; hinzu traten schwere Kontroversen auf anderen Feldern, von der Wirtschafts- und Finanzpolitik bis zur Bildungspolitik. Es sollte aber nicht länger übersehen werden, dass die Eskalation des Parteienkonflikts auch die rentenpolitische Arena erfasste. Die Akteure maßen der Rentenreform eine so große strategische Bedeutung bei, dass sie Kontrastprogramme entwickelten und sich am Ende auf eine bizarre Überbietungskonkurrenz einließen. Was in dieser Arena zur Disposition stand, war eine Institution von enormem Gewicht: finanziell, politisch und auch lebensweltlich. Denn die meisten Bürger sind den größten Teil ihres Lebens unauflöslich an die gesetzliche Rentenversicherung gebunden – erst als Beitragszahler, dann als Leistungsempfänger. Die in der Parteienkonkurrenz 1972 hochgepeitschten Kosten brachten die »Arche der Kontinuität« zwischen den Generationen, wie Michael Stolleis die Rentenversicherung genannt hat, bald darauf ins Schlingern. Rettungsaktionen wurden notwendig, sonst drohte die Arche zu kentern.[4]

4 Für die vorliegende Studie konnten folgende Archivalien ausgewertet werden: Sitzungsprotokolle des Ausschusses für Arbeit und Sozialordnung des Deutschen Bundestages (PA BT); Sitzungsprotokolle der CDU/CSU-Fraktion (ACDP) und der SPD-Fraktion (AdsD) des Deutschen Bundestages; Nachlass des Staatssekretärs (1969–1971) im Bundesarbeitsministerium, Walter Auerbach (AdsD). Vor allem danke ich Ministerialdirektor a.D. Dieter Schewe für die Erlaubnis, seine reiche Sammlung wichtiger Materialien (Slg. Schewe) auszuwerten.

Die flexible Altersgrenze im Programm der inneren Reformen

Es begann mit Willy Brandts Regierungserklärung vom 28. Oktober 1969. Dieses Programm der »inneren Reformen« schuf zur legitimatorischen Überhöhung des Regierungswechsels Erwartungen im Übermaß,[5] wählte jedoch mit Blick auf die gesetzliche Rentenversicherung auffallend vorsichtige Worte. Die Bundesregierung werde »den schrittweisen Abbau der festen Altergrenze prüfen und sich bemühen, sie durch ein Gesetz über die flexible Altersgrenze zu ersetzen«. Zudem wolle sie die Rentenversicherung »für weitere Gesellschaftsgruppen« öffnen.[6] Die zurückhaltende Form dieser Ankündigung ergab sich aus der schwierigen Lage, in die die Rentenfinanzen während der Rezession von 1966/67 geraten waren. Hinzu kam die Aussicht auf einen kostenträchtigen »Rentenberg« – eine mit der Verschiebung der Altersstruktur der Bevölkerung steigende Rentenzahl –, dessen Gipfel in der zweiten Hälfte der siebziger Jahre bevorstand.[7] Zur Konsolidierung der Rentenfinanzen und zur Überwindung des Rentenbergs hatte die Große Koalition die Beitragssätze zur Rentenversicherung kräftig erhöht: auf 15 Prozent für 1968, 16 Prozent für 1969, 17 Prozent ab 1970, und in ihrem Endspurt steigerte die Große Koalition den Beitragssatz prophylaktisch ein weiteres Mal auf 18 Prozent ab 1973. Brandts Regierungserklärung fügte sich in die Kontinuität dieses Versuchs, die Rentenfinanzen langfristig zu konsolidieren. Auch die Ankündigung, die ursprünglich als typische Arbeitnehmersicherung konzipierte gesetzliche Rentenversicherung für »weitere Gesellschaftsgruppen« zu öffnen, atmete nichts vom Pathos des Neuanfangs. Hier ging der Konsens zwischen allen Parteien schon weit: Es wurde nicht mehr das Ob, sondern nur noch das Wie einer Ausdehnung des Kreises der Rentenversicherten diskutiert.[8]

Einen eigenen Akzent setzte der sozialdemokratische Koalitionspartner jedoch mit dem programmatischen Hinweis auf eine Flexibilisierung der Altersgrenze, die seit 1916 im Regelfall starr auf 65 Jahre fixiert war.[9] Damit griff die Bundesregierung eine Gewerkschaftsforderung auf, die im DGB-Aktionsprogramm von 1965 – »die allgemeine Altersgrenze in der Rentenversicherung ist

5 *W. Jäger*, Die Innenpolitik der sozialliberalen Koalition 1969–1974, in: *K. D. Bracher* u. a., Republik im Wandel 1969–1974. Die Ära Brandt, Stuttgart 1986, S. 24.

6 Sten. Ber. 6. WP, 28.10.1969, S. 30.

7 Nachtrag zum Wiederabdruck: Dabei handelte es sich nicht um die langfristige demographische Transition, die heute zu den größten Herausforderungen des Sozialstaats zählt, sondern um Spätfolgen der Weltkriege. Vgl. dazu den Beitrag 13 im vorliegenden Band.

8 *D. Schewe*, Zehn Thesen zur Öffnung der Rentenversicherung für Selbständige, in: Sozialer Fortschritt 18 (1969), S. 30 f.

9 Abgesehen von Berufs- und Erwerbsunfähigkeitsrenten gab es vor der Reform von 1972 zwei Sonderregelungen für Altersruhegeld ab dem 60. Lebensjahr: nach einem Jahr ununterbrochener Arbeitslosigkeit sowie für Frauen, die in den letzten 20 Jahren überwiegend versicherungspflichtig tätig gewesen waren.

stufenweise auf 60 Jahre herabzusetzen« – eine noch eher untergeordnete Rolle spielte. Nachdem die Große Koalition mit dem Gesetz über die Lohnfortzahlung für Arbeiter im Krankheitsfall eines der herausragenden sozialpolitischen Gewerkschaftsziele erfüllt hatte, rückte der DGB indessen im Bundestagswahlkampf 1969 die Frage der flexiblen Altersgrenze im Katalog der sozialpolitischen Forderungen weit nach oben und setzte sie im Bereich der Alterssicherung an die Spitze der Prioritäten.[10] Jene, wenn auch betont vorsichtige, Zusage in der Regierungserklärung entsprach mithin nicht allein einem sozialdemokratischen Reformprogramm,[11] sondern war auch als ein Element des Werbens um die Sympathie des Gewerkschaftsbundes gedacht. Dieser wahrte zur neuen, kleinen Koalition zunächst durchaus kühle Distanz. Denn mit der FDP nahm nun eine zum sozialpolitischen Bremsen neigende Kraft Platz auf der Regierungsbank. Vor allem lehnten die Liberalen jede Ausweitung der paritätischen Mitbestimmung kategorisch ab und somit nichts weniger als den Kern der gewerkschaftlichen Gesellschaftspolitik. Den Verzicht auf entsprechende Initiativen musste die SPD gleichsam als Geschäftsgrundlage der sozialliberalen Koalition hinnehmen.

Dies brachte die SPD gegenüber dem DGB in Zugzwang. Um ihm auf andere Weise entgegenzukommen, schob sie die rentenpolitisch wichtigste Gewerkschaftsforderung in die Regierungserklärung. Auch die personelle Spitze des Bundesarbeitsministeriums wurde ganz im Zeichen der Absicht gewählt, das Kabinett bei den Gewerkschaften attraktiver zu machen. Ernst Schellenberg, seit langem der führende Sozialexperte der SPD, ein Mann ohne eigentliche Hausmacht, aber eine in den Reihen der sozialdemokratischen Bundestagsfraktion – dank meisterlicher Fachkenntnis, unerhörter Arbeitsleistung und taktischer Raffinesse – dominierende Gestalt, sah sich zu seiner anfangs wohl großen Enttäuschung übergangen. Er behielt aber als Vorsitzender des Bundestagsausschusses für Arbeit und Sozialordnung eine mächtige Position. Statt seiner kam Walter Arendt zum Zuge, sozialpolitisch bisher nicht sonderlich hervorgetreten, aber als Vorsitzender der IG Bergbau und Energie (1964–1969) besser geeignet, die enge Verbundenheit von Gewerkschaften und Sozialdemokratie zu bekräftigen.

Der neue Minister gab dem Reformvorhaben ›flexible Altersgrenze‹ sogleich auch hohe persönliche Priorität, zumal das ihm gut vertraute Sozialrecht der Bergarbeiter ähnliche Regelungen schon kannte. Zudem ergab sich so ein erwünschter Kontrast zur Position der auf die Oppositionsbänke verwiesenen

10 Vgl. das DGB-Aktionsprogramm 1965, die am 18.9.1969 veröffentlichten »DGB-Vorstellungen zur Herabsetzung der Altersgrenze« sowie die am 22.10.1969 publizierte »Erklärung des DGB an die neue Bundesregierung«, in: *M. Richter* (Hg.), Die Sozialreform. Dokumente und Stellungnahmen, Bad Godesberg o. J. (Loseblattsammlung).

11 Zum 1965 veröffentlichten »Volksversicherungsplan«, der unter Schellenbergs Leitung das Godesberger Parteiprogramm in einem wichtigen Punkt zu Makulatur machte, vgl. *R. Bartholomäi*, Der Volksversicherungsplan der SPD, in: *ders.* u. a. (Hg.), Sozialpolitik nach 1945. Geschichte und Analysen, Bonn 1977, S. 161–171. Dieser Plan sah für die Altersgrenze vier Wahlmöglichkeiten vor.

CDU/CSU. Sie hatte mitten im Wahlkampf 1969 in schöner Offenheit erklärt, eine Herabsetzung der Altersgrenze sei auf lange Zeit aus Kostengründen unmöglich.[12] Die FDP hatte sich demgegenüber aus Desinteresse oder Vorsicht in Schweigen gehüllt.

Wie Minister Arendt im Februar und Oktober 1970 bilanzierte, erwies sich die flexible Altersgrenze als ein schwieriges Vorhaben, so dass eine Gesetzesvorlage nicht schon im Verlauf dieses Jahres zu erwarten sei.[13] Er richtete in seinem Ministerium eine besondere Arbeitsgruppe ein, welche die finanziellen, arbeitsmarktpolitischen und volkswirtschaftlichen Wirkungen unterschiedlicher Lösungsmodelle untersuchte. Um die Wünsche, Absichten und Verhaltensweisen der Versicherten genauer kennenzulernen, ließ er eine demoskopische Studie in Auftrag geben.[14] Noch sah er sich auch an die vorsichtige Diktion der Regierungserklärung gebunden. Das Ziel müsse zwar sein, so meinte er, dass die Arbeitnehmer zwischen ihrem 60. und 68. Lebensjahr selbst entscheiden können, ob sie Rente beziehen oder weiterarbeiten wollen. Aber höchstwahrscheinlich werde das einstweilen nur für die Spanne zwischen dem 64. und 66. Jahr oder zunächst nur für bestimmte Gruppen von Arbeitnehmern erreichbar sein. Neben der Kostenproblematik gab es auch koalitionsinterne Divergenzen zu beachten. Von den zuständigen Beamten des Ministeriums hierbei kräftig unterstützt, lehnten die Sozialpolitiker der SPD es ab, die vorgezogene Rente mit versicherungsmathematischen Abschlägen zu verbinden: Arbeitnehmer mit durchschnittlicher Erwerbsbiographie könnten auf den ihnen so entgehenden Teil der Rente nicht verzichten und seien ihrer Wahlfreiheit dann also faktisch wieder beraubt.[15] Dagegen favorisierte die FDP solche – Kostenneutralität bewirkenden – Abschläge oder aber Zuschläge für die, die trotz Rentenberechtigung weiterarbeiten. Sonst laufe das Ganze auf eine Herabsetzung und nicht auf eine Flexibilisierung der Altersgrenze hinaus.

Im Ganzen zeigte die FDP nur mäßiges Interesse an diesem von Arendt als »historisches Vorhaben« betrachteten Programmpunkt. Viel mehr lag ihr an dem anderen Punkt, der »Öffnung« der Rentenversicherung. Hier ging es nicht

12 Sozialpolitisches Schwerpunktprogramm der CDU/CSU-Bundestagsfraktion für die VI. Legislaturperiode (20.8.1969), in: *Richter,* Sozialreform.

13 Reden Walter Arendts vor dem Ausschuss für Arbeit und Sozialpolitik des Bundesrates am 20.2.1970 und vor der Bundesarbeitnehmerkonferenz der SPD am 10.–11.10.1970 (Nachlass Auerbach, AdsD). Das eng kooperierende Trio an der Spitze des Ministeriums umfasste neben Arendt den aus Schellenbergs Schule stammenden Parlamentarischen Staatssekretär Helmut Rohde und den beamteten Staatssekretär (ab 1.5.1971) Herbert Ehrenberg.

14 Zum Ergebnis dieser von Infas im Spätsommer 1970 durchgeführten Erhebungen vgl. *K. Schenke,* Die Einführung einer flexiblen Altersgrenze in der Meinung der Versicherten, in: BABl, 1972, S. 19–25. Das legislatorische Resultat ist davon nicht ersichtlich beeinflusst worden.

15 Das Ministerium sah wie auch das spätere Gesetz vor, dass die Rente ab 63 wegen der zwei ausfallenden Beitragsjahre (rentenformelbedingt) um durchschnittlich 5,6 % niedriger ausfiel; versicherungsmathematische Abschläge würden – vor allem wegen der längeren Rentenlaufdauer – eine weitere Kürzung von rund 10 % bewirken.

um Belange typischer Arbeitnehmer – sie waren längst Pflichtmitglieder der Rentenversicherung –, sondern um Interessen von Gruppen wie Groß- und Einzelhändler, Fabrikanten, rechts-, wirtschafts- und steuerberatende freie Berufe, somit auch um die Wählerklientel der FDP. Öffnete man ihnen die Tore der Rentenversicherung, so ließ sich das bei entsprechenden Konditionen zu einer sehr attraktiven Sache gestalten. Umgekehrt beobachtete der DGB solche Öffnungstendenzen mit höchstem Misstrauen. Er befürchtete eine Belastung der Pflichtversicherten durch die für Selbständige ausgehandelten Beitrittsbedingungen. Eine Mittelstandsubvention auf Kosten von Arbeitnehmerbeiträgen? Schon der Gedanke brachte den Gewerkschaftsbund in Wallung. Zu Recht hob Arendt im Februar 1970 also die »Schwierigkeit« auch dieses Vorhabens hervor, und er hoffte bedächtig, »daß wir in dieser Legislaturperiode wenigstens einen ersten Schritt vorankommen«.

So gingen die Dinge langsam voran, bis im März 1971 ein Ereignis eintrat, das die Situation schlagartig veränderte. Vorgelegt wurde der jährliche Rentenanpassungsbericht mit einer (seit 1969 gesetzlich vorgeschriebenen) langfristigen Prognose (fünfzehn Jahre) der Entwicklung der Rentenfinanzen. Zur allgemeinen Verblüffung versetzte diese Prognose die Lage der Rentenversicherung aus beschwerlicher Enge ins helle Licht des Überflusses: Bis 1985 werde sich ein gesetzlich nicht gebundener, mithin frei verfügbarer Überschuss von 100 Milliarden DM ansammeln. Wer ungläubig staunte, musste zur Kenntnis nehmen, dass die Voraussage in einem Abstimmungskreis entstanden war, dem nicht nur Vertreter der einschlägigen Ministerien und des Bundeskanzleramts angehörten, ferner des Bundesversicherungsamts, des Verbandes Deutscher Rentenversicherungsträger und der Bundesversicherungsanstalt für Angestellte, sondern auch Vertreter solcher Respektsinstitutionen wie Bundesbank und Bundesrechnungshof. Selbstverständlich war die Vorausschätzung rechnerisch korrekt – mit einer Kalkulationsgrundlage, auf die eine im Herbst 1969 einsetzende explosive Lohnentwicklung in Verbindung mit Überbeschäftigung und steigenden Beitragssätzen ebenso einwirkte wie die Projektion günstiger makroökonomischer Größen in die Zukunft. Ebenso selbstverständlich blieb ein Risiko, wollte man eine solche Prognose zur Basis gesetzlicher Regelungen machen. So riet z. B. der Sozialbeirat – ein unabhängiges Sachverständigengremium, das seit der Einführung der dynamischen Rente im Jahre 1957 in das jährliche Rentenanpassungsverfahren eingeschaltet ist – zur Vorsicht. Zwar lägen alle Annahmen »im Bereich des wahrscheinlich Erreichbaren«, aber da die »Möglichkeit auch nur einer Wachstumspause« aus der Kalkulation herausgelassen sei, könne niemand ausschließen, dass ein zu optimistisches Bild gezeichnet sei.[16]

16 Rentenanpassungsbericht 1971 und Gutachten des Sozialbeirats (BT Drs. VI/2040), hier S. 99. Zur damaligen Diskussion um die den Berechnungen zugrundeliegenden Annahmen und Schätzungsverfahren vgl. *H. Hensen*, Finanzielle Auswirkungen des Rentenreformgesetzes, in: BABl 1973, S. 163–168. Im Folgenden werden die Überschusswerte immer in der Höhe genannt, die sich nach Abzug der gesetzlichen Rücklageverpflichtungen ergaben.

Unter dem Wettbewerbsdruck und Erfolgszwang parlamentarischer Parteienkonkurrenz übte das Bild der vollen Rentenkassen hingegen auf viele politische Akteure eine unwiderstehliche Anziehungskraft aus – zumal man den Umgang mit Größenordnungen kumulativer Einnahmen- und Ausgabensalden von fünfzehn künftigen Jahren bislang nicht gewohnt war und der Prognose-Auftrag des Gesetzgebers keine Variantenstreuung vorsah, sondern nur die Lieferung eines einzigen Endwerts. Den bildeten nun jene l00 Milliarden DM. Der Verteilungskampf setzte unverzüglich ein und verband sich mit einem Kampf um die Ausgestaltung und den Vorrang alternativer Reformprogramme. Denn mit Aplomb hatte inzwischen auch die Opposition die Arena betreten.

Die Opposition als Mitregent?

Der Verlust der Regierungsmacht traf die Unionsparteien 1969 wie ein Schock. Auf der tastenden Suche nach einem neuen Rollenverständnis setzte sich zunächst die von Rainer Barzel repräsentierte Linie durch, die darauf zielte, die Bundestagsfraktion zum Handlungs- und Entscheidungszentrum der Unionsparteien auszubauen, was zu einer Verstärkung ihres gesamten organisatorischen und technischen Apparats wie auch des wissenschaftlichen Mitarbeiterstabs führte. Auf dieser Basis sollte die Fraktion dann legislatorische Initiativen in Fülle entfalten, um die Koalition in die Defensive zu drängen. So sollte sichtbar und spürbar werden, dass sie nicht nur die numerisch stärkste Parlamentsfraktion sei, sondern auch in der Gesetzesarbeit fundierter und womöglich schneller als die Bundesregierung. Die Opposition als Mitregent, als »Regierung ohne Ministerien«: das war als Wegweiser für die schnellstmögliche Rückkehr zur Regierungsmacht gedacht. Angesichts der dünnen Mehrheitsdecke der Regierungskoalition und einer Serie von Landtagswahl-Erfolgen der CDU im Verlaufe des Jahres 1970 erschien dieses Kalkül nicht aussichtslos.

Es mag sein, dass diese Strategie, wie oft tadelnd vermerkt worden ist, in der Weigerung wurzelte, die Rolle der parlamentarischen Opposition als selbstverständlich zu akzeptieren. Auffällig ist aber auch eine Parallele zu jener Definition, mit der Kurt Schumacher 1949 das »Wesen der Opposition« bestimmt hatte – als den permanenten Versuch, der Regierung mit konkreten Vorschlägen »den positiven Gestaltungswillen der Opposition aufzuzwingen«.[17] Dies hatte die Sozialdemokratie in den fünfziger Jahren gerade auch auf sozialpolitischem Gebiet immer aufs Neue versucht – bis sie lernte, dass sozialpolitische Wohltaten, auch wenn sie sich weitgehend dem oppositionellen Druck verdanken, vom Wähler den Regierenden gutgeschrieben werden. Nach Adenauers Triumph in der Bundestagswahl 1957 diskutierte die SPD daher sehr zwiespältig über den Nutzen parlamentarischer »Knochenarbeit«. Manche, wie der Hamburger Ab-

17 Sten. Ber. 1. WP, 20.9.1949, S. 32.

geordnete Helmut Schmidt, hielten die »generelle Empfehlung« für klüger, »keinerlei komplizierte Initiativgesetze auszuarbeiten«.[18] Schellenberg sah sich geradezu von einem Trauma verfolgt: Der von ihm gesteuerte, massive Einsatz der SPD-Bundestagsfraktion für die Rentenreform von 1957 habe Adenauer zur absoluten Mehrheit verholfen. Er zog daraus die Konsequenz eines Stilwandels sozialpolitischer Oppositionsarbeit; sie unterließ nun mehr, wartete ab und verzögerte auch, setzte die Regierung weniger unter Erfolgsdruck.[19]

Ganz anders also, mit zuweilen berserkerhaften Zügen, verfuhr nun die Unionsfraktion. Im Ansturm konkurrierender Gesetzesinitiativen erhob sie die Rentenpolitik zu einem Schwerpunkt. Sie setzte hierfür eine besondere Arbeitsgruppe unter Leitung des früheren Bundesarbeitsministers Hans Katzer ein, den zugleich ein neu eingerichteter Planungsstab der CDU/CSU-Fraktion unterstützte. Um auch bei hochkomplizierten Fragen langfristiger Kostenberechnung eigenständig handeln zu können, nahm sie die Dienste eines renommierten versicherungsmathematischen Instituts in Anspruch. Im Zahlenstreit um Finanzierungsfragen konferierten Arendts und Katzers Stäbe mitunter so, als träten Ministerium und Schattenministerium in Verhandlungen ein. Kürzlich noch selbst Ressortchef, konnte Katzer einstweilen auch von seinem Amtswissen und mancherlei aus den Amtsstuben mitgenommenen Unterlagen zehren; auch verstummten nicht sogleich alle Beamten, wenn ihr früherer und womöglich künftiger Chef informelle Informationen oder Hilfe brauchte.

So gelang es dann auch der Opposition, die erste rentenpolitische Gesetzesvorlage einzubringen, und zwar zur Öffnung der Rentenversicherung für Selbständige (Mai 1971). Schellenberg bewertete das intern als lästigen »Versuch, vor der Regierungsvorlage Propaganda bei den Selbständigen zu machen«.[20] Ihren entscheidenden Vorstoß setzte die Union jedoch an einer anderen, für die Regierungskoalition viel gefährlicheren Stelle an. Um das nachvollziehen zu können, muss man sich zunächst mit einer Eigentümlichkeit des seit 1957 praktizierten Rentenanpassungsverfahrens vertraut machen. Die Sätze der jährlichen Anpassung folgten der Bewegung der Löhne mit einem Abstand von drei bis vier Jahren. Dieser »time-lag«, wie es in der Ära des *fine tuning* neuerdings hieß, war volkswirtschaftlich nicht unvernünftig, weil daraus antizyklische Wirkungen entstehen konnten. In der Rezession von 1966/67 stützte die frühere Lohnzuwächse nachholende Rentenanpassung einen Teil der Verbrauchernachfrage. Während der von 1969 bis 1972 ganz ungewöhnlich stark um etwa 40 Prozent hochgetriebenen Lohnbewegung fielen die Renten dagegen weit zurück. Die Schere öffnete sich noch mehr, da nun gerade die Spätfolgen der Rezessions-

18 *K. Günther*, Expressiver Konflikt und instrumentelle Kooperation im Modell personalisierter Parteienverflechtung, in: *A. Schildt* u. *A. Sywottek* (Hg.), Modernisierung im Wiederaufbau. Die westdeutsche Gesellschaft der 50er Jahre, Bonn 1993, S. 791–804, hier S. 802.

19 *H.-J. v. Berlepsch*, »Sozialistische Sozialpolitik«? Zur sozialpolitischen Konzeption und Strategie der SPD in den Jahren 1949 bis 1966, in: *K. Tenfelde* (Hg.), Arbeiter im 20. Jahrhundert, Stuttgart 1991, S. 461–482.

20 Fraktionsprotokoll, 21.9.1971 (AdsD).

löhne die Renten erreichten. Der Anpassungssatz lag 1971 mit 5,5 Prozent etwa so hoch wie die Inflationsrate.

Hier setzte nun die Unionsinitiative an, indem sie eine allgemeine Erhöhung des Rentenniveaus zum wichtigsten Ziel der Rentenpolitik erklärte. Sie eröffnete die Offensive im Juni 1971, als der Bundestag über die im kommenden Jahr anstehende Rentenanpassung zu befinden hatte. Statt der sich aus der Rentenformel ergebenden 6,3 Prozent forderte sie 11,3 Prozent. Das war keine frei gegriffene Größe, sondern Teil einer Konstruktion, die jenen time-lag künftig um ein halbes Jahr verkürzen sollte. Wie fühlbar das die Relation zwischen den Einkommen der Erwerbstätigen und denen der Rentner zu deren Gunsten verschob, zeigen die massiv sich auftürmenden Kosten: Von den in der Ferne winkenden 100 Milliarden DM schöpfte allein dieser Unionsantrag 52 Milliarden DM ab.

Was Schellenberg, ein leidenschaftlicher Debattenredner, im Plenum als ein auf Publikumswirkung berechnetes »durchsichtiges Propagandamanöver« geißelte,[21] vertrat Katzer fraktionsintern mit dem Argument, der Sinn der dynamischen Rente liege eben nicht nur im Ausgleich der Geldentwertung, sondern auch in der Teilhabe am Produktivitätsfortschritt. Einer Erhöhung des Rentenniveaus den Vorrang vor der flexiblen Altersgrenze zu geben, sei zudem logisch, denn auf dem niedrigeren Niveau könne sich kaum einer ein früheres Ausscheiden aus dem Erwerbsleben leisten. Der Aufbau eines alternativ darstellbaren Reformkonzepts war freilich von vornherein auch mit der Suche nach Startvorteilen im 1973 anstehenden Bundestagswahlkampf verbunden. Franz Josef Strauß, der Katzers Initiative intern stark stützte, machte diesen Zusammenhang den Fraktionskollegen eindringlich klar. Jene Milliarden-Überschüsse seien zwar seiner Meinung nach auf inflationärem Sand gebaut, aber schwebe eine solche Zahl erst einmal in der Luft, so begännen »alle möglichen Verteilungskünstler« sich Gedanken zu machen, wie man die Summen möglichst wahlwirksam in das Jahr 1973 einbauen könne. Die Gegenseite setze offenbar auf die flexible Altersrente als »Wahlschlager für 73«. Die Union sei dagegen gut beraten, die Kaufkraft der Rentner zu heben. Wie Strauß einräumte, war dies konjunkturpolitisch nicht unbedenklich, aber er konnte darauf verweisen, dass der seit dem Vorjahr erhobene (rückzahlbare) Konjunkturzuschlag auf die Lohn- und Einkommensteuern im Juni 1971 auslief, was mehr Kaufkraft freisetzte als die beabsichtigte Aufstockung des Rentenanpassungssatzes. Man müsse, folgerte er, die Konjunkturpolitik ja nicht unbedingt auf dem Rücken der Rentner austragen.[22]

21 Sten. Ber. 6. WP, 23.6.1971, S. 7557.

22 Fraktionsprotokoll, 15.6.1971 (ACDP). Bei Katzer spielte anfangs auch die Überlegung eine Rolle, es komme am Ende teurer, wenn man zuerst eine großzügige Flexibilisierung der Altersgrenze einführe und danach einem (u. a. gewerkschaftlichen) Dauerdruck zur Erhöhung des Rentenniveaus ausgesetzt sei. Bei der umgekehrten Reihenfolge könne man im Maße des Finanzierungsspielraums selektiv verfahren und z. B. zunächst nur bestimmte Berufsgruppen in die Flexibilisierung einbeziehen. Vgl. Fraktionsprotokolle vom 14.12.1971 und 6.6.1972 (ACDP).

Dass der Unionsantrag »uns zweifellos in eine schwierige Situation« bringt, erkannten die Vordenker der sozialdemokratischen Fraktion sofort. Ihn zu akzeptieren, hätte den Finanzierungsspielraum für die mit dem eigenen Gütesiegel versehenen Vorhaben viel zu sehr eingeschnürt. Ihn abzulehnen, war nach dem kleinen Einmaleins des politischen Geschäfts aber auch nicht ungefährlich. Herbert Wehner rechnete vor: »Die vorgesehene Einführung der flexiblen Altersgrenze trifft keinen unmittelbar, während von einer Erhöhung zwölf Millionen Rentner betroffen werden«.[23] Ganz stimmte das zwar nicht, denn 1973 erfüllten schon einige hunderttausend Arbeitnehmer die in Arendts Umkreis ausgearbeiteten Bedingungen für die Wahl des Rentenbeginns, und die Zahl der Rentner war um gut zwei Millionen zu hoch gegriffen. Aber was Wehner meinte, war hinreichend klar. Am Ende verknüpfte die Regierungskoalition die Ablehnung der Unionsinitiative mit der Öffnung einer über die beiden Punkte der Regierungserklärung deutlich hinausführenden, größeren Reformperspektive und beauftragte die Bundesregierung, alsbald den Entwurf für ein »zweites Rentenreformgesetz« vorzulegen. Zugleich kündigte auch die Unionsfraktion weitere Gesetzesvorlagen an.

Im Sog der vollen Kassen hatte die Parteienkonkurrenz somit zu einer – 1969 von niemandem vorausgesehenen oder gar geplanten – Ausweitung des sozialpolitischen Aktionsfeldes geführt. Erstmals war nun auch der Begriff einer »zweiten Rentenreform« eingeführt, womit der Anspruch angemeldet war, ein dem epochalen Charakter der Rentenreform von 1957 kongeniales Werk zu vollbringen. Hatte Schellenberg in der Plenardebatte über den Unionsantrag den Radius der Erweiterung erst vorsichtig angedeutet, so stellte ein im Juli 1971 als »Arendt-Plan« veröffentlichtes Fünf-Punkte-Programm das erweiterte Vorhaben genauer vor: Wahlfreiheit für langjährig Versicherte, schon mit 63 oder 64 Jahren Rente zu beziehen; Anhebung bestimmter Kleinrenten; Einführung eines »Baby-Jahres« für rentenversicherte Frauen; Öffnung der Rentenversicherung – nicht nur für Selbständige, sondern auch für mithelfende Familienangehörige und für Hausfrauen; Versorgungsausgleich bei Ehescheidungen.[24] In den folgenden Monaten nahm ein Referentenentwurf[25] den auf dem Wege zum Kabinettsentwurf üblichen Besprechungsverlauf in Kontakt mit den Spitzenverbänden, den beteiligten Bundesressorts, den Versicherungsträgern und den Ländern. Sodann verabschiedete das Bundeskabinett im Oktober 1971 den Entwurf eines »Rentenreformgesetzes«, das die genannten fünf Schwerpunkte

23 Fraktionsprotokoll, 15.6.1971 (AdsD).

24 Der zuletzt genannte Punkt stand mit der Reform des Ehe- und Familienrechts in Verbindung. Da diese Reform in der laufenden Wahlperiode nicht mehr zustande kam, vielmehr nach zähem parlamentarischen Ringen erst 1976, wurde der Punkt (»Rentensplitting«) während der parlamentarischen Ausschussphase aus den Beratungen herausgenommen. Im Folgenden wird dieser Reformaspekt nicht weiter beachtet.

25 Der 288 Seiten umfassende Referentenentwurf vom 20.7.1971 im Nachlass Auerbach (AdsD). Auerbach setzte sich besonders entschieden dafür ein, die Rentenversicherung ohne jede Belastung der pflichtversicherten Arbeitnehmer zu öffnen.

enthielt. Es sollte am 1. Januar 1973 in Kraft treten und nahm von den 100 Milliarden des Vorausschätzungszeitraums etwa 93 Milliarden DM in Anspruch.[26]

In den Vorgesprächen stellte der Vertreter des Bundesministeriums für Wirtschaft und Finanzen, das seit dem Rücktritt Alex Möllers im Mai 1971 in der Hand Karl Schillers vereinigt war, mit monierendem Unterton fest, die Konzeption des Gesetzes überschreite den Rahmen der Regierungserklärung. Bei der Vorausschätzung der Überschüsse, auf die der Entwurf baue, sei eine »den Lohnboom ausgleichende Periode schwacher Lohnentwicklung« nicht enthalten. Angesichts der hohen Preissteigerungsraten erschien ihm auch die rentenpolitische Erhöhung der Gesamtnachfrage bedenklich. Dem hielt das Arbeitsressort entgegen, dass es sich – wegen der Beitragssteigerung auf 18 Prozent ab 1973 – eher um eine Umschichtung der Nachfrage handele. Im Übrigen würden ähnliche Ausgaben auch nach den CDU/CSU-Anträgen entstehen, »also politisch unvermeidbar« sein. Die Ministerialbeamten des Arbeitsressorts hoben aber auch ihrerseits hervor, dass der Gesetzesentwurf bis nahe an die Grenze des Finanzierbaren gehe; ein Spielraum für weitere Reformvorschläge bestehe nicht mehr.[27]

Die FDP wünschte einige Modifikationen. Man kam überein, sie nachträglich in die erste parlamentarische Beratung einzufädeln. Dabei handelte es sich um mehr Vergünstigungen für Selbständige, die – um die Gewerkschaften möglichst wenig zu provozieren – vor allem steuerlich finanziert werden sollten, sowie um Zuschläge zur Rente als Anreiz zur Weiterarbeit nach dem 65. Lebensjahr. Hiergegen stemmten sich maßgebliche Beamte des Arbeitsressorts ebenso heftig wie manche SPD-Politiker. Das laufe, so argumentierten sie, auf eine Benachteiligung der typischen Arbeitnehmer hinaus – allein schon, weil Industriearbeiter in diesem Alter kaum geeignete Arbeitsplätze finden könnten. Schellenbergs Regie gestand der FDP jedoch dieses Petitum zu, um »versicherungsmathematische Abschläge zu vermeiden und das Gesetz so zügig wie möglich zu verabschieden«.[28] Im Übrigen erhoben die FDP-Sozialpolitiker die Frage der Zuschläge zur »Koalitionsfrage«, womit sie meinten, die Sache könnte nur in einem Gespräch der Koalitionsspitzen anders entschieden werden.[29]

26 BT Drs. VI/291, S. 6. Die Schätzung belief sich für die flexible Altersgrenze auf 66 Mrd., für das »Babyjahr« auf 14 Mrd., für die Anhebung der Kleinrenten auf 13 Mrd. DM. Der Begründungsteil wies kurz auf einen demoskopischen Befund hin: Mehr als 80 % der Befragten – die älteren Jahrgänge überwiegend unter Hinweis auf die nachlassende Leistungsfähigkeit im Alter – sprachen sich für eine Regelung aus, wonach schon vor dem 65. Jahr Altersruhegeld bezogen werden kann; die Entscheidung des Einzelnen hänge aber wesentlich von der Höhe der dann erreichten Rente und dem nebenher möglichen Arbeitsverdienst ab.

27 Ausarbeitung des BMWF: »Volkswirtschaftliche Grenzen für die sozialpolitischen Reformvorschläge des BMA«, 20.8.1971; undatierter Sprechvermerk für den Bundesarbeitsminister (Slg. Schewe).

28 Fraktionsprotokoll, 14.12.1971 (AdsD).

29 Vermerke über Besprechungen zwischen den Sozialpolitikern der Koalitionsfraktionen am 15.10. und 5.11.1971 (Slg. Schewe).

Unterdessen hatte auch die Unionsfraktion ihre Anstrengungen forciert, weitere Gesetze zu entwerfen. Wenige Tage nach der Publikation des »Arendt-Plans« gab Katzer das »Rentenprogramm der Union« bekannt. Es lag dann im September 1971 in Form dreier Gesetzesentwürfe gebündelt vor. Zentrales Element war wiederum die Anhebung des allgemeinen Rentenniveaus, nun in der technischen Form der Vorverlegung des jährlichen Termins der Rentenanpassung um ein halbes Jahr, demnächst also schon zum 1. Juli 1972 statt zum 1. Januar 1973. Das summierte sich im Vorausschätzungszeitraum auf mindestens 52 Milliarden DM, wie der Planungsstab der CDU errechnete, wenn nicht auf 61 Milliarden DM, wie das Bundesarbeitsministerium kalkulierte. Zweitens schob die Union einen Entwurf zur Anhebung von Kleinrenten nach – ganz ähnlich wie die entsprechende Komponente des »Arendt-Plans« als »Rente nach Mindesteinkommen« konstruiert, aber teurer. Es ging hierbei darum, das Element eines fiktiven Mindestlohns in die Rentenberechnung einzuführen, um Benachteiligungen in der Erwerbsbiographie nachträglich etwas auszugleichen. Das nützte vor allem Frauen, die Lohnabschläge hatten hinnehmen müssen, wie z. B. Generationen von Textil- und Tabakarbeiterinnen. Drittens kam der schon früher entwickelte Unionsantrag auf Öffnung der Rentenversicherung hinzu. Als der Bundestag die Oppositionsanträge im Oktober 1971 an die Ausschüsse überwies, schätzte Schellenberg die Kosten des Pakets auf 130 Milliarden DM. Die Union wies das als derbe Übertreibung zurück. Offenbar griff der Sozialdemokrat im Eifer der Abwehr mit 56 Milliarden DM für den Kleinrenten-Antrag wesentlich höher als nötig. Genaues wusste aber ohnehin noch niemand zu sagen, denn die Berechnung der finanziellen Folgen der Rente nach Mindesteinkommen setzte (in beiden Paketen) mehr fundierte Statistik voraus als einstweilen verfügbar war.[30]

Mit steigendem publizistischem Getöse hatten Regierung und Opposition somit ihre Kontrastprogramme im Herbst 1971 fürs erste aufgebaut. Wer genau hinsah, bemerkte freilich eher Qualitäts- und Prioritätsunterschiede bei weitgehend gleicher Grundrichtung. Die formativen Jahre, in denen wirklicher Prinzipienstreit den Ausbau des Sozialstaats Bundesrepublik begleitete, waren längst versunken. Im Hintergrund sorgte auch das Gewicht der Ministerial- und Sozialbürokratie dafür, dass die sozialpolitischen Streithähne nicht allzu weit flogen. Dennoch war das Bemühen ganz unverkennbar, der Regierung – wie Katzer in der Fraktion erläuterte – eine »klare Alternative« gegenüberzustellen. Er sah sie besonders im Vorrang von Rentenniveau oder Altersgrenze; beides zu-

30 Sten. Ber. 6. WP, 22.10.1971, S. 8376–8391. Die drei Gesetzesvorlagen der Union: BT Drs. VI/2585 (Rentenniveau), BT Drs. VI/2584 (Rente nach Mindesteinkommen), BT Drs. VI/2153 (Öffnung). Die 130 Mrd. enthielten eine Addition der Kostenschätzungen für die beiden zuerst genannten Vorlagen. Später stimmte der Mathematiker des Bundesarbeitsministeriums dem Argument des Planungsstabs der CDU/CSU-Fraktion zu, dass eine Addition in die Irre führe. Denn die vorgezogene Anpassung werde den Kostenaufwand der Rente nach Mindesteinkommen senken. Vgl. Protokoll der 98. Sitzung des Bundestagsausschusses für Arbeit und Sozialordnung, 23.6.1972, S. 47 f. (PA BT).

sammen, verbunden mit den flankierenden Reformpunkten, sei finanziell nicht möglich. Dabei möge man sich über eines im Klaren sein: Die Frage des Rentenniveaus werde »möglicherweise noch entscheidender als die Ostpolitik« sein, wenn »es 1973 in die Bundestagswahl geht«.[31] Dieser Appell war in der konkreten Sprechsituation dazu gedacht, die zweieinhalb Hundertschaften unaufmerksam tuschelnder Fraktionskollegen zur Ruhe zu bringen. Aber er deutet zugleich die immer enger werdende Verbindung sozialpolitischer Motive mit parteistrategischen Überlegungen an, in deren Zentrum der kommende Wahlkampf rückte.

Dieser Zusammenhang gilt für alle drei Parteien mit einer jeweils spezifisch hervorgehobenen Zielgruppe. Die flexible Altersgrenze war, besonders bei den im Regierungsentwurf vorgesehenen Konditionen, für die noch im Arbeitsleben stehenden (älteren) Arbeitnehmer attraktiv und konnte helfen, jene Stammwähler der SPD für 1973 zu reaktivieren, die bei den Landtagswahlen, auch im Ruhrgebietsmilieu, in alarmierender Zahl nicht zu den Urnen gegangen waren. So verriet Kanzleramtsminister Ehmke nur ein offenes Geheimnis, wenn er in alle Welt posaunte: »Die flexible Altersgrenze ist unser Wahlschlager für 1973«.[32] Die FDP sorgte sich besonders um Vorteilskonditionen für Selbständige beim Eintritt in die neugeöffnete »Volksversicherung«. Die Unionsparteien wussten zu schätzen, dass auf die Frage nach der persönlichen Bedeutung politischer Probleme die »Alterssicherung« im demoskopischen Durchschnitt immer weit oben rangierte und die im Rentenalter stehende Generation zu den Hochburgen der Unionswähler zählte.[33]

Den Stellenwert, den gerade dieses Reformvorhaben in den Augen aller drei Parteien einnahm, erhöhte noch eine Konstellation besonderer Art. Wie erwähnt, trat Bundesfinanzminister Alex Möller im Mai 1971 wegen der fehlenden Haushaltsdisziplin des Bundeskabinetts mit dramatischer Geste zurück. Im Doppelamt des Ministers für Wirtschaft und Finanzen rang Karl Schiller der Regierung eine stärker stabilitätsorientierte Haushaltspolitik ab. Bundeskanzler Brandt gab der sozialdemokratischen Fraktion im September 1971 eindringlich zu bedenken, die Haushalte der beiden kommenden Jahre seien schon mit »mehreren dicken Risiken« belastet.[34] In dieser Situation bot der Bundeshaushalt der Regierungskoalition keinerlei Dispositionsmasse für kostenträchtige Vorhaben. Umso ermunternder wirkte der Blick auf die Überschüsse, die sich in den Rentenkassen so überraschend abzeichneten. Für die Opposition galt dieser Konnex nicht weniger. Denn sie empfahl sich den Wählern als die eigentliche Treuhänderin einer soliden Haushaltspolitik, und so musste auch sie sich davor hüten, den Bundeshaushalt zusätzlich zu befrachten.

31 Fraktionsprotokoll, 21.9.1971 (ACDP).

32 Der Spiegel, 24.1.1972, S. 20; ähnlich in der Ausgabe vom 10.4.1972, S. 44.

33 *H. D. Klingemann*, Issue-Kompetenz und Wahlentscheidung. Die Einstellung zu wertbezogenen politischen Problemen im Zeitvergleich, in: PVS 14 (1973), S. 228–256.

34 Fraktionsprotokoll, 21.9.1971 (AdsD).

Zur Jahreswende 1971/72 wurden die gegensätzlichen Positionen im Plenum des Bundestags ein weiteres Mal in Szene gesetzt. Dazu bot die erste Lesung der Regierungsvorlage zum Rentenreformgesetz die Gelegenheit.[35] Minister Arendt erläuterte und ließ aufhorchen: Der Abstimmungskreis, der die Prognose für den neuen Rentenanpassungsbericht 1972 vorbereite, habe zu tagen begonnen, und es zeichne sich ab, dass der Finanzierungsspielraum von rund 100 auf 139 Milliarden DM wachse. Um Begehrlichkeiten zu dämpfen, fügte er allerdings sofort hinzu, dass aufgrund der aktualisierten Grundannahmen zugleich auch die Kostenlast der Regierungsvorlage von 93 auf rund 120 Milliarden DM steige. Schellenberg verurteilte sodann das Unionsprogramm einer allgemeinen Erhöhung des Rentenniveaus als einen Irrweg. Damit verausgabe man das Geld, das für gezielte Strukturverbesserungen im Sinne der Regierungsvorlage viel dringlicher sei. Das Rentenniveau werde demnächst ohnehin wieder steigen, wenn der Lohnboom der letzten Jahre auf die Anpassungssätze durchschlage.

Zudem zog die Regierungskoalition einen frischen Pfeil aus dem Köcher. Um die relativ ungünstige Lage der Rentner zu mildern, beschloss sie eine einmalige Zulage – etwa in der Höhe einer halben Monatsrente, auszuzahlen im April. Dazu wählte sie die Form einer Rückzahlung des 1968 (zur Kompensation rezessionsbedingt gekürzter Bundeszuschüsse zur Rentenversicherung) eingeführten, von der sozialliberalen Koalition sogleich wieder abgeschafften Krankenversicherungsbeitrags der Rentner. Gewiss eine etwas komplizierte Form, auch ein aufschlussreiches Beispiel für das bei den Sozialfinanzen mögliche Hin- und Hergeschiebe, aber zugleich ein schönes »Osterei« für die im April bevorstehende baden-württembergische Landtagswahl, wie man in der Unionsfraktion missfällig vermerkte, und ein nicht ungeschicktes »Unterlaufen unserer Anträge«.[36] Tatsächlich brachte die Bundespost dann im April 1972 allen Rentnern den Erstattungsbetrag samt ministeriellem Begleitschreiben ins Haus (»Mit herzlichem Gruß. Ihr Walter Arendt«).[37]

Aber auch die Unionsfraktion legte zu. Grundsätzlich habe sie gar nichts gegen eine Flexibilisierung der Altersgrenze, ließ sie verlauten. Sie werde vielmehr im Rahmen des finanziell Möglichen eigene Gesetzesentwürfe dazu präsentieren. Dabei müsse die Problematik des Übergangs in den Ruhestand und die Rolle der Alten in der Gesellschaft komplexer gesehen werden als im Regierungsentwurf. Denn es komme auch auf flankierende Maßnahmen wie die Vermehrung von altersadäquaten Arbeitsplätzen und Teilzeitarbeitsplätzen an. Da-

35 Sten. Ber. 6. WP, 16.12.1971, S. 9233–9300.

36 Fraktionsprotokoll, 14.12.1971 (ACDP).

37 *F. Krause-Brewer*, Das Rentenrisiko, Stuttgart 1980, S. 108. Diese Rückzahlung gehörte auch zu den Werbemitteln im Bundestagswahlkampf. Vgl. die Wahlkampfdokumentation in: SPD. Jahrbuch 1970–1972 (Einlage nach S. 280).

mit sprach die Unionsfraktion einen wichtigen Aspekt an, auf den Soziologen und Mediziner in einem Hearing des sozialpolitischen Arbeitskreises der Fraktion aufmerksam gemacht hatten.[38] Auch im Bundesarbeitsministerium wurde zeitweilig über »flankierende Maßnahmen« nachgedacht.[39] Doch ist die grundsätzlich so bedeutende Frage nach altersgerechten Beschäftigungsmöglichkeiten im weiteren Reformverlauf mehr und mehr aus dem Auge verloren worden.

Im Übrigen aber beharrte die Union darauf: das Rentenniveau sei zu tief abgesunken. Daher bleibe es die Priorität Nummer 1, die Relation zu den Einkommen der Erwerbstätigen dauerhaft zu verbessern, nicht bloß durch den von der Koalition jetzt ersonnenen »Inflationszuschlag«. Zur Steigerung des Drucks ließ die Union nun auch die Muskeln ihres verlängerten Arms im Bundesrat spielen. Dort brachten die unionsregierten Länder einen Gesetzesentwurf zur Anhebung des Rentenniveaus ein, der mit dem entsprechenden Oppositionsantrag der Union im Bundestag identisch war. Obwohl die Mehrheitsverhältnisse der Länderkammer zu dieser Zeit schwer kalkulierbar waren, kam der Unionsantrag glatt durch, da die SPD-Regierung Nordrhein-Westfalens sich überraschend zur Unterstützung entschloss. Vielleicht stand sie unter dem Eindruck der gewerkschaftlichen Zielgröße »Flexible Altersgrenze *und* höhere Renten«.[40] So war die Bundesregierung nun gezwungen, den in das Gewand einer Bundesratsvorlage gehüllten Unionsentwurf dem Bundestag zuzuleiten.[41]

Ehe dieser seine Beratungen aufnahm, veranstaltete der Bundestagsausschuss für Arbeit und Sozialordnung im Januar 1972 eine öffentliche Anhörung von Sachverständigen, darunter auch Vertreter der Spitzenorganisationen der Arbeitgeber und Arbeitnehmer.[42] Ohne hier verzweigte Einzelheiten aufgreifen zu können, sei hervorgehoben, dass DGB und DAG die flexible Altersgrenze mit oberster Priorität begrüßten. Was der Regierungsentwurf biete, könne jedoch nur als Einstieg akzeptiert werden, denn er lege die Konditionen der Anspruchsberechtigung zu rigide fest und setze erst bei dem 63. statt beim 60. Lebensjahr ein. Soweit dies die Einführung der flexiblen Altersgrenze nicht behindere, sei aber auch eine allgemeine Niveau-Aufstockung hoch erwünscht: »Der DGB setzt im allgemeinen der Großzügigkeit des Bundestages keine Grenzen ent-

38 Fraktionsprotokoll, 14.12.1971 (ACDP).

39 Unter anderem mit Hinweis darauf, dass die CDU/CSU den Schwerpunkt ihrer Alternativen zur flexiblen Altersgrenze möglicherweise auf »flankierende Maßnahmen« legen werde, bereitete das Bundesarbeitsministerium eine »Bestandsaufnahme über die schon heute vorhandenen Regelungen und Hilfen und Vorschläge für flankierende Maßnahmen« vor. Vgl. Rundschreiben an die Abteilungsleiter, 10.12.1971 (Slg. Schewe).

40 So war z. B. ein Artikel im DGB-Funktionärsorgan »Die Quelle« überschrieben (Nr. 5/1970, S. 228 f.).

41 Beschluss des Bundesrats am 3.12.1971; Zuleitung des vom Bundesrat eingebrachten Entwurfs an den Bundestag am 2.3.1972 (BT Drs. VI/3214). Der Unionsantrag war für die Bundesländer auch interessant, weil eine Anhebung des Rentenniveaus die Sozialhilfeausgaben von Ländern und Gemeinden senken konnte.

42 Vgl. die Ausschussprotokolle, 80. und 83. Sitzung, 17. bzw. 20.1.1972 (PA BT).

gegen«, gab der Stellvertretende DGB-Vorsitzende Gerd Muhr dem Ausschuss kund. Eine Öffnung der Rentenversicherung für Selbständige lehnten DGB und DAG sowohl in der Regierungs- wie der Oppositionsvariante ab, denn beide Entwürfe seien für die pflichtversicherten Arbeitnehmer nicht kostenneutral.

Der Vertreter der Bundesvereinigung der Deutschen Arbeitgeberverbände bezweifelte, dass die Grundannahmen der Prognose-Überschüsse realistisch genug seien, um ein so teures Gesetz darauf zu bauen. Dann rückte er mit einem Vorschlag heraus, der sich im politischen Klima jener Zeit geradezu exotisch ausnahm. Man könnte ja auch die ab 1973 vorgesehene Beitragserhöhung auf 18 Prozent bis auf Weiteres aussetzen, das sei für alle billiger und lasse wohl auch noch Platz für ein bescheideneres Reformprogramm. Der Vorschlag ging im allgemeinen Kopfschütteln unter und wurde, obwohl die BDA ihn später auch ausgearbeitet vorlegte, in den parlamentarischen Plenardebatten von keiner Seite auch nur erwähnt. Sicher gab es ernsthafte Gründe für die Mauer der Ablehnung. Die meisten Bestandteile der Reformpakete machten soziale Bedürfnisse geltend, für die eine finanzielle Mobilmachung sich grundsätzlich lohnte. Aber davon unabhängig verlief das Denken in der Dimension des Zuwächse-Verteilens längst schon wie ein zerebraler Reflex der Politik. In der langen Nachkriegsprosperität eingeübt, prägte dieses Denken eine der großen Integrationsformeln der Republik: Denn die Verteilung von Zuwachsraten kam ohne einen Angriff auf Besitzstände aus und auch die »relativen Verlierer« konnten »absolut viel gewinnen«.[43]

Das gespannte Interesse galt daher den oberen Grenzwerten möglicher Expansion, und siehe da: Als im März 1972 die neue, nun das Jahr 1986 einschließende Vorausberechnung vorgelegt wurde – erstmals imponierend »mit elektronischen Datenverarbeitungsanlagen durchgeführt« –, ergab sich ein noch größerer Geldsegen. Die Endziffer der frei verfügbaren Überschüsse kletterte auf 169 Milliarden DM.[44] »Bezüglich der Beschäftigtenzahlen ist Vollbeschäftigung unterstellt worden, da dieses ein erklärtes Ziel der Bundesregierung ist«, hieß es in der Prognose. Wer die vorausgesagten Überschüsse zur Basis eines Sozialleistungsgesetzes nehmen wollte, musste also beherzt genug sein, um eine solche (wohlgemerkt auf fünfzehn Jahre gestreckte) Zielprojektion schon als bare Münze gelten zu lassen. Im Sozialbeirat divergierten die Meinungen. Mehrere Mitglieder betonten, man sollte eine Rezession zwar nicht als wahrscheinlich oder gar erwünscht ansehen, »sie aber doch angesichts früherer Erfahrungen für denkbar halten« und vorsichtshalber als Rechnungsvariante einsetzen. Andere hielten dem entgegen, dass die Bundesregierung heute, zumal mit dem Stabilitäts- und Wachstumsgesetz von 1967, über genügend verlässliche Mittel

43 *K. Borchardt*, Die Bundesrepublik in den säkularen Trends der wirtschaftlichen Entwicklung, in: W. *Conze* u. *M. R. Lepsius* (Hg.), Sozialgeschichte der Bundesrepublik Deutschland. Beiträge zum Kontinuitätsproblem, Stuttgart 1983, S. 20–45, hier S. 21.

44 Rentenanpassungsbericht 1972 und Gutachten des Sozialbeirats (BT Drs. VI/3254), Zitate S. 55, 105 f., 109.

verfüge, »um eine Wiederholung der Entwicklung 1966/67 von vornherein zu vermeiden«. Mit Blick auf die konkurrierenden Reformpakete und mit wachem Gespür dafür, was sich bei den Parteirivalen insgeheim anzubahnen begann, erhob der Sozialbeirat aber eine gemeinsame Warntafel: Eine »Kumulation« dieser Vorhaben verbiete sich.

Auch Minister Arendt verwies nun immer häufiger darauf, dass die Überschüsse »nur auf dem Papier« stünden.[45] Damit stemmte er sich gegen die auch in der SPD wachsende Neigung, die populäre Forderung nach allgemeiner Rentenniveau-Aufstockung nicht länger als Reservat der Union zu behandeln. Diese wiederum lobte sich dafür, dem Minister auf die Schliche gekommen zu sein, indem sie in einem auch öffentlich viel beachteten Zahlenstreit vorrechnete, das Arbeitsressort habe die Kosten für die flexible Altersgrenze eindeutig überhöht ausgewiesen, um die Unionsanträge mit finanziellen Argumenten zurückweisen zu können. Tatsächlich hatten Arendts Beamte in die Berechnungen 30 Milliarden DM eingefügt, die sich rechnerisch nicht zwingend ergaben, eher als eine Art Sicherheitspolster gedacht waren.[46] Wollte man den listigen Fehler nicht als berechtigte Vorsicht werten,[47] sondern als einen Versuch verurteilen, den Rentnern etwas vorzuenthalten, so wuchs der Finanzspielraum ein weiteres Mal.

Während die Koalition es im zuständigen Bundestagsausschuss standhaft schaffte, die von der Unionsfraktion und dem Bundesrat gleichsam in Zangenbewegung eingebrachten – und wegen des beantragten Geltungsbeginns am l. Juli 1972 immerhin eilbedürftigen – Entwürfe zur Anhebung des Rentenniveaus auf die lange Bank zu schieben, geriet die innenpolitische Gesamtkonstellation in stürmische Gewässer. Im Kampf um die Ostverträge zerbröckelte die Kanzlermehrheit. Das im April 1972 gegen Willy Brandt gerichtete konstruktive Misstrauensvotum scheiterte zwar, hinterließ aber eine parlamentarische Pattsituation. Im selben Monat veränderte ein großer Unionssieg in der baden-württembergischen Landtagswahl die bis dahin unsicheren Mehrheitsverhältnisse des Bundesrats: Die unionsregierten Länder verfügten nun dort über die Majorität. Gesetze, zu denen die Zustimmung der Länderkammer erforderlich war, konnten gegen den Willen der Unionsparteien nicht mehr zustande kommen. Im Verlauf des Juni festigte sich die Übereinkunft, Neuwahlen zum Bundestag auf den Herbst 1972 vorzuziehen.

45 Vgl. »Bonner Bericht«, in: Die Sozialversicherung 27 (1972), S. 132.

46 Demographische Folgewirkungen der Weltkriege ergaben im Vorausschätzungszeitraum 1973 bis 1986 einen temporären Rückgang der Versichertenzahl im für die flexible Altersgrenze entscheidenden Alter. Das Ministerium berücksichtigte diese Einbuchtung nicht, sondern legte einen langfristigen linearen Trend zugrunde.

47 Thomas Ruf, Obmann der CDU/CSU-Fraktion im Bundestagsausschuss für Arbeit und Sozialordnung, sagte dort noch im Juni 1972 in anderem Zusammenhang, er »sehe ein, daß ein gewisses Polster« von »den 169 Mrd. DM in Abzug gebracht werden müsse«. Vgl. Ausschussprotokoll. 98. Sitzung, 23.6.1972, S. 50 (PA BT).

Unter den neuen Bedingungen – mehr Überschüsse, näherer Wahltermin – steigerten beide Seiten den sozialpolitischen Einsatz. Den Beginn machte die Unionsfraktion, indem sie im Juni 1972 ihr Rentenprogramm in einer mit den Arbeitsministerien der unionsregierten Länder abgestimmten Weise ergänzte. Dabei erregte am meisten Aufsehen, dass sie nun ihrerseits die flexible Altersgrenze – bisher Hauptthema von SPD und DGB – einbezog. Wie der Regierungsentwurf sah auch die neue Unionsvorlage vor, dass alle Versicherten nach 35 Versicherungsjahren ab dem 63. Lebensjahr ohne besonderen Abschlag Altersruhegeld beziehen konnten. Einen neuen Akzent setzte die Union jedoch mit dem Anreiz durch Zuschläge: Bei Rentenverzicht konnte man zwischen dem 63. und 67. Lebensjahr einen stattlichen Zuschlag pro aufgeschobenem Rentenjahr gewinnen. Anders als der Regierungsentwurf, dem sie vorwarf, im Grunde gar nicht auf Flexibilität, sondern nur auf Herabsetzung der Altersgrenze zu zielen, verstand die Opposition ihren Vorschlag als nach oben und unten offen: »Das Regierungsmodell der flexiblen Altersrente ermuntert ja geradezu zum vorzeitigen Aufhören, während unser Modell dazu ermuntert, länger zu arbeiten«. Die Verlängerung des Arbeitslebens schonte nach Ansicht der Union nicht nur die Rentenkasse, sondern trug auch dazu bei, dem leergefegten Arbeitsmarkt (mit prognostizierter Dauer-Vollbeschäftigung) möglichst wenige Arbeitskräfte zu entziehen. Diese Absicht schlug sich auch in einer weiteren Modifikation nieder. Während der Regierungsentwurf die Nebenerwerbsmöglichkeit bei früherem Rentenbezug deutlich einschränkte, gestattete die Unionsalternative den Rentenbeziehern ein Arbeitseinkommen in unbegrenzter Höhe. Was die Öffnung der Rentenversicherung betrifft, so hatte die Union nun nicht mehr nur die Selbständigen im Auge, sondern sah wie der Regierungsentwurf die Möglichkeit vor, dass alle Bürger, insbesondere auch die Hausfrauen, der Rentenversicherung freiwillig beitreten. Um die Kosten des im Ganzen nun auf 150 Milliarden DM geschätzten Programms nicht noch weiter zu dehnen, rang sich die Fraktion einen »schweren Verzicht in Punkto Baby-Jahr« ab; diesen Regierungsvorschlag übernahm sie also nicht. Die oberste Priorität gab die Opposition nach wie vor der Erhöhung des allgemeinen Rentenniveaus. Das war sozusagen die Sollbruchstelle; hier suchte sie die Konfrontation. »Das ist auf unsere Fahnen gegangen«.[48]

In der ersten Juliwoche 1972 zog die Regierungskoalition mit neuen Beschlüssen zur Rentenreform nach. Längst hatte die SPD zu spüren bekommen, »wie unpopulär ihre Weigerung bei den Rentnern ist, sich für ein höheres Rentenniveau stark zu machen«.[49] So entschloss sie sich nun, ein Gegenstück zu dem

48 Alle Zitate aus dem Fraktionsprotokoll, 6.6.1972 (ACDP). Vgl. auch Pressemitteilung der Fraktion: »CDU/CSU-Bundestagsfraktion ergänzt Rentenprogramm«, 8.6.1972 (PA BT). Am 11.4.1972 hatte die Unionsfraktion bereits einen weiteren Entwurf (Rentenniveau-Sicherungsgesetz, BT Drs. VI/3325) nachgeschoben, der eine untere Schwankungsgrenze im Verhältnis zwischen Renten und vergleichbaren aktuellen Arbeitsentgelten vorsah.

49 Vgl. »Bonner Bericht«, in: Die Sozialversicherung 27 (1972), S. 188.

Hauptthema der CDU vorzulegen. Man gerate sonst, wie Schellenberg fraktionsintern erläuterte, in »eine fürchterliche Lage«. Man habe sich nun viele Monate mit der anderen Seite herumgeschlagen und ihre Vorstöße »abgeschmiert«, aber es sei nicht zu verkennen, dass die Regierungsvorlage eben doch eine Schwäche habe – wenn auch aus damals finanziell zwingenden Gründen: Sie bringe keine Verbesserungen für alle Rentner. Hier müsse nachgebessert werden, »um in der politischen Schlussabstimmung und -auseinandersetzung nicht als diejenigen von der CDU/CSU gekennzeichnet zu werden, die nichts für die Rentner übrig haben«.[50] Die Regierungskoalition schlug daher jetzt die Einführung eines zusätzlichen monatlichen Grundbetrags von 20 DM für jede Rente vor. Das lehnte sich an die Praxis von Tarifverträgen an, mitunter pauschale Erhöhungen vorzunehmen, um die Einkommensschere etwas zu verringern, kam billiger als der Unionsantrag und war für kleinere Renten gleichwohl günstiger. Der Grundbetrag könne »gegenwärtig noch nicht dynamisiert werden«: Mit einer solchen Formulierung sollte eine künftige Steigerung in Aussicht gestellt werden.

Auch sonst veränderte die neue Beschlusslage das »Arendt-Paket« in mancher Hinsicht. Bei der flexiblen Altersgrenze erhöhte sie die Zuverdienstmöglichkeit, und sie führte Zuschläge bei Rentenverzicht ab dem 65. Lebensjahr ein.[51] Wie erinnerlich, hatte die FDP das intern schon früher durchgesetzt, ohne dabei so weit zu gehen (ab dem 63. Jahr) wie die Unionsparallele. Den Selbständigen versprachen die Beschlüsse sehr vorteilhafte Möglichkeiten für die Nachentrichtung von Beiträgen. Die damit verbundenen Kosten auf die Bundeskasse abzuwälzen, wie zunächst vorgesehen war, verbot die Finanzlage des Staates. Daher legte man sie nun doch auf die Schultern der Pflichtversicherten. Nach Lage der Dinge führte kein Weg an diesem Affront gegenüber dem Gewerkschaftsbund vorbei. Die Gesamtkosten des neugeschnürten Pakets wurden mit 160 Milliarden DM berechnet.

Betrachtet man die neue Aufbereitung der konkurrierenden Reformpakete im Ganzen, so fallen jeweils Anleihen beim politischen Gegner auf. Dies hing mit dem Versuch zusammen, die Zielgruppen über die bisher spezifische Abgrenzung hinaus so auszuweiten, dass sie am Ende – mit der Volksparteien innewohnenden Logik – wechselseitig deckungsgleich wurden. Bisher auf die Rentner und die Selbständigen konzentriert, besserte die Union nun so auf, »daß wir auch bei der Arbeitnehmerschaft bestehen können im kommenden Wahlkampf«.[52] Die Koalition hatte bisher die Arbeitnehmer (SPD) und die Selb-

50 Tonbandmitschnitt der Fraktionssitzung vom 19.9.1972 (AdsD). Schellenberg erläuterte dort retrospektiv den Werdegang der Reform.

51 Ferner wurde nun Schwerbeschädigten (wie später im Gesetz) die Möglichkeit eingeräumt, schon ab dem 62. Lebensjahr Altersrente zu beziehen. Vgl. im Einzelnen: »Koalitionsbeschlüsse zur Rentenreform«, in: Informationen der Sozialdemokratischen Fraktion im Deutschen Bundestag, Ausgabe 442, 7.7.1972.

52 Fraktionsprotokoll, 6.6.1972 (ACDP).

ständigen (FDP) im Visier und stockte nun auf, um »politisch wirksam zu sein für Arbeiter, Selbständige *und* Rentner«.[53]

Die Chancen der Koalition, ihre Optionen unverändert durchsetzen zu können, verschlechterten sich allerdings an eben dem 7. Juli 1972, an dem sie ihre Ergänzungen öffentlich vorstellte. An diesem Tag trat Karl Schiller als Minister für Wirtschaft und Finanzen zurück. Würde er, nach einem Abschied voller Zorn, den parlamentarischen Plenarverhandlungen künftig fernbleiben? Dann verfügte die Opposition dort aller Wahrscheinlichkeit nach über die Mehrheit – mit der Differenz einer einzigen Stimme, der fehlenden Stimme des demissionierten Ministers Schiller.

Überbietungskonkurrenz bei scheinbar vollen Kassen

Seit Ende Juni 1972 herrschten aber erst einmal Parlamentsferien. Beide Seiten justierten ihre sozialpolitischen Positionen rechtzeitig genug, um die Publizistik während der Sommerpause zu beschäftigen. Mit Blick auf den Wahlkampf rückte die Konkurrenz um das attraktivere Rentenkonzept nun endgültig von einem Nebenschauplatz auf eine der Hauptbühnen. Hatte Walter Arendt anfangs als glanzlos gegolten, so war ihm inzwischen, zumal nach Schillers Ausfall, eine Rolle als »Brandts Reformstar« zugedacht.[54] Dabei sollte vor allem die Rolle als »Vater der Rentenreform« hervorgehoben werden – was dem Bürger zugleich eine Pause beim Mehr-Demokratie-Wagen gönnte und stattdessen seine tiefe Sehnsucht nach dem fürsorglichen Vater Staat sanft berührte. Zur Krönung sah die Regie eine Schluss-Szene vor, in der, einen »zentralen Rentnerbrief« in der bergenden Hand, Willy Brandt hinzutrat.[55] »Daß es ausgerechnet unsere graue Gans sein würde, die uns aus diesem Schlamassel rausziehen muß…«, diesen Stoßseufzer unterschob eine Karikatur dem Bundeskabinett. Sie zierte eine dem Bundesarbeitsminister gewidmete Titelgeschichte in einem nicht für die Feinheit seines Ausdrucks bekannten Nachrichtenmagazin.[56] Die von der Opposition in Umlauf gesetzte Parole sozialliberaler »Reform-Ruinen« steigerte den Erfolgsdruck auf das so prominent gewordene Reformvorhaben noch weiter.

53 Fraktionsprotokoll, 23.6.1972 (AdsD).

54 Der Spiegel, 4.9.1972, S. 23.

55 Der Wahlkampfdokumentation (in: SPD. Jahrbuch 1970–1972, Einlage nach S. 280) zufolge bezog die zentrale Plakatwerbung neben dem Kanzlerkandidaten nur Wehner, Schmidt und Arendt ein. Von insgesamt sechs zentralen Tageszeitungsanzeigen trug eine die Überschrift: »Walter Arendt ist der Vater der Rentenreform. Darauf sind wir stolz«. Die zentralen Zeitschriften-Anzeigen griffen das Sujet »flexible Altersgrenze« auf. Zum »Rentnerbrief« vgl. Fraktionsprotokoll, 29.9.1972 (AdsD).

56 Der Spiegel, 10.4.1972.

Die Opposition wiederum glaubte, den glänzenden Erfolg bei der baden-württembergischen Landtagswahl nicht zuletzt der Härte ihres Rentenreformkurses zu verdanken. Nach dieser Generalprobe fieberte sie nun der ganz großen Aufführung entgegen. Das Publikum müsse wie die erste auch die zweite Rentenreform mit der Kompetenz der Unionsparteien verbinden: Dies war das eisern vorgegebene Ziel. Katzer, Vorsitzender der Sozialausschüsse der Christlich-Demokratischen Arbeitnehmerschaft, genoss die ganz außergewöhnliche Machtposition, welche die Umstände den in dieser Hinsicht sonst wenig verwöhnten Sozialausschüssen bescherten. Wann hatte man die Herren des Industrieflügels oder des gewerblichen Mittelstands je zuvor so stumm ergeben auf den Fraktionsbänken sitzen gesehen, wenn es um Sozialausgaben in Milliardenhöhe ging? Nur einmal stand einer auf, der Bergwerksdirektor Springorum, und redete Fraktur. Er warnte entschieden vor einer Sozialgesetzgebung, die nur bei absoluter Vollbeschäftigung finanzierbar sei. Die Zahlengrundlage der vorhergesagten Überschüsse sei einfach »nicht solide«. Gehe man diesen Weg, so nehme man einer künftigen Unionsregierung jede Möglichkeit, »wieder zu gesunden Finanzen zurückzukehren«. Katzer erwiderte erregt, das seien schließlich regierungsamtliche Zahlen, abgestimmt mit den »stolzen Herren« der Bundesbank, die ihm in seiner eigenen Ministerzeit immer mit Spar-Appellen Knüppel zwischen die Beine geworfen hätten. Er selber habe seinerzeit die demnächst anstehende Beitragserhöhung auf 18 Prozent durchgesetzt, um einen echten Finanzierungsspielraum zu schaffen, und da gehe diese Regierung hin und stecke sich die »Federn an den Hut«. Im Übrigen, ließ Katzer anklingen, müsse die Opposition erst noch erfunden werden, die päpstlicher sei als der Papst.[57] Springorums Intervention stieß ins Leere. Nach Katzers einleitendem Vortrag hatte der Fraktionsvorsitzende sich demonstrativ erhoben, um ihm die Hand zu schütteln. Das zeigte schon, wo die starken Bataillone standen. Und wer im Sitzungsprotokoll der parlamentarischen Schlussabstimmung blättert, wird in der Spalte, über der »Ja« steht, auch Springorums Namen finden.

Der Wille zum Sturz dieser Koalition lähmte nahezu jeden Widerspruch.[58] Nicht typisch, aber auch nicht unsymptomatisch für den rabenschwarzen Pessimismus, der Unternehmer alten Schlags angesichts der Politik dieser Koalition

57 Fraktionsprotokoll, 6.6.1972 (ACDP).

58 Der Spiegel, 18.9.1972, S. 21, berichtete, BDA-Präsident Otto A. Friedrich, sein Stellvertreter Hanns Martin Schleyer und Hauptgeschäftsführer Wolfgang Eichler seien Ende August bei Katzer und dem Leiter des Planungsstabs der Unionsfraktion, Johann Frank, gewesen, um zu sondieren, ob man sich während der parlamentarischen Ausschussberatungen nicht auf ein »billigeres Programm« einigen könne. Die Frankfurter Rundschau berichtete am 20.9.1972 auf der Titelseite, es heiße, dass die Arbeitgeberseite sich an den CSU-Vorsitzenden Strauß mit der Bitte gewandt habe, sich als »Bremser« in die parlamentarische Plenarberatung einzuschalten; er sei darauf nicht eingegangen. Am Vortag hatte Katzer in der Unionsfraktion über das Gerücht berichtet, die CSU sei »etwas skeptisch«; eine Rücksprache mit Strauß habe ergeben: »Nichts davon ist richtig«. Vgl. Fraktionsprotokoll, 19.9.1972 (ACDP).

ergriff, mag das Verhalten Helmut Hortens sein: Er verkaufte seine Warenhausanteile zwischen 1969 und 1971 und ging in die sichere Schweiz.[59] Allerdings hatte in das Management der Arbeitgeberorganisationen eine neue Generation Einzug gehalten, die sozialpolitisch viel beweglicher dachte und wohl rasch erkannte, dass die Flexibilisierung der Altersgrenze durchaus auch unter dem Aspekt einer Belegschaftsverjüngung betrachtet und daher für die Betriebsrentabilität günstig sein könnte.

Jedenfalls zeigte sich Katzer entschlossen, die Gunst der Stunde, die seine Widersacher geradezu lähmte, maximal auszuschöpfen. Dabei griff er zuweilen, wenn Eile geboten war oder taktische Gewandtheit dazu riet, der fraktionsinternen Willensbildung mit öffentlichen Festlegungen vor. Dann erhob sich Murren, am vernehmlichsten bei Hermann Höcherl: »Das ist ein Verfahren wie bei den Ostverträgen. Man kriegt die Dinge auf den Tisch und muß Ja und Amen sagen«. Das sei »nicht ganz die Methode, die dieser verehrlichen Fraktion angemessen ist«.[60] Aber die Umstände trugen Katzer so hoch hinaus, dass derlei Kritik ihn nicht mehr treffen konnte. Allerdings hatten die Dinge längst schon den Charakter eines von Spitzenpolitikern nur noch teilweise steuerbaren, eigendynamischen Prozesses angenommen. So meinte Katzer bei der Vorstellung seines ergänzten Rentenprogramms im Juni 1972 noch, den »Zeitpunkt des Inkrafttretens« eines Altersgrenzengesetzes unter Generalvorbehalt stellen zu können: Darüber könne »nur im Rahmen einer umfassenden Bestandsaufnahme der wirtschaftlichen, finanziellen und sozialen Lage entschieden werden«.[61] In Kürze war dieser Vorbehalt hinweggeschwemmt. Auch Walter Arendt hatte schon mancherlei Modifikationen unwillig akzeptieren müssen und einige Kröten zu schlucken stand ihm noch bevor.

Einer Vereinbarung der parlamentarischen Regisseure zufolge tagte der Bundestagsausschuss für Arbeit und Sozialordnung in der Schlussphase der Parlamentsferien in Permanenz, um über sämtliche Rentenvorlagen, die sich bisher aufgeschichtet hatten, zu beraten, und um zu sehen, was sich für das am 20. September 1972 wieder zusammentretende Plenum daraus machen lasse. Mit Blick auf die eine Stimme Mehrheit, über welche die Regierungskoalition im Ausschuss verfügte, stellte der Ausschuss-Obmann der Union, Thomas Ruf, gleich zu Beginn klar: »Wir wissen, daß Sie, wenn Sie es für richtig halten, in diesem Ausschuß mit Ihrer Mehrheit alles beschließen können; ich darf aber darauf aufmerksam machen, daß die Verhältnisse bei der zweiten und der dritten Beratung im Plenum anders sind«.[62] Indessen trat kurz darauf der Bundesarbeitsmi-

59 Vgl. FAZ, 7.1.1984, S. 12.

60 Fraktionsprotokoll, 11.4.1972 (ACDP).

61 Pressemitteilung vom 8.6.1972 (PA BT). Im Juni, als Schiller noch nicht zurückgetreten und das Vorziehen der Bundestagswahl auf den Herbst 1972 noch nicht sicher war, sah Katzers Zukunftsplanung auch in einem weiteren wichtigen Punkt anders aus als das schließliche Resultat: Die Beratungen im Bundestagsausschuss sollten bis zum Oktober dilatorisch geführt werden, da dann mit einer Neuregelung der Ausschuss-Besetzung zu rechnen sei.

62 Ausschussprotokoll, 99. Sitzung, 4.9.1972, S. 16 (PA BT).

nister herein und machte einen so überraschenden Vorschlag, dass es den Unionsabgeordneten zunächst die Sprache verschlug.

Was er sagte, war einige Tage zuvor im Fraktionsvorstand unter Leitung Herbert Wehners und in Gegenwart des Bundeskanzlers als sozialdemokratische Marschroute für die Ausschussberatungen festgelegt worden. Man hatte sich dort auf den harten Boden der Tatsache gestellt, dass im Bundestag bestenfalls Patt und im Bundesrat die Union herrsche. Man könne das Reformwerk also nicht gegen, sondern nur mit der Union durchbringen. Daraus folgerte man, das Herzstück der Union – Aufstockung des Rentenniveaus durch Vorverlegung der Anpassung – müsse akzeptiert und die eigene, so mühsam aufgebaute Grundbetragsalternative schleunigst wieder über Bord geworfen werden. So könne man die von der Opposition als Sollbruchstelle hochgezogene Klippe umschiffen und sie ihrerseits dazu bringen, dem Reformwerk der Regierung zuzustimmen. Je länger die Runde um Wehner nachdachte, umso geschickter fand sie dieses Kombinationsrezept. Das erleichtere es, das »ganze Werk« durchzubringen und als »unser Werk« zu kennzeichnen. Auf diese Weise werde es der Opposition unmöglich gemacht, die flexible Altersgrenze – Kernstück der SPD und expliziter Programmpunkt der Regierungserklärung – auflaufen zu lassen. So vermeide man es auch, sich in der Frage des Rentenniveaus der »Gefahr einer Niederlage kurz vor Auflösung des Hauses auszusetzen«, zumal es für die einzelnen Abgeordneten heikel wäre, wenn die Opposition sie gerade in diesem Punkt in die namentliche Abstimmung treibe.

Der eigens von einer Australienreise herbeigerufene Bundesarbeitsminister ließ sich von diesem Meisterplan überzeugen. Es traf sich wunderbar, dass zur selben Zeit eine neue Vorausberechnung auf den Tisch kam, die den Prognoseüberschuss nun nochmals um 20 Milliarden DM erweiterte. Damit erschien die Rekordsumme von 186 Milliarden DM frei verfügbar und auch die teure Anhebung des Rentenniveaus finanzierbar. Den Ausschlag für Arendts Bereitschaft, die alternative Idee des Sockelbetrags preiszugeben, gab anscheinend die Haltung des DGB. Dieser fand keinen Gefallen daran, dass ein fester Grundbetrag auch Zufallsbeteiligten wie z. B. den Beamten nütze, die einmal Angestellte waren, und nun neben einer schönen Pension auch eine kleine Rente bezogen. In der Statistik als arme Kleinrentner figurierend, würden sie dann den gleichen Sockelbetrag erhalten wie Facharbeiter, die lebenslang Beiträge gezahlt hatten. Für diese sei eine prozentuale Anpassung im Sinne des Unionsvorschlags deutlich besser. Der Druck der Gewerkschaften wurde »viel zu stark«, um in diesem Punkt noch standhalten zu können.[63]

Nach dieser überraschenden Wende wählte der Ausschuss ein additives Verfahren, das weitgehend zustande brachte, wovor der Sozialbeirat so nachdrück-

63 Zu den äußeren Umständen der entscheidenden Fraktionsvorstandssitzung vom 29.8.1972 vgl. Parlamentarisch-Politischer Pressedienst 23 (1972), S. 164. Der innere Verlauf lässt sich weitgehend aus dem retrospektiven Bericht Schellenbergs in der Fraktionssitzung vom 19.9.1972 (AdsD) erschließen. Aus diesem Bericht stammen auch die Zitate.

lich gewarnt hatte: eine »Kumulation« der Reformvorhaben beider Seiten. Der vom Ausschuss verabschiedete Entwurf verband nun alles: Flexible Altersgrenze, Anhebung des Rentenniveaus, Öffnung der Rentenversicherung, Rente nach Mindesteinkommen und »Baby-Jahr«.[64] Auch in manchen Einzelheiten näherte man sich während der Beratungen an. Es blieben aber vier Hauptdifferenzen, die dazu führten, dass die Mitglieder der CDU/CSU-Fraktion sich bei der Schlussabstimmung im Ausschuss der Stimme enthielten. Am umstrittensten blieb die Frage, ob volle Weiterarbeit neben dem vorgezogenen Altersruhegeld möglich sein solle, was die Union wünschte, während die Ausschussvorlage es ablehnte. Bei der Rente nach Mindesteinkommen hielt die Union an einer teureren Variante fest, lehnte aber, da dies den finanziellen Gesamtrahmen sprenge, das »Baby-Jahr« ab. Schließlich blieben noch Modalitäten der »Öffnung« der Rentenversicherung strittig. Der Dissens ergab sich zum Teil aus einem unterschiedlichen Problemverständnis, wurde aber auch als Ersatz für die inzwischen abhanden gekommene Sollbruchstelle gebraucht, um das Oppositionskonzept unterscheidbar zu halten und um Stoff zu bieten für Kampfabstimmungen im Parlamentsplenum.

Wie eingangs erwähnt, schloss sich die zweite Beratung des Rentenreformgesetzes am 20. September 1972 unmittelbar an die Vertrauensfrage des Bundeskanzlers Brandt an. Katzer hatte seinen Kollegen am Vortag nochmals eingeschärft, dass »die erste Abstimmung danach ein Sieg für unsere Fraktion sein muß«; so werde auch psychologisch klar, »wohin die Reise geht«.[65] Im Ganzen waren es dann vier Abstimmungssiege, mit denen die Opposition, dank Schillers Fernbleiben hauchdünn in der Mehrheit, die Ausschussvorlage revidierte und das Gesetz zur eigenen Sache machte. Neben den genannten, substantiell wichtigen Differenzpunkten setzte die Union auch eine Fülle von Änderungen eher organisatorischer und technischer Art durch, die sie unter anderen Umständen wohl auf sich beruhen gelassen hätte. Diesen Aktionismus wird man der symbolischen Funktion politischen Handelns zurechnen dürfen: Durch Dramatisierung des Unterschieds sollte der Wähler diesmal davor behütet werden, sozialpolitische Leistungen in gewohnter Trägheit der gerade amtierenden Regierung zugute zu halten. Der »erschlichenen Mehrheit von einer Stimme«[66] ansonsten ohnmächtig ausgeliefert, trieb die Regierungskoalition die Opposition an einem Punkt in die Enge. Obwohl sie wusste, dass das Limit von 186 Milliarden DM ohnehin schon restlos ausgeschöpft war, beantragte sie namentliche Abstimmung über die Einführung des »Baby-Jahres«. Sie tat das im Vertrauen auf das Minderheitsprivileg, folgenlos »Ja« sagen zu können, während jede(r) einzelne Unionsabgeordnete – Nemesis der minimalen Mehrheitsmacht – »Nein« zu sagen gezwungen war. Das ergebe eine »gute Agitations-

64 Vgl. im Einzelnen den Schriftlichen Bericht des Ausschusses, 13.9.1972 (Drs. VI/3767).

65 Fraktionsprotokoll, 19.9.1972 (ACDP).

66 So der FDP-Abgeordnete Hansheinrich Schmidt (Kempten) in der Schlussdebatte (Sten. Ber. 6. WP, 21.9.1972, S. 11707).

grundlage«, hieß es fraktionsintern.[67] Alles kam wie erwartet, und so konnte Schellenberg die »mütterfeindliche Haltung der Union« an den Pranger stellen; sie trage »schwere politische Schuld gegenüber den Müttern«.[68]

Der letzte Akt, die dritte Lesung, stand am 21. September 1972 auf dem Programm. In der vorbereitenden Sitzung der SPD-Fraktion berichtete Schellenberg, dass Minister Arendt gegen das Gesetz in der Unionsfassung erhebliche Bedenken habe. Insbesondere hielt Arendt die Möglichkeit zur Kombination von vorgezogenem Altersruhegeld und vollem Hinzuverdienst für ganz unerträglich. Eine Weile blieb in der Schwebe, ob Arendt das ungeratene Reformwerk annehmen oder abweisen werde. Seine Beamten entwarfen für die Schlussdebatte vorsichtshalber beiden Varianten angepasste Redetexte. Bedenken anderer Art bedrückten den Vorsitzenden des finanzwirtschaftlichen Arbeitskreises der SPD-Fraktion, Hans Hermsdorf. Er erinnerte daran, dass das Gesetz nur bei permanenter Vollbeschäftigung zu verkraften sei. Erst die Zukunft werde auch zeigen, ob die Kosten der flexiblen Altersgrenze richtig eingeschätzt seien. Genau wisse man ja nicht, wie viele Arbeitnehmer davon kostenwirksam Gebrauch machen werden. Es könne eigentlich »niemand mit gutem Gewissen dem Rentenreformgesetz zustimmen«, allenfalls aus »Loyalität zu Regierung und Partei«.[69] Auch Schillers Nachfolger im Amt des Doppelministers für Wirtschaft und Finanzen, Helmut Schmidt, sah die Sache sehr zwiespältig. Das sei bisher nie da gewesen, dass »eine Gruppe in der Fraktion« eine Regierungsvorlage nimmt, sie (verteilt auf fünfzehn Jahre) um 60 Milliarden DM verteuert und in der Auseinandersetzung mit der Opposition dann nochmals -zig Milliarden drauflegt. Das Gesetz sei für die Rentenkassen »schon problematisch genug«; Nebenwirkungen auf den Bundeshaushalt sehe er »mit ganz großer Sorge eintreten«.[70] Der Beschluss, das Gesetz in dritter Lesung anzunehmen, fiel »mit Mehrheit«.

Die Schlussdebatte im Plenum glich einem Streit um die Urheberrechte an den attraktiven Teilen des Prunkstücks »Rentenreform 72«. Schellenberg sah ein

67 Tonbandmitschnitt der Fraktionssitzung vom 19.9.1972 (AdsD).

68 Sten. Ber. 20.9.1972, S. 11590, 21.9.1972, S. 11707; der zuletzt genannte Beleg erfasst auch den Refrain des FDP-Sprechers Schmidt: »ablehnende Haltung der CDU/CSU gegenüber den Frauen und Müttern«.

69 Fraktionsprotokoll, 21.9.1972 (AdsD).

70 Helmut Schmidts Stellungnahme in der Fraktionssitzung vom 19.9.1972 (AdsD). Bei den Nebenwirkungen dachte er vor allem an die aus dem Bundeshaushalt finanzierte Kriegsopferversorgung, für die demnächst massiv und unausweichlich analog zur Rentenversicherung auf vorgezogene Anpassung gedrängt werde. Die Grundbetragsalternative zum Unionsvorschlag hatte u. a. auch den Sinn gehabt, eine solche kostentreibende Präjudizwirkung geschickt zu umgehen (ein Grundbetrag war in der Kriegsopferversorgung bereits eingebaut). Auch in der Unionsfraktion gab es wegen dieser Nebenwirkung auf den Bundeshaushalt Bedenken. Katzer zerstreute sie mit einer argumentativen Flucht nach vorne: Man könne nicht 10 Mio. Rentner leer ausgehen lassen, nur weil die Regierung den Bundeshaushalt so ruiniert habe, dass die Kriegsopfer nicht gleichermaßen berücksichtigt werden könnten.

»Ergebnis von historischer Bedeutung« in dieser »großen Reform der sozialliberalen Koalition« und pries Walter Arendt als »Vater der Rentenreform«. Dieser schluckte den Ärger über das ungeratene Kind herunter, lobte die sozialliberale »Initialzündung« und deutete das Ergebnis als Zeichen für den ungebrochenen Reformelan der Regierung Brandt: »Es gibt keine Reformruinen!« Dagegen hob Katzer hervor: »Hier und heute wird über die Vorschläge der CDU/CSU-Bundestagsfraktion abgestimmt«, und sein Kollege Thomas Ruf bekräftigte, das Gesetz trage »für jedermann deutlich sichtbar den Stempel der CDU/CSU-Bundestagsfraktion«. Schließlich nahm das Parlament das Reformgesetz bei einer Enthaltung einstimmig an. Auch der Bundesrat stimmte zu. Allerdings erhielt er in einem höchst merkwürdigen Verfahren nachträglich noch eine größere Zahl von Berichtigungen mehr oder minder redaktioneller Art. Denn dem Bundestag waren auf der Basis der Unionsvorlage mancherlei Fehlformulierungen mit zum Teil schwerwiegenden finanziellen Implikationen unterlaufen.[71] Aber es gehörte schon allerhand Kunst dazu, »überhaupt noch ein verkündungsfähiges Gesetz im Wirbel der Abstimmungen zustande zu bekommen«.[72]

Im kurzen Streiflicht zeigt die Nachgeschichte zunächst, im November 1972, einen Wahlsieg der sozialliberalen Koalition, der für fast alle Beobachter überraschend hoch ausfiel. Vielleicht entpuppte die Abstimmungsniederlage der Koalition bei der Rentenreform sich als ein »Pyrrhus-Sieg der Union«, da die Wähler – vom dramatisierenden Gegensteuern der Opposition wenig beeindruckt – die sozialpolitische Wohltat wie immer vor allem der Regierung zurechneten.[73] Es könnte aber auch sein, dass der Rentenpoker sich in einer Zirkularbewegung erschöpfte, die den Vorsprung der Gegenseite jeweils einholte, ohne per Saldo irgendeine Stimmenverschiebung zu erreichen. Ohnehin wird man annehmen müssen, dass die Hauptwahlkampfthemen – auch die Ostpolitik – nicht die dominanten Kriterien für die Wählerentscheidungen lieferten, diese vielmehr stärker an längerfristige Tendenzen sozialkultureller Art gebunden waren.[74]

Schon im Dezember 1972 nahm die Regierungskoalition die erste Gesetzesänderung vor, indem sie die Vorschriften über Zuverdienstmöglichkeiten und Zuschläge wieder auf das im Abstimmungskampf der zweiten parlamen-

71 Singulär dürfte sein, dass ein Ministerium Beamte abordnet, damit sie der Opposition legislatorische Formulierungshilfe leisten. Dies geschah hier mit zwei Ministerialräten des Arbeitsressorts vor dem Hintergrund der parlamentarischen Patt-Situation. Andeutung des Vorgangs im Ausschussprotokoll, 94. Sitzung, 15.6.1972, S. 33 (PA BT).

72 *D. Schewe,* Von der ersten zur zweiten Rentenreform 1957–1976, in: *Bartholomäi,* S. 183–190, hier S. 188.

73 *J. W. Falter,* Die Bundestagswahl vom 19. November 1972, in: Zeitschrift für Parlamentsfragen 4 (1973), S. 115–132, hier S. 129. In gewisser Spannung dazu aber *Klingemann,* 1973, S. 252.

74 *M. R. Lepsius,* Wahlverhalten, Parteien und politische Spannungen. Vermutungen zu Tendenzen und Hypothesen zur Untersuchung der Bundestagswahl 1972, in: PVS 14 (1973), S. 295–313.

tarischen Beratung unterlegene Maß zurückschnitt. Für diese im Eilverfahren durchgesetzte Revision sprachen erwägenswerte Argumente; dass der Bundestag im Dezember wieder zurücknahm, was er im September nahezu einstimmig beschlossen hatte, war allerdings nicht dazu angetan, das Vertrauen des Publikums in die Verlässlichkeit des parlamentarischen Tuns zu stärken. Wenig später entstand ein Krisenszenario, das tragende Prämissen der Reform, insbesondere auch der Überschuss-Prognose, nachhaltig erschütterte.[75] »Immer häufiger erwiesen sich die politischen Probleme als Folgeprobleme der Politik selbst«:[76] Diese Beobachtung gilt auch für eine Komponente der Rentenreform, die von den Unionsparteien durchgesetzt worden war: die allgemeine Erhöhung des Renten-Niveaus durch Vorverlegung des Anpassungstermins. Unmittelbar nach der Bundestagswahl von 1976 gedachte Bundeskanzler Helmut Schmidt diesen Reformschritt wieder rückgängig zu machen. Da er vor der Wahl das Gegenteil versprochen hatte, brach ein Aufstand in der SPD-Fraktion aus und erzwang eine Schamfrist von einem Jahr. So wurde die Anpassung erst 1978 verschoben, und ab 1979 koppelte der Bundestag die Rentenanpassung mehrere Jahre lang von der Lohnbewegung ab. An die Stelle einer die Rentenentwicklung verstetigenden Indikatorbindung trat wieder (wie vor 1957) eine dezisionistische Gesetzgebungspraxis. Die »Arche der Kontinuität« zwischen den Generationen war so spürbaren und zudem so unsystematischen Eingriffen ausgesetzt, dass das Bundesverfassungsgericht 1980 ein deutliches Zeichen für angebracht hielt und die Rentenanwartschaften unter den Eigentumsschutz des Grundgesetzes stellte. Bereits vorher waren einige Akteure des Lehrstücks »Rentenreform 1972« nicht nur von der Geschichte, sondern auch von bohrenden Fragen der Historiker eingeholt worden, und man konnte das reumütige Geständnis vernehmen: »Da haben wir alle miteinander gesündigt«.[77]

Die Rentenreform 1972 – ein Lehrstück

Erwägt man zum Abschluss Nutzen und Nachteil parlamentarischer Parteienkonkurrenz im Licht dieses Lehrstücks, so würde man entschieden zu kurz greifen, wollte man den Vorgang auf die schlichte Formel »Wahlgeschenke« reduzieren. Gewiss wurde die Reform als Mittel für die Zwecke des Wahl- und Machtkampfs eingesetzt. Das erweiterte und veränderte ihre Funktionszusammenhänge, zehrte ihre spezifische Bedeutung in der sozialpolitischen Sphäre –

75 *H.F. Zacher*, Der gebeutelte Sozialstaat in der wirtschaftlichen Krise, in: Sozialer Fortschritt 33 (1984), S. 1–12; *J. Alber*, Der Wohlfahrtsstaat in der Wirtschaftskrise. Eine Bilanz der Sozialpolitik in der Bundesrepublik seit den frühen siebziger Jahren, in: PVS 27 (1986), S. 28–60.

76 *Jäger*, S. 154.

77 *K. Repgen* (Hg.), Die dynamische Rente in der Ära Adenauer und heute, Stuttgart 1978, S. 77 (Diskussionsbeitrag Thomas Ruf).

von der die Lektüre der nahezu 1.000 Protokollseiten der Einzelberatung im Ausschuss einen durchaus imponierenden Eindruck gibt – jedoch nicht auf. Würde man die politikgeschichtliche Perspektive stärker mit der sozialgeschichtlichen verknüpfen und sich dabei der Anstrengung, ins Detail zu gehen, nicht entziehen, so träte diese Bedeutung klar zutage. So ließe sich z. B. zeigen, dass die flexible Altersgrenze den Entscheidungsspielraum älterer Arbeitnehmer mit entsprechender Wirkung auf das Selbstwertgefühl erweitert und insbesondere solche Lebenslagen erleichtert hat, die bisher auf Sonderregelungen angewiesen waren: Für ältere Arbeitnehmer mit unsicherer Beschäftigung war es nicht gleichgültig, ob sie ohne Weiteres das vorgezogene Altersruhegeld beantragen konnten oder erst ein Jahr lang arbeitslos »stempeln gehen« mussten. Ebenso wenig war es für die älteren Versicherten mit schlechtem Gesundheitszustand gleichgültig, ob sie die neue Wahlmöglichkeit besaßen oder wie bisher einen nicht immer leichten, mit dem Nachweis der Erwerbs- oder Berufsunfähigkeit verbundenen »Kampf um die Rente« führen mussten. Sozialpolitisch hoch bedeutsam war auch die Idee, die in der »Rente nach Mindesteinkommen« Gestalt annahm: Wer früher nur unzulänglich entlohnt worden war, sollte nicht auch noch mit einer unzureichenden Alterssicherung bestraft werden. Die »Rente nach Mindesteinkommen« zog eine lobenswerte Konsequenz daraus. Die recht strengen Konditionen der Rentenanhebung für Kleinverdiener zeigen übrigens, dass die Rentenreform 1972 durchaus nicht in jedem Punkt übermäßig generös verfuhr.[78]

Im Ganzen wird man sich auch schwer tun, den politisch hohen Stellenwert der Rentnergeneration, der im Kampf um das allgemeine Rentenniveau zum Ausdruck kam, zu tadeln. Das Bild einer Diktatur, in der die Rentner die Brosamen auflasen, die vom Tisch einer auf die aktive Erwerbsbevölkerung fixierten Sozialpolitik fielen, steht im östlichen Deutschland noch lebhaft vor Augen. Wie der vergleichende Blick auf die Diktatur schon andeutet, wäre es auch verfehlt, wollte man die ›internen‹ Faktoren der sozialpolitischen Sphäre von den ›externen‹ Bedingungen der allgemeinen Politik so trennen, dass diese allenfalls als Störfaktoren in Sicht kämen. Um soziale Probleme vielfältig wahrzunehmen und zu definieren, um unterschiedliche Lösungen programmatisch zu verdichten und politisch durchsetzbar zu machen, ist die in konkurrierende Parteien verfasste, offene Gesellschaft eine notwendige Bedingung.

Das Beispiel Rentenreform zeigt jedoch auch Schattenlinien parlamentarischer Parteienkonkurrenz. Es mag strittig sein, ob man dazu den Fehlschlag des Versuchs zählen soll, aus der Sozialpolitik ein »Instrument rationaler Gesellschaftsgestaltung« zu machen. Die Sozialpolitik mit »modernsten Mitteln« zu einem »logischen, geschlossenen, überschaubaren System« auszubauen, das sich

78 Die Rente nach Mindesteinkommen setzte 25 anrechnungsfähige Versicherungsjahre voraus. Die Rentenformel legte dann bei Kleinverdienern mindestens 75 % des Durchschnittsverdiensts der Versicherten zugrunde. Mit einer Mindestrente, die ganz andere Verteilungswirkungen hat, ist diese Konstruktion nicht zu verwechseln.

»ohne Stufen und Sprünge in die Gesamtpolitik einfügt«: Tapfer trug Minister Arendt solche Sätze vor, die ihm die Reißbrettplaner in die Reden schrieben.[79] Der reale politische Prozess scherte sich um solche Schreibtischprodukte wenig. Ihn dafür zu tadeln wäre müßig, denn wenn die Geschichte eines lehrt, dann dies: dass die Menschen mehr auslösen als steuern können. Das optimistische Konzept der rationalen politischen Steuerung wurde in mindestens dreifacher Hinsicht verfehlt: Der Antagonismus der Akteure sprengte jede kohärente Planung. Etliche intendierte Folgen des Reformwerks blieben aus, z. B. erwies sich die Öffnung der Rentenversicherung für Hausfrauen als ein Schlag ins Wasser. Dagegen traten nicht intendierte Wirkungen ein. So mutierte die flexible Altersgrenze, die eigentlich im Dienst sozial- und gesundheitspolitischer Ziele konzipiert worden war, bald zu einem »arbeitsmarktpolitischen Puffer«, der die sektoral steigende Arbeitslosigkeit durch Frühverrentung abfederte.[80]

Den geringen Grad an Planungserfolg wird man mit Nachsicht vermerken. Gravierender verhält es sich damit, dass die Überbietungskonkurrenz mit viel Leichtsinn vorangetrieben wurde und schließlich eine Mixtur entstand, der »niemand mit gutem Gewissen« zustimmen konnte – und der dann doch 493 von 494 Abgeordneten zugestimmt haben. Dieses Resultat spiegelt insofern eine Sondersituation, als beide Seiten noch nicht in der Lage waren, den »Machtwechsel« mit den Normalitätskriterien eines Regierungswechsels zu sehen. Das setzte ein sozialpolitisches Regelwerk außer Kraft, das zuvor und danach einigermaßen ausgleichend funktionierte: Während die Unionsparteien im Allgemeinen geneigt waren, das Leistungsprinzip hervorzuheben und die Umverteilung zu zügeln, tendierte die Sozialdemokratie stärker zum redistributiven Solidarausgleich. Dieses Verhältnis stiftete zwar keine prästabilierte Harmonie, hilft aber erklären, dass die Geschichte der Bundesrepublik im internationalen Vergleich eine solche des »mittleren Weges« ist.[81] Das Regelwerk war 1972 durch eine Sonderlage gestört, in der die CDU/CSU glaubte, die SPD – koste es was es wolle – auf der sozialpolitischen Bahn links überholen zu müssen und die Sozialdemokratie – coûte que coûte – die Spur nicht freigab.

Diese Überdosis an politischer Unvernunft war situationsbedingt, lenkt den Blick jedoch auch auf eine grundsätzliche Konstitutionsschwäche des parlamentarischen Prozesses. Im »Kurzstreckenlauf der Legislaturperioden«[82] herrschen Rationalitätskriterien, die sich auf lange Sicht – etwa unter Gesichtspunkten der Stetigkeit und Verlässlichkeit, die der Arche der Kontinuität zwischen den Generationen angemessen sind – als höchst irrational erweisen können. Niemand kann den Parteien vorwerfen, dass sie den kurzfristigen (Wahl-)Erfolg

79 Zitate aus Arendts Rede vor der Bundesarbeitnehmerkonferenz der SPD am 10.10.1970 (Nachlass Auerbach, AdsD).

80 *Hermann,* S. 17.

81 *M. G. Schmidt,* Die Politik des mittleren Weges, in: APuZ, B 9/10 (1990), S. 23–31.

82 *M. Stolleis,* Referat, in: Möglichkeiten der Fortentwicklung des Rechts der Sozialen Sicherheit zwischen Anpassungszwang und Bestandsschutz. Verhandlungen des 55. Deutschen Juristentages, Bd. 2, München 1984, S. 9–68, hier S. 13.

anstreben, zumal sie ohne ihn den langfristigen erst recht nicht haben können. Aber nur sehr kluge Politiker sind in der Lage, den kurzfristigen Erfolg und das langfristig Vernünftige miteinander zu verbinden, und die Parteienkonkurrenz kennt keine Vorkehrung, die sicher bewirkt, dass solche Politiker zur richtigen Zeit am passenden Ort zum Zuge kommen.

Auch eine weitere Schwäche der parlamentarischen Politik wird im Lehrstück »Rentenreform 1972« sichtbar. Während die wahlrelevante Klientel sich großer und größter Beachtung erfreut (hier ist z. B. an die äußerst rentablen Konditionen für Selbständige zu erinnern), bleibt das Schutzbedürfnis artikulationsschwacher Gruppen zwar nicht unbedingt unbeachtet, hat aber eine geringere Durchsetzungschance. So wäre etwa eine auch nur annähernd so intensiv betriebene »Sozialhilfereform 1972« völlig undenkbar. Prämiert wird »der Mittelwähler, den alle Parteien am meisten fürchten, weil er wechseln könnte«.[83] Was solche in der parlamentarischen Demokratie schwer auflösbaren Dilemmata zum Vorschein bringen, verweist zuletzt auf Antinomien in der Grundanlage der offenen Gesellschaft: Sie kann »nicht Strukturhomogenität im Namen der dogmatischen Reinheit einer Ordnungsidee zum Ziel erheben, sie würde gerade dadurch gezwungen, Wertantinomien zu entscheiden und damit Offenheit zu schließen«.[84] Die deutsche Erfahrung des 20. Jahrhunderts zwingt dazu, diese Grundtatsache anzuerkennen. Mehrfach wurden homogenitätsverbürgende Gegenentwürfe erprobt, immer sind sie mit schlimmen Folgen fehlgeschlagen. Die Idee einer landesväterlichen Gerechtigkeit »über den Parteien« erwies sich als Legende der Monarchie. Weimar bleibt eine ständige Warnung vor den Gefahren, die in der Flucht aus der Verantwortung des Parlaments liegen. Der Zusammenbruch der Zivilisation im Nationalsozialismus war mit dem Glauben an eine charismatische Führergestalt verbunden. Die dreidimensionale Welt in eine eindimensionale Wissenschaftsideologie strecken zu wollen, erstickte die demokratische Legitimität der DDR von Anfang an, nicht erst im Maße der Reduktion zum Machterhaltungskartell der SED.

Wahrscheinlich ließe sich der Rationalitätsgehalt parlamentarisch-demokratischer Politik unter dem Gesichtspunkt langfristiger Kosten- und Ertragskriterien durch neue institutionelle Regelungen steigern. Aber die Institutionalisierung von Sachverstand kann und darf den politischen Prozess nur begrenzt ruhigstellen. Daher bedeutet es kein Ausweichen in die Unbestimmtheit eines schönen Begriffs, sondern folgt aus dem Bedingungsgefüge der offenen Gesell-

83 *Zacher*, Diskussionsbeitrag, ebd., S. 173.

84 *M. R. Lepsius*, Sozialstruktur und soziale Schichtung in der Bundesrepublik Deutschland, in: *R. Löwenthal* u. *H.-P. Schwarz* (Hg.), Die zweite Republik. 25 Jahre Bundesrepublik Deutschland. Eine Bilanz, Stuttgart 1974, S. 263–288, hier S. 286. Ähnlich *ders.*, Max Weber in München, in: Zeitschrift für Soziologie 6 (1977), S. 103–118, hier S. 114: »Es gibt keine konfliktlose Strukturhomogenität zwischen Legitimationswerten, Herrschaftsinstitutionalisierung und differenzierten sozio-ökonomischen Interessenlagen«. Vgl. exemplarisch zur Spannung zwischen Bedürfnisgerechtigkeit, Leistungsgerechtigkeit und Besitzstandsgerechtigkeit *Zacher*, Sozialstaat, S. 6.

schaft, welche die verbindliche Appellation an eine überlegene Autorität nicht kennt und auf Selbstdomestizierung angewiesen ist: Den Tendenzen gegenzusteuern, die den Segen des Wettbewerbs parlamentarischer Parteien in den Fluch der hemmungslosen Überbietungskonkurrenz, des rücksichtslosen Vormachtkampfs oder des Diktats der kurzfristigen Rationalitätskriterien verkehren, ist Aufgabe *politischer Kultur*.

7. Im Zenit der staatlichen Wohlfahrtsproduktion: Die Reformära 1966–1974

Der folgende Essay[1] beruht auf dem Befund, dass die erste Große Koalition in der Geschichte der Bundesrepublik (1966 bis 1969) den Auftakt einer politischen Reformära bildete, die dann von der sozialliberalen Koalition 1969 bis 1974 im Tempo beschleunigt und im Zielspektrum und Aktionsradius ausgeweitet wurde. Diese Charakterisierung des großkoalitionären Zwischenspiels erfasst den historischen Zusammenhang treffender als die Vorstellung, es habe sich dabei lediglich um den Ausklang der Ära Adenauer/Erhard oder gar – so lautete eine zeitgenössische Befürchtung – um einen immobilen Notstandsstaat gehandelt. Gleichwohl unterscheiden sich die beiden Phasen signifikant, sowohl in den politischen und ökonomischen Rahmenbedingungen als auch in der hauptsächlichen Stoßrichtung der Reformen.

Auftakt zur Reformära

Die Große Koalition wurde im Dezember 1966 als Kind der Krise aus der Taufe gehoben. Vor dem Hintergrund der akuten Rezession zielte ihre Politik zunächst darauf, den aus dem Lot geratenen Staatshaushalt zu konsolidieren und die Entwicklung der Staatsausgaben auf mittlere Sicht zu stabilisieren. Über ein solches Krisenmanagement hinaus leitete die Große Koalition jedoch auch eine Umstellung der Staatstätigkeit auf Krisenvorbeugung, Wachstumsvorsorge und Zukunftsplanung ein – vor allem auf ökonomischem Gebiet. Mit einer Flut verfassungsändernder Gesetze schuf sie einen Rahmen für den Übergang zur Globalsteuerung der Wirtschaft sowie für eine einschneidende Finanz- und Haushaltsverfassungsreform. Dabei avancierte die Leitidee des »gesamtwirtschaftlichen Gleichgewichts« zum Verfassungsbegriff und ermöglichte somit erstens eine Verstärkung des gesamtwirtschaftlichen Steuerungsinstrumentari-

1 Koautor dieses Beitrags ist Winfried Süß. Ihm sei auch an dieser Stelle herzlich für die Kooperation bei der Vermessung der Reformära gedankt. Soweit nicht anders vermerkt, stützt sich dieser bilanzierende Essay auf die Ergebnisse des – mit rund 1.000 Seiten sehr voluminösen – Sammelbandes: *H. G. Hockerts* (Hg.), Bundesrepublik Deutschland 1966–1974. Eine Zeit vielfältigen Aufbruchs (= Geschichte der Sozialpolitik in Deutschland seit 1945, hg. v. *Bundesministerium für Arbeit und Soziales* und *Bundesarchiv*, Bd. 5), Baden-Baden 2006.

ums (Stabilitäts- und Wachstumsgesetz) und zweitens eine wirkungsvollere Planung, Verwaltung und Kontrolle der Staatsfinanzen (Haushaltsreformgesetz). Die Globalsteuerung stellte sich als eine gesamtstaatliche – Bund und Länder übergreifende – Aufgabe dar, was drittens zu Verschiebungen im Gefüge der bundesstaatlichen Finanzverfassung führte (Finanzreformgesetz).

Wegen solcher Schwerpunktsetzungen fiel das Urteil über die Sozialpolitik der Großen Koalition nicht selten negativ aus: Sie sei vornehmlich durch »Ökonomisierung und Anpassung« und die »vollkommene Vernachlässigung der Sozialpolitik zugunsten von Finanz- und Wirtschaftspolitik« geprägt gewesen.[2] Richtet man den Blick auf die Anfangsphase dieser Koalition, so finden sich Argumente, die eine solche Sichtweise bestätigen können. So strich das Finanzänderungsgesetz vom Dezember 1967 zur Entlastung des Bundeshaushalts mehr als vier Milliarden DM staatliche Zuschüsse an die Sozialversicherung und stopfte die dort entstehende Deckungslücke vor allem mit Beiträgen der Versicherten. So wurde in der Krankenversicherung ein Rentnerbeitrag eingeführt, in der Rentenversicherung der Beitragssatz erhöht, zudem wurde die Beitragsbemessungsgrenze in der Angestelltenversicherung angehoben. Und die Einführung der mittelfristigen Finanzplanung im gleichen Jahr diente ebenso wie das seit 1968 erstellte Sozialbudget, eine Zusammenfassung aller Sozialleistungen in einem einheitlichen Rechenwerk, auch dem Zweck, die Sozialausgaben zu zügeln.

Dennoch wäre es falsch, die Sozialpolitik der Jahre 1966 bis 1969 allein unter dem Gesichtspunkt finanzieller Restriktionen zu deuten. Das Bündnis der beiden Volksparteien umschloss auch eine Art Große Koalition der Sozialpolitiker und stärkte so das politische Gewicht der Sozialausschüsse innerhalb der Union. Diese Konstellation verhinderte einschneidende Sozialleistungskürzungen und begünstigte nach der Überwindung der Rezession die Durchsetzung von Arbeitnehmerinteressen. Dies gilt vor allem für die arbeitsrechtliche Regelung der Lohnfortzahlung für Arbeiter: Sie ebnete eine symbolträchtige sozialrechtliche Scheidelinie zwischen Arbeitern und Angestellten ein, die Vertreter beider Parteien zunehmend als unzeitgemäß empfunden hatten. Der Primat der Haushaltskonsolidierung wirkte auch nicht nur blockierend auf sozialpolitische Reformen; er konnte im Gegenteil auch den Druck auf die entscheidenden Akteure in Regierung und Parlament so erhöhen, dass Maßnahmen verwirklicht wurden, die in einer anderen Konstellation auf heftigen Widerstand gestoßen wären. Ein Beispiel kann dies verdeutlichen: Es gelang im Windschatten der Haushaltssanierung überraschend geräuschlos, die Finanzgrundlagen von Arbeiter- und Angestelltenrentenversicherung zu verschmelzen, obwohl dies de

2 *D. Zöllner*, Landesbericht Deutschland, in: *P. A. Köhler* u. *H. F. Zacher* (Hg.), Ein Jahrhundert Sozialversicherung in der Bundesrepublik Deutschland, Frankreich, Großbritannien, Österreich und der Schweiz. Berlin 1981, S. 45–179, hier S. 109, bzw. *H. Michalsky*, Parteien und Sozialpolitik in der Bundesrepublik Deutschland, in: Sozialer Fortschritt 33 (1984), S. 134–141, hier S. 138.

facto einer Subventionierung der Alterssicherung von Arbeitern durch die Rentenbeiträge der Angestellten gleichkam.[3] Bilanzierend kann man sagen, dass in der Großen Koalition die in der Regierungszeit Ludwig Erhards noch einmal wiederbelebte sozialpolitische Referenzgröße des Bürgertums gegen das neue Leitbild einer Arbeitnehmergesellschaft ausgetauscht wurde.

Auch führte die Ökonomisierung durchaus nicht einseitig zur Unterordnung der Sozialpolitik unter das Diktat der Finanzen. Sie förderte auch eine engere Verklammerung von Wirtschafts- und Sozialpolitik, so dass die Sozialpolitik eine wichtige Rolle bei der langfristigen Stabilisierung der Wirtschaftsentwicklung erhielt. Am deutlichsten zeigt sich dies im 1969 verabschiedeten Arbeitsförderungsgesetz, mit dem das Angebot an qualifizierten Arbeitskräften durch Umschulungs- und Weiterbildungsprogramme langfristig gesichert werden sollte. Diese Novelle verknüpfte bestimmte Bereiche der Bildungs- und Arbeitsmarktpolitik mit dem keynesianisch geprägten Konzept der Globalsteuerung der Wirtschaft. Das Arbeitsförderungsgesetz wirft zugleich Licht auf den Übergang zu einem neuen Stil sozialpolitischen Handelns: Sozialpolitik sollte weniger als bisher reaktiv angelegt sein, also im Nachhinein auf soziale Problembestände einwirken, vielmehr aktiv und vorausschauend, auf wissenschaftliche Expertise gestützt, in die gesellschaftlichen Verhältnisse eingreifen, um einen Problemdruck erst gar nicht entstehen zu lassen. Bereits die Große Koalition bereitete also die Hinwendung zu einer stärker vorausschauend angelegten, »rationalen« und »aktiven« Sozialpolitik vor.[4] Damit ging eine programmatische Erweiterung der Sozialpolitik zur »Gesellschaftspolitik« einher: Nicht mehr einzelne Teilgruppen und Risikolagen, sondern Steuerungsbedürfnisse der gesellschaftlichen Interdependenz sollten den Orientierungspunkt sozialpolitischen Handelns bilden. Zu den Kontinuitätslinien zwischen beiden Regierungen zählt zudem die steigende Bedeutung von Programmen, die monetäre Sozialleistungen durch soziale Dienste und Infrastrukturen im öffentlichen Raum ergänzten.[5] In der Bildungspolitik und im Krankenhausbau schufen Verfassungsänderungen der Großen Koalition erst den rechtlichen Rahmen für sozialliberale Reformen.

Insgesamt ist festzuhalten, dass sich der Modus operandi der Politik veränderte. Den Dreh- und Angelpunkt bildete eine über die Parteigrenzen hinweg geteilte Diagnose: Man beobachtete eine bedrohliche Kluft zwischen der wachsenden Komplexität moderner industrieller Gesellschaften und der unzureichend entwickelten Informations- und Steuerungskapazität des politischen Systems. Ein reformerischer Grundimpetus lag somit in dem Bestreben,

3 Den sozialökonomischen Hintergrund bildete die Tertiarisierung der Erwerbsstruktur, womit die Arbeiterversicherung ins Defizit rutschte, während die Angestelltenversicherung Rücklagen auftürmte.

4 Vgl. *G. Schmid* u. *F. Oschmiansky*, Arbeitsmarktpolitik und Arbeitslosenversicherung, in: *Hockerts*, S. 331–379.

5 Vgl. *D. Grunow*, Soziale Infrastruktur und Soziale Dienste, in: *Hockerts*, S. 811–855.

eben diese Kapazität zu steigern, den Zukunftshorizont der Politik zu erweitern und die Interdependenz der politischen Handlungsfelder stärker als bisher in den Blick zu nehmen. Dieser Impetus verbindet die beiden Phasen der Reformära.

Im Zenit der Reformära

Allerdings dürfen die Kontinuitätsaspekte auch nicht allzu sehr betont werden. Dies wäre angesichts der neuen Akzente, die das Reformkabinett Brandt/Scheel setzte, verfehlt. Die Große Koalition hatte das steigende Ausmaß sozialpolitischer Interventionen vor allem damit gerechtfertigt, dass sich so die wirtschaftliche Entwicklung stabilisieren lasse. Hingegen betonte die sozialliberale Koalition nun die gesellschaftsverändernden Ziele der zur Sozialplanung ausgeweiteten Sozialpolitik. Mit dem Regierungswechsel 1969 gewannen Leitbilder der »Teilhabe« und »Demokratisierung« als spezifisch sozialdemokratische Leitvokabeln der Sozialpolitik stark an Bedeutung. Daraus folgte eine Fülle von Programmpunkten: von der gerechteren Verteilung des gesellschaftlichen Reichtums und der gleichberechtigten Mitwirkung der Arbeitnehmer an den wirtschaftlichen Entscheidungen über die Egalisierung der Bildungschancen bis zum Postulat, das Gesamtgefüge der Sozialpolitik konsistenter und transparenter zu gestalten. Gerade auch in der zuletzt genannten Hinsicht unternahm die sozialliberale Koalition erhebliche Anstrengungen. Zwar scheiterten alle Ansätze, das Arbeitsrecht zu kodifizieren, doch setzten die Arbeiten an einer Kodifikation des Sozialleistungsrechts recht zügig ein und führten 1975 zur Verabschiedung des »Allgemeinen Teils« des Sozialgesetzbuches.[6]

Der Stilwandel zur transparenten, »rationalen« und »aktiven« Sozialpolitik brachte eine geradezu exzessive Konjunktur sozialpolitischer Berichte und Prognosen hervor, die mit dem Anspruch auftraten, sachverständige Planung und Vorausberechnung künftiger Entwicklungen bieten zu können. Diese Berichtsflut trug durchaus in einem gewissen Maße zur Rationalisierung sozialpolitischer Debatten bei. Allerdings werden im Rückblick zwei gravierende Schwächen und Grenzen der Prognosefähigkeit offensichtlich. Erstens neigten die Prognosen dazu, die seit 1968/69 günstige Wirtschaftsentwicklung in die ferne Zukunft fortzuschreiben, so dass sie zu unrealistischen Annahmen über die langfristige Finanzierbarkeit des Sozialstaatswachstums gelangten; zweitens bezogen sie die demographische Zeitenwende, den massiven Geburtenrückgang seit dem Ende der 1960er Jahre, in der Regel nicht mit ein, ignorierten also eine der langfristig dramatischsten Herausforderungen des Sozialstaats.[7]

6 Vgl. *P. Krause*, Gemeinsame Fragen der Organisation und des Rechts der sozialen Leistungen, in: *Hockerts*, S. 381–406.

7 Vgl. den Beitrag 13 im vorliegenden Band.

Neue Leitbegriffe werteten alte Handlungsfelder auf. So erlebte der lange brachliegende Arbeitsschutz im Licht der Leitbegriffe Prävention und »Lebensqualität« geradezu eine Renaissance.[8] Die Leitvokabel der Chancengleichheit durchdrang vor allem die Bildungspolitik und verlagerte dort den Akzent von der ökonomischen (Bildungsökonomie) auf die gesellschaftliche Modernisierung (Bildung als Bürgerrecht). Der gesellschaftspolitische Ansatz rückte die Bildungs- und die Sozialpolitik enger aneinander und leitete damit einen Pfadwechsel in der Entwicklung dieser in Deutschland bislang weitgehend getrennten Politikfelder ein.[9] Auch die Schwerpunkte der Reformpolitik veränderten sich. Ging es der Großen Koalition oftmals um institutionelle Reformen im Bereich der Finanzierung und sozialpolitischen Koordination, stand die von 1969 bis 1972 reichende sechste Legislaturperiode im Zeichen der Weiterentwicklung der sozialen Sicherung durch die Ausweitung des gesicherten Personenkreises und die Ausrichtung der Sozialleistungen am steigenden Lebensstandard. In der siebten Legislaturperiode setzte die Regierung Brandt/Scheel mit dem Programm zur Humanisierung des Arbeitslebens einen deutlichen Akzent in der produktionsorientierten Sozialpolitik.[10]

Zu den Signaturen der Epoche zählt die parteiübergreifende Zustimmung zur Expansion des Sozialstaats. Reformgesetze wurden vom Bundestag oftmals nahezu einstimmig beschlossen, etwa das Arbeitsförderungsgesetz (1969), die Rentenreform (1972) oder das Arbeitssicherheitsgesetz (1974). Zwar blieben Tempo, Ausmaß und Richtung der Expansion oder die Zuordnung der Kosten von Reformen bisweilen kontrovers. Dass die soziale Sicherung erweiterungs- und vertiefungsbedürftig sei, galt aber kaum mehr als strittig. Überwiegend lässt sich die Sozialstaatsgeschichte der Jahre 1966 bis 1974 daher als Konsensgeschichte darstellen. Dies gilt besonders für das Modernisierungskartell der Großen Koalition, in der breite Bundesrats- und Parlamentsmehrheiten das Gewicht von Flügelpositionen minderten und die Chancen auf die Durchsetzung gruppenspezifischer Vetopositionen reduzierten. Die sozialliberale Koalition war Konsenszwängen verschiedener Art unterworfen. Da war zunächst der Filter koalitionsinterner Abstimmungen. Die Bremserrolle der FDP konzentrierte sich damals auf relativ wenige Punkte, insbesondere die Verhinderung der paritätischen Mitbestimmung und die Schonung von Eigentumsinteressen in der Steuerreform sowie beim Abschöpfen von Planungsgewinnen in der Städtebauförderung. Die FDP bremste den Kostenanstieg durchaus nicht immer, sie förderte ihn auch ihrerseits, besonders im Gesundheitsbereich, wo sie als Klientelpartei Anbieter- und Expansionsinteressen vertrat. Ein stärkeres Gegengewicht bildete der Bundesrat, in dem die Unionsparteien seit April 1972 die Mehrheit besaßen und so als Mitregent agieren konnten. Die wachsende

8 Vgl. *D. Bethge*, Arbeitsschutz, in. *Hockerts*, S. 277–330.

9 Vgl. *O. Anweiler*, Bildungspolitik, in: *Hockerts*, S. 709–753.

10 Zu dieser Phaseneinteilung vgl. auch *E. Standfest*, Sozialpolitik als Reformpolitik. Aspekte der sozialpolitischen Entwicklung in der Bundesrepublik, Köln 1979, S. 69.

legislatorische Bedeutung der Ländervertretung in der Ära Brandt/Scheel lässt sich an der Zahl der dort auf den Weg gebrachten Gesetzesinitiativen ablesen: Sie stieg von 27 in der sechsten Legislaturperiode auf 75 in der siebten Legislaturperiode; im gleichen Zeitraum erhöhte sich die Zahl der Fälle, in denen der Vermittlungsausschuss angerufen wurde, von 33 auf 104.

Der Ausbau des Sozialstaats gelang vor allem dann, wenn Reformen die Steuerungs- und Problembearbeitungsfähigkeit eines sozialpolitischen Handlungsfeldes verbesserten (wie beim Arbeitsförderungsgesetz), wenn Belastungen und Entlastungen der Parteiklientel bei politischen Tauschgeschäften gegeneinander verrechnet werden konnten (wie bei der Reform der Lohnfortzahlung, der die Union erst zustimmte, als die SPD bereit war, eine Krankenscheingebühr mitzutragen) oder wenn Wähler aller politischen Lager davon profitierten, wie bei der Rentenreform von 1972. Strittig wurden Reformen, sobald sie die bestehende Verteilung von Einkommen, Eigentum und Einflusschancen empfindlich berührten. Dies zeigen die kontroversen Debatten um die Steuerreform, die bodenrechtlichen Teile des Städtebauförderungsgesetzes, die Berufsbildung und die Mitbestimmung. In all diesen Fällen wurde der Umverteilungs- oder Umgewichtungsgehalt im Verlauf des Gesetzgebungsprozesses kräftig abgeschliffen.

Wenn Reformvorhaben die Machtbalance zwischen Bund und Ländern betrafen, waren Konflikte geradezu programmiert. Besonders zäh verteidigten die Länder ihre Rechte in der Bildungspolitik, so dass Versuche der Bundesregierung, ein gesamtstaatlich konzipiertes, einheitliches Bildungssystem zu errichten, fehlschlugen. Ebenso scheiterte die geplante Reform des Jugendhilferechts am Einspruch der Länder.[11] Bei der Reform der Krankenhausfinanzierung erreichten sie eine erhebliche Beteiligung des Bundes an den Investitionskosten, ohne dafür ihre Planungshoheit aufzugeben. Dass Präventionsmaßnahmen bis heute auf wenig effektive Weise durch niedergelassene Ärzte durchgeführt werden, verdankt sich nicht so sehr liberaler Interessenpolitik für freie Berufe als vielmehr der Weigerung der Länder, dem Bund gesundheitspolitische Kompetenzen außerhalb der Sozialversicherung einzuräumen.[12]

Sozialstaatsexpansion

Trotz solcher Friktionen bestimmten Ausweitungen und Leistungserhöhungen der sozialen Sicherung den Bewegungsmodus des Sozialstaats. Die Mehrzahl der Reformprogramme zielte auf breite Schichten der Bevölkerung: Die 1969 beschlossene Dynamisierung der Kriegsopferrenten begünstigte rund 2,8 Mil-

11 Vgl. *U. Münch*, Familien-, Jugend- und Altenpolitik, in: *Hockerts*, S. 633–707.

12 Vgl. *A. Vincenti* u. a., Gesundheitswesen und Sicherung bei Krankheit und im Pflegefall, in: *Hockerts*, S. 483–530.

lionen Versorgungsberechtigte; etwa 3 Millionen Angestellten und 2,4 Millionen Landwirten wurde der Beitritt zur gesetzlichen Krankenversicherung ermöglicht; die Öffnung der Unfallversicherung kam rund 12 Millionen Schülern und Studenten zugute; rund 26 Millionen Krankenversicherte erhielten einen Anspruch auf Vorsorgeuntersuchungen und rund 16 Millionen Arbeitnehmer profitierten vom – allerdings nicht sehr tiefgreifenden – Ausbau der Vermögensbildung.[13] Kinder und Rentner, Arbeiter und gut verdienende Angestellte, Bauern und Studenten – von der Sozialstaatsexpansion profitierten nahezu alle Teile der Bevölkerung. Sowohl der Kernbereich der industriellen Arbeitsgesellschaft als auch die bislang wenig gesicherten Gruppen an ihren Rändern wurden besser gestellt. Direkte »Verlierer« dieser Entwicklung gab es kaum. Wohl aber differierten die Grade der Nutznießerschaft nach Schichtzugehörigkeit, Geschlecht, generationeller Lagerung und Lebenslage.

In mancher Hinsicht bildeten die Jahre 1966 bis 1974 die hohe Zeit der arbeitnehmerorientierten Sozialpolitik. Zentrale Reformprojekte wie die arbeitsrechtliche Regelung der Lohnfortzahlung und die Einführung einer flexiblen Altersgrenze in der gesetzlichen Rentenversicherung, auch das Betriebsverfassungsgesetz und der verbesserte Arbeitsschutz erfüllten alte gewerkschaftliche Forderungen. Leistungsverbesserungen in der Renten-, Kranken- und Arbeitslosenversicherung kamen Arbeitern und Angestellten in ähnlicher Weise zugute. Relativ gesehen profitierten Arbeiter durch die sozialrechtliche Angleichung an das Vorbild der Angestellten und die finanzielle Zusammenführung der Rentenversicherungszweige wohl etwas stärker von dieser Entwicklung, so dass sich die frühere sozialrechtliche Privilegierung der Angestellten als Schrittmacher allgemeiner Arbeitnehmerrechte erwies. Aufs Ganze gesehen blieben die schichtspezifischen Umverteilungseffekte der Sozialpolitik in den Jahren 1966 bis 1974 allerdings moderat. Die Rentenreform 1972 begünstigte als stille Trittbrettfahrer Selbständige, deren profitable Beitrittsmöglichkeiten mit den Beiträgen pflichtversicherter Arbeitnehmer finanziert wurden. Die sozialrechtliche Privilegierung der Beamten bei der Alters- und Gesundheitsversorgung wurde nicht angetastet. Eine großzügige Beteiligung von Arbeitnehmern am Betriebsvermögen, die die Kluft zwischen den Einkünften aus Kapitalvermögen und abhängiger Beschäftigung auf lange Sicht hätte vermindern können, scheiterte auch an der Haltung von Teilen der Gewerkschaften, die eine Erweiterung der Mitbestimmung einer solchen Vermögensbildungspolitik vorzogen.[14] Zwar wurden Vermögen, Erbschaften und hohe Einkommen (über 160.000 DM im Jahr) stärker belastet. Die angestrebte Entlastung niedriger Einkommen gelang jedoch nur zum Teil, da inflationsbedingte Lohnsteigerungen viele Steuerzahler in höhere Progressionsstufen trieben.

13 Vgl. auch *M. G. Schmidt*, Die »Politik der Inneren Reformen« in der Bundesrepublik Deutschland seit 1969, in: PVS 19 (1978), S. 201–253.

14 Vgl. *Y. Dietrich*, Vermögensbildungspolitik, in: *Hockerts*, S. 887–907.

Was die soziale Verteilung der Bildungschancen betrifft, so wurden regionale, konfessionelle und geschlechtsspezifische Unterschiede im Bildungszugang im Zuge der Bildungsexpansion weitgehend eingeebnet. Der Anteil von Arbeiterkindern, die weiterführende Schulen und Hochschulen besuchten, stieg seit 1972 zwar an, doch blieb der Vorsprung der Kinder aus Beamten- und Angestelltenfamilien bestehen. Ambivalent und aus der Sicht der Gewerkschaften sogar ausgesprochen negativ fällt die Bilanz mitwirkungsorientierter Politik in der Reformära aus: Das Betriebsverfassungsgesetz von 1972 gab Arbeitnehmervertretern zwar große Mitwirkungsmöglichkeiten im personellen und sozialen Bereich. Der Kompromiss der sozialliberalen Koalition, der zum Mitbestimmungsgesetz von 1976 führte, war jedoch aus der Sicht der Gewerkschaften eine schwere Niederlage, da er die angestrebte Parität in den Aufsichtsräten der Unternehmen nicht voll verwirklichte.

Erweitert man die Analyse der sozialen Schichtung um das Kriterium der Ethnizität, fällt ein Schatten auf die sozialpolitische Bilanz der Jahre 1966 bis 1974. Die Ausländerpolitik beider Koalitionen blieb durch den Inländerprimat und die Vorstellung bestimmt, der Arbeitsaufenthalt der »Gastarbeiter« sei zeitlich befristet, so dass Schritte zu ihrer Integration erst spät und zaghaft ergriffen wurden.[15] Ihre soziale Situation blieb weiterhin durch prekäre Wohnverhältnisse, besonders unsichere Arbeitsverhältnisse und durch schlechte Bildungschancen der Kinder geprägt. Das »Fehlen einer systematischen Integrationspolitik gegenüber den ausländischen Erwerbspersonen«,[16] mit denen 1973 immerhin jeder neunte inländische Arbeitsplatz besetzt war, zählt daher zu den besonders problematischen Erbschaften der Reformära. Die Arbeitsmigration wurde allerdings seit ihrem Beginn von sozialrechtlichen Maßnahmen begleitet. Bis zum Anwerbestopp wirkte die Einbeziehung der ausländischen Arbeitnehmer in die Sozialversicherung eher als Entlastung und Einnahmesteigerung der Sozialkassen, erst danach zogen die Arbeitsemigranten im Zeichen von Arbeitslosigkeit und Familiennachzug auch »als Klienten«[17] in die Sozialstaaten ein.

Auch wenn das Erscheinungsbild der Reformära großenteils durch den Erwartungsdruck der jüngeren Generation geprägt wurde, zählte letztlich die ältere Generation zu den Gewinnern. Betreuungsbedürftige profitierten vom Ausbau der sozialen Dienste, Heiminsassen von der Regulierung und Standardisierung der stationären Altenpflege und vielleicht auch von den bescheidenen Mitwirkungsmöglichkeiten, die das Heimgesetz von 1974 gebracht hatte. Fi-

15 Vgl. *U. Herbert* u. *K. Hunn*, Beschäftigung, soziale Sicherung und soziale Integration von Ausländern, in: *Hockerts*, S. 781–810; *E. Eichenhofer*, Internationale Sozialpolitik, in: ebd., S. 909–941.

16 *Schmid/Oschmiansky*, S. 373.

17 *L. Raphael*, Europäische Sozialstaaten in der Boomphase (1948–1973). Versuch einer historischen Distanzierung einer »klassischen Phase« des europäischen Wohlfahrtsstaats, in: *H. Kaelble* u. *G. Schmid* (Hg.), Das europäische Sozialmodell. Auf dem Weg zum transnationalen Sozialstaat. Berlin 2004, S. 51–73, hier S. 69.

nanzielle Einschnitte aus der Anfangszeit der Großen Koalition wie der Krankenversicherungsbeitrag für Rentner wurden rasch wieder rückgängig gemacht. Von der 1972 beschlossenen Erhöhung des Rentenniveaus profitierten rund 12 Millionen Rentner, 1,4 Millionen von der Einführung der Rente nach Mindesteinkommen. Rund ein Drittel der 1973/74 in Rente gehenden Männer nutzte die neu geschaffene flexible Altersgrenze und schied schon vor Vollendung des 65. Lebensjahres aus, so dass sich die Tendenz zur »Rente ab 63« anbahnte.[18] Die Rentenreform von 1972 basierte allerdings zum Teil auf einer Finanzierungsillusion: Optimistische Prognosen schrieben die günstige Wirtschaftsentwicklung der späten 1960er und frühen 1970er Jahre weit in die Zukunft fort. Die auf dieser Basis errechneten Beitragsüberschüsse wurden als sofort verfügbar betrachtet und restlos ausgegeben. Unter den verschlechterten ökonomischen Rahmenbedingungen war dieser Kostenschub seit der Mitte der 1970er Jahre eine unerwartet schwere Last. Die neu geschaffenen Leistungsansprüche wurden daher teils wieder zurückgeschnitten, teils mussten sie mit steigenden Beitragssätzen und wachsenden Bundeszuschüssen aufgefangen werden.[19]

Für Frauen ergab sich eine ambivalente Bilanz. Dank deutlich verbesserter Bildungschancen gehörten junge Frauen gewiss zu den Hauptgewinnern der Expansion des Schul- und Hochschulwesens. Der Anteil der zwölf- bis dreizehnjährigen Mädchen eines Altersjahrgangs, die ein Gymnasium besuchten, zog 1974 mit dem der gleichaltrigen Jungen gleich, der Anteil der Schülerinnen an Realschulen hatte den der Realschüler bereits deutlich übertroffen. Auch der Anteil weiblicher Studienanfänger wuchs signifikant: von 24,5 Prozent 1967 auf 36,6 Prozent 1976. Ebenso kam der Ausbau der sozialen Infrastruktur besonders jungen Frauen zugute. Zwischen 1965 und 1974 wurden mehr als 480.000 Kindergartenplätze neu geschaffen. Dies erleichterte es, Beruf und Familie miteinander zu vereinbaren. Allerdings herrschten bei der Verteilung der Kindergartenplätze erhebliche regionale Disparitäten. Ein Großteil der Betreuungseinrichtungen war zudem als Halbtagskindergärten angelegt, so dass der Trend zur Teilzeitarbeit als spezifisch weiblicher Erwerbsform gestärkt wurde. Und die aktive Arbeitsmarktpolitik zielte besonders auf die Qualifikation und Wiedereingliederung von männlichen Arbeitnehmern, weniger hingegen auf Frauen, die häufig in geringer qualifizierten Tätigkeiten beschäftigt waren. Von der 1972 eingeführten Rente nach Mindesteinkommen profitierten vor allem Rentnerinnen, da die neue Regelung einen Teil der früheren geschlechtsspezifischen Lohnbenachteiligung kompensierte.[20] Hingegen kann man nicht erwerbstätige Frauen zu den relativen Verlierern der Reformjahre zählen. Die

18 *W. Schmähl*, Sicherung bei Alter, Invalidität und für Hinterbliebene, in: *Hockerts*, S. 407–481, hier S. 472 f.

19 Zur Rentenreform 1972 vgl. den Beitrag 6 im vorliegenden Band.

20 Die neue Regelung führte bei 12 % des Rentenbestands zu einer Anhebung, davon entfielen nur 18,3 % auf Männerrenten, jedoch 81,7 % auf Frauenrenten (Versicherte und Witwen). Vgl. *Schmähl*, S. 473.

fehlende eigenständige Alterssicherung kindererziehender Mütter nahm zwar in der sozialpolitischen Diskussion der frühen 1970er Jahre einen prominenten Platz ein. Eine Neuregelung im Rahmen der Rentenreform 1972, die einen Einstieg in die sozialrechtliche Anerkennung der Familienarbeit ermöglicht hätte, scheiterte aber an der Union, die am Ende der sechsten Legislaturperiode kurzzeitig über die Stimmenmehrheit im Deutschen Bundestag verfügte und das von der Regierungskoalition geplante Babyjahr zugunsten einer allgemeinen Rentenniveauerhöhung verhinderte.

Generell traten Randgruppen stärker in das Blickfeld der Sozialpolitik. Im Zeichen eines Zeitgeistes, der Teilhabe und Chancenausgleich als zentrale sozialpolitische Leitbegriffe in den Vordergrund rückte, fanden die rund 4,1 Millionen (1966) körperlich oder geistig behinderten Menschen in der ersten Hälfte der 1970er Jahre mehr öffentliche und politische Aufmerksamkeit. Zeitgenössische Betrachter sprachen sogar von einem Rehabilitationsboom.[21] Die Maßnahmen der Bundesregierung zielten zum einen auf den Ausbau entsprechender Infrastruktureinrichtungen, zum anderen auf eine stärker »finale« Gestaltung der Sozialpolitik. Damit sollten die unterschiedlichen Anspruchsvoraussetzungen und Leistungen des gegliederten deutschen Sozialleistungssystems vereinheitlicht werden, um die berufliche und gesellschaftliche Integration der Behinderten zu verbessern. Am deutlichsten kommt dies in zwei 1974 verabschiedeten Reformwerken zum Ausdruck: dem Rehabilitations-Angleichungsgesetz und der Novelle des Schwerbeschädigtengesetzes. Allerdings erreichte die »Qualität der Umsetzung« trotz einer signifikanten Zunahme beruflicher und medizinischer Eingliederungsmaßnahmen »nicht immer das Niveau der legislativen Programmformulierung«.[22]

Die hier nur knapp skizzierten Veränderungen bewirkten insgesamt ein markantes Wachstum der Sozialausgaben. Die Kosten der sozialen Sicherung erhöhten sich von 117,6 Milliarden DM im Jahr 1966 auf 298 Milliarden DM 1974. Als Helmut Schmidt das Kanzleramt übernahm, gaben die Deutschen für ihre soziale Sicherung pro Kopf und Jahr weit mehr als doppelt so viel aus wie zur Zeit Ludwig Erhards: 4.804 DM (1974) gegenüber 1.988 DM (1966). Trotz einer auf lange Sicht prosperierenden Ökonomie übertraf das Sozialstaatswachstum den Zuwachs der Wirtschaftskraft deutlich. Der Anteil des Sozialbudgets am Bruttoinlandsprodukt erhöhte sich um rund ein Viertel – von 24,1 (1966) auf 30,3 Prozent (1974). Rund drei Viertel des Zuwachses entfiel auf die Zeit der Regierung Brandt/Scheel.[23]

21 Vgl. *W. Rudloff*, Rehabilitation und Hilfen für Behinderte, in: *Hockerts*, S. 557–591; *E. Bösl*, Politiken der Normalisierung. Zur Geschichte der Behindertenpolitik in der Bundesrepublik Deutschland, Bielefeld 2009.

22 *Rudloff*, S. 584.

23 Statistische Übersichten zur Geschichte der Sozialpolitik in Deutschland seit 1945. Band West, hg. v. *Bundesministerium für Arbeit und Sozialordnung*. Verfasser *H. Berié*, Bonn 1999, S. 24, 32.

Nahezu alle sozialpolitischen Handlungsfelder – mit Ausnahme der Familienpolitik[24] – vergrößerten in diesen Jahren ihren Verbrauchsanteil am Bruttoinlandsprodukt. Die höchsten relativen Zuwachsraten verzeichneten die Beschäftigungspolitik und die Vermögensbildung mit Steigerungen um 180 bzw. 114 Prozent zwischen 1966 und 1974. Deutlich langsamer, aber immer noch markant wuchsen die traditionellen sozialstaatlichen Leitsektoren Alterssicherung (19 Prozent) und Gesundheitsversorgung (36 Prozent). Da diese beiden Bereiche im Sozialbudget das weitaus größte Gewicht haben, schlug ihr Wachstum finanziell besonders kräftig zu Buche: Allein die Rentenreform von 1972 verursachte bis 1974 Kostensteigerungen von rund 50 Prozent in der gesetzlichen Rentenversicherung, die allerdings durch die konjunkturbedingt günstige Entwicklung der Wirtschaftskraft kurzfristig aufgefangen werden konnten, so dass der Anteil der Alterssicherung am Bruttoinlandsprodukt vorerst nur moderat anstieg (1966: 10,4 Prozent, 1970: 10,9 Prozent, 1974: 12,4 Prozent).[25] Der Gesundheitssektor expandierte seit Mitte der 1960er Jahre kontinuierlich. Sein Anteil am Bruttoinlandsprodukt vergrößerte sich – mit deutlich steigender Tendenz in den 1970er Jahren – von 6,9 Prozent 1966 bis auf 9,4 Prozent 1974. Dabei machten sich vor allem drei Faktoren bemerkbar: eine Verdreifachung der Ausgaben für Arzneien, Heil- und Hilfsmittel (von 2,8 auf 10 Milliarden DM), die Vervierfachung der Ausgaben für Zahnersatz (von 0,5 auf 2,1 Milliarden DM), vor allem aber die geradezu explodierenden Aufwendungen für die Krankenhausbehandlung, deren Kosten im Untersuchungszeitraum von 3,4 auf 15,2 Milliarden DM anstiegen. Ein Großteil dieses Zuwachses entfiel auf die frühen 1970er Jahre, so dass sich hier jährliche Steigerungsraten von über 20 Prozent ergaben.[26]

Wie sehr solche Ausgabenzuwächse den Handlungsspielraum künftiger Politik beschränkten, zeigte sich bereits 1974, als der Bundeszuschuss zur Rentenversicherung binnen eines Jahres um ein Drittel von 12,7 auf 16,9 Milliarden DM erhöht werden musste und auch in den folgenden Jahren Zuwächse im zweistelligen Prozentbereich verzeichnete.[27] Für einen direkten Zusammenhang zwischen dem Wachstum der Sozialausgaben und der steigenden Staatsverschuldung gibt es allerdings im Untersuchungszeitraum keine Belege, da der Finanzierungsanteil des Sozialbudgets aus öffentlichen Mitteln aufs Ganze gesehen rückläufig war. Ein Großteil der Mehrausgaben wurde durch steigende Beiträge der Versicherten und der Arbeitgeber finanziert, so dass sich das Schwergewicht der Finanzierung auf die Lohnnebenkosten verschob: Deren

24 Dies war allerdings auch ein Ergebnis der sinkenden Geburtenrate, die stagnierende bis leicht rückläufige Leistungsinanspruchnahmen zur Folge hatte. Sozialbudget 1974, hg. v. *Bundesminister für Arbeit und Sozialordnung*, Bonn 1974, S. 40.

25 Statistische Übersichten, S. 32.

26 Ebd., S. 32, 182.

27 Ebd., S. 156.

Anteil an der Finanzierung des Sozialbudgets stieg von 53,6 Prozent (1966) auf 60,5 Prozent (1974).[28]

Man kann also zusammenfassen: Die frühen Jahre der sozialliberalen Koalition bezeichnen eine Beschleunigungsphase der sozialstaatlichen Expansion. Ihren Höchststand erreichte die Sozialleistungsquote im Jahre 1975, als das Sozialbudget 33,4 Prozent des Bruttoinlandsprodukts in Anspruch nahm – so viel wie nie zuvor und nie wieder danach in der Geschichte der Bonner Republik.[29] Für diese Rekordmarke sind mehrere Gründe zu nennen. Erstens schlugen einige Leistungsverbesserungen der Reformära (wie z. B. die Kindergeldreform) erst jetzt voll zu Buche. Zweitens trieb nun auch die steigende Arbeitslosigkeit die Kosten der sozialen Sicherung nach oben. Drittens wuchs die Bezugsgröße, also das Bruttoinlandsprodukt, nominal nur wenig; preisbereinigt schrumpfte es sogar.[30] Im Licht international vergleichender Statistiken zeigt sich, dass in der ersten Hälfte der 1970er Jahre auch die meisten westeuropäischen Nachbarn die Sozialstaatlichkeit kräftig ausbauten. Daher bewegte die westdeutsche Sozialleistungsquote sich zwar nach wie vor über dem westeuropäischen Mittelwert, sie ragte in dem Vergleichsfeld aber keineswegs heraus. Folgt man den Statistiken des Internationalen Arbeitsamtes, so lag die westdeutsche Sozialleistungsquote 1975 auf dem fünften Platz in Westeuropa. Legt man die umfassenderen OECD-Definition der Sozialausgaben zugrunde, so erreichte sie in diesem Jahr den dritten Platz.[31]

In Expertenkreisen wuchs das Interesse am grenzüberschreitenden Ideentransfer und an international vergleichender Sozialbeobachtung. So zählte das keynesianischen Konzept der Globalsteuerung, dem sich die Bundesrepublik vergleichsweise spät anschloss, zum geistigen Rüstzeug des Wirtschaftsdenkens in der gesamten atlantisch-westeuropäischen Welt.[32] Die bildungspolitische

28 Ebd., S. 34. Der Gesamtbeitrag zur Renten-, Kranken- und Arbeitslosenversicherung stieg trotz der Entlastung der Krankenkassen durch die Neuregelung der Lohnfortzahlung von 25,3 % des Bruttoarbeitsentgelts (1966) über 27,8 % (1969) auf 29,1 % (1974). Die Beitragsbemessungsgrenzen verdoppelten sich in dieser Zeitspanne. Statistische Übersichten, S. 146 f.

29 Statistische Übersichten, S. 32.

30 Daher lehrt der Blick auf das Jahr 1975 auch, dass der Vergleich von Sozialleistungsquoten nur beschränkt aussagekräftig ist. Die Quoten spiegeln nur zum Teil das Niveau der sozialen Leistungen; sie hängen auch vom jeweiligen Verbreitungsgrad sozialer Problemlagen und von der mehr oder weniger günstigen Entwicklung des Sozialprodukts im Bezugsjahr ab.

31 *J. Alber*, Der Sozialstaat in der Bundesrepublik 1950–1983, Frankfurt a. M. 1989, S. 40, mit einem Vergleichsfeld von 13 westeuropäischen Demokratien. Bezogen auf die wiederum anders abgegrenzten Sozialausgaben, die im Europäischen Sozialbudget erfasst wurden, hatte die Bundesrepublik 1975 im Europa der Neun jedoch mit 29,3 % die höchste Sozialleistungsquote, gefolgt von den Niederlanden mit 27,9 %, während das Minimum bei 20,4 % (Irland) bzw. 21,3 % (Großbritannien) lag. Vgl. Das Europäische Sozialbudget 1980 – 1975 – 1970, hg. v. *Kommission der Europäischen Gemeinschaft*, Brüssel 1979, Tabelle II.6.

32 Vgl. *A. Nützenadel*, Stunde der Ökonomen. Wissenschaft, Politik und Expertenkultur in der Bundesrepublik 1949–1974, Göttingen 2005.

Diskussion bezog internationale Vergleichsmaßstäbe mit Nachdruck ein,[33] und im Umweltschutz folgte die Bonner Politik in mancher Hinsicht der Vorreiterrolle der USA.[34] Auch im Bereich des Arbeitsschutzes, der Arbeitsmarktpolitik oder der psychiatrischen Versorgung wirkten internationale Impulse.[35] Der Aufgabenbereich der internationalen Sozialpolitik wurde regierungsamtlich aufgewertet.[36] Terminologisch fällt auf, dass neben dem klassischen deutschen Sozialstaatsbegriff nun auch der international verbreitete Wohlfahrtsstaatsbegriff in Mode kam. Auch dies deutet auf Angleichungsvorgänge hin. Aufs Ganze gesehen gilt gleichwohl: Gerade in der Sphäre der Sozialpolitik hat sich die nationalstaatliche Souveränität behauptet, und die öffentlichen Debatten blieben »im Wesentlichen auf die eigenen Traditionen und die eigene Nation zentriert«.[37] Nicht nur in der Bundesrepublik, sondern fast überall galt die Sozialpolitik als »der größte Schatz der nationalen Politik«.[38]

Die EG war noch kein einflussreicher Akteur auf der sozialpolitischen Bühne, wenn man von dem sogenannten Koordinationsrecht absieht, das die Freizügigkeit der Arbeitskräfte zwischen den Mitgliedsstaaten sozialpolitisch schützt. Im Zusammenhang mit dem ambitionierten »Werner-Plan«, der im Oktober 1970 den Aufbau einer europäischen Wirtschafts- und Währungsunion binnen zehn Jahren vorsah, erhielt das Interesse an einer gemeinschaftlichen Sozialpolitik allerdings vorübergehend viel Auftrieb. Das Ergebnis war ein weitreichendes »Sozialpolitisches Aktionsprogramm«, das im Wesentlichen auf deutsche Initiative zustande kam und im Februar 1974 die Billigung des EG-Ministerrats fand. Aber das Programm war bald größtenteils Makulatur, weil die EG-Staaten in der Wirtschaftskrise 1974/75 wieder weit auseinander drifteten. Immerhin legte die EG im November 1974 das erste Europäische Sozialbudget vor. Zwar implizierte es keinerlei politische Entscheidung über Ausgaben oder Einnahmen, wie der Budgetbegriff eigentlich nahe legt, aber es verbesserte die Informations- und Vergleichsbasis in Form einer Synopse von Länderberichten, welche die nationalen Systeme der sozialen Sicherheit nach einem einheitlichen Kriterienkatalog darstellten.

33 Vgl. *Anweiler.*

34 Vgl. *K.F. Hünemörder*, Die Frühgeschichte der globalen Umweltkrise und die Formierung der deutschen Umweltpolitik (1950–1973), Stuttgart 2004.

35 Vgl. *Bethge*; *Schmid/Oschmiansky*; *Rudloff.*

36 Vgl. *Eichenhofer.*

37 *Raphael*, S. 60.

38 Wie Hans F. Zacher 1978 formulierte. Vgl. *H.F. Zacher*, Horizontaler und vertikaler Sozialrechtsvergleich, in: *ders.*, Abhandlungen zum Sozialrecht, hg. v. *B. Baron v. Maydell* u. *E. Eichenhofer*, Heidelberg 1993, S. 376–430, hier S. 380.

Die 1973/74 einsetzende Wirtschaftskrise brach den Expansionstrend der Sozialpolitik. Die »Phase des Immer-Mehr, des Immer-Besser und des Immer-Größer« gehöre der Vergangenheit an, erklärte Bundesfinanzminister Hans Apel im September 1974, als er dem Bundestag den Entwurf des Bundeshaushalts 1975 vorlegte.[39] Im Zeichen des Verlusts der Vollbeschäftigung, des reduzierten Wachstums, des inflationären Preisauftriebs und der wachsenden Staatsverschuldung setzte eine Politik der Kostendämpfung ein, die 1975 zu moderaten sozialen Einschnitten und Zuwachsbegrenzungen führte und das sozialpolitische Feld am Ende der 1970er und zu Anfang der 1980er Jahre schließlich ganz beherrschte. Unterscheidet man mit Franz-Xaver Kaufmann zwischen Sozialpolitik erster und zweiter Ordnung, so kann man seit der Mitte der 1970er Jahre auch in dieser Hinsicht eine Akzentverschiebung beobachten: Es ging nicht mehr primär um die Beeinflussung sozialer Problemlagen (erste Ordnung), sondern vielmehr um die »Beeinflussung der Interventionsapparaturen« (zweite Ordnung). Das beherrschende Ziel lag nun darin, die bereits bestehenden Leistungssysteme zu konsolidieren und die von ihnen selbst erzeugten Folgeprobleme zu bewältigen.[40]

Die Wirtschaftskrise führte auch drastisch vor Augen, dass die Globalsteuerung nicht das zu leisten vermochte, was so viele von ihr erwartet hatten. Der Glaube an die Möglichkeit, mithilfe von Fiskalpolitik den Konjunkturverlauf wirksam beeinflussen und durch gezieltes Nachfragemanagement Vollbeschäftigung gewährleisten zu können, wich daher einer »großen Ernüchterung«.[41] Außerdem kam die antizyklische Gestaltung der Ausgaben und Einnahmen des Staates in der Praxis eher schlecht als recht voran. Die Handicaps reichten von der Unzuverlässigkeit der Prognosen über die geringe Beweglichkeit der Masse der Ausgaben bis hin zur schwachen Wirksamkeit des Finanzplanungsrats, wenn es darum ging, die Finanzwirtschaft von Bund, Ländern und Gemeinden konjunkturpolitisch zu koordinieren.[42] Noch weniger gelang es der Bundesregierung, mächtige autonome Akteure wie die Bundesbank und die Tarifvertragsparteien in die Handlungskoordination der Globalsteuerung einzubinden. Die Bundesbank stellte ihre Geldpolitik seit 1973 in den Dienst einer auf Inflationsbekämpfung spezialisierten »monetaristischen« Wende, und die 1967 als Konsensrunde der Tarifvertragsparteien ins Leben gerufene Konzertierte Aktion wurde seit 1970/71 aufgrund divergierender Interessen nahezu be-

39 Sten. Ber. 7. WP, 18.9.1974, S. 7696.

40 *F.-X. Kaufmann*, Der Sozialstaat als Prozeß – für eine Sozialpolitik zweiter Ordnung, in: Verfassung, Theorie und Praxis des Sozialstaats. Festschrift für Hans F. Zacher zum 70. Geburtstag, hg. v. *F. Ruland* u. a., Heidelberg 1998, S. 307–322, hier S. 322.

41 *T. Schanetzky*, Die große Ernüchterung. Wirtschaftspolitik, Expertise und Gesellschaft in der Bundesrepublik 1966 bis 1982, Berlin 2007.

42 Zur geringen Steuerungskraft des Finanzplanungsrats vgl. *F. Scharpf*, Sozialdemokratische Krisenpolitik in Europa, Frankfurt a. M. 1987, S. 271 f.

deutungslos. Insgesamt verlor das einst so gefeierte Stabilitäts- und Wachstumsgesetz so nachhaltig an Resonanz und Relevanz, dass es in einer rückblickenden Würdigung 1977 hieß, das Gesetz sei inzwischen »gewissermaßen vergessen«.[43] Auch das 1969 als Übergang zur aktiven Arbeitsmarktpolitik gefeierte Arbeitsförderungsgesetz erwies sich als wenig wirksam, sofern man seinen Erfolg an der Gewähr der Vollbeschäftigung messen will. Aber dieses noch ganz im optimistischen Wachstumsglauben wurzelnde Gesetz hatte die Zukunftsgefahr gar nicht in einem Mangel an Arbeitsplätzen gesehen, sondern umgekehrt in einem Mangel an Arbeitskräften mit hinreichender Qualifikation für die durch den technischen Fortschritt veränderte Arbeitswelt. Daher zielten seine Instrumente fast ausnahmslos auf Anpassungsqualifikationen, um offene Stellen und passend ausgebildete Arbeitskräfte zusammenzuführen. Selbst bei bestmöglicher Wirkung konnte das Gesetz also nur »einen sehr geringen Teil der Determinanten von Beschäftigung und Arbeitslosigkeit beeinflussen«. Sowohl die Globalsteuerung als auch die aktive Arbeitsmarktpolitik führten somit zu enttäuschenden Resultaten: »Die Hoffnung, Vollbeschäftigung durch staatliches Handeln herstellen und sichern zu können, blieb letztlich eine Illusion«.[44]

Auch das Verhältnis von Wissenschaft und Politik unterlag einem Konstellationswandel, der übertriebene Erwartungen abschliff. In der Aufbruchsstimmung der Reformära stieg die Bedeutung, die wissenschaftlichen Expertisen, Beratungs- und Planungsstäben zugemessen wurde, erst einmal ruckartig an. Damit ging ein Stilwandel des Regierens einher, der als »Verwissenschaftlichung der Politik« wahrgenommen wurde. Politik und Administration nutzten den wissenschaftlichen Sachverstand auch im Sozialsektor intensiver als bisher. Zu den größten Forschungsinitiativen, die von der Regierungsseite ausgingen, zählen die zahlreichen Gutachten der 1971 berufenen Kommission für wirtschaftlichen und sozialen Wandel[45] sowie das 1974 auf den Weg gebrachte Forschungsprogramm »Humanisierung des Arbeitlebens«, an dessen Vorbereitung mehr als 250 Wissenschaftler beteiligt waren. Wie stark die Auftragsforschung expandierte, illustrierte der Präsident der Deutschen Gesellschaft für Soziologie 1974 mit dem Hinweis, dass die Vergabe von Aufträgen durch die Ministerien inzwischen die Forschungsfinanzierung durch die Deutsche Forschungsgemeinschaft beträchtlich übersteige.[46] Da die Sozialpolitik dazu überging, den

43 *K.-H. Hansmeyer*, Erfahrungen mit dem Stabilitätsgesetz, in: Wirtschaftsdienst. Zeitschrift für Wirtschaftspolitik 57 (1977), S. 607–612, hier S. 607.

44 *G. Altmann*, Aktive Arbeitsmarktpolitik. Entstehung und Wirkung eines Reformkonzepts in der Bundesrepublik Deutschland, Wiesbaden 2004, S. 254 f.

45 Die Schriftenreihe dieser Kommission umfasst insgesamt 40 Bände. Der Hauptertrag ist zusammengefasst in: Wirtschaftlicher und sozialer Wandel in der Bundesrepublik Deutschland. Gutachten der Kommission für wirtschaftlichen und sozialen Wandel, hg. v. *Bundesminister für Arbeit und Sozialordnung*, Göttingen 1977.

46 *W. Rudloff*, Verwissenschaftlichung der Politik? Wissenschaftliche Politikberatung in den sechziger Jahren, in: Das Wissen des Staates. Geschichte, Theorie und Praxis, hg. v. *P. Collin*, u. *T. Horstmann*, Baden-Baden 2004, S. 216–257, hier S. 228.

Begriff »Gesellschaft« zum Schlüsselbegriff zu erheben und einen dezidiert sozialplanerischen Grundzug zu entwickeln, entdeckten die Sozialwissenschaften nun auch ihrerseits die Sozialpolitik als ein attraktives Forschungsfeld. Zugleich sah sich die »ökonomische Sozialpolitikforschung zu einer stärkeren Hinwendung zu den Sozialwissenschaften« veranlasst.[47] Als ein langfristig wichtiges Ergebnis dieser Begegnung ist die aufblühende Sozialindikatorenforschung hervorzuheben, womit die Sozialstatistik und die Sozialberichterstattung in der Bundesrepublik entschieden an Qualität gewann.

Von einer solchen Politikberatung und politiknahen Anwendungsforschung ist die Sozialstaatskritik zu unterscheiden, die um 1970 in der akademischen Linken im Zuge der Renaissance marxistischer Konfliktdiagnosen Karriere machte. Die Grundprämisse lag in der Vorstellung, dass der Sozialstaat im Zeitalter des Spätkapitalismus zwar zur »Vertuschung« des Grundwiderspruchs zwischen Lohnarbeit und Kapital beitragen, aber die Klassenverhältnisse immer nur zeitweise und auf labile Weise pazifizieren könne.[48] Bildete die Krisenmetapher um 1970 eine Art Alleinstellungsmerkmal der marxistischen Theorie, so schwoll der Chor der Sozialstaatskritiker seit 1974/75 auch auf liberaler und konservativer Seite an. Sowohl in der politischen Öffentlichkeit als auch in den Sozialwissenschaften entspann sich nun ein Disput über die »Krise des Sozialstaats«. Dabei trafen vor allem solche Krisendiagnosen den politischen Stimmungsnerv, die sich um die Grenzen der Finanzierbarkeit drehten. Die kritischen Ansätze der Sozialpolitikforschung rückten hingegen viel differenziertere Aspekte ins Blickfeld. So machten sie mit Stichworten wie Verrechtlichung und Bürokratisierung sowohl die »Verselbständigung der Sozialpolitik gegenüber den sozialen Problemen« als auch die Schattenseiten der starken »Staatszentrierung«[49] der Sozialpolitik zum Thema. Um es in einem Satz zu sagen: Anders als auf dem Zenit der Reformära kam der Sozialstaat nun nicht mehr nur als Krisenbewältiger, sondern auch als Krisenerzeuger in den Blick.[50]

Der Kanzlerwechsel von Willy Brandt zu Helmut Schmidt im Mai 1974 symbolisiert das Ende der hochgesteckten Reformerwartungen. Aber der Umschwung des politisch-ideellen Großklimas hatte sich bereits erheblich früher angebahnt. Während man in Brandts erster Regierungserklärung im Oktober

47 *F.-X. Kaufmann*, Der Begriff Sozialpolitik und seine wissenschaftliche Deutung, in: Geschichte der Sozialpolitik in Deutschland seit 1945, Bd. 1: Grundlagen der Sozialpolitik, hg. v. *Bundesministerium für Arbeit und Sozialordnung* u. *Bundesarchiv*, Baden-Baden 2001, S. 103–182, hier S. 90.

48 Spätkapitalismus oder Industriegesellschaft? Verhandlungen des Soziologentages 1969, hg. v. *T. W. Adorno*, Stuttgart 1969; *W.-D. Narr* u. *C. Offe (Hg.)*, Wohlfahrtsstaat und Massenloyalität, Köln 1975, S. 27 (»Vertuschung«).

49 *Kaufmann*, Der Begriff Sozialpolitik, S. 91.

50 *P. Flora*, Krisenbewältigung oder Krisenerzeugung? Der Wohlfahrtsstaat in historischer Perspektive, in: Sozialer Wandel in Westeuropa. Verhandlungen des 19. Deutschen Soziologentages. Im Auftrage der Deutschen Gesellschaft für Soziologie, hg. v. *J. Matthes*, Frankfurt a. M. 1979, S. 82–136.

1969 den Gipfelpunkt von Fortschrittsoptimismus, Wachstumsdenken und Machbarkeitsglauben erkennen kann, fallen bereits in seiner Regierungserklärung von Januar 1973 deutliche Dämpfer auf. Brandt warnte nun davor, »neue Forderungen« zu stellen, ohne »zu neuen Leistungen bereit« zu sein, und er mahnte: Wer »soliden Fortschritt« wolle, müsse »im Zuwachs des persönlichen Verbrauchs auch einmal langsamer treten«; man müsse »mitunter sogar härter arbeiten als bisher«.[51] Damit machte der Kanzler auf die Spannung zwischen dem sozialpolitisch Wünschbaren und dem ökonomisch Tragbaren aufmerksam, und er ließ den in der Emanzipationsrhetorik verstummten Grundsatz wieder anklingen, dass der Sozialstaat nicht nur berechtige, sondern auch verpflichte.[52] Vor allem aber lenkte diese zweite Regierungserklärung das Augenmerk auf die alarmierende Spannung zwischen Ökonomie und Ökologie. Sie verwies auf Kosten und Ambivalenzen der industriellen Hochmoderne, welche die »Umwelt inhuman« zu machen drohe, und sie wertete die Frage nach dem »Wo, Wie und Wofür« des wirtschaftlichen Wachstums und der Investitionen in technische Großprojekte auf neue Weise auf.[53] Wenn man die 1970er Jahre als die Zeit des Übergangs von der industriegesellschaftlichen Modernisierungsideologie zur »reflexiven Moderne« konzipieren will,[54] dann kann man bereits in Brandts Regierungserklärung von Januar 1973 klare Anzeichen finden.

Zu diesem Zeitpunkt hatte auch der Planungsenthusiasmus seinen Zenit bereits überschritten. Das Scheitern der ressortübergreifenden Planung im Bundeskanzleramt bietet dafür ein beredtes Zeugnis.[55] Das Meinungsklima drehte sich nun relativ rasch und heftig gegen die Bannerträger des Planungsdenkens, und aus ihren Reihen wechselten nicht wenige auch selbst auf die Seite der Planungsskeptiker: »Was bleibt von der ganzen Planerei, wenn man den Stuck abklopft?«, fragte einer der Enttäuschten, und er bezeichnete den Planungsboom im Rückblick als ein »neues Ritual einer säkularisierten Heilslehre«. Zwar könne es den Planern gelingen, mehr Gespür für übergeordnete Ziele zu wecken und den Wunsch nach Erfolgskontrolle zu stärken, aber die Behauptung, Politik planen zu können, enthalte ein gutes Stück Übermut und Hybris.[56]

51 Sten. Ber. 7. WP, 18.1.1973, S. 125, 127.

52 An der Abfassung der Regierungserklärung beteiligt, notierte Klaus Harpprecht, der Kanzler poche darauf, »daß ein Passus eingefügt werden müßte, der klar ausdrückt, daß der Staat auch Forderungen an den Bürger zu stellen habe«. *K. Harpprecht*, Im Kanzleramt. Tagebuch der Jahre mit Willy Brandt, Reinbek 2000, S. 30.

53 Sten. Ber. 7. WP, 18.1.1973 S. 127, 129 f.

54 Vgl. *G. Metzler*, Konzeptionen politischen Handelns von Adenauer bis Brandt. Politische Planung in der pluralistischen Gesellschaft, Paderborn u. a. 2005, S. 404–418.

55 *W. Süß*, »Wer aber denkt für das Ganze?« Aufstieg und Fall der ressortübergreifenden Planung im Bundeskanzleramt, in: *M. Frese* u. a. (Hg.), Demokratisierung und gesellschaftlicher Aufbruch. Die sechziger Jahre als Wendezeit der Bundesrepublik, Münster 2003, S. 349–377.

56 *R. Bartholomäi*, Sozialplanung, in: Sozialpolitik. Ziele und Wege, hg. v. *A. Christmann* u. a. Köln 1974, S. 57–77, hier S. 76.

Auch die um 1970 aufbrechende Bürgerinitiativbewegung trug dazu bei, den sozialplanerischen Steuerungsoptimismus ins Wanken zu bringen. Ihr Impetus lag ja gerade in der Abwehr einer durchgängigen Steuerung gesellschaftlicher Abläufe durch das politisch-administrative System. Wie in einem dialektischen Prozess rief die Staatsaktivierung eine Bürgeraktivierung hervor, jedoch nicht in jenem harmonisch gedachten Konnex, »dass sich die begründeten Wünsche der gesellschaftlichen Kräfte und der politische Wille der Regierung vereinen«, wie es in Brandts erster Regierungserklärung hieß.[57] Ein derart idealisiertes Bild öffentlicher Kommunikation überdeckte eine tiefgreifende Spannung, die in dem Modernisierungsprojekt der »Inneren Reformen« steckte: Dieses Projekt zielte einerseits auf Bürgernähe und Bürgerbeteiligung, anderseits rückte es den Staat als Steuerungsakteur in das Zentrum des Geschehens. Der Staat präsentierte sich wie eine aufgeklärte Schaltzentrale der Gesellschaftsplanung, schwankte jedoch zwischen dem Pathos eines neuen bürgerschaftlichen Freiheitsverständnisses und einer technokratisch-rationalistischen Planungseuphorie.

Die Bürgerinitiativen – wozu auf ihre Weise auch die widerständigen Elternproteste gegen die Pläne der Schulreformen zu rechnen sind – sprengten das Verständnis des Staates als zentraler Lenkungsinstanz der gesellschaftlichen Wohlfahrt. Sie ließen sich auch nicht durch erweiterte Partizipationsrechte bändigen, die der Gesetzgeber in eine stattliche Reihe von Regelungsbereichen – z. B. das Städtebauförderungsgesetz von 1971 – einfügte. Sie setzten der Staatsaktivierung vielmehr eine Grundrechtsaktivierung entgegen, die auf Konflikte mit der Staatshoheit angelegt war. Aus diesem Klima der Protest- und Konfliktbereitschaft erwuchs mit den neuen sozialen Bewegungen ein auch langfristig wichtiger Faktor gesellschaftlicher Gegenmacht. Sie führten die Akzeptanzgrenzen staatlicher Sozialplanung drastisch vor Augen und lehrten, dass sich nicht alle gesellschaftlichen Kräfte institutionell bannen lassen und gleichwohl als Teil des demokratischen Prozesses zu beachten sind.

Insgesamt ist festzuhalten: Der Staat dehnte seinen Aufgabenradius und Verantwortungsbereich in der Reformära markant aus und definierte sich als »umfassende Planungs-, Entwicklungs- und Serviceagentur für die Gesellschaft«.[58] Seine Verfügungsmacht wuchs allerdings keineswegs im gleichen Ausmaß. Denn nicht wenige gesellschaftliche Funktionsbereiche genießen eine grundrechtlich geschützte Autonomie, und außerdem ist der Einsatz staatlich-imperativer Mittel nicht sonderlich gut geeignet, die mit einer »Steuerung der gesellschaftlichen Interdependenz«[59] verbundenen Aufgaben zu lösen: »Forschungsergebnisse, Konjunkturaufschwünge oder Mentalitätsänderungen lassen sich nicht

57 Sten. Ber. 6. WP, 28.10.1969, S. 21.

58 *D. Grimm*, Die Verfassung und die Politik. Einsprüche in Störfällen, München 2001, S. 318. Auch die folgenden Ausführungen stützen sich auf Grimms Erwägungen, die sich allerdings nicht unmittelbar auf die Reformära beziehen.

59 *R. Mayntz*, Gesellschaftliche Modernisierung und die veränderte Rolle des Staates, in: Jahrbuch der Max-Planck-Gesellschaft 1995, hg. v. d. *Generalverwaltung der Max-Planck-Gesellschaft*, Göttingen 1995, S. 57–70, hier S. 59.

anordnen«.[60] In seinem erweiterten Zielspektrum ist der Staat vielmehr großenteils auf die »freiwillige Folgebereitschaft« von Steuerungsadressaten angewiesen, die partikulare Interessenträger sind. Diese geraten somit in eine Verhandlungsposition und können sich »ihre Kooperationsbereitschaft entgelten lassen«.[61] Insofern räumt der Staat seine hoheitliche Position; als Steuerungsstaat wird er zum »verhandelnden Staat« oder – wie Dieter Grimm in kritischer Zuspitzung formuliert – zum »paktierenden Staat«.[62] Verhandeln in Politiknetzwerken zählt in allen modernen Gesellschaften zu den zunehmend angewandten Formen politischer Steuerung. Den Hintergrund für diesen Wandel in der Rolle des Staates bildet ein langfristiger Prozess »gesellschaftlicher Enthierarchisierung«, der wohl unumkehrbar ist.[63] Wir haben hier also beileibe kein Spezifikum der Jahre 1966 bis 1974 vor Augen. Aber die Reformära markiert eine wichtige Etappe in diesem Wandlungsprozess.

Auch in einer weiteren Hinsicht hat die Reformära dazu beigetragen, die Macht des staatlichen Steuerungszentrums durch eine Vermehrung von Verhandlungszwängen einzuschränken: Die Große Koalition hat die Politikverflechtung im Verbundföderalismus erweitert und verdichtet und in wesentlichen Teilen auch verfassungsrechtlich verankert. Die Aufgaben- und Finanzierungsverflechtung zwischen Bund und Ländern war damals hilfreich. Sie beseitigte einige offenkundige Mängel und ermöglichte es, Infrastruktur- und Zukunftsinvestitionen zu tätigen, die die Kraft der einzelnen Länder überstiegen. Sie förderte auch die bundesweite »Einheitlichkeit der Lebensverhältnisse«, in der das Grundgesetz eine Legitimationsquelle der Bundeszuständigkeit im Bereich der konkurrierenden Gesetzgebung sieht.[64] Ursprünglich spielte auch die bald gründlich enttäuschte Hoffnung eine Rolle, der Verbundföderalismus könne die Finanzwirtschaft aller öffentlichen Haushalte im Maß der keynesianischen Konjunktursteuerung koordinieren. Damals als Modernisierungsschub gefeiert, hat der Verbundföderalismus seither seine problematischen Seiten mehr und mehr erwiesen. Wissenschaftliche Beobachter machten schon in der Mitte der 1970er Jahre auf nachteilige Folgen aufmerksam.[65] Die Bedenken und Klagen politischer Akteure schwollen erst später an, rissen aber seit den 1980er

60 *Grimm*, S. 318.

61 Ebd.

62 Ebd., S. 319 f. Die Kritik bezieht sich erstens darauf, dass die Verhandlungssysteme oft diejenigen Interessen prämieren, die ohnehin mächtig sind, und zweitens darauf, dass aus privaten Verhandlungspartnern »parakonstitutionelle Entscheidungsträger« werden.

63 *Mayntz*, S. 69.

64 Grundgesetz, Art. 72, Abs. 2.

65 Die beiden grundlegenden Studien sind *G. Lehmbruch*, Parteienwettbewerb im Bundesstaat. Stuttgart 1976, sowie *F. Scharpf* u. a., Politikverflechtung: Theorie und Empirie des kooperativen Föderalismus in der Bundesrepublik, Kronberg. 1976. Lehmbruchs hellsichtige Grundthese lautet: Das Parteiensystem und der Verbundföderalismus seien »von tendenziell gegenläufigen Entscheidungsregeln bestimmt«, so dass sie sich »wechselseitig lahmzulegen« drohen (S. 7).

Jahren nicht mehr ab. Als abträglichste Folge stach die Blockademöglichkeit ins Auge, die sich aus der Vermehrung der Zustimmungsrechte des Bundesrats ergab, womit die Landesregierungen der Bundesgesetzgebung ihren Stempel aufprägen können. Da die Mehrheiten im Bundestag und Bundesrat seit 1972 fast immer parteipolitisch divergierten und die jeweilige Bundesratsmehrheit sich selten scheute, die Zustimmungsrechte zur Stärkung der bundespolitischen Opposition einzusetzen, konnte die Opposition Gesetzesvorhaben der Bundesregierung blockieren bzw. Kompromissverhandlungen erzwingen. Aber nicht nur die Überdehnung der Zustimmungsrechte, auch das dichte Geflecht der Aufgaben- und Finanzierungsintegration von Bund und Ländern zog gravierende Einwände auf sich, insbesondere diese: Es höhle die Gestaltungsrechte der einzelnen Länder aus, entwerte die Landtage, schaffe schwer durchschaubare Abhängigkeiten, verwische die Verantwortlichkeiten und führe zu Hemmungen und Blockaden. Die nachteiligen Seiten des Verbundföderalismus haben sich zu einer so schweren Belastung ausgewachsen, dass der Bundestag und der Bundesrat 2003 eine gemeinsame Kommission zur Föderalismusreform einsetzte. Dabei wurde die Entflechtung mit demselben Etikett »Modernisierung« versehen wie seinerzeit die Verflechtung.[66]

Die Reformära hat die Gestalt der Bundesrepublik verändert. Sie hat die Liberalisierung der gesellschaftlichen Verhältnisse nachhaltig vorangebracht und zugleich die Netze der sozialen Sicherung weiter gespannt und dichter geknüpft. Die Politik der Inneren Reformen, die von einer mächtigen Welle der Reformerwartung in Kreisen der funktionalen Eliten, der politischen Öffentlichkeit und der Wählerschaft getragen war, blieb zwar in mancherlei Hinsicht Stückwerk: Nicht wenige Einzelvorhaben blieben stecken, schlugen fehl oder wurden gar nicht erst in Angriff genommen. Aber der Elan des Aufbruchs war ungewöhnlich stark und ist beeindruckend genug. Er brachte auf nahezu sämtlichen Gebieten »der rechtlichen, der ökonomischen, der dienstleistenden, der pädagogischen und der umweltgestaltenden Intervention«[67] eine Fülle von Initiativen hervor, die eine Aufwertung des sozialen Staatsziels und eine Entfaltung der sozialen Demokratie bezweckten. Die Bewertung der Ergebnisse kann je nach dem Maßstab, den man anlegt, und dem Einzelgebiet, das man betrachtet, variieren. Kaum strittig ist indessen der Generalbefund, dass wir es mit einem »bis dahin beispiellosen Ausbau des Sozialstaats«[68] zu tun haben. Ebenso stimmen die meisten Beobachter in einem gravierenden Kritikpunkt überein: Die Reformära nahm den »Traum immerwährender Prosperität«[69] zur Geschäftsgrundlage und unterschätzte zudem die langfristige Bedeutung des

66 »Modernisierung der bundesstaatlichen Ordnung« hieß der Auftrag der 2003 eingesetzten Kommission.

67 *Zacher*, Sozialpolitik in der Bundesrepublik Deutschland, S. 528.

68 *Schmidt*, Sozialpolitik in Deutschland, S. 78.

69 *B. Lutz*, Der kurze Traum immerwährender Prosperität. Eine Neuinterpretation der industriell-kapitalistischen Entwicklung im Europa des 20. Jahrhunderts, Frankfurt a. M. 1989.

demographischen Faktors. Daher zog die Reformpolitik zum Teil Wechsel auf die Zukunft, die nur unter günstigsten Umständen beglichen werden konnten. Als diese nicht eintraten, geriet die Sozialpolitik in eine Lage, für die sie langfristig nicht gerüstet war.

Führte die sozialliberale Reformpolitik zu einer »Umgründung«[70] der Republik? Mit einigem Recht kann man die Umgründungsmetapher auf den Wertwandelsschub der sechziger und siebziger Jahre beziehen, denn er führte zu einem tiefgreifenden Wandel in der politischen Kultur und im Lebensgefühl der Menschen. Es wäre jedoch überzogen – und ginge der im Hochgefühl des »Machtwechsels« verbreiteten Neuanfangsrhetorik auf den Leim –, damit den Charakter des Reformwerks der Regierung Brandt/Scheel zu bezeichnen. Beim Machtwechsel wechselte nur ein Teil der Macht, und die Reformära bewirkte keine grundsätzliche Änderung der Struktur der politischen, sozialen oder ökonomischen Ordnung der Bundesrepublik. Sie lässt sich daher treffender als kontinuierliche Fortentwicklung beschreiben. Dies gilt auch für die Kernbereiche der Sozialpolitik, in denen die von 1949 bis 1974 »durchgehenden Linien« doch »viel deutlicher als die Brechungen, Schwankungen und Abzweigungen« sind.[71] Die Kontinuitätsbindung hing nicht nur mit der institutionellen Pfadabhängigkeit zusammen, sondern auch mit der großen Zahl und Stärke der Vetospieler und Mitregenten, die für das politische System der Bundesrepublik typisch sind. Politikwenden halten sich daher in abgezirkelten Grenzen. Radikallösungen haben kaum eine Chance.

70 So die einschlägige Kapitelüberschrift bei *M. Görtemaker*, Geschichte der Bundesrepublik Deutschland. Von der Gründung bis zur Gegenwart, München 1999, S. 475.

71 *H.F. Zacher*, Der deutsche Sozialstaat am Ende des Jahrhunderts, in: Der deutsche Sozialstaat, Bilanzen – Reformen – Perspektiven, hg. v. *S. Leibfried* u. *U. Wagschal*, Frankfurt a.M 2000, S. 53–90, hier S. 62.

Die DDR als gescheiterte Alternative

8. Drei Wege deutscher Sozialstaatlichkeit

In der international vergleichenden Wohlfahrtsstaatsforschung ist häufig vom »deutschen Weg« die Rede. In der Tat: Von Bismarck bis Blüm haben sich einige Grundformen sozialer Sicherung erhalten oder sukzessive ausgebildet, die das deutsche Beispiel von anderen Typen moderner Sozialstaatlichkeit in Europa unterscheiden. Dieser Essay verändert indessen den Blickwinkel, so dass die Kontinuitätslinien in den Hintergrund treten und die Vorstellung, es habe »den« deutschen Weg gegeben, modifiziert wird. Die Grundthese ist vielmehr diese: Das Weimarer Deutschland hat in einer spannungsreichen Gemengelage verschiedene Optionen und Ordnungsideen bereitgehalten, die dann vom »Dritten Reich«, der Bundesrepublik und der DDR in jeweils spezifischer Auswahl aufgegriffen und in besonderen Bahnen fortgeführt worden sind. Daher sind die Verzweigungen der deutschen Sozialstaatsgeschichte nach 1933 zwar mit Weimarer Traditionsbeständen teilidentisch; sie ergeben aber eine deutlich unterscheidbare historia tripartita.

Der »völkische Wohlfahrtsstaat« nationalsozialistischer Prägung, der Bonner Sozialstaat, der Demokratie und Kapitalismus in Balance brachte, der planwirtschaftliche Versorgungsstaat der SED-Diktatur – so unterschiedlich, ja gegensätzlich haben die Deutschen in ihrer jüngsten Geschichte mit Elementen moderner Sozialstaatlichkeit experimentiert! Umso lohnender ist es, die internationale Vergleichsperspektive, welche die Komplexität des »deutschen Falls« reduziert, um einen intranationalen Vergleich zu erweitern, der die Differenzierungschancen stärker nutzen kann.

Mit dieser Fragestellung folgt der Essay einem Impuls der Gegenwart. Dies gilt sowohl für das Interesse am Sozialstaat, der sich heute in einer Phase des tiefgreifenden Umbruchs befindet, als auch für die Grundanlage des Dreiervergleichs. Denn damit kommt ein Ensemble in den Blick, das seit der Epochenwende von 1989/90 die gemeinsame Geschichte des vereinigten Deutschlands bildet. Es zählt zweifellos zu den dringlichen Aufgaben der zeithistorischen Forschung, die verschiedenen deutschen Vorgeschichten im Horizont der Vereinigung aufeinander zu beziehen und miteinander zu verknüpfen, wobei vieles dafür spricht, in der »Weimarer Republik und ihrer Zerstörung« die »Ausgangskonstellation der Geschichte des vereinigten Deutschlands« zu sehen.[1] Die unterschiedlichen Stränge der älteren und jüngeren deutschen Zeitgeschichte stär-

1 *M. R. Lepsius*, Das Legat zweier Diktaturen, in: *E. Holtmann* u. *H. Sahner* (Hg.), Aufhebung der Bipolarität. Veränderungen im Osten, Rückwirkungen im Westen, Opladen 1995, S. 25–39, hier S. 30.

ker als bisher miteinander zu verbinden, das darf nun freilich nicht heißen, sie auf unzulässige Weise zusammenzuschieben. Vielmehr kommt es darauf an, neben gemeinsamen Traditionen und Verflechtungen gerade auch spezifische Differenzen herauszuarbeiten. Dazu bedarf es komparatistischer Verfahren, insbesondere des West-Ost-Vergleichs und des Diktaturenvergleichs. Dieser Essay versucht, beide Vorgehensweisen miteinander zu kombinieren.

Der innerdeutsche Vergleich im internationalen Zusammenhang

»Demokratie, Faschismus und Kommunismus«: Dieses »Dreieck«, so schrieb Hans Rothfels im Jahre 1953, sei »in mannigfachem Gegen- und Zusammenspiel« für die internationale Geschichte des 20. Jahrhunderts konstitutiv geworden.[2] Auch von seinem Ende her betrachtet zeigt dieses Jahrhundert Züge eines solchen epochalen Konflikts zwischen der liberalen Demokratie und ihren beiden stärksten Gegenbewegungen, wobei der Sozialstaat sich als »reformistische Reaktion auf die Defizite des Liberalismus«[3] begreifen lässt. Die deutsche Geschichte spiegelt diese antagonistische Trias in ganz besonderer Weise: Der Nationalsozialismus trieb die faschistische Variante ins Extrem des Völkermords und des Zusammenbruchs menschlicher Zivilisation; in der Bundesrepublik und der DDR wurden die beiden anderen Ordnungsentwürfe um den Preis der Spaltung der Nation gewissermaßen territorialisiert und in Kontrastbezug gesetzt.

Die drei Wege deutscher Sozialstaatlichkeit entsprechen somit ganz offensichtlich den Grundbedingungen, die sich aus der wechselnden Lagerung deutscher Staatlichkeit im Gefüge des epochalen »Dreiecks« ergeben haben. Daher ist jede Analyse gut beraten, die internationalen Rahmenbedingungen und Einflüsse stets im Auge zu behalten. Doch spricht viel dafür, den innerdeutschen Faktoren gerade in der Frage der Sozialstaatlichkeit ein besonders großes Gewicht beizumessen. Im Blick auf den nationalsozialistischen Typenwechsel des Sozialstaats dürfte es ohne Weiteres plausibel sein, die endogenen Faktoren stärker zu gewichten als die exogenen. Denn dieses Extrem im Spektrum möglicher Entwicklungspfade war hausgemacht – jedenfalls in erster Linie. Das gilt auch dann, wenn man bestimmte Konzepte und Entwicklungen im NS-Regime als Varianten zeittypischer Modelle und Dispute versteht – ob es sich nun um den Eugenik-Diskurs der Zwischenkriegszeit handelt, die Verheißungen einer ge-

2 *H. Rothfels*, Zeitgeschichte als Aufgabe, in: VfZ 1 (1953), S. 1–8. Vgl. auch *K. D. Bracher*, Die Krise Europas 1917–1975, Frankfurt a. M. 1975, wo »Marxismus-Kommunismus – liberale Demokratie – Faschismus – Nationalsozialismus« als epochale Antworten auf den Ersten Weltkrieg dargestellt werden.

3 *D. Grimm*, Die sozialgeschichtliche und verfassungsrechtliche Entwicklung zum Sozialstaat, in: *P. Koslowski* u. a. (Hg.), Chancen und Grenzen des Sozialstaats. Staatstheorie – Politische Ökonomie – Politik, Tübingen 1983, S. 40–64, hier S. 57.

meinschaftsbildenden Sozialtechnologie[4] oder die angloamerikanische social-security-Bewegung im Zweiten Weltkrieg. So ist es zwar strittig, aber durchaus möglich, in den von der »Deutschen Arbeitsfront« (DAF) entwickelten Plänen für ein »Sozialwerk des Deutschen Volkes« einen NS-spezifischen Seitenstrang dieser social-security-Programme zu sehen.[5]

Was die DDR anbelangt, so ist hervorzuheben: Der Begriff der »Sowjetisierung« trifft auf die sozialstaatliche Prägung weniger zu als auf andere Bauformen und Handlungsfelder der SED-Diktatur. Zwar war es eine conditio sine qua non, dass das Sowjetimperium sich das Gebiet zwischen Elbe und Oder einverleibte. Aber das hieß nicht primär: Export oder Oktroi sowjetischer Sozialstaatselemente. Die Bedeutung der Moskauer Oberherrschaft ist in unserem Zusammenhang eher darin zu sehen, dass sie die SED in die Lage versetzte, deutsche Traditionsbestände neu zu sortieren. Dabei hat die DDR auf ältere Vorstellungen und Vorbilder im Traditionsstrom der Arbeiterbewegung zurückgegriffen, auf alternative Ideen, die in den Weimarer Jahren nicht oder nur ansatzweise zur Geltung gekommen waren: vom Ambulatorium über die Einheitsversicherung bis zur Sozialhygiene. Zugleich hat die SED-Diktatur eine paternalistisch-obrigkeitsstaatliche Traditionslinie des deutschen Sozialstaats fortgeführt. Im Einzelnen findet man recht unterschiedliche Mischungsverhältnisse von deutscher Eigenprägung und Reorganisation nach sowjetischem Vorbild. Mitunter kann man sogar von einem »Re-Import« von Regelungen sprechen, welche die Sowjetunion ursprünglich deutschen Einflüssen verdankt hatte.[6] Für das »Konsummodell der leistungsunabhängigen Bedürfnisbefriedigung«, welches das Sozial- und Arbeitsrecht der DDR großenteils durchdrungen hat, ist neuerdings der Begriff »Sowjetisierung des Konsums« vorgeschlagen worden. Diese Bezeichnung erscheint wenig glücklich, weil sie einseitige Zurechnungen begünstigt.[7] Treffender ließe sich von einem »sozialistischen Konsummodell« sprechen, bei dessen Ausgestaltung die SED über erhebliche Traditionsbezüge und Handlungsspielräume verfügte.

Betrachtet man den westdeutschen Sozialstaatsweg nach 1945, so mag ein primär innerdeutscher Erklärungshorizont zunächst nicht recht einleuchten – wenn man bedenkt, wie viele Bereiche des westdeutschen Lebens von der »wes-

4 Nachtrag zum Wiederabdruck: Diese Perspektive ist besonders anregend entfaltet bei *T. Etzemüller* (Hg.), Die Ordnung der Moderne. Social Engineering im 20. Jahrhundert, Bielefeld 2009.

5 *M.-L. Recker*, Nationalsozialistische Sozialpolitik im Zweiten Weltkrieg, München 1985; *K.-H. Roth*, Intelligenz und Sozialpolitik im ›Dritten Reich‹, München 1993.

6 *P. Manow*, Entwicklungslinien ost- und westdeutscher Gesundheitspolitik zwischen doppelter Staatsgründung, deutscher Einigung und europäischer Integration, in: ZSR 43 (1997), S. 101–131, hier S. 109.

7 *S. Merl*, Sowjetisierung in der Welt des Konsums, in: *K. Jarausch* u. *H. Siegrist* (Hg.), Amerikanisierung und Sowjetisierung in Deutschland 1945–1970, Frankfurt a. M. 1997, S. 167–194. Unzutreffend ist z. B. die Annahme, dass die Einführung von Mindestrenten in der DDR das sowjetische Vorbild »kopiert« habe (S. 179).

ternization« bis ins Mark erfasst und verwandelt worden sind.[8] Aber die Sozialstaatsfunktion blieb davon lange relativ wenig berührt. Schon die steile Karriere, die das Wort »Sozialstaat« nach 1945 im westdeutschen Sprachgebrauch nahm, ist aufschlussreich genug. Dieses Wort wehrte die Eindeutschung von »welfare state« ab und somit auch das Eindringen wohlfahrtsstaatlicher Reformideen britisch-skandinavischer Herkunft (mit allgemeiner Staatsbürger-Grundrente und einem überwiegend steuerfinanzierten nationalen Gesundheitsdienst). Die Westmächte haben bekanntlich die entscheidenden Rahmenbedingungen für die »historische Achsendrehung der Bundesrepublik nach Westen« (R. Morsey) durchgesetzt. Aber die sozialstaatliche Formung der Bonner Republik war in allen wesentlichen Punkten ein Produkt innerdeutscher Debatten und Entscheidungen.[9] Generell ist ja hervorzuheben, dass die westintegrierten Staaten sich bei der Kontrolle ihrer sozialstaatlichen Komponenten eine viel größere Handlungsautonomie bewahrt haben als in anderen Bereichen. »Sozialpolitik ist heute«, so hat Hans F. Zacher 1978 diesen Befund formuliert, »fast überall der größte Schatz der nationalen Politik«.[10]

Freilich haben die Wirkungen der Westorientierung sich seit der Mitte der 1960er Jahre auch in der sozialpolitischen Sphäre der Bonner Republik bemerkbar gemacht. Dies lässt sich beispielsweise am Übergang zur keynesianisch inspirierten Vollbeschäftigungspolitik oder am wachsenden Ideentransfer in der Sozialarbeit erkennen; auch die bildungspolitische Diskussion bezog damals dezidiert europäische Vergleichsmaßstäbe ein. Und neuerdings wird die sozialpolitische Autonomie des Nationalstaats von verschiedenen Seiten nachhaltig eingeschränkt. Denn einerseits gewinnt die europäische Dimension der Sozialpolitik im Rahmen der EU an praktischer Bedeutung, und andererseits unterläuft die weltweit wachsende Verflechtung der Finanzmärkte und der Produktionsnetze die Spielräume nationaler Wirtschafts- und Sozialpolitik.[11] Beide Entwicklungen werden voraussichtlich nicht verhindern, dass die Sozialpolitik weiterhin eine vornehmlich nationale Domäne bleibt, wenn auch unter erschwerten Bedingungen und mit eingeschränkter Geltung.[12] In den formativen Jahren des westdeutschen Sozialstaats, denen die Aufmerksamkeit dieses Bandes vor allem gilt, lagen die wesentlichen Entscheidungen jedenfalls noch so gut wie ganz in deutscher Hand.

8 *A. Doering-Manteuffel*, Wie westlich sind die Deutschen? Amerikanisierung und Westernisierung im 20. Jahrhundert, Göttingen 1999.

9 Vgl. den Beitrag 2 im vorliegenden Band.

10 *H.F. Zacher*, Horizontaler und vertikaler Sozialrechtsvergleich, in: *ders.*, Abhandlungen zum Sozialrecht, hg. v. *B. Baron von Maydell* u. *E. Eichenhofer*, Heidelberg 1993, S. 376–430, hier S. 380.

11 Vgl. den Beitrag 14 im vorliegenden Band.

12 Vgl. die überzeugende Argumentation bei *F.-X. Kaufmann*, Herausforderungen des Sozialstaats, Frankfurt a. M. 1997, S. 114–140.

Eigentümlichkeiten des innerdeutschen Vergleichs

Wenn es richtig ist, dass die in der »formlosen Gärung der Weimarer Zeit«[13] spannungsvoll konfigurierten Elemente auf drei verschiedenen Wegen auseinandergelegt und entfaltet worden sind, dann bietet die deutsche Geschichte eine hervorragende Versuchsanordnung für systematisches Vergleichen: Man lasse den gemeinsamen Ursprung als eine Art ceteris-paribus-Klausel gelten und überprüfe sodann, inwieweit politische, wirtschaftliche und kulturelle Veränderungen den Gehalt und die Gestalt des Sozialstaats verwandelt haben. Bei dem innerdeutschen Dreiervergleich ist allerdings zu beachten, dass es sich nicht um drei völlig distinkte Vergleichsfälle handelt, sondern um solche, die beziehungs- und wirkungsgeschichtlich miteinander verflochten waren. Daher muss die vergleichende Betrachtung – im jeweils gebotenen Maße – beziehungsgeschichtlich erweitert und »abgefedert«[14] werden. Außerdem haben wir es mit einer Konstellation zu tun, die sich über zwei verschiedene Zeitachsen erstreckt: diachron im Vergleich der beiden deutschen Nachkriegsordnungen mit der NS-Zeit und synchron im Blick auf den Ost-West-Vergleich nach 1945. Daraus ergibt sich eine Mischung aus Nacheinander, Neben- und Gegeneinander, die eine gleichmäßige Erfassung der drei Fälle einschränkt. So setzt z. B. die Frage nach wechselseitigen Einflüssen die Synchronie voraus, hingegen die Frage nach historischer Lernfähigkeit politischer Ordnungen die epochenübergreifende Diachronie.

Auch die ungleiche »Lebensdauer« der drei Vergleichsfälle wirkt sich auf die Vergleichsmöglichkeiten aus. Bestimmte Fragen, darunter höchst aufschlussreiche, setzen einen langfristigen Untersuchungszeitraum voraus. Was geschieht, wenn die Sozialpolitik sich in den Konsequenzen der von ihr eingegangenen Verpflichtungen verstrickt? Wie verhält sich die sozialstaatliche Intervention zu den Folgeproblemen, die sie selber schafft? Derartige Fragen lassen sich sinnvoller an die Bundesrepublik und die DDR stellen als an die ebenso katastrophale wie kurze Eruption des »Dritten Reiches«. Da der westdeutsche Sozialstaat mehr und mehr unter den Druck solcher Folgeprobleme geraten ist, hat sich längst eine »Sozialpolitik zweiter Ordnung« (F.-X. Kaufmann) in den Vordergrund geschoben, die versucht, bereits bestehende Leistungssysteme funktionsfähig zu halten und die von ihnen ausgelösten Wechselwirkungen und Interferenzen zu bewältigen. Noch dramatischer wirkten die langfristig akkumulierten Neben-

13 *R. Löwenthal*, Prolog: Dauer und Verwandlung, in: *ders.* u. *H.-P. Schwarz* (Hg.), Die zweite Republik. 25 Jahre Bundesrepublik Deutschland – eine Bilanz, Stuttgart 1974, S. 9–24, hier S. 11; vgl. auch *J. A. Schumpeter*, Business Cycles. A Theoretical, Historical, and Statistical Analysis of the Capitalist Process, New York 1939, S. 701 f.: Die Weimarer Republik habe damit experimentiert, ob man gleichzeitig eine »kapitalistische« und eine »sozialistische« Politik betreiben könne.

14 *J. Osterhammel*, Sozialgeschichte im Zivilisationsvergleich. Zu künftigen Möglichkeiten komparativer Geschichtswissenschaft, in: GG 22 (1996), S. 143–164, hier S. 155.

folgen der von der SED betriebenen Sozialpolitik, denn es ist offensichtlich, dass »spezifische Eigenschaften der Sozialpolitik der DDR den Zusammenbruch gefördert haben«.[15]

Ungeachtet ihrer unterschiedlichen »Lebensdauer« weisen alle drei Vergleichsfälle erhebliche Wandlungen und Binnenzäsuren auf. So markiert das Kriegsjahr 1939 für die nationalsozialistische Sozialpolitik in vielfacher Hinsicht einen Einschnitt. Im Blick auf die DDR treten die Ära Ulbricht und die Ära Honecker auseinander – gerade auch wegen deutlicher Umgewichtungen im Verhältnis von Wirtschafts- und Sozialpolitik. Der Bonner Sozialstaat durchlief im dritten Nachkriegsjahrzehnt eine Bewegungs- und Gestaltungsphase, die ihn in einigen Sektoren tiefgreifend verändert hat. Solche Binnendifferenzierungen im Zeitverlauf sind nicht für alle Untersuchungsbereiche gleichermaßen bedeutsam; aber sie sind grundsätzlich zu berücksichtigen und erhöhen die Komplexität des Vergleichs.

Dieser Essay unternimmt den Dreiervergleich mit einer Art Weitwinkelperspektive. Er beschränkt sich mithin auf einige große Linien und nimmt eine recht hohe Verallgemeinerungsstufe in Kauf. Wer die Nuancierung schätzt, verbunden mit der »Wonne, Konkretes zu erfahren«,[16] sei auf die Lektüre einer Serie sektoral vergleichender Einzelstudien verwiesen.[17]

Demokratie und Diktatur

Verbindet sich der Sozialstaat mit dem demokratischen Verfassungsstaat, oder löst er sich aus dieser Bindung? Diese Alternative ist im Netz der Interdependenzen so zentral gelagert, dass viele Strukturmerkmale von ihr abhängig sind. Die westdeutsche Demokratie hat individuelle und intermediäre Freiheitsräume institutionell gesichert, Interessenpluralität ermöglicht und die Austragung von Konflikten auf eine verfahrensmäßig gesicherte Grundlage gestellt. So gegensätzlich die beiden deutschen Diktaturen in vieler Hinsicht waren, so stimmten sie doch nicht zuletzt darin überein, dass sie dem liberalen Konflikt- und Vertragsdenken ein Gemeinschaftsdenken entgegensetzten. Die nationalsozialistische Parole der »Volksgemeinschaft« bringt das unmittelbar zum Ausdruck. Auch die SED hing einem Gemeinschaftsdenken an. Sie postulierte »eine Art

15 *M. R. Lepsius*, Soziale Symmetrie: Tarifautonomie und staatliche Sozialpolitik, in: Jahrbuch Arbeit und Technik 1995, hg. v. *W. Fricke*, Bonn 1995, S. 3–7, hier S. 6.

16 *M. Bloch*, Apologie der Geschichte oder Der Beruf des Historikers, München 1985, S. 12 .

17 Vgl. die Beiträge von *R. Hachtmann* (Arbeitsverfassung), *W. Süß* (Gesundheitspolitik), *C. Conrad* (Alterssicherung), *G. Schulz* (Soziale Sicherung von Frauen und Familien), *A. Schildt* (Wohnungspolitik), *W. Rudloff* (Öffentliche Fürsorge) und *L. Raphael* (Experten im Sozialstaat), in: *H. G. Hockerts* (Hg.), Drei Wege deutscher Sozialstaatlichkeit. NS-Diktatur, Bundesrepublik und DDR im Vergleich, München 1998.

proletarischer Volksgemeinschaft«,[18] also eine innige Zusammenbindung von Partei, Staat, Betrieben und Werktätigen, die auf der Behauptung einer grundsätzlichen Interessenidentität von Herrschaft und Gesellschaft beruhte. Entscheidend ist: Die Gemeinschaftsideologie proklamierte ein Harmoniemodell der Gesellschaft, das alle Konflikte als illegitim verwarf, die in der Pluralität von Ideen und Interessen wurzeln. Folglich gab es in beiden Diktaturen keine Institutionen und Verfahren, die solche Konflikte anerkennen, indem sie die Art und Weise ihrer Austragung regeln. Das gemeinschaftsideologische Leitbild lieferte vielmehr die Legitimation zur Beseitigung elementarer Freiheitsrechte. Daher haben die beiden Diktaturen die demokratischen Komponenten des Sozialstaats zerstört und die Selbstregulierung sozialer Kräfte als Element der Sozialstaatlichkeit ganz oder weithin ausgeschaltet. In der Gestaltung der Arbeitsbeziehungen verwehrten sie so fundamentale Rechte wie die Koalitionsfreiheit und das Streikrecht. Sie ersetzten oder beschnitten auch die Selbstverwaltung in der Sozialversicherung,[19] die Arbeit der Freien Wohlfahrtspflege und die eigenverantwortliche Sozialpolitik auf der Ebene der Gemeinden.

Ernst Fraenkel hat das NS-Regime bekanntlich als einen »Doppelstaat« charakterisiert.[20] Seine grundlegende Unterscheidung zwischen »Normenstaat« und »Maßnahmenstaat« meinte vor allem den Dualismus von Staat und Partei. Die Forschung hat seither freilich deutlicher herausgearbeitet, dass das Neben- und Durcheinander von Maßnahmen und Normen mit zwei Prozessen verbunden war, die quer zu den Trennlinien von Partei und Staat verliefen: einem fortschreitenden Antagonismus von Machtgruppen und einem zunehmenden »Wirrwarr der Kompetenzen« (K.D. Bracher).[21] Solche polykratischen Tendenzen kamen auch in der Sozialpolitik zum Ausdruck. Neben überkommene Strukturen traten neue Formen und Träger nationalsozialistischer Sozialpolitik, deren unersättlich wuchernde Ausdehnungstendenz sich vor allem am Beispiel von DAF und NSV zeigen lässt. Hingegen durchdrang das Machtmonopol der SED den ostdeutschen Staat so systematisch, dass man grundlegende Struktureigentümlichkeiten der DDR in der »Entdifferenzierung von Funktionen« und »Fusionierung von Institutionen« sehen kann.[22] So war auch die Sozialpolitik weithin zentralistisch geprägt und hierarchisch gestuft, wenngleich sie zu erheblichen Teilen auf der Ebene und in der Trägerschaft der Betriebe umgesetzt

18 *R. Hachtmann*, Arbeitsverfassung, in: *Hockerts*, S. 27–54, hier S. 32.

19 Das NS-Regime ersetzte die Selbstverwaltung durch das »Führerprinzip«. Dass die Verwaltung der Sozialversicherung durch den FDGB in der DDR »schon bald kaum mehr etwas mit einer tatsächlichen Selbstverwaltung durch die Versicherten« zu tun hatte, zeigen *J. Frerich* u. *M. Frey*, Handbuch der Geschichte der Sozialpolitik in Deutschland, Bd. 2: Sozialpolitik in der Deutschen Demokratischen Republik, München 1993, S. 278.

20 *E. Fraenkel*, The Dual State: A Contribution to the Theory of Dictatorship, London 1941.

21 Zum Gang und Stand der einschlägigen Forschung vgl. *K. Hildebrand*, Das Dritte Reich, München 1995^5; *U. v. Hehl*, Nationalsozialistische Herrschaft, München 1996.

22 *M.R. Lepsius*, Die Institutionenordnung als Rahmenbedingung der Sozialgeschichte der DDR, in: *H. Kaelble* u.a. (Hg.), Sozialgeschichte der DDR, Stuttgart 1994, S. 17–30.

wurde. Auch die SED-Diktatur war insofern ein »Doppelstaat« im Sinne Ernst Fraenkels, als sie die Normen rechtlich gesicherter Verhältnisse unter den Vorbehalt des politisch opportunen Eingriffs und insbesondere der Maßnahmen des Ministeriums für Staatssicherheit stellte.[23]

Wie die Institutionen änderten sich auch die Funktionen der Sozialpolitik – nicht in allen, aber in einigen wichtigen Punkten. Das tritt am Beispiel ihrer veränderten Legitimationsbedeutung besonders klar zutage. Anders als der demokratisch verfasste Staat konnten die beiden Diktaturen ihre politische Ordnung nicht über demokratische Teilhaberechte legitimieren; sie mussten das umso stärker auf andere Weise – kompensatorisch – tun. Dabei haben beide Diktaturen mit Bedacht in die Tastatur der Sozialpolitik gegriffen. Beide versprachen soziale Sicherheit um den Preis der Vorenthaltung politischer Freiheit, Sekurität um den Preis des Verlusts von Konfliktfähigkeit. Beide Diktaturen suchten mittels »sozialer Sicherheit« politische Partizipationsansprüche stillzustellen.[24] Um das Gefühl »Es wird gesorgt« zu vermitteln, dehnten beide Diktaturen vor allem solche Programme aus, die Sozialpolitik im Stil der Betreuung betrieben. So kam es beide Male zu einer auffälligen »Allgegenwart ›fürsorglicher‹ Programme und Organisationen«.[25] Es steht außer Zweifel, dass diese fürsorgliche Belagerung sich im Erfahrungshaushalt vieler Bürger, sah man von der Funktionsbedeutung im Rahmen der Diktatur ab, auch positiv niederschlagen konnte.

In der DDR war dieser Zusammenhang stärker ausgeprägt, im NS-Regime schwächer. Denn dieses Regime verfügte über mehr Mittel, um Zustimmung zu mobilisieren. Man denke an die Ausbeutung nationalistischer Gefühle, an den alles überragenden Führer-Mythos oder an jene Konsens-Elemente, die man mit dem »Modell der charismatischen Herrschaft«[26] erfassen kann. Aber grundsätzlich gilt der genannte Zusammenhang auch dort, wie der »permanente sozialpolitische Aktionismus«[27] und insbesondere der jährliche Propagandawirbel um das »Winterhilfswerk« zeigt.

23 Vgl. das Resümee zum »Doppelstaat« DDR bei *F. Werkentin*, Politische Strafjustiz in der Ära Ulbricht, Berlin 1995, S. 395–404.

24 Bezeichnend ist eine Diagnose in den Deutschland-Berichten der Sozialdemokratischen Partei Deutschlands (Sopade) 3 (1936), hg. v. *K. Behnken*, Frankfurt a.M. 1980, S. 149: »Große Teile der Arbeiterschaft haben geglaubt, durch die Hinnahme des Systems Freiheit gegen Sicherheit eintauschen zu können.«

25 Beide Zitate treffen beide Regime, obgleich die zitierten Autoren vor allem den NS vor Augen haben. Das erste Zitat aus *B. Weisbrod*, Der Schein der Modernität. Zur Historisierung der »Volksgemeinschaft«, in: *K. Rudolph* u.a. (Hg.), Geschichte als Möglichkeit. Über die Chancen von Demokratie, Essen 1995, S. 224–242, hier S. 241; das zweite Zitat aus *T. W. Mason*, Die Bändigung der Arbeiterklasse im nationalsozialistischen Deutschland, in: *C. Sachse* u.a. (Hg.), Angst, Belohnung, Zucht und Ordnung. Herrschaftsmechanismen im Nationalsozialismus, Opladen 1982, S. 11–53, hier S. 40.

26 *M.R. Lepsius*, Das Modell der charismatischen Herrschaft und seine Anwendung auf den »Führerstaat« Adolf Hitlers, in: *ders.*, Demokratie in Deutschland. Soziologisch-historische Konstellationsanalysen. Ausgewählte Aufsätze, Göttingen 1993, S. 95–118.

27 *N. Frei*, Wie modern war der Nationalsozialismus?, in: GG 19 (1993), S. 367–387.

Die SED-Diktatur suchte die Zustimmung der Bevölkerung in steigendem, zuletzt ganz entscheidendem Maße über sozialpolitisch vermittelte Leistungen zu erreichen. Die Legitimation des Machtmonopols war am Ende so weitgehend auf die Gewährleistung »sozialer Sicherheit und Geborgenheit« angewiesen, dass die SED sich gezwungen sah, daran auch um den Preis einer beschleunigten Talfahrt in den wirtschaftlichen Ruin festzuhalten.[28]

Mit dem Gegensatzpaar Demokratie/Diktatur lässt sich vieles von dem verbinden, was in den drei Vergleichsfällen jeweils möglich, nötig oder blockiert war. So verhindern die Grundrechte und Verfahrensnormen im demokratischen Staat jene tiefe Spaltung des Sicherheitsbegriffs, die die beiden Diktaturen betrieben, indem sie die Sozialpolitik geheimpolizeilich flankierten. Sie verhießen soziale Sicherheit, bauten aber zugleich auch »Sicherheitsapparate« aus, die Willkür walten ließen, einschüchterten und somit – freilich in unterschiedlichem Maße – Unsicherheit produzierten. In der Bonner Republik war auch jenes Maß an staatlich-herrschaftlicher Aufladung des Gesundheitsbegriffs undenkbar, jene »Gesundheitspflicht«, welche die beiden Diktaturen der Bevölkerung auferlegten. Damit war jeweils ein kräftiger Ausbau der Präventivmedizin verbunden. Zu den Merkmalen der beiden Diktaturen zählt ferner die sozialpolitische Fixierung auf das Ziel der Lenkung und der möglichst extensiven Ausschöpfung der verfügbaren Arbeitskräfte. Eine genauere Argumentation würde freilich einige Zwischenschritte erfordern. Der Globus wird ja dutzendweise von Diktaturen bevölkert, denen Fragen der Gesundheitspolitik vollkommen gleichgültig sind und die auch keine besonderen Anstrengungen zur Arbeitskräftelenkung unternehmen. Es kommt also durchaus auf den Charakter der Projekte an, deren Realisierung die beiden deutschen Diktaturen sich jeweils vorgenommen haben. Beide nahmen in totalitärer Absicht gesellschaftliche Umbauprogramme ins Visier; beide überlasteten und überforderten – wenn auch in sehr verschiedenen Zusammenhängen – die Leistungskraft der Ökonomie, wozu u. a. auch Autarkisierungstendenzen beitrugen.

Im Kontrastbezug zur Demokratie lässt sich wohl immer die Funktionsbedeutung, aber durchaus nicht immer die Wahl der Mittel erschließen. So finden wir z. B. eine Verstaatlichung des Gesundheitswesens nicht nur in der DDR, sondern auch in Großbritannien und in Italien. An Großbritannien erinnert außerdem das Prinzip des »national minimum«, auf das die DDR die Rentenversicherung umgesteuert hat – ganz im Gegensatz zur westdeutschen Rentenreform von 1957, die der Idee der Sicherung des individuell erarbeiteten Lebensstandards zum Durchbruch verhalf. Ein allein auf die deutsche Arena zentrierter Blickwinkel hat also auch Tücken. Denn er hält nach 1933 nur die westdeutsche Meßlatte als eine demokratische bereit. Aber nicht alles, was von der westdeutschen Norm abweicht, ist diktaturspezifisch, wie umgekehrt auch nicht alles Westdeutsche demokratiespezifisch ist.

28 Vgl. den Beitrag 10 im vorliegenden Band.

Unterschiede im Diktaturenvergleich

Bisher sind Ähnlichkeiten betont worden, die sich im Vergleich der Diktaturen daraus ergeben, dass beide den Sozialstaat in den Dienst einer Zwangshomogenisierung der Gesellschaft gestellt haben. Aber es fallen auch gravierende Unterschiede ins Auge, und diese wurzeln vor allem in der Divergenz der Ideologien und der kulturellen Wertbezüge. Gerade auch bei der Ausprägung des Sozialstaats hing viel davon ab, ob er mit Ordnungsideen erbbiologisch-rassistischer oder marxistisch-leninistischer Art verbunden wurde.

Die rassenbiologische Ausdeutung der »sozialen Frage« hat die sozialpolitische Sphäre nicht nur berührt, sondern tiefgreifend erfasst. Wie stark Erblichkeitstheorien, Rassenideologie sowie die – damit nicht ganz deckungsgleiche – völkische Ideologie der »Gemeinschaftsfähigkeit« die Priorität, die Art und den Umfang sozialpolitischer Maßnahmen bestimmt haben: das hat die historische Forschung erst im Lauf der 1980er Jahre nachdrücklich herausgearbeitet.[29] Zuvor hatte man sich oft allzu eng im Zirkel konflikttheoretischer Diskussionen über die »Bändigung der Arbeiterklasse« gedreht. Beklemmend deutlich geworden sind die spezifischen Wert- und Unwertkategorien, denen zufolge Teile der Bevölkerung mit expansiver Sozialpolitik zu fördern, andere Teile nicht nur zu vernachlässigen, sondern auszusondern und in letzter Konsequenz »auszumerzen« waren. Um diese Ambivalenz am Beispiel der Geburtenpolitik zu verdeutlichen: Seit Langem gilt »Pronatalismus« als ein Kennzeichen der NS-Familienpolitik; bei genauerer Prüfung tritt aber als das eigentliche Unikum der »Antinatalismus« hervor, die Politik der Zwangs- und Massensterilisation.[30] Die Eindringtiefe der völkisch-gesellschaftssanitären Utopie war dort, wo das Versicherungsprinzip eine eigene, sperrige Funktionslogik ausgeprägt hatte, geringer – in anderen Bereichen wie Fürsorge, Gesundheits- oder Bevölkerungspolitik aber umso tiefer. So hat das NS-Regime sowohl die Kategorie der staatsbürgerlichen Gleichheit als auch die allgemeine Geltung des Prinzips der Inklusion außer Kraft gesetzt, dem für die Entwicklung moderner Sozialstaatlichkeit grundlegende Bedeutung zukommt.[31]

29 Wichtige Impulse gab *D. Peukert*, Volksgenossen und Gemeinschaftsfremde. Anpassung, Ausmerze und Aufbegehren unter dem Nationalsozialismus, Köln 1982; als Standardwerk vgl. nunmehr *C. Sachße* u. *F. Tennstedt* (Hg.), Geschichte der Armenfürsorge in Deutschland, Bd. 3: Der Wohlfahrtsstaat im Nationalsozialismus, Stuttgart 1992, S. 278.

30 Vgl. *G. Bock*, Gleichheit und Differenz in der nationalsozialistischen Rassenpolitik, in: GG 19 (1993), S. 277–310. Die Bezeichnung »Unikum« bezieht sich auf den innerdeutschen, aber nicht ohne Weiteres auf den internationalen Vergleich; vgl. z. B. *P. R. Reilly*, The Surgical Solution. A History of Involuntary Sterilization in the United States, Baltimore 1991; *S. Kühl*, Die Internationale der Rassisten. Aufstieg und Niedergang der internationalen Bewegung für Eugenik und Rassenhygiene im 20. Jahrhundert, Frankfurt a. M. 1997.

31 *T. H. Marshall*, Bürgerrechte und soziale Klassen. Zur Soziologie des Wohlfahrtsstaats, Frankfurt a. M. 1992.

Es mehren sich daher die Stimmen, die fragen, ob der Begriff des Sozial- oder Wohlfahrtsstaats überhaupt sinnvoll auf das NS-Regime anwendbar sei. Manche verneinen das und geben zu bedenken, dass »die Rassenpolitik Vorrang hatte vor der Sozialpolitik, der Massenmord vor der Wohlfahrt«.[32] Gleichwohl spricht mehr für eine Kategorienbildung, in der der »völkische Wohlfahrtsstaat« als ein »terroristisches Extrem in einem breiten Gesamtspektrum möglicher Entwicklungspfade industriegesellschaftlicher Moderne« erscheint und »nicht als gänzlich aus ihm herausfallender Strukturtyp«.[33] Neben der Bedeutung völkisch-rassistischer Kriterien sind auch Rolle und Reichweite der technokratischen Intelligenz stärker als früher zu betonen; deren Zugriff ist beispielsweise in den Sozialwerk-Plänen der DAF erkennbar.

Es ist hier nicht der Ort, um die totalitären Großideologien des Nationalsozialismus und des Kommunismus sowie die Praktiken ihrer Umsetzung genauer zu vergleichen, zumal sich das Augenmerk dann viel mehr auf Stalins Sowjetunion als auf die DDR richten müsste. Für den innerdeutsch begrenzten und auf das Sozialstaatskonzept beschränkten Vergleich mag die folgende Gegenüberstellung genügen. Die nationalsozialistischen Wert- und Unwertkategorien haben das Prinzip der Ungleichheit radikalisiert. Im Blick auf die positiv »ausgelesenen« und daher »volksgemeinschaftlich« zu integrierenden Teile der Bevölkerung strebte der Nationalsozialismus dann allerdings – durchaus nicht nur propagandistisch – eine stärkere Egalisierung an.[34] Hingegen proklamierte die DDR das generelle Ziel der wachsenden Einheitlichkeit der Lebensverhältnisse. Aus diesem Programm zur Aufhebung sozialer Unterschiede folgten stark egalitäre Grundzüge bei der Ausformung der Sozialpolitik.

Die DDR war nach dem Modell eines Versorgungsstaates konzipiert, der die Grundversorgung der Bevölkerung umfassend und gleichmäßig garantiert. Dazu dienten die Garantie eines Arbeitsplatzes und ein niedrig gehaltenes Preisniveau ebenso wie der kostenlose Zugang zum staatlichen Gesundheitssystem oder ein weitgehend nivelliertes allgemeines Rentensystem. Allerdings wurde der offiziell verkündete Gleichheitsgrundsatz vielfach durchbrochen. So gab es bei den Renten (halb im Verborgenen) vier Sonder- und 27 Zusatzsysteme, und es hoben sich vom allgemeinen Gesundheitswesen 14 privilegierte Systeme ab. Die Kehrseite der »Protektion für besonders Umworbene« lag im »Vorbehalt des Politischen«,[35] den z. B. Ausreisewillige in Form arbeitsrechtlicher Sanktionen zu spüren bekamen.[36]

32 Bericht über die 39. Versammlung deutscher Historiker in Hannover 23. bis 26. September 1992, Stuttgart 1994, S. 203 (*G. Bock*).

33 *Sachße/Tennstedt*, S. 278.

34 Vgl. z. B. *M. Prinz*, Vom neuen Mittelstand zum Volksgenossen. Die Entwicklung des sozialen Status der Angestellten von der Weimarer Republik bis zum Ende der NS-Zeit, Oldenburg 1986.

35 *M. G. Schmidt*, Sozialpolitik. Historische Entwicklung und internationaler Vergleich, Opladen 1988, S. 134.

36 *H.-H. Lochen* u. *C. Meyer-Seitz*, Die geheimen Anweisungen zur Diskriminierung Ausreisewilliger. Dokumente der Stasi und des Ministeriums des Inneren, Köln 1992.

Insgesamt wird man die Kluft zwischen Proklamation und Realität im Falle der Sozialpolitik der DDR relativ hoch veranschlagen müssen, insbesondere auch dort, wo die chronische Knappheit der ökonomischen Mittel bei der Umsetzung sozialpolitischer Vorhaben enge Grenzen setzte. Eine wahre Flut von Ausnahmegenehmigungen, die in der Ära Honecker von Arbeitsschutzvorschriften dispensierte, mag als Beispiel dafür stehen.

Der demokratisch verfasste Sozialstaat

Die Verbindung von Sozialstaat und Demokratie hat im westdeutschen Vergleichsfall eine Reihe von Eigentümlichkeiten hervorgebracht, von denen hier eine besonders hervorgehoben sei: die Vielfalt eigenständiger Institutionen, die zwischen der Sozialstruktur und der politischen Ordnung vermitteln, also der weite Bereich der intermediären Institutionen. Dazu zählen nicht nur Parteien und Wahlen, sondern auch Kirchen und Verbände, Assoziationen und Aushandlungssysteme verschiedener Art, insbesondere auch die freien Medien der Kommunikation, die jene »Öffentlichkeit« gewährleisten, von der man sagen kann, dass sie für die politische Sphäre eine ähnliche Funktion übernimmt wie der Markt für das Wirtschaftssystem.[37] Von den drei Vergleichsfällen hat allein die Bundesrepublik »durch intermediäre Strukturen Interessenpluralität und öffentliche Konfliktaustragung ermöglicht« und damit zugleich die Anpassungselastizität des Sozialstaats gesteigert.[38] Daher haben sich auch nur in diesem Vergleichsfall Professionen und Experten als wichtige Akteure gesellschaftlicher Interessengruppen und sozialstaatlicher Klientel profilieren können.

Die intermediären Instanzen spielten im Vorfeld der Gesetzgebung eine bedeutende Rolle; vieles blieb aber auch ohne direkte Beteiligung des Staates der sektoralen Selbstregelung der Gesellschaft überlassen.[39] Hier ist vor allem an die außerordentliche Bedeutung der Tarifautonomie zu erinnern. Wie groß die zu Lasten Dritter gehenden Schattenseiten solcher Selbstverwaltungsdomänen sein können, lässt sich am Beispiel des Gesundheitswesens studieren. Auf diesem Regelungsfeld haben mächtige korporative Akteure über Jahrzehnte hinweg derart vorgeherrscht, dass man – um es milde auszudrücken – von einer asymmetrischen Interessenrepräsentation sprechen muss.

Die demokratische Verfassung hat sich als ein Regelwerk zur Kontrolle der Sozialpolitik und zugleich als Antriebskraft erwiesen. Das gilt insbesondere für die Rechtsprechung des Bundesverfassungsgerichts. Diese institutionelle Neuschöpfung der Bundesrepublik ist seit Ende der fünfziger Jahre als ein be-

37 So *N. Luhmann*, Die Wirtschaft der Gesellschaft, Frankfurt a. M. 1988, S. 107.

38 *M. R. Lepsius*, Demokratie, S. 7.

39 *R. Mayntz* u. *F. Scharpf*, Gesellschaftliche Selbstregelung und politische Steuerung, Frankfurt a. M. 1995.

deutender Faktor der Sozialpolitik hervorgetreten.[40] Zu den Merkmalen der parlamentarischen Demokratie, die sich auch auf die Prioritäten des sozialpolitischen Handelns ausgewirkt haben, zählt nicht zuletzt die Parteienkonkurrenz. So spricht im Blick auf die Alters- und Gesundheitssicherung einiges für die Annahme, dass die Rentnergeneration – dank des Gewichts ihrer Wählerstimmen – zu den relativen Gewinnern zählt. Die ältere Generation kann offenbar eine Demokratie-Prämie einstreichen.[41] Dagegen haben die beiden Diktaturen mehr Gewicht auf Programme der Geburtenförderung und der Arbeitskräftegewinnung gelegt, also die jüngere und die mittlere Generation zu Lasten der älteren (und noch mehr zu Lasten des Schutzes für Behinderte) bevorzugt.

Bezieht man die im Diktaturenvergleich erörterte Leitdifferenz von Gleichheit und Ungleichheit nun auch auf den westdeutschen Vergleichsfall, so findet man ein Mischungsverhältnis eigener Art.[42] Bekanntlich kann sich jeder Bürger der Bundesrepublik auf eine existenzminimale Grundsicherung in Form der Sozialhilfe verlassen. Darüber aber erhebt sich (soweit es sich um Transfereinkommen handelt; im Bereich der Dienst- und Sachleistungen ist das anders) ein ausgesprochen nicht-nivellierendes System, das auf den lebenslang voll erwerbstätigen Arbeitnehmer zugeschnitten ist. Dieses System prämiert mithilfe des Äquivalenzprinzips die Dauer und die Höhe des Erwerbserfolgs. Es ist im Kern darauf angelegt, den im Erwerbsleben erreichten relativen sozialen Status zu sichern, und wirkt insofern auch als eine Sicherung *gegen* die Gleichheit. Wenn man handliche Formeln bevorzugt, könnte man mithin sagen: Typisch für das NS-Regime war die von rassenbiologischen und sozialen Brauchbarkeitskriterien bestimmte Praxis von Inklusion und Exklusion, für die DDR die nivellierende Inklusion, für die Bundesrepublik die sozial differenzierende Inklusion.

Markt und Plan

Es ist noch nicht lange her, da herrschte in einem Teil Deutschlands das folgende Geschichtsbild: Der Hitlerfaschismus repräsentiert den »Klassenkampf von oben«, die DDR den »Klassenkampf von unten« und die Bundesrepublik

40 *H.F. Zacher*, Vierzig Jahre Sozialrecht – Schwerpunkte der rechtlichen Ordnung, in: *N. Blüm* u. *H.F. Zacher* (Hg.), 40 Jahre Sozialstaat Bundesrepublik Deutschland, Baden-Baden 1989, S. 19–129, hier S. 92. *H.-J. Papier*, Der Einfluß des Verfassungsrechts auf das Sozialrecht, in: *B. Baron v. Maydell* u. *F. Ruland* (Hg.), Sozialrechtshandbuch, Neuwied 1996[2], S. 73–124. Zur föderalen Komponente des Bonner Sozialstaats, die ein Spezifikum der Bundesrepublik in unserem Dreiervergleich bildet, vgl. *U. Münch*, Sozialpolitik und Föderalismus. Zur Aufgabenverteilung im sozialen Bundesstaat, Opladen 1997.

41 *C. Conrad*, Gewinner und Verlierer im Wohlfahrtsstaat. Deutsche und internationale Tendenzen im 20. Jahrhundert, in: AfS 30 (1990), S. 297–326; vgl. auch den Beitrag 6 im vorliegenden Band.

42 *H.F. Zacher*, Soziale Gleichheit. Zur Rechtsprechung des Bundesverfassungsgerichts zu Gleichheitssatz und Sozialstaatsprinzip, in: *ders.*, Abhandlungen, S. 129–165.

die »Fortsetzung des Klassenkampfes mit anderen Mitteln«. Auch eine historia tripartita! Aber sie führt in wichtigen Punkten in die Irre. Rassismus als Gesellschaftspolitik lag nicht primär in der Räson des Klassenkonflikts. Die DDR war keine Diktatur des Proletariats, sondern eine Parteidiktatur im Namen einer ideologisch konstruierten Arbeiterklasse. Und was die Bundesrepublik betrifft, so gibt es angemessenere Problemfassungen, z. B. die folgende.[43]

Es kennzeichnet marktwirtschaftliche Verfassungen, dass sie den privatautonom dezentral konkurrierenden Unternehmen erlauben, sich strikt an Kriterien der Rentabilität zu orientieren. Eine solche Freisetzung der Unternehmen von der Verpflichtung auf zahlreiche andere Kriterien, die gesamtgesellschaftlich sinnvoll sein mögen, steigert ihre ökonomischen Effizienzchancen ganz wesentlich. Damit wird aber zugleich bewirkt, dass die Unternehmen eine Reihe von Voraussetzungen und Folgen ihrer Wirtschaftstätigkeit nach außen verlagern, d. h. »externalisieren« können. Der Sozialstaat erscheint dann insoweit als eine Veranstaltung zum Auffangen solcher Externalisierungen.[44] Diametral anders war das verstaatlichte Produktionssystem der DDR aufgebaut. Dort waren zahlreiche Versorgungs- und Betreuungsfunktionen in die Betriebe hineinverlagert, d. h. »internalisiert«. Das in unserer Gegenwart aufregendste Beispiel bezieht sich auf das Risiko des Ungleichgewichts von Angebot und Bedarf an Arbeitskräften. Dieses Risiko wird von den marktwirtschaftlich konkurrierenden Unternehmen »externalisiert« und dann sozialstaatlich in Form einer besonderen Arbeitslosenversicherung aufgefangen. Dagegen hat die DDR dieses Risiko mit planwirtschaftlicher Lenkung der Arbeitskräfte möglichst auszuschalten versucht und die Ungleichgewichte, die sich in der Realität gleichwohl immer wieder ergaben, in die Unternehmen hineinverlagert, wo sie dann in der Form ineffizienter Beschäftigungsverhältnisse geregelt wurden.[45] So gesehen hat die SED aus der Not ineffizienter Beschäftigungsverhältnisse die Tugend eines »Rechts auf Arbeit« gemacht. In ganz anderem Zusammenhang hat auch das NS-Regime die Arbeitskräfte, als sie im Rüstungsboom knapp wurden, mehr und mehr aus den Marktbeziehungen herausgenommen, um sie hoheitlich zu erfassen und dem »Arbeitseinsatz« zuzuführen.

Der westdeutsche Sozialstaat fing jedoch nicht nur die von den Unternehmen externalisierten Kosten in der einen oder anderen Weise auf, sozusagen als bloß

43 In Anlehnung an *M. R. Lepsius*, Interessen, Ideen und Institutionen, Opladen 1990; *H. F. Zacher*, Grundtypen des Sozialrechts, in: *ders.*, Abhandlungen, S. 257–278.

44 Damit ist ein wesentlicher Teil, aber keineswegs der gesamte Radius des Sozialstaats bzw. der Ausweitung der sozialen Komponente im Recht erfasst. Für einen Gesamtüberblick über die Wohlfahrtssektoren vgl. *G. A. Ritter*, Der Sozialstaat. Entstehung und Entwicklung im internationalen Vergleich, München 1991²; *Schmidt*, Sozialpolitik; *H. F. Zacher*, Das soziale Staatsziel, in: *J. Isensee* u. *P. Kirchhof* (Hg.), Handbuch des Staatsrechts der Bundesrepublik Deutschland, Bd. 1: Grundlagen von Staat und Verfassung, Heidelberg 1987, S. 1045–1111.

45 *K. Vogler-Ludwig*, Verdeckte Arbeitslosigkeit in der DDR, in: Ifo-Schnelldienst 43 (1990), Nr. 24, S. 3–10, schätzte die verdeckte Arbeitslosigkeit auf etwa 15 % der Beschäftigten.

abhängige Variable des Marktes. Er setzte dem dort vorherrschenden Rentabilitätsprinzip auch Normen eigener Art entgegen, insbesondere das Prinzip der sozialen Sicherung. So entstand ein weitgespanntes arbeitsrechtliches Kontrollsystem gegenüber der Vertragsfreiheit und ein weitverzweigtes Regelwerk zur sozialpolitischen Umverteilung der am Markt erzielten Einkommen. Zugleich hat der Sozialstaat einen großen Teil der Neben- und Folgekosten des Faktors Arbeit wieder in die Betriebe zurückverlagert, was man leicht daran erkennt, dass die Unternehmer über zu hohe Lohnnebenkosten klagen.

In unserem komparatistischen Zusammenhang ist es entscheidend, dass die Geltungskraft der Prinzipien der Rentabilität und der sozialen Sicherung im westdeutschen Vergleichsfall auf verschiedene, jeweils spezialisierte Institutionen verteilt ist, die in einem permanenten Spannungsverhältnis zueinander stehen. Daher lag und liegt eines der Hauptprobleme bundesrepublikanischer Sozialpolitik darin, in diesem Zustand der Dauerspannung immer aufs Neue zu vermitteln. Solche Balanceakte fielen in den verflossenen Zeiten der großen Prosperität leichter, denn damals galt: »Auch die relativen Verlierer haben im Zusammenhang mit dem gesamtwirtschaftlichen Wachstumsprozeß absolut viel gewinnen können«.[46] Die Suche nach Gleichgewichtspunkten ist viel schwieriger geworden, seit – günstigenfalls – nur mit einem mäßig wachsenden Sozialprodukt zu rechnen ist und die Wirtschaft, selbst wenn sie wächst, eher Arbeitsplätze als Arbeitslosigkeit abbaut.

Die SED hat es als ihre größte Errungenschaft gewertet, dass sie mit dem Übergang zur Zentralplanwirtschaft eine derartige Dauerspannung grundsätzlich beseitigt hat. Damit hat sie aber zugleich die Geltungskraft von Kriterien der wirtschaftlichen Effizienz entscheidend vermindert.[47] So entstand eine neue Konfiguration, die sich auf Gehalt und Gestalt der Sozialpolitik in vielfacher Hinsicht gravierend ausgewirkt hat, wie im Folgenden etwas näher verdeutlicht werden soll.

Die Hauptquelle des Wirtschaftswachstums der DDR war immer »extensiver«, nie »intensiver« Art. Das heißt: Sie speiste sich weniger aus der flexiblen Nutzung als vielmehr aus der Vermehrung der im Produktionsprozess eingesetzten Produktionsfaktoren, und dies bedeutete nach Lage der Dinge vor allem eine ständige Erhöhung des Arbeitskräftevolumens. So erklärt sich eine eigentümliche Doppelstruktur der DDR-Sozialstaatlichkeit, die man als eine Mischung aus »welfare state« und »workfare state« kennzeichnen kann.[48] Einerseits war die Bevölkerung in ein umfassendes Netz leistungsunabhängiger Grundversorgung einbezogen. Damit nahm die DDR Tendenzen des »welfare

46 *K. Borchardt*, Die Bundesrepublik in den säkularen Trends der wirtschaftlichen Entwicklung, in: *W. Conze* u. *M. R. Lepsius*, Sozialgeschichte der Bundesrepublik Deutschland. Beiträge zum Kontinuitätsproblem, Stuttgart 1983, S. 20–45, hier S. 21.

47 Das wird besonders eindrucksvoll herausgearbeitet von *T. Pirker* u.a. (Hg.), Der Plan als Befehl und Fiktion: Wirtschaftsführung in der DDR. Gespräche und Analysen, Opladen 1995.

48 *Schmidt*, Sozialpolitik, S. 134.

state« auf, trieb sie freilich ins Extrem, da sie den Bürgern nicht nur weitgehenden, sondern vollständigen Schutz gegenüber Marktkräften zusicherte. Andererseits waren weite Teile des Sozial- und Arbeitsrechts – anfangs stärker mit Elementen des Drucks und Zwangs, später mehr mit Mitteln des Anreizes – so angelegt, dass möglichst alle Bürger mit einem möglichst großen Teil ihrer Tages-, Wochen-, Jahres- und Lebenszeit in die Sphäre der Erwerbsarbeit überführt und dort gebunden wurden. Hier liegt auch der Hauptgrund für die so stark hervorstechende Frauen- und Familiensozialpolitik in der Ära Honecker. Sie zielte darauf, die Frauenerwerbsquote maximal zu steigern, praktisch auf 100 Prozent, aber so, dass die Geburtenhäufigkeit nicht sank, sondern ebenfalls stieg, weil die SED aus bevölkerungspolitischen – letztlich auch wieder arbeitspolitischen – Gründen die Norm der Drei-Kinder-Familie durchzusetzen trachtete.

Die »Enteignung der Kapitalisten« scheint – weil damit der vollständige Schutz gegenüber Marktkräften verbunden war – in der DDR-Bevölkerung durchaus nicht unpopulär gewesen zu sein. Aber das verstaatlichte Produktionssystem geriet dann seinerseits wegen seiner notorisch schwachen Effizienz unter steigenden Legitimationsdruck. Somit senkte sich auf die sozialpolitischen Stützpfeiler eine doppelte Kompensationslast. Sie hatten nicht nur die mangelnde demokratische Fundierung des politischen Systems legitimatorisch auszugleichen, sondern mehr und mehr auch die Effizienzschwäche des ökonomischen Systems. Denn die offenkundigen Mängel der Wirtschaftsverfassung konnten, verrechnete man sie mit den staatlichen Versorgungsgarantien, in einem günstigeren Licht erscheinen. Tatsächlich entwickelte sich die Gewährung und Erwartung »sozialer Sicherheit und Geborgenheit« – so lautete die Standardformulierung seit der Mitte der 1970er Jahre – zu einer der wenigen tragfähigen Brücken des Einverständnisses zwischen der Parteiführung und größeren Kreisen der Bevölkerung.[49] Daher blieb der SED in der Ära Honecker nicht viel anderes übrig, als die Sozialpolitik streckenweise immer weiter von der ökonomischen Rationalität abzukoppeln und an den »sozialen Errungenschaften« auch um den Preis schrumpfender Investitionen und wachsender Auslandsverschuldung festzuhalten. Insofern lebte die SED-Diktatur zunehmend von der Substanz, auf Pump und auf Kosten der Zukunft.

Ob und inwieweit der Sozialstaat mit dem Gegenüber des »Marktes« zu rechnen hat, zählt zu den wichtigsten Leitdifferenzen jeder Sozialstaatstypologie.[50] Der West-Ost-Vergleich kommt hier zu eindeutigen Ergebnissen. Der nationalsozialistische Vergleichsfall ist damit aber weniger deutlich zu erfassen. Denn das privatwirtschaftliche Eigentum blieb zwar weithin unangetastet, die Len-

49 Was sich im Nachhinein daran zeigt, dass die Bürger der neuen Bundesländer, soweit sie zu verklärenden Rückblicken neigen, nahezu ausschließlich das »sozialistische Modell der Sozialpolitik« vor Augen haben; vgl. *O. Gabriel*, Politische Orientierungen und Verhaltensweisen im vereinigten Deutschland, Opladen 1996.

50 *G. Esping-Andersen*, The Three Worlds Of Welfare Capitalism, Cambridge 1990 wählte daher den Grad des Schutzes vor Marktkräften als hauptsächliches Unterscheidungsmerkmal seiner Typologie.

kungsfunktionen des Marktes wurden aber mehr und mehr rüstungs- und kriegswirtschaftlich überformt und außer Kraft gesetzt. Neben der Biologisierung des politischen Denkens haben daher vor allem Funktionsimperative, die sich aus der Vorbereitung und Durchführung des Hegemonialkriegs ergaben, das Gesicht der NS-Sozialpolitik bestimmt.

Kontinuitäten, Wechselwirkungen, Wiedervereinigung

Die drei Wege deutscher Sozialstaatlichkeit verliefen nicht völlig separat; sie waren vielmehr durch Elemente der Kontinuität, der Beziehungs- und Wirkungsgeschichte auf komplizierte Weise miteinander verbunden. Dabei bestätigt sich in einigen Blickwinkeln der Sozialstaatsgeschichte, was Hans-Peter Schwarz als generellen Befund formuliert hat: dass »die Kontinuitäten zwischen dem Deutschen Reich und der Bundesrepublik doch sehr ausgeprägt« waren, während »im kommunistischen Herrschaftsbereich ein sehr viel radikalerer Traditionsbruch als im deutschen Westen« erfolgte.[51] Auffällig ist zum Beispiel die institutionelle Kontinuität der gesetzlichen Alterssicherung vom Kaiserreich bis zur Bonner Republik, wobei freilich zu beachten ist, dass mitunter der Austausch weniger Elemente genügte, um größere Funktionszusammenhänge zu verändern.[52] Auch die DDR führte einige Traditionslinien fort, teils konzeptionell, indem sie an die Forderungstradition der Arbeiterbewegung anknüpfte, teils auch institutionell. So lebte zum Beispiel in den Wirkungsmöglichkeiten von Diakonie und Caritas, die in der DDR trotz aller Einschränkungen viel größer waren als irgendwo sonst in Osteuropa, die deutsche Tradition der Freien Wohlfahrtspflege weiter.[53]

Die beziehungsgeschichtliche Erweiterung des Vergleichs schließt die Frage ein, wie die Erfahrung des »Dritten Reiches« in den beiden deutschen Nachkriegsstaaten verarbeitet worden ist. Da fallen große Unterschiede und Gegensätze auf. So war z. B. Sozialpolitik als Bevölkerungspolitik in der Bundesrepublik lange diskreditiert, in der DDR nicht. Die ärztlichen Standesorganisationen waren in der DDR diskreditiert, in der Bundesrepublik nicht. Bei der Gabelung der Sozialstaatswege nach 1945 ist beiderseits ziemlich kräftig und selektiv mit historischen Erfahrungen argumentiert worden, und es ist nicht immer leicht zu unterscheiden, inwieweit es sich um eine authentische Aufarbeitung von Geschichte als Argument handelt und inwieweit um den taktischen Gebrauch von Geschichte als Instrument.

51 *H.-P. Schwarz*, Der Ort der Bundesrepublik in der deutschen Geschichte, Opladen 1996, S. 51.

52 Vgl. *C. Conrad*, Alterssicherung, in: *Hockerts*, S. 101–116.

53 Diakonie im geteilten Deutschland, hg. v. *I. Hübner* u. *J.-C. Kaiser*, Stuttgart 1999; *C. Kösters* (Hg.), Caritas in der SBZ/DDR 1945–1989, Paderborn 2001.

Indessen geriet nicht nur die »Bewältigung der Vergangenheit« in das Spannungsfeld des Ost-West-Konflikts; die deutschen Polarisierungszwillinge haben sich vielmehr in allen Grundfragen der inneren Ordnung und äußeren Orientierung heftig voneinander abgegrenzt. Welche spezifischen Wirkungen dem Konkurrenzverhältnis und gegenseitiger Einflussnahme auf dem Gebiet der Sozialstaatsentwicklung zuzurechnen sind, dies ist eine noch weitgehend offene Frage.[54] Hier ist noch viel Einzelforschung zu leisten.[55] Dabei stellen sich besonders schwierige Fragen der Gewichtung von Wirkungsanteilen in komplexen Wirkungszusammenhängen. Bilden, um nur ein Beispiel zu geben, die »Verbürgerlichung« der Gesundheitsberufe im Westen und ihre »Entbürgerlichung« im Osten so etwas wie eine dialektische Einheit? Wäre der standespolitische »Traum« der westdeutschen Ärzteschaft in den fünfziger und sechziger Jahren weniger weit in Erfüllung gegangen, hätte man nicht auf den »Alptraum« östlich der Elbe verweisen können?[56]

Insgesamt ist man gut beraten, die Grundtatsache einer starken Asymmetrie zu beachten: Das höhere Eigengewicht, die größere Vielfalt an Optionschancen und internationalen Bezugskreisen, die stärkere Wirtschaftskraft, all das lag nun einmal – und zwar mehr und mehr – auf der westdeutschen Seite. Die neuerdings häufig behauptete, bisher aber nur punktuell nachgewiesene Bedeutung der Systemkonkurrenz für die Ausgestaltung des Bonner Sozialstaats[57] hat sich wohl im Wesentlichen in den fünfziger Jahren erschöpft. Dagegen hat die DDR sich niemals essentiell aus der Sogwirkung der westdeutschen Vergleichsgesellschaft lösen können, und dies gilt sowohl für die Volkserfahrung als auch für das Elitenhandeln. »Auf uns drückt der Wettbewerb mit Westdeutschland«, hielt Ulbricht in einer internen Besprechung 1965 fest, und er fügte hinzu: »Das, was wir vor zehn Jahren noch sagten, daß wir überlegen sind, Renten, Krankenversicherung, hat sich jetzt umgekehrt. Westdeutschland ist besser; auch in der Krankenversicherung«.[58]

Die drei Wege deutscher Sozialstaatlichkeit sind, wie oben dargelegt, in übergreifenden Zusammenhängen eines epochalen »Dreiecks« zu sehen. Daher bezeichnen zwei große Epochenzäsuren dieses Jahrhunderts – 1945 und 1989/90 –

54 Zu den in Ost und West geführten Auseinandersetzungen um Beibehaltung oder Abschaffung, Ausdehnung oder Einschränkung des »Hausarbeitstages«, der 1943 für erwerbstätige Frauen eingeführt worden war, vgl. *C. Sachße*, Ein »heißes Eisen«. Ost- und westdeutsche Debatten um den Hausarbeitstag, in: *G.-F. Budde* (Hg.), Frauen arbeiten. Weibliche Erwerbstätigkeit in Ost- und Westdeutschland nach 1945, Göttingen 1997, S. 252–285. In diesen Debatten spielte das »Argument der Systemkonkurrenz« nur »eine geringe Rolle«.

55 Vgl. den Beitrag 11 im vorliegenden Band.

56 *Manow*, Entwicklungslinien, vermutet, dass diese Wechselwirkung sehr stark war.

57 Vgl. z.B. *D. Mühlberg*, Überlegungen zu einer Kulturgeschichte der DDR, in: *Kaelble*, S. 62–94, hier S. 90, Anm. 54.

58 Niederschrift über eine Beratung zwischen Partei- und Regierungsdelegationen der DDR und der UdSSR am 18.9.1965, zit. nach *K.-H. Schmidt*, Dialog über Deutschland. Studien zur Deutschlandpolitik von KPdSU und SED (1960–1979), Baden-Baden 1998, S. 106.

zugleich das Ende der spezifischen Ausprägung zweier dieser Wege. Somit ließe sich sagen, dass der westdeutsche Weg sich als der Königsweg der deutschen Sozialstaatsgeschichte erwiesen hat. Aber ebenso wenig wie mit dem Überraschungssieg der liberalen Demokratie über die kommunistischen Diktaturen »das Ende der Geschichte« gekommen ist, hat jene Dauerspannung an Schärfe verloren, die oben als Strukturmerkmal des demokratisch-marktwirtschaftlichen Sozialstaatstyps hervorgehoben wurde. Im Gegenteil: Wenn nicht alles täuscht, so steckt der bundesrepublikanische Sozialstaat inmitten seiner bisher schwersten Bewährungsprobe. Schon die Vereinigung selbst stellte ungewöhnlich große Anforderungen an das sozialstaatliche Leistungsvermögen.[59] Außerdem treffen grundlegende Herausforderungen verschiedener Art zeitgleich zusammen. Man denke an Symptome wie die steigende Sockelarbeitslosigkeit, die Erosion des Normalarbeitsverhältnisses[60] und an die demographischen Verschiebungen, die – da immer mehr Menschen alt und immer mehr alte Menschen sehr alt werden – die Kosten der Alters- und der Gesundheitssicherung in neue Dimensionen treiben.

Man könnte sogar so weit gehen, alarmierende Parallelen zur Lage um 1930 zu konstruieren. Auch damals drückte das Problem der Massenarbeitslosigkeit auf das Gefüge des Sozialstaats. Und vor allem: Das Kriterium der internationalen Konkurrenzfähigkeit beherrscht heute, da die Standortkonkurrenz gewissermaßen die Systemkonkurrenz abgelöst hat, die sozialpolitische Debatte so stark wie zuletzt um 1930. Besorgt ließe sich daher fragen, ob der deutsche Sozialstaat am Ende seiner historia tripartita wieder bei einer Weimarer Problemlage angelangt, gewissermaßen zum Ausgangspunkt zurückgekehrt sei. »Bonn ist nicht Weimar«, aber wird »Berlin wieder Weimar«? Solche Parallelen würden aber, alles in allem, sehr in die Irre führen. Die Unterschiede wiegen weit schwerer als manche Ähnlichkeit zwischen damals und heute. Nicht nur, weil das Sozialprodukt (pro Kopf) heute auf einem fünf- oder sechsmal höheren Niveau liegt,[61] sondern vor allem auch wegen eines tiefgreifenden Wandels der politischen Kultur und dank der festen Integration Deutschlands in die vielfältigen Verbundsysteme des Westens.

59 Nachtrag zum Wiederabdruck: Vgl. *G. A. Ritter*, Der Preis der deutschen Einheit. Die Wiedervereinigung und die Krise des Sozialstaats, München 2007².

60 Von 1970 bis 1996 hat sich der Anteil abhängig Beschäftigter ohne dauerhaften Vollzeitarbeitsplatz von einem Sechstel auf ein Drittel erhöht – mit weiter steigender Tendenz. Vgl. *Bundesministerium für Arbeit und Sozialordnung* (Hg.), Vorschläge der Kommission »Fortentwicklung der Rentenversicherung«, Bonn 1997, S. 44.

61 *A. Ritschl* u. *M. Spoerer*, Das Bruttosozialprodukt in Deutschland nach den amtlichen Volkseinkommens- und Sozialproduktstatistiken (1901–1995), in: Jahrbuch für Wirtschaftsgeschichte 2 (1997), S. 27–54.

9. Grundlinien und soziale Folgen der Sozialpolitik in der DDR

1. Zur Verknüpfung von Politik- und Sozialgeschichte

Gerhard Mackenroth hat 1952 in einem berühmt gewordenen Vortrag vor dem »Verein für Socialpolitik« der Einsicht Bahn gebrochen, dass es in der westlichen Welt keine Sozialpolitik mehr gebe, die gegenüber dem Wirtschaftskreislauf und dem Gesellschaftsaufbau »neutral« sei.[1] In den Wohlfahrtsstaaten westlicher Prägung ist die sozialstrukturelle Bedeutung sozialpolitischer Interventionen seither weiter gewachsen: »Sozialbereiche, die dem staatlichen Einfluss gänzlich entzogen wären, sind nicht mehr erkennbar.«[2] Historiographisch folgt daraus, dass eine strikte Trennung von Politik- und Sozialgeschichte zunehmend fragwürdig geworden ist.

Wendet man sich der Geschichte der DDR zu, so erscheint eine solche Trennung noch weniger durchführbar. Denn die Partei- und Staatsführung verband eine rigide Monopolisierung der politischen Macht mit dem Anspruch, »die gesamte gesellschaftliche Entwicklung in allen ihren Aspekten zu planen und zu steuern«.[3] War bereits in der Debatte über die Entwicklung westlicher Wohlfahrtsstaaten eine Argumentationslinie erreicht, auf der die traditionell dominierende Frage nach der sozialen Basis politischer Prozesse an Gewicht verlor gegenüber der umgekehrten Frage nach der politischen Basis sozialer Prozesse,[4] so erscheint eine solche Umkehrung im Blick auf eine Gesellschaft, die von totalitärem Erfassungsanspruch durchdrungen war, noch aussichtsreicher und zwingender.

Wählt man diese auf die politische Konstitution sozialer Verhältnisse gerichtete Perspektive, so ergibt sich freilich eine Reihe methodischer Schwierigkeiten, von denen drei vorweg skizziert seien. Zunächst: Obwohl die SED über ein politisches Machtmonopol verfügte, kann doch immer nur von einer relativen Autonomie der Politik gegenüber den gesellschaftlichen Bedingungen

1 *G. Mackenroth*, Die Reform der Sozialpolitik durch einen deutschen Sozialplan, in: Schriften des Vereins für Socialpolitik. Gesellschaft für Wirtschafts- und Sozialwissenschaften. Neue Folge, Bd. 4, hg. v. *G. Albrecht*, Berlin 1952, S. 39–76.

2 *D. Grimm*, Die Zukunft der Verfassung, in: Staatswissenschaften und Staatspraxis 1 (1990), S. 5–33, hier S. 15.

3 *S. Meuschel*, Überlegungen zu einer Herrschafts- und Gesellschaftsgeschichte der DDR, in: GG 19 (1993), S. 5–14, hier S. 5.

4 Vgl. den Beitrag 5 im vorliegenden Band.

die Rede sein. Die politische Sphäre blieb stets auch auf Eigenentwicklungen in Wirtschaft und Gesellschaft bezogen. So hat z. B. eine stark abfallende Geburtenziffer, die ihrerseits nicht als politisch bewirkt gelten kann, einen wichtigen Teil der Sozialpolitik der SED ausgelöst. Ebenso reagierte die SED mit einer massiven sozialpolitischen Prämierung von Schichtarbeit auf bestimmte Zwänge im Bereich der Ökonomie und besonders auf das sperrige Verhalten von Produktionsarbeitern, die nicht ohne Weiteres bereit waren, sich in das Dreischichtensystem umsetzen zu lassen. Man hat es also mit Interdependenzen zu tun, bei denen Ursachen und Folgen ihre klaren Unterscheidungsmerkmale durchaus verlieren können.

Damit ist – zweitens – das Problem der Wirkungsanalyse verbunden. Es ist erheblich leichter, Grundlinien der Sozialpolitik zu beschreiben als ihre sozialen Folgen zu bestimmen, also Wirkungen zu messen und Wirkungsanteile zu gewichten, wobei dann noch zwischen intendierten und nichtintendierten Folgen zu unterscheiden wäre. Das ist in komplexen Wirkungszusammenhängen immer schwierig und nicht immer eindeutig möglich, was sich besonders eindringlich im Blick auf demographische Wirkungen politischen Handelns zeigen ließe.[5]

Drittens gibt es eine uferlose Debatte darüber, was eigentlich als »Sozialpolitik« gelten soll.[6] Die meisten Politikbereiche können sozial wirksam sein, auch wenn sie als Steuer-, Finanz- oder Wirtschaftspolitik firmieren, als Wohnungs-, Familien-, Bildungspolitik usw. Der Umfang dessen, was als sozialpolitisch bedeutsam betrachtet werden kann, ist fast beliebig groß. Die Verwendung, die der Begriff »Sozialpolitik« in der DDR gefunden hat, bietet keine besondere Trennschärfe. Anfangs aus ideologischen Gründen eher zurückhaltend benutzt, wurde er immer weiter ausgedehnt und meinte zuletzt die Gesamtheit der Gestaltung der sozialen Verhältnisse.[7]

Der folgende Beitrag will keinen Gesamtüberblick vermitteln,[8] sondern der Strukturierung von Problemlagen dienen. Es werden vier Untersuchungsfelder vorgestellt: das Institutionengefüge der Sozialversicherung, das Gesundheitswesen, die Altersversorgung und der Bereich der Mutterschafts- und Familienleistungen. Nach einer einführenden Beschreibung werden jeweils Gesichtspunkte erörtert, unter denen die Sozialpolitik für die Sozialgeschichte der DDR bedeutsam geworden ist. Es folgen einige zusammenfassende Überlegungen über den Anteil der Sozialpolitik an der Formierung und der Erosion jener Züge der DDR-Gesellschaft, für die sich der Begriff einer »betriebszentrierten Arbeitsgesellschaft« eingebürgert hat.

5 Vgl. *H. Birg* u. *R. Mackensen* (Hg.), Demographische Wirkungen politischen Handelns, Frankfurt a. M. 1990, bes. S. 49.

6 Vgl. z. B. *W.-R. Leenen*, Tausendundeine Definition: Was ist Sozialpolitik?, in: Sozialer Fortschritt 27 (1978), S. 1–6.

7 Zur Karriere des Sozialpolitikbegriffs in der DDR vgl. den Beitrag 10 im vorliegenden Band.

8 Für eine umfassende Chronik vgl. *J. Frerich* u. *M. Frey*, Sozialpolitik in der Deutschen Demokratischen Republik, München 1993. Von »propagandistischen Zwecken« (S. 9) beeinträchtigt ist *G. Winkler* (Hg.), Geschichte der Sozialpolitik der DDR 1945–1985, Berlin (Ost) 1989.

2. Der Umbau der Sozialversicherung

Der institutionelle Umbau der Sozialversicherung begann im Juli 1945 in Berlin, verlief 1946 in den fünf Landes- bzw. Provinzialgebieten der SBZ etwas unterschiedlich und mündete im Januar 1947 in den SMAD-Befehl Nr. 28. Dieser vereinheitlichte die Regelungen im Zonengebiet auf der Grundlage zweier neuer Prinzipien: der Einheits- und der Volksversicherung.[9] An die Stelle der herkömmlichen Vielfalt autonomer Orts-, Betriebs-, Innungs- und Landkrankenkassen sowie der Ersatzkassen, auch an die Stelle aller Renten- und Unfallversicherungsträger trat somit in jedem der fünf Länder ein einziger Sozialversicherungsträger. Das war eine Fusion auf territorialer Basis, die mit einer Fusion der Versicherungsbeiträge verbunden wurde: Diese wurden künftig nicht mehr für einzelne Versicherungszweige getrennt berechnet. Zugleich dehnte der Befehl das Versicherungsverhältnis auf nahezu die gesamte Bevölkerung aus, unter Einschluss vieler Gruppen, die bisher außerhalb gestanden hatten.[10] Bis zu dieser Stufe ist der Umbau weitgehend von ehemaligen Sozialdemokraten innerhalb der SED getragen worden. Sie knüpften dabei an Reformvorschläge aus der Zeit der Weimarer Republik an.[11]

Zwischen 1949 und 1956 wurde der Umbau weitergetrieben und abgeschlossen, wobei wieder zwei neue Prinzipien hervortraten. Das eine lag in einer rigiden Zentralisierung des bisher föderal Getrennten: Mit dem Untergang der Länder fusionierten die Sozialversicherungsträger zu einer einzigen Organisation, die ihrerseits in den zentralplanerisch verfügbaren Entscheidungsbereich eingefügt wurde. So gingen wesentliche Selbstverwaltungsrechte verloren; der Haushalt der Sozialversicherung wurde Bestandteil des Staatshaushalts. Offenbar gab es in dieser Phase erhebliche Widerstände – vor allem aus Kreisen von Fachleuten, die mit der langen Selbstverwaltungstradition der Sozialversicherung verbunden waren, und es scheint, dass die von der SED im Apparat der So-

9 Zur Divergenz der Entwicklung im Westen und Osten Deutschlands vgl. *H. G. Hockerts*, Sozialpolitische Entscheidungen im Nachkriegsdeutschland. Alliierte und deutsche Sozialversicherungspolitik 1945 bis 1957, Stuttgart 1980.

10 Sonderregelungen für Eisenbahn und Bergbau werden hier und im Folgenden vernachlässigt. Vgl. dazu: *H. Lehmann*, Die Sozialversicherung in der sowjetischen Besatzungszone Deutschlands, Berlin 1949.

11 Am augenfälligsten gilt das für Helmut Lehmann, der zu den sozialdemokratischen ›Krankenkassenkönigen‹ der Weimarer Republik gehört hatte und nun maßgeblich den Befehl Nr. 28 beeinflusste. Die mit der SED im »Block« zusammengeschlossenen Parteien widersetzten sich dem Umbau nicht merklich; allerdings plädierte die Ost-CDU gegen eine Fusionierung der Beiträge (»Eintopf«) und wollte eine risikospezifische Differenzierung bewahrt wissen. – Nachtrag zum Wiederabdruck: Vgl. dazu im Einzelnen *D. Hoffmann*, Sozialpolitische Neuordnung in der SBZ/DDR. Der Umbau der Sozialversicherung 1945–1956, München 1996.

zialversicherung betriebene Kaderpolitik drastische Züge einer ›Säuberung vom Sozialdemokratismus‹ annahm.[12]

Die zweite Änderung lag darin, dass die Verwaltung der Sozialversicherung nun vollständig in die Hände des Freien Deutschen Gewerkschaftsbundes (FDGB) überging. Zur »Sozialversicherung der Arbeiter und Angestellten« umbenannt, erfasste sie seither alle Beschäftigten, denen eine Mitgliedschaft im FDGB offen stand, mithin seit Ende der fünfziger Jahre etwa 80 Prozent, später 85 Prozent der Erwerbstätigen. Die anderen Berufsgruppen – insbesondere Genossenschaftsmitglieder, Handwerker und freiberuflich Tätige – wurden organisatorisch ausgegliedert und einem besonderen Träger zugewiesen, der unmittelbar dem Ministerium für Finanzen unterstand (»Deutsche Versicherungsanstalt«, 1969 umbenannt in »Staatliche Versicherung der DDR«). Auf diesen beiden institutionellen Säulen beruhte die Sozialversicherung der DDR bis zuletzt. Unter welchen Gesichtspunkten kann die hier aufs knappste umrissene Organisationsgeschichte der Sozialversicherung sozialgeschichtliche Bedeutung gewinnen? Wo und wie ist sie mit Veränderungen der gesellschaftlichen Ordnung verbunden? Dieser Frage wird im Folgenden unter vier Aspekten nachgegangen.

2.1. Das Risiko der Arbeitslosigkeit

Formal gesehen gab es in der SBZ/DDR zwischen 1947 und 1977 eine Pflichtversicherung gegen Arbeitslosigkeit. Der erwähnte Befehl Nr. 28 führte sie in der Weise ein, dass alle »entgeltlich Beschäftigten« automatisch und ohne gesonderte Beitragszahlung gegen Arbeitslosigkeit versichert waren; die Sozialversicherung hatte »bei Bedarf« den Arbeitsämtern die für Arbeitslosenunterstützung nötigen Summen zur Verfügung zu stellen. Diese Rechtsgrundlage bestand fort, bis eine Neufassung des Arbeitsgesetzbuchs im Jahre 1977 den Leistungszweig der Arbeitslosenunterstützung ersatzlos strich.

Die versicherungsrechtliche Form der Bewältigung des Arbeitsplatzrisikos war von vornherein als ein Interim gedacht. Sie sollte durch die Steuerungskapazität eines verstaatlichten Produktionssystems ersetzt werden, also mittels Arbeitskräftelenkung sowie inner- und zwischenbetrieblicher Regelungen. Tatsächlich ist dieser Versicherungszweig bereits im Verlaufe der fünfziger Jahre gleichsam verdorrt: Die Zahl der »registrierten Arbeitssuchenden« sank bis 1960

12 So heißt es in einem Schreiben des Leiters der Zentralen Kommission für Staatliche Kontrolle an Ulbricht vom 28.4.1951 über »Sabotagevorfälle in der Sozialversicherung«, es handle sich fast stets um Personen »aus dem rechten Flügel der SPD bzw. der KPD«; in einem Schreiben vom 13.12.1951 an die Sowjetische Kontrollkommission verdächtigte er »Schumacher-Elemente in den Institutionen der Sozialversicherung« (Bundesarchiv, Außenstelle Coswig, C-l/207). Eine scharfe Abrechnung mit der »Sowjetisierung« und »Säuberungs«-Praxis unternahm Schumachers SPD mit der Denkschrift 45 des Sopade-Informationsdienstes: Das Sozialversicherungswesen in der Sowjetzone, Bonn 1952.

auf etwa 7.000 Personen, was einer Arbeitslosenquote unter einem Prozent entsprach, und seit 1962 sucht man diese Rubrik in den Statistischen Jahrbüchern der DDR vergebens. Verbreitete offene Arbeitslosigkeit gab es nicht mehr.[13]

Bekanntlich hat die SED die Beseitigung der Arbeitslosigkeit stets als eine ihrer größten »sozialen Errungenschaften« dargestellt. Man hat dem treffend entgegengehalten, dass hier nicht eigentlich eine »Leistung der Partei« zu sehen sei, sondern ein Resultat von »Umständen«, die den für die Geschichte der DDR so typischen chronischen Arbeitskräftemangel verursacht haben.[14] Für die fünfziger Jahre ist an die massenhafte Abwanderung von Arbeitskräften nach Westdeutschland zu denken, im Längsschnitt der DDR-Geschichte vor allem an die relativ geringe Arbeitsproduktivität der zentralverwalteten Wirtschaft, an den überbesetzten Verwaltungs- und Sicherheitsapparat, an das systembedingte Interesse vieler Betriebe, sich wegen der ständig drohenden »Diskontinuitäten« im Produktionsablauf Arbeitskräftereserven für Stoßarbeit zu halten und anderes mehr. So lässt sich durchaus sagen, dass die SED aus der Not ineffizienter Beschäftigungsstrukturen die Tugend eines »Rechts auf Arbeit« gemacht hat. Die protektionistisch gewährleistete Sicherheit des Arbeitsplatzes wirkte dann seinerseits jedem tiefergreifenden ökonomischen Strukturwandel entgegen.[15]

Für die grundsätzliche Frage nach der Verknüpfung von Politik- und Sozialgeschichte ist hier indes nur dieses festzuhalten: Die DDR hat die versicherungsförmige Ausgliederung von Beschäftigungsrisiken rückgängig gemacht, die Bewältigung solcher Risiken vielmehr in das Produktionssystem hineinverlagert. Das Problem der Unangemessenheit von Arbeitskräfteangebot und Arbeitskräftebedarf konnte daher in den Betrieben die Form unproduktiver Arbeit annehmen, aber nur in wenigen Ausnahmefällen zur Entlassung in die Soziallage der Arbeitslosigkeit führen.

2.2. Wegfall traditioneller Kerne der Interessenformierung

Die herkömmliche Organisation der Sozialversicherung war eng mit spezifischen Interessenlagen verknüpft. Am deutlichsten sticht dies bei der versicherungsförmigen Heraushebung der Angestellten aus der Arbeiterschaft ins Auge. Bekanntlich hat dieser 1911 einsetzende Vorgang den Arbeiter-Angestellten-

13 Um die zunächst noch erhebliche Zahl von Arbeitslosen für die Arbeitskräftelenkung disponibel zu machen, wurden Anspruchsvoraussetzungen und Leistungshöhe der Arbeitslosenversicherung sehr restriktiv bemessen.

14 *J. Kuczynski*, Probleme der Selbstkritik. Sowie von flacher Landschaft und vom Zickzack der Geschichte, Köln 1991, S. 37. Die Industrie der DDR sei hinter der im Westen so zurückgeblieben, »daß wir doppelt so viele Arbeiter brauchten, um die gleiche Menge Waren – und oft noch in niedrigerer Qualität – herzustellen«.

15 Die »Umstände« und die mit ihnen verbundenen sozialen Kosten werden entschieden unterschätzt bei *R. R. Leinweber*, Das Recht auf Arbeit im Sozialismus. Die Herausbildung einer Politik des Rechts auf Arbeit in der SBZ/DDR 1945 bis 1961, Marburg 1983.

Unterschied nicht nur rechtlich fixiert, sondern auch folgenreich vertieft. Hatte die separate Institution der Angestelltenversicherung, in gewisser Weise auch die der Ersatzkassen, günstige Durchsetzungschancen bestimmter Interessen sozialpolitisch festgeschrieben, so beseitigte die Einheitsversicherung diese Trennlinie nun schlagartig. Deren Zweck, so hieß es, sei nichts anderes gewesen, als »einen künstlichen Interessengegensatz zwischen Angestellten und Arbeitern aufzurichten«.[16] Zwar hielt die »Sozialversicherung der Arbeiter und Angestellten« bis zuletzt an diesem Namen fest; ihr Regelungsgefüge unterstützte aber nachhaltig die Einebnung der herkömmlichen Formen des Arbeiter-Angestellten-Unterschieds.

Auch in anderer Hinsicht beseitigte die Einheits- und Volksversicherung versicherungsspezifische Kerne sozialer Interessenformierung, zum Beispiel mit der Auflösung der Betriebs- oder Innungskrankenkassen.[17] Zugleich entzog sie den ärztlichen Standesinteressen einige traditionelle Stützen: Mit der Kassenvielfalt entfiel eine günstige Bedingung ärztlicher Verhandlungsmacht; mit der Ausdehnung der Versicherungspflicht und dem Verbot privater Versicherungsunternehmen verschwand die Sozialfigur des Privatpatienten. Aufs Ganze gesehen eröffnete die neue Organisationsform die Möglichkeit, dem politisch-programmatischen Ziel einer »Annäherung der Schichten und Klassen« über eine Vereinheitlichung des Zugangs zu den Leistungen der Sozialversicherung (als Einheit von Kranken-, Unfall-, Renten- und Mutterschaftsversicherung) näher zu kommen.

2.3. Die Rolle der Gewerkschaften und der Betriebe

Staatlich inkorporiert und parteiherrschaftlich domestiziert, verlor der FDGB viele Rechte, die für die autonome Gewerkschaftsbewegung charakteristisch gewesen waren. Damit tauschte er Betätigungsfelder ein, auf denen er als Funktionsorgan staatlicher Programme in Erscheinung trat. Das wird im vorliegenden Zusammenhang besonders augenfällig: Der Gewerkschaftsbund verwandelte sich zur Implementationsbürokratie der Sozialversicherung. Fasst man allein den Kreis der ehrenamtlichen Funktionäre ins Auge, so gab es Mitte der fünfziger Jahre rund 200.000, Mitte der achtziger fast 400.000 Gewerkschaftler, die als »Bevollmächtigte für Sozialversicherung in den Gewerkschaftsgruppen«, als Mitglieder der »Räte für Sozialversicherung bei den Betriebsgewerkschafts-

16 So *Lehmann*, S. VI zum Motiv des Gesetzes von 1911. Dazu differenzierter *M. Prinz*, Die Arbeiterbewegung und das Modell der Angestelltenversicherung. Zu einigen Bedingungen für die besondere Bürgerlichkeit des Wohlfahrtsstaats in der Bundesrepublik, in: *K. Tenfelde* (Hg.), Arbeiter im 20. Jahrhundert, Stuttgart 1991, S. 435–460.

17 Ebenso war die Beseitigung des Beamtenstatus mit der Überführung der »Altpensionäre« in die Sozialversicherung (1948) verbunden. Dabei wurden die Bezüge nach den Grundsätzen des neuen Rentenrechts kalkuliert, was die Zahlbeträge zumeist deutlich senkte.

leitungen« oder als Mitglieder der Kurkommissionen und Beschwerdekommissionen für die Sozialversicherung tätig waren.

Der Schwerpunkt ihrer Tätigkeit lag in den Betrieben. So entstand dort ein Betreuungsnetz, welches das Sozialversicherungsverhältnis enger als je zuvor mit dem Lebenszusammenhang der Beschäftigten verknüpfte. Dabei nahm das im Oktober 1947 neu geschaffene Amt der »Bevollmächtigten« eine besonders interessante Zwischenposition ein.[18] Bei diesen in den Betrieben gewählten Amtsträgern handelte es sich anfangs um etwa 45.000 Personen, dann stieg die Zahl steil an, erreichte um 1970 eine Größenordnung von 200.000 und wuchs danach noch weiter. Die Bevollmächtigten hatten einerseits die Aufgabe, den Betriebsangehörigen in allen Fragen der Sozialversicherung mit Rat und Tat zu helfen. Andererseits sollten sie auch Kontrollfunktionen ausüben, die vor allem auf Senkung des Krankenstandes zielten. Konkret ging es dabei um Kontrollbesuche bei »Krankfeiernden«, einschließlich der Überprüfung, ob die ärztlichen Anweisungen befolgt würden.[19] Inwieweit diese ambivalente Betreuungs- und Kontrollfunktion des innerbetrieblichen Heers von »Bevollmächtigten« den Alltag im Betrieb tatsächlich mitgeformt hat, verdient eine genauere Untersuchung.

2.4. Fragen der Kostenzurechnung

Die Frage, welche sozialen Kosten wo zugerechnet werden, kann im großen Maßstab den Grundriss einer Gesellschaftsordnung erschließen. Sie lohnt sich jedoch auch im begrenzten Blick auf die Sozialversicherung. Dabei ergibt sich für die DDR ein einfacher Befund: Die 1947 eingeführte Regelung – 20 Prozent Pflichtbeitrag bis zu einer Beitragsbemessungsgrenze von 600 Mark, je zur Hälfte vom Versicherten und vom Betrieb zu bezahlen – blieb bis 1989 nahezu unverändert. Nur der Betriebsanteil wurde einmal (1978) im Zuge eines Ringtauschpakets auf 12,5 Prozent erhöht.[20] Einen Regelmechanismus, der eine Steigerung des Sozialprodukts als Quelle einer Steigerung des Sozialaufwands verfügbar macht, gab es in dieser statischen Konstruktion nicht, etwa in Form einer

18 Als Vorläufer galten in gewisser Weise die Knappschaftsältesten im Bergbau.

19 Bezeichnend für die Stoßrichtung gegen ›Bummelanten‹ und ›Krankfeierer‹ ist ein Alarmruf, den der damalige Direktor der Zentralverwaltung der Sozialversicherung, Paul Peschke, unter dem Titel »156 Millionen verlorene Arbeitsstunden« in: Neues Deutschland vom 2.11.1952, S. 3 veröffentlichte. »Kontrolle der arbeitsunfähig erkrankten Mitglieder der Gewerkschaftsgruppe« und Unterstützung von Maßnahmen »zur Senkung des Krankenstandes« zählten bis zuletzt zum Aufgabenkreis der Bevollmächtigten; vgl. *H. Püschel*, Sozialversicherung der Arbeiter und Angestellten. Erläuterungen zum 15. Kapitel des Arbeitsgesetzbuches der DDR, Berlin (Ost) 1989, S. 10.

20 Bis dato hatten die Betriebe einen Lohnzuschuss zum Krankengeld gezahlt; seit 1978 trug die Sozialversicherung die Lohnersatzleistungen im Krankheitsfall allein. Die Erhöhung des betrieblichen Beitragsanteils schuf dafür einen Ausgleich. Vgl. Arbeit und Arbeitsrecht 32 (1977), S. 513–518.

gleitenden Bemessungsgrenze, die berücksichtigt hätte, dass das durchschnittliche Arbeitseinkommen der Versicherten seit den frühen sechziger Jahren über die 600-Mark-Grenze hinauswuchs und am Ende um mehr als das Doppelte höher lag. Kein Bürger der DDR hat daher jemals mehr als 60 Mark als monatlichen Pflichtbeitrag bezahlt.[21] Zusammen mit dem Betriebsanteil konnte der Monatsbeitrag maximal 135 Mark erreichen.

Setzt man die niedrige und statisch eingefrorene Höhe des Pflichtbeitrags in Relation zur Größenordnung und zur Wachstumstendenz der Aufgaben und Ausgaben der Sozialversicherung, so sticht ein Missverhältnis ins Auge, das sich wie eine Schere öffnete. Die Finanzierungslücke, die sich daraus ergab, führte zwar zu steigenden Staatszuschüssen: Diese kletterten von einer geringen Anfangsquote über etwa 20 Prozent (1960) auf rund die Hälfte (1980) aller Ausgaben der Sozialversicherung. Es liegt jedoch ein bedeutender Unterschied darin, ob die Finanzierung über zweckbestimmte Beiträge oder über das allgemeine Steueraufkommen erfolgt. Denn der Zuschussbedarf der Sozialversicherung musste in der Arena des Staatshaushalts mit allen möglichen anderen Anforderungen konkurrieren, und dabei geriet er allmählich ins Hintertreffen. So zogen z. B. in den achtziger Jahren die Preissubventionen rasant an den Zuschüssen und sogar an den Gesamtausgaben der Sozialversicherung vorbei, während deren Anteil am Staatshaushalt schrumpfte.[22] Unter dem Konkurrenzdruck anderer Staatsausgaben vermochten die Zuschüsse zur Sozialversicherung also durchaus nicht voll auszugleichen, was die zu niedrigen Beiträge verfehlten. Im Ganzen spricht viel dafür, dass die politisch festgeschriebene Struktur der Finanzierungsquellen der Sozialversicherung sowohl für die mangelhafte Qualitätsentwicklung im Gesundheitswesen, das zu einem beträchtlichen Teil über die Sozialversicherung abgerechnet wurde, als auch für die unbefriedigende Rentenversorgung[23] kausal bedeutsam war.

3. Das Gesundheitswesen

Wie die Kosten, so waren auch die Leistungen des Gesundheitswesens in allen Bereichen und auf allen Stufen im Prinzip verstaatlicht. Zu den weiteren Merkmalen zählten die Unentgeltlichkeit der Inanspruchnahme, die territoriale Zen-

21 Bezogen auf die Sozialversicherung der Arbeiter und Angestellten. Die abweichenden Beitragsregelungen für Genossenschaftsmitglieder und selbständig Tätige verdienen im Hinblick auf Steuerungsziele eine genauere Untersuchung. So waren Landwirtschaftliche Produktionsgenossenschaften vom Betriebsanteil befreit und der Beitragssatz für LPG-Mitglieder auf 9 % gesenkt. Beide Regelungen galten bis 1971 und sollten offenbar die Transformation im agrarischen Bereich unterstützen.

22 *Statistisches Bundesamt* (Hg.), DDR 1990. Zahlen und Fakten, Stuttgart 1990, S. 76 f.

23 Vom Versuch einer Problementschärfung durch die 1971 eingeführte freiwillige Zusatzversicherung wird unten noch die Rede sein.

tralisierung der ambulanten Versorgung in den Polikliniken und Ambulatorien mit enger Verzahnung ambulanter und stationärer Versorgung, eine starke Orientierung auf Prophylaxe und Früherkennung, das so genannte Dispensaire-Prinzip[24] und der massive Ausbau des Betriebsgesundheitswesens. Im Unterschied zum organisatorischen Umbau der Sozialversicherung, auf den die sowjetische Besatzungsmacht wenig Einfluss nahm, zeigt das Gesundheitswesen Züge einer Imitation des sowjetischen Vorbilds.[25] Allerdings dürften genauere Untersuchungen ergeben, dass dabei auch Alternativkonzepte aus der Zeit der Weimarer Republik einbezogen wurden.[26] Ebenso fallen personelle Kontinuitäten auf. So gelang es z. B. Hermann Redetzky, der 1932 im Preußischen Ministerium für Volkswohlfahrt eine Reform des Kreisarztwesens entworfen hatte, das Gesundheitswesen der DDR entsprechend seinen damals entwickelten Grundgedanken zu beeinflussen.[27] Der Ausbau des Betriebsgesundheitswesens konnte in gewisser Weise auch an das Programm der betrieblichen »Gesundheitsführung« anknüpfen, das seit Ende 1942 im Zeichen der Mobilisierung von Arbeitskräften für den Krieg zu einer sprunghaften Vermehrung der Zahl der Betriebsärzte geführt hatte.[28]

3.1. Relikte des Bürgertums

Das Prinzip der Verstaatlichung des Gesundheitswesens bedeutete unter anderem: Kampf gegen traditionell »bürgerliche« Grundlagen von Gesundheitsberufen, insbesondere gegen die Niederlassungsfreiheit und selbständige Interessenvertretung der Ärzte. Dies verbindet die Sozialpolitikgeschichte mit der Sozialgeschichte der Ärzte, aber auch der Apotheker und anderer Berufs-

24 Das Dispensaire-Prinzip sollte die Einheit von Vorsorge, Behandlung und Nachsorge sichern. Nikolai A. Semasko, der das sowjetische Gesundheitswesen von 1918 bis 1930 maßgeblich aufbaute und leitete, hatte Dispensaires während seines Exils in Frankreich kennengelernt. Vgl. Semasko. Der Schöpfer des neuen Gesundheitswesens Sowjetrusslands in seiner geschichtlichen Abhängigkeit und Bedeutung, hg. v. *H. Harmsen*, Hamburg 1962.

25 Zahlreiche einschlägige Hinweise z. B. in: Im Dienst am Menschen. Erinnerungen an den Aufbau des neuen Gesundheitswesens 1945–1949, Berlin (Ost) 1985.

26 Vgl. z. B. zur Gründung von Ambulatorien und Polikliniken durch Krankenkassenverbände seit 1924: *E. Hansen* u. a., Seit über einem Jahrhundert. Verschüttete Alternativen in der Sozialpolitik, Köln 1981.

27 *A. Labisch* u. *F. Tennstedt*, Prävention und Prophylaxe als Handlungsfelder der Gesundheitspolitik in der Frühgeschichte der Bundesrepublik Deutschland, in: *T. Elkeles* u. a. (Hg.), Prävention und Prophylaxe. Theorie und Praxis eines gesundheitspolitischen Grundmotivs in zwei deutschen Staaten 1949–1990, Berlin 1991, S. 129–158, hier S. 131.

28 Nachtrag zum Wiederabdruck: Vgl. *W. Süß*, Der »Volkskörper« im Krieg. Gesundheitspolitik, Gesundheitsverhältnisse und Krankenmord im nationalsozialistischen Deutschland 1939–1945, München 2003, S. 254–268. Im Jahr 1944 praktizierte bereits jeder vierte der Zivilbevölkerung zur Verfügung stehende Arzt haupt- oder nebenamtlich als Betriebsarzt.

gruppen im Heil- und Hilfsmittelbereich. Im Wechselspiel von Drosselung und Zugeständnissen überdauerte im Gesundheitswesen ein kleiner privater Sektor, der für die Frage nach Größe und Verbleib des alten Bürgertums bedeutsam ist.[29] Wie eine Kontrastfolie lässt sich die gegenläufige Entwicklung in der Bundesrepublik heranziehen: Hier expandierte die ambulante Versorgung als Domäne freiberuflich praktizierender Ärzte, und es entstanden im Bereich des Gesundheitshandwerks (z. B. Optiker, Hörgeräteakustiker) und der physiotherapeutischen Heilberufe zehntausende von Betrieben, die man dem von der Sozialversicherung alimentierten selbständigen Mittelstand zurechnen kann. Die Gesundheitspolitik der DDR sagte sowohl der Verbürgerlichung der Heilberufe als auch bestimmten Formen eines als bürgerlich verworfenen Patientenverhaltens den Kampf an. So waren im Grundsatz keine Privatstationen erlaubt, in denen Krankenhauspatienten gegen Zuzahlung bestimmte Vergünstigungen erhalten konnten; und von Anfang an ist mit starkem sowjetischen Nachdruck »Volkseigentum« im Kur- und Bäderwesen durchgesetzt worden, um das »Kurenprivileg der Bourgeoisie« zu brechen.[30]

3.2. Gesundheitspflicht

Wahrscheinlich gab weniger die ideologische Hervorhebung von Arbeit und Arbeitskraft im marxistisch-leninistischen Lehrgebäude den Ausschlag als vielmehr das eminent praktische Interesse an einer Senkung des Krankenstandes, der als Koeffizient die Arbeitskräftebilanz der Volkswirtschaftsplanung wesentlich beeinflusste: Jedenfalls avancierte die Gesundheitsfrage in der DDR weit mehr als etwa in der Bundesrepublik zum Staatsproblem. Das Staat-Bürger-Verhältnis veränderte sich durch die Einführung einer Art Gesundheitspflicht – ähnlich der Schul- oder Militärpflicht. Das ist an dem Ausmaß und der Intensität einer den körperlichen Eingriff einschließenden direkten Steuerung ablesbar.

Hier ließe sich vieles hervorheben, vor allem das relativ straff durchgesetzte, laufend ausgebaute staatliche Impf-Pflichtprogramm zur »Durchimmunisierung« der Bevölkerung, eine ausgedehnte gesetzliche Krankheits-Meldepflicht sowie der Präsenzzwang bei Reihenuntersuchungen zur Früherkennung von Krankheiten. Die den Verweigerern angedrohten Ordnungsstrafen wurden in der Regel aber wohl nicht vollstreckt. Im Ganzen erreichte die Gesundheitsüberwachung, soweit es sich um Kinder, Jugendliche und Menschen im erwerbsfähigen Alter handelte, ein sehr hohes Ausmaß. Wie sich das auf das Gesundheitsverhalten der Bevölkerung ausgewirkt hat, ist noch wenig bekannt;

29 Auch für die Geschichte der Kirchen. So befanden sich durchgängig 7 bis 8 % der Krankenhausbetten in Häusern mit konfessioneller Eigentumsform.

30 Im Dienst am Menschen, S. 29.

ebenso ergeben sich Rückfragen an das Verhältnis von Privatheit und Öffentlichkeit, besonders auch im Umgang mit Datenerhebung und -verbreitung.[31]

3.3. Funktionszuwachs der Betriebe

Seit 1947/48 ging eine starke Tendenz dahin, das Gesundheitswesen schwerpunktmäßig in den Betrieben zu verankern. Mitte der siebziger Jahre war der Aufbau des betrieblichen Gesundheitswesens, dem neben der allgemeinen medizinischen Versorgung der Beschäftigten auch arbeitsmedizinische Betreuung und arbeitshygienische Kontrolle zugewiesen waren, weitgehend abgeschlossen. Seither wurden etwa zwei Drittel aller Werktätigen von betrieblichen Gesundheitseinrichtungen (Polikliniken, Ambulatorien, Arzt- bzw. Schwesternstellen) unmittelbar betreut. Für kleine Betriebe übernahmen ambulante Einrichtungen des territorialen Gesundheitswesens die betriebsärztlichen Aufgaben. Rechnet man diese hinzu, so erreichte der betrieblich lokalisierte Gesundheitsdienst etwa 75 Prozent der Werktätigen.[32] Umgekehrt bauten Großbetriebe die Kapazität ihrer Gesundheitseinrichtungen häufig so weit aus, dass sie neben den Betriebsangehörigen und ihren Familienmitgliedern auch Teile der Wohnbevölkerung mitbetreuen konnten.[33] Als zentrale Orte der Vermittlung von Gesundheitsleistungen gewannen die Betriebe somit zusätzliche Bedeutung für die Lebenslage großer Teile der Bevölkerung.

3.4. Einheitlichkeit der Lebensverhältnisse? Morbidität und Mortalität

Im Grundsatz stand das Gesundheitswesen der Bevölkerung gleichmäßig und unentgeltlich zur Verfügung. Das entsprach dem proklamierten Ziel der wachsenden Einheitlichkeit der Lebensverhältnisse. Inwieweit Ziel und Wirklichkeit übereinstimmten, wird empirisch zu prüfen sein. Dabei zeichnen sich verschiedene Dimensionen ab, in denen »soziale Ungleichheit vor Krankheit und Tod« (Reinhard Spree) fortbestand oder an Schärfe noch zugenommen hat, z. B. regionale Unterschiede, die offenbar landwirtschaftliche Gebiete am meisten benachteiligten und Ostberlin am stärksten privilegierten; lebenszyklische Unterschiede, da die Gesundheitsverhältnisse im Rentenalter weniger geschützt wurden als in den früheren Lebensphasen; Privilegierung von Personengrup-

31 *E. Schewe* vermerkt in einer Besprechung von Übersichten zur Betreuungssituation älterer Bürger in der DDR, die Art der statistischen Grundlagen könne »unter Datenschutzgesichtspunkten das Grausen lehren«, in: Sozialer Fortschritt 40 (1991), S. 78.

32 Vgl. Sozialpolitik, hg. v. *G. Manz* u. *G. Winkler*, Berlin (Ost) 1988², S. 238 f. sowie generell *G. Tietze* u. *G. Winkler* (Hg.), Sozialpolitik im Betrieb. Soziale Erfordernisse des wissenschaftlich-technischen Fortschritts, Berlin (Ost) 1988.

33 *M. Arnold* u. *B. Schirmer*, Gesundheit für ein Deutschland, Köln 1990, S. 97.

pen durch exklusive Einrichtungen wie zum Beispiel das Regierungskrankenhaus und Sonderbereiche in Bezirkskrankenhäusern,[34] auch an irreguläre, teilweise naturalwirtschaftliche Beziehungsmuster ist zu denken.[35] Zu beachten ist zudem die Praxis von Ausnahmegenehmigungen, die es Betrieben gestatteten, Grenzwerte bei der Belastung von Arbeitsplatz und Umwelt mit schädlichen Stoffen zu überschreiten.[36]

Wie hat sich das staatliche Gesundheitswesen auf den Gesundheitszustand der Bevölkerung ausgewirkt? Die verfügbaren Statistiken weisen aus, dass dieser sich seit 1949 insgesamt nachhaltig verbessert hat. Vor allem sind Erfolge bei der Senkung der Säuglingssterblichkeit, die Zurückdrängung von Infektionskrankheiten, die Abnahme der Arbeitsunfälle hervorzuheben; auch die Lebenserwartung stieg an.[37] Es fällt aber auf, dass das Tempo der Verbesserungen im Ganzen deutlich hinter das in den westlichen Industrieländern zurückfiel. Im Vergleich mit der Bundesrepublik zeigt sich: In den siebziger und achtziger Jahren haben sich »zunehmend fast alle wesentlichen Gesundheitsdaten« der Bevölkerung der DDR »weniger günstig« entwickelt.[38] Wählt man die Lebenserwartung als Indikator, so liegt in der Mitte der siebziger Jahre eine große Zäsur. Seither verschlechterte sich die Lebenserwartung aller ostdeutschen Alters- und Geschlechtsgruppen gegenüber den westdeutschen und westeuropäischen Vergleichswerten.[39] Die Ursachen sind äußerst komplex und bisher nur im Hypothetischen zu erörtern. Sie verweisen – wie z. B. die Umweltbelastung oder verhaltensbedingte gesundheitliche Risikofaktoren – nicht ohne Weiteres auf institutionelle Merkmale des Gesundheitswesens. Aber dessen zunehmend in Rückstand geratene materielle und technische Ausstattung gehört ohne Zweifel

34 Selbständig waren auch die medizinischen Dienste der »bewaffneten Organe« (NVA, Volkspolizei, MfS). Der Sportmedizinische Dienst für den aus politisch-propagandistischen Gründen forcierten Leistungssport darf als überdimensioniert gelten.

35 Krankenhausärzte hatten Listen mit »wichtigen Patienten«, die – wie z. B. Handwerker bei der Instandhaltung – nützlich sein konnten. Anscheinend gab es auch »Valutabetten« für Westgeldzahler.

36 *H. Huyoff*, Gesundheitsschutz in der Arbeitsumwelt der Deutschen Demokratischen Republik, in: *Elkeles*, S. 227–239; *Arnold/Schirmer*, S. 98. Dies hat wahrscheinlich dazu beigetragen, dass Ende der achtziger Jahre nach Schätzungen von Arbeitsmedizinern 20 bis 40 % des Krankenstandes arbeitsbedingt waren. Vgl. Sozialreport 1990. Daten und Fakten zur sozialen Lage der DDR. Dokumentation eines Workshops am Wissenschaftszentrum Berlin, Berlin 1990, S. 20 (= Arbeitspapier P 90–102 des WZB). Zur Unterscheidung vom Sozialreport '90 (vgl. Anm. 40) wird diese Dokumentation im Folgenden als Sozialreport 1990 (WZB) zitiert.

37 Wenn auch nicht für alle Altersgruppen, so ergab sich für 65-jährige Männer 1988 ein Gleichstand mit 1952. Vgl. *G. E. Wiesner*, Zur Gesundheitslage der Bevölkerung in den neuen Bundesländern, München 1991, S. 8 f.

38 Ebd., S. 5.

39 *A. Mielck*, Mortalität und Lebenserwartung: Unterschiede zwischen Ost- und Westdeutschland, in: Sozialer Fortschritt 40 (1991), S. 220–223; *R. H. Dinkel*, Kohortensterbetafeln für die Geburtsjahrgänge ab 1900 bis 1962 in den beiden Teilen Deutschlands, in: Zeitschrift für Bevölkerungswissenschaft 18 (1992), S. 95–116.

in das Bündel der Erklärungsfaktoren.[40] Aufs Ganze gesehen ist eine Fülle von Mängeln in der medizinischen Versorgung inzwischen unstrittig. Hingegen ist strittig, ob die Mängel lediglich der Ressourcenausstattung und (systemintern behebbaren) organisatorischen Missständen anzulasten sind oder auch der ordnungspolitisch bestimmten Grundstruktur des Gesundheitswesens.[41]

4. Die Altersversorgung

Das von der Sozialversicherung der DDR gewährleistete Rentensystem ist mit verschiedenen Mitteln – Einfrieren des Beitragssatzes und der Beitragsbemessungsgrenze, Mindestrente und Festbeträge, weite Ausdehnung der Versicherungspflicht – so umgesteuert worden, dass es die Funktion eines »national minimum« für die Staatsbürger im Rentenalter erhielt. Dies hat erheblich dazu beigetragen, dass die älteste Schicht des deutschen Sozialrechts, die öffentliche Fürsorge, nahezu bedeutungslos geworden ist, soweit sie als laufende Hilfe zum Lebensunterhalt konzipiert war.[42] Das Existenzminimum wurde allerdings nur zum Teil über die sehr niedrig bemessenen Rentenzahlbeträge gedeckt; den anderen Teil steuerte in zunehmendem Maße die staatliche Subventionierung von Preisen für Güter des Grundbedarfs wie Nahrungsmittel, Mieten und Verkehrstarife bei. Erst beides zusammen – die personenbezogene Transferzahlung und die produktbezogene Subvention – ermöglichte den Rentnern einen Lebenszuschnitt von karger Auskömmlichkeit. Da die Subventionen zum Teil mit hohen Preisaufschlägen bei Konsumgütern anderer Art, z. B. Importerzeugnissen und modernen Industriewaren, gegenfinanziert wurden, sahen die Rentnerhaushalte sich vom gehobenen Konsum tendenziell ausgeschlossen.[43] Wenn sie Glück hatten, konnten die Rentner über ihre frühere Arbeitsstätte an knappe Güter

40 Die Gesamtheit der Arbeitsbedingungen im Gesundheitswesen, das zu den eher gering entlohnten Beschäftigungsbereichen zählte, entwickelte sich so unbefriedigend, dass die relativ meisten Übersiedler im Massenexodus 1989 aus diesem Bereich kamen. Vgl. Sozialreport '90. Daten und Fakten zur sozialen Lage in der DDR, hg. v. *G. Winkler*, Berlin 1990, S. 200.

41 Vgl. z. B. die Bewertungen in: *Sachverständigenrat für die Konzentrierte Aktion im Gesundheitswesen*, Das Gesundheitswesen im vereinten Deutschland, Baden-Baden 1991, S. 102–151, sowie die Kritik bei *C. Offe*, Die politischen Kosten der Vereinheitlichung des Gesundheitssystems, in: *W. Schmähl* (Hg.), Sozialpolitik im Prozeß der deutschen Vereinigung, Frankfurt a. M. 1992, S. 59–90.

42 In die gleiche Richtung wirkten Arbeitsplatzsicherheit, der Ausbau der Mutterschafts- und Familienleistungen sowie Preissubventionen. Größere Bedeutung behielt die öffentliche Fürsorge im Hinblick auf einmalige Beihilfen.

43 *G. Manz*, Armut in der »DDR«-Bevölkerung. Lebensstandard und Konsumtionsniveau vor und nach der Wende, Augsburg 1992, S. 18–32, 88. Manz schätzt, dass um 1970 etwa 65 %, um 1980 etwa 50 % der Rentnerhaushalte im Bereich der Armutsgrenze lebte. Manz hatte bis 1987 das Institut für Konsumption und Lebensstandard an der Hochschule für Ökonomie in Ostberlin geleitet.

und Dienste herankommen. Denn seit 1978 war jeder Betrieb arbeitsrechtlich dazu aufgefordert, seinen »Arbeitsveteranen« »entsprechend seinen Möglichkeiten bei der Instandhaltung ihrer Wohnung Hilfe zu gewähren«.[44] Diese Regelung lässt Rückschlüsse auf die geringe Chance der Rentner zu, auf andere Weise als über solche Klientelbeziehungen an die Dienste z. B. von Klempnern und Tapezierern zu gelangen. Ebenso spiegelt diese Regelung den mit dem sehr niedrigen Mietpreisniveau verbundenen Substanzverfall von Altbauten. Dort wohnten häufig Rentner, denn bei der Vergabe von Neubauwohnungen wurden andere Bevölkerungskategorien bevorzugt.

Das dürftige Renten-Niveau der Pflichtversicherung bildete je länger, umso mehr das schwächste Glied im Sozialleistungssystem der DDR. Keine andere Soziallage des ›normalen‹ Lebens war so typisch mit der Gefahr der relativen Verarmung verbunden wie die des Altersrentners. Um dem Spannungspotential gegenzusteuern, das sich hier aufstaute, tat die Partei- und Staatsführung 1971 einen vielbeachteten Schritt, indem sie eine Freiwillige Zusatzrentenversicherung (FZR) einführte. Wer mehr verdiente als 600 Mark und das später in seiner Rente spüren wollte, konnte fortan freiwillig entsprechende Beiträge zahlen.[45] Von einer massiven Werbekampagne unterstützt, stieg die Quote derer, die von dem relativ günstig ausgestalteten Angebot der FZR Gebrauch machten, kräftig an und erreichte zuletzt 70 bis 80 Prozent der erwerbstätigen Bevölkerung. Auf der Leistungsseite zog der SED-Staat mit dem neuen Zusatzsystem gleichsam einen Wechsel auf die Zukunft. Denn der Rentenanspruch baute sich über längere Beitrags- und Anwartschaftszeiten auf, und bis 1989 beeinflusste die FZR das Rentenniveau noch nicht sehr deutlich.[46] Hingegen schlug das neue Zusatzsystem auf der staatlichen Einnahmenseite sofort und merklich zu Buche.[47] So verschaffte diese Reform dem Staatshaushalt erst einmal eine Atempause und mehr Liquidität, und sie schöpfte zugleich einiges von dem notorischen Kaufkraftüberhang in den Geldbeuteln der Werktätigen ab.

44 Vgl. § 236 der 1978 in Kraft getretenen Fassung des Arbeitsgesetzbuches.

45 In Höhe von 10 %, zuzüglich eines betrieblichen Beitragsanteils von weiteren 10 %. Faktisch bedeutete die FZR für den, der sich ihr anschloss, die Aufhebung der Beitragsbemessungsgrenze. Das wirkte sich vor allem auf die Rentenanwartschaft aus, in geringerem Maße auch auf das Krankengeld. Dieses belief sich für die Dauer von sechs Wochen einheitlich auf 90 % des Arbeitseinkommens; die ab der siebten Woche einsetzende differenzierte Regelung begünstigte FZR-Angehörige. Vgl. im Einzelnen *Püschel*, S. 17 ff.

46 Die Durchschnittsrenten aus der FZR lagen 1989 für Männer bei 106 Mark, für Frauen bei 36 Mark. Vgl. *W. Schmähl*, Alterssicherung in der DDR und ihre Umgestaltung im Zuge des deutschen Einigungsprozesses, in: *G. Kleinhenz* (Hg.), Sozialpolitik im vereinten Deutschland I, Berlin 1991, S. 49–95, hier S. 70.

47 Mitte der siebziger Jahre machten die FZR-Beiträge schon fast 10 % der Einnahmen der Sozialversicherung aus, im Verlauf der achtziger stieg der Anteil auf etwa 20 %.

Während das westdeutsche Rentensystem 1957 auf das Ziel hin ausgerichtet wurde, den individuellen Erwerbserfolg zu prämieren, um den im Erwerbsleben erreichten Status im Rentenalter zu erhalten, wählte das ostdeutsche Rentensystem die umgekehrte Richtung (die nach 1945 auch in verschiedenen westlichen Industriestaaten eingeschlagen wurde): Es bot als Regelfall eine Grundsicherung auf existenzminimalem Niveau. Das wirkte als allgemeine Regelung egalitär und nivellierend.

Daneben entstand jedoch in mehreren Schüben ein Geflecht besonderer Zusatz- und Sonderversorgungssysteme, das für den einzelnen Bürger kaum durchschaubar war. Vor 1989 erfuhr man darüber einiges, aber nie alles. Warum die Regie des öffentlichen Lebens die Publizität scheute,[48] lässt sich unschwer vermuten: Die Finanzierungs- und Leistungsregelungen durchbrachen mehr oder minder stark den proklamierten Grundsatz der Gleichbehandlung. Inzwischen zeichnet sich ein verlässliches Gesamtbild ab. Es gab vier selbständige Sonderversorgungssysteme[49] und 27 Zusatzversorgungssysteme, die mit der Sozialversicherung auf höchst unterschiedliche Weise verknüpft waren.[50] Mit der deutschen Vereinigung wurde bekannt, dass etwa 1,6 Millionen Personen über Anwartschaften, weitere 0,35 Millionen Personen über Leistungen aus einem dieser Systeme verfügten. Hinzu kamen noch einige weitere Sonderregelungen, insbesondere für Opfer des Nationalsozialismus, seit 1974 auch Rentenzuschläge für Mitglieder von Betriebskampfgruppen und deren Hinterbliebene.

Die Motive, die dieses stark differenzierte Sonder- und Zusatzgefüge der Alterssicherung hervorgebracht haben, sind vielfältig. Teils kann man von »Bleibeprämien« sprechen,[51] teils von einer »teile-und-herrsche-Strategie« im Sinne einer abgestuften Privilegienvergabe.[52] Die Sonderrenten lassen sich jedoch überwiegend in einer funktionalen Analogie zur Beamtenpension erklären. Die

48 Das begann im September 1949, als ein nicht veröffentlichter Politbüro-Beschluss eine »Personalpension« für verdiente einzelne Persönlichkeiten einführte.

49 Für Angehörige der Nationalen Volksarmee, der Zollverwaltung, des Ministeriums des Innern (für Bedienstete der Deutschen Volkspolizei, des Strafvollzugs und der Feuerwehr) sowie des Ministeriums für Staatsicherheit.

50 Die gelegentlich zitierte Zahl von 63 Zusatzsystemen ergibt sich, wenn Sammelbezeichnungen, wie z. B. die Zusatzversorgung für hauptamtliche Mitglieder gesellschaftlicher Organisationen, im Einzelnen aufgefächert werden. Vgl. *A. Reimann*, Überführung der Zusatz- und Sonderversorgungssysteme der ehemaligen DDR in die gesetzliche Rentenversicherung, in: Die Angestelltenversicherung 38 (1991), S. 281–295; *H. Wolter*, Zusatzversorgungssysteme der Intelligenz. Verfassungsrechtliche Probleme der Rentenüberleitung in den neuen Bundesländern, Baden-Baden 1992.

51 Hierzu ist die 1959 eingeführte Zusatzversorgung für frei praktizierende Ärzte und Zahnärzte zu zählen, deren Abwanderung in den Westen vermieden werden sollte.

52 *M. G. Schmidt*, Sozialpolitik. Historische Entwicklung und internationaler Vergleich, Opladen 1988, S. 176.

Zusatzrenten erweisen sich bei näherem Hinsehen häufig als eine etwas verquere Art von Lohnpolitik: Rentenrechtliche Vergünstigungen sollten lohnpolitische Unterbewertungen ausgleichen, an denen direkt zu rühren nicht opportun erschien. Die Relation der Arbeitseinkommen war in der DDR auf eine »untere Mitte« hin fixiert, die sich am Lohnniveau der vom Regime besonders umworbenen Produktionsarbeiter orientierte, so dass sich beispielsweise die finanzielle Attraktivität akademischer Bildungswege zumeist in engen Grenzen hielt. Die Einkommensnivellierung erfasste insbesondere die an den Berührungszonen zur Industriearbeiterschaft tätigen Gruppen der »Intelligenz«; diese verdienten kaum mehr, andere »Intelligenz«-Berufe wie z. B. die Pädagogen im Durchschnitt eher weniger als Facharbeiter.[53] Gerade derartige Gruppen findet man jedoch in die Zusatzrenten-Systeme einbezogen. Man kann also durchaus die These vertreten, dass in dem rentenrechtlichen Aufgeld eine Kompensation für einen Mangel an leistungsgerechter Entlohnung zu sehen ist. Da die Zusage einer besseren Altersversorgung die Kosten in die Zukunft schob, kam sie in der Gegenwart obendrein billiger als eine Aufstockung der Gehälter gewesen wäre.[54]

4.2. Die Rentner – eine »Versorgungsklasse«?

Unterschiede im Sozialeinkommen und im Zugang zu öffentlichen Gütern können »Versorgungsklassen« hervorbringen. Diesen Begriff hat M. Rainer Lepsius vorgeschlagen, um Bevölkerungsgruppen mit einer typisch gleichartigen und primär sozialpolitisch bestimmten Lebensstellung zu erfassen.[55] Es erscheint gerechtfertigt, das Gros der Rentner in der DDR als eine solche Versorgungsklasse zu betrachten. Soweit sie nicht durch Sonder- oder Zusatzsysteme herausgehoben waren, verfügten die Rentner über eine auf einem Mindestplafond nivellierte Kaufkraftausstattung: Die Scheidelinie zwischen Berufstätigen und Rentnern tritt als »Differenzierungsdominante der Einkommensstruktur« deutlich hervor.[56] Ebenso gerieten die Rentner bei der Wohnungsversorgung,[57]

53 *M. Lötsch*, Der Sozialismus – eine Stände- oder eine Klassengesellschaft?, in: *H. Joas* u. *M. Kohli* (Hg.), Der Zusammenbruch der DDR. Soziologische Analysen, Frankfurt a. M. 1993, S. 115–124; *F. Adler*, Einige Grundzüge der Sozialstruktur der DDR, in: Lebenslagen im Wandel, hg. v. der Projektgruppe »Das Sozioökonomische Panel«, Frankfurt a. M. 1991, S. 152–177; *H. Stephan* u. *E. Wiedemann*, Lohnstruktur und Lohndifferenzierung in der DDR. Ergebnisse der Lohndatenerfassung vom September 1988, in: Mitteilungen aus der Arbeitsmarkt- und Berufsforschung 23 (1990), S. 550–562.

54 Vgl. *E. Bienert*, Die Altersversorgung der Intelligenz in der DDR – Betrachtungen zur Entstehung und Abwicklung von Ansprüchen und Anwartschaften, in: ZSR 38 (1993), S. 349–361.

55 *M. R. Lepsius*, Soziale Ungleichheit und Klassenstrukturen in der Bundesrepublik Deutschland, in: *ders.*, Interessen, Ideen und Institutionen, Opladen 1990, S. 117–152 (Erstdruck 1979).

56 *Adler*, S. 167; vgl. auch *Manz*, S. 86–88.

57 *W. Hinrichs*, Wohnungsversorgung in der ehemaligen DDR. Verteilungskriterien und Zugangswege, Berlin 1992 (= Arbeitspapier P 92–105 des WZB); Sozialreport ’90, S. 344.

wahrscheinlich auch beim Zugang zum Gesundheitswesen ins Hintertreffen. Zumindest unter dem Gesichtspunkt der Einkommensverhältnisse ist freilich eine geschlechtsspezifische Differenzierung dieser »Versorgungsklasse« zu beachten, die ganz überwiegend (1989 zu 72 Prozent) eine weibliche war: Im Stichjahr 1989 zahlte die Pflichtversicherung an Frauen Renten, die um fast 25 Prozent niedriger lagen als die Renten der Männer.[58]

Paradoxerweise vermittelte die Zugehörigkeit zu dieser in verschiedener Hinsicht benachteiligten Bevölkerungskategorie auch ein Privileg: die Erlaubnis zur Reise in den Westen. Damit erlangten die Rentner eine besondere Stellung, auch im Verwandten- und Bekanntenkreis, und sei es auch nur, weil sie begehrte Artikel aus dem Westwährungsbereich besorgen konnten. Allerdings lag in dieser Art Privileg, wie man spitz bemerkt hat, auch eine Art amtlicher Bestätigung, »nunmehr gesellschaftlich so unwichtig geworden« zu sein, dass der Staat sich nicht mehr bemühen müsse, den »Kontakt mit dem Klassenfeind zu unterbinden«.[59]

4.3. Fragen der intergenerationellen Umverteilung

Unterscheidet man grob zwischen junger, mittlerer und alter Generation, so haben sich die sozialpolitischen Gewichte in der DDR zunehmend zugunsten der nachwachsenden und zu Lasten der alten Generation verschoben. Symptomatisch mag die Relation sein, die sich 1988 zwischen Kindergeld und Altersrente herausgebildet hatte: Die durchschnittliche Altersrente aus der Sozialpflichtversicherung betrug 380 Mark, das Kindergeld bei drei Kindern 300 Mark und erreichte bei vier Kindern 450 Mark.[60] Auch im Bereich der sozialen Dienste entstand ein starkes Gefälle zum Nachteil der Alten. Die Hilfen für ältere und pflegebedürftige Bürger wurden zwar seit etwa 1970 merklich verbessert; sie blieben aber doch deutlich hinter der Förderung von Kindern und Jugendlichen zurück.[61] Auch hier mag eine finanzielle Relation symptomatisch sein: Der staatlich-örtliche Bereich brachte für Kinderkrippen, in der Säuglinge und Kleinkinder bis zum Kindergartenalter betreut wurden, mehr Geld auf als für Alters- und Pflegeheime.[62]

58 Vgl. *Schmähl*, Alterssicherung, S. 65–67; generell auch *A. Kuhlmey-Oehlert*, Das Alter ist weiblich. Zur Situation älterer und alter Frauen in der ehemaligen Deutschen Demokratischen Republik, in: *C. Gather* u.a. (Hg.), Frauen-Alterssicherung. Lebensläufe von Frauen und ihre Benachteiligung im Alter, Berlin 1991, S. 246–257.

59 *H.-J. von Kondratowitz*, Zumindest organisatorisch erfaßt... Die Älteren in der DDR zwischen Veteranenpathos und Geborgenheitsbeschwörung, in: *G.-J. Glaeßner* (Hg.), Die DDR in der Ära Honecker. Politik – Kultur – Gesellschaft, Köln 1988, S. 514–528, hier S. 521.

60 Sozialreport '90, S. 224, 267.

61 Vgl. *R. Sackmann* u. *S. Leibfried*, Soziale Dienste für alte Menschen. Kommunale Sozialpolitik im Transformationsprozeß, in: *Schmähl*, Sozialpolitik, S. 133–165.

62 Übersichten zur Betreuungssituation älterer Bürger in der DDR, hg. v. *D. Bardehle*, Berlin 1990, S. 71.

Die alte Generation sah sich von zwei Hauptlinien der Sozialpolitik gleichermaßen in den Hintergrund gedrängt – sowohl von der, die sich auf die Geburt und die ersten Lebensjahre von Kleinkindern bezog, als auch von derjenigen, die Produktionsnähe und Erwerbstätigkeit honorierte. Dagegen überlagerten sich diese beiden Dimensionen in der mittleren Generation mit unterschiedlichen Begünstigungs- und Belastungseffekten, aus denen soziale Spannungen entstehen konnten. So ging der forcierte Ausbau von Arbeitszeitvergünstigungen für erwerbstätige Mütter auf Kosten einer Senkung der allgemeinen Regelarbeitszeit, die lange und vergeblich erhofft wurde.[63] Die intensive Nutzung des Rechts auf bezahlte Freistellungen, insbesondere Mutterschaftsjahre, brachte in Wirtschaftszweigen mit hohem Frauenanteil wie dem Gesundheits- und Sozialwesen erhebliche Probleme sowohl für den Betriebsablauf als auch für die innerbetriebliche Lastenverteilung mit sich.[64]

Die ungleichmäßige Berücksichtigung der Generationen hat anscheinend dazu beigetragen, dass die Sozialpolitik der DDR in einem gewissen Maße zum gesellschaftlichen Zankapfel wurde. Zwar fanden Verteilungskämpfe keinen offenen Ausdruck, aber die Maßnahmen zur Jugendförderung wurden zunehmend als »überzogen« kritisiert.[65] Das »Gespräch zwischen den Generationen« sei im »Nullsummenspiel zwischen der Einführung des Babyjahrs und der relativen Verelendung der Rentner« erstorben, heißt es in einer Oral-History-Studie, die 1987 in einigen Industrie-Regionen der DDR durchgeführt worden ist.[66] Es mag ferner sein, dass die Position, in welche die Rentnergeneration gedrängt wurde, nicht unwesentlich die Vorstellungen beeinflusste, die sich die jüngere Generation von der eigenen Zukunft machte, und zwar so – dies betont einer der führenden Sozialpolitik-Forscher der DDR im Rückblick –, dass die Zukunft »wenig attraktiv und anziehend« erschien.[67]

63 *H. Michalsky*, Soziale Sicherheit ist nicht genug! Konzeption und Leistungen der sozialistischen Sozialpolitik, in: *Glaeßner*, S. 402–421, hier S. 418. Die Regelarbeitszeit verharrte seit 1967 bei 43 3/4 Wochenstunden. Vgl. im Einzelnen *K. Schuld*, Arbeitszeiten in der DDR. Ausgangsstand und Tendenzen im Zuge deutsch-deutscher Entwicklungen, in: WSI-Mitteilungen 43 (1990), S. 303–308.

64 Vgl. *B. Geissler*, Sozialpolitik für die Frau in der früheren DDR, in: ZSR 37 (1991), S. 176–185.

65 *P. Hübner*, Balance des Ungleichgewichtes. Zum Verhältnis von Arbeiterinteressen und SED-Herrschaft, in: GG 19 (1993), S. 14–28, hier S. 25. Bei *K. Bast* u. *I. Ostner*, Ehe und Familie in der Sozialpolitik der DDR und BRD – ein Vergleich, in: *Schmähl*, Sozialpolitik, S. 228–270, heißt es, unter den älteren DDR-Bürgern habe das geflügelte Wort die Runde gemacht: »Den Jungen wird Zucker in den Hintern geblasen« (S. 239).

66 *L. Niethammer*, Annäherung an den Wandel. Auf der Suche nach der volkseigenen Erfahrung in der Industrieprovinz der DDR, in: *A. Lüdtke* (Hg.), Alltagsgeschichte. Zur Rekonstruktion historischer Erfahrungen und Lebensweisen, Frankfurt a. M. 1989, S. 238–345, hier S. 328.

67 *G. Winkler*, Sozialunion – Sozialpolitik, in: WSI-Mitteilungen 43 (1990), S. 528–535, hier S. 533.

5. Frauen, Familien, Demographie: Zur pronatalistischen Sozialpolitik

Junge Erwerbstätige mit Kindern, insbesondere die erwerbstätigen Mütter, rückten seit Anfang der siebziger Jahre zum wichtigsten Adressaten der Sozialpolitik auf. Immer aufwendigere Anstrengungen wurden seither unternommen, um zwei widerstreitende Ziele miteinander zu verbinden: die Frauenerwerbsquote maximal zu steigern und zugleich die Geburtenhäufigkeit auf das Niveau des Bestandserhalts zu heben, also die Norm der Zwei- bis Drei-Kinder-Familie durchzusetzen.

Um 1970 lag der Frauenbeschäftigungsgrad mit rund 80 Prozent im internationalen Vergleich bereits sehr hoch.[68] Aber für ihre wirtschaftlichen Ziele war die Partei- und Staatsführung darauf angewiesen, das weibliche Arbeitskräftepotential noch weiter und möglichst restlos auszuschöpfen. Andere Reserven gab es nicht. Denn die Bereitschaft zum Anwerben ausländischer Arbeitskräfte war äußerst gering, und für einen tiefgreifend wirksamen Übergang vom »extensiven« Wachstum (Mehreinsatz der Faktoren) zum »intensiven« Wachstum (bessere Ausnutzung der Faktoren) mangelte es der DDR-Ökonomie notorisch an Flexibilität. Doch alarmierten nun auch bevölkerungspolitische Zusammenhänge die Planer in Partei und Staat. In der Nachkriegszeit waren die Geburtenziffern zunächst schnell angestiegen. Sie erreichten in der Mitte der sechziger Jahre ihren höchsten Stand und gingen dann – parallel zur westdeutschen und europäischen Entwicklung – in einen stark fallenden Abwärtstrend über.[69] Die Einführung der »Fristenregelung« im März 1972 ließ ein noch schnelleres Absinken der Geburtenhäufigkeit erwarten.[70]

In dieser Situation beschloss das Politbüro die Gründung eines »Wissenschaftlichen Rats für Sozialpolitik und Demographie«. Als der Rat sich 1974 konstituierte, erschien die Leiterin der Abteilung »Frauen« beim ZK der SED, Inge Lange, und erläuterte sehr deutlich, worum es ging.[71] Bisher sei man mehr

68 Anteil der ständig Berufstätigen im arbeitsfähigen Alter, einschließlich der Lehrlinge und Studenten, an der weiblichen Bevölkerung im arbeitsfähigen Alter. Vgl. Art. Frauenbeschäftigungsgrad, in: *G. Winkler* (Hg.), Lexikon der Sozialpolitik, Berlin (Ost) 1987, S.166.

69 Vgl. im Einzelnen *H. Wendt*, Geburtenhäufigkeit in beiden deutschen Staaten zwischen Konvergenz und Divergenz, in: Zeitschrift für Bevölkerungswissenschaft 17 (1991), S. 251–280.

70 Die Häufigkeit der registrierten Abtreibungen verdreifachte sich nach dem Gesetz von 1972, wobei unklar ist, inwieweit der Legalisierungseffekt Verschiebungen aus dem Bereich der Dunkelziffer bewirkte. Vgl. *Wiesner*, S. 50 f.

71 Im ZK der SED war der Bereich »Familie« stets dem Ressort »Frauen« zugeordnet. Dies war wohl mitursächlich dafür, dass die Familienpolitik der DDR sich auf die Frau konzentrierte und die Familie nicht als Schnittpunkt verschiedener gesellschaftlicher Lebens- und Problembereiche betrachtete. Vgl. Sozialreport 1990 (WZB), S. 35.

oder weniger »von den im praktischen Leben klar zutage getretenen Problemen« ausgegangen; künftig brauche man mehr wissenschaftlich fundierte »Vorschläge für die staatliche Leitungstätigkeit«. Insbesondere solle die Wissenschaft Kriterien liefern, »die es ermöglichen, die Effektivität sozialer Leistungen exakter zu bestimmen, und zwar rechtzeitig«. Insoweit ist hier ein Versuch erkennbar, mit Hilfe institutionalisierter Politik-Beratung mehr Anpassungselastizität zu gewinnen: Die Führungsspitze wollte Genaueres und Verlässlicheres über die sozialen Verhältnisse wissen, in die sie interveniert, und über die Wirkungen, die sie dort auslöst. Vor allem aber ging es darum, Sozial- und Bevölkerungspolitik in Zukunft aufs Engste und zielgerichtet miteinander zu verklammern. Die Emissärin des Politbüros betonte: »Das Bedürfnis der Gesellschaft ist die Drei-Kinder-Familie, denn nur sie gewährleistet die Reproduktion des unmittelbaren Lebens. Wir müssen den Wunsch nach mehreren Kindern in jeder Hinsicht und in jeder Familie fördern, aber wie?«. Das »gewusst wie« herauszufinden gehörte zu den Hauptaufgaben des neuen Rates.[72]

5.1. Maßnahmen

In mehreren Schüben, vor allem 1972, 1975/77 und 1984/87, ging die Sozialpolitik daran, Anreize und Hilfen quantitativ und qualitativ in dem Maße zu steigern, wie die Biographie der Regelungsadressaten die beiden erwünschten Merkmale miteinander verband: lange Erwerbstätigkeit und die Geburt von Kindern. Das immer dichter werdende Geflecht der Regelungen ist häufig dargestellt worden[73] und bedarf hier nur einer kurzen typologischen Zusammenfassung. (a) Ein zuletzt nahezu flächendeckendes Netz von Krippen, Kindergärten und Schulhorten bot sich zur Betreuung der Kinder an. Auch andere gesellschaftliche Einrichtungen wie die Gemeinschaftsverpflegung in Form des »Werkküchenessens« expandierten zur Entlastung von Hausarbeit. Die zunehmende Vergesellschaftung von Aufgaben, die bisher überwiegend im Binnenraum der Familie geleistet wurden, ist bekanntlich nicht allein unter dem Aspekt der Förderung weiblicher Berufsarbeit zu sehen; vor allem die Entprivatisierung der Kinderbetreuung verband sich mit Zwecken ideologischer Art und verschob merklich das Verhältnis von Privatheit und Öffentlichkeit. (b) Zahlreiche monetäre Leistungen rankten sich sowohl direkt als auch indirekt, z.B. in der Form der Steigerung von Rentenanwartschaften, um die Geburt und die ersten Lebensjahre der Kinder. (c) Bezahlte Freistellungen, kürzere Arbeits-

72 Vgl. Sozialpolitik und Demographie. Konstituierende Tagung des Wissenschaftlichen Rates für Fragen der Sozialpolitik und Demographie am 22. Februar 1974. Sitzungsberichte der Akademie der Wissenschaften der DDR, Jg. 1974, Nr. 2, Berlin 1974, S. 10, 13, 19, 21.

73 Vgl. neben den in Anm. 8 genannten Titeln z.B. Frauenreport '90, S. 145–152 oder die vergleichende Gegenüberstellung der west- und der ostdeutschen Rechtslage bei *H. Lampert*, Familienpolitik in Deutschland, in: *Kleinhenz*, S. 115–139.

zeiten und andere arbeitsrechtliche Vergünstigungen[74] unterstützten die Vereinbarkeit von Beruf und Mutterschaft. (d) Weitere Förderungsmaßnahmen wie Vorzugsrechte bei der Wohnungsvergabe, auch einige Sonderrechte alleinerziehende Mütter, traten hinzu.

Auch hier erwiesen sich die Betriebe wieder als ein besonders wichtiger Ort der Sozialpolitik. Manche Regelungen wie die Absenkung der Arbeitszeit gingen ganz auf das Konto der Betriebe. In anderer Hinsicht halfen sie ergänzend aus. Zum Beispiel überbrückten betriebliche Ferienlager die Differenz zwischen der Dauer der Ferienlänge und dem Jahresurlaub der Eltern. Von großer praktischer Bedeutung war weiterhin, dass man im betrieblichen Organisationsrahmen Besorgungen machen (Verkaufsstellen) und Dienstleistungen (z. B. Frisöre) in Anspruch nehmen konnte.

Es sollte indes nicht übersehen werden, dass die positiven Anreize mit einer äußerst restriktiven Ausgestaltung der Möglichkeit einhergingen, als Witwe eine Hinterbliebenenrente zu erhalten. Während die nachwachsende Generation sich hierauf einstellen konnte, gehörte die häufige Streichung von Witwenrenten Anfang der fünfziger Jahre zu den »durchaus brutalen Mitteln« der Rekrutierung von Frauen für den Arbeitsmarkt.[75] Im Ganzen gab es also eine – auch im internationalen Vergleich – hervorstechende Fülle von sozialpolitischen Maßnahmen, die darauf zielten, die Vereinbarkeit von Familie bzw. Mutterschaft und Erwerbstätigkeit zu erleichtern, freilich auch die Optionsfreiheit zu beseitigen, sich voll dem einen oder anderen zu widmen.

5.2. Wirkungen

Die in der DDR-Bevölkerung verbreiteten Verhaltensmuster und Lebensstile sind nicht allein von der Sozialpolitik bestimmt worden. Außerdem konnten auch die sozialpolitischen Angebote durchaus eigensinnig genutzt werden, zum Beispiel in Form von bloßen Mitnahme-Effekten in einem weitgehend selbst bestimmten Lebenszusammenhang. Im Folgenden kann es daher nicht um einfache, sozusagen lineare Kausalbezüge gehen. Aber es spricht sehr viel für die Annahme, dass das skizzierte sozialpolitische Konzept die Herausbildung einiger spezifischer Merkmale der DDR-Gesellschaft zumindest gefördert hat.

74 Bei dem monatlichen Hausarbeitstag, der in der Besatzungszeit eingeführt worden war und trotz vielfacher Kritik arbeitsrechtlich beibehalten wurde, handelt es sich um die modifizierende Wiederaufnahme eines Elements der nationalsozialistischen Kriegswirtschaft. Hinter deren soziale Standards wollte die DDR nicht zurückfallen.

75 Das betont treffend *L. Niethammer*, Das Volk der DDR und die Revolution, in: *C. Schüddekopf* (Hg.), »Wir sind das Volk«. Flugschriften, Aufrufe und Texte einer deutschen Revolution, Reinbek 1990, S. 251–279, hier S. 256. Zum Vergleich: In der Bundesrepublik entfielen 1991 rund 25 % des gesamten Rentenvolumens auf ca. 4,2 Mio. Witwenrenten, in der früheren DDR betrug dieser Anteil nur 6 %. Vgl. *M. Schmidt*, Das System der Rentenversicherung in der ehemaligen DDR, in: Arbeit und Sozialpolitik 45 (1991), Heft 5/6, S. 14–20.

Vor allem ist festzuhalten: Die DDR entwickelte sich zur weiblichsten Erwerbsgesellschaft Europas. Der Frauenbeschäftigungsgrad erreichte und überstieg in den frühen achtziger Jahren die Marke von 90 Prozent.[76] Am Ende lag die Erwerbsbeteiligung der Frauen höher als die der Männer.[77] Auch das Niveau der Geburtenhäufigkeit stieg, allerdings nur vorübergehend von 1975 bis 1980. Dann setzte wieder eine kontinuierlich fallende Tendenz ein.[78] Die pronatalistische Sozialpolitik hat den säkularen Trend also nicht dauerhaft aufzuhalten oder sogar umzukehren vermocht. Das eigentliche Ziel, die Sicherung des Bestandserhalts der Bevölkerung, ließ sich nicht erreichen.

Es bildeten sich hingegen einige Züge des generativen Verhaltens heraus, die – insbesondere im Vergleich zur Bundesrepublik – als DDR-spezifisch gelten können. Dazu zählt eine sehr hohe Mütterrate. Ungefähr 90 Prozent der Frauen zwischen dem 20. und 40. Lebensjahr brachten mindestens ein Kind zur Welt, freilich immer seltener zwei oder mehr Kinder. Entgegen dem westeuropäischen Muster des hinausgeschobenen Fruchtbarkeitsgipfels lag die höchste Geburtenhäufigkeit im relativ jungen Lebensalter zwischen 21 und 23 Jahren. Der Anteil der nichtehelich geborenen Kinder stieg von 13,3 Prozent (1970) auf 33,6 Prozent (1989) stark an.[79] Seit den frühen siebziger Jahren ging es ebenfalls mit den Scheidungsziffern rapide aufwärts, bis zu einer im internationalen Vergleich sehr hohen Quote, und immer häufiger erhob die Frau die Klage.[80]

Solche Daten, die im Einzelnen zu entschlüsseln nicht die Absicht dieses Beitrags ist,[81] sind Signale tiefgreifender Wandlungsvorgänge in Partnerschaft, Ehe und Familie. Sie verweisen auf die verbreitete Akzeptanz des Leitbilds der Verbindung von Beruf und Mutterschaft, in der Regel jedoch mit nur einem Kind und nicht – dem staatlich propagierten und geförderten Leitbild gemäß – mit mehreren Kindern; sie verweisen auf die wachsende ökonomische Unabhängigkeit der Frauen, auch auf einzelne Züge einer größeren Autonomie weiblicher Lebensentwürfe. Sie bringen zugleich Stabilitätsverluste im Binnenverhältnis von Familien zum Ausdruck und deuten soziale Überlastungen und emotionale

76 Zur Indikatorenbildung vgl. Anm. 68.

77 Sozialreport '90, S. 78.

78 Hierzu und zum Folgenden vgl. *Wendt*, sowie *J. Dorbritz*, Sozialpolitik in der DDR und ihre Widerspiegelung in der Reproduktion der Bevölkerung, in: Jahrbuch für Soziologie und Sozialpolitik 1987, Berlin (Ost) 1987, S. 192–213.

79 Bezogen auf die Geburt des ersten Kindes war der Anstieg besonders steil: 1970 waren 13,7 %, 1989 hingegen 52,7 % der Mütter bei der Erstgeburt nicht verheiratet. Vgl. Frauenreport '90, S. 29. Die Quote der Abtreibungen zeigte jedoch von 1973 bis 1989 eine im Ganzen leicht rückläufige Tendenz. Vgl. *Wiesner*, S. 50.

80 Vgl. *D. Meyer*, Ehescheidung in der ehemaligen DDR, in: Zeitschrift für Bevölkerungswissenschaft 17 (1991), S. 33–47.

81 Der Blick auf die großen Trends verdeckt kleinere Verschiebungen von möglicherweise symptomatischer Bedeutung. Seit Mitte der achtziger Jahre sanken die Mütterraten etwas, im Verlauf der achtziger Jahre stieg das Durchschnittsalter der Mütter bei der ersten Geburt merklich, und der Scheidungstrend wurde ab 1987 leicht rückläufig.

Überforderungen an.[82] Offenbar warf die Frage der Vereinbarkeit von Beruf und Familie mehr Probleme auf als eine an bevölkerungs- und arbeitsmarktpolitischen Erfolgszahlen interessierte Sozialpolitik zu lösen vermochte. Diese Politik trug in mancher Hinsicht sogar selbst zur Verschärfung der Problematik bei. So hing die hohe Geburtenrate sehr junger Eltern nicht zuletzt mit der besseren Aussicht auf die Zuteilung einer Wohnung zusammen. Zu den Folgen gehörten überforderte junge Eltern und rasche Scheidung.[83]

6. Betriebszentrierte Arbeitsgesellschaft – mit sozialpolitischem Stützgebälk?

Die Zentrierung um ›Arbeit‹ und ›Betrieb‹ gilt als ein besonderes Charakteristikum der DDR-Gesellschaft, wobei ›Arbeit‹ in dem verengten Sinn der Erwerbsarbeit gemeint ist.[84] Tatsächlich hat Erwerbstätigkeit in der Geschichte der DDR eine signifikant größere Rolle gespielt als vergleichsweise in der Bundesrepublik. Dies gilt sowohl für den Anteil der Erwerbstätigen an der Bevölkerung als auch im Blick auf den Aufwand an Tages-, Wochen-, Jahres- und Lebenszeit. Dabei haben sozialpolitische Regulierungen wesentlich dazu beigetragen, Menschen und Zeit in die Sphäre der Erwerbsarbeit zu überführen und dort zu binden. Das ist im vorliegenden Beitrag verschiedentlich deutlich geworden und ließe sich durch weitere Ausführungen bekräftigen.[85]

Der gesteigerten Bedeutung, die dem »Vergesellschaftungskern Betrieb« (M. Rainer Lepsius) zukam, entsprach die Aufwertung des Betriebs als Ort sozialpolitisch vermittelter Leistungen.[86] Abstrakt gesprochen: Die Zentralplanbindung der Betriebe erlaubte es, mehr gesamtgesellschaftliche Probleme auf betrieblicher Ebene zu regulieren und mehr soziale Kosten dorthin zu verlagern als dies unter marktwirtschaftlichen Bedingungen mit privat-autonom-dezentral entscheidenden Betrieben möglich ist. Berücksichtigt man ferner die hohe Zugehörigkeitsdauer der Beschäftigten zum selben Betrieb, die für die DDR typisch war, so ergibt sich ein Maß an Betriebsverbundenheit, das zu den »we-

82 Entsprechende Beobachtungen u. a. bei *H.-J. Maaz*, Der Gefühlsstau. Ein Psychogramm der DDR, Berlin 1990.

83 Sozialreport 1990 (WZB), S. 35 f.

84 Vgl. *Adler*, S. 167–172; *E. Holst* u. *E. Priller*, Zeitverwendung in der DDR am Vorabend der Marktwirtschaft, in: Lebenslagen im Wandel, S. 237–259; *W. Thaa* u. a., Gesellschaftliche Differenzierung und Legitimitätsverfall des DDR-Sozialismus, Tübingen 1992, S. 76–80.

85 So wurde Invaliditätsrente erst gewährt, wenn die Erwerbsfähigkeit um zwei Drittel gemindert war. Wer krankgeschrieben wurde, erhielt keine Lohnfortzahlung, sondern in den ersten sechs Wochen ein um 10 % niedrigeres Krankengeld.

86 Auch hier ließe sich Vieles ergänzen. So erfolgte z. B. die Delegierung zum Studium zum Teil über den Betrieb, was in Anbetracht der eng begrenzten Zugangschancen zum Hochschulstudium sehr bedeutsam sein konnte.

sentlichen Kohäsivkräften« in der Geschichte der DDR (Peter Hübner) zu rechnen ist. Zu den Kehrseiten des ausgedehnten betrieblichen Sektors zählt, dass die kommunale wie auch die verbandliche Sozialpolitik – sieht man von den Enklaven der karitativen Arbeit der beiden christlichen Kirchen ab – nur schwach ausgeprägt war. Daher verengte sich für die Teile der Bevölkerung, die nicht im Produktionsprozess standen, der Zugang zu sozialen Leistungen.

Ohne Zweifel hat die Sozialpolitik beträchtlich zur Stabilisierung der betriebszentrierten Arbeitsgesellschaft beigetragen. Dies gilt sowohl für den wirtschaftlichen Wert, der im Gesundheitsschutz der Arbeitskraft und in den Anreizen für ihre vollerwerbstätige Verwendung lag, als auch für ihre politisch pazifizierende Wirkung. Denn die Gewähr von Arbeitsplatzsicherheit, niedrigen Preisen des Grundbedarfs und unentgeltlichem Gesundheitsdienst trug die Loyalitätsbereitschaft großer Kreise der Bevölkerung viel stärker als es der Glaube an die parteiliche Wahrheit der ideologischen Doktrin jemals vermochte. Die Last des Legitimationsanspruchs der SED-Diktatur beruhte daher je länger, umso mehr auf den sozialpolitischen Stützbalken des Regimes. Die mangelnde Legitimität der politischen Grundordnung, die schwache ökonomische Effizienz der SED-Herrschaft, das Wohlstandsgefälle beim Blick auf die westdeutsche Vergleichsgesellschaft – all diese Faktoren verstärkten die kompensatorische Last, die die Sozialpolitik als die wirksamste und zuletzt wohl einzige Loyalitätsstütze zu tragen hatte.

Warum erodierten diese Stützbalken? Dies hing nicht nur mit dem Schwund an wirtschaftlicher Effizienz zusammen, der die Verteilungsspielräume verringerte. Die Sozialpolitik untergrub vielmehr auch ihrerseits durch manche Fehlsteuerungen die gesellschaftliche Wohlfahrt. So zogen die sehr niedrigen Beiträge zur Sozialversicherung eine Unterausstattung des Gesundheitswesens nach sich; das fast unentgeltliche Wohnen war mit einem galoppierenden Verfall von Bausubstanz verbunden; das mit immer höheren Subventionskosten erkaufte starre Festhalten an »billigen und stabilen« Preisen führte zu Verschwendung und Fehlallokation.[87] Und die administrativ gesteuerte Vollbeschäftigung, die lange als die größte soziale Errungenschaft der DDR galt (und im verklärenden Rückblick gilt), war sowohl Ausdruck als auch Mitursache ineffizienter Beschäftigungsverhältnisse.

Dies führt schließlich zu einem Kardinalproblem, vor dem jede industriell entwickelte Gesellschaft steht, die ökonomische Effizienz und soziale Sicherheit gleichermaßen gewährleisten möchte. Diese beiden Zielsysteme schließen einander nicht aus, sie bedingen sich vielmehr teilweise wechselseitig. Sie stehen aber auch in struktureller Spannung zueinander. Das Prinzip der sozialen Sicherheit schränkt die freie Verfügbarkeit von Produktionsfaktoren auf

87 Hinreichende Flexibilität für den Übergang von der aufwendigeren und in mehr als einer Hinsicht dysfunktionalen produktgebundenen Subvention zu der zielgenaueren personenbezogenen Subvention besaß der SED-Staat nicht, obgleich parteiintern mehrfach in diese Richtung gedrängt wurde.

Kosten des Rentabilitätsprinzips ein; umgekehrt wirken sich die Nachteile einer schwachen Ausschöpfung der Leistungsfähigkeit und eines verzögerten ökonomischen Strukturwandels negativ auf die erreichbaren Standards sozialer Sicherung aus. So bedarf der politische Prozess vor allem in Zeiten eines raschen technologischen Wandels eines sehr hohen Maßes an Innovations- und Steuerungsfähigkeit, um neue Gleichgewichte zwischen sozialer Sicherung und ökonomischer Modernisierung zu finden. Dieses Maß erreichte der SED-Staat offensichtlich auch nicht annähernd.

Wenn es richtig ist, dass mit dem »Beginn der wissenschaftlich-technischen Revolution« die »Totenglocke« der DDR zu läuten begann,[88] dann gilt dies auch für die Sphäre der Sozialpolitik. Denn ihre Grundlagen waren mit dem älteren Typ des »extensiven« Wachstums der Ökonomie verbunden, der auf dem Mehreinsatz von Produktionsfaktoren beruhte, insbesondere der immer weiteren Ausschöpfung des Arbeitskräftepotentials. Strebte man einen Übergang zum »intensiven« Wachstum mit flexiblerer Nutzung »intellektueller Potentiale und qualitativer Wachstumsfaktoren« an, so konnte das auf den Stil der Sozialpolitik nicht ohne Einfluss bleiben. Sie musste sich nun stärker auf Kriterien der Mobilität und Disponibilität beziehen, was auch bedeutete, die »Triebkraft sozialer Unterschiede« anzuerkennen und vielfältig zu erschließen:[89] sowohl durch besondere Leistungsanreize als auch durch Angebote, die den Widerstand von Rationalisierungsverlierern vermindern. Das ist auch in einigen Ansätzen versucht worden.[90] Doch das Bleigewicht der generellen Stagnation verhinderte auch in dieser Hinsicht einen tiefgreifenden Wandel.

88 *M. Lötsch*, Der Sozialismus – eine Stände- oder eine Klassengesellschaft?, in: *Joas/Kohli*, S. 115–124, hier S. 121. Hieraus (S. 122) auch die folgenden Zitate.

89 Zur parteiinternen sozialwissenschaftlichen Diskussion über diese Perspektive vgl. *I. Lötsch* u. *M. Lötsch*, Soziale Strukturen und Triebkräfte: Versuch einer Zwischenbilanz und Weiterführung der Diskussion, in: Jahrbuch für Soziologie und Sozialpolitik 1985, Berlin (Ost) 1985, S. 159–198.

90 Z. B. durch Einführung eines Überbrückungsgelds für Beschäftigte, die bei inner- oder zwischenbetrieblicher Umsetzung ihren bisherigen Durchschnittslohn über längere Zeit nicht mehr erreichten.

10. Soziale Errungenschaften? Zum sozialpolitischen Legitimitätsanspruch der zweiten deutschen Diktatur

Mit Blick auf die Geschichte der west- und mitteleuropäischen Demokratien nach dem Zweiten Weltkrieg hat Gerhard A. Ritter die legitimatorische Bedeutung der Sozialpolitik hervorgehoben: Hier sei »die ältere macht- und nationalstaatliche Legitimierung politischer Herrschaft durch eine sozialstaatliche ergänzt« worden.[1] Dabei verwendet Ritter den Sozialstaatsbegriff in einem Sinne, der das Konzept sozialer Sicherheit aufs engste mit freiheitlichen Interaktionsformen in Staat und Gesellschaft verbindet. Mit diesem Kriterium grenzt er den Sozialstaat sowohl von der älteren Tradition der »bürgerliche Freiheiten beschränkenden paternalistischen Wohlfahrt absolutistischer Staaten« ab als auch von modernen Diktaturen, die sich zwar sozialstaatlicher Elemente bedienen, den Sozialstaat aber um wesentliche Elemente wie die »Selbstregulierung sozialer Kräfte« verkürzen. So werde die im Konzept der sozialen Sicherheit latent angelegte Gefahr der Entmündigung dominant und der Sozialstaat »zur verschärften sozialen Kontrolle über den einzelnen oder als Mittel zur Steuerung der Gesellschaft von oben mißbraucht«.[2]

Der folgende Beitrag greift die Frage nach der Herstellung von Legitimation durch Sozialpolitik auf und richtet sie an die Geschichte eines Staates dieses zuletzt genannten Typs. Die Partei- und Staatsführung der DDR verfügte über ein »Angebotsmonopol sozialer Leistungen«,[3] das sie sehr weitgehend zur sozialen Kontrolle und Steuerung in dem von Ritter gekennzeichneten Sinne einsetzte. Zugleich aber konnte ein solches Monopol genutzt werden, um den Legitimitätsanspruch der Diktatur der SED zu unterstützen. Diese konnte sich nicht als »Herrschaft durch das Volk« rechtfertigen, was – im Sinne demokratischer Verfasstheit – institutionelle Offenheit für die Formierung und Artikulation unterschiedlicher Ideen und Interessen vorausgesetzt hätte; die SED verschob die Legitimationsproblematik vielmehr auf die Vorstellung einer »Herrschaft für das

1 *G. A. Ritter*, Der Sozialstaat. Entstehung und Entwicklung im internationalen Vergleich, München 1991², S. 4. Zur These eines Herrschaftswandels vom National- zum Sozialstaat vgl. auch *H. Baier*, Herrschaft im Sozialstaat, in: *C. v. Ferber* u. *F.-X. Kaufmann* (Hg.), Soziologie und Sozialpolitik, Opladen 1977, S. 128–142.

2 *Ritter*, Sozialstaat, S. 10, 14, 21.

3 *H. Michalsky*, Soziale Sicherheit ist nicht genug! Konzeption und Leistungen der sozialistischen Sozialpolitik, in: *G.-J. Glaeßner* (Hg.), Die DDR in der Ära Honecker. Politik – Kultur – Gesellschaft, Opladen 1988, S. 402–421, hier S. 414.

Volk«.[4] Bei der Wahl der Kriterien, über die sich der Anspruch bewähren sollte, dass »alles zum Wohle des Volkes« geschehe, griff die SED im Verlaufe der Zeit immer mehr in das Arsenal der Sozialpolitik. Dies wird im Folgenden zunächst am Beispiel der Karriere des Sozialpolitikbegriffs gezeigt, der vom Rand ins Zentrum der parteioffiziellen Strategie-Sprache gelangte. Sodann wird erörtert, warum die Parteiherrschaft die Zustimmung der Bevölkerung in steigendem, zuletzt ganz entscheidendem Maße über sozialpolitisch vermittelte Leistungen zu erreichen suchte. Schließlich folgen einige Überlegungen zur Frage, warum die sozialpolitischen Stützpfeiler den Kollaps des Regimes nicht verhindert haben, obgleich ihnen – zumal in der verklärenden Erinnerung der Vereinigungsverlierer – die vergleichsweise größte Stärke zugerechnet wird.

›Sozialpolitik‹ im politischen Sprachgebrauch der DDR

Im Dezember 1946 verabschiedete das Zentralsekretariat der SED »Sozialpolitische Richtlinien«. Das Dokument war noch von gesamtdeutscher Rücksichtnahme geprägt und maßgeblich von einem Praktiker verfasst, der aus der älteren sozialdemokratischen Tradition der Krankenkassen-Selbstverwaltung stammte.[5] Beide Umstände mögen dazu beigetragen haben, dass der Begriff ›Sozialpolitik‹ noch ganz selbstverständlich benutzt wurde, um Aufgabengebiete wie Arbeitsrecht und Sozialversicherung, Gesundheits-, Familien- und Wohnungsfürsorge zusammenzufassen und auf nachkriegsspezifische Problemlagen (besonders der Vertriebenen und Heimkehrer) auszudehnen. Mit der Gründung der DDR und dem im Juli 1952 verkündeten »planmäßigen Aufbau der Grundlagen des Sozialismus« ging diese Selbstverständlichkeit zumindest auf der Ebene programmatischer Deklarationen verloren. Es ist sogar die These vertreten worden, dass nach der Verabschiedung der Richtlinien »der Begriff Sozialpolitik für etwa 15 Jahre nahezu vollständig aus dem offiziellen Sprachgebrauch von Wissenschaft und Politik« der DDR verschwunden sei.[6] Bis in die späten fünfziger Jahre habe die politische Führung es vorgezogen, den Begriff »zu tabuisieren« und ihn danach noch bis 1967 eher vermieden.[7]

Tatsächlich ist in der Frühgeschichte der DDR eine gewisse Hemmung gegenüber diesem Begriff zu beobachten, allerdings nur bei ideologisch besonders fixierten Köpfen. Sie sahen den historischen Ort dieses Begriffs in den

4 *H. F. Zacher*, Das soziale Staatsziel, in: *J. Isensee* u. *P. Kirchhof* (Hg.), Handbuch des Staatsrechts, Bd. l, Heidelberg 1987, S. 1096.

5 Dokumente der SED, Berlin (Ost) 1951, Bd. l, S. 139–148; maßgeblicher Autor war Helmut Lehmann.

6 *W. R. Leenen*, Sozialpolitik, in: DDR-Handbuch, hg. v. *Bundesministerium für innerdeutsche Beziehungen*, Bd. 2, Köln 1985[3], S. 1212–1218, hier S. 1213.

7 *W. R. Leenen*, Sozialpolitik in der DDR. Theoretische Probleme, in: Deutschland-Archiv 8 (1975), S. 254–270.

Klassenkampfbedingungen des Kapitalismus: in der freien Verfügbarkeit der Produktionsfaktoren durch die Herren des Kapitals und der daraus entstehenden Existenzunsicherheit des Proletariats. »Sozialpolitik« erschien dann als eine Art Lazarettstation, wo in gegenrevolutionärer Absicht an den Symptomen der nur revolutionär aufzuhebenden Existenzunsicherheit herumkuriert werde. Es wurde der westdeutschen Seite zugerechnet, diese als reaktionär gebrandmarkte Traditionslinie weiterzuführen. Hingegen könne in der DDR – unter den Bedingungen des Sozialismus, dessen gesamte Politik »der Sorge um den Menschen« gelte – eine soziale Frage erst gar nicht entstehen, die mit einer besonderen Sozialpolitik bearbeitet werden müsste.

Als eine 1965 vorgelegte Leipziger Habilitationsschrift daran ging, theoretische Grundlagen einer »sozialistischen Sozialpolitik« auszuarbeiten, resümierte sie solche Ansichten, um über sie hinauszuführen. Die – zufällig mit Ulbricht namensgleiche – Verfasserin monierte, dass die »Notwendigkeit oder auch die Existenz einer sozialistischen Sozialpolitik« in der DDR lange Zeit »verneint« worden sei, obgleich »ihre praktische Handhabung« seit Kriegsende das Gegenteil bewiesen habe. Um die »soziale Sicherheit der breiten Masse der Bevölkerung« zu gewährleisten, seien eben auch im Sozialismus »spezifische Maßnahmen« erforderlich. Dafür biete sich die Bezeichnung Sozialpolitik durchaus an, zumal die Umwälzung der Produktionsverhältnisse die Gefahr ausschließe, dass damit »reaktionäres Gedankengut« aufgewärmt werde. Etwas zwiespältig vermerkt die Schrift, theoretische Vorbehalte gegenüber einer besonderen ›Sozialpolitik‹ im Sozialismus seien »noch weit verbreitet«, aber für »die praktische Tätigkeit« sei der Terminus »Sozialpolitik« längst Allgemeingut in der DDR.[8]

Blättert man in DDR-Fachzeitschriften der fünfziger Jahre, so begegnet der Begriff ›Sozialpolitik‹ durchaus häufig.[9] Er war im Sprachgebrauch der Praktiker fest verwurzelt, und diese schützten sich mit einer stehenden Redewendung vor dem Reaktionsverdacht: Da »die Sozialpolitik eines Staates von der wirtschaftspolitischen Gesamtkonzeption bestimmt« werde, sei ›echte‹ Sozialpolitik nur im Sozialismus möglich, während es z. B. »im Adenauer-Staat keine echte soziale Sicherheit« geben könne.[10] Der Begriff wurde im zwischenstaatlichen Verkehr verwandt[11] und ging 1957 auch in die Bezeichnung eines Ausschusses

8 *H. Ulbricht*, Aufgaben der sozialistischen Sozialpolitik bei der Gestaltung der sozialen Sicherheit in der DDR. Leipzig (Maschinenschrift) 1965, in der Reihenfolge der Zitate S. 52, 99, VII, 54.

9 Durchgesehen wurden »Arbeit und Sozialfürsorge« (1949 mit dem Untertitel »Amtliches Organ des Ministeriums für Arbeit und Gesundheitswesen/Hauptabteilung Arbeit und Sozialwesen«, danach mit häufig wechselnden Untertiteln) sowie »Die Arbeit. Monatsschrift für Theorie und Praxis der deutschen Gewerkschaften«.

10 So z. B. Die Arbeit 1956, S. 612.

11 *H. Rühl*, Abkommen über die Zusammenarbeit der sozialistischen Staaten auf dem Gebiete der Sozialpolitik, in: Arbeit und Sozialfürsorge 12 (1957), S. 443.

der Volkskammer ein.[12] Dass »bis 1971« in der DDR »offiziell nicht von Sozialpolitik gesprochen« worden sei, lässt sich daher keinesfalls sagen.[13] Richtig ist nur, dass die parteioffizielle Terminologie den Begriff in den fünfziger Jahren wegen Unsicherheiten in der ideologischen Einordnung eher vermieden hat.

Das änderte sich im Verlaufe der sechziger Jahre in zeitlicher Koinzidenz mit der Phase der Wirtschaftsreformen, die 1963 unter dem Titel »Neues Ökonomisches System« eingeleitet wurde. Dass dabei auch ursächliche Zusammenhänge bestehen, ist evident. Denn sowohl das Experimentieren mit »Hebeln der persönlichen materiellen Interessiertheit« als auch das Bestreben, das Niveau und die Komplexität der gesellschaftlichen Planungs- und Lenkungsmethoden zu steigern, gab sozialpolitischen Rationalitätskriterien zusätzliches Gewicht.[14] Vor allem die Gewerkschaften bemühten sich nun um den Aufbau theoretischer und institutioneller Grundlagen einer »sozialistischen Sozialpolitik«. So entstanden an der Gewerkschaftshochschule in Bernau ein »Institut für Sozialpolitik« (1963) und eine Sektion »Wirtschafts- und Sozialpolitik« (1968). Auf der Ebene des Bundesvorstands richtete der FDGB eine Abteilung »Sozialpolitik« ein und auf der Ebene der Kreisvorstände »Kommissionen für Sozialpolitik« (1965).[15]

Das vom VI. Parteitag 1963 verabschiedete Parteiprogramm der SED definierte das »Zeitalter des Sozialismus« auch als ein solches der »sozialen Sicherheit«, bediente sich der Vokabel »Sozialpolitik« aber erst noch beiläufig.[16] Vier Jahre später, auf dem VII. Parteitag 1967, war das anders: Erstmals in der Parteitagsgeschichte widmete Walter Ulbrichts programmatisches Referat der »Entwicklung der Sozialpolitik« einen gesonderten Abschnitt, der freilich noch tief im Schatten wirtschaftspolitischer Prioritäten stand.[17] Die generelle Auf-

12 Vgl. Sitzungsprotokoll der Volkskammer vom 18.1.1957, S. 703: Der Ausschuss für Arbeit und Gesundheitswesen wurde in die beiden Ausschüsse für »Arbeit und Sozialpolitik« und für »Gesundheitswesen« geteilt.

13 *G. Himmelmann*, Sozialpolitik in sozialistischen Systemen? Dargestellt am Beispiel DDR, in: Politische Bildung 11 (1978), S. 57–69, hier S. 57.

14 Vgl. z. B. *H. Buck*, Technik der Wirtschaftslenkung in kommunistischen Staaten, Bd. 1, Coburg 1969, S. 228–235.

15 Vgl. *G. Winkler* (Hg.), Geschichte der Sozialpolitik der DDR 1945–1985, Berlin (Ost) 1989, S. 108. Bei dieser materialreichen Schrift handelt es sich um eine »wissenschaftlichen und propagandistischen Zwecken dienende Publikation« (S. 9) aus Anlass des 40. Gründungstags der DDR.

16 Beim Hinweis auf »sozialpolitische Probleme der nicht mehr arbeitsfähigen Bürger«. Vgl. Protokoll der Verhandlungen des VI. Parteitages der SED, 15.–21. Januar 1963, Bd. 4, Berlin (Ost) 1963, S. 36.

17 Protokoll der Verhandlungen des VII. Parteitages der SED, 17.–22. April 1967, Bd. 1, Berlin (Ost) 1967, S. 239–241. Für Ulbrichts vornehmlich wachstums- und produktivitätsorientierte Sichtweise ist es bezeichnend, dass er den Rede-Abschnitt vor allem zur Kritik an der ineffizienten Mittelverwendung in der Sozialversicherung und im Gesundheitswesen benutzte: In beiden Bereichen fehle noch der »ökonomische Zwang zur rationelleren Arbeit«; beide Bereiche müssten erst noch lernen, nach den Prinzipien des »neuen ökonomischen Systems« zu arbeiten.

gabe der Sozialpolitik sah er darin, »solche Arbeits- und Lebensbedingungen zu schaffen, die der Entwicklung aller Bürger und der Erhaltung und Förderung der Arbeitskraft dienen«. Konkret gehe es künftig vor allem um die »Förderung der Familie«, um eine bessere Sicherung derer, die wegen Krankheit oder Alter nicht am Arbeitsprozess teilnehmen und um die »Verbesserung der Arbeitsbedingungen im Betrieb«. Auch in die 1968 unter Ulbrichts Auspizien verabschiedete Verfassung der DDR hielt der Begriff Einzug: Eine »umfassende Sozialpolitik« solle helfen, jedem Bürger der DDR »das Recht auf Schutz seiner Gesundheit und seiner Arbeitskraft« zu gewährleisten (Art. 35).

Der VIII. Parteitag der SED, der im Juni 1971 mit der Ablösung Ulbrichts durch Honecker einherging, galt in der DDR-eigenen Historiographie als eine tiefgreifende Zäsur. Wer auf der richtigen Linie liegen wollte, betonte die Elemente der Veränderung besonders stark, um den Auftakt der »Ära Honecker« in ein vorteilhaftes Licht zu rücken und die vom neuen Parteichef ungeliebte Person des Vorgängers in den Hintergrund zu drängen.[18] Tatsächlich herrschte jedoch im Grundgefüge des SED-Regimes eher Kontinuität als Wandel. Auch die auf diesem Parteitag beschlossene und dann bis zum Untergang stereotyp bekräftigte »Hauptaufgabe« bestand aus altvertrauten Versatzstücken der Ära Ulbricht, nämlich die »weitere Erhöhung des materiellen und kulturellen Lebensniveaus des Volkes auf der Grundlage eines hohen Entwicklungstempos der sozialistischen Produktion, der Erhöhung der Effektivität, des wissenschaftlichen Fortschritts und des Wachstums der Arbeitsproduktivität«.

Doch verband Honecker seinen Einstand als Parteichef mit einem kräftigen Akzent auf dem ersten Teil der »Hauptaufgabe«: der »Erhöhung des Lebensniveaus«. Das war eine Absage an die Forcierung von Investitionen zu Lasten des Konsums, an eine Prioritätensetzung also, mit der Ulbricht der ostdeutschen Staatsgründung zunächst eine schwerindustrielle Basis nachgeliefert und dann den technologischen Anschluss an die Weltspitze gesucht hatte. Um 1970 erschien dieser Kurs doppelt revisionsbedürftig. Zum einen waren im ökonomischen Gefüge »Disproportionen« entstanden, die das weitere Wachstum schwer gefährdeten. Zum anderen rumorte es in der Bevölkerung, denn Ulbrichts Entschlossenheit, dem Volk »Opfer« für die »wissenschaftlich-technische Revolution« abzuverlangen und als »Konsumentenideologie« zu bekämpfen, was sich dem nicht fügte, war alles andere als populär.[19] Von einer solchen Vertröstung der Gegenwart auf die lichten Höhen der Zukunft wandte die Führungsgruppe um Honecker sich nun geradezu demonstrativ ab: Produktionsfortschritte müssten »rascher und stärker als zuvor« den Werktätigen zugutekommen; es müsse deutlich werden, »daß sich angestrengte Arbeit tatsächlich auf das Lebensniveau der Bevölkerung nicht erst in ferner Zukunft, sondern be-

18 Vgl. *H. Weber*, Geschichte der DDR, München 1985, S. 406f.

19 Vgl. eine Niederschrift aus dem internen Parteiarchiv des Politbüros, die sich im Februar/März 1971 mit dem geplanten Sturz Ulbrichts befasste, abgedruckt bei *P. Przybylski*, Tatort Politbüro. Die Akte Honecker, Berlin 1991, S. 304–309, hier S. 306.

reits unmittelbar auswirkt«.[20] Im Rahmen dieser Hinwendung zu den Massenbedürfnissen der Gegenwart gewann »Sozialpolitik« eine viel höhere Bedeutung als bisher – in der politischen Praxis ebenso wie in der parteioffiziellen Sprachregelung.

Honecker selbst drängte darauf, das vom VIII. Parteitag vorsichtig skizzierte »sozialpolitische Programm« früher als ursprünglich vorgesehen und in größer dimensionierten Gesetzespaketen zu realisieren. Das geschah 1972/73 in der neuen Form »gemeinsamer Beschlüsse« des ZK der SED, des Bundesvorstands des FDGB und des Ministerrates der DDR, womit sowohl die Bedeutung des Aktionsfelds als auch die nahtlose Übereinstimmung von Partei, Gewerkschaften und Staatsmacht hervorgehoben werden sollte. Der Regelungsschub betraf die Renten und andere Transferleistungen, die medizinische Betreuung und den Feriendienst, vor allem aber die Wohnverhältnisse und die Vereinbarkeit von Mutterschaft und Erwerbstätigkeit. Hiermit wurde eine sozialpolitische Schwerpunktverlagerung eingeleitet, die bis zum Ende der Ära Honecker wirksam blieb.[21] Neben der Reorganisation der Sozialversicherung hatten bisher gesundheits-, bildungs- und beschäftigungspolitische Ziele im Vordergrund gestanden; künftig expandierte das Sozialleistungssystem am stärksten im wohnungs- und bevölkerungspolitischen Zusammenhang. Mit einem berühmt gewordenen ZK-Beschluss von Oktober 1973 verpflichtete sich die Partei, »die Wohnungsfrage« bis 1990 »als soziales Problem zu lösen«; seither galt der Wohnungsbau – bis zuletzt – als das »Kernstück des sozialpolitischen Programms der SED«. Etwa gleichzeitig beschloss das Politbüro die Bildung eines »Wissenschaftlichen Rates für Sozialpolitik und Demographie«. Der Wunsch, die Effizienz sozialpolitischer Interventionen durch wissenschaftliche Beratung zu steigern, kommt darin deutlich zum Ausdruck, ebenso der neue bevölkerungspolitische Akzent, der die pronatalistischen Züge der Sozialpolitik verstärkte.[22] Immer aufwendigere Anstrengungen wurden seither unternommen, um zwei widerstreitende Ziele – maximale Frauenerwerbsquote und hohe Geburtenrate – miteinander zu verbinden.

Dass in den frühen siebziger Jahren eine Periode sozialpolitischer Verbesserungen begann, ist allerdings nicht allein aus der Binnengeschichte der DDR zu erklären. Ein Impuls ging auch von den polnischen Arbeiterunruhen aus, die ein halbes Jahr vor dem VIII. Parteitag an der Ostseeküste um sich gegriffen hatten. Die Aufwertung der Sozialpolitik sollte einem Überspringen dieses Funkens vorbeugen. Noch wichtiger aber war der Blick nach Moskau, insbeson-

20 Geschichte der Sozialistischen Einheitspartei Deutschlands. Abriß, Berlin (Ost) 1978, S. 557, 584.

21 Als umfassende Chronik vgl. *J. Frerich* u. *M. Frey*, Handbuch der Geschichte der Sozialpolitik in Deutschland, Bd. 2: Sozialpolitik in der Deutschen Demokratischen Republik, München 1993.

22 Als Emissärin des Politbüros hob Inge Lange bei der Gründungssitzung die »Drei-Kinder-Familie« als »das Bedürfnis der Gesellschaft« hervor, an dem sich die Sozialpolitik orientieren müsse. Vgl. Sozialpolitik und Demographie, hg. v. *H. Koziolek*, Berlin (Ost) 1974, S. 21.

dere auf den XXIV. Parteitag der KPdSU im März 1971. Dort wurde die »Hauptaufgabe« vorgeprägt, und der Chefideologe der KPdSU sah die »historische Bedeutung« dieses Parteitages darin, »daß er ein großzügiges Programm sozialer Maßnahmen vorgezeichnet« habe.[23] Den Moskauer Anstoß brachte Breschnew im Gespräch mit der SED-Führung auf die Formel, Chruschtschows Versuch, das ökonomische Tempo des Westens zu überholen, sei falsch gewesen; der Sozialismus müsse seine Stärken auf Prinzipien anderer Art beziehen, insbesondere das der »sozialen Sicherheit«.[24] Als Breschnews Protegé beim Wechsel an der Spitze der SED griff Honecker diese Korrektur an den überspannten Wirtschaftszielen der Chruschtschow-Ulbricht-Zeit bereitwillig auf, zumal sein Start als Parteichef somit in der populären Rolle eines sozialpolitischen Wohltäters erfolgen konnte.

In der vergangenen Fünfjahrplanperiode sei »das bisher größte sozialpolitische Programm in unserer Republik« verwirklicht worden, bilanzierte Honecker voller Stolz auf dem IX. Parteitag 1976, und »starker, anhaltender Beifall« belohnte ihn.[25] Der kräftige Schub sozialpolitischer Verbesserungen war nicht zuletzt als ein Ansporn zu »fleißiger Arbeit« gedacht[26] und wirkte insofern wie ein Vorschuss auf den zweiten Teil der »Hauptaufgabe«, der steigende Arbeitsproduktivität und schnelles Wirtschaftswachstum verlangte. Um die Mitte der siebziger Jahre verdüsterten jedoch weltweite Teuerung und mangelnde Effizienz die wirtschaftliche Perspektive. Daher stellte der IX. Parteitag zwar eine weitere Expansion sozialer Leistungen in Aussicht, machte sie nun aber umgekehrt von der Voraussetzung abhängig, dass erst deutliche Produktivitätsfortschritte realisiert sein müssten. Dabei stilisierte er die schlichte Einsicht, »daß nur das verbraucht werden kann, was vorher erarbeitet wurde«, zur »wichtigen Lebenserfahrung unseres Volkes«.[27]

Im Vorfeld dieses um eine balancierende Korrektur bemühten Parteitags entstand jene Formel, die seit 1976 bis zuletzt die strategische Grundlinie zur Erfüllung der »Hauptaufgabe« bezeichnete: »Einheit von Wirtschafts- und Sozialpolitik.« Diese Fusionierungsformel, die im herrschaftlichen Sprachritual zum »Markenzeichen des Sozialismus in der DDR« (Günter Mittag) avancierte, ist in mehrfacher Hinsicht aufschlussreich. Zunächst: Der in den Anfängen der DDR eher zurückhaltend benutzte Sozialpolitikbegriff war jetzt im Zentrum der parteioffiziellen Strategiesprache gelandet. Damit war die frühere Vorstellung end-

23 Eröffnungsrede von M. Suslow in einer die Ergebnisse des Parteitags auswertenden Konferenz wissenschaftlicher Institute. Vgl. Der XXIV. Parteitag der KPdSU und die Entwicklung der marxistisch-leninistischen Theorie, Moskau 1972, S. 16.

24 Gesprächsvermerk vom 28.8.1970, abgedruckt bei *P. Przybylski*, Tatort Politbüro, Bd. 2: Honecker, Mittag und Schalck-Golodkowski, Berlin 1992, S. 340.

25 Protokoll der Verhandlungen des IX. Parteitages der SED, 18.–22. März 1976, Bd. l, Berlin (Ost) 1976, S. 61.

26 Vgl. *E. Honecker*, Neue Maßnahmen zur Verwirklichung des sozialpolitischen Programms des VIII. Parteitages, Berlin (Ost) 1972, S. 7.

27 Protokoll der Verhandlungen des IX. Parteitages der SED, S. 64.

gültig preisgegeben, dass eine planmäßige Wirtschaftspolitik alle wesentlichen sozialen Fragen hinreichend lösen werde. Sodann: Um das Machtmonopol der Partei zu wahren, verweigerte die Einheitsformel jede eigenständige Entfaltung sozialpolitischer Institutionen nach je eigenen Rationalitätskriterien. Sie bekräftigte vielmehr den Anspruch der SED, so heterogene Zielbereiche wie ökonomische Effizienz und soziale Sicherheit durch eine einheitliche, zentral von oben gesteuerte Strategie verwirklichen zu können. Schließlich räumte diese Formel der Bevölkerung einen Anspruch auf eine Art Parallelität zwischen Fortschritten der Produktivität und Hebung des Lebensstandards ein. Das sollte im Sinne der mit dem VIII. Parteitag eingeschlagenen Linie motivierend und stimulierend wirken, zielte unter den gegebenen, widrigen Umständen aber vor allem darauf, überschießende Erwartungen zu dämpfen.[28]

Genau dies misslang aber. Große Teile der Bevölkerung reagierten auf den Parteitag so enttäuscht, dass eine Woche später ein aufwendiges Sozialpaket nachgeschoben wurde.[29] Offenbar hatten die sozialpolitischen Legitimierungsbestrebungen inzwischen einen Erwartungsdruck erzeugt, der seither – ungeachtet einzelner Versuche des Gegensteuerns – den Kurs der Partei immer stärker bestimmte: »Um die Bevölkerung bei Laune zu halten, war man bereit, mehr auszugeben, als man sich leisten konnte, und lebte so auf Kosten der Zukunft.«[30] Als der ökonomische Niedergang der DDR sich in den achtziger Jahren beschleunigte, machten die »sozialen Errungenschaften« einen beträchtlichen Teil des hohen Preises aus, den die SED aus Gründen des Machterhalts zahlte: den Preis der Überkonsumtion, der in steigender Auslandsverschuldung und sinkenden Investitionen im produzierenden Bereich zum Ausdruck kam.[31] Zwar muss davor gewarnt werden, die Überkonsumtion umstandslos der Sozialpolitik zuzurechnen; andere Bereiche wie die überdimensionierte Bürokratie und der »flächendeckend« ausgeweitete Repressionsapparat trugen ebenfalls kräftig dazu bei. Aber zweifellos koppelte die SED auch einige Leistungsbereiche der sozialen Sicherung zunehmend von der Tragfähigkeit der DDR-Ökonomie ab.

Dies machte sich besonders deutlich bei den Subventionen bemerkbar, mit denen die Preise für Güter des Grundbedarfs (wie Grundnahrungsmittel, Mie-

28 Vgl. z. B. *H. Miethe* u. *H. Milke*, Die Einheit von Wirtschafts- und Sozialpolitik, in: Einheit 31 (1976), S. 1160–1164. In der Literatur wird die Formel »Einheit von Wirtschafts- und Sozialpolitik« oft unzutreffend auf den VIII. Parteitag zurückdatiert, wobei dann diese retardierende Absicht aus dem Blick gerät. Sehr präzise hingegen *I. Spittmann*, Das sozialistische Zuhause (1976), wiederabgedruckt in: *dies.*, Die DDR unter Honecker, Köln 1990, S. 46 f.

29 *Michalsky*, S. 417.

30 *D. Pollack*, Das Ende einer Organisationsgesellschaft. Systemtheoretische Überlegungen zum gesellschaftlichen Umbruch in der DDR, in: Zeitschrift für Soziologie 19 (1990), S. 292–307, hier S. 295.

31 Vgl. *H.-H. Hertle*, Der Weg in den Bankrott der DDR-Wirtschaft. Das Scheitern der »Einheit von Wirtschafts- und Sozialpolitik« am Beispiel der Schürer/Mittag-Kontroverse im Politbüro 1988, in: Deutschland Archiv 25 (1992), S. 127–145. *G. Kusch* u. a., Schlußbilanz DDR. Fazit einer verfehlten Wirtschafts- und Sozialpolitik, Berlin 1991.

ten, Verkehrstarife, Kinderbekleidung und dergleichen) »niedrig und stabil« gehalten werden sollten. Diese Kosten zogen seit Beginn der siebziger Jahre immer stärker an und nahmen 1989 ein Viertel der gesamten geplanten Staatsausgaben in Anspruch. Die ökonomisch nachteiligen Primär- und Sekundäreffekte der hochsubventionierten Preise waren so evident, dass man 1988 sogar im »Neuen Deutschland« lesen konnte, die immer häufiger zu hörenden Gegenargumente seien »ökonomisch völlig richtig«; gleichwohl sei der Entschluss der Parteiführung zu loben, aus sozialpolitischen Gründen »eisern« daran festzuhalten.[32] Die SED hatte »niedrige und stabile Preise« des Grundbedarfs so oft und so demonstrativ als ein spezifisches Merkmal sozialistischer Sozialpolitik gepriesen und die Legitimität der eigenen Herrschaft inzwischen so stark auf Kriterien sozialpolitischer Art bezogen, dass sie sich nun gezwungen sah, daran auch um den Preis einer beschleunigten Talfahrt in den wirtschaftlichen Ruin festzuhalten.

Sozialpolitik als Legitimationsspender

Legitimität im Sinne eines normativen Konsenses zwischen der herrschenden Partei und der Mehrzahl der Bevölkerung vermochte die marxistisch-leninistische Doktrin in der DDR niemals hinreichend herzustellen. Legitimitätsanspruch und Legitimitätsglauben klafften in dieser Hinsicht stets weit auseinander.[33] Um die Chancen ihres Fortbestandes auf eine verlässlichere Grundlage zu stellen als den brüchigen Glauben an die Wahrheit der Doktrin, baute die SED-Diktatur einerseits die Apparate der Repression und Überwachung immer weiter aus; andererseits suchte sie weitere Wertbezüge zu erwecken und zu pflegen, die Brücken zwischen Herrschaft und Bevölkerung schlagen konnten. Hierauf verweisen die bekannten Chiffren wie »Antifaschismus«, »Frieden« oder »Erbe und Tradition der deutschen Geschichte«. Der Legitimitätsanspruch der SED-Herrschaft konnte auf diese Weise aber wohl nur kleineren Teilen der Bevölkerung wirksam und dauerhaft vermittelt werden.[34] Solche Werte waren in der Alltagserfahrung kaum verifizierbar; sie wurden von der Ideologie aufgesaugt und verblassten wie diese im ritualisierten Leerlauf. So entstand viel Indifferenz, wenn die rigide Instrumentalisierung dieser Wertbezüge, die ja deut-

32 *J. Kuczynski*, Ein einzigartiger Lebensstandard insofern als ..., in: Neues Deutschland, 22.12.1988, S. 2, 4.

33 Zur Begrifflichkeit vgl. *S. Meuschel*, Legitimation und Parteiherrschaft. Zum Paradox von Stabilität und Revolution in der DDR 1945–1989, Frankfurt a. M. 1992.

34 Vgl. *L. Niethammer*, Annäherung an den Wandel. Auf der Suche nach der volkseigenen Erfahrung in der Industrieprovinz der DDR, in: *A. Lüdtke* (Hg.), Alltagsgeschichte. Zur Rekonstruktion historischer Erfahrungen und Lebensweisen, Frankfurt a. M. 1989, S. 283–345; *ders.* u. a., Die volkseigene Erfahrung. Eine Archäologie des Lebens in der Industrieprovinz der DDR, Berlin 1991.

lich genug auf ein Kritikverbot an der zweiten deutschen Diktatur hinauslief, nicht sogar gegenteilige Reaktionen auslöste.

Erheblich stärker war offenbar das legitimatorische Potential der Sozialpolitik. Denn diese bezog sich auf Werte, die für größere Teile der Bevölkerung als »soziale Errungenschaften« verifizierbar waren, und es spricht viel dafür, dass diese Werte in den 40 Jahren DDR eine relativ tragfähige Brücke, zeitweise sogar die stärkste Verbindung zwischen Herrschaft und Volk gebildet haben. Dem entspricht, dass die SED-Herrschaft sich je länger umso mehr, zuletzt in ganz entscheidendem Maße über »Sozialpolitik« zu legitimieren suchte. Dabei bürdete sie der Sozialpolitik Kompensationslasten auf, um auf diese Weise Legitimationsmängel auszugleichen, die sich in anderen Bereichen der DDR auftürmten.[35]

Dies gilt erstens für die politische Grundordnung selber, deren mangelnde demokratische Legitimität einen permanenten Aufwand an Rechtfertigungen anderer Art erforderlich machte.[36] Die Sozialpolitik hatte diesen Druck kompensatorisch aufzufangen und mittels »sozialer Sicherheit« politische Partizipationsansprüche stillzustellen.[37] Kompensationsbedarf ergab sich zweitens aus der mangelhaften ökonomischen Effizienz der SED-Herrschaft. Zwar war die Grundversorgung im Allgemeinen gesichert, aber höhere und wachsende Ansprüche erfüllte die DDR-Wirtschaft notorisch unzureichend. Erst recht verfehlte sie das als ein Grundanliegen des Marxismus-Leninismus herausgestellte Ziel, eine höhere Produktivität und Effektivität als »der Kapitalismus« zu erreichen. Vielmehr konnte die DDR-Wirtschaft allenfalls im Vergleich mit den ökonomisch noch schwächeren RGW-Staaten günstig abschneiden, während sie gegenüber dem Westen in einen großen und wachsenden Rückstand geriet – insbesondere auch in der Arbeitsproduktivität.[38] Hier entstanden Legiti-

35 Die folgenden Betrachtungen beziehen sich nur auf die Ebene des Gesamtsystems, nicht auf einzelne Subsysteme wie z. B. die Legitimation der ihrer Autonomie beraubten Gewerkschaften durch Funktionsgewinne in administrativen Bereichen der Sozialpolitik. Außer Betracht bleiben auch Zusammenhänge, die nicht oder nur graduell als systembedingt einzustufen sind, wie die sozialpolitische Legitimation der (ebenso unpopulären wie arbeitsmedizinisch bedenklichen, in der DDR gleichwohl stark expandierenden) Schichtarbeit im Dreischichtbetrieb.

36 Dagegen betrifft die legitimatorische Bedeutung der Sozialpolitik in den westlichen Demokratien eher das Wirtschaftssystem. Dieses steht insofern unter Legitimationsdruck, als die betrieblich-einzelwirtschaftlichen Entscheidungen nicht ohne Weiteres die gesamtwirtschaftlichen Erfordernisse berücksichtigen müssen.

37 Zu beachten ist auch eine Aufspaltung des Sicherheitsbegriffs, da die Betonung von Elementen der sozialen Sicherheit die Produktion von Unsicherheit und Einschüchterung verdeckte, die die Sanktionsapparate des SED-Staats betrieben.

38 Ulbricht nannte 1963 im innerdeutschen Vergleich einen Abstand von 25 %, Honecker sprach 1982 von 30 %, vgl. DDR-Handbuch, Bd. 2, Köln 1985[3], S. 1100. Günter Manz, bis 1987 Leiter des Instituts für Konsumtion und Lebensstandard an der Hochschule für Ökonomie in Ost-Berlin, schätzt, dass die Arbeitsproduktivität der DDR im Vergleich zur Bundesrepublik bis 1989 auf etwa 50 % absank. Vgl. *G. Manz*, Armut in der »DDR«-Bevölkerung. Lebensstandard und Konsumniveau vor und nach der Wende, Augsburg 1992, S. 16, 96.

mierungsnöte, die den Kern der Ideologie bedrohten, denn Lenins sakrosankter »Lehre von der Arbeitsproduktivität« zufolge musste die Überlegenheit eines neuen Gesellschaftssystems sich ja gerade an der höheren Arbeitsproduktivität erweisen. Auch in dieser Hinsicht bot sich der kompensatorische Weg an: Mit der Sozialpolitik verrechnet, konnte die ökonomische Effizienzschwäche in einem günstigeren Licht erscheinen. Wenn nichts anderes mehr stach, blieb immer noch die werbende Evidenz der fehlenden Arbeitslosigkeit.

Drittens ist die Sonderlage der deutschen Teilung hervorzuheben, denn sie trieb die Legitimierungsnöte der SED über das im Hegemonialbereich der Sowjetunion systembedingt übliche Maß hinaus. Anders als etwa Polen war die DDR nicht oder nur in schwachen Ansätzen in der Lage, sich auf die »Nation« als eine von der Qualität der politischen Ordnung ablösbare, sekundäre Legitimation zu beziehen. Noch gravierender war, dass die meisten Bürger der DDR sich den anderen Teil Deutschlands unablässig als Vergleichsgesellschaft vor Augen führten. Das wirkte auf die Verhältnisse in der DDR »entlegitimierend und destabilisierend«.[39] Umso bedeutsamer wurde die Frage nach der Selektion der Kriterien, über die sich der Überlegenheitsanspruch des SED-Staats bewähren sollte, denn je nach der Wahl der Kriterien konnte die DDR den Härte- und Dauertest des innerdeutschen Vergleichs besser oder schlechter bestehen. Zu den Feldern, auf denen die SED sich hohe Vergleichstauglichkeit zurechnete, gehörte die Auseinandersetzung mit dem Nationalsozialismus: Vor allem in den frühen sechziger Jahren unternahm sie daher konzentrische, offenbar auch vor Fälschungen nicht zurückschreckende Kampagnen zur Diskreditierung der Bundesrepublik.[40] Aber auf die Dauer waren es doch wieder in erster Linie sozialpolitische Mittel, mit denen die SED ihr Bewährungsfeld abzustecken suchte; mehr und mehr bemühte sie sich, die Aufmerksamkeit der Bevölkerung in den innerdeutschen Konkurrenzbeziehungen auf dieses eine Feld zu konzentrieren.[41]

Die Suche der SED nach Legitimationsgeltung durch Sozialpolitik ist wohl vor allem in diesen drei Zusammenhängen zu sehen. Freilich ergaben sich im Verlaufe der vierzigjährigen DDR-Geschichte einige charakteristische Akzentverschiebungen. Solange in der Ära Ulbricht noch die optimistische Prognose galt, dass die ostdeutsche Wirtschaft ihr westdeutsches Gegenstück binnen we-

39 *M. R. Lepsius*, Die Teilung Deutschlands und die deutsche Nation, in: *L. Albertin* u. *W. Link* (Hg.), Politische Parteien auf dem Weg zur parlamentarischen Demokratie, Düsseldorf 1981, S. 417–449, hier S. 435 f.

40 Vgl. *M. Lemke*, Kampagnen gegen Bonn. Die Systemkrise der DDR und die West-Propaganda der SED 1960–1963, in: VfZ 41 (1993), S. 153–174.

41 Die besondere Bedeutung der Sozialpolitik in der deutsch-deutschen Konkurrenz hob Erich Mielke noch am 7.4.1989 in einem Gespräch mit dem Leiter der I. Hauptverwaltung des KGB, Schebarschin, hervor: »Soziale Sicherheit« habe in der DDR ein um so größeres Gewicht, als sie »der wirtschaftlich starken BRD direkt gegenüber« stehe. Vgl. das Gesprächsprotokoll in der von der Gauck-Behörde herausgegebenen Reihe »BF informiert« (Information Nr. 1/1993).

niger Jahre überholen werde,[42] war die kompensatorische Funktion der Sozialpolitik, soweit sie die ökonomische Effizienzschwäche der DDR betraf, noch nicht so stark ausgeprägt wie später. Und solange die SED sich als die führende Kraft im Kampf um nationale Einheit präsentierte – was zu dem Nachweis zwang, dass die Politik der DDR »den Lebensinteressen und dem nationalen Interesse des ganzen deutschen Volkes« entspreche[43] – standen die »sozialen Errungenschaften« noch in einem offensiven Kontext, der später weitgehend bedeutungslos wurde.

»Unsere Sozialversicherung – das Vorbild für ganz Deutschland«: auf diesen Tenor waren in den fünfziger Jahren zahlreiche Verlautbarungen gestimmt.[44] Dementsprechend betonte Ulbricht, als er 1963 den Bericht des Zentralkomitees vor dem Forum des VI. Parteitags verlas, es sei »eine in der ganzen Welt bekannte und anerkannte Tatsache«, dass die DDR das »imperialistische Westdeutschland« unter anderem in der Sozialversicherung und im Gesundheitswesen »seit langem eindeutig überholt« habe.[45]

Interne Akten – beispielsweise das Protokoll eines ZK-Plenums von März 1956 – bestätigen solche offensiven Ambitionen. Zu dieser Zeit liebäugelte Ulbricht mit der Einführung des Sieben-Stunden-Tages im Verlaufe des zweiten Fünfjahrplans, denn er rechnete damit, dass dies »eine ungeheure politische Bedeutung in ganz Deutschland« haben werde. Das Protokoll zeigt aber auch, wie sehr die SED ihrerseits durch den Ausbau der Bundesrepublik zum Sozialstaat unter Druck geriet. Damals brachten die Vorbereitungen zur Rentenreform, die der Bundestag 1957 verabschiedete, das ZK der SED in Zugzwang.[46] Etliche Funktionäre drängten darauf, mit einer Rentenreform von ähnlichem Kaliber gleichzuziehen. Ulbricht erklärte hingegen, die DDR könne sich eine so aufwendige Strukturreform der Rentenversicherung wie sie »aus demagogischen Gründen« in Westdeutschland angekündigt sei, auf absehbare Zeit nicht leisten. Man müsse daher vorsichtig agieren, auch wenn das »uns vorübergehend einige Schwierigkeiten machen« könne.[47] Tatsächlich beschloss die Volkskammer nur eine einmalige Erhöhung der Renten, während das Politbüro die Frage einer

42 Diese »Hauptaufgabe« verkündete Ulbricht 1958 unter dem Einfluss verheißungsvoller Visionen Chruschtschows und in der Naherwartung einer schweren westeuropäischen Wirtschaftskrise. Noch 1968 hoffte er, die Überlegenheit der DDR werde auch im Bereich der industriellen Produktion bald weithin sichtbar werden. Hierzu vgl. *G. Naumann* u. *E. Trümpler*, Von Ulbricht zu Honecker. 1970 – ein Krisenjahr der DDR, Berlin 1990, S. 10f.

43 So noch Ulbrichts Rede zum »Nationalen Dokument« des Nationalkongresses der Nationalen Front des Demokratischen Deutschland vom 17.6.1962; vgl. *J. Hacker*, SED und nationale Frage, in: *I. Spittmann* (Hg.), Die SED in Geschichte und Gegenwart, Köln 1987, S. 43–64.

44 Vgl. Anm. 9. Das Zitat ist die Überschrift eines Artikels von *F. Ruscher*, in: Arbeit und Sozialfürsorge 12 (1957), S. 59f.

45 Protokoll der Verhandlungen des VI. Parteitages der SED, 15.–21. Januar 1963, Bd. 4, Berlin (Ost) 1963, S. 152.

46 Vgl. den Beitrag 3 im vorliegenden Band.

47 Stenographisches Protokoll der 26. Tagung des ZK der SED, 22. März 1956 (Stiftung Archiv der Parteien und Massenorganisationen der DDR im Bundesarchiv, ZPA IV 2/1/156).

tiefgreifenden Reform auf unbestimmte Zeit vertagte. Wie stark diese Vorgänge in der Bevölkerung beachtet wurden, lässt sich in und zwischen den Zeilen sozialpolitischer Fachzeitschriften der DDR lesen. In der Bevölkerung werde die Rentenfrage lebhaft diskutiert, hieß es im Oktober 1956. Dabei stelle man Vergleiche mit Westdeutschland an und komme oft zu »falschen Schlußfolgerungen«. Es gebe »wohl gegenwärtig kein Problem, das in unserer Republik so diskutiert wird«, hieß es im November 1956, wie die Frage der Veränderung des Rentengefüges.[48]

Die Sozialpolitik verlor ihren deutschlandpolitisch offensiven Charakter spätestens 1970/71, als die parteioffizielle Ideologie die Vorstellung einer gemeinsamen »deutschen Nation« verwarf und zur forcierten »Abgrenzung« der beiden deutschen Staaten überging. »Soziale Sicherheit« diente seither der Binnenlegitimierung der »sozialistischen Nation«, die sich der neuen Sprachregelung zufolge in der DDR herausbildete. Dies fiel mit Honeckers strategischer Entscheidung zusammen, im Rahmen der »Hauptaufgabe« die »unmittelbaren Interessen der Massen« stärker zu berücksichtigen, oder anders gesagt: die in der Ulbricht-Ära verschlissene Utopie des Noch-Nicht durch Erfolgsnachweise im Hier und Heute zu ersetzen. Die 1973 aufkommende Formel vom »real existierenden Sozialismus« kennzeichnet diesen Perspektivenwechsel: Die SED-Herrschaft verschob die Maßstäbe der eigenen Rechtfertigung auf die in der Gegenwartsgesellschaft realisierbaren Nahziele, wobei das Aktionsfeld der Sozialpolitik die vergleichsweise größten Chancen auf positive Resonanz bot. Auf dieses Feld sah die SED sich umso stärker gedrängt, als einige Argumentationen leer liefen, mit denen sie ihr Machtmonopol in früheren Phasen gerechtfertigt hatte. Das gilt für Begründungen wie die angeblich notwendige Verschärfung des Klassenkampfs im Innern, was nach dem weitgehenden Abschluss der Enteignungen und Kollektivierungen anachronistisch war; das gilt auch für das Szenario einer militärischen Bedrohung durch den »Imperialismus«, was in der Phase der Entspannung und des Durchbruchs zur internationalen Anerkennung der DDR kaum noch auf Plausibilität stieß.[49] Vielmehr geriet die DDR nach der Unterzeichnung der Schlussakte von Helsinki (1975) unter einen internationalen Druck anderer Art, den sie wiederum teilweise sozialpolitisch aufzufangen suchte: Den im KSZE-Prozess von westlicher Seite angemahnten Menschenrechten setzte die DDR ein um wesentliche Grundfreiheiten verkürztes Verständnis sozialer Rechte entgegen.

Der Aufstieg der Sozialpolitik zur zentralen Legitimationsquelle spiegelt sich in einer rhetorischen Figur, die sich unablässig durch die parteioffiziellen Verlautbarungen der Ära Honecker zog. Gemeint ist die Kontrastierung der sozialen Sicherheit, die in der DDR gewährleistet sei, mit den Krisenerscheinungen

48 Arbeit und Sozialfürsorge 11 (1956), S. 638, 700.

49 Vgl. *H. Zimmermann*, Die DDR in den 70er Jahren. Zu einigen Aspekten der innenpolitischen Situation der DDR, in: *G. Erbe* u. a., Politik, Wirtschaft und Gesellschaft in der DDR, Opladen 1979, S. 13–82, hier S. 45–48.

der westlichen Welt. So rief Erich Honecker zum Beispiel auf dem X. Parteitag 1981 aus, dass »im Sozialismus und nur im Sozialismus soziale Sicherheit herrscht«. Die Delegierten brachen hier in den erwarteten »anhaltenden, starken Beifall« aus.[50] Im theoretischen Organ der Partei hatte man zuvor über die »soziale Sicherheit« lesen können: »Im Sozialismus gibt es sie, im Kapitalismus nicht.«[51] In steter Folge, mit nur wenig variierenden Formulierungen, wiederholte dieses Sprachrohr des ZK der SED, dass in »wachsender sozialer Sicherheit auf der einen und zunehmender sozialer Unsicherheit auf der anderen Seite« das gegensätzliche Wesen von Sozialismus und Kapitalismus erkennbar sei.[52] Mit der Autorität des Chefideologen hob Kurt Hager 1983 hervor: »Soziale Sicherheit, von den Werktätigen erlebt und auch durch die politisch-ideologische Arbeit bewußtgemacht, wird als sichtbarster Vorzug des Sozialismus erkannt«.[53]

Es fällt auf, dass der ohnehin stark positiv besetzte Begriff ›soziale Sicherheit‹ seit Mitte der siebziger Jahre durch den Begriff der ›Geborgenheit‹ noch ergänzt und überboten wurde. Zur Bezeichnung der Lebensverhältnisse in der DDR nahm die Formel ›soziale Sicherheit und Geborgenheit‹ seither einen steilen Aufstieg in der Verlautbarungssprache; sie fand auch Eingang in den Text von Plandirektiven und Gesetzen, wie z. B. in das 1977 verabschiedete Arbeitsgesetzbuch. Diese Terminologie wirft ein besonders erhellendes Licht auf die Art der beanspruchten Legitimität. In Gesellschaften mit frei konkurrierenden Kräften bildet sich Legitimität weitgehend über Institutionen und Verfahren, die den politischen Prozess offen halten; die Austragung von Konflikten wird daher nicht unterdrückt, sondern auf eine verfahrensmäßig gesicherte Grundlage gestellt. Hingegen verweist ›Geborgenheit‹ auf ein harmonistisches Modell sozialer Beziehungen: Auf die gesamte Gesellschaft übertragen, unterwirft es die Bevölkerung der Fiktion einer emotionalen Vergemeinschaftung, um die Gefahr der Negation zu unterlaufen und das Denken in Alternativen auszuschließen.[54] Der ›Geborgenheit‹ entspricht Dankbarkeit, und diese hat die SED-Führung sich in allen Medien, einschließlich der bei Massenaufmärschen mitgeführten ›Sichtelemente‹, reichlich entgegenbringen lassen. Soweit die von ihr beanspruchte Legitimität sozialpolitisch vermittelt war, beruhte sie auf dem Austausch von Fürsorge und Gehorsam.[55] Allgemeiner gesagt: Die zweite deutsche

50 Protokoll der Verhandlungen des X. Parteitages der SED, Bd. 1, Berlin (Ost) 1981, S. 39.

51 *H. Nick*, Soziale Sicherheit als Errungenschaft und Aufgabe, in: Einheit 35 (1980), S. 713–721, hier S. 715.

52 *H. Miethe* u. *G. Winkler*, Soziale Sicherheit – Wesensmerkmal unserer Gesellschaft, in: Einheit 38 (1983), S. 538–544, hier S. 538.

53 *K. Hager*, Gesetzmäßigkeiten unserer Epoche – Triebkräfte und Werte des Sozialismus, Berlin (Ost) 1983, S. 49.

54 Vgl. die klassische Grundlegung der Terminologie bei *F. Tönnies*, Gemeinschaft und Gesellschaft, Leipzig 1935[8].

55 Ähnlich *Meuschel*, Legitimation, S. 235: Die SED habe »den fortwährenden Verzicht auf Selbsttätigkeit seitens der Herrschaftsunterworfenen« angestrebt und im Gegenzug »partei-

Diktatur versprach soziale Geborgenheit um den Preis der Fügsamkeit und des Verlusts von Konfliktfähigkeit.[56]

Ernst Fraenkel schrieb 1960, Deutschlands historischer Beitrag zur Entwicklung des Staats- und Gesellschaftstyps der »westlichen Demokratie« liege im »Gedanken der sozialen Geborgenheit«. Dem ist Gerhard A. Ritter im notwendigen Maße entgegengetreten, indem er die republikanisch-demokratische Wurzel deutscher Sozialpolitik deutlich von obrigkeitsstaatlich-paternalistischen Traditionslinien abhob: Für diese sei gerade nicht die Übernahme westlich-demokratischer Ideen kennzeichnend, vielmehr die Anknüpfung an die »voremanzipatorische ältere Idee der Fürsorge für den gehorsamen Untertanen«.[57] Man wird die Sozialpolitik der DDR teilweise in der Kontinuität dieser Tradition »autoritärer Sozialstaatlichkeit«[58] oder paternalistischer Herrschaftsbeziehungen[59] sehen können. Erhebliche Effekte dieser Politik – wie z. B. die sehr hohe Steigerung der Frauenerwerbsquote – waren aber in Absicht und Wirkung antitraditionalistisch. Generell ist hervorzuheben, dass sich erst im Zusammenhang mit den revolutionären und totalitären Elementen der SED-Herrschaft die Funktionsbedeutung des Einsatzes obrigkeitsstaatlicher Mittel erschließt. Dazu zählen auch ein abgestuftes Privilegiensystem und das noch mit den Schlacken der Untertanenbitte behaftete Petitionswesen, das in der DDR weit verbreitet war.

staatliche Fürsorge, Orientierungswissen und Zukunftsgewißheit« angeboten. *Pollack*, S. 296 nennt diesen Zusammenhang: »Austausch von Anpassung und Versorgung«. Dieselbe Ambivalenz – Versorgung und Entmündigung – steckt im Begriff des »vormundschaftlichen Staats«, den Rolf Henrich ohne näheren Bezug zur Sozialpolitik entfaltet hat; vgl. *R. Henrich*, Der vormundschaftliche Staat. Vom Versagen des real existierenden Sozialismus, Reinbek 1989.

56 Es dürfte lohnend sein, Unterschiede und Gemeinsamkeiten mit einem vergleichbaren Aspekt der nationalsozialistischen Diktatur herauszuarbeiten, auf den in: Deutschland-Bericht der Sopade 3 (1936), Frankfurt a. M. 1980, S. 149 so hingewiesen wurde: »Große Teile der Arbeiterschaft haben geglaubt, durch die Hinnahme des Systems Freiheit gegen Sicherheit eintauschen zu können« (Januar 1936).

57 *Ritter*, Sozialstaat, S. 21–23.

58 *S. Meuschel*, Überlegungen zu einer Herrschafts- und Gesellschaftsgeschichte der DDR, in: GG 19 (1993), S. 5–14, bezieht die Honeckersche Sozialpolitik zu weitgehend auf diese Tradition.

59 *G. Meyer* u. *K. Rohmeis*, »Kontrollierte Emanzipation«. Thesen zu Patriarchalismus und Paternalismus im politischen System der DDR, in: Tradition und Fortschritt in der DDR. 19. Tagung zum Stand der DDR-Forschung in der Bundesrepublik Deutschland, Köln 1986, S. 102–117.

Eine 1987 in einigen Industrieregionen der DDR unternommene oral-history-Erkundung hat ergeben, dass die soziale Sicherung »ganz überwiegende Anerkennung« gefunden habe.[60] Hervorgehoben wurde vor allem die Arbeitsplatzsicherheit, die drastische Subventionierung der Mieten, der Verkehrstarife und einiger Grundnahrungsmittel sowie das unentgeltliche Gesundheitswesen, in geringerem Maße der Wohnungsbau. Tatsächlich dürfte die Wahrnehmung »sozialer Errungenschaften« eine der wichtigsten Stabilitätsstützen des SED-Staats gewesen sein. Auch die Tendenz zur Idealisierung der ehemaligen DDR, die heute von »Vereinigungsverlierern« vorangetrieben wird und angesichts der schweren Arbeitsmarktkrise in den neuen Bundesländern erheblichen Widerhall findet, bezieht sich in ganz entscheidendem Maße auf die soziale Absicherung. In der Rangskala von Vorzügen, die der DDR in der demoskopisch ermittelten Erinnerung ihrer ehemaligen Bürger zugerechnet werden, nehmen heute die Sicherheit des Arbeitsplatzes und das flächendeckende Netz von Kinderbetreuungseinrichtungen, mit dem der Staat die Berufstätigkeit der Mütter förderte, die Spitzenwerte ein.[61]

Aber »nicht einmal, nicht zweimal, sondern dreimal hintereinander ist der Sozialismus, und auch der ›dritte Weg‹, 1990 in der DDR abgewählt worden«.[62] Dies zeigt, wie unzulässig es wäre, die legitimatorische Wirkung der Sozialpolitik in der Herrschaftsgeschichte der DDR zu überschätzen. Offenbar entwickelte die Bevölkerung ein überwiegend pragmatisches Verhältnis zu den sozialpolitischen Angeboten – oft als reine Kosten-Nutzen-Rechnung, was die interessengeleitete Hinnahme der Herrschaft fördern konnte, ohne den ideologisch-normativen Konsens zu gewährleisten.[63] Insofern blieb die sozialpolitisch vermittelte Zustimmung auf bestimmte Leistungsbereiche der SED-Diktatur begrenzt und übertrug sich nicht auf das politische Gesamtsystem. Die »sozialen Errungenschaften« wurden angenommen und genutzt; als herrschaftslegitimierende Stützpfeiler waren sie aber nicht stark genug, um die Kom-

60 *Niethammer*, Annäherung, S. 326.

61 Vgl. z.B. die Ergebnisse einer Studie von Infratest Burke, in: Die Zeit, 1.10.1993, S. 17–21. Nach den oben genannten Werten folgen »Schutz vor Kriminalität« und »soziale Absicherung«.

62 *W. Zapf*, Die DDR 1989/1990 – Zusammenbruch einer Sozialstruktur?, in: *H. Joas* u. *M. Kohli* (Hg.), Der Zusammenbruch der DDR. Soziologische Analysen, Frankfurt a.M. 1993, S. 29–48, hier S. 34.

63 In diesem Sinne unterscheidet *Meuschel*, Legitimation, S. 22–28 zwischen Loyalitätsbereitschaft und Legitimitätsglauben. Dass »viele Bürger der DDR für die bescheidenen Sicherheiten, die das Leben in einem effizienten polizeilichen Sozialstaat bietet, wirklich dankbar« gewesen seien, aber nur im Sinne einer »begrenzten Loyalität«, betont auch *T. G. Ash*, Ein Jahrhundert wird abgewählt. Aus den Zentren Mitteleuropas 1980–1990, München 1990, S. 78f.

pensationslast zu tragen, die ihnen, wie oben dargelegt, in dreifacher Hinsicht aufgebürdet war.

Hinzu kommt, dass Anspruch und Wirklichkeit auf dem Feld der »sozialen Errungenschaften« teilweise stark auseinanderklafften, so dass diese Stützpfeiler selber morsche Stellen zeigten. Am meisten fiel dies bei dem Widerspruch ins Auge, der zwischen dem Wohnungsbau als »Kernstück des sozialpolitischen Programms der SED« einerseits, dem galoppierenden Verfall von Bausubstanz vor allem in Klein- und Mittelstädten, aber auch in großstädtischen Kerngebieten andererseits bestand. Sehr spürbar waren auch Mängel in der Qualitätsentwicklung des Gesundheitswesens. Das gilt vor allem für die bauliche Substanz, die medizinisch-technische Ausstattung und die Medikamentenversorgung.[64] Die Gesamtheit der Arbeitsbedingungen im Gesundheitsbereich war so ungünstig, dass die relativ meisten Übersiedler im Massenexodus 1989 aus diesem Bereich kamen.[65] Ganz unbefriedigend verlief die Rentenentwicklung, die es erlaubt, von einer relativen Verelendung eines großen Teils der Rentnerhaushalte zu sprechen. Auf die ältere Generation wirkte sich die Vernachlässigung produktionsferner Lebenslagen im Sozialleistungssystem der DDR ebenso nachteilig aus wie die immer stärkere pronatalistische Orientierung der finanziellen Transferleistungen und der sozialen Dienste. Offenbar hat die sehr ungleichmäßige Berücksichtigung der Generationen dazu beigetragen, dass die Sozialpolitik der DDR sich teilweise vom Integrationsinstrument zum gesellschaftlichen Zankapfel verwandelte.[66]

Das »eiserne« Festhalten an der Subventionierung von Preisen des Grundbedarfs erlaubt ebenfalls kritische Rückfragen an die Effizienz des Sozialleistungssystems: Die personenbezogenen Transfers waren im Durchschnitt so niedrig, dass die produktgebundene Subventionierung selbst um den Preis volkswirtschaftlich eindeutig negativer Primär- und Sekundäreffekte unentbehrlich schien. Hinzu kamen auch sozialpolitisch unerwünschte Nebenfolgen, denn die Finanzierung der Subventionen über hohe Preisaufschläge bei Konsumgütern anderer Art schloss die Empfänger niedriger Sozialeinkommen von weiten Bereichen des gehobenen Konsums geradezu aus.

Die Sicherheit des Arbeitsplatzes galt und gilt weithin als die größte »soziale Errungenschaft« der DDR. Das Fatale ist aber, dass diese Sicherheit sich nicht von den negativen Kehrseiten der Geschichte dieses Staates trennen lässt. Dazu zählt sowohl der Verlust von Freiheitschancen, der sich aus der Fusionierung politischer Herrschaft mit ökonomischer Macht im verstaatlichten Produktionssystem ergab, als auch die andauernde Effizienzschwäche der zentralistischen Planwirtschaft. Jürgen Kuczynski hat den entscheidenden Grund für die

64 Vgl. Das Gesundheitswesen im vereinten Deutschland. Sachverständigenrat für die Konzertierte Aktion im Gesundheitswesen, Baden-Baden 1991, S. 102–151.

65 Sozialreport '90. Daten und Fakten zur sozialen Lage in der DDR, hg. v. *G. Winkler*, Berlin 1990, S. 200.

66 Vgl. *Niethammer*, Erfahrung, S. 448; *L. Scherzer*, Der Erste, Berlin 1997, S. 194.

fehlende Arbeitslosigkeit wie auch für die sozialpolitisch vermittelte Steigerung der Erwerbsquote der Frauen im Rückblick treffend benannt: Die Ökonomie der DDR sei unter »Führung der Partei« im Vergleich zum Westen so zurückgeblieben, dass »wir etwa doppelt so viele Arbeiter brauchten, um die gleiche Menge Waren – und oft noch in niedrigerer Qualität – herzustellen«.[67] Dies erinnert an einen Befund, mit dem Schriftsteller Günter de Bruyn ebenso pointiert wie treffend vor jedem verklärenden Rückblick auf die zweite deutsche Diktatur gewarnt hat: »Das viel berufene Erhaltenswerte aus der Hinterlassenschaft der DDR erweist sich bei näherem Hinsehen in der Regel als die Kehrseite des Verdammenswerten und schwindet also, wie die billigen Mieten mit der Bauinstandsetzung oder das häufigere Bücherlesen mit einer freien Presse, notwendigerweise mit diesem dahin.«[68]

67 *J. Kuczynski*, Probleme der Selbstkritik. Sowie von flacher Landschaft und vom Zickzack der Geschichte, Köln 1991, S. 37.

68 *G. de Bruyn*, Berlin und die Mark, in: FAZ, 28.12.1991.

11. West und Ost – Ein Vergleich der Sozialpolitik der beiden deutschen Staaten

Der folgende Essay stützt sich auf den reichen Ertrag eines Gemeinschaftswerks, mit dem 73 Autorinnen und Autoren die »Geschichte der Sozialpolitik in Deutschland seit 1945« in nicht weniger als elf Bänden interdisziplinär vermessen haben.[1] Dieses »monumentale Werk«[2] war von vornherein in gesamtdeutscher Absicht konzipiert. So entstand eine Rückschau auf die gemeinsame Ausgangslage nach dem Krieg, auf zwei divergierende Wege deutscher Sozialstaatlichkeit im geteilten Land und auf die Vereinigung nach dem Fall der Mauer, als sich zwei hochentwickelte, aber grundverschiedene Sozialstaatsmodelle gegenüberstanden. Diesem Versuch einer Gesamtschau lag ein weit aufgefächerter Sozialpolitikbegriff zugrunde, der insgesamt 17 Handlungsfelder umfasst.[3] Da die Entwicklung der beiden Sozialstaaten so weit wie möglich mit demselben Raster erfasst werden sollte, entstand eine einheitliche Basis für eine Fülle von Vergleichsmöglichkeiten. Der Ost-West-Vergleich kann sich auf große Fragen wie z.B. die Grundanlage des Bildungs- oder Gesundheitswesen beziehen; man kann jedoch auch sehr spezielle Punkte unter die Lupe nehmen, wenn man sich beispielsweise für Einzelheiten beim Unfallschutz oder bei Hilfen für Behinderte interessiert. Dieser Essay kann die Fülle der Möglichkeiten bei Weitem nicht ausschöpfen, sondern beschränkt sich auf einige zentrale Aspekte. Die Sozialstaatsforschung bleibt somit eingeladen, das Gesamtwerk als eine Art Wissensspeicher für eine Vielfalt komparatistischer Zwecke zu nutzen.

1 Geschichte der Sozialpolitik in Deutschland seit 1945, hg. v. *Bundesministerium für Arbeit und Soziales* u. *Bundesarchiv*, Bd. 1–11, Baden-Baden 2001–2008. Einzelbelege sind im Folgenden auf den Nachweis von Zitaten beschränkt.

2 *L. Raphael*, Geschichte der Sozialpolitik in Deutschland seit 1945 – Versuch einer Würdigung, in: GG 34 (2008), S. 558–567, hier S. 558.

3 Nämlich diese: Arbeitsverfassung und Arbeitsrecht; Arbeitsschutz; Gemeinsame Fragen der Organisation und des Rechts der sozialen Leistungen; Sicherung bei Alter, Invalidität und für Hinterbliebene; Gesundheitswesen und Sicherung bei Krankheit und im Pflegefall; Unfallversicherung; Rehabilitation und Hilfen für Behinderte; Fürsorge bzw. Sozialhilfe; Familien-, Jugend- und Altenpolitik; Bildungspolitik; Ausgleich von Kriegs- und Diktaturfolgen, soziales Entschädigungsrecht; Beschäftigung, soziale Sicherung und soziale Integration von Ausländern; Soziale Infrastruktur und Soziale Dienste; Wohnungspolitik; Internationale Sozialpolitik.

Wer die Bände durchblättert, wird feststellen, dass die 17 Felder in den Bänden »Ost« und »West« zumeist identische Überschriften tragen. So wird auf Anhieb erkennbar, dass die Industriemoderne einen breiten Grundstock ähnlicher Herausforderungen geschaffen hat. Es gab daher beträchtliche Übereinstimmungen im Handlungsbedarf, wenn auch nicht ohne Weiteres in der Handlungspräferenz. Anders gesagt: Trotz der Systemkonkurrenz stellte sich der sozialpolitische Problemhaushalt in West und Ost in vielen Punkten ähnlich dar. Aber es fallen doch auch vier Abweichungen auf. »*Vermögensbildung*« findet man als durchgängige Überschrift nur im Westflügel des Werkes. Dass eine östliche Entsprechung fehlt, verweist auf den fundamentalen Unterschied im Stellenwert der Institution Privateigentum. Umgekehrt taucht »*Preisgestaltung*« nur im Ostteil des Werkes als durchgängiger Titel auf. Denn die Verbraucherpreise waren in der DDR prinzipiell staatlich fixiert und sozialpolitisch gelenkt. Daher konnte die Preisgestaltung sowohl von der Kostenrechnung als auch vom Beziehungsverhältnis zwischen Angebot und Nachfrage weitgehend abgekoppelt werden. Zwar gab und gibt es administrativ gesteuerte Preise auch in der westdeutschen Geschichte, aber als generelles Lenkungsinstrument der Konsum- und Sozialpolitik zählt »Preisgestaltung« zu den Eigentümlichkeiten der DDR.

Ebenso findet man »*Betriebe als Träger der Sozialpolitik*« nur in den DDR-Bänden als durchgängigen Titel. Denn das ostdeutsche Sozialstaatsmodell war eng und markant an die Betriebsmitgliedschaft gebunden. In den Bundesrepublik-Bänden ist die betriebliche Sozialpolitik unter anderen Überschriften subsumiert, insbesondere der Alterssicherung. Schließlich divergieren auch die Bezeichnungen für die *Beschäftigungspolitik*: auf der einen Seite »Arbeitsmarktpolitik und Arbeitslosenversicherung«, auf der anderen »Arbeitskräftegewinnung und Arbeitskräftelenkung«. Im Kontext des SED-Staats wurde der Begriff des »Arbeitsmarkts« also vermieden, jedenfalls als Leitbegriff. Zwar gab es in den ostdeutschen Arbeitsbeziehungen durchaus auch einige marktähnliche Elemente, doch lief die Anpassung von Arbeitsnachfrage und Arbeitsangebot dort im Prinzip gerade nicht über Märkte, sondern über Planvorgaben. Und was die Arbeitslosenversicherung betrifft: Dieser Zweig trocknete in der DDR schon in den 1950er Jahren aus; er wurde zwar bis 1978 noch marginal beibehalten, dann aber auch formell abgeschafft.

Wie vier Ausrufezeichen verweisen diese Differenzen auf Unterschiede in der Tiefenstruktur der beiden Sozialstaaten. Der Vergleich hat es also mit unterschiedlichen Sozialstaatstypen zu tun, wobei die Typenbildung großenteils von der Antwort auf zwei Fragen abhängt. Die eine lautet: Hat die Sozialpolitik es mit dem Gegenüber des Marktes zu tun oder sind die Kräfte und Risiken des Marktes ausgeschaltet? Und die andere: Verbindet sich der Sozialstaat mit dem demokratischen Verfassungsstaat oder löst er sich aus dieser Bindung? Betrachten wir die zwei Wege deutscher Sozialstaatlichkeit zunächst im Licht dieser beiden Grundfragen.

Die Chancen und Risiken des Marktes treten im westdeutschen Vergleichsfall relativ stark hervor. *Chancen*: weil der Markt sich als ein effizientes Produktions- und Allokationssystem erwiesen hat und zudem mit freiheitlichen Wertideen verbunden ist. Denn der Markt beruht auf einer Reihe von Freiheiten und gibt ihnen Raum. Daher war auch ein so prominenter Vordenker des Konzepts der »social citizenship« wie Thomas H. Marshall davon überzeugt, »dass es kaum möglich ist, in einer Gesellschaft demokratische Freiheiten zu bewahren, wenn diese nicht gleichzeitig einen großen Bereich wirtschaftlicher Freiheit bereitstellt«.[4] *Risiken*: weil die Eigendynamik der Marktkräfte, insbesondere das Spannungsverhältnis von Kapital und Arbeit, unablässig auch soziale Unsicherheit und Ungleichheit hervorbringt. Die Sozialpolitik der Bundesrepublik beruhte daher auf dem Grundversprechen, diese Spannung im Sinne von »mehr Sicherheit« und »mehr Gleichheit« auszubalancieren. Die Folge war eine große Regelungsdichte mit dem Ziel, die Marktbeziehungen zu begrenzen und zu ergänzen. Dabei sind – um ein von Hans Zacher eingeführtes Begriffspaar zu verwenden, das für den Ost-West-Vergleich sehr nützlich ist – sowohl »externalisierende« als auch »internalisierende« Lösungen genutzt worden.[5] Externalisierende Lösungen fangen Risiken auf, die der Markt zwar hervorbringt, aber aus dem eigenen Verantwortungsbereich hinauskomplimentiert. So deckt zum Beispiel die Sozialversicherung eine Reihe von Neben- und Folgekosten, die mit der freien Verfügbarkeit des Produktionsfaktors Arbeit verbunden sind, aber nicht in die Kostenrechnung der Marktlöhne eingehen. Internalisierende Lösungen greifen dagegen in vorfindliche Rechtsverhältnisse ein, z. B. in die Vertragsfreiheit des Bürgerlichen Gesetzbuchs. Die westdeutsche Sozialpolitik hat diese Vertragsfreiheit vielfach eingeschränkt, am meisten im Mietrecht und im Arbeitsrecht. Die marktkorrigierende Leitidee des Arbeitsrechts lautet: Arbeit ist keine Ware, die der wirtschaftlichen Verwertungslogik völlig unterworfen werfen darf, die Arbeitsbedingungen müssen vielmehr den Normen eines menschenwürdigen Lebens entsprechen.

Entscheidend ist nun aber, dass die sozialpolitischen Interventionen an Grenzen stoßen, die mit dem Privateigentum an den Produktionsmitteln gegeben sind. Begrenzend wirkt insbesondere die Unabhängigkeit der Unternehmerfunktion, die sich nicht zuletzt bei Einstellungen und Entlassungen bemerkbar macht. Das hat die brisante Folge, dass der Sozialstaat westlicher Prägung keine

4 Vgl. *T. H. Marshall*, Nachgedanken zu »Wertprobleme des Wohlfahrtskapitalismus«, in: *ders.*, Bürgerrechte und soziale Klassen. Zur Soziologie des Wohlfahrtsstaates, Frankfurt a. M. 1992, S. 130–146, hier S. 145.

5 Vgl. *H. F. Zacher*, Grundlagen der Sozialpolitik in der Bundesrepublik Deutschland, in: Geschichte der Sozialpolitik in Deutschland seit 1945, Bd. 1: Grundlagen der Sozialpolitik, Baden-Baden 2001, S. 333–684, hier S. 368–371.

Vollbeschäftigung garantieren kann. Im Gegenteil, die hohe Arbeitslosigkeit, mit der wir es seit der Mitte der 1970er Jahre in der Bundesrepublik zu tun haben, ist einer der bedrohlichsten Stressfaktoren – nicht allein für die betroffenen Menschen, sondern auch für die Funktionsfähigkeit des Sozialstaats. Denn die Massenarbeitslosigkeit vermindert die Einnahmen ebenso massiv wie sie den Ausgabendruck erhöht. In den 1990er Jahren haben sich die gesamtfiskalischen Kosten der Arbeitslosigkeit pro Jahr auf nahezu 160 Milliarden DM summiert.[6] Eine so gewaltige Größenordnung negativer Effekte erlaubt es, in der Massenarbeitslosigkeit die Achillesferse des westdeutschen Sozialstaats zu sehen.

In der DDR waren die Chancen und Risiken des Marktes hingegen vollständig ausgeschaltet, wenn man von marktähnlichen Beziehungen absieht, die sich in den Lücken der sozialistischen Planwirtschaft ausgebreitet haben. Die zentrale Planung versprach den Bürgern eine Art Rundumversorgung einschließlich eines nahezu hundertprozentigen Schutzes vor den Risiken des Marktes. So konnte die DDR der Achillesferse des westdeutschen Sozialstaats, der Arbeitslosigkeit, ihr eigenes Prunkstück entgegenhalten: das Recht auf Arbeit. Konkret bedeutete dies die staatliche Garantie eines Arbeitsplatzes, verbunden mit faktischer Unkündbarkeit.[7] Sogar die Vereinbarung einer Probezeit war vom »Gesetzbuch der Arbeit« (1961) explizit ausgeschlossen. Im verstaatlichten Produktionssystem des SED-Staats konnte die Beschäftigungsgarantie tatsächlich auf Dauer durchgesetzt werden, zumal sich zum Recht auf Arbeit auch die Pflicht zur Arbeit gesellte. Weite Teile des Sozial- und Arbeitsrechts der DDR waren so angelegt, dass nahezu die gesamte Bevölkerung im erwerbsfähigen Alter mit einem möglichst großen Teil ihrer Tages-, Wochen-, Jahres- und Lebenszeit in die Sphäre der Erwerbsarbeit überführt und dort gebunden wurde. Die Wendung zur »sozialistischen Arbeitsgesellschaft«[8] ermöglichte nicht nur die Abschaffung der Arbeitslosenversicherung, sondern trug auch zur Marginalisierung der öffentlichen Fürsorge bei, soweit sie als laufende Hilfe zum Lebensunterhalt konzipiert war: Anders als in der Bundesrepublik schrumpfte die Zahl der Empfänger laufender Fürsorgeunterstützung kontinuierlich und lag zuletzt bei wenigen Tausend.[9]

6 Vgl. *H.-J. Krupp* u. *J. Weeber*, Die Zukunft des Sozialstaates vor dem Hintergrund der zunehmenden Globalisierung, Sozialer Fortschritt 46 (1997), S. 245–256, hier S. 249.

7 Sofern der politisch dehnbare Vorwurf der Verletzung staatsbürgerlicher Pflichten oder der »sozialistischen Moral« den Kündigungsschutz nicht aushebelte, z. B. im Fall von Beschäftigten, die einen Ausreiseantrag stellten oder sich in der Friedens- und Menschenrechtsbewegung mit DDR-kritischer Stoßrichtung engagierten. Im Konfliktfall konnte der Partei- und Staatsapparat auf rechtsstaatlich nicht kontrollierbare Sanktionsmittel zurückgreifen.

8 Vgl. *P. Hübner*, Betriebe als Träger der Sozialpolitik, betriebliche Sozialpolitik, in: Geschichte der Sozialpolitik in Deutschland seit 1945, Band 9: Deutsche Demokratische Republik 1961–1971, hg. v. *C. Kleßmann*, Baden-Baden 2006, S. 721–762, hier S. 760.

9 Größere Bedeutung behielten einmalige Beihilfen der Sozialfürsorge. Die Fallzahl lag in den 1970er Jahren stets über 100.000 pro Jahr mit sinkender Tendenz in den 1980er Jahren. Bundesministerium für Arbeit und Soziales, Statistische Übersichten zur Sozialpolitik in

Allerdings hatte die Vollbeschäftigung auch eine fatale Kehrseite. Sie wird sichtbar, wenn man fragt, wie der chronische Arbeitskräftemangel zustande kam, der zu den Grundtatsachen der Geschichte der DDR zählt. Man denke hier an die massenhafte Abwanderung bis zum Bau der Mauer, an die überbesetzten Apparate der Doppelbürokratien in Partei, Staat und Wirtschaft und an das systembedingte Interesse der Betriebe, Arbeitskräfte verdeckt zu horten.[10] Reibungsverluste dieser und anderer Art rücken den Hauptgrund des chronischen Arbeitskräftemangels in den Blick: die geringe Arbeitsproduktivität. Diese lag in der DDR – grob gesagt – um ein Viertel bis zur Hälfte niedriger als in der Bundesrepublik. Man brauchte also bis zum Doppelten mehr Arbeitskräfte, um das Gleiche herzustellen. Im Grunde hat die SED also aus der Not ineffizienter Beschäftigungsverhältnisse die Tugend eines »Rechts auf Arbeit« gemacht. Genauer gesagt: Die administrative Vollbeschäftigung war nicht nur *Ausdruck*, sondern auch *Mitursache* der relativ schwachen ökonomischen Effizienz. Zwar konnte die staatliche Arbeitskräftelenkung auch Erfolge verbuchen, besonders beim schnellen Aufbau der Schwer- und Großindustrie, doch seit den 1970er Jahren erschwerte, ja blockierte das Beschäftigungssystem der DDR den inter- und intrasektoralen Strukturwandel, der für die Steigerung der Produktivität unabdingbar war.

Die Verstaatlichung des Produktionssystems ermöglichte nicht allein die Garantie eines Arbeitsplatzes, sondern erlaubte es auch, zahlreiche weitere Sicherungs- und Betreuungsfunktionen in die Produktionssphäre hineinzuverlagern. Daher überwogen in der DDR die internalisierenden Regelungen – im Unterschied zur Bundesrepublik, wo externalisierende Lösungen vorherrschten. Das Paradebeispiel ist der Ausbau der Volkseigenen Betriebe zu Hauptsäulen der Sozialpolitik. Ihre Leistungspalette reichte vom Betriebsgesundheitswesen bis zum Feriendienst, von der Kinderkrippe bis zum Veteranenclub, von der Wohnungsverwaltung bis zur Betriebswäscherei, die neben der Berufswäsche auch die Haushaltswäsche reinigte usw. Symptomatisch für die betrieblichen Filialen der staatlichen Rundumversorgung war das Recht der Rentner, die Hilfe ihrer früheren Arbeitsstätte in Anspruch zu nehmen, wenn die Wohnung reparaturbedürftig war. Das Gesetzbuch der Arbeit verpflichtete die Betriebe ausdrücklich dazu, in solchen Fällen »nach Möglichkeit« zu helfen. Dies lässt im Umkehrschluss allerdings auch erkennen, wie schwer es für Rentner war, auf andere Weise an einen Klempner oder Tapezierer heranzukommen. Oder anders gesagt: wie unzureichend der Markt an Dienstleistungen funktionierte.

Die *Multifunktionalität* der DDR-Betriebe erstreckte sich auch auf die juristische Regelung von Streitsachen. Bei mehr als 50 Beschäftigten war die Bildung betrieblicher Konfliktkommissionen obligatorisch. Diese entschieden in erster

Deutschland seit 1945 (Band SBZ/DDR). Verfasst von *A. Steiner* unter Mitarbeit von *M. Judt* u. *T. Reicher*, Bonn 2006, Tab. 7.1.

10 Mit verdeckten Reserven »Stoßaktionen« durchführen zu können, war eine Voraussetzung dafür, den Plan trotz ständig drohender Stockungen und Engpässe zu erfüllen.

Instanz über Streitfälle im Arbeitsrecht, in der Sozialversicherung, auch bei einfachen zivilrechtlichen Streitigkeiten und bei Verstößen gegen die sozialistische Moral. Da die betrieblichen Konfliktkommissionen das Gros der Arbeitsstreitfälle regelten, da zudem die Planentscheidungen der vertraglichen Vereinbarung und somit auch der Klage grundsätzlich entzogen waren, spielte die Arbeitsgerichtsbarkeit in der DDR – ganz anders als in der Bundesrepublik – keine große Rolle.[11] Außerdem übernahmen die Großbetriebe oft auch kommunale Aufgaben, verfügten sie doch in der Regel über mehr Mittel und Möglichkeiten als die Städte und Gemeinden. Die Betriebe schufen somit einen gewissen Ausgleich dafür, dass der hochgradig zentralisierte Staat den Kommunen nur wenig Spielraum für eine eigenständige Sozialpolitik beließ – im Gegensatz zur Bundesrepublik, wo die Kommunen mit weiten und wichtigen Zuständigkeiten einen Grundpfeiler des Sozialstaats bildeten.

Mit alledem ist gesagt, dass die staatliche Sozialpolitik großenteils auf der Ebene und in der Trägerschaft der Betriebe umgesetzt wurde. Bei genauem Hinsehen wird man zwar gravierende Unterschiede entdecken, denn große Betriebe waren viel stärker zu sozialen Dienstleistungszentren ausgebaut als mittlere oder kleine, und das produzierende Gewerbe befand sich in einer weit vorteilhafteren Position als andere Wirtschaftszweige. Aber im Ganzen sticht eben doch die Multifunktionalität der Betriebe als Markenzeichen der DDR hervor.

Ich betone diesen Punkt so nachdrücklich, weil die West-Ost-Differenz hier besonders folgenreich war. Unter marktwirtschaftlichen Bedingungen orientieren sich die Unternehmen primär an einzelwirtschaftlichen Zielen, vor allem an der Rentabilität. Dagegen waren die betrieblichen Entscheidungen in der DDR unmittelbar an gesamtgesellschaftlich definierte Vorgaben gebunden. Das ermöglichte der Sozialpolitik einen prinzipiell unbegrenzten Zugriff auf die Potentiale der Wirtschaft. Die Partei- und Staatsspitze erhielt somit die Möglichkeit zum ungehemmten sozialpolitischen Durchregieren. Dies musste nicht unbedingt dazu führen, dass die ökonomische Rationalität durchbrochen wurde. In der Ära Ulbricht gab es zeitweise sogar den umgekehrten Versuch einer »Ökonomisierung der Sozialpolitik«.[12] In den Honecker-Jahren hat das sozialpolitische Durchregieren jedoch die ökonomische Leistungskraft mehr und mehr durchbrochen und zum gesamtwirtschaftlichen Verfall beigetragen. Ich komme darauf noch zurück. Zunächst ist auf die zweite eingangs gestellte Frage einzugehen: Verbindet sich der Sozialstaat mit dem demokratischen Verfassungsstaat oder löst er sich aus dieser Bindung?

11 Separate Arbeitsgerichte wurden 1961 aufgehoben und als »Kammern für Arbeitsrechtssachen« den Kreis- und Bezirksgerichten angegliedert.

12 Vgl. *P. Hübner*, Gesellschaftliche Strukturen und Sozialpolitische Handlungsfelder, in: Geschichte der Sozialpolitik in Deutschland seit 1945, Band 9 (wie Anm. 8), S. 77–145, hier S. 107.

Demokratie – Diktatur

Die SED hat die demokratische Grundordnung, die in der Verfassung der DDR von 1949 noch vorgesehen war, ebenso rasch wie radikal zugunsten des eigenen Machtmonopols ausgehebelt. Mit der Staatsmacht fusioniert, beanspruchte die Partei, die gesamte gesellschaftliche Entwicklung in allen ihren Aspekten zu planen und zu steuern. Es gab daher prinzipiell keine Bereiche der gesellschaftlichen Autonomie. Das ging so weit, dass sogar die Bildung von Selbsthilfegruppen chronisch Kranker suspekt erschien; solche Eigeninitiativen waren unerwünscht; sie störten das staatliche Angebotsmonopol sozialer Leistungen.

In der sozialen Praxis kam das Parteiregime der SED aber natürlich nicht ohne zahlreiche Formen der Beteiligung und Mitwirkung aus. Die zweieinhalbtausend Seiten, die in der »Geschichte der Sozialpolitik in Deutschland seit 1945« der DDR gewidmet sind, fördern viele Spuren solcher Beteiligung zu Tage: vom ehrenamtlichen Engagement in den Massenorganisationen, wo manches von dem ehrenamtlich geleistet wurde, was im Westen Sache der professionalisierten Sozialarbeit war, bis hin zur Mitwirkung von Expertengremien und Forschergruppen. In dem Band, der die Zeitspanne 1961 bis 1971 behandelt, begegnet man nicht weniger als 40 bis 50 sozialpolitischen Forschungs- und Diskussionsforen. Die wissenschaftliche Politikberatung spielte also in manchen Phasen und auf einzelnen Gebieten eine beachtliche Rolle. Die Mitwirkung der Experten war jedoch immer auf spezifische Weise eingeschränkt. Denn sie konnte nie auf autonome Rechte pochen, sondern ging formal und inhaltlich immer durch das Nadelöhr der Parteikontrolle. So gab es *Tabuthemen*, über die nicht geforscht werden durfte oder nur bei strikter Geheimhaltung der Ergebnisse, z. B. Umweltbelastung, Altersarmut, Suizidhäufigkeit, Verbreitung der Alkoholkrankheit, Häufigkeit von Kindesmisshandlungen, Nichtakzeptanz sozialer Leistungen. »Flächendeckende Untersuchungen« bedurften immer der Zustimmung des Politbüros und waren häufig mit einschneidenden Streichungen verbunden.[13] Kurzum: Die politische Diktatur verhinderte eine selbständige Rolle der wissenschaftlichen Experten.

Für die sozialpolitisch wichtigste Massenorganisation, den FDGB, gilt das ebenfalls. Zum Gefolgschaftsverband der SED mutiert, erhielt der Gewerkschaftsbund beträchtliche Kontroll-, Verwaltungs- und Betreuungsaufgaben, nicht zuletzt bei der Verteilung hoch subventionierter Ferienplätze, in denen man eine Kompensation vorenthaltener Reisefreiheit sehen kann. Aber er stellte keine Gegenmacht institutionalisierter Interessenvertretung dar – weder für die breite Schicht der Arbeiterschaft, noch für spezielle Berufsgruppen wie z. B. die Mitarbeiter des Gesundheitswesens. Diesen war die Gründung eigener Berufsverbände verwehrt, doch vertrat auch der FDGB ihre speziellen Interessen ge-

13 Vgl. *G. Winkler*, Sozialpolitische Forschung in der DDR, in: *G. Manz* u. a. (Hg.): Sozialpolitik in der DDR – Ziele und Wirklichkeit, Berlin 2001, S. 389–419.

genüber staatlichen Stellen nicht stark genug. Darin lag einer der Gründe für die »drückenden Probleme im Gesundheitswesen«.[14] Gewiss, man lernt in den Bänden der »Geschichte der Sozialpolitik in Deutschland seit 1945« auch bemerkenswerte Initiativen kennen, die vom FDGB ausgingen, insbesondere auf dem Gebiet des Arbeitsschutzes. Wie es um die sozialpolitische Eigenständigkeit der Gewerkschaften bestellt war, zeigt jedoch folgendes Schlaglicht: Erich Honecker gab seinen Einstand als Parteichef mit Sozialpaketen, die als Gemeinsame Beschlüsse des ZK der SED, des Ministerrats und des FDGB drapiert waren, sozusagen als tripartistisches Arrangement. Tatsächlich haben die Spitzenfunktionäre des FDGB den Inhalt der Beschlüsse im Einzelnen jedoch erst aus der Zeitung erfahren.

Aufschlussreich ist auch die Beobachtung, dass die Parteispitze zwar strikt auf ihre Gesamtzuständigkeit für die Sozialpolitik pochte, die nachgeordneten Hierarchieebenen jedoch eine merkwürdige Zersplitterung aufwiesen. In der Sozialpolitik der DDR machte sich daher mehr »politisch-administrative Fragmentierung«[15] bemerkbar als gemeinhin angenommen wird. Ob die Folgen nur von Nachteil oder auch von Vorteil waren, wird eher strittig beurteilt. Nachteile lagen zweifellos in der ungünstig zerteilten Problemsicht und in Mängeln der Koordination. Aber womöglich beruhte die Leistungsfähigkeit der Sozialpolitik zum Teil gerade darauf, dass es auch Räume mit konkurrierenden Kompetenzen und den Zwang zu dezentraler Improvisation gab. Jedenfalls entdeckt man bei genauem Hinsehen manche Kompromisse, in denen pragmatische Problemlösungen jenseits staatlicher Normen erkennbar werden. So war es z.B. aufgrund von mündlichen Absprachen verschiedener Dienststellen möglich, dass die Massenorganisation »Volkssolidarität« pflegende Familienangehörige als Pflegekräfte einstellte, was auf eine Art Pflegegeld hinauslief, wenn auch ohne Rechtsanspruch.[16]

Im Ganzen hatte der Diktaturcharakter des SED-Sozialstaats gravierende Auswirkungen, darunter einen Mangel an Flexibilität und Anpassungsfähigkeit. Es fehlten unabhängige Kritik- und Korrekturinstanzen, und das Selbststeuerungspotential gesellschaftlicher Kräfte wurde eher gelähmt als aktiviert. Damit kommt zugleich die repressive Kehrseite des planwirtschaftlichen Versorgungsstaats in den Blick: Die SED versprach soziale Sicherheit um den Preis der Vorenthaltung politischer Freiheit. Ihr Herrschaftsanspruch beruhte insoweit auf einem Modell des Austauschs von Fürsorge und Fügsamkeit. So gesehen führte die DDR eine illiberal-obrigkeitsstaatliche Tradition der deutschen Geschichte fort: die voremanzipatorische Idee der Fürsorge für den fügsamen

14 Vgl. *L. Mecklinger*, Das Gesundheitswesen der DDR – Konzept und Realität, in: *Interessengemeinschaft Medizin und Gesellschaft e. V.* (Hg.), Das Gesundheitswesen der DDR zwischen Konzept und Realität, Band 1, Berlin 1995, S. 61–67, hier S. 65.

15 Vgl. *M.G. Schmidt*, Grundlagen der Sozialpolitik in der Deutschen Demokratischen Republik, in: Geschichte der Sozialpolitik in Deutschland seit 1945, Bd. 1 (wie Anm. 5), S. 685–798, hier S. 719.

16 Vgl. *K.-P. Schwitzer*, Senioren, in: *G. Manz* u.a., S. 337–356, hier S. 348.

Schutzbefohlenen. Im Sicherheitskomplex des SED-Staats war die soziale Sicherheit daher auch mit Sicherheitsapparaten anderer Art verbunden. Dafür stehen die Stichworte: Mauer, MfS und die Observation des politischen Verhaltens. Der Sicherheitskomplex der DDR hatte somit zwei Seiten, die man nicht ohne Weiteres voneinander trennen kann: eine sozial- und eine polizeistaatliche.

Dass die demokratische Ordnung den westdeutschen Sozialstaat grundsätzlich in ein vorteilhaftes Licht setzt, muss hier nicht umständlich begründet werden. Verwiesen sei nur auf die vielfältigen Mitwirkungs- und Oppositionschancen, die die Lern- und Wandlungsfähigkeit der Sozialpolitik fördern und ihre Anpassungselastizität steigern – jedenfalls im Prinzip. Aus der Vielzahl der autonomen und teilautonomen Akteure, die keine ostdeutsche Entsprechung haben, hebe ich das Bundesverfassungsgericht und die freien Medien der Kommunikation besonders hervor: das *Verfassungsgericht*, weil es die Sozialpolitik bemerkenswert stark kontrolliert und angetrieben hat, auch bei der Umformulierung von Freiheitsrechten in soziale Teilhaberechte. Man denke nur an das 1972 verkündete »Recht auf Zulassung zum Hochschulstudium«. Und die *Medien*, weil sie das Soziale anders aufbereiten als die Parteien, Verbände oder Selbstverwaltungsorgane dies tun – nämlich nach medialen Regeln, die zwar nicht in jeder Hinsicht segensreich sind, aber den politischen Prozess auf ihre eigene Art offenhalten.

Demokratie-Effekte findet man im Bereich der Akteure, der Verfahren und der Wertideen, aber auch im Profil der sozialen Leistungen. Im deutsch-deutschen Vergleich springt das vor allem bei der Rentenpolitik ins Auge: Dank des Gewichts ihrer Wählerstimmen haben die Rentner im Westen eine Demokratie-Prämie einstreichen können. Denn ohne das Gewicht ihrer Wählerstimmen wäre die Alterssicherung wahrscheinlich nicht so stark ausgebaut und »dynamisiert« worden. Dagegen konnte die Partei- und Staatsspitze der DDR es sich leisten, die Alterssicherung als eine Art Restgröße zu behandeln. Die Rentner erhielten das, was die größtenteils auf die aktive Erwerbsbevölkerung, später auch auf die Geburtenförderung und den Wohnungsbau fixierte Sozialpolitik übrig ließ. Und das reichte nur für ein kärgliches Niveau der Alterssicherung – sofern man nicht zu den bevorzugten Gruppen zählte, die in das halb verborgene Geflecht der Zusatz- und Sonderversorgungssysteme einbezogen waren. Knapp zehn Prozent der Bevölkerung waren auf diese Weise bevorzugt. Dagegen lebte rund die Hälfte der Rentnerhaushalte in der DDR um 1980 an der Armutsgrenze, um 1970 sogar rund 65 Prozent.

In diesem Zusammenhang sei eine polemisch pointierte Passage im Schlussband der »Deutschen Gesellschaftsgeschichte« von Hans-Ulrich Wehler aufgegriffen. Dort liest man: »Nach der Ausbeutung ihrer Arbeitskraft wurden sie von den Behörden dem westdeutschen Sozialsystem überstellt«.[17] Gemeint sind ostdeutsche Rentner (in unbestimmter Zahl) bzw. die Behörden der DDR. Hier

17 Vgl. *H.-U. Wehler*, Deutsche Gesellschaftsgeschichte, Bd. 5: Bundesrepublik und DDR 1945–1990, München 2008, S. 44.

spielt Wehler auf das Sonderrecht an, das den Rentnern der DDR seit 1963/64 Besuchsreisen in den Westen ermöglichte und auch ihre Ausreise erleichterte. Das Ziel, die Rentner per Ausreiserecht sozusagen im Westen zu entsorgen, lässt sich jedoch nicht als maßgebliches Motiv nachweisen. Zu beachten ist vielmehr, dass die Bundesregierung in den deutsch-deutschen Verhandlungen sehr auf Reiseerleichterungen für Rentner drängte. Die DDR-Instanzen unternahmen ihrerseits nichts, um den Abstrom zu verstärken; vielmehr strichen sie gegenüber ihren westdeutschen Gesprächspartnern oft und gern die enge Verbundenheit der Rentner mit »ihrem Staat« heraus, die sich darin zeige, dass nur ein geringer Prozentsatz nicht in die DDR zurückkehre.[18] Insgesamt dürften nach 1961 höchstens acht Prozent der DDR-Rentner in die Bundesrepublik umgesiedelt sein. Allerdings lag in dem Reiseprivileg tatsächlich eine Art amtlicher Bestätigung, dass die Rentner in der sozialistischen Arbeitsgesellschaft nicht mehr so wichtig waren, dass der Staat sich nachdrücklich um die Unterbindung ihres »Kontakts mit dem Klassenfeind« bemühen musste.

Das Lob des parlamentarisch-demokratischen Sozialstaats Bonner Prägung bedarf allerdings auch einiger kräftiger Einschränkungen. Zu beklagen ist insbesondere die unterschiedliche Durchsetzungsmacht zwischen artikulationsschwachen und konfliktmächtigen Gruppen, was man z.B. daran erkennen kann, dass die Politik der Kostendämpfung in den 1980er Jahren die Arbeitslosen und die Sozialhilfe-Empfänger stärker als die Rentner und die Rentner stärker als die Beamtenpensionäre traf. Hier wurden geradezu Rotstift-Hierarchien erkennbar. Im Gesundheitswesen wirkte die Veto-Macht organisierter Anbieterinteressen – im Verein mit der föderalen Politikverflechtung und den Konsenszwängen von Koalitionsregierungen – vielfach reformblockierend. Auch die korporatistische Allianz von Unternehmerverbänden und Gewerkschaften, die für die Bonner Republik struktur- und stilbildend war, befand sich in einer privilegierten Position. Diese mächtigen korporativen Akteure haben zwar elementare Stabilisierungsleistungen erbracht, doch die Kosten der ausgehandelten Kompromisse oft auf Dritte abzuwälzen vermocht. Problematisch ist zudem der kurze Zeittakt der parlamentarischen Wahlperioden: Er hat die kurzfristigen, aktuellen Interessen begünstigt und den langfristigen tendenziell geschadet. Der Blick auf die bis zur nächsten Wahl wirksamen Reaktionen hat außerdem ein Gefälle zugunsten der monetären Leistungen und zu Lasten der sozialen Dienste begünstigt. Er hat auch wenig zur inneren Stimmigkeit des Ganzen beigetragen, eher zu Balance-Verlusten und zur Rechtszersplitterung.

18 Vgl. *H. Potthoff*, Bonn und Ost-Berlin 1969–1982. Dialog auf höchster Ebene und vertrauliche Kanäle, Bonn 1997, S. 98 f.

Phasen, Zäsuren, Wechselwirkungen

Bisher habe ich versucht, den Vergleich der Sozialpolitik beider Staaten typologisch zu entfalten – im Licht der beiden Grundfragen, ob die Sozialpolitik es mit dem Gegenüber des Marktes zu tun hat und ob sie im demokratischen Verfassungsstaat verankert ist. Aber nicht alles, was den komplexen Eigensinn sozialstaatlicher Arrangements ausmacht, hängt von der Antwort auf diese beiden Grundfragen ab. Die Koordinaten »Markt« und »demokratischer Verfassungsstaat« gestatten vielmehr eine große Variabilität der sozialpolitischen Entwicklung.[19] Daher ist beileibe nicht alles Westdeutsche demokratiespezifisch, wie umgekehrt auch nicht alles, was von der westdeutschen Norm abweicht, diktaturspezifisch ist. Außerdem erfasst der typologische Vergleich nicht ohne Weiteres die Veränderungen im Zeitverlauf, auch nicht die Beziehungsgeschichte zwischen Ost und West. Daher wird im Folgenden eine historisch-genetische Perspektive gewählt. So kommen einige Haupt- und Wendepunkte im Prozess der sozialpolitischen Auseinanderentwicklung in den Blick, wobei auch zu fragen ist, wie sich die Polarisierungszwillinge Bundesrepublik und DDR wechselseitig beeinflusst haben.

Was die Kerninstitution des deutschen Sozialstaats, die Sozialversicherung betrifft, so sind die beiden deutschen Staaten schon in ihren Gründerjahren weit auseinandergedriftet. Im Westen blieb die tradierte Form der »gegliederten« Sozialversicherung erhalten. Das gilt vor allem für die Vielfalt unterschiedlicher Kassenarten in der Krankenversicherung und für die Trennung von Arbeitern und Angestellten in der Rentenversicherung. Diese Trennung wurde sukzessive überwunden, im Leistungsrecht vollends 1957, in ihrem letzten organisatorischen Rest jedoch erst 2005. Auch die begrenzte Ausdehnung der Versicherungspflicht blieb erhalten, ebenso die Dominanz der privaten Anbieter auf dem weiten Feld des Gesundheitswesens. Dagegen entstand im Osten eine hochgradig zentralisierte Einheitsversicherung, in die fast die gesamte Bevölkerung einbezogen war.[20] Hinzu trat ein Typenwechsel im Gesundheitswesen, das bis auf einen schmalen Rest verstaatlicht wurde – mit Steuerfinanzierung und Konzentration der ambulanten Versorgung in Ambulatorien und Polikliniken. Im Zuge dieses Umbaus wurden traditionelle Kerne der Interessenformierung beseitigt, die in der Organisationsvielfalt der Sozialversicherung (mit differierenden Beitrags-, Leistungs- und Selbstverwaltungsverhältnissen) zum Ausdruck gekommen war. Zudem entfielen die herkömmlichen Pfeiler ärztlicher

19 Vgl. *F.-X. Kaufmann*, Der deutsche Sozialstaat im internationalen Vergleich, in: Geschichte der Sozialpolitik in Deutschland seit 1945, Bd. 1 (wie Anm. 5), S. 799–989.

20 Als der FDGB 1956 die Verwaltung der Einheitsversicherung übernahm, wurden die nicht zu den Arbeitern und Angestellten zählenden Berufsgruppen (Genossenschaftsmitglieder, Handwerker und freiberuflich Tätige) ausgegliedert und einem besonderen Versicherungsträger zugewiesen.

Standesinteressen. Die Sozialversicherung hörte auf, freiberufliche Mediziner zu alimentieren. Zugleich entfiel die Alternative der Privatversicherung. So verschwand der selbständige Mittelstand der Ärzteschaft und anderer Heilberufe (Apotheken, Optiker usw.), ebenso die Sozialfigur des Privatpatienten.

Ist Sowjetisierung das richtige Wort für diesen Umbau? Darüber ist viel debattiert worden. Die einschlägigen Beiträge der »Geschichte der Sozialpolitik in Deutschland seit 1945« bestätigen die These, dass der Begriff der Sowjetisierung auf die sozialpolitische Neuordnung im Osten Deutschlands entschieden weniger zutrifft als auf andere Politikbereiche. Vielmehr knüpfte auch die SBZ/DDR an deutsche Traditionsbestände an, jedoch mit einem anderen Selektionsmuster als die Bundesrepublik. Diese übernahm sozusagen die vorherrschende Erbschaftslinie Bismarckscher und Weimarer Prägung, während in der DDR eine alternative Tradition zum Zuge kam. Damit sind Konzepte gemeint, die in der Weimarer Zeit in den beiden Arbeiterparteien verbreitet waren, damals jedoch nicht oder nur ansatzweise realisiert werden konnten und nach 1933 erst recht unterdrückt worden sind. Diese Konzepte reichten von der Einheitsversicherung und dem Ambulatorium bis zum Ausbau des öffentlichen Gesundheitsdienstes mit stark prophylaktischer Ausrichtung. In der SBZ/DDR schlug nun die Stunde von Experten, die diese deutsche Alternativtradition verkörperten und mit einigen Elementen sowjetischer Provenienz verknüpften. Eine schlichte Sowjetisierungsthese greift also zu kurz. Da die Traditionen so ambivalent waren, genügt auch die Dichotomie von Kontinuität oder Bruch nicht. Wir haben es vielmehr mit einer selektiven Fortführung von Traditionen zu tun, wobei die Selektionsmuster in Ost und West typisch verschieden ausfielen.[21]

Wie die DDR-Bände der »Geschichte der Sozialpolitik in Deutschland seit 1945« zeigen, hat das Polarisierungsklima des Kalten Krieges kräftig auf den Prozess der wechselseitigen Abstoßung eingewirkt. Ostdeutsche Akteure prangerten die Bonner Sozialpolitik als »Lazarettstation des Kapitalismus« an, während westdeutsche Akteure die »Eintopfversicherung« des Ostens als Schreckensbild in Szene setzten. Die Politik der *Entbürgerlichung* der Gesundheitsberufe in der DDR gab ihrer *Verbürgerlichung* in der Bundesrepublik zusätzlichen Schwung. Wenn man den Blickwinkel international erweitert, dann sieht man, dass es zwischen der Verstaatlichung des Gesundheitswesens in der DDR und dem britischen National Health Service durchaus Parallelen gab. Die Labour Partei baute diesen Dienst in den ersten Nachkriegsjahren auf und die Konservativen

21 Symptomatisch ist auch folgendes Beispiel: In puncto Rentenversicherung stand anfangs zur Wahl, ob die Regelungen des Arbeiterzweigs oder des Angestelltenzweigs die weitere Bahn bestimmen sollten. Die beiden Zweige unterschieden sich u.a. darin, dass die Angestellten das Recht auf unbedingte Witwenrente und eine günstigere Invaliditätsdefinition besaßen. In der DDR wurden diese beiden Rechte sofort gestrichen – mit Wirkung bis 1990. Die SED hat das Rentenrecht also auf dem Niveau des Arbeiterzweigs verallgemeinert. Dagegen hat die Bundesrepublik diese beiden Angestelltenrechte sofort auf den Arbeiterzweig übertragen. Das war ein erster Schritt auf dem Weg zur Angleichung beider Zweige auf dem höheren Niveau der Angestelltenversicherung.

behielten ihn bei, als sie 1952 an die Regierung kamen. Dass eine verstaatlichende Umsteuerung des Gesundheitswesens in Großbritannien möglich, in der Bundesrepublik jedoch ganz undenkbar war, hat gewiss vielfache Gründe. Aber einer liegt darin, dass Großbritannien weit weniger vom polarisierenden Sog des Kalten Krieges erfasst war als das gespaltene Deutschland.

Im *juste milieu* der Ära Adenauer diente die DDR so gut wie immer als negatives Referenzsystem, so auch bei der Ablehnung der Einheitsschule oder bei der Bekräftigung des Leitbilds der Hausfrauenehe – im Gegenzug zur Politik der Steigerung der Frauenerwerbsquote, die sich die SED von Anfang an auf die Fahne schrieb. Es lassen sich nur wenige Beispiele dafür finden, dass eine ostdeutsche Regelung auch einmal als vorbildlicher oder zumindest anregender Impuls wirkte, so z. B. bei der Anerkennung von Berufskrankheiten und beim Impfprogramm gegen Kinderlähmung. Dies schließt nicht aus, dass die Abgrenzungskonkurrenz das sozialpolitische Aktions- und Leistungsniveau der frühen Bundesrepublik gleichsam hochgeschaukelt hat. Dafür sprechen rhetorische Figuren in der politischen Verlautbarungssprache, wie man sie vor allem bei Sozialpolitikern der SPD (»Insbesondere im Kalten Kriege entscheiden die Bataillone der besseren Sozialleistungen«), aber auch bei Bundeskanzler Adenauer findet (die Bundesrepublik müsse »attraktiv« bleiben für die »Menschen in der Zone«).[22] Bei der Analyse konkreter politischer Entscheidungsprozesse stößt man aber nur selten auf Spuren einer solchen Hebelwirkung, und wenn, dann immer nur als Beimischung in einem primär anders bestimmten Kausalzusammenhang. Die These, dass »viele sozialpolitische Errungenschaften« in den frühen Jahren der Bundesrepublik »nur aus der Systemkonkurrenz mit der DDR« herzuleiten seien,[23] kann daher – jedenfalls was das »nur« betrifft – nicht überzeugen.

Wenngleich im Einzelnen schwer messbar ist, wie viel die westdeutschen Reformen den »verinnerlichten Herausforderungen durch den Osten verdanken«[24], so kann man doch festhalten: Die Bedeutung der Systemkonkurrenz für die westdeutsche Sozialstaatsentwicklung hat sich im Verlauf der 1950er Jahre erschöpft. Mit einer einzigen Ausnahme: Der internationale Bildungswettstreit zwischen West und Ost lenkte um 1965 nochmals einige Aufmerksamkeit auf die DDR. Wie die Materialienbände zum »Bericht zur Lage der Nation« zeigen,

22 Die Zitate stammen von Ludwig Preller (SPD) 1953 bzw. Konrad Adenauer 1956. Ähnlich Ernst Schellenberg (SPD) 1956: »Das Wichtigste aber ist, dass unser Weg zur Sozialreform zum Vorbild für das ganze Deutschland werden kann«. Vgl. *W. Schmähl*, Sicherung bei Alter, Invalidität und für Hinterbliebene, in: Geschichte der Sozialpolitik in Deutschland seit 1945, Bd. 3: Bundesrepublik Deutschland 1949–1957, hg. v. *G. Schulz*, Baden-Baden 2005, S. 357–437, hier S. 383, 436.

23 *C. Kleßmann*, Die doppelte Staatsgründung. Deutsche Geschichte 1945–1955, Göttingen 1982, S. 14.

24 *L. Niethammer*, Methodische Überlegungen zur deutschen Nachkriegsgeschichte. Doppelgeschichte, Nationalgeschichte oder asymmetrisch verflochtene Parallelgeschichte?, in: *C. Kleßmann* u. a. (Hg.), Deutsche Vergangenheiten – eine gemeinsame Herausforderung, Berlin 1999, S. 307–327, hier S. 326.

ist die ostdeutsche Sozialpolitik vor allem in den Jahren der Regierung Brandt/Scheel sehr genau beobachtet worden; aber davon ging kein ersichtlicher Impuls auf den Gang der Bonner Sozialpolitik aus. Diese hatte ihren maßgeblichen Bezugsrahmen schon längst in einer anderen Himmelsrichtung gefunden: im Blick auf Westeuropa und die OECD-Welt.

Hingegen konnte die DDR sich niemals essentiell aus der Sogwirkung der westdeutschen Vergleichsgesellschaft lösen. So erregte z. B. die Einführung der dynamischen Rente in der Bundesrepublik 1957 auch im Osten Deutschlands größtes Aufsehen – sowohl in der Partei- und Staatsspitze als auch in der Bevölkerung. Das ZK der SED setzte eine Expertenkommission ein, um eine »sozialistische Rentenreform« als glanzvolles Gegenstück vorzubereiten. Aber die Initiative blieb stecken, und am Ende reichte es nur für ein Zulagengesetz. Hier gabelten sich die beiden Wege der Rentenpolitik: Die Bundesrepublik ging zum Prinzip der Dynamisierung und der Lebensstandardsicherung über; hingegen fror die DDR die Renten auf dem Niveau einer niedrigen Grundsicherung ein. Ein weiteres Beispiel bietet die Einführung der Fünf-Tage-Woche. Der SED-Parteitag verkündete diesen Reformschritt 1967 auf Druck von unten und im Blick nach Westen, wo der freie Samstag schon seit Jahren üblich war.

Kurz, doch nachdrücklich muss nun noch von dem *Politikwechsel* die Rede sein, der mit dem Machtwechsel von Ulbricht zu Honecker 1971 einherging. Ulbricht hatte in der sogenannten NÖS-Periode[25] der 1960er Jahre die industrielle Modernisierung forciert, um die DDR für die Dritte Industrielle Revolution zu rüsten. Diesem ehrgeizigen Ziel ordnete er die Sozialpolitik tendenziell unter. Der Akzent lag daher mehr auf den Investitionen als auf dem Konsum. Einige Experimente dienten dem Ziel, das Sozialeinkommen stärker von Leistungskriterien abhängig zu machen. Ebenso wurde darüber nachgedacht, die Beitragssätze und Verbraucherpreise in Relation zu den Kosten zu erhöhen. Honecker brach diese Aufholjagd, die Anschluss an die Weltspitze der Produktivitätsentwicklung suchte, ab. Damit reagierte er auf politische Risiken, die mit dem NÖS-Kurs verbunden waren, und er folgte zugleich einem Strategiewechsel im Gesamtverbund der Ostblockstaaten. Die Folge war eine Umpolung der Prioritäten, die zu einer expansiven Konsum- und Sozialpolitik führte. Dabei stach ein ambitioniertes Wohnungsbauprogramm besonders hervor. Die stolze Erfolgsmeldung, wonach 1988 die dreimillionste neue Wohnung seit 1971 geschaffen worden sei, war freilich mit mancherlei statistischen Finessen geschönt. Außerdem litten die neu gebauten Wohngebiete unter »Monotonie, fehlender Infrastruktur und Qualitätsmängeln«.[26] Das sozialpolitische Programm um-

25 Das »Neue ökonomische System der Planung und Leitung der Volkswirtschaft« (NÖS), das 1963 auf Drängen Walter Ulbrichts verkündet wurde, zielte auf eine Flexibilisierung und Effizienzsteigerung der Planwirtschaft, u. a. durch den Einbau marktwirtschaftlicher Elemente.

26 Vgl. *J. Rowell*, Wohnungspolitik, in: Geschichte der Sozialpolitik in Deutschland seit 1945, Bd. 10: Deutsche Demokratische Republik 1971–1989, hg. v. *C. Boyer* u. a., Baden-Baden 2008, S. 679–702, hier S. 682.

fasste zudem eine Ausweitung der Subventionen, um die Verbraucherpreise für Waren des Grundbedarfs, Mieten, Verkehrstarife und Dienstleistungen »billig und stabil« zu halten, sowie aufwendige Leistungspakete, die einem Doppelziel dienten: Sie sollten die Vereinbarkeit von Mutterschaft und Erwerbstätigkeit fördern und zugleich die Geburtenrate steigern, und zwar gemäß der zu Beginn der 1970er Jahre deklarierten Norm der Dreikinderfamilie.

In der Förderung der Vereinbarkeit von Familie und Beruf erreichte die DDR tatsächlich einen Vorsprung gegenüber der Bundesrepublik. Daher ging von der deutschen Vereinigung ein Impuls in dieser Richtung aus: Der Einigungsvertrag schrieb dem gesamtdeutschen Parlament 1990 den Auftrag ins Stammbuch, die Gleichberechtigung von Männern und Frauen weiterzuentwickeln und die Vereinbarkeit von Familie und Beruf zu fördern. Bei genauem Hinsehen entdeckt man freilich auch in der Frage der weiblichen Chancengleichheit im SED-Staat manche »Diskrepanz zwischen Propaganda und Realität«; zum Beispiel wurden Frauen »sehr viel häufiger als Männer unter ihrem Ausbildungsniveau eingesetzt«.[27] Hinter Pioniertaten wie der, dass Kindererziehung in der DDR 15 Jahre früher als in der Bundesrepublik rentenrechtlich anerkannt wurde, steckte ein sehr bescheidener Kern, denn die Rente stieg für jedes angerechnete Versicherungsjahr monatlich höchstens um sechs Mark.[28]

Im Gesamtprogramm der »Einheit von Wirtschafts- und Sozialpolitik«, wie die kanonisierte Formel der Honecker-Ära lautete, steckte durchaus eine »ressourcenmehrende Absicht«, aber mehr und mehr überwog die »ressourcenzehrende Wirkung« (Peter Hübner). Im Ergebnis ist daher festzuhalten: Die Sozialpolitik der Ära Honecker hat die wirtschaftliche Basis der DDR nicht nur überfordert, sondern zum Teil auch untergraben, also auch selbst zur Auszehrung des Wirtschaftspotentials beigetragen. Das besagt nicht, dass die sozialen Leistungen durchweg hoch waren. Im Gegenteil, nicht nur das Rentenniveau lag niedrig, auch anderswo war die Decke dünn, z. B. im Gesundheitswesen. An sich leistungsfähig konzipiert, in manchen Elementen (wie der Verbindung von ambulantem und stationärem Bereich) durchaus mustergültig, war das Gesundheitswesen in der Spätzeit der DDR so eklatant unterausgestattet, dass es auf eine geradezu bedrückende Weise an Effizienz verlor. Die Überforderung der Wirtschaft lag vielmehr in einer Kombination spezifischer Eigenschaften der Sozialpolitik, die mit Fehlanreizen und Fehlallokationen zu Balanceverlusten führte. Das Paradebeispiel ist die Aufwärtsspirale der Preissubventionen, die am Ende ein Viertel des gesamten Staatshaushalts verschlangen, einschließlich indirekter Subventionen sogar ein Drittel. Umso mehr fehlten die Mittel anderswo, z. B. in der städtischen Infrastruktur, die auf Verschleiß gefahren wurde. Experten versuchten des Öfteren, Honecker vom ökonomischen Unsinn seiner Politik der

27 Vgl. *G. Helwig*, Familienpolitik, in: Geschichte der Sozialpolitik in Deutschland seit 1945, Bd. 10 (wie Anm. 26), S. 474–507, hier S. 504 f.; vgl. dazu auch *Schmidt*, S. 754–756.

28 Vgl. *G. A. Ritter*, Der Preis der deutschen Einheit. Die Wiedervereinigung und die Krise des Sozialstaats, München 2007², S. 171.

stabilen Verbraucherpreise zu überzeugen, doch der Parteichef hielt daran unbeweglich fest. Den Grund offenbart sein warnender Hinweis auf Erfahrungen in Polen und Ungarn: Dort hatten Preisänderungen mehrfach die »Ruhe in der Bevölkerung« gefährdet.[29] Wie die Effekte dieser Pazifizierungsstrategie hatten auch die direkten und indirekten Kosten der Arbeitsplatzgarantie, des Kernstücks der DDR-Sozialpolitik, eine »ressourcenzehrende Wirkung«.

Der SED-Staat wagte es nicht, die Überdehnung der Sozialpolitik durchgreifend zu korrigieren. Denn er besaß keine anderen Mittel, um so gravierende Legitimationsdefizite auszugleichen wie die mangelnde demokratische Legitimität, die unbefriedigende wirtschaftliche Effizienz sowie den Abstand zu dem, was die Bevölkerung »Westniveau« nannte. Die Legitimation des Machtmonopols der SED war inzwischen so weitgehend auf die Gewährleistung »sozialer Sicherheit und Geborgenheit« angewiesen, dass die SED sich gezwungen sah, daran auch um den Preis des wirtschaftlichen Niedergangs festzuhalten.

Auf andere Weise war der westdeutsche Sozialstaat in Bedrängnis geraten, als es zu der einzigartigen Sondersituation der deutschen Vereinigung kam. Nach der Konstitutionsphase (1949–1966), in der restaurative Elemente und grundlegende Neuerungen (wie die Rentenreform 1957 und das Bundessozialhilfegesetz 1961) sich miteinander verbanden, hatte die Reformära (1966–1974) zu einer exzeptionellen Expansion des Sozialstaats geführt – im Zeichen eines Zeitgeists, der Teilhabe und Chancenausgleich als zentrale Leitbegriffe in den Vordergrund rückte und von Zukunftsoptimismus und Machbarkeitsglauben geprägt war. Nach dem Boom machte sich jedoch eine epochale Trendwende bemerkbar, die den entfalteten Sozialstaat vor gravierende neue Herausforderungen stellte.[30] Er unterliegt seither einem erhöhten Bewährungszwang, der es unumgänglich macht, nach neuen Gleichgewichtspunkten im Mischungsverhältnis von Marktkräften und Staatseinfluss zu suchen. Der Staatssozialismus hatte versucht, das Spannungsverhältnis zwischen Markt und Staat gänzlich aus der Welt zu schaffen. So entstand ein enorm ausgedehnter Lenkungs- und Kontrollapparat in den Händen eines Machterhaltungskartells. Dieses lehrreiche Exempel bestätigt die oben zitierte Einsicht von Thomas H. Marshall, »dass es kaum möglich ist, in einer Gesellschaft demokratische Freiheiten zu bewahren, wenn diese nicht gleichzeitig einen großen Bereich wirtschaftlicher Freiheit bereitstellt«. Es kommt also nicht darauf an, das Spannungsverhältnis zwischen Markt und Staat zu beseitigen, sondern darauf, es in immer wieder erneuerten Kompromissen auszubalancieren.

29 *A. Steiner*, Preisgestaltung, in: Geschichte der Sozialpolitik in Deutschland seit 1945, Bd. 10 (wie Anm. 26), S. 304–323, hier S. 321.

30 Vgl. den Beitrag 14 im vorliegenden Band.

Die Gefährdung des Sozialstaats nach dem Boom

12. Soziale Ungleichheit im Sozialstaat

Soziale Ungleichheit ist ein großes Thema unserer Zeit. Wie in vielen Industrieländern der OECD haben die meisten Menschen auch in Deutschland den Eindruck, »dass das Oben und das Unten der Gesellschaft weiter auseinanderrücken und dass sich die Schere in Zukunft noch weiter öffnen wird«.[1] Eine solche Problemwahrnehmung kann sich auf reale Daten stützen. So hat zum Beispiel die Einkommensungleichheit in der Bundesrepublik seit den 1980er Jahren in mehreren Wellen, besonders seit 2000, zugenommen. Der Niedriglohnsektor dehnt sich aus. Das Armutsrisiko wächst. Signalwörter wie Prekariat und »soziale Verwundbarkeit« machen darauf aufmerksam, dass nicht nur der Abstand zwischen Oben und Unten größer wird, sondern neuerdings auch die Mitte der Gesellschaft von Statusverlusten und Abstiegssorgen bedroht ist.[2]

Das Ausmaß und die Dynamik dieses Wandels sind jedoch umstritten. Je nach der Wahl der Messkonzepte und je nach dem Stellenwert, der den »gefühlten Aspekten« aktueller Bedrohungsszenarien eingeräumt wird, gelangt man zu unterschiedlichen Deutungen. Experten der sozialstrukturellen Langzeitbeobachtung neigen eher zu dem Befund, dass es in Deutschland »noch nicht zu einer grundlegenden Verschärfung von sozialen Ungleichheiten und zu einem tiefgreifenden Wandel ihrer Strukturen« gekommen sei.[3] Sie betonen vielmehr die erstaunliche Zählebigkeit von Ungleichheitsrelationen. Die harten Kerne der »Klassendisparitäten in der Marktgesellschaft« seien in den Jahrzehnten des opulenten Wirtschaftswachstums weniger spürbar gewesen, doch träten sie in jüngster Zeit wieder unübersehbar hervor.[4] Beide Perspektiven – die Hervorhebung neuer und die aktuelle Akzentuierung alter Spaltungslinien – tragen dazu bei, dass verstärkt über Fragen sozialer Ungleichheit diskutiert wird.

1 *S. Hradil*, Warum werden die meisten entwickelten Gesellschaften wieder ungleicher?, in: *P. Windolf* (Hg.), Finanzmarkt-Kapitalismus. Analysen zum Wandel von Produktionsregimen, Wiesbaden 2005, S. 460–483, hier S. 461.

2 Vgl. *B. Vogel*, Wohlstandskonflikte. Soziale Fragen, die aus der Mitte kommen, Hamburg 2009.

3 *K. U. Mayer*, Sinn und Wirklichkeit – Beobachtungen zur Entwicklung sozialer Ungleichheiten in (West-)Deutschland nach dem Zweiten Weltkrieg, in: *K.-S. Rehberg* (Hg.), Soziale Ungleichheit, Kulturelle Unterschiede. Verhandlungen des 32. Kongresses der Deutschen Gesellschaft für Soziologie in München 2004, Frankfurt a. M., 2006, S. 1329–1355, hier S. 1351.

4 Dies ist der Tenor bei *H.-U. Wehler*, Deutsche Gesellschaftsgeschichte, Bd. 5: Bundesrepublik und DDR 1949–1990, München 2008.

Dabei richtet sich das Augenmerk aus mehreren Gründen auf die Geschichte des Sozialstaats. Erstens kommt damit – wie Gøsta Esping-Andersen prominent herausgearbeitet hat – »an active force in the ordering of social relations« in den Blick.[5] Man kann die sozialstaatlichen Arrangements sogar zu den wichtigsten Instrumenten »gesellschaftlicher Relationierung« zählen.[6] Zweitens ist die Meinung verbreitet, das Ziel des »sozialstaatlichen Projekts« sei ausschließlich oder vorrangig »die Stiftung von egalitär strukturierten Lebensformen«.[7] Die Frage nach sozialer Ungleichheit *im* Sozialstaat erlaubt es, eine solche Vorstellung sozusagen gegen den Strich zu bürsten. Welches Maß an sozialer Ungleichheit lässt der Sozialstaat zu? Ist er sogar seinerseits ungleichheitsträchtig? Wie verändert sich seine Ungleichheitstoleranz im Zeitverlauf? Drittens befindet sich der Sozialstaat heute bekanntlich in einer Phase tiefgreifender Umbrüche. In den aktuellen Reformdebatten wird soziale Ungleichheit als eine alte und neue, mehr noch: als eine permanente Herausforderung des Sozialstaats betrachtet.

Eine solche Sichtweise setzt voraus, dass mehr Gleichheit zu den Zielen des Sozialstaats gehört. Umso kräftiger ist vorab zu betonen: Das Grundversprechen moderner Sozialstaatlichkeit lautet nicht Gleichheit, sondern Sicherheit. Darauf verweist schon der rasante Aufstieg, den der Leitbegriff »soziale Sicherheit« (oder *social security*, *sécurité sociale*) nach 1945 genommen hat. Nach der dramatischen Erfahrung von Unsicherheit in den Zeiten der Weltwirtschaftskrise und des Zweiten Weltkriegs erklärten die Vereinten Nationen *social security* 1948 zu einem Grundrecht der Menschheit. Die Entfaltung der westeuropäischen Wohlfahrtsstaaten in den Jahrzehnten des Nachkriegsbooms war in dieser Leitkategorie verankert. So lag die hauptsächliche Intention darin, Menschen gegen verschiedenste soziale Risiken abzusichern. Im Beziehungsverhältnis von Sicherheit und Gleichheit war damit ein weiter, spannungsreicher Optionsraum eröffnet. Denn der Sozialstaat kann soziale Ungleichheit nicht nur reduzieren und limitieren, sondern auch konservieren, ja sogar selber produzieren und legitimieren.

Reduzieren: Um mehr Gleichheit bemüht, kann der Sozialstaat die beiden Grundformen sozialer Ungleichheit ins Visier nehmen: die Verteilungs- und die Chancenungleichheit. Er hat es dann in der Hand, Einkommen umzuverteilen, soziale Infrastrukturen auszubauen und allgemein zugänglich zu machen sowie besondere Hilfs- und Fördersysteme bereitzustellen. Diese sollen Nachteile in den Lebenschancen ausgleichen und »Befähigung« vermitteln.[8] Dabei ist auch die sozialpolitische Dimension der Bildungspolitik einzubeziehen, die bei

5 *G. Esping-Andersen*, The Three Worlds of Welfare Capitalism, Cambridge 1990, S. 23.

6 *S. Lessenich*, Die Neuerfindung des Sozialen. Der Sozialstaat im flexiblen Kapitalismus, Bielefeld 2008, S. 35.

7 So etwa *J. Habermas*, Die Krise des Wohlfahrtsstaates und die Erschöpfung utopischer Energien, in: *ders.*, Die Neue Unübersichtlichkeit, Frankfurt a. M. 1985, S. 141–163, hier S. 151.

8 Vgl. *F.-X. Kaufmann*, Schutz – Sicherheit – Befähigung. Dauer und Wandel im Sozialstaatsverständnis, in: ZSR 55 (2009), S. 13–23.

der Verteilung von Lebenschancen eine zentrale Rolle spielt. Soweit soziale Sicherheit mit dem Ziel verbunden ist, Unterschiede in den Gefährdungen auszugleichen, gehen Sicherheit und Gleichheit ein gutes Stück »in eine gemeinsame Richtung«.[9] Hierzulande sind Elemente des sozialen Ausgleichs vor allem im Gesundheitssystem ausgeprägt. Denn die Sach- und Dienstleistungen, auf die alle Versicherten Anspruch haben, hängen vom Bedarf und nicht von der Beitragshöhe ab, jedenfalls im Prinzip. Auch die Ungleichheit der am Markt erzielten Einkommen wird durch sozialstaatliche Maßnahmen spürbar vermindert. So waren zum Beispiel 26 Prozent der Bevölkerung in Deutschland im Jahr 2005 vom Risiko der Einkommensarmut betroffen – vor Berücksichtigung von Sozialtransfers; deren Wirkung halbierte dieses Risiko auf 13 Prozent.[10] Was die Verteilung des Privatvermögens, zumal des Betriebsvermögens betrifft, so kann man gewiss von einer »extrem« ausgeprägten Ungleichheit sprechen.[11] Die Kritiker beachten jedoch zumeist jene Formverwandlung des privaten Eigentums nicht, die in Besitzanteilen am »Sozialvermögen« zum Ausdruck kommt. Damit sind vor allem Anrechte auf Altersversorgung gemeint, sei es aus der gesetzlichen Rentenversicherung, aus der Beamtenversorgung oder aus Betriebsrenten. Das private Eigentum an diesem Anwartschaftsvermögen erreichte schon in den 1970er Jahren eine Größenordnung, die das Sach- und Geldvermögen der privaten Haushalte um das Doppelte übertraf.[12] Das sozialpolitisch paktierte Vermögen reduziert somit die Spannung zwischen den Erwerbs- und Besitzklassen ganz beträchtlich.

Limitieren: Der Sozialstaat kann Ungleichheitsräume offen halten (oder durch eine marktschaffende Politik selbst öffnen), jedoch am oberen und unteren Rand Grenzen ziehen. So beträgt beispielsweise das 2007 eingeführte Elterngeld mindestens 300 Euro und höchstens 1800 Euro im Monat. Der Sozialstaat hegt solche Ungleichheiten ferner dadurch ein, dass er wohlfahrtsrelevante Eigenaktivitäten nicht-staatlicher Anbieter einer staatlichen Rahmensteuerung unterwirft. So hat z.B. die Pflegeversicherung (1995) die Tore für kommerzielle Dienstleister geöffnet, diese jedoch an bestimmte Standards und Kontrollen gebunden. Die Riester-Reform (2001) hat die gesetzliche Alterssicherung auf eine Teil-Privatisierung umgestellt; doch werden nur solche Finanzmarktprodukte staatlich gefördert, bei denen zu Beginn der Auszahlungsphase mindestens die Summe der eingezahlten Beiträge garantiert ist. Diese Einhegungstendenz hat in jüngster Zeit stark an Boden gewonnen, denn die Einbeziehung von Märkten in sozialstaatliche Arrangements zählt zu den Hauptmerkmalen der aktuellen

9 Vgl. *H. F. Zacher*, Grundlagen der Sozialpolitik in der Bundesrepublik Deutschland, in: Geschichte der Sozialpolitik in Deutschland seit 1945, Bd. 1: Grundlagen der Sozialpolitik, Baden-Baden 2001, S. 333–684, hier S. 387.

10 Vgl. Lebenslagen in Deutschland. Dritter Armuts- und Reichtumsbericht, 30.6.2008 (BT Drs. XVI/9915, S. 17).

11 *Wehler*, Gesellschaftsgeschichte, S. 120. Dort wird das im Folgenden hervorgehobene »Sozialvermögen« jedoch nicht berücksichtigt.

12 Vgl. *W. Abelshauser*, Deutsche Wirtschaftsgeschichte seit 1945, München 2004, S. 347.

Reformpolitik. Dabei gehen Öffnung und Regulierung von marktbasierten Ungleichheitsräumen Hand in Hand.[13]

Konservieren: Soweit der Sozialstaat erworbene Lebensverhältnisse sichert, lässt er die Verteilungs- und Chancenstruktur einer Gesellschaft unangetastet, denn Statusunterschiede werden dabei bekräftigt und verstetigt. Das herausragende Beispiel bietet hierzulande die gesetzliche Rentenversicherung: Sie konstruiert über den lohnbezogenen Beitrag und die beitragsbezogene Rente eine Äquivalenz zwischen Arbeitslohn und Rentenhöhe. Dauer und Erfolg der Erwerbstätigkeit rücken somit in den Rang einer zentralen Kategorie für die Zurechnung sozialer Leistungen. Anders gesagt: Die Einkommensungleichheit der Marktsphäre wird – einschließlich ihrer geschlechtsspezifischen Komponenten[14] – auf das Sozialeinkommen übertragen. Da Hochverdiener eine statistisch signifikant größere Lebenserwartung haben als Niedrigverdiener, beziehen sie ihre höhere Rente auch deutlich länger als die anderen ihre niedrige. So gesehen gilt: Wer hat, dem wird gegeben. Oder: »Sicherheit schützt auch die Ungleichheit«.[15]

Produzieren: Der Sozialstaat bringt auch selbst soziale Ungleichheit hervor, und zwar auf dem Wege der selektiven Regelung von Zugangsrechten, Teilhabeformen und Finanzierungslasten, der Privilegierung oder Benachteiligung von Lebenslagen, der Konstituierung von »Versorgungsklassen«,[16] kurz: im Zuge der Dialektik von Inklusion und Exklusion. *Wem wann welche* Sicherung zusteht und *wer wann wie* dafür aufzukommen hat – darüber wird im politischen Prozess unablässig entschieden, und ein solcher Spielraum übt auf viele Akteure einen unwiderstehlichen Anreiz aus, ihre Klientel durch immer neue Variationen der Bevorzugung an sich zu binden. Auch der Begriff des »Inklusionsparadoxons« deutet an, dass wir hier eine fortwährende Dynamik vor Augen haben, die sich nie stillstellen lässt: Jeder inkludierende Schritt lässt verbleibende oder neue Exklusionen umso stärker hervortreten. Je mehr Menschen etwa aus der Sozialhilfe in »höhere Stockwerke der sozialen Sicherung« überführt werden, umso mehr laufen die verbleibenden Empfänger Gefahr, »marginalisiert und stigmatisiert« zu werden.[17]

13 Vgl. *L. Leisering* u. *C. Marschallek*, Zwischen Wohlfahrtsstaat und Wohlfahrtsmarkt. Alterssicherung und soziale Ungleichheit, in: *H. G. Hockerts* u. *W. Süß* (Hg.) Soziale Ungleichheit im Sozialstaat. Die Bundesrepublik Deutschland und Großbritannien im Vergleich, München 2010, S. 89–115.

14 Vgl. *C. Kuller*, Ungleichheit der Geschlechter, in: *Hockerts/Süß*, S. 65–88.

15 Vgl. *Zacher*, Grundlagen, S. 387.

16 In die Forschung wurde dieser Begriff eingeführt von *R. M. Lepsius*, Soziale Ungleichheit und Klassenstrukturen in der Bundesrepublik Deutschland. Lebenslagen, Interessenvermittlung und Wertorientierungen, in: *H.-U. Wehler* (Hg.), Klassen in der europäischen Sozialgeschichte, Göttingen 1979, S. 166–209.

17 Vgl. *L. Leisering*, Desillusionierung des modernen Fortschrittsglaubens: »Soziale Exklusion« als gesellschaftliche Selbstbeschreibung und soziologisches Konzept, in: *T. Schwinn* (Hg.), Differenzierung und soziale Ungleichheit. Die zwei Soziologien und ihre Verknüpfung, Frankfurt a. M. 2004, S. 238–268, hier S. 260.

In der deutschen Geschichte gilt die Separierung der Angestellten von den Arbeitern als das klassische Beispiel sozialpolitisch erzeugter Ungleichheit. Diese arbeits- und sozialrechtliche Spaltungslinie setzte 1911 markant ein, wurde jedoch seit den 1950er Jahren schrittweise überwunden. Unter dem Dach der übergreifenden Kategorie des Arbeitnehmers war die Rechtsangleichung 1969 in allen wesentlichen Punkten erreicht (wenngleich die organisatorische Trennung in der Rentenversicherung noch bis zum Jahre 2005 fortdauerte). Inzwischen sind andere Disparitäten ins Zentrum der öffentlichen Aufmerksamkeit getreten, insbesondere die Folgen der geschlechtsspezifischen Spaltung des Sozialstaats. Dass sozialstaatliche Regelungen eine eigenständige Komponente sozialer Distinktion bilden, lassen auch aktuelle Fragen wie diese erkennen: Vertieft die hohe Regulierungsdichte von Arbeitsverträgen die Kluft zwischen Kern- und Randbelegschaften? Warum haben viele »Soloselbständige« dasselbe Schutzbedürfnis wie Arbeitnehmer, aber nicht denselben Schutz? Bietet »Hartz IV« das Musterbeispiel einer mittels sozialrechtlicher Diskriminierung geschaffenen »Versorgungsklasse«? Gerade in jüngster Zeit, in einer Phase des sozialstaatlichen Um- und Rückbaus, gewinnt das ungleichheitsträchtige Potential sozialpolitischer Entscheidungen an Aktualität und Brisanz. Denn das vom »sorgenden Staat« gesicherte Wohlstandsniveau wird partiell abgesenkt; zugleich werden öffentliche und private Elemente neu gemischt. In diesem *New Deal* wird es Gewinner und Verlierer geben.

Legitimieren: Der Sozialstaat kann Ungleichheitskonstellationen rechtfertigen oder doch zumindest akzeptabel machen, indem er ihnen die Schärfe nimmt. Man denke an den Einbau von Elementen des sozialen Ausgleichs oder an die Fixierung von Mindestsicherungen, die gleichsam das legitimatorische Fundament jener Ungleichheitsräume bilden, die sich darüber wölben. Auch semantisch, im Diskurs über Gerechtigkeit, trägt der Sozialstaat dazu bei, soziale Ungleichheit erträglich zu machen. Denn er wirbt (in national variabler Dosierung) stets auch für Wertideen, die nicht im Gleichheitsprinzip verankert sind. Dazu zählt vor allem »Leistungsgerechtigkeit«, zum Teil auch der ambivalente Leitwert Sicherheit.[18] In der Spannung zwischen der Marktökonomie, die unablässig Ungleichheit hervorbringt, und der demokratischen Ordnung, die auf politischer Gleichheit beruht, tritt der Sozialstaat als Vermittlungsinstanz auf: Seine Räson liegt darin, soziale Ungleichheit auf ein gesellschaftlich *akzeptiertes* Maß zurückzuführen. Man kann noch einen Schritt weiter gehen und sagen: Die Akzeptanz der sozialpolitischen Verteilungskompromisse zählt zum innersten Kern der Legitimation unserer Gesellschaft.

Mit alledem ist gesagt: Soziale Ungleichheit und Sozialstaat stehen in einem multivalenten, zudem historisch wandlungsfähigen Beziehungsverhältnis. Da sich die sozialstaatliche Entwicklung nach 1945 in einem dezidiert nationalstaatlichen Rahmen entfaltet hat, variiert dieses Verhältnis außerdem im internatio-

18 Vgl. *C. Torp*, Gerechtigkeitsprinzipien in der Konstruktion sozialer Sicherung, in: *Hockerts/Süß*, S. 117–137.

nalen Maßstab. Lässt man sich auf eine vereinfachende Dreiertypologie ein, mit der die vergleichende Sozialstaatsforschung unterschiedliche Ausprägungen des »welfare capitalism« zu erfassen sucht, dann kann man sagen: Im »liberalen« oder angelsächsischen Typ des Wohlfahrtsregimes ist soziale Ungleichheit am wenigsten zurückgedrängt, im »sozialdemokratischen« oder skandinavischen Typ am meisten, während sich der »christdemokratische« oder kontinentaleuropäische Typ – somit auch der deutsche Sozialstaat – auf einer mittleren Linie bewegt.[19] Bei dieser Unterscheidung kommt die Prägekraft des liberalen angelsächsischen Kulturerbes in den Blick. Dieses präferiert eher die Freiheit als die Gleichheit, eher das individuelle als das kollektive Interesse, eher den Markt als den Staat und hält folglich ein größeres Maß an sozialer Ungleichheit für unabdingbar als es der deutschen Sozialstaatstradition entspricht.[20] Doch unterliegt der deutsche Sozialstaat seit den 1990er Jahren einem Anpassungsdruck, der ihn ein Stück weit dem liberalen Regimetyp angenähert hat.[21] Dafür ist die Teilprivatisierung der gesetzlichen Rentenversicherung, verbunden mit dem Vordringen des Marktes und der Finanzindustrie in die Politik der Alterssicherung, ein prominentes Beispiel.[22] Der Konvergenzdruck, den die liberalisierende und deregulierende Rechtsprechung des Europäischen Gerichtshofs auf die Mitgliedstaaten der EU ausübt, wird wahrscheinlich noch weitere Schritte in dieser Richtung erzwingen.[23] Die Frage, wie sich der Sozialstaat zu den vielfältigen Dimensionen der sozialen Ungleichheit verhält, wird daher künftig an Brisanz gewinnen.

Armut bezeichnet den Bereich sozialer Ungleichheit, der in unserer Gesellschaft mit Abstand am stärksten als illegitim bewertet wird.[24] Daher wird sich das Augenmerk des Sozialstaats vor allem auf alte und neue Armutsrisiken richten müssen. Diese liegen in langfristiger Arbeitslosigkeit, in atypischen Beschäftigungsverhältnissen mit wachsendem Niedriglohnsektor und – besonders signifikant – in der prekären Lage alleinerziehender Mütter, denen es ohne Kinderbetreuung an Erwerbsmöglichkeiten fehlt. Wegen des unzureichenden Familienlastenausgleichs tragen auch Paare mit drei oder mehr Kindern ein erhöhtes Armutsrisiko. Zu den besonders armutsgefährdeten Gruppen zählen

19 Vgl. *S. Mau* u. *R. Verwiebe*, Die Sozialstruktur Europas, Konstanz 2009, S. 56–59.

20 Vgl. *V. Bornschier*, Culture and Politics in Economic Development, London 2005, S. 139–151; *S. Mau*, The Moral Economy of Welfare States. Britain and Germany Compared, London 2003, S. 96f.

21 Vgl. den Beitrag 14 im vorliegenden Band.

22 Vgl. den Beitrag 13 im vorliegenden Band.

23 Vgl. *F. W. Scharpf*, Weshalb die EU nicht zur sozialen Marktwirtschaft werden kann, in: Zeitschrift für Staats- und Europawissenschaften 7 (2009), S. 419–434.

24 Im öffentlichen Meinungsklima, das vom demoskopischen Sozialstaatssurvey erfasst wird, rangiert daher das Ziel »Vermeidung von Armut« weit vor dem Ziel »Einkommensunterschiede zwischen arm und reich ausgleichen«. Vgl. Datenreport 2008. Ein Sozialbericht für die Bundesrepublik Deutschland, hg. v. *Statistischen Bundesamt* u.a., Bonn 2008, S. 291.

zudem Migrantenfamilien.[25] Das Risiko der Einkommensarmut liegt bei Personen mit Migrationsgeschichte in Deutschland heute etwa doppelt so hoch wie im Durchschnitt der Gesamtbevölkerung – mit beträchtlichen Differenzen zwischen den einzelnen Migrationsgruppen.[26] Bedenkt man, dass gut 18 Prozent der Bevölkerung hierzulande einen Migrationshintergrund haben und das Merkmal »Einkommensarmut« zumeist eng mit weiteren Dimensionen sozialer Ungleichheit – Bildung, Qualifikation, Gesundheit, Lebenswartung – zusammenhängt, dann ist ganz offensichtlich: Einwanderungsbedingte Unterschiede können längst nicht mehr als eine Problemzone am Rand der Gesellschaft betrachtet werden, sondern haben sich zu einer zentralen Achse im System der sozialen Ungleichheit entwickelt. Somit stellt die ethnisierte Armut für eine auf Reduzierung und Limitierung sozialer Ungleichheit gerichtete Politik eine der größten Herausforderungen unserer Zeit dar.[27]

Besonders gravierend ist der Befund, dass der Anteil der Kinder, die in einkommensarmen Familien leben, langfristig deutlich gestiegen ist.[28] Davon sind heute knapp 25 Prozent aller Kinder unter 18 Jahren betroffen, bei Kindern mit Migrationshintergrund sogar 35 Prozent.[29] Fasst man neben der materiellen Armut auch die Bildungs- und Erziehungsarmut ins Auge, so erkennt man: Von den 13,6 Millionen Kindern unter 18 Jahren wachsen rund 4 Millionen »in sozialen, finanziellen oder/und kulturellen Risikolagen« auf.[30] Hier liegt eine der folgenreichsten Problemzonen sozialer Ungleichheit. Denn die Bildungsverläufe von Kindern und Jugendlichen hängen hierzulande stark von den sozialen Verhältnissen der Herkunftsfamilie ab,[31] und die schichtspezifischen Unterschiede wirken sich langfristig massiv aus: über die Schule und die berufliche Ausbildung bis zur Platzierung auf dem Arbeitsmarkt. Daher ist es eine vordringliche, vielleicht sogar die entscheidende gesellschaftspolitische Aufgabe, die Ungleichheit der Bildungschancen zu verringern und Bildungsarmut abzubauen.

25 Vgl. *W. Süß*, Armut im Wohlfahrtsstaat, in: *Hockerts/Süß*, S. 19–41; *H.-J. Andreß* u. *M. Kronauer*, Arm – Reich in: *S. Lessenich* u. *F. Nullmeier* (Hg.), Deutschland. Eine gespaltene Gesellschaft, Frankfurt a. M. 2006, S. 28–52.

26 Lebenslagen in Deutschland, S. 104.

27 Ähnlich argumentiert *J. Alber*, Geschlecht – die überschätzte Dimension sozialer Ungleichheit, Zentrale Herausforderungen liegen anderswo, in: WZB Mitteilungen, Heft 129 (2010), S. 7–11.

28 *I. Becker* u. *R. Hauser*, Soziale Gerechtigkeit – ein magisches Viereck. Zieldimensionen, Politikanalysen und empirische Befunde, Berlin 2009, S. 246 f.

29 Bildung in Deutschland 2010. Ein indikatorengestützter Bericht mit einer Analyse zu Perspektiven des Bildungswesens im demografischen Wandel. Im Auftrag der Ständigen Konferenz der Kultusminister der Länder in der Bundesrepublik Deutschland und des Bundesministeriums für Bildung und Forschung hg. v. *Arbeitsgruppe Bildungsberichterstattung*, Bielefeld 2010, S. 27.

30 Ebda., S. 6.

31 Hingegen haben sich die geschlechtsspezifischen Unterschiede in der Bildungsbeteiligung seit den 1970er Jahren sehr verringert; in dieser Hinsicht ist eine weitgehende Gleichheit der Startchancen erreicht.

Woraus auch folgt, dass »Bildungspolitik mehr als bisher in das Sozialstaatsverständnis einbezogen« werden muss.[32]

Der neue sozialpolitische Leitbegriff der »Befähigung« nimmt dieses Desiderat auf und gibt der Verbesserung der Chancengerechtigkeit im Zielspektrum der Sozialpolitik einen Rangschub nach oben.[33] Die Förderung der Chancengleichheit in Bildung, Betreuung und Erziehung ist ein Gebot dieses Gerechtigkeitsziels. Dass hier in jüngster Zeit tatsächlich etwas in Bewegung gekommen ist, dürfte allerdings eher der Schubkraft demographischer und ökonomischer Zwänge zuzuschreiben sein. Denn in Anbetracht der demographischen Entwicklung und einer mit Bezug auf Qualifikationen immer anspruchsvoller werdenden Ökonomie hat es sich inzwischen herumgesprochen, dass unsere Gesellschaft sich »dieses relativ hohe Ausmaß an ›Bildungsarmut‹ einfach nicht leisten kann, sollen nicht Innovationsfähigkeit und Wohlstand gefährdet werden«.[34]

In diesem Zusammenhang kommt nun nochmals das Problem der Vermögensverteilung in den Blick. Wie oben dargelegt, reduziert das »Sozialvermögen« an Renten und Pensionen die sozialstrukturellen Spannungen, die sich aus der hochgradigen Konzentration des Privatvermögens ergeben könnten. Dies ändert aber nichts daran, dass das privat vererbbare Vermögen sehr ungleich verteilt ist, auch dann, wenn man das besonders stark konzentrierte Betriebsvermögen ausklammert. Da nun aber die Vermögensverhältnisse der Herkunftsfamilie die Start- und Lebenschancen der Kinder zu einem beträchtlichen Teil mitbestimmen, ist das große Ausmaß der vererbten Vermögensungleichheit unter dem Aspekt der Chancengerechtigkeit kaum zu rechtfertigen.[35] So gesehen ist es erstaunlich, wie ausnehmend moderat die Erbschafts- und Schenkungsbesteuerung mit dieser Bastion im System sozialer Ungleichheit verfährt. Symptomatisch ist der geringe Anteil des Erbschaftsteueraufkommens an den staatlichen Einnahmen: Er lag 2005 in Deutschland bei 0,53 Prozent und somit niedriger als etwa in Großbritannien (0,71 Prozent), den USA (0,92 Prozent) oder Frankreich (1,18 Prozent).[36] Daher wäre eigentlich zu erwarten, dass das Thema Erbschaftssteuer in den seit geraumer Zeit so intensiv geführten Debatten über »Generationengerechtigkeit« eine bedeutende Rolle spielt. Das ist aber durchaus nicht der Fall. In diesen Debatten hat sich viel-

32 Vgl. *W. Rudloff*, Ungleiche Bildungschancen als sozialpolitische Herausforderung, in: *Hockerts/Süß*, S. 43–63, hier S. 43 f.

33 Vgl. *Kaufmann*, Schutz – Sicherheit – Befähigung.

34 Vgl. *H. Solga* u. *J. Powell*, Gebildet – Ungebildet, in: *Lessenich/Nullmeier*, S. 175–190, hier S.189.

35 *Becker/Hauser*, S. 177–191.

36 Antwort der Bundesregierung auf eine kleine Anfrage von FDP-Abgeordneten, 15.6.2007 (BT Drs. XVI/5706, S. 11). Die Reform der Erbschaftssteuer, die am 1.1.2009 in Kraft trat, dürfte eher zu einer weiteren Vermögenskonzentration führen. Vgl. *J. R. Frick* u. *M. Grabka*, Gestiegene Vermögensungleichheit in Deutschland, in: Wochenbericht des DIW Berlin Nr. 4/2009, S. 54–67.

mehr eine Problemrahmung durchgesetzt, die das Leitbild der Gleichheit *zwischen* aufeinanderfolgenden Generationen aufwertet, die Gleichheitsnorm *innerhalb* der Generationen jedoch abwertet.[37] Um so mehr empfiehlt es sich, mit Nachdruck darauf zu achten, dass der Diskurs über intergenerationelle Gerechtigkeit die intragenerationellen Problemzonen sozialer Ungleichheit nicht verdeckt.

37 Vgl. dazu den folgenden Beitrag im vorliegenden Band.

13. Abschied von der dynamischen Rente

Über den Einzug der Demographie und der Finanzindustrie in die Politik der Alterssicherung

In einer Januarnacht des Jahres 1957 verabschiedete der Deutsche Bundestag eine Rentenreform, die vielen Arbeitern und Angestellten eine neue Lebensperspektive eröffnete: die Aussicht auf einen Ruhestand ohne Angst vor sozialer Deklassierung, ohne den Zwang, sich auf das Allernötigste beschränken zu müssen und ohne die Sorge, der Familie zur Last zu fallen.[1] Die Kernelemente des neuen Rentensystems erfasst man am besten mit den Worten Lohnersatzfunktion und Lebensstandardsicherung. Die Rente sollte ihren armseligen Charakter verlieren und auf ein Niveau gehoben werden, auf dem sie den Lohn nach einem erfüllten Arbeitsleben hoch genug ersetzt, um den erarbeiteten Lebensstandard auch im Alter zu gewährleisten. Dieses ehrgeizige Ziel erforderte nicht nur eine kräftige Anhebung des Leistungsniveaus, sondern auch das neue Prinzip der »Dynamisierung«. Damit ist die Kopplung der Renten an die aktuelle Lohnbewegung gemeint. Konkret: Wenn man in Rente geht, wird der Wert der Beiträge, die man vor Jahren oder Jahrzehnten gezahlt hat, auf das aktuelle Lohnniveau hochgerechnet. Und wenn die Rente dann läuft, folgt sie der weiteren Lohnentwicklung in einem geregelten Verfahren. Mit der Reform von 1957 wandte sich die Sozialpolitik außerdem von dem Gedanken ab, dass die Rentenversicherung einen Kapitalstock ansammeln müsse, um die Rentenansprüche langfristig zu decken. Stattdessen vollzog sie eine Achsendrehung zum Umlageverfahren. Überspitzt gesagt bedeutet dies, dass das Geld noch im selben Monat von der Hand der einen Generation (Beitragszahler) in die Hand der anderen (Rentenempfänger) wechselt. In Zuge dieser Wendung entstand ein neuer Leitbegriff der politischen Rhetorik: Generationenvertrag. Damit sollte zum Ausdruck gebracht werden, dass an die Stelle der materiellen Deckung die Solidarität der Generationen getreten sei.

Mit der Riester-Reform 2001 und dem Nachhaltigkeitsgesetz 2004 hat die Politik der Alterssicherung sich von den beiden Kernelementen der dynamischen Rente verabschiedet. Denn die gesetzliche Rentenversicherung hat das Ziel der Lebensstandardsicherung aufgegeben, ebenso das Prinzip der gleich-

1 Vgl. dazu im Einzelnen den Beitrag 3 im vorliegenden Band.

gewichtigen Entwicklung von Löhnen und Renten.[2] Das Rentenniveau wird daher langfristig deutlich sinken. Kritiker rechnen vor, dass Durchschnittsverdiener im Jahr 2030 nicht weniger als 37 Beitragsjahre benötigen werden, um im Alter von 65 Jahren eine Rente zu erhalten, die zur Armutsvermeidung ausreicht.[3] Zur Kompensation hat die Sozialpolitik einen Altersvorsorgemarkt geschaffen, auf dem kapitalfundierte private Alterssicherungsprodukte mit staatlicher Zertifizierung und Förderung gehandelt werden. Diese marktbasierte Vorsorge ist jedoch freiwillig. Wer die Sicherungslücke nicht schließt, ist für die Folgen selbst verantwortlich. Insgesamt handelt es sich zweifellos um eine tiefgreifende Zäsur in der Sozialstaatsgeschichte der Bundesrepublik.

Zum Erstaunlichen dieses Kurswechsels zählt, dass er mehrere altvertraute Annahmen der Sozialstaatsforschung infrage stellt. So gilt die Bundesrepublik als Musterbeispiel eines politischen Systems, in dem eine Vielzahl von Mitregenten und Vetospielern eher für Reformstau als für Reformen sorgt.[4] Zudem besagt das Theorem der »Pfadabhängigkeit«, dass institutionelle Elefanten wie beispielsweise die gesetzliche Rentenversicherung ihren Entwicklungspfad in der Regel nicht mehr wechseln. Bemerkenswert ist auch, dass die Umsteuerung einem demoskopischen Befund zuwiderlief: In der deutschen Bevölkerung gab es eine breite Zustimmung für die Beibehaltung des Rentenniveaus, auch wenn dafür die Steuern oder Beiträge erhöht werden müssten.[5] Und da bei der Umsteuerung langfristige demographische Argumente eine prominente Rolle spielten, passt auch die Annahme eines kurzatmigen Zeittakts der parlamentarischen Demokratie nicht ohne Weiteres ins Bild. Vielmehr mag verwundern, dass im Kurzstreckenlauf zwischen zwei Wahlperioden dezidiert mit Interessenlagen der Jahre 2020 und 2030 argumentiert wurde. Der folgende Beitrag geht daher der Frage nach: Welche Bewegungsfaktoren haben den Paradigmenwechsel um die Jahrhundertwende zustande gebracht? Da dem demographischen Faktor eine überragende Bedeutung zukam, wird dabei auch das Beziehungsverhältnis von Bevölkerungsentwicklung und Rentenpolitik seit der Rentenreform von 1957 in den Blick genommen.

2 Dass die Renten hinter die Löhne zurückfallen, ergibt sich aus dem Einbau des sog. Altersvorsorgeanteils und des sog. Nachhaltigkeitsfaktors in die Rentenanpassungsformel. Außerdem wird die Lohnbewegung nur noch bis zur Höhe der Beitragsbemessungsgrenze berücksichtigt, was dem tendenziell stärkeren Anstieg der höheren Einkommen die Anpassungswirksamkeit nimmt.

3 *W. Schmähl*, Alterssicherungspolitik im Wandel. Anmerkungen zu grundlegenden Reformen der gesetzlichen Rentenversicherung, in: *U. Becker* u. a. (Hg.), Alterssicherung in Deutschland, Festschrift für Franz Ruland zum 65. Geburtstag, Baden-Baden 2007, S. 291–314, hier S. 307 f.

4 Vgl. *M. G. Schmidt*, Das Politische System der Bundesrepublik Deutschland, München 2005, S.79–81.

5 So das Ergebnis einer Eurobarometer-Repräsentativbefragung vom Herbst 2001. Vgl. *J. Kohl*, Breite Zustimmung für Beibehaltung des Rentenniveaus auch bei steigenden Beiträgen, in: Informationsdienst Soziale Indikatoren, Ausgabe 29, Januar 2003, S. 1–6.

Die Initialzündung zur Einführung der dynamischen Rente stammte von dem Bonner Wirtschaftswissenschaftler Wilfrid Schreiber. Er bedachte von vornherein, dass das neue Rentenmodell problematisch wird, »wenn sich der Baum der Bevölkerung nicht ständig von unten ergänzt«.[6] Daher sah sein 1955 publizierter Plan die Sicherung der *nicht mehr* erwerbstätigen Generation und der *noch nicht* erwerbstätigen Generation in einem übergreifenden Zusammenhang. Dies kam im Konzept einer »Rentenkasse des deutschen Volkes« zum Ausdruck, die sowohl für die Altersrenten als auch für »Kindheits- und Jugendrenten« aufkommen sollte. Jedes Kind sollte bis zum 20. Lebensjahr aus dieser Kasse eine Unterhaltsrente erhalten, später jedoch mit einem bestimmten Prozentsatz des Arbeitseinkommens zur Rückzahlung verpflichtet sein. Schreibers Vorschlag hatte eine doppelte demographische Pointe. Zum einen ging es um die Ausweitung des 1954 zaghaft eingeführten Kindergeldes[7] zu einer Art Investitionskredit für ausnahmslos jedes Kind. Zum anderen sollte der Rückerstattungssatz umso geringer angesetzt werden, je mehr Kinder in einem Haushalt erzogen werden. Beide Regelungen zielten dezidiert auf den Abbau ökonomischer Vorteile der Kinderlosigkeit. In Schreibers eigener Terminologie, in der man einen Nachklang seines früheren volksgemeinschaftlichen Denkens erkennen kann, lag darin ein Anreiz, das »gesellschaftliche Nachwuchs-Soll zu erfüllen«.[8]

Als Schreiber sein Konzept im Dezember 1955 Bundeskanzler Adenauer erläuterte, war noch nicht abzusehen, welcher von zwei gegenläufigen demographischen Trends obsiegen werde. Bei dem einen handelte es sich um jenen säkularen Rückgang von Fertilität und Mortalität, der im späten 19. Jahrhundert einsetzte und im Rückblick als »demographische Transition« bezeichnet wird.[9] Daraus erwuchs in den 1920er Jahren ein kulturpessimistischer Überalterungs- und Untergangsdiskurs, der in Adenauers Regierungserklärung von 1953 noch mit Händen zu greifen ist. »Die wachsende Überalterung des deutschen Volkes steigt andauernd«, führte er dort aus, da »die Langlebigkeit wächst und die Geburtenzahl abnimmt«. Nur die »Stärkung der Familien und dadurch

6 *W. Schreiber*, Existenzsicherheit in der industriellen Gesellschaft, Köln 1955 (Neudr. mit verändert. Seitenzählung Köln 2004), S. 36.

7 Kindergeld wurde 1954 für das dritte und jedes weitere Kind einer Familie eingeführt, 1961 wurde auch das zweite Kind einbezogen. Hierzu und generell zur Entwicklung des Familienlastenausgleichs vgl. *C. Kuller*, Familienpolitik im föderativen Sozialstaat. Die Formierung eines Politikfeldes in der Bundesrepublik 1949–1975, München 2004, S. 161–222.

8 *Schreiber*, S. 37. Zur wenig bekannten Biographie Schreibers vor 1945 vgl. *H. G. Hockerts*, Artikel Wilfrid Schreiber, in: Neue Deutsche Biographie Bd. 23, Berlin 2007, S. 533 f. Seine Vita vor 1945 bleibt unbeachtet bei *J. Kersten*, Soziale Marktwirtschaft planen. Wilfried Schreibers »Lehre vom ökonomischen Humanismus«, in: Mittelweg 36 18 (2009), S. 82–98.

9 *J. Ehmer*, Bevölkerungsgeschichte und historische Demographie 1800–2000, München 2004, S. 118–127.

des Willens zum Kind« könne diesen »für unser ganzes Volk im Verlauf einiger Generationen vernichtenden Prozeß« aufhalten.[10] Andererseits setzte in den frühen 1950er Jahren ein markanter Anstieg der Geburtenraten ein: jener »Babyboom«, der um 1964 seinen Höhepunkt erreichte. Auf der Augenhöhe von Schreibers Expertise im Dezember 1955 ergab sich daraus der Befund, dass man derzeit »auf der Kippe zwischen der einen oder anderen Entwicklung« stehe. Doch hielt Schreiber ein »gewisses Mindestmaß von – horribile dictu! – ›Bevölkerungspolitik‹« für dringend notwendig, damit »die Bevölkerung mindestens nicht schrumpft«.[11] Horribile dictu: Damit spielte er auf die Diskreditierung der Bevölkerungspolitik durch die nationalsozialistische Rassen- und Volkstumspolitik an. Tatsächlich waren Programme zur Beeinflussung von Größe und Zusammensetzung der Bevölkerung in der politischen Kultur der Bundesrepublik lange geradezu tabu.[12]

Die Rentenreform von 1957 knüpfte nur an dem Alterssicherungsteil des Schreiber-Plans an. Dessen andere Hälfte – die Umlage zugunsten der nachwachsenden Generation – blieb unbeachtet. Immer wieder zitiert, aber nie belegt, soll Adenauer gesagt haben: »Kinder bekommen die Leute sowieso«. Wie wenig man damit seine Sichtweise trifft, zeigen allein schon die vorhin zitierten Sätze seines Regierungsprogramms. Es ging ihm vielmehr darum, die heftig umstrittene Rentenreform nicht noch zusätzlich zu befrachten; verknüpft mit einem aufwendigen Familienlastenausgleich wäre sie nicht durchsetzbar gewesen. In einem gewissen Maße wirkte wohl auch der anhaltende »Babyboom« entwarnend, der international zu beobachten war, vor allem in den USA. Daraus folgerte ein so einflussreicher Modernisierungstheoretiker wie Walt W. Rostow, dass die ins Stadium des Massenkonsums tretenden Gesellschaften »in größeren Familien« Werte suchen, die jenseits des Ökonomischen liegen.[13] Rostows berühmtes Stadienmodell strahlte also gerade im Blick auf die fortgeschrittensten Gesellschaften einen (wenn auch verhaltenen) demographischen Optimismus aus. Auf der Augenhöhe der damaligen Zeitgenossen war noch nicht klar erkennbar, dass es sich bei dem Babyboom um eine demographische Sonder-

10 Regierungserklärung vom 20.10.1953, in: Die großen Regierungserklärungen der deutschen Bundeskanzler von Adenauer bis Schmidt, hg. v. *K. von Beyme*, München 1979, S. 75–102, hier S. 93.

11 Schreiber erläuterte sein Konzept am 13.12.1955 im Ministerausschuss für die Sozialreform, der unter Adenauers Vorsitz tagte, und legte ihm am 31.12.1955 ein Memorandum vor. Das Memorandum ist abgedruckt in: Die Kabinettsprotokolle der Bundesregierung. Ministerausschuss für die Sozialreform 1955–1960, bearb. v. *B. Martin-Weber*, München 1999, S. 296–311, hier S. 301.

12 Vgl. dazu – mit bemerkenswert einschränkenden Hinweisen – *C. Kuller*, Demographen zwischen Diktatur und Demokratie. Bevölkerungswissenschaft und Sozialpolitik in der frühen Bundesrepublik, in: *M. Gadebusch Bondio* u. *T. Stamm-Kuhlmann* (Hg.), Wissen und Gewissen. Historische Untersuchungen zu den Zielen von Wissenschaft und Technik, Berlin 2009, S. 155–202.

13 *W. W. Rostow*, Stadien des wirtschaftlichen Wachstums. Eine Alternative zur marxistischen Entwicklungstheorie, Göttingen 1960, S. 25.

entwicklung handelte, die vom Jahrhundert-Trend des Geburtenrückgangs nur vorübergehend abwich. Der Absturz der Geburtenquote, der kurz vor 1970 einsetzte, lag noch jenseits ihres Horizonts.

Die Einführung der dynamischen Rente war politisch hoch umstritten, doch fällt auf, dass langfristige demographische Risiken in den Debatten kaum eine Rolle spielten. Man könnte einwenden, dass die westdeutsche Rentenpolitik sich auch damals schon intensiv mit dem Thema »Rentenberg« beschäftigte. Doch ging es dabei nicht um den säkularen Trend der demographischen Transition, sondern um vorübergehende Spätfolgen der Weltkriege. Die Sozialenquete, 1964 von der Regierung Erhard in Auftrag gegeben und 1966 von einer Expertenkommission vorgelegt, bietet dafür ein beredtes Beispiel.[14] Wie die Kommission erläuterte, hatten Kriegstod und Geburtenausfälle während des Ersten und des Zweiten Weltkriegs in die westdeutsche Alterspyramide Lücken geschlagen, aus denen sich eine beträchtliche, jedoch nur vorübergehende Verschlechterung der Relation von Beitragszahlern und Rentenempfängern errechnen ließ. Ihre Prognose sagte einen von Ende der 1960er bis Ende der 1970er Jahre ansteigenden, danach wieder absinkenden »Rentenberg« voraus. Für eine längerfristige demographische Besorgnis sah die Kommission hingegen keinen Anlass.

Im Zeichen der demographischen Herausforderung: Vom Zwei- zum Drei-Generationenvertrag?

Zwischen 1965 und 1975 kam es dann jedoch zu einem jähen Rückgang der Geburtenhäufigkeit. Seither bewegt sich die Fertilität dauerhaft unterhalb des Reproduktionsniveaus, das statistisch bei 2,1 Geburten pro Frau liegt. Der Geburtenrückgang entsprach einem Basistrend, der sich in allen entwickelten Ländern beobachten lässt, in der Bundesrepublik jedoch besonders rasant verlief. Pro tausend Einwohner gerechnet, fiel die westdeutsche Geburtenrate um die Mitte der 1970er Jahre auf den niedrigsten Stand in der Welt, und sie rückte bis 1987 nur bis zur vorletzten Stelle auf. Im Zusammenwirken mit der zunehmenden Lebenserwartung folgt daraus: Die Bevölkerungszahl schrumpft und die Gesellschaft altert.[15]

In der zweiten Hälfte der 1970er Jahre wurde die Expertenöffentlichkeit auf die »demographische Zeitenwende«[16] aufmerksam. Bezogen auf die Rentenver-

14 Soziale Sicherung in der Bundesrepublik Deutschland. Bericht der Sozialenenquete-Kommission. Erstattet von *W. Bogs* u. a., Stuttgart 1966.

15 Für diesen demographischen Wandel in postindustriellen Gesellschaften hat sich der Begriff der Zweiten demographischen Transition eingebürgert. Vgl. *D. J. van de Kaa*, Europe's Second Demographic Transition, in: Population Bulletin 42 (1987), S. 3–57.

16 *H. Birg*, Die demographische Zeitenwende. Der Bevölkerungsrückgang in Deutschland und Europa, München 2005⁴.

sicherung zeichnete sich damit – wenn auch erst in weiter Ferne – eine bedrohliche Perspektive ab. So griff zum Beispiel Heiner Geißler dieses Thema in seiner viel beachteten Streitschrift über »Die Neue Soziale Frage« (1975/1976) auf, wobei er als Sprecher der oppositionellen CDU kräftig auf die Pauke haute: Der Geburtenrückgang sei so stark, dass »der künftigen Generation fast kaum mehr zu bewältigende Finanzierungslasten für die Altersrenten auferlegt werden«; langfristig sei daher im Generationenvertrag ein »Generationenkonflikt« angelegt.[17] Der etwa zeitgleich vom Mannheimer SPD-Parteitag verabschiedete »Orientierungsrahmen '85« spielte die demographische Frage hingegen herunter und ließ sich nur auf den möglichen Entlastungsaspekt des Geburtenrückgangs ein: Die sinkende Kinderzahl verringere langfristig die Zunahme des Bedarfs an öffentlichen Gütern und Diensten.[18]

Vor diesem Hintergrund entspann sich in den späten 1970er Jahren eine Diskussion über die Zukunftsfähigkeit des 1957 etablierten Rentensystems. Als Wortführer trat der Nestor der katholischen Soziallehre, Oswald von Nell-Breuning, hervor, der über alle politischen Lager hinweg hohes Ansehen genoss. Er bemängelte, dass die Rentenreform nur als Zwei- und nicht als Drei-Generationen-Vertrag konzipiert worden sei. So bringe sie zwar das Verhältnis zwischen den Alten und den Aktiven mittleren Alters in eine Balance, vernachlässige aber die nachwachsende Generation. Darin liege ein gravierender Konstruktionsfehler, denn Kinder, die später einmal Beitragszahler werden, seien im Rahmen eines staatlich geregelten Umlageverfahrens die einzige Bestandssicherung. Erforderlich sei also eine »Rückbesinnung auf den echten Schreiber-Plan«, der den Bedürfnissen der Nachwuchssicherung ein ähnliches Gewicht beigemessen habe wie der Alterssicherung.[19]

Nell-Breunings Plädoyer fand viel Resonanz, doch blieb strittig, was daraus zu folgern sei. Ein Debattenstrang führte zu der Forderung, den Beitragssatz zur Rentenversicherung nach der Kinderzahl zu staffeln, um auf diese Weise den »generativen Beitrag« zu honorieren, den Eltern im Unterschied zu Kinderlosen erbringen. Diese Forderung zählt seit den späten 1970er Jahren zum Dauer-Repertoire von Reformvorschlägen. Die Befürworter gewannen an Boden, als das Bundesverfassungsgericht 2001 auf dem benachbarten Feld der Pflegeversicherung eine Differenzierung des Beitragssatzes zwischen Eltern und Kinder-

17 *H. Geißler*, Die Neue Soziale Frage. Analysen und Dokumente, Freiburg i. Br. 1976, S. 21 f., 89–97.

18 *P. von Oertzen* u. a. (Hg.), Orientierungsrahmen '85. Text und Diskussion, Bonn-Bad Godesberg 1976, S. 30 f. Der Delegierte Max von Heckel hatte in der Debatte über dieses Programm für die Jahre 1975–1985 jedoch bestritten, dass der Geburtenrückgang »uns die Möglichkeit« gebe, »Mittel einzusparen«. Vgl. ebd. S. 219.

19 Aus der Vielzahl einschlägiger Wortmeldungen: *O. von Nell-Breuning* u. *C. G. Fetsch* (Hg.), Drei Generationen in Solidarität. Rückbesinnung auf den echten Schreiber-Plan, Köln 1981. Zur näheren Einordnung dieser Debatte, die 1978 einsetzte, vgl. *F. Nullmeier* u. *F. W. Rüb*, Die Transformation der Sozialpolitik. Vom Sozialstaat zum Sicherungsstaat, Frankfurt a. M. 1993, S. 368 f., 376–381.

losen verlangte.[20] Doch hat sich eine solche Beitragsstaffel in der Rentenversicherung bisher nie durchsetzen lassen, und es sprechen tatsächlich einige stichhaltige Argumente dagegen.[21] Stattdessen kam eine andere Form der rentenrechtlichen Anerkennung von Familienarbeit zum Zuge: die Anrechnung von Kindererziehungszeiten.

Hier trafen ganz unterschiedlich akzentuierte Motive zusammen, die jedoch in die gleiche Richtung wirken konnten. Ging es den einen darum, die eigenständige soziale Sicherung von Frauen zu verbessern und die Vereinbarkeit von Familie und Beruf zu fördern, so dachten andere eher in Kategorien der Geburtenförderung und der demographischen Absicherung des Rentensystems. Die früheste Gesetzesinitiative zur Einführung eines »Babyjahrs«, die bereits im Zuge der Rentenreform 1972 unternommen worden war, war noch ganz und gar dem zuerst genannten Motivkreis entsprungen. Ihr Wortführer, der sozialdemokratische Bundesarbeitsminister Walter Arendt, hatte die Anrechnung eines zusätzlichen Versicherungsjahrs pro Kind vorgesehen, allerdings nur für Frauen, die aufgrund eigener Erwerbstätigkeit versichert waren (und auch nur für künftige Rentenfälle, nicht für den Rentenbestand). Die oppositionelle Unionsfraktion, die 1972 dank einer Patt-Situation im Bundestag gleichsam mitregierte, hatte diese Initiative zum Scheitern gebracht, teils wegen anderer Prioritäten in dem insgesamt sehr teuren Reformpaket 1972, teils auch mit der Begründung, eine solche Regelung diskriminiere die Familienarbeit der nicht erwerbstätigen Mütter.[22] Daran wird erkennbar, dass die Unionsparteien sich noch dezidiert als Hüterin des traditionellen Bilds der Hausfrau und Mutter verstanden.

So war es dann auch folgerichtig, dass die Unionsparteien das »Babyjahr« von der Bedingung der Erwerbsarbeit programmatisch abkoppelten, als sie in der zweiten Hälfte der 1970er Jahre daran gingen, mit einer familienpolitischen Offensive gegen das regierende Bündnis aus SPD und FDP mobil zu machen und Familienpolitik zu ihrem »Markenzeichen«[23] auszubauen. Nach

20 Daher führte das Gesetz zur Berücksichtigung der Kindererziehung im Beitragsrecht der Sozialen Pflegeversicherung vom 15.12.2004 für kinderlose Versicherte einen Beitragszuschlag von 0,25 Prozentpunkten ein.

21 Insbesondere dieses: Da der Familienlastenausgleich eine allgemeine gesellschaftliche bzw. staatliche Aufgabe ist, ist seine Finanzierung aus dem Beitragsaufkommen der Rentenversicherung verteilungspolitisch problematisch. Denn damit würden »nur die Einkünfte aus unselbständiger Arbeit unterhalb der Beitragsbemessungsgrenze herangezogen, während alle anderen Einkünfte, insbesondere die Einkünfte der Nicht-Sozialversicherten, nicht belastet werden.« Vgl. *F.-X. Kaufmann*, Alterssicherung und Nachwuchssicherung, in: *Becker* u.a., S. 245–270, hier S. 265.

22 Vgl. *C. Hermann*, Gleichstellung der Frau und Rentenrecht: Zur bevorstehenden Reform der Alterssicherung, Berlin 1984, S. 167–171. Die sozialliberale Koalition griff die Idee des »Babyjahrs« nach ihrem Sieg in den Bundestagswahlen im Herbst 1972 nicht mehr auf – ein Indiz für das relativ geringe Gewicht dieses Programmpunktes.

23 *A. Wirsching*, Abschied vom Provisorium. Geschichte der Bundesrepublik Deutschland 1982–1990, Stuttgart 2006, S. 340.

dem Regierungswechsel von Helmut Schmidt zu Helmut Kohl (1982) wurde dieser Programmpunkt 1985 dann auch tatsächlich realisiert. Somit rückte Familienarbeit erstmals in den Rang einer rentenrechtlich erheblichen Qualifikation auf. Die Erziehung von Kindern wirkt sich seither nicht nur rentensteigernd, sondern auch rentenbegründend aus, vermittelt also auch nicht-erwerbstätigen Frauen einen Rentenanspruch. Damit wurde eine bemerkenswerte Bresche in die bislang strikt lohnarbeitszentrierte Ausrichtung der gesetzlichen Rentenversicherung geschlagen, wenn zunächst auch nur in einem äußerst bescheidenen, fast nur symbolisch bedeutsamen Umfang.[24] Der demographische Aspekt spielte dabei zwar keineswegs die Hauptrolle, bildete aber ein beachtliches Nebenmotiv. Denn der Abbau von Benachteiligungen von Familien mit Kindern sollte erklärtermaßen auch dazu beitragen, »die ungünstige demographische Entwicklung in der Bundesrepublik Deutschland zu beeinflussen« und »negative Konsequenzen für das System der sozialen Sicherung abzumildern«.[25] Daher kann man bilanzieren: Die erste rentenpolitische Antwort auf den demographischen Wandel lag in einer Verknüpfung von Familienpolitik und Alterssicherung.

Die SPD hielt dezidierter an einer Trennung von Frauen- und Familienpolitik einerseits und Bevölkerungspolitik andererseits fest, um das eine ohne das andere betreiben zu können. Insbesondere lehnte sie jede pronatalistische Konnotation ab, weil sie darin eine Bedrohung der höchst persönlichen Freiheit sah, über die Zahl der Kinder selbst zu entscheiden. Die Sozialdemokratie achtete somit eher auf die Gefahren als die Chancen einer geburtenfördernden Familienpolitik, obgleich diese – wie nicht zuletzt das Beispiel Frankreichs lehrt – ja auch so angelegt sein kann, dass sie die individuelle Entscheidungsfreiheit respektiert. Die gesteigerte Vorsicht hing mit dem braunen Schatten zusammen, in gewissem Maße aber auch mit dem forcierten Pronatalismus, den die SED seit 1972 betrieb: Bevölkerungspolitik war somit »doppelt negativ konnotiert«.[26] So erklärt sich auch die »ausgesprochene Scheu« der Bundesregierung zu Zeiten des Kanzlers Helmut Schmidt, demographische Fragen überhaupt öffentlich anzusprechen. Die Abstinenz wurde dadurch erleichtert, dass nach der

24 *W. Schmähl*, Sicherung bei Alter, Invalidität und für Hinterbliebene, in: *M. G. Schmidt* (Hg.), Bundesrepublik Deutschland 1982–1989. Finanzielle Konsolidierung und institutionelle Reform (= Geschichte der Sozialpolitik in Deutschland seit 1945, hg. v. *Bundesministerium für Gesundheit und Soziale Sicherung* u. *Bundesarchiv*, Bd. 7), Baden-Baden 2005, S. 315–388, hier S. 338–344. Die Kosten der Anrechnung von Kindererziehungszeiten übernahm der Bundeshaushalt.

25 Vgl. die auf dem Stuttgarter Parteitag der CDU 1984 beschlossenen Leitsätze, zit. nach *U. Münch*, Familienpolitik, in: *Schmidt*, Bundesrepublik Deutschland 1982–1989, S. 520–537, hier S. 525.

26 *W. Süß*, Der keynesianische Traum und sein langes Ende. Sozioökonomischer Wandel und Sozialpolitik in den siebziger Jahren, in: *K. H. Jarausch* (Hg.), Das Ende der Zuversicht? Die siebziger Jahre als Geschichte, Göttingen 2008, S. 120–137, hier S. 131. Dort auch das folgende Zitat.

Überwindung des kriegsfolgebedingten »Rentenbergs« erst einmal eine relativ günstige demographische Entwicklung einsetzte. So ließ die Bundesregierung denn auch im März 1980 verlauten: »Wegen modellhaft errechneter, möglicher Entwicklungen jenseits der Jahrtausendwende« bestehe »kein aktueller Handlungsbedarf«.[27]

Rentenkonsens in der alten Bundesrepublik

Im beobachtenden und beratenden Umfeld der Politik nahm man den demographischen Wandel seit der Mitte der 1970er Jahre sehr aufmerksam wahr. In diesem Zusammenhang nahmen Experten auch die langfristigen Probleme der Alterssicherung ins Visier. Eine besonders gründliche Expertise erarbeitete eine Wissenschaftlergruppe im Auftrag des Sozialbeirats der Bundesregierung 1979/80.[28] Liest man ihr Gutachten heute, so fällt auf, wie klar der Prozess der demographischen Alterung bereits damals erkennbar war. Gemessen am Altenquotienten (Proportion der Senioren gemessen an der Bevölkerung im Erwerbsalter) bildete die Modellrechnung, die als am wahrscheinlichsten galt, ziemlich genau den tatsächlichen Verlauf ab, so wie wir ihn heute kennen, und im Blick auf die Zukunft bis 2030 weicht sie nicht viel von den heute dominierenden Vorausberechungen ab. Demnach bewegte sich der Altenquotient nach einem leichten Absinken in den Spätsiebzigern von 1980 bis 1995 auf einem demographisch recht günstigen Niveau, um dann bis 2005 eher moderat, ab 2010 in einer immer steileren Bewegung bis auf ein Maximum um 2030 zu steigen – und zwar auf das Doppelte des für 1980 bis 1995 errechneten Niveaus. Die Wissenschaftler rieten dringend, diese demographische Perspektive bei allen Reformmaßnahmen im Auge zu behalten.

Damals kam in Fachkreisen – noch kaum in der Öffentlichkeit – erstmals eine Verknüpfung des demographischen Problems mit Fragen der Kapitaldeckung zur Sprache. Zunächst noch verhalten setzte damit eine Debatte ein, die dann später im Vorfeld der Reform von 2001 hohe Wellen schlagen sollte. In unserem Zusammenhang ist interessant, dass die Wissenschaftlergruppe diese Möglich-

27 So die Staatssekretärin im Bundesarbeitsministerium, Anke Fuchs. Vgl. *A. Fuchs*, Bevölkerungsentwicklung und Generationenvertrag aus der Sicht der Bundesregierung, in: Bevölkerungsentwicklung und Generationenvertrag, hg. v. *H. Bester*, Baden-Baden 1980, S. 142–155, hier S. 152.

28 Der Gruppe gehörten an die Wirtschaftswissenschaftler Hans-Jürgen Krupp, Helmut Meinhold und Winfried Schmähl, der Jurist Bernd v. Maydell, der Finanzwissenschaftler Klaus Mackscheidt sowie der Statistiker Heinz Grohmann. Ihr zusammenfassendes Gutachten datiert von Dezember 1980; es beruht auf 5 Einzelgutachten, alle veröffentlicht in: *Bundesministerium für Arbeit und Sozialordnung* (Hg.), Langfristige Probleme der Alterssicherung in Deutschland, 3 Bde., Bonn 1984. Der vorzügliche demographische Teil stammt von Prof. Heinz Grohmann (Universität Frankfurt am Main).

keit eingehend prüfte – und zu einem sehr kritischen Ergebnis gelangte. Ihre Denkweise folgte noch merklich den Bahnen des so genannten Mackenroth-Theorems, das bei der Grundsatzentscheidung für die Umlagefinanzierung der dynamischen Rente Pate gestanden hatte. Es besagt, dass »aller Sozialaufwand immer aus dem Volkseinkommen der laufenden Periode gedeckt werden muss«, so dass es – realwirtschaftlich gesehen – »immer nur ein Umlageverfahren« gebe.[29] Daraus folgerte die Expertise, dass die Bildung von Deckungskapital nur dann entlastend wirken könne, wenn sie zu *zusätzlichen* Investitionen führe, so dass in den Zeiten des erhöhten Altenquotienten ein Teil der Renten durch *zusätzliche* Kapitalerträge finanzierbar sei. Nach Abwägung zahlreicher Pro- und Contra-Argumente kam die Expertise zu dem Befund: Eine solche Art des »Vorsparens« sei nur unter sehr engen Voraussetzungen möglich; man könne davon »nur marginale Effekte« erwarten – jedenfalls im Blick auf inländische Kapitalerträge.

Mit der Frage, ob die Kapitalansammlung im Ausland einen Ausweg biete, führte die Expertise über Mackenroth hinaus, dem das Modell einer geschlossenen Volkswirtschaft keynesianischer Prägung vor Augen gestanden hatte. Doch auch zu dieser Möglichkeit äußerten sich die Gutachter angesichts vielfältiger politischer und weltwirtschaftlicher Unsicherheiten skeptisch. Letztlich sahen sie in Kapitalerträgen nur eine Chance zur privaten *Ergänzung* der gesetzlichen Rentenversicherung, aber nicht zur *Ersetzung* des Umlageverfahrens, weder im Ganzen noch in Teilen. Erst recht lehnten sie den Gedanken an eine kapitalgedeckte Teilprivatisierung ab. Ein solcher Umbau wäre mit den Grundgedanken der dynamischen Rente – ausgedrückt mit Begriffen wie »Beitragsäquivalenz, Solidarität und Lohnbezogenheit« – unvereinbar. Man sieht: Diese Expertise atmete noch ganz den Geist der alten Bundesrepublik. Eine Veränderung des Richtungspfads, wie er sich in der Berliner Republik an der Jahrhundertwende vollzog, war in diesem Horizont noch undenkbar.

Dieser Geist dominierte auch im rentenpolitischen Schlussakt der Geschichte der Bonner Republik, der das symbolträchtige Datum des 9. November 1989 trägt. Knapp eine Stunde vor der Öffnung der Berliner Mauer verabschiedete der Bundestag mit breiter Mehrheit die »Rentenreform 1992«.[30] Diese letzte Rentennovelle der alten Bundesrepublik war zugleich die erste, bei der demographische Argumente eine zentrale Rolle spielten. Damit reagierte die Bonner Politik im internationalen Vergleich durchaus früh auf die demographische Herausforderung. Alarmierende Modellrechnungen hatten ergeben, dass der Beitragssatz bis zum Jahr 2030 auf 37 bis 41 Prozent anstiege, wenn die Politik untätig bliebe. Um den Anstieg zu verlangsamen und zu begrenzen, wurden nun Bremsfaktoren eingebaut. Dazu zählte die Umstellung von der bruttolohn-

29 *G. Mackenroth*, Die Reform der Sozialpolitik durch einen deutschen Sozialplan, in: Schriften des Vereins für Socialpolitik, Neue Folge, Bd. 4, Berlin 1952, S. 39–76, hier S. 41.

30 Da die wesentlichen Teile zum 1.1.1992 in Kraft traten, hat sich für die 1989 beschlossene Novelle die Bezeichnung »Rentenreform 1992« eingebürgert.

zur nettolohnorientierten Rentenanpassung, ebenso die schrittweise Heraufsetzung von Altersgrenzen: Wer seine Rente vor dem 65. Lebensjahr in Anspruch nimmt, muss seither mit Abschlägen rechnen, wenn auch mit langen Übergangsfristen.[31] Zudem schuf das Gesetz einen ausgeklügelten Finanzierungsverbund, von dem man annahm, dass er den künftigen Lastenanstieg wie ein selbstregulierendes System kommunizierender Röhren auf die Beitragszahler, die Rentenempfänger und den Bundeszuschuss gleichmäßig verteilen werde. Insgesamt sah diese Reform eine so einschneidende Reduktion von Zuwächsen vor, dass der für 2030 zu erwartende Beitragssatz auf etwa 27 Prozent heruntergedrückt wurde.

Im Kern war die »Rentenreform 1992« also ein hartes Spargesetz. Doch in einer Hinsicht wirkte sie expansiv: Sie baute die frauen- und familienpolitisch begründeten Leistungen deutlich aus und setzte somit die Linie der Verknüpfung von Familienpolitik und Alterssicherung fort, die 1985 mit dem Einbau von Kindererziehungszeiten in das Rentenrecht begonnen hatte. Abermals wird eine Mischung von Motiven erkennbar. Bei einem Teil der Abgeordneten überwog der genuin sozialpolitische Beweggrund, die soziale Sicherung von Frauen zu verbessern; bei anderen schob sich eine demographische Intention nach vorn: Eine kinder- und familienfreundliche Ausgestaltung des Rentenrechts sollte dazu beitragen, die Bevölkerungsentwicklung günstig zu beeinflussen und die demographisch bedingte »Gefährdung des Generationenvertrages« abzumildern.[32] Es fehlte indes nicht an Stimmen, die eine sehr viel stärkere Aufwertung der Familienarbeit für geboten hielten. Diesmal betätigte sich eine Dreiergruppe oppositioneller sozialdemokratischer Abgeordneter als Speerspitze und lehnte am Ende – von der Fraktionslinie abweichend – das ganze Gesetz mit dem Argument ab, das Verhältnis von »Alterslastenausgleich« und »Familienlastenausgleich« befinde sich in einer Schieflage. Angesichts der künftigen demographischen Belastungen sei daher zu befürchten, dass die Verteilungsungerechtigkeit zulasten der Familien, insbesondere auch zulasten alleinerziehender Mütter, immer unerträglicher werde.[33] Wenn man bedenkt, dass die Armutsquote seither tatsächlich vor allem in Haushalten mit Kindern gewachsen ist,[34] kommt man nicht umhin, den berechtigten Kern dieser Kritik anzuerkennen.

31 Damit revidierte das Gesetz die großzügige Vorruhestandsregelung der Rentenreform 1972. Zu dieser Reform vgl. den Beitrag 6 im vorliegenden Band.

32 Beschluss des CDU-Bundesvorstands vom 22.9.1988, zit. nach *Nullmeier/Rüb*, S. 195.

33 Erklärung der Abgeordneten Hartmut Soell, Freimut Duve und Gert Weisskirchen. Stenographische Berichte des Deutschen Bundestages, 11. Wahlperiode, 174. Sitzung, 9.11.1989, S. 13225. Diese Dreiergruppe forderte neben einer verstärkten Familienförderung eine Wertschöpfungsabgabe zum Aufbau eines Kapitalstocks, um die nach 2005 zu erwartenden Beitragserhöhungen zu begrenzen.

34 *I. Becker* u. *R. Hauser*, Soziale Gerechtigkeit – ein magisches Viereck. Zieldimensionen, Politikanalysen und empirische Befunde, Berlin 2009, S. 246f. Ferner *C. Butterwegge* u. *M. Klundt* (Hg.), Kinderarmut und Generationengerechtigkeit. Familien- und Sozialpolitik im demographischen Wandel, Opladen 2003[2].

In unserem Zusammenhang ist indes entscheidend: Die »Rentenreform 1992« bekräftigte die traditionellen Prinzipien der Lebensstandardsicherung und der gleichgewichtigen Entwicklung von Renten und Löhnen. Das Verteilungsziel wurde so bemessen, dass ein Durchschnittsverdiener mit 45 Versicherungsjahren rund 70 Prozent des durchschnittlichen Nettoarbeitsentgelts aller Versicherten erhält (»Eckrente«). Nur Eingeweihte bemerkten, dass dabei gravierende Leistungseinschnitte sprachpolitisch kaschiert wurden. Denn vor der Reform hatte ein Durchschnittsverdiener mit 40 Versicherungsjahren als »Eckrentner« gegolten. Um den Wert der »Eckrente« höher erscheinen zu lassen, addierte die neue Definition nun einfach fünf weitere Versicherungsjahre hinzu. Immerhin: Das anvisierte Sicherungsniveau blieb als feste Größe (*defined benefits*) bewahrt, während das Finanzierungsaufkommen die abhängige Variable bildete. Die umgekehrte Rangfolge, wonach der Beitragssatz fixiert wird (*defined contributions*) und die Leistungen zur abhängigen Variablen werden, hatte 1989 noch keine Durchsetzungschance. Ebenso schloss der rentenpolitische Konsens der großen Parteien den Einbau von Elementen der Kapitaldeckung und die Idee einer Teilprivatisierung der Renten aus.[35] Übrigens war es dem geltenden Umlageverfahren zu verdanken, dass die ostdeutschen Rentner sofort in die Solidargemeinschaft der Rentenversicherung integriert werden konnten; wäre die Rentenversicherung kapitalbasiert gewesen, so hätte die Sozialunion 1990 keine Chance gehabt.

Die Finanzmarktbranche erwacht: »Megageschäft Altersvorsorge«

Ein Jahrzehnt später hatte sich die Konstellation jedoch tiefgreifend verändert. Inzwischen hatte eine neue Orthodoxie die Oberhand gewonnen: die Lehre von der Notwendigkeit einer stärker kapitalbasierten Altersvorsorge. Um ihren Siegeszug zu erklären, ist zunächst auf Impulse zu achten, die von außen kamen. 1994 trat die Weltbank mit einer Studie hervor, die wie ein Fanfarenstoß wirkte.[36] Sie sah im globalen demographischen Wandel eine »old age crisis« heraufziehen, die außer Kontrolle zu geraten drohe, wenn die Alterssicherung sich primär auf staatlich geregelte Umlageverfahren stütze. Erforderlich sei vielmehr ein »Multipillar System«, wobei die erste Säule sich auf eine staatliche Grundsicherung beschränken sollte. Als zweite Säule propagierte die Weltbank private, kapitalgedeckte Pensionsfonds mit obligatorischer Mitgliedschaft. Freiwillige

35 Auf Strömungen innerhalb der Union, insbesondere in der Mittelstandsvereinigung der CDU sowie der FDP, die an dem Konsens nicht beteiligt waren, verweisen *Nullmeier/Rüb*, S. 371–388.

36 Averting the Old Age Crisis. Policies to Protect the Old and Promote Growth. Published for the World Bank, Oxford 1994.

Ersparnisse zur Alterssicherung sollten die – ebenfalls kapitalfundierte – dritte Säule bilden. Das demographische Argument diente der Weltbank als Hebel, um dem Kapitaldeckungsverfahren, das im keynesianisch geprägten Wohlfahrtsstaat ausgemustert worden war, zu neuer Reputation zu verhelfen. Denn als Vorteile dieses Verfahrens pries die Weltbank eine weitgehende Beständigkeit gegenüber demographischen Veränderungen sowie günstige Renditechancen, mit denen sich die Last der Sozialabgaben verringern lasse.

Im Grunde bewegte sich die Argumentation der Weltbank jedoch weniger auf sozialpolitischem als vielmehr auf wirtschaftspolitischem Terrain. Die kapitalgedeckten Vorsorgeformen sollten erklärtermaßen dazu beitragen, die Entwicklung effizienter Kapital- und Finanzmärkte zu unterstützen, die gesamtwirtschaftliche Ersparnis und die Investitionen zu erhöhen und somit das Wirtschaftswachstum zu fördern. Da die Weltbank die Vorzüge einer internationalen Streuung des Renten-Deckungskapitals stark betonte, war der Zusammenhang ihres Konzepts mit der Globalisierung der Finanzmärkte unverkennbar, die damals – bestärkt vom neoliberalen »Washington Consensus«[37] – rasant an Fahrt gewann. Damit durchbrach das Konzept die Grundidee des Umlageverfahrens, das an eine national definierte Solidargemeinschaft der Beitragszahler gebunden war.

Obwohl die Weltbank-Studie auf einer Vielzahl unsicherer und bestreitbarer Prämissen beruhte,[38] avancierte sie zum viel zitierten Referenzwerk. Foren zur ideellen Verbreitung des Konzepts erhielten »stürmischen Zulauf«.[39] In hoch verschuldeten Ländern Lateinamerikas wie auch in osteuropäischen Transformationsländern (Ungarn, Polen) nahm die Weltbank direkten Einfluss auf Programme der Rentenprivatisierung.[40] In der Bundesrepublik trug sie eher mittelbar dazu bei, dass der Gedanke an eine kapitalgedeckte Teilprivatisierung Auftrieb erhielt. Es ist indes nicht auszuschließen, dass mit dem Wechsel eines Weltbank-Vizepräsidenten in das Amt des Staatssekretärs im Bundesfinanzministerium auch eine unmittelbare Verbindungslinie wirksam wurde.[41]

37 Zu diesem Politikkonzept der internationalen Finanzmarktinstitutionen, von Institutionen der Politikberatung sowie der US-Regierung vgl. *Deutscher Bundestag* (Hg.), Schlussbericht der Enquete-Kommission Globalisierung der Weltwirtschaft, Opladen 2002, S. 74. Die Privatisierung der Alterssicherung war ursprünglich kein Bestandteil des »Washington Consensus«, wurde jedoch im Laufe der 1990er Jahre faktisch integriert.

38 Für eine scharfsinnige Kritik vgl. *N. Barr*, Reforming Pensions: Myths, Truths, and Policy Choices, in: International Social Security Review 55 (2002), Issue 2, S. 3–36.

39 *R. Holzmann*, Der Weltbank-Ansatz zur Rentenreform, in: Internationale Revue für Soziale Sicherheit 53 (2000), S. 13–42, hier S. 32.

40 *K. Müller*, Zur Politischen Ökonomie von Reformen. Erfahrungen aus Osteuropa und Lateinamerika, in: APuZ, B 51/2003, S.11–16.

41 Bundesfinanzminister Hans Eichel holte Caio Koch-Weser, seit 1991 Vizepräsident der Weltbank, 1999 als Staatssekretär in sein Ministerium. Dem »Spiegel« zufolge soll Eichel dabei einem Rat von »Top-Bankern aus der Finanzmetropole Frankfurt« gefolgt sein. Vgl. Der Spiegel, 19.4.1999, Artikel: Tips aus Frankfurt.

Initiativen von Seiten der OECD in Paris[42] und der Europäischen Kommission in Brüssel zielten in eine ähnliche Richtung. Die Europäische Kommission veröffentlichte im Juni 1997 ein »Grünbuch«, mit dem sie eine europaweite Diskussion über eine Veränderung der Gewichte im Zusammenspiel von staatlicher, betrieblicher und privater Altersvorsorge in Gang setzte.[43] Mit Hinweis auf den demographischen Strukturwandel und die drohende Überforderung der öffentlichen Haushalte entfaltete die Kommission eine Reformperspektive, die darauf hinauslief, den Anteil der umlagefinanzierten staatlichen Leistungen zu reduzieren und im Gegenzug die betriebliche und private Vorsorge auf der Basis des Kapitaldeckungsverfahrens auszubauen. Auch hier spielte die Annahme einer größeren Demographieresistenz der kapitalgedeckten Alterssicherung eine werbende Rolle. Doch auch hier dominierte im Grunde keine sozialpolitische, sondern eine wirtschaftspolitische Sicht: Die Kommission gedachte das als »außerordentlich groß« eingeschätzte Wachstumspotential der kapitalfundierten Alterssicherung zu nutzen, um den europäischen Kapitalmarkt zu fördern und insbesondere einen »echten Binnenmarkt für Pensionsfonds« zu entwickeln.

Dementsprechend lebhaft reagierte die Finanzdienstleistungsbranche, insbesondere in Deutschland. Denn dort war der Altersvorsorgemarkt – nicht zuletzt wegen des relativ hohen Leistungsniveaus der dynamischen Rente – schwächer ausgeprägt als anderswo, etwa in Großbritannien, in den Niederlanden oder Dänemark. Außerdem war die private Altersvorsorge in Deutschland bislang eine Domäne der Lebensversicherer, während nun auch Investmentfonds und Banken mit aller Macht auf diesen Zukunftsmarkt drängten. Der Bundesverband Deutscher Investmentgesellschaften hatte sich bereits 1995 als treibende Kraft bemerkbar gemacht, auch eine Tochtergesellschaft der Deutschen Bank (DB Research) entfaltete seit 1995 eine rege Aktivität.[44] Dabei ging es zum einen um die Einführung von Pensionsfonds nach angelsächsischem Muster, die Betriebsrenten auf den Kapitalmärkten finanzieren, zum anderen um einen neuen Fondstyp (»Altersvorsorge-Sondervermögen«) zur individuell-privaten Altersvorsorge. Das Dritte Finanzmarktförderungsgesetz brachte im März 1998 zwar nur einen halben Erfolg, aber die großen Parteien ließen in Entschließungsanträgen verlauten, dass sie die gesetzlichen Rahmenbedingungen für die

42 Vgl. etwa *H. Reisen*, Die Alterssicherung der reifen Industrienationen wird aus Beteiligungen am Wirtschaftspotential der aufstrebenden Märkte kommen, in: FAZ, 24.2.1996. Reisen war Abteilungsleiter am Development Center der OECD in Paris.

43 Das Grünbuch der EG-Kommission »Zusätzliche Altersversorgung im Binnenmarkt« COM (97) 283 forderte alle Mitgliedsländer – auch die interessierten Verbände – zu einer Stellungnahme bis 31.12.1997 auf. Eine Zusammenfassung der Antworten findet sich in einem vom 6.4.1998 datierten Arbeitspapier der Dienststellen der Kommission für ein Hearing am 21.4.1998.

44 *A. Oelschläger*, Vom »Pensions-Sondervermögen« zur Riester-Rente – Einleitung des Paradigmenwechsels in der Alterssicherung unter der Regierung Kohl? ZeS-Arbeitspapier Nr. 02/2009.

Förderung der privaten Altersvorsorge, insbesondere für die Etablierung von Pensionsfonds, demnächst grundlegend verbessern wollten.[45] Auch die Grünen signalisierten Zustimmung und gaben zu bedenken, »dass in Deutschland Pensionssondervermögen perspektivisch gesehen sicherer sein könnten als die Blümsche Rente«.[46] In der Fonds-Branche galten diese Aussichten als geradezu »atemberaubend«; vom »Megageschäft mit der Altersvorsorge« war die Rede.[47] Zwar entbrannte auf diesem Feld sogleich ein heftiger Konkurrenzkampf zwischen der Versicherungswirtschaft und dem Banken- und Investmentsektor. Aber es wurden auch Vertriebskooperationen vorbereitet, die einen wechselseitigen Vorteil verhießen. Im Falle der Münchner Allianz führte diese Logik dann später zur Übernahme der Dresdner Bank.[48] Und in einer Stoßrichtung waren die beiden großen Finanzgruppen sich ohnehin einig: Mit einer Teilprivatisierung der gesetzlichen Rentenversicherung ließ sich das Marktpotential für Altersvorsorgeprodukte beträchtlich steigern.

»Wenig bekannt ist, dass die Investmentbranche einer der wesentlichen Impulsgeber zur Reform der Altersvorsorge in Deutschland war«, resümierte der Hauptgeschäftsführer des Bundesverbands Deutscher Investment- und Vermögensverwaltungs-Gesellschaften im Rückblick.[49] Auch wenn er den Einfluss seiner Branche aufs Ganze gesehen wohl überschätzte, steht außer Frage: Banken, Kapitalanlagegesellschaften und Versicherungsunternehmen wurden in der zweiten Hälfte der 1990er Jahre äußerst rührig, um die kapitalfundierte Altersvorsorge als die gebotene Antwort auf die demographische Krise zu propagieren und zugleich – im Sinne eines »negative campaigning« – gegen die umlagefinanzierte Rentenversicherung Stimmung zu machen. Zur Lobby-Ar-

45 Entschließungsantrag der Fraktionen der CDU/CSU und FDP, Bundestags-Drucksache 13/9923 vom 12.2.1998; Entschließungsantrag der Fraktion der SPD, Bundestags-Drucksache 13/9924 vom 12.2.1998. Zum Gesetzgebungsschub zur Förderung des »Finanzplatzes Deutschland« vgl. *S. Lütz*, Von der Infrastruktur zum Markt? Der deutsche Finanzsektor zwischen Deregulierung und Reregulierung, in: *P. Windolf* (Hg.), Finanzmarkt-Kapitalismus. Analysen zum Wandel von Produktionsregimen, Wiesbaden 2005, S. 294–315, hier S. 309.

46 Margareta Wolf (Bündnis 90/Die Grünen) in der 3. Lesung des Dritten Finanzmarktförderungsgesetzes, Stenographische Berichte des Deutschen Bundestages, 13. Wahlperiode, 220. Sitzung, 13.2.1998, S. 20111.

47 Handelsblatt vom 11.3.1998, Artikel: Startschuß für Altersvorsorge-Sondervermögen.

48 Die Vertriebskooperationen bewirkten, dass Versicherungsprodukte über die Bankschalter und Bankprodukte über den Versicherungsaußendienst verkauft werden konnten. Vgl. *F. Berner*, Der hybride Sozialstaat. Die Neuordnung von öffentlich und privat in der sozialen Sicherung, Frankfurt a. M. 2009, S. 284 f. Die Übernahme der Dresdner Bank durch die Münchner Allianz im Sommer 2001 kommentierte der »Spiegel«: »Vor allem im heiß umkämpften Markt der künftig staatlich geförderten privaten Altersvorsorge, dem so genannten Riester-Kuchen ist das ein entscheidender Vorteil«. Vgl. Der Spiegel, 2.4.2001, Artikel: Operation »Regenschirm«.

49 Interview mit Manfred Laux, in: dpn (Deutsche Pensions- und Investmentnachrichten), 2.1.2002.

beit im politisch-administrativen Raum[50] gesellten sich hoch professionalisierte Medienkampagnen. Dass lukrative Anzeigen von der Zusage einer positiven redaktionellen Begleitung abhängig gemacht wurden, ist zumindest in Einzelfällen verbürgt. Interessierte Unternehmen stellten zudem üppige Fördermittel und mediale Foren für wissenschaftliche Experten bereit, deren Grundanschauungen und Reputation für die erwünschte Umsteuerung nützlich waren.[51]

Es wirkte sich für die Lobby-Aktivität günstig aus, dass demographische Fragen damals in den Brennpunkt des öffentlichen Interesses traten. Den Gesetzen massenmedialer Aufmerksamkeitssteigerung zufolge überwog dabei die Tendenz zur katastrophischen Überzeichnung, so dass die Alterung der Gesellschaft wie eine tickende Zeitbombe erschien. Symptomatisch ist eine Titelgeschichte des »Spiegel« von Februar 1997. Unter der Schlagzeile »Wie die Alten die Jungen ausplündern« sah man eine auf die Spitze gedrehte Alterspyramide, die den demographisch programmierten Einsturz der herkömmlichen Solidaritätsbeziehungen suggestiv vor Augen führte.[52] Der »Spiegel« machte sich auch die Botschaft zu eigen, dass die staatliche Rente künftig nicht mehr ausreichen werde, sondern »der Ergänzung durch eine kapitalgedeckte Altersvorsorge« bedürfe.[53] Statistische Daten bezog das Blatt vom »Deutschen Institut für Altersvorsorge« – einem 1997 gegründeten Think Tank, der sich bei näherem Hinsehen »als 100 %ige Tochter der Deutschen Bank« erwies.[54]

50 Auf entsprechende »Vorstöße des Bundesverbands der Banken und der Investmentbranche« verwies z. B. im März 1998 ein deutscher Teilnehmer auf einem vom National Association of Pension Funds in London veranstalteten Kongress. Vgl. Handelsblatt, 3.3.1998, Artikel: Die Rente der Zukunft braucht Kapital.

51 Hinweise auf das Spektrum dieser Aktivitäten bei *A. Müller*, Die Reformlüge. 40 Denkfehler, Mythen und Legenden, mit denen Politik und Wirtschaft Deutschland ruinieren, München 2004, S. 126–129; *F. Bönker*, Der Siegeszug des Mehrsäulenparadigmas in der bundesdeutschen Rentenpolitik. Eine Analyse auf Grundlage der »Ideenliteratur«, in: ZSR 51 (2005), S. 337–362, hier S. 352 f.; *A. Brettschneider*, Paradigmenwechsel als Deutungskampf. Diskursstrategien im Umbau der deutschen Alterssicherung, in: Sozialer Fortschritt 58 (2009), S. 189–199, hier S. 192; *D. Wehlau*, Lobbyismus und Rentenreform. Der Einfluss der Finanzdienstleistungsbranche auf die Teil-Privatisierung der Alterssicherung, Wiesbaden 2009, S. 234–263. Wehlaus Studie konzentriert sich auf die Phase des legislatorischen Entscheidungsprozesses über die Rentenreform 2001 und dringt so weit vor, wie es die veröffentlichten Quellen erlauben; manche Insider-Aktivitäten werden sich erst auf der Basis von Archivstudien erhellen lassen.

52 Der Spiegel, 3.2.1997. Eine weitere Titelgeschichte (Die Baby-Lücke, 30.8.1999) hebt hervor: »Weil Deutschland vergreist, wird die Rentenversicherung unbezahlbar«. Zum Boom einschlägiger Sachbücher vgl. *B. Bräuninger* u. a., »Alterslast« und »Krieg zwischen den Generationen«? Generationsbeziehungen in aktuellen Sachbuchtexten, in: Zeitschrift für Bevölkerungswissenschaft 28 (1998), S. 3–17.

53 Der Spiegel, 11.10.1999, Artikel: Drei gegen Schröder.

54 *H.-J. Krupp*, Wie sicher und rentabel kann Alterssicherung sein. Private oder gesetzliche Rentenversicherung, Umlage oder Kapitaldeckungsverfahren?, in: Sozialer Fortschritt 47 (1998), S.293–300, hier S. 295.

Als besonders wirkungsvoll erwies sich die Popularisierung eines rendite-orientierten Verständnisses der Altersvorsorge. So wurde nun weithin üblich, was früher nur wenigen in den Sinn gekommen war: die gesetzliche Rentenversicherung einem *Renditevergleich* zu unterziehen. Dabei schnitten die Finanzmarktprodukte vorteilhaft ab, denn die Aktienmärkte boomten, während die öffentlichen Rentenkassen einen erheblichen Teil der Kosten der massiv ansteigenden Arbeitslosigkeit und der deutschen Einigung zu tragen hatten. Außerdem waren die Renditevergleiche nicht selten schief angelegt. Sie ließen außer acht, dass das Leistungspaket der gesetzlichen Rentenversicherung über die Zahlung von Altersrenten hinausgeht, da auch das Invaliditätsrisiko und Rehabilitationsleistungen, gegebenenfalls auch Hinterbliebenenabsicherung einbezogen sind. Dass die kapitalgedeckte Vorsorge ihrerseits Risiken birgt – und zwar umso mehr, je höher die angestrebte Rendite ist –, wurde eher heruntergespielt. Stattdessen las man: »Bei wirklichkeitsnahen Annahmen könnte beispielsweise der Geburtsjahrgang 1980 bei gleichem Aufwand auf dem Kapitalmarkt ein Vermögen bilden, das nach 37 Jahren dreimal so hoch ist wie der Wert der Ansprüche an die Rentenversicherung«. Als besonders wirklichkeitsnah galt der Glaube an den Weltkapitalmarkt: Dieser entwickle sich so zügig, dass Anlagen bald »noch problemloser als jetzt weltweit getätigt werden können«.[55]

Ein schillernder Leitbegriff: Generationengerechtigkeit

Die Kunst des Renditevergleichs war so erfolgreich, weil sie sich nicht in einer bloßen Ökonomisierung erschöpfte, sondern Anschluss an eine attraktive Wertidee fand. Die Botschaft lautete: Die jüngere Generation sei unter den Bedingungen der Umlagefinanzierung eine Verlierergeneration. Die Umstellung auf kapitalfundierte Vorsorge sei daher ein Gebot der *Generationengerechtigkeit*. Damit übernahmen die Finanzmarktakteure einen neuen Leitbegriff, der in den 1990er Jahren diskursmächtig wurde. An die »generational equity«-Debatte in den USA anknüpfend, setzte die publizistische Hochkonjunktur dieser deutschen Wortneuschöpfung um 1996 ein.[56] Binnen weniger Jahre avancierte »Generationengerechtigkeit« zu einem Schlüsselbegriff der politischen

55 Vgl. *M. Miegel* u. a., Renditen der gesetzlichen Rentenversicherung im Vergleich zu alternativen Anlageformen, Frankfurt a. M. 1998, S. 12f. Zu den Mitautoren von Meinhard Miegel zählten Bernd Raffelhüschen und Reinhold Schnabel. Die Risiken der Kapitaldeckung betonte hingegen *J. Weeber*, Die Bedeutung der Finanzmärkte für die Stabilität der Alterssicherung, in: Sozialer Fortschritt 51 (2002), S. 28–33.

56 Für die USA vgl. *J. Williamson* u. a. (Hg.), The Generational Equity Debate, New York 1999. Zum Aufstieg des deutschen Neologismus vgl. *F. Tennstedt*, Generationengerechtigkeit in Deutschland – Anmerkungen aus historischer Perspektive, in: *Verband deutscher Rentenversicherungsträger* (Hg.), Generationengerechtigkeit – Inhalt, Bedeutung und Konsequenzen für die Alterssicherung, Frankfurt a. M. 2004, S. 51–55; *F. Nullmeier*, Der Diskurs der

Debatte und drang bald auch in die Sprache des Gesetzgebers ein. Dabei fällt auf, dass er den älteren Begriff des »Generationenvertrags« mehr und mehr verdrängte. Es lohnt sich, auf den semantischen Unterschied zu achten, denn damit wird eine folgenreiche Verschiebung von Gleichheitsnormen erkennbar. Im »Generationenvertrag« bezieht sich die Gleichheitsnorm auf verschiedene Altersgruppen in der Gleichzeitigkeit ihres Zusammenlebens. Das Ziel liegt somit in der Angleichung der Lebenslage der alten Menschen, die aus dem Erwerbsleben ausgeschieden sind, an die der Jüngeren, die im erwerbsfähigen Alter stehen. Der Begriff der »Generationengerechtigkeit« verschiebt die Gleichheitsnorm in eine zeitliche Dimension, denn sie bezieht sich nun auf das Verhältnis zwischen aufeinanderfolgenden Geburtskohorten. Das normative Ziel ist dann erreicht, wenn die Chancen der künftig nachrückenden Jahrgangsgruppen mindestens so groß sind wie die der vorangegangenen.

Wer von »Generationengerechtigkeit« spricht, appelliert also an die Bereitschaft, über die Ressourcenverteilung zwischen Alt und Jung in langfristiger Perspektive neu und fair nachzudenken. Wer wollte dem widersprechen? Aber die Sache hat einen Haken. Denn dieser Gerechtigkeitsbegriff ist »überkomplex«[57] und lässt daher sehr unterschiedliche, ja unvereinbare Ausdeutungen zu. Zum Beispiel reagieren die einen mit Applaus, die anderen mit Empörung, wenn proklamiert wird: »Eine Generation, die sich nur zu zwei Dritteln reproduziert« – gemeint sind die Babyboomer der 1950er und 1960er Jahre, die nach 2010 in Rente gehen –, »kann gegenüber einer Generation, die sich noch vollständig reproduziert hat, auch nur zwei Drittel der Leistungen erwarten«.[58] Darf man im Gesamtgefüge der »Leistungsbilanz« einer Kohorte das generative Verhalten derart hoch gewichten? Viele werden das bestreiten, andere umso mehr darauf beharren. Vor allem aber: Die Messkonzepte können so gewählt werden, dass die Gleichbehandlung von Kohorten zu Lasten der Gleichheitsnorm zwischen den Altersgruppen geht. Anders gesagt: Im Zeichen der Generationengerechtigkeit kann der Generationenvertrag gekündigt werden.[59] Genau dies hat der Rentenreform-Prozess von 2001 bis 2004 zum Teil getan, denn die Art und Weise der Umsteuerung führt zu größerer Ungleichheit der Alterseinkommen einschließlich der steigenden Gefahr der Altersarmut.[60] Somit be-

Generationengerechtigkeit in Wissenschaft und Politik, in: *K. Burmeister* u. *B. Böhning* (Hg.), Generationen & Gerechtigkeit, Hamburg 2004, S. 62–75.

57 *L. Leisering*, Sozialstaat und demographischer Wandel. Wechselwirkungen, Generationenverhältnisse, politisch-institutionelle Steuerung, Frankfurt a.M. 1992, S. 246.

58 So argumentiert z.B. *E. Bomsdorf*, Horizontale, vertikale und diagonale Gerechtigkeit – Anmerkungen zur Messung von Generationengerechtigkeit in der Alterssicherung, in: *Verband deutscher Rentenversicherungsträger*, S. 85–93, hier S. 90f.

59 Diese Tendenz ist bereits 1992 bei *Leisering*, Sozialstaat, S. 242f. erkannt.

60 Als eindringliche zeitgenössische Analyse der voraussichtlichen Verteilungswirkungen vgl. *T. Ebert*, Rentenreform 2001: Sozialverträgliche Modernisierung?, in: Sozialer Fortschritt 50 (2001), S. 182–187; für eine aktuellere Beurteilung vgl. *Schmähl*, Alterssicherungspolitik, S. 307–310.

stätigt sich hier, was im Blick auf die europäischen Umbauten der Wohlfahrtsstaatlichkeit im ausgehenden 20. Jahrhundert generell beobachtet worden ist: »The issues of generational equity have become an important part of the broader efforts towards welfare retrenchment«.[61]

Privatisierungsnahe Experten unterstützten den Bezug auf die Generationengerechtigkeit mit dem neuartigen Instrument der sogenannten *Generationenbilanzen*. Eine ausgewogene Generationenbilanz müsste alle wichtigen monetären, realen und immateriellen Transfers berücksichtigen, die während des gesamten Lebenslaufs zwischen den Generationen fließen. Dabei müssten auch nicht quantifizierbare Elemente in die Generationenerbschaft einbezogen werden: von der Expansion der höheren Bildung und der Mehrung des technischen und organisatorischen Wissens bis hin zur Aufrechterhaltung der demokratischen Institutionen.[62] Von einer solchen Ausgewogenheit konnte jedoch bei der Verfertigungsweise der Generationenbilanzen in den 1990er Jahren auch nicht annähernd die Rede sein. Sie verengten den Blick auf einen einzigen Sektor: die Staatsverschuldung in ihrer verbrieften (Schuldenstand der öffentlichen Haushalte) und unverbrieften Form (Ansprüche auf Leistungen der Sozialversicherung, primär der Rentenversicherung) und gelangten auf methodisch anfechtbare Weise zu alarmierenden Befunden. »Auslaufmodell Generationenvertrag«, »Zechpreller zu Lasten unserer Kinder« – mit solchen Schlagzeilen propagierte der damals führende Generationenbilanzierer, Bernd Raffelhüschen, das Ergebnis seiner Buchhaltung. Als rettende Maßnahme empfahl er unter anderem ein Absenken des Rentenniveaus und eine Ausdehnung der kapitalfundierten Alterssicherung.[63]

Die Älteren als Zechpreller der Jüngeren – in diesem Bild blieben wichtige Zusammenhänge ausgeblendet, insbesondere der durch öffentliche Investitionen für die Zukunft gestiftete Nutzen[64] und die privaten Transferströme, die als Schenkung oder Erbschaft ganz überwiegend von den Älteren zu den Jüngeren verlaufen.[65] Für den erbenden Nachwuchs wirkt sich der Bevölkerungsrückgang sogar sehr vorteilhaft aus, denn die sinkende Geburtenrate erhöht das pro Kopf

61 *M. Kohli*, Generational Changes and Generational Equity, in: The Cambridge Handbook of Age and Ageing, hg. v. *M. L. Johnson*, Cambridge 2005, S. 518–526, hier S. 519.

62 Grundlegend *Becker/Hauser*, S. 40–46, 241–269.

63 *B. Raffelhüschen*, Auslaufmodell »Generationenvertrag«, in: Unternehmer-Magazin 45 (1997), Nr. 1/2, S. 14f.; *ders.*, Zechpreller zu Lasten unserer Kinder. Generationenbilanzen verdeutlichen die enormen Belastungen für die zukünftige Generation, in: Handelsblatt, 11./12.9.1998.

64 Die Kritik müsste insoweit weniger bei der Höhe der Staatsverschuldung ansetzen als vielmehr beim geringen Anteil der Investitionen an den erhöhten Ausgaben. Vgl. *P. Bofinger*, Gerechtigkeit für Generationen. Eine gesamtwirtschaftliche Perspektive (= WISO Diskurs, Dokumentation im Auftrag der Friedrich-Ebert-Stiftung), Bonn 2008, S. 13: »Hätte die junge Generation ihre Zukunft im Auge, dann müsste sie für einen Ausbau der Infrastruktur und nicht für einen Abbau der Schulden plädieren«.

65 *A. Blome* u. a., Generationenbeziehungen im Wohlfahrtsstaat. Lebensbedingungen und Einstellungen von Altersgruppen im internationalen Vergleich, Wiesbaden 2008, S. 258–269, 359.

zu vererbende Vermögen. Das privat vererbbare Nettovermögen erreichte 1999 das 1,25-Fache des Bruttoinlandsprodukts[66] – eine gewaltige, freilich extrem ungleich verteilte Erbschaft. Von dieser Ungleichheitsrelation, die von Generation zu Generation weitergereicht wird, lenkte der Blick der Generationenbilanzen ebenso ab wie von der Frage nach einer Korrektur durch höhere Erbschaftssteuern. So blieb auch ausgeblendet, dass den Staatsschulden immer auch Forderungstitel gegenüberstehen, von denen der erbende Nachwuchs profitiert. Folglich suggerierten die Generationenbilanzen, dass die Staatsverschuldung nur eine Frage der *inter*generationellen Lastenverteilung sei. Tatsächlich findet auf dem Wege der Schuldentilgung oder der Zinszahlung eine bemerkenswerte *intra*generationelle Umverteilung statt: von den künftigen Steuerzahlern zu den künftigen Forderungsbesitzern.[67] Wie der interessengeleitete Gebrauch des Begriffs der Generationengerechtigkeit, so trug also auch die als Verwissenschaftlichung des Sozialen gepriesene Methodik der Generationenbilanzen zu einem Wahrnehmungswandel bei: Mit einer Aufwertung der Denkfigur der Gleichheit *zwischen* aufeinanderfolgenden Geburtskohorten ging eine Abwertung der Gleichheitsnorm *innerhalb* der Generationen einher.[68]

Unter dem Strich ist festzuhalten: Mit der Finanzindustrie trat eine Akteursgruppe hervor, die bisher in der Rentenarena so gut wie gar keine Rolle gespielt hatte. Man kommt nicht umhin, dieser Interessengruppe zu bescheinigen, dass sie eine Gelegenheitsstruktur zielstrebig und wirkungsvoll zu nutzen verstand.[69] Bis heute haben rund 13 Millionen Bundesbürger Finanzmarktprodukte in Form der Riester-Rente gekauft. Darin kommt nicht nur eine veränderte Architektur des Sozialstaats zum Ausdruck, sondern auch eine Verschiebung im Werthorizont der Gesellschaft: Die Riester-Reform hat das Weltbild des Kapitalanlegers popularisiert. Seither sind weitere Kreise als je zuvor in Rentier-Interessen eingebunden. Aus Rentnern werden Rentiers. Das Zeitfenster, in dem eine solche Umsteuerung möglich war, hat sich inzwischen geschlossen. Unter den Bedingungen der Banken- und Finanzmarktkrise, die uns seit 2008 in Atem hält, wäre der Übergang zur Teilprivatisierung der gesetzlichen Rentenversicherung wohl nicht durchsetzbar.

66 *R. Hauser*, Generationengerechtigkeit, Volksvermögen und Vererbung, in: *Verband deutscher Rentenversicherungsträger*, S. 94–104, hier S. 100.

67 T. Ebert, Generationengerechtigkeit in der gesetzlichen Rentenversicherung – Delegitimation des Sozialstaates?, Düsseldorf 2005, S. 187.

68 Ähnlich problematische Verwendungszusammenhänge ließen sich bei dem in den 1990er Jahren aufsteigenden Leitbegriff der »Nachhaltigkeit« zeigen. So hat der Bundesgesetzgeber 2004 die obligatorische Mindestreserve der gesetzlichen Rentenversicherung in »Nachhaltigkeitsreserve« umgetauft und die Untergrenze zugleich auf den fünften Teil einer einzigen Monatsausgabe reduziert.

69 Welche Schubkraft die rentenpolitische Umsteuerung dann tatsächlich für die Ausdehnung des Alterssicherungsgeschäfts hatte, zeigt exemplarisch *F.-C. Zeitler*, Die Zukunft Münchens als Finanzstandort von internationaler Bedeutung, in: Geschichte des Finanzplatzes München, hg. v. *H. Pohl*, München 2007, S. 245–268, hier S. 261–263.

Um die Gesamtkonstellation zu kennzeichnen, die den Übergang möglich machte, müssen nun freilich auch weitere Akteure und andere Beweggründe in Betracht gezogen werden. Von entscheidender Bedeutung war, dass die langfristige Perspektive der Demographie mit dem aktuellen Interesse an der Senkung und Begrenzung der gesetzlichen Lohnnebenkosten einherging. Der Beitragssatz zur Rentenversicherung, der 1989 bei 18,7 Prozent lag, sprang 1997/98 erstmals über die 20-Prozent-Marke, und insgesamt kletterten die Beitragssätze zur Sozialversicherung in dieser Zeitspanne von 35,9 auf 42,1 Prozent.[70] Mehrere Faktoren drückten die Kosten nach oben, darunter die 1994 eingeführte Pflegeversicherung, eine der wichtigsten Anpassungen der Sozialpolitik an die veränderte Demographie, vor allem aber die massenhaft ausgedehnte Praxis der Frühverrentung. Diese diente ab 1992 als ein Hauptinstrument zur Abmilderung der ostdeutschen Arbeitsmarktkrise, doch auch westdeutsche Großunternehmen machten regen Gebrauch von der Möglichkeit, sich von älteren Arbeitnehmern auf Kosten der Sozialversicherung zu trennen.

Der Kostenschub traf zusammen mit einer rapide verschlechterten Lage auf dem Arbeitsmarkt[71] und einer verschärften Standortdebatte im Zeichen der Globalisierung. Dieses schillernde Schlagwort bezeichnet in unserem Zusammenhang die Tendenz, die herkömmliche »standortgebundene Absatzkonkurrenz« in eine »Standortkonkurrenz zwischen Staaten« zu verwandeln, so dass das gesamte nationale Regelsystem unter dem Aspekt der Attraktivität für das mobile Kapital und die unternehmerische Aktivität in den internationalen Wettbewerb hineingezogen wird.[72] Vor diesem Hintergrund – und in einem internationalen Umfeld, in dem viele Staaten zur Senkung von Sozialbeiträgen übergingen – drängten vor allem die Arbeitgeberverbände auf einen Abbau der Lohnnebenkosten: Sonst lasse sich weder die Arbeitslosigkeit senken noch könne man in der globalen Konkurrenz bestehen. Diese Argumentation fand in der politischen Öffentlichkeit so weithin Gehör, dass sie sich als hegemoniale Deutung durchsetzte.[73] Die Senkung des Gesamtbeitragssatzes galt folglich als »politisches Dogma«.[74] Speziell in der Rentenpolitik avancierte die Festschreibung der Beitragsobergrenze bald zum Dreh- und Angelpunkt der Reformagenda.

70 Gesamtbeitragssatz zur Arbeitslosen-, Renten- und Krankenversicherung, seit 1995 auch zur Pflegeversicherung in Prozent vom Bruttoeinkommen.

71 Der Anteil der Arbeitslosen an den abhängigen Erwerbspersonen überstieg 1997 erstmals 12%.

72 *Deutscher Bundestag* (Hg.), Schlussbericht 2002, S. 226. Vgl. dazu auch *Sachverständigenrat zur Begutachtung der Gesamtwirtschaftlichen Entwicklung*, Im Standortwettbewerb. Jahresgutachten 1995/96, Stuttgart 1995.

73 Vgl. *S. Hegelich*, Reformkorridore des deutschen Rentensystems, Wiesbaden 2006, S. 217–232.

74 *C. Trampusch*, Der erschöpfte Sozialstaat. Transformation eines Politikfeldes, Frankfurt a.M. 2009, S. 110.

Bei der Verknüpfung der Argumentationskette, die von der Standortkonkurrenz über die Beitragsdeckelung zur kapitalgedeckten Teilprivatisierung der Alterssicherung führte, spielte der wissenschaftliche Beirat beim Bundeswirtschaftsministerium eine prominente Rolle. Mit einem im März 1998 publizierten Gutachten drängte er darauf, unverzüglich eine »private Teilkapitaldeckung der Renten« einzuführen.[75] Darin sah er einen doppelten Vorteil. Zum einen werde es somit möglich sein, »im Ausland akkumulierte Ersparnisse zu verbrauchen«. Weltweit mangele es ja wahrlich nicht an attraktiven Investitionsmöglichkeiten. Zum anderen werde die Kapitaldeckung auch im eigenen Land die gesamtwirtschaftliche Ersparnis fördern, die dann über eine höhere Investitionstätigkeit zu einem größeren Sozialprodukt führen könne, aus dem sich wiederum der Sozialaufwand leichter finanzieren lasse. Wenngleich der Beirat nicht bestritt, dass auch die Kapitaldeckung vor Risiken nicht gefeit sei, entfaltete er im Ganzen doch ein sehr optimistisches Szenario.[76] Demnach ermöglichte der Schwenk zur kapitalfundierten Privatvorsorge nicht nur eine Absenkung der Umlagebeiträge und eine bessere Beherrschung der demographischen Risiken, sondern auch eine Steigerung der »Finanzkraft des Versicherungssystems« und der »Kraft der Volkswirtschaft«. Von der Idee, den kapitalgedeckten Anteil von den Trägern der gesetzlichen Rentenversicherung verwalten zu lassen – dies wurde damals in Schweden diskutiert, 1998 auch realisiert –, riet der Beirat dringend ab. Aus ordnungspolitischen Gründen plädierte er vielmehr für »Privatisierung und Wettbewerb«.

Der rentenpolitische Umbau 1997–2007

Zu den Eckdaten des tatsächlichen Umsteuerungsprozesses zählt das in der Schlussphase der Regierung Kohl 1997 verabschiedete »Rentenreformgesetz 1999«. Damit wurde erstmals ein »demographischer Faktor« in die Rentenformel eingefügt. Der Grundgedanke lag darin, dass die steigende Lebens-

75 Vgl. das Gutachten »Grundlegende Reform der gesetzlichen Rentenversicherung« vom 20./21.2.1998, in: *Der Wissenschaftliche Beirat bei Bundesministerium für Wirtschaft*, Gutachten von Februar 1998 bis Juli 2000, Stuttgart 2000, S. 1941–1999. Daraus auch die folgenden Zitate.

76 Zu den Unsicherheiten auf jeder Stufe der Kausalkette vgl. *W. Schmähl*, Ökonomische Grundlagen sozialer Sicherung, in: *B. Baron v. Maydell* u.a. (Hg.), Sozialrechtshandbuch, Baden-Baden 2008[4], S. 148–195, hier S. 170–175. Dass die Riester-Rente bisher tatsächlich eher Mitnahme- als Mobilisierungseffekte auf die Ersparnisbildung auslöste, zeigen *G. Corneo* u.a., The Riester Scheme and private savings: An empirical analysis based on the German SOEP, in: Schmollers Jahrbuch 129 (2009), S. 321–332. Ihr Fazit: »Our results seem to suggest that, at best, the mobilization effect upon private savings has been small« (S. 329). Allerdings hatte der Beirat eine obligatorische Privatvorsorge (»Sparpflicht«) vorgeschlagen, während die Riester-Rente nicht als Obligatorium eingeführt wurde.

erwartung die Rentenlaufzeit sehr erheblich verlängert[77] und der damit verbundene Kostenzuwachs etwa gleichmäßig auf die Rentner und die Beitragszahler verteilt werden solle. Der neue Faktor bremste daher zum einen den künftigen Anstieg des Beitragssatzes und senkte zum anderen das Eckrentenniveau auf lange Sicht um etwa sechs Prozentpunkte. Erstmals in der Geschichte der Bundesrepublik beruhte eine so weitreichende rentenpolitische Entscheidung nicht auf einem Basiskonsens der großen Parteien. Vielmehr lehnte sowohl der DGB als auch die SPD das als Rentenkürzung gebrandmarkte Gesetz ab. Nicht zuletzt im Zeichen der Konfliktstrategie des Parteivorsitzenden Oskar Lafontaine kündigte die SPD im Wahlkampf 1998 sogar an, den »demographischen Faktor« im Fall eines Wahlsiegs sofort außer Kraft zu setzen. Dies tat die im Herbst 1998 ins Amt gelangte rot-grüne Bundesregierung dann auch unverzüglich, allerdings nur vorläufig bis zum Dezember 2000. Damit brachte die neue Regierung sich unter einen massiven Zeitdruck. Sie musste möglichst bald eine eigene Reformlinie finden, und in dieser Suchbewegung gelang es den »Modernisierern« um Bundeskanzler Gerhard Schröder, sich gegen die »Traditionalisten« in der Partei durchzusetzen.

Die Denkweise der »Modernisierer« kommt bündig in einer Programmerklärung zum Ausdruck, die Bundeskanzler Schröder im Juni 1999 gemeinsam mit dem britischen Premierminister Tony Blair veröffentlichte.[78] Das Schröder-Blair-Papier, das sich explizit als »Anstoß zur Modernisierung« der Sozialdemokratie in Europa verstand, legte den Akzent in den sozialpolitischen Passagen auf Programme der »Aktivierung«, um Mobilität, Flexibilität und Produktivität zu fördern. Ob man hier einen Triumph des neoliberalen Zeitgeistes sehen kann, da staatliche Leistungen zugunsten des Marktes zurückgedrängt werden sollten, oder ob man eher von einer »neosozialen Gouvernementalität«[79] oder von einer »sozialneoliberalen« Orientierung[80] sprechen sollte, da dem Staat die Rolle eines höchst aktiven Regulators zugedacht wird, das ist eine strittige Frage. Jedenfalls atmete die Erklärung den Geist des britischen »*Lab-Lib-Modells*«, das die Wertsphären der Labour-Partei und des Liberalismus miteinander zu verknüpfen suchte und daher auch für neoliberale Positionen anschlussfähig war. Speziell zur Rentenpolitik besagte das Papier nur wenig Konkretes, deutete aber

77 So stieg die durchschnittliche Rentenlaufzeit von 1960 (10,1 Jahre) bis 1998 (16 Jahre) um rund 60 %. Wenig beachtet wird eine stille Umverteilung, die sich daraus ergibt, dass die Bezieher höherer Einkommen aufgrund ihrer statistisch höheren Lebenserwartung eine längere Renten-Bezugsdauer aufweisen. Vgl. *T. Lampert* u. a., Soziale Ungleichheit der Lebenserwartung in Deutschland, in: APuZ 42/2007, S. 11–18.

78 Druck der Schröder/Blair-Papiers vom 8.6.1999 in: Blätter für deutsche und internationale Politik 45 (1999), S. 887–896.

79 *S. Lessenich*, Die Neuerfindung des Sozialen. Der Sozialstaat im flexiblen Kapitalismus, Bielefeld 2008, S. 84.

80 *F. Nullmeier*, Alterssicherungspolitik im Zeichen der »Riester-Rente«, in: *A. Gohr* u. *M. Seeleib-Kaiser* (Hg.), Sozial- und Wirtschaftspolitik unter Rot-Grün, Opladen 2003, S. 167–188, hier S. 169.

mit Stichworten wie Stärkung der Marktkräfte, Senkung der gesetzlichen Lohnnebenkosten und Förderung der Eigenverantwortung die Richtung an. Mit der Einführung der Riester-Rente bewegte sich die deutsche Politik der Alterssicherung dann ein Stück weit auf das Prinzip des *Public-Private Mix* zu, das im britischen System der Altersvorsorge schon seit Langem dominierte.[81]

Eine Umbesetzung von Schlüsselpositionen begünstigte in der führenden Regierungspartei den neuen Kurs.[82] Hervorzuheben ist vor allem die Ernennung Hans Eichels zum Bundesfinanzminister nach dem Abgang Lafontaines im März 1999, aber auch die Ausmanövrierung Rudolf Dreßlers, der – eher traditionell orientiert – seit über einem Jahrzehnt der maßgebliche Rentenexperte der SPD-Bundestagsfraktion gewesen war.[83] Der grüne Koalitionspartner, der eine bürgerlich-akademische Mittelschichtsklientel mit einem Gutteil an jüngeren Wählern vertrat, sah in der kapitalgedeckten Teilprivatisierung ein Element der Generationengerechtigkeit und trug die Umsteuerung daher mit. Wie die Abgeordnete Katrin Göring-Eckardt in der abschließenden Beratung der Riester-Reform hervorhob, wären die Grünen sogar gern noch einen Schritt weiter gegangen: »zum Beispiel durch noch geringere Beiträge, damit den Leuten noch mehr im Portemonnaie verbleibt, vielleicht auch ein noch geringeres Rentenniveau, um die Notwendigkeit einer privaten Zusatzvorsorge deutlicher zu unterstreichen«.[84] In den oppositionellen Unionsparteien verlor der frühere Bundesarbeitsminister Norbert Blüm als Bannerträger der lohnbezogenen,

81 *L. Leisering* u. *C. Marschallek*, Zwischen Wohlfahrtsstaat und Wohlfahrtsmarkt. Alterssicherung und soziale Ungleichheit, in: *H. G. Hockerts* u. *W. Süß* (Hg.), Soziale Ungleichheit im Sozialstaat. Die Bundesrepublik Deutschland und Großbritannien im Vergleich, München 2010, S. 89–115. Teilkonvergenzen zeigen sich auch in »aktivierenden« Formen der Arbeitsmarktpolitik. Vgl. *K. Mohr*, Soziale Exklusion im Wohlfahrtsstaat. Arbeitslosensicherung und Sozialhilfe in Großbritannien und Deutschland, Wiesbaden 2007.

82 Vgl. *M. Hering*, Turning Ideas into Policies: Implementing Modern Social Democratic Thinking in Germany's Pension Policy, in: *G. Bonoli* u. *M. Powell* (Hg.), Social Democratic Party Policies in Europe, London 2004, S. 102–122; *Wehlau*, S. 147–155. Es sei bemerkt, dass der designierte Wirtschaftsminister im Schattenkabinett Schröders, Jost Stollmann, die Sozialversicherung im Wahlkampf 1998 als »Gefängnis für Normalverdiener« bezeichnete (Handelsblatt, 23.9.1998, Artikel: Stollmann sorgt erneut für Wirbel). Dies rief zwar den Widerspruch des SPD-Bundesgeschäftsführers Franz Müntefering hervor, die Designierung Stollmanns dürfte aber symptomatisch sein für die gelockerte Bindung Schröders an die sozialdemokratische Sozialversicherungstradition. Hans Martin Bury, der 1999 bis 2002 als Staatsminister beim Bundeskanzler amtierte, wechselte 2006 zur Investmentbank Lehman Brothers (*Wehlau*, S. 229), was einen zumindest mentalitätsgeschichtlich interessanten Affinitätshinweis ergibt.

83 Demonstrative Distanz hatte Dreßler auch gegenüber dem demographischen Alarmismus gewahrt. Vgl. z. B. *R. Dreßler*, Die SPD und die Zukunft des Sozialstaats, in: Jahrbuch Arbeit und Technik 1995, hg. v. *W. Fricke*, Bonn 1995, S. 112–121, hier S. 120: »Die Beseitigung der Massenarbeitslosigkeit und die spürbare Ausweitung der Frauenerwerbsquote hätten weitaus gewichtigere positive Auswirkungen auf unsere Rentenversicherung als jede Veränderung des Verhältnisses von jung zu alt.«

84 Sten. Ber. 14. WP, 26.1.2001, S. 14424.

dynamischen Rente rasch an Einfluss,[85] während die Promotoren der privaten, kapitalgedeckten Alterssicherung alsbald die Oberhand gewannen. Die Unionsfraktion attackierte die Riester-Reform zwar heftig auf der Ebene der Modalitäten, baute ihre Gegenvorschläge aber auf derselben Grundidee auf. Und die FDP hatte sich schon längst auf die Seite der wirtschaftsliberalen Rentenopposition geschlagen und nach vermehrter kapitalgedeckter Eigenvorsorge gerufen.

Die im Mai 2001 verabschiedete Riester-Reform vollzog dann den Leitbildwechsel, der dem Beitragsziel (*defined contributions*) den Vorrang vor dem Leistungsziel (*defined benefits*) gab. Der gesetzliche Beitragssatz soll demnach bis 2020 nicht über 20 Prozent und bis 2030 nicht über 22 Prozent steigen. Zu den Folgen dieser Fixierung zählt jene Absenkung des Leistungsniveaus, die mit einer politisch forcierten Ausdehnung der privaten Altersvorsorge einherging. Für die Arbeitnehmer, die die staatliche Förderung der Riester-Rente in Anspruch nehmen und daher regelmäßig vier Prozent ihres Einkommens für Finanzmarktprodukte zahlen, steigt der Gesamtbeitrag freilich auf 24 bzw. 26 Prozent, also auf genau die Höhe, die als gesetzlicher Beitragssatz so alarmierend, ja untragbar erschien. Man sieht: Im Ganzen handelte es sich weniger um eine Kostenbeschränkung als vielmehr um eine Kostenverlagerung: von den Unternehmen auf die privaten Haushalte, zum Teil auch auf den Staat, denn die Förderung der privaten Altersvorsorge kommt den Fiskus recht teuer zu stehen.[86]

Ebenso wie bei der Riester-Reform 2001 bewegten sich Regierung und Opposition auch beim »Nachhaltigkeitsgesetz« 2004 im Prinzip aufeinander zu. Dieses Gesetz führte den »demographischen Faktor«, der 1999 im Parteienstreit abgeschafft worden war, in einer abgewandelten, deutlich verbesserten Form wieder ein. Anders als der damalige Faktor koppelt der »Nachhaltigkeitsfaktor« die Rentenformel nämlich nicht einfach an die Altersentwicklung der Bevölkerung, sondern komplexer an die Entwicklung des Verhältnisses der Anzahl der Rentner zur Anzahl der Beitragszahler. Die entscheidende Differenz liegt

85 Die von Blüm einberufene und unter seinem Vorsitz tagende Kommission »Fortentwicklung der Rentenversicherung« hatte sich im Januar 1997 zwar auch für eine Förderung der privaten und betrieblichen Alterssicherung (mit Kapitaldeckungsverfahren) ausgesprochen, doch dürfe der Ausbau der »zweiten und dritten Säule nicht zu Lasten der ersten Säule erfolgen«. Die staatliche Förderung der Vermögensbildung in Arbeitnehmerhand solle auf die Altersvorsorge ausgedehnt und dabei auf Personen mit unterdurchschnittlichem Einkommen konzentriert werden. Vgl. *Bundesministerium für Arbeit und Sozialordnung* (Hg.), Vorschläge der Kommission »Fortentwicklung der Rentenversicherung«, Bonn 1997, S. 37, 39.

86 *Bofinger*, S. 16 beziffert die jährliche Unterstützung durch Zulagen und Einnahmeausfälle auf 9 Mrd. Euro. Im »Nationalen Strategiebericht Alterssicherung«, den die Bundesregierung 2002 der EU vorlegte, wird mit einem Anwachsen des jährlichen Fördervolumens auf 12–13 Mrd. Euro gerechnet. BT-Drs. XIV/9503, 31.5.2002. Allerdings steigt der Bundeszuschuss zur gesetzlichen Rentenversicherung im Zuge der Umsteuerung langsamer, so dass sich für den Staatshaushalt auch Einsparungen ergeben. Eine quantifizierende Bilanz der fiskalischen Belastungs- und Entlastungswirkungen ist mir nicht bekannt.

darin, dass somit nicht nur die demographische, sondern auch die Beschäftigungsentwicklung berücksichtigt wird. Eine höhere Erwerbsquote, etwa durch einen Rückgang der Arbeitslosigkeit oder eine Verlängerung der Lebensarbeitszeit kann sich somit auch positiv auf die Rentenentwicklung auswirken. Letzteres – eine Anhebung der Regelaltersgrenze – folgte 2007 als einstweilen wohl abschließender Akt des Umsteuerungsprozesses, nun im Konsens der Großen Koalition unter Bundeskanzlerin Angela Merkel. Vorgesehen ist, dass die Regelaltersgrenze ab 2012 bis 2029 schrittweise vom 65. auf das 67. Lebensjahr angehoben wird, abhängig vom Geburtsjahr, beginnend mit dem Jahrgang 1947. Allerdings macht sich in der SPD, mehr noch im DGB, eine beträchtliche Oppositionsströmung gegen die Umsetzung dieses Gesetzes bemerkbar. Damit soll zum Teil auch der heftige Protest abgefangen werden, den die seit 2007 etablierte sozialpopulistische Partei der Linken in der Rentenpolitik entfaltet: Diese Partei möchte sämtliche Kürzungsfaktoren aus der Rentenformel wieder gestrichen sehen.

Dass der Umschwung zur Renten-Privatisierung im Parlament mehrheitsfähig war, hing allerdings auch von der Art der konkreten Ausgestaltung und einigen Kompromissen ab. In dieser Hinsicht verdienen vier Punkte besondere Beachtung. *Erstens* stellt die Riester-Rente keine Privatisierung in Reinkultur dar, sondern einen Zwitter aus Staat und Markt: Es ging um die Öffnung eines *Wohlfahrtsmarkts*. Der Staat trat dabei zwar als eigenständiger Produzent von Wohlfahrt zurück, betätigte sich jedoch umso reger als sozialer Regulator. So transformierte er Sozialpolitik in »marktregulative Politik«.[87] Auf dem neu geschaffenen Altersvorsorgemarkt macht sich der staatliche Gestaltungsanspruch durch Zertifizierungsverfahren, Zulagen und Steuerbegünstigung bemerkbar. So wurden und werden nur solche Finanzmarktprodukte als »riester-fähig« anerkannt, bei denen zu Beginn der Auszahlungsphase mindestens die Summe der eingezahlten Beiträge garantiert ist. Wenngleich diese Garantie weder einen Inflationsschutz noch eine Dynamisierung vorsieht, glich sie einer bitteren Pille, die die Investmentbranche am Ende schlucken musste. Deren Lobby hatte vergeblich eingewandt, dass eine solche Schutzvorschrift dazu zwinge, die Gelder vor allem in renditeschwache Wertpapiere zu investieren; das werde die Erträge im Schnitt um zwei Prozentpunkte herabdrücken.[88] Besonders pikant nimmt sich im Rückblick eine vom »Spiegel« wohlwollend verbreitete Prognose von Morgan Stanley aus: Da Länder wie die Schweiz, Holland oder England auf solche »ertragsmindernden Garantien« verzichtet hätten, werde der deutsche »Sonderweg« sich noch »als einer der Hauptfehler der Reform erweisen«.[89] Es kam jedoch ganz anders: Im Schock der jüngsten Banken- und Finanzmarktkrise hat sich jene Garantie für die Kunden als segens-

87 *F. Nullmeier*, Sozialpolitik als marktregulative Politik, in: ZSR 47 (2001), S. 645–667.

88 Vgl. Der Spiegel, 14.5.2001, Artikel: Zaghaft in die Zukunft. Der Artikel machte sich diese Sicht zu eigen und nannte die Schutzvorschrift »weitgehend überflüssig«.

89 Ebd.

reich erwiesen. Die Forderung nach einer geschlechtsneutralen Kalkulation der Riester-Produkte war im Jahr 2001 noch nicht durchsetzbar. Unisex-Tarife galten noch als zu großer Verstoß gegen die Logik des Marktes, da die im Durchschnitt längere Lebenserwartung von Frauen die Risikobewertung beeinflusst. Fünf Jahre später drang die marktregulative Sozialpolitik jedoch bereits weiter vor und machte die geschlechtsneutrale Kalkulation für alle neuen Riester-Produkte verpflichtend.[90]

Auf einem anderen Blatt steht indes die Frage, ob es dem Zertifizierungssystem gelungen ist, tatsächlich für Transparenz und Qualitätswettbewerb zu sorgen. Hier scheint einiges im Argen zu liegen, beispielsweise bei den Kosten, die bei einigen Produkten und Anbietern die staatlichen Zulagen nahezu ganz auffressen.[91] Die Subventionierung der Riester-Rente aus der Staatskasse wird mit dem Ziel legitimiert, Anreize zu schaffen, damit die allgemeine Absenkung des gesetzlichen Sicherungsniveaus durch individuelle, freiwillige Vorsorge kompensiert wird.[92] Die Spreizung der Alterseinkommen wird sich dadurch erheblich vergrößern. Denn der Anlageerfolg fällt sehr unterschiedlich aus. Das Zusammentreffen verschiedener Elemente des Förderkonzepts begünstigt zudem die Bezieher höherer Einkommen.[93] Überdies hat etwa die Hälfte der mindestens 25 Millionen Adressaten bis heute gar keinen Vertrag abgeschlossen, darunter großenteils Geringverdiener, denen der erforderliche Eigenbeitrag schwerfällt.

Allerdings sind – *zweitens* – am unteren Rand der Alterssicherung auch Halteseile eingefügt worden, die einen Absturz in die blanke Not verhindern sollen. Eine »*Sicherungsklausel*« fordert den Gesetzgeber zum Einschreiten auf, wenn das Rentenniveau zu tief absinkt. Die Untergrenze wurde 2001 trickreich auf eine optisch gefällige Zahl berechnet und 2004 auf ein »Nettorentenniveau vor Steuern« von langfristig 43 Prozent festgelegt, dessen Berechnungsweise

90 Dies ist ein interessantes Beispiel für die These, »dass die Etablierung eines Wohlfahrtsmarktes eine Evolution regulativer Politik in Gang setzt«. Vgl. dazu *L. Leisering* u. *I. Vitić*, Die Evolution marktregulativer Politik. Normbildung in hybriden Bereichen sozialer Sicherung – das Beispiel der Unisex-Tarife für die Riester-Rente, in: ZSR 55 (2009), S. 97–123. Eine ähnliche Evolution ließe sich für die Wohn-Riester-Förderung zeigen.

91 Vgl. z. B. das Interview mit dem Vorstand des Verbraucherzentrale Bundesverbands, Gerd Billen, in: SZ, 9.12.2009, Artikel: Riester-Rente ist wie Lotto. Billen sieht Vorteile im schwedischen Beispiel, wo der Kapitalmarkt auf andere Weise in die Rentenversicherung einbezogen wurde: Ein Teil des gesetzlichen Beitrags (2,5 %) fließt in einen Anlagefonds, der im Rahmen der Sozialversicherung gemanagt und dem Staatshaushalt zugeordnet ist. Vgl. auch *Deutsches Institut für Wirtschaftsforschung,* Wochenbericht Nr. 8/2010, 24.2.2010, S. 2–14, Artikel: Riesterrente: Politik ohne Marktbeobachtung. Dessen Ergebnis: »Erst eine umfassende Marktbeobachtung wird letztlich zeigen, ob die Konstruktion der privatwirtschaftlichen Vermarktung tatsächlich tragfähig ist«.

92 Mit staatlichen Kinderzuschüssen zur privaten Vorsorge setzte die Riester-Reform 2001 zudem die Verknüpfung von Familienförderung und Alterssicherung fort, die 1985 begonnen und inzwischen mehrfach verbessert worden war.

93 Vgl. *Ebert.*

nur für ausgefuchste Experten verständlich ist.[94] Da diese Klausel die gesetzlich vorgegebene Deckelung des Beitragssatzes in der Zukunft gefährden kann, wohnt dem Gesetz ein unaufgelöster Widerspruch inne. Unmittelbar wirksam wurde hingegen eine andere Form des Minimums: die Einführung einer steuerfinanzierten *Grundsicherung im Alter*. Diese setzt zwar Bedürftigkeit nach den Bestimmungen des Sozialhilfegesetzes voraus, hat jedoch gegenüber der Sozialhilfe den Vorteil, dass kein Regress auf das Einkommen der Kinder zu befürchten ist. Damit soll der »verschämten Altersarmut« entgegengewirkt werden – jener Scheu älterer Menschen, Sozialhilfe in Anspruch zu nehmen, da sie einen Unterhaltsrückgriff auf ihre Kinder vermeiden wollen.

Drittens macht die offizielle Bezeichnung der Riester-Reform als »Altersvermögensgesetz« darauf aufmerksam, dass diese Reform als eine Wiederbelebung der *Vermögenspolitik* angesehen werden kann. Die Vermögenspolitik war in den 1950er und 1960er Jahren mit großen Hoffnungen in Gang gekommen. Sie sollte dazu beitragen, die extrem ungleiche Vermögensverteilung in der westdeutschen Gesellschaft etwas gleichmäßiger zu gestalten und Spannungen zwischen Kapital und Arbeit abzubauen. Dabei bildete sich eine sozialreformerische Linie heraus, die auf eine Beteiligung der Arbeitnehmer an den Unternehmen zielte (Investivlohn- oder Gewinnbeteiligungsmodelle), während eine liberale Linie lediglich günstigere Rahmenbedingungen für die private Ersparnisbildung anstrebte.[95] Imponierende Erfolge hatten beide Linien nicht. Vielmehr erlahmte die Vermögenspolitik in einem »Sammelsurium steuerlicher und sonstiger Subventionen für bestimmte Anlageformen«. Mit der neuartigen Verknüpfung von Vermögensbildung und Altersvorsorge kam nun ein Weg ins Blickfeld, der aus dieser Stagnation herauszuführen verhieß. So hörte man zum Beispiel bei den parlamentarischen Beratungen über den neuen Fondstyp des »Altersvorsorge-Sondervermögens« von einer Abgeordneten der Grünen das Argument, ein solcher Zielfonds diene dem »dringend nötigen Brückenschlag zwischen Kapital und Arbeit«,[96] und Minister Riester feierte die nach ihm benannte Reform als das »größte Vermögensbildungsprogramm«, das »jemals in der Bundesrepublik bestanden hat«.[97] Dass es dabei auch um eine Gewichtsverlagerung vom Sozial- bzw. Transfereigentum zum Privateigentum ging, lag in der Logik der neuen Wohlfahrtsarchitektur.

94 Zur hochkomplizierten Berechnung dieses Verhältniswerts, der sich auf einen Rentner mit 45 Jahren Durchschnittsverdienst bezieht, vgl. *H.-J. Kramer*, Rentenversicherungs-Nachhaltigkeitsgesetz. Ein Überblick, in: Die Angestelltenversicherung 51 (2004), S. 404–414, hier S. 406f.

95 *Y. Dietrich*, Vermögenspolitik, in: *G.A. Ritter* (Hg.) Bundesrepublik Deutschland 1989–1994. Sozialpolitik im Zeichen der Vereinigung (= Geschichte der Sozialpolitik in Deutschland seit 1945, hg. v. *Bundesministerium für Arbeit und Soziales* und *Bundesarchiv*, Bd. 11), Baden-Baden 2007, S. 1069–1078, hier S. 1076; das folgende Zitat ebd., S. 1077.

96 Margareta Wolf (Bündnis 90/Die Grünen) in der 3. Lesung des Dritten Finanzmarktförderungsgesetzes, Sten. Ber. 13. WP, 13.2.1998, S. 20111.

97 So z.B. im Interview mit Minister Walter Riester in: Handelsblatt, 8.12.2000.

Als besonders wichtig erwies sich – *viertens* – die Aufwertung der *betrieblichen Altersvorsorge*, die zuvor lange im Schatten der Politik der Alterssicherung gestanden hatte. Auch die Riester-Reform hatte ursprünglich nur die Individualförderung und keine Renaissance der betrieblichen Alterssicherung im Auge. Doch gelang es den Gewerkschaften im Laufe der parlamentarischen Beratungen, daraus geradezu ein »Zentralelement des Reformpakets« zu machen.[98] Seit 2002 hat jeder Arbeitnehmer einen Rechtsanspruch auf Umwandlung eines Teils seines Arbeitsentgelts in eine betriebliche Altersversorgung. Dabei bringt der »Tarifvorbehalt«[99] die Tarifparteien ins Spiel, was dem Flächentarifvertrag eine zusätzliche rentenpolitische Legitimation gibt und die Gewerkschaften durch eine neue Funktionszuweisung »organisatorisch stabilisiert«.[100] Mit attraktiven Fördermaßnahmen bot der Staat zudem ein Anreizprogramm, um die betriebliche Vorsorge auf dem tariflichen Weg weiterzuentwickeln. In Annäherung an angelsächsische Modelle wurde außerdem ein neuer Durchführungsweg (»Pensionsfonds«) geschaffen, der den Trend von der innerbetrieblichen zur marktbasierten betrieblichen Altersversorgung vorantreibt. Insgesamt zeigt die Stärkung der betrieblichen Altersvorsorge, dass das Tarifvertragsystem beim Umbau des Sozialstaats als »institutionelle Flexibilitätsressource«[101] fungieren kann, die freilich nicht alle Arbeitnehmer gleichmäßig begünstigt.

Schluss

Das demographische Argument war, wie wir sahen, ein mächtiger Bewegungsfaktor beim Umbau der Alterssicherung. Tatsächlich ist ja auch unbestreitbar, dass die Sicherung im Alter, wie die soziale Sicherung insgesamt, ja wie nahezu alle Bereiche der Lebens- und Arbeitswelt vor einer gravierenden demographischen Herausforderung steht.

Der Altenquotient, der hier als Problemindikator genügen möge, lag 1990 bei 24, liegt heute bei 34 und wird bis 2030 wahrscheinlich auf 52,8 und bis 2040 wahrscheinlich auf 61,9 steigen.[102] Das heißt: Hatten 1990 rund 100 Personen

98 *Nullmeier*, Alterssicherungspolitik, 2003, S. 174. Zur Aufwertung der betrieblichen Altersversorgung vgl. auch *Berner*, S. 143–148, 247–274.

99 Demnach dürfen Teile des tariflichen Entgelts nur dann in Anwartschaften auf betriebliche Altersversorgung umgewandelt werden, wenn dies durch einen Tarifvertrag zugelassen ist.

100 *P. Manow*, Globalisierung, »Corporate Finance« und koordinierter Kapitalismus, in: Windolf, S. 242–275, hier S. 271.

101 *C. Trambusch*, Sozialpolitik: Vorwärts- und Rückwärtsreformen und Neuvermessung von Solidarität, in: WSI Mitteilungen 7/2008, S. 365–371, hier S. 370.

102 Anzahl der Senioren ab dem 65. Lebensjahr, ins Verhältnis gesetzt zur Zahl der Menschen im erwerbsfähigen Alter (hier definiert von 20 bis 64). Vgl. *Statistisches Bundesamt*, Bevölkerung Deutschlands bis 2060. Ergebnisse der 12. koordinierten Bevölkerungsvoraus-

im erwerbsfähigen Alter (definiert von 20 bis unter 65 Jahren) für 24 Ältere zu sorgen, so werden sie 2030 für doppelt so viele Ältere Sorge tragen müssen.

Allerdings hat der Altenquotient nur eine relative und eingeschränkte Aussagekraft. Definiert man das erwerbsfähige Alter bis zum 67. Lebensjahr, so ist der Altenquotient 2030 nicht mehr bei 52,8, sondern bei 43,9 anzusetzen. Vor allem aber: Seine Bezugsgröße ist die Zahl der Personen im erwerbs*fähigen* Alter und nicht die Zahl der Personen, die tatsächlich erwerb*stätig* sind. In dieser Hinsicht kommen Reserven ins Spiel, die zu einem günstigeren Bild führen können. Zu denken ist an den Abbau der Massenarbeitslosigkeit, die derzeit Jahr für Jahr mit gesamtfiskalischen Kosten von rund 70 bis 80 Milliarden Euro zu Buche schlägt.[103] Zu denken ist an die zunehmende Erwerbsbeteiligung von Frauen, die der Politik zur Förderung der Vereinbarkeit von Familie und Beruf einen Rangschub nach oben gegeben hat. Zu denken ist an das Potential älterer Arbeitnehmer, die bisher contre cœur in die Frühverrentung geschickt wurden. In einem gewissen Maß kann auch die Zuwanderung kompensierend wirken, allerdings nur dann, wenn die Integration entschieden besser gelingt als bisher. Nicht zuletzt wird es von der Entwicklung der Arbeitsproduktivität abhängen, ob die steigenden Kosten der Alterssicherung schwerer oder leichter zu verkraften sind, so dass auch in diesem Zusammenhang die Bedeutung effektiver Bildungsinvestitionen ersichtlich wird. Kurz: Abbau der Arbeitslosigkeit, steigende Erwerbsquote, eine kluge Bildungs- und Weiterbildungspolitik, Fortschritte in der Produktivität: auf diese Weise kann das demographische Altern aus der Sphäre des schrillen Alarmismus herausgeführt werden.[104] Die Dramatisierer setzen die Akzente jedoch anders. Sie wählen weniger günstige Basisannahmen, gewichten die Einflussgrößen anders und sehen nicht nur im Altern, sondern auch im Schrumpfen der Bevölkerung alarmierende Gefahren. Im Ganzen hat die demographische Herausforderung zu einer sehr komplexen und kontroversen Debattenlage geführt – mit viel Raum für interessengeleitete

berechnung, Wiesbaden 2009. Die Annahmen zur Geburtenhäufigkeit, Lebenserwartung und zum Wanderungssaldo ergeben – miteinander kombiniert – zwölf Varianten. Die oben genannten Zahlen beziehen sich auf die Variante: Untergrenze der »mittleren« Bevölkerung. Die anderen Varianten verändern das Bild graduell, aber nicht essentiell.

103 Vgl. IAB-Kurzbericht. Aktuelle Analysen und Kommentare aus dem Institut für Arbeitsmarkt- und Berufsforschung 14/2008, S. 4.

104 Unrealistisch ist jedoch der in manchen Schriften verbreitete Optimismus, dass der sinkende Jugendquotient Ressourcen freisetze, mit denen sich die steigenden Lasten des Altenquotienten zu einem guten Teil kompensieren lassen. Der Gesamtquotient, der den Jugend- und den Altenquotienten zusammenfasst, wird zwar 2030 mit voraussichtlich 83,5 nicht viel höher liegen als der Istwert (78) von 1970, wenn man die Altersgrenze gleichermaßen bei 65 Jahren ansetzt. Dabei hat sich die innere Zusammensetzung umgedreht: 1970 dominierte der Jugendquotient, künftig der Altenquotient. Die Vorstellung einer wechselseitigen Kompensation führt jedoch in die Irre. Dies ist überzeugend herausgearbeitet von *F.-X. Kaufmann*, Sozialpolitik und Sozialstaat: Soziologische Analysen, Opladen 2002, S. 156f.

Interpretationen.[105] Umso aufschlussreicher ist die Frage, wie der diskursive Raum jeweils besetzt wird, welche Deutungen einen hegemonialen Einfluss erlangen und wozu dieser Einfluss genutzt wird.

In dieser Studie ist daher auch ein Weiteres deutlich geworden: Die Anpassung der Sozialpolitik an die veränderte Demographie war so stark mit Gegenwartsinteressen verkoppelt, dass die Schubkraft und die Stoßrichtung der Reformen nur zum Teil mit demographischer Weitsicht oder generationengerechter Besorgnis erklärbar sind. Die »demographische Keule« wurde vielmehr auch geschwungen, »um Verteilungsstrukturen aus ganz anderen Gründen zu ändern«.[106] Das Interesse der Finanzmarktbranche, in das »Megageschäft Altersvorsorge« einzusteigen, bot dafür nicht das einzige, aber das offensichtlichste Beispiel. Ingesamt hat die demographische Perspektive eine Gelegenheitsstruktur geschaffen, die sich all jene Akteure zunutze machten, die aufgrund eigener Interessenlagen, aus ideologisch-ordnungspolitischen Gründen oder im rauen Wind der Globalisierung die Marktkräfte aufwerten und den Staatseinfluss zurückdrängen wollten. Auch der auf den ersten Blick so technisch und spezialistisch anmutende Streit über das Finanzierungsverfahren – Kapitaldeckung versus Umlage – verdankte seinen auffallend hohen Erregungsgrad der Spannung »Markt versus Staat«. Denn das Umlageverfahren präjudiziert eine staatliche Lösung, während die Kapitaldeckung Raum für private Alterssicherung nach marktwirtschaftlichen Grundsätzen schafft.[107] Unterm Strich ist allerdings auch dies festzuhalten: Der politische Umbau der Alterssicherung in Deutschland hat eine marktradikale Lösung vermieden. Die gesetzliche Rentenversicherung bleibt auf lange Sicht der stärkste Pfeiler im System der Alterssicherung, das die politische Rhetorik mit dem Begriff des »Drei-Säulen-Systems« wind- und wetterfest erscheinen lässt. Und die Einbeziehung von Märkten in die Politik der Alterssicherung ging mit einer Einhegungstendenz einher, die ein neues Mischungsverhältnis von Marktkräften und Staatseinfluss hervorgebracht hat: den Wohlfahrtsmarkt der Altersvorsorge. Ob damit ein zukunftsweisendes Modell zur Entlastung des bedrängten Wohlfahrtsstaats durch Wohlfahrtsmärkte gelungen ist, wird sich freilich noch erweisen müssen.

105 Eine aspektreiche und abgewogene Problemsicht bieten *J. Kocka* u. *U. M. Staudinger* (Hg.), Altern in Deutschland, Bd.1–9 (= Schriftenreihe Nova Acta Leopoldina, Neue Folge, Bd. 99–107), Halle 2009.

106 *F.-X. Kaufmann*, Schrumpfende Gesellschaft. Vom Bevölkerungsrückgang und seinen Folgen, Frankfurt a. M. 2005, S. 236. Dass »mit den erwarteten Problemen der Zukunft tagesaktuell Verteilungs- und Umverteilungspolitik« getrieben wurde, betont auch *R. Sitte*, Soziale Sicherung unter Rot-Grün (= WSI-Diskussionspapier Nr. 10), Düsseldorf 2003, S. 51.

107 *S. Homburg*, Ein Schnellkurs in Sachen Rentenreform, in: Perspektiven der Wirtschaftspolitik 1 (2000), S. 379–382, hier S. 381.

14. Vom Problemlöser zum Problemerzeuger? Der Sozialstaat im 20. Jahrhundert

Die historische Forschung nimmt den Umbruch, der in der Mitte der siebziger Jahre des 20. Jahrhunderts einsetzte, neuerdings intensiv in den Blick.[1] Der Ablauf von Archivsperrfristen ist dabei förderlich, aber die stärkere Schubkraft liegt in einer konzeptionellen Herausforderung großen Stils: Es geht um nichts Geringeres als um die Konzipierung einer gegenwartsnahen Zeitgeschichte, die nicht mehr die Grundverhältnisse des »Golden Age« oder der »trentes glorieuses« vor Augen hat, sondern eine tiefgreifende Transformation, zu deren Kennzeichen der Abschied von der industriegesellschaftlichen Hochmoderne zählt. Damit gingen Wandlungsprozesse von großer Brisanz einher. Sie lassen sich als Vorgeschichte von Problemlagen beschreiben, die uns heute auf den Nägeln brennen. Dies gilt besonders für die Krisenerscheinungen des Sozialstaats. Nach seiner Glanzzeit im großen Boom der 1950er bis 1970er Jahre ist er in Bedrängnis geraten, nicht nur hierzulande, sondern in allen westeuropäischen Wohlfahrtsstaaten. Schlagworte wie »Abbau« oder »Umbau« sozialstaatlicher Sicherungen beherrschen daher die tagespolitischen Debatten, und die sozialwissenschaftliche Forschung hat eine Fülle von Krisendiagnosen unter Titeln wie »Standortrisiko Wohlfahrtsstaat?« oder »Pressures on the Mature Welfare States« hervorgebracht.[2]

Der folgende Essay nimmt vorwiegend den deutschen Sozialstaat in den Blick, rückt ihn jedoch in das Licht internationaler Vergleiche und übergreifender Zusammenhänge. So sollen sowohl spezifische Merkmale des deutschen Falls als auch allgemeine Tendenzen und Spannungslinien der europäischen Sozialstaatsgeschichte erkennbar werden, die ihrerseits wiederum als ein exempla-

1 Vgl. *K. A. Jarausch* (Hg.), Das Ende der Zuversicht? Die siebziger Jahre als Geschichte, Göttingen 2008; *A. Doering-Manteuffel* u. *L. Raphael*, Nach dem Boom. Perspektiven auf die Zeitgeschichte seit 1970, Göttingen 2008; *T. Raithel* u. a. (Hg.), Auf dem Weg in eine neue Moderne? Die Bundesrepublik Deutschland in den siebziger und achtziger Jahren, München 2009.

2 Standortrisiko Wohlfahrtsstaat? Redaktion: *J. Borchert* u. a., Opladen 1997; *P. Pierson*, Postindustrial Pressures on the Mature Welfare States, in: *ders.* (Hg.), The New Politics of the Welfare State, Oxford 2001, S. 80–104. Zur Einführung in die neueren Debatten vgl. auch *F.-X. Kaufmann*, Herausforderungen des Sozialstaates, Frankfurt a.M.1997; *N. A. Siegel*, Baustelle Sozialpolitik. Konsolidierung und Rückbau im internationalen Vergleich, Frankfurt a. M. 2002; *F. G. Castles*, The Future of the Welfare State. Crisis Myths and Crisis Realities, Oxford 2004; *C. Butterwegge*, Krise und Zukunft des Sozialstaates, Wiesbaden 2005.

risches Feld für die Möglichkeit getestet werden, Zeitgeschichte als Transformationsgeschichte nach dem Boom zu konzipieren. Zunächst werden einige Konturen der »Blütezeit des Wohlfahrtsstaats« (Hartmut Kaelble) umrissen, in der maßgebliche Weichen für die Verbreitung, die Dichte und das Niveau sozialstaatlicher Sicherungen gestellt wurden und die zugleich als Inkubationszeit langfristiger Folgeprobleme betrachtet werden kann. Sodann richtet sich das Augenmerk auf die Herausforderungen, welche die westlichen Wohlfahrtsstaaten seit der Mitte der 1970er Jahre in die Kritik und unter Veränderungsdruck gebracht haben. Schließlich wird nach Wandlungstendenzen in der jüngsten Sozialstaatsentwicklung gefragt, in denen sich Antworten auf den Reformdruck und die Suche nach Zukunftsfähigkeit erkennen lassen.

Die Blütezeit des Wohlfahrtsstaats

Hartmut Kaelble hat vorgeschlagen, in der Geschichte der öffentlichen sozialen Sicherung in Europa vier große Epochen zu unterscheiden: die Epoche der kommunalen Armenpolitik in der frühen Neuzeit, die Phase staatlicher Sozialpolitik im Zuge der Industrialisierung und im Zeichen der Arbeitnehmerversicherung, drittens die »Entstehung des modernen Wohlfahrtsstaats für alle Bürger von den späten 1940er bis frühen 1970er Jahren« und schließlich die jüngste Epoche der Wohlfahrtsstaatskritik, der Krisen und der Um- oder Rückbautendenzen.[3] Es spricht indessen viel dafür, die dritte Epoche chronologisch etwas weiter zu fassen und in zwei Phasen zu unterteilen, für die jeweils ein Konstellationswandel von großer Tragweite kennzeichnend ist. In den 1930er und 1940er Jahren setzte in den liberalen Demokratien ein neues Nachdenken über »social security« ein, das vor dem Hintergrund krisenhafter Erschütterungen die Idee eines »solidaristic welfare state« und eine Welle von Reformprogrammen hervorbrachte.[4] In dieser Phase vollzog sich der Ausbau des Wohlfahrtssektors vor allem auf der Ebene des programmatischen Anspruchs und der theoretischen Legitimation. Die folgende Phase, die vom Anfang der 1950er bis zur Mitte der 1970er Jahre reicht, war dann tatsächlich die »größte Expansionsphase des Wohlfahrtsstaats in seiner Geschichte«.[5] Das »sozialpolitische

3 *H. Kaelble*, Das europäische Sozialmodell – eine historische Perspektive, in: *ders.* u. *G. Schmid* (Hg.), Das europäische Sozialmodell. Auf dem Weg zum transnationalen Sozialstaat, Berlin 2004, S. 31–50.

4 *P. Baldwin*, The Politics of Social Solidarity. Class Bases of the European Welfare State 1875–1975, Cambridge 1990, S. 107–297; *G.A. Ritter*, Der Sozialstaat. Entstehung und Entwicklung im internationalen Vergleich, München 1991[2], S. 147–162.

5 *P. Flora*, Krisenbewältigung oder Krisenerzeugung? Der Wohlfahrtsstaat in historischer Perspektive, in: *J. Matthes* (Hg.), Sozialer Wandel in Westeuropa. Verhandlungen des 19. Deutschen Soziologentages, Frankfurt a.M. 1979, S. 82–136, hier S. 83.

Dauerhoch«[6] gewann seine Dynamik nun jedoch unter gewandelten Voraussetzungen: Es wurde von dem beispiellosen Wirtschaftswachstum der Boomperiode getragen. Diese beiden Phasen werden im Folgenden etwas genauer betrachtet.

Die Formel »social security« erlebte in den 1930er und 1940er Jahren im Lager der liberalen Demokratien einen rasanten Aufstieg.[7] Am Anfang standen die Reformdebatten des amerikanischen New Deal: Mit dem Social Security Act von 1935 gewann dieser Begriff erstmals politische Relevanz und programmatische Bedeutung. Die Atlantikcharta, die Franklin D. Roosevelt und Winston Churchill im August 1941 – auf dem Höhepunkt der nationalsozialistischen Kriegserfolge – unterzeichneten, hob »social security« sodann demonstrativ in den Rang eines alliierten Kriegsziels. Der Beveridge-Plan, der dem britischen Parlament im November 1942 vorgelegt und »sofort ein Bestseller«[8] wurde, verstand sich als »praktischer Beitrag« zur Ausformung des in der Atlantikcharta propagierten Ziels.[9] Die Internationale Arbeitsorganisation griff den Impuls auf und beteiligte sich mit der an alle Mitgliedsstaaten gerichteten »Erklärung von Philadelphia« (Mai 1944) an der programmatischen Entfaltung.[10] Als die Generalversammlung der Vereinten Nationen im Dezember 1948 die Allgemeine Erklärung der Menschenrechte verabschiedete, erreichte der Siegeszug des neuen Leitbegriffs seinen Höhepunkt: Die Vereinten Nationen definierten »social security« als ein Grundrecht der Menschheit.

Wie ist die so schnelle und starke Verbreitung von Begriff und Programm der sozialen Sicherheit zu erklären? Den Hintergrund bildete eine dreifache Krisenerfahrung. Diese bezog sich erstens auf das dramatische Ausmaß der Weltwirtschaftskrise um 1930. In dieser Krise brach der Glaube an die prinzipielle Selbststeuerung der Marktwirtschaft zusammen, während das Niveau der Erwartungen an die staatliche Regelungskapazität sprunghaft stieg. Hinzu trat zweitens die Bedrohungs- und Notsituation der Weltkriegsjahre. Unter dem Eindruck von »Versorgungskrise, Kriegsleid und Zerstörungen«[11] wuchs der Regierungsbedarf an Massenloyalität ebenso wie die Solidaritätsbereitschaft und der sozialpolitische Konsens in großen Teilen der Bevölkerung. Zugleich führte die

6 *L. Raphael*, Europäische Sozialstaaten in der Boomphase (1948–1973), in: *Kaelble/Schmid*, S. 51–73, hier S. 64.

7 Vgl. hierzu und zum Folgenden *F.-X. Kaufmann*, Sicherheit als soziologisches und sozialpolitisches Problem. Untersuchungen zu einer Wertidee hochdifferenzierter Gesellschaften, Stuttgart 1973, S. 92–108; *ders.*, Die Entstehung sozialer Grundrechte und die wohlfahrtsstaatliche Entwicklung, Paderborn 2003.

8 *T. Judt*, Die Geschichte Europas seit dem Zweiten Weltkrieg, München 2006, S. 96.

9 Social Insurance and Allied Services. Presented to Parliament by Command of His Majesty, November 1942, London 1942. Deutsche Übersetzung: Der Beveridgeplan. Sozialversicherung und verwandte Leistungen. Bericht von Sir William Beveridge. Dem britischen Parlament überreicht im November 1942, Zürich 1943, hier S. 262.

10 Vgl. *D. Maul*, Der transnationale Blick. Die Internationale Arbeitsorganisation und die sozialpolitischen Krisen Europas im 20. Jahrhundert, in: AfS 47 (2007), S. 349–369.

11 *Raphael*, S. 60.

kriegsbedingte Mobilisierung zu einem Ausbau von Institutionen, mit denen der Staat in Wirtschaft und Gesellschaft intervenieren konnte; damit erhöhte sich auch die institutionelle Handlungsfähigkeit der staatlichen Sozialpolitik. Drittens ist das politische Programm der sozialen Sicherung als eine Antwort liberaler und demokratisch-sozialistischer Reformer auf den Aufstieg totalitärer Bewegungen zu begreifen. Faschismus und Kommunismus hatten sich seit dem Ende des Ersten Weltkriegs als die beiden mächtigsten Gegenbewegungen zur liberalen Demokratie formiert; beide hatten ihre Attraktivität nicht zuletzt aus eklatanten Defiziten des Liberalismus und augenfälligen Defekten des kapitalistischen Systems bezogen. Das Programm der »social security« stellt eine reformistische Reaktion der liberalen Demokratie auf diese Herausforderungen dar.[12] Daher spielte das Konzept des »welfare state« in der alliierten Kriegspropaganda eine wichtige Rolle als Gegenmodell zu Hitlers »power state« und »warfare state«.[13] Als Quelle von Stabilität und Legitimität sollte die Politik der sozialen Sicherung jedoch auch dazu beitragen, die liberale Demokratie im Blick auf die kommunistische Herausforderung zu stärken und als überlegene Ordnungsform zu erweisen. Dieser Aspekt trat während der Dauer der Anti-Hitler-Koalition in den Hintergrund. William Beveridge ließ sich sogar einmal zu der Bemerkung hinreißen, sein Plan liege »half-way to Moscow«.[14] Der Systemkonflikt blieb jedoch unterschwellig wirksam und trat später im Spannungsfeld des Kalten Krieges umso stärker hervor.

Als Magna Charta des welfare state berühmt geworden, bringt der Beveridge-Plan den konzeptionellen Neuansatz besonders klar zum Ausdruck. Er wich vor allem in vier Punkten von den älteren Traditionen der Sozialversicherung ab oder führte über sie hinaus. Erstens ging die Sozialpolitik nun eine enge Verbindung mit einer auf Vollbeschäftigung zielenden Wirtschaftspolitik ein. Beveridge betonte mit allem Nachdruck, dass darin eine unbedingt »notwendige Voraussetzung für einen Erfolg der Sozialversicherung« liege. Er sah in sozialen Transferleistungen umgekehrt auch ein Mittel zur Verstetigung der gesamtwirtschaftlichen Nachfrage und somit zur konjunkturellen Stabilisierung.[15] Eine solche Zusammenschau von Wirtschafts- und Sozialpolitik bahnte eine Entwicklung an, die für die Entfaltung der industriegesellschaftlichen Moderne in der »Blütezeit des Wohlfahrtsstaats« größte Bedeutung gewann, nämlich die Verzahnung von keynesianischer Globalsteuerung und sozialstaatlicher Intervention.[16]

12 *Judt*, S. 93–98.

13 *C. Pierson*, Beyond the Welfare State? The New Political Economy of Welfare, Cambridge 2006, S. 105; *T. Mergel*, Großbritannien seit 1945, Göttingen 2005, S. 64–67.

14 *J. Harris*, Some Aspects of Social Policy in Britain during the Second World War, in: *W. J. Mommsen* (Hg.), The Emergence of the Welfare State in Britain and Germany 1850–1950, London 1981, S. 247–262, hier S. 254.

15 Der Beveridgeplan, S. 13, 250–253.

16 Der Beveridge-Plan war allerdings noch nicht »keynesianisch« konzipiert. Zur Sicherung der Vollbeschäftigung dachte Beveridge nicht an die Regulierung der Verbrauchernachfrage, sondern – wie weniger dem veröffentlichten Plan als vielmehr den Ausschussproto-

Zweitens bezog der Plan prinzipiell alle Bürger in den sozialen Schutz ein, einschließlich der nichterwerbstätigen Hausfrauen, die als eine selbstständige Versicherungsklasse anerkannt wurden. Während die traditionelle Sozialversicherung sich als eine Hilfsveranstaltung für bestimmte, als besonders schutzbedürftig definierte Personenkreise verstand, hob der Beveridge-Plan die soziale Sicherung in den Rang eines allgemeinen Staatsbürgerrechtes. Daraus folgte drittens das damals spektakulärste Element: die Idee eines aus dem allgemeinen Steueraufkommen finanzierten staatlichen Gesundheitsdienstes (National Health Service), der allen Bürgern gleichmäßig und unentgeltlich offen steht; ferner – viertens – das Konzept einer allgemeinen Grundsicherung, die alle typischen Risiken der Einkommensarmut umfasst, von einem gemeinsamen staatlichen Versicherungsträger verwaltet wird und – gestützt auf einheitliche Beiträge und einheitliche Leistungen – ein »flat national minimum« garantiert. Dieses Konzept einer allgemeinen Grundsicherung war von den Schlacken der traditionellen Armenfürsorge vollständig gereinigt, insbesondere entfiel jegliche Bedürftigkeitsprüfung, die in der Armenfürsorge stets so demütigend gewirkt hatte. Vielmehr wurde soziale Sicherheit nun als Attribut der Staatsbürgerschaft neu definiert.[17]

Man kann in den Ideen und Vorschlägen des Beveridge-Plans ein »Lab-Lib-Modell« erkennen,[18] denn der Plan verknüpfte die Wertsphären der Sozialdemokratie bzw. des demokratischen Sozialismus (Labour) und des Liberalismus. Zu den liberalen Elementen zählt, dass der Plan im Bereich der Einkommenssicherung an der Beitragsfinanzierung und somit an einem Grundelement des Versicherungsprinzips festhielt. Das war erzieherisch gedacht. Die Beitragspflicht sollte die Bürger spüren lassen, dass das Transfereinkommen nicht »aus einer unerschöpflichen Börse« fließen könne.[19] Einen liberalen und erzieherischen Geist atmete auch die konsequente Beschränkung auf eine Grundsicherung: Sie sollte jeden Einzelnen dazu anspornen, sich auf dem Wege der Eigeninitiative und Selbstverantwortung »mehr als dieses Minimum« zu sichern.[20] Insgesamt wollte der Beveridge-Plan den Beweis erbringen, dass soziale Sicherheit »sehr wohl vereinbar ist mit Freiheit, Unternehmungsgeist und der Verantwortung des Individuums für sein eigenes Leben«.[21]

kollen zu entnehmen ist – an direkte Staatseingriffe zur Kontrolle der Arbeitskräfteverteilung und der Investitionen. Vgl. *Harris*, S. 253.

17 Als locus classicus der Entfaltung des Konzepts der »Social Citizenship« gilt Thomas H. Marshalls Vortrag »Citizenship and Social Class« (Cambridge 1949). Wiederabgedruckt in: *T. H. Marshall*, Bürgerrechte und soziale Klassen. Zur Soziologie des Wohlfahrtsstaates, Frankfurt a. M. 1992, S. 33–94.

18 *J. Borchert*, Ausgetretene Pfade? Zur Statik und Dynamik wohlfahrtsstaatlicher Regime, in: *S. Lessenich* u. *I. Ostner* (Hg.), Welten des Wohlfahrtskapitalismus. Der Sozialstaat in vergleichender Perspektive, Frankfurt a. M. 1998, S. 137–176, hier S. 159.

19 Der Beveridgeplan, S. 19.

20 Ebd., S. 11.

21 Ebd., S. 261.

Diese konzeptionelle Verknüpfung von Demokratie und Wohlfahrt war von einem optimistischen Planungsgeist beflügelt, der seine Zuversicht aus der Mobilisierung von Expertenwissen gewann. Wenn der Staat seine Verantwortung für die wirtschaftliche und soziale Entwicklung so entschieden ausdehnte, vertraute er seinerseits auf die Hilfe professioneller Experten. Planung und Ausbau des Wohlfahrtsstaats standen daher in einem engen Zusammenhang mit jenem säkularen Phänomen, das Lutz Raphael als »Verwissenschaftlichung des Sozialen« bezeichnet hat.[22] Beveridge, der von 1919 bis 1937 als Direktor der London School of Economics and Political Science amtiert hatte, bietet dafür ein bedeutendes Beispiel. In diesem Zusammenhang sei auch auf die schwedische Wohlfahrtsplanung verwiesen, die in den 1930er Jahren einsetzte und einige Parallelen zum britischen Fall zeigt. Die Programmschriften von Alva und Gunnar Myrdal, die zu den Architekten des schwedischen Wohlfahrtsstaats zählen, atmeten gleichfalls den Geist des »Lab-Lib-Modells«. Auch ihr Konzept kombinierte Vollbeschäftigungspolitik mit einer egalitär und universal angelegten Risikoabsicherung im demokratischen Staat. Anders als der Beveridge-Plan weiteten sie den staatlichen Regulierungsanspruch jedoch auch auf bevölkerungspolitisch motivierte eugenische Eingriffsmöglichkeiten aus. Das schwedische Beispiel lässt daher die problematische Ambivalenz erkennen, die – auch unter demokratischen Bedingungen – im planerischen Verfügungsanspruch von »Sozialingenieuren« liegen kann.[23]

Schließlich ist der Beveridge-Plan auch unter wirkungs- und transfergeschichtlichen Gesichtpunkten bemerkenswert.[24] Diese Programmschrift fand in Großbritannien ein so breites und positives Echo, dass die Regierung Attlee sie von 1945 bis 1948 größtenteils in die Praxis umsetzte. Der Plan beeinflusste zudem die sozialpolitischen Nachkriegsplanungen der belgischen und der niederländischen Exilregierungen, ebenso das von der französischen Résistance entwickelte Konzept der »sécurité sociale«, das mit dem Namen von Pierre Laroque verbunden ist. Er wirkte anregend auf den Ausbau der Sozialversicherung in der Schweiz und förderte die Reformdebatten im skandinavischen Raum. Die konkrete Ausgestaltung und die politische Realisierungschance der Reformprogramme variierten jedoch von Land zu Land. So scheiterte zum Beispiel in

22 *L. Raphael*, Die Verwissenschaftlichung des Sozialen als methodische und konzeptionelle Herausforderung für eine Sozialgeschichte des 20. Jahrhunderts, in: GG 22 (1996), S. 165–193.

23 *T. Etzemüller*, Die Romantik des Reißbretts. Social Engineering und demokratische Volksgemeinschaft in Schweden. Das Beispiel Alva und Gunnar Myrdal (1930–1960), in: GG 32 (2006), S. 244–246.

24 Vgl. zum Folgenden: *Baldwin*, S. 107–207; die Länderberichte in *P.A. Köhler* u. *H.F. Zacher* (Hg.), Ein Jahrhundert Sozialversicherung in der Bundesrepublik Deutschland, Frankreich, Großbritannien, Österreich und der Schweiz, Berlin 1981; *N. Kerschen*, L'influence du rapport Beveridge sur le plan français de sécurité sociale de 1945, in: Comparer les systèmes de Protection Sociale en Europe, Bd. 1: Rencontres d'Oxford, France – Grand-Bretagne. Coordination scientifique, hg. v. *A.-M. Guillemard* u. a., Paris 1995, S. 127–159.

Schweden der Versuch, das Gesundheitswesen in seiner Gesamtheit zu verstaatlichen, und in Frankreich ließ sich das Programm eines die ganze Nation umfassenden, organisatorisch vereinheitlichten Systems sozialer Sicherung wegen des Widerstands der Mittelschichten nur teilweise verwirklichen.

Westdeutschland blieb hingegen von der »social security«-Bewegung fast gänzlich unberührt.[25] Zwar arbeitete der Alliierte Kontrollrat einen Reformentwurf aus, der eine Ausdehnung zur Volksversicherung und einen organisatorischen Umbau zur Einheitsversicherung vorsah. Aber dieser Entwurf wurde nur in der sowjetischen Zone realisiert. In den Westzonen scheiterte er an einem breiten innerdeutschen Widerstand. Neben der Beharrungskraft der seit Langem etablierten Institutionen – das Deutsche Reich war ja in der Bismarckzeit als Sozialversicherungspionier vorangegangen[26] – bremste eine Vielzahl von Interessengruppen den Erneuerungsimpuls ab. Dazu zählten die Privatversicherungen und die Ärzteschaft, der selbstständige Mittelstand in Handwerk, Handel und Landwirtschaft sowie große Kreise der industriellen Unternehmer und der Angestellten. Sie alle drängten darauf, an den tradierten Formen festzuhalten, insbesondere an der Begrenzung der Versicherungspflicht, von der die höher verdienenden Angestellten und (in der Regel) die Selbstständigen ausgenommen waren, und an der historisch gewachsenen Vielfalt verschiedener Versicherungsträger, die im Blick auf die Beitragssätze, Leistungen und Selbstverwaltungsverhältnisse erheblich differierten.[27] Die Oppositionsbewegung zeigt nachträglich, dass die Entwicklung der ›gegliederten‹ Sozialversicherung in Deutschland dem Interessenspektrum, aber auch den normativen Leitbildern dieser Gruppen in hohem Maße Rechnung getragen hatte. Als Element der Beharrung kommt hinzu, dass es in Anbetracht der deutschen Katastrophe nicht viele Traditionen gab, an denen das bürgerliche Deutschland auf der Suche nach einem historischen Identitätsbewusstsein anknüpfen konnte. Hier bot sich die Sozialversicherungstradition, die dem Deutschen Reich lange ein hohes internationales Ansehen eingetragen hatte, als ein zu hütender Restbestand nationalen Stolzes an. »Die Sozialversicherung muss uns erhalten bleiben. Wir sind stolz darauf«, betonte Konrad Adenauer 1946 auf einer Großkundgebung.[28]

Die steile Karriere, die der Begriff »Sozialstaat« nach 1945 im westdeutschen Sprachgebrauch nahm, ist zum Teil mit dieser Defensive zu erklären: Die politische Rhetorik wehrte mit der Eindeutschung von welfare state auch das Eindringen von Reformideen britisch-skandinavischer Herkunft ab. Der deutsche Ausdruck »Wohlfahrtsstaat« erhielt im juste milieu der Ära Adenauer/Erhard einen merklich negativen Beiklang; er wurde mit der Gefahr eines ver-

25 Vgl. den Beitrag 2 im vorliegenden Band.

26 Vgl. zusammenfassend *M. Stolleis*, Geschichte des Sozialrechts in Deutschland. Ein Grundriss, Stuttgart 2003, S. 52–75.

27 Zu denken ist insbesondere an die Vielfalt autonomer Krankenkassen (Allgemeine Ortskrankenkassen, Betriebs-, Innungs-, Landkrankenkassen, Angestellten-Ersatzkassen) und an die separaten Rentenversicherungen für Arbeiter und Angestellte.

28 Vgl. den Beitrag 2 im vorliegenden Band.

sorgungsstaatlichen Ausuferns konnotiert, die im englischen Begriff durchaus nicht mitschwingt. Daher avancierte auch nicht »Wohlfahrt« zum Leitbegriff der sozialen Marktwirtschaft, sondern »Wohlstand«, wobei der kleine, aber feine Unterschied die Rolle des Marktes gegenüber der des Staats hervorhob.[29] Es kam hinzu, dass der Wohlfahrtsbegriff im deutschen Vorverständnis durch mancherlei Anklänge belastet war, von denen sich der Sozialstaatsbegriff positiv abheben konnte. Dabei ist wohl weniger an die »paternalistische Wohlfahrt absolutistischer Staaten«[30] zu denken, als vielmehr an die verelendeten »Wohlfahrtserwerbslosen« der Weimarer Endphase und an die NS-»Volkswohlfahrt«, die als zweitgrößte nationalsozialistische Massenorganisation eine mit völkischen Wertigkeitskriterien aufgeladene Politik des Ein- und Ausschlusses betrieben hatte.[31] Der Sozialstaatsbegriff vermied die Assoziation an so düstere Kapitel der deutschen Geschichte und ließ vielmehr die stolze Tradition der »Sozialversicherung« anklingen. Die Sozialstaatsklausel des Grundgesetzes verhalf dem Begriff dann zu einer besonderen Dignität: Mit den Prinzipien des Rechtsstaats und des demokratischen Verfassungsstaats normativ verbunden, erhielt »Sozialstaat« den Rang eines Verfassungsauftrags der westdeutschen Demokratie und zugleich eine Abgrenzungsfunktion gegenüber dem »sozialistischen Staat«, der sich unter sowjetischer Oberherrschaft östlich der Elbe zu formieren begann.[32]

Dass die Selbstbezeichnung »Sozialstaat« in der deutschen Terminologie bis heute vorherrschend blieb, hängt wohl primär mit dem Sozialstaatsprinzip des Grundgesetzes zusammen. Jedoch ist auch eine besondere Semantik zu beachten: Zum Sozialstaat gehört das Arbeitsrecht – vom Kündigungsschutz bis zur Mitbestimmung. Diese Bedeutung entspricht der hohen arbeitsrechtlichen Regulierungsdichte, die zu den besonderen Merkmalen des westdeutschen Sozialstaats zählt.[33] Wer von welfare state spricht, klammert den Bereich des Arbeitsrechts hingegen oft aus und konzentriert die Aufmerksamkeit auf den Einkommenstransfer sowie auf soziale Sach- und Dienstleistungen.[34] Zu diesen

29 Paradigmatisch ist die Werbe- und Programmschrift von *L. Erhard*, Wohlstand für alle, Düsseldorf 1957.

30 *Ritter*, Der Sozialstaat, S. 14.

31 In die Forschungsliteratur zur Weimarer Fürsorge und zur NS-Volkswohlfahrt führt ein: *W. Rudloff*, Im Souterrain des Sozialstaates: Neuere Forschungen zur Geschichte von Fürsorge und Wohlfahrtspflege im 20. Jahrhundert, in: AfS 42 (2002), S. 474–520.

32 Das Grundgesetz führte das Sozialstaatsprinzip als eine Art Generalklausel ein, »enthielt sich« jedoch »einer differenzierten sozialen Programmatik«; diese zu entfalten blieb sehr weitgehend dem politischen Prozess überlassen. Vgl. dazu im Einzelnen *H. F. Zacher*, Grundlagen der Sozialpolitik in der Bundesrepublik Deutschland, in: Geschichte der Sozialpolitik in Deutschland seit 1945, hg. v. *Bundesministerium für Arbeit und Sozialordnung* u. *Bundesarchiv*, Bd. 1, Baden-Baden 2001, S. 333–684, hier S. 469.

33 *H. Kaelble*, Sozialgeschichte Europas. 1945 bis zur Gegenwart, München 2007, S. 333 f.

34 So definierte Arthur Marwick den welfare state 1967 als einen Staat, »in which full community responsibility is assumed for four major sectors of social well-being: social security, which means provision against interruption of earnings through sickness, injury, old

Diensten wird häufig auch der Bereich der Bildungspolitik gerechnet, der wiederum in der deutschen Terminologie lange nicht als sozialpolitisches Handlungsfeld galt. Insgesamt ist also festzuhalten: Der spezifisch deutsche Begriff des Sozialstaats, der nur schwer in andere Sprachen übersetzbar ist, sollte eine besondere deutsche Tradition zum Ausdruck bringen, und die sprachliche Konvention diente als Anker der Traditionsbewahrung. Dabei scheinen die politische Rhetorik und das populäre Verständnis wechselseitig aufeinander eingewirkt zu haben. Denn auch die große Mehrheit der westdeutschen Bevölkerung unterschied lange zwischen dem positiv bewerteten Sozialstaat und dem ambivalent oder negativ beurteilten Wohlfahrtsstaat.[35] Erst in den 1970er Jahren setzte ein Sprachwandel ein, der dazu führte, dass »Wohlfahrtsstaat« und »Sozialstaat« im Deutschen mehr und mehr als Synonyme benutzt werden. Das verweist auf Angleichungsvorgänge im Problemhorizont, auch auf die Verdichtung der internationalen Kommunikation und den Aufschwung der vergleichenden Wohlfahrtstaatsforschung. In der wissenschaftlichen Verkehrssprache überwiegt inzwischen der Wohlfahrtsstaatsbegriff, die Alltagssprache hält jedoch nach wie vor am »Sozialstaat« fest.

Die sozial- oder wohlfahrtsstaatlichen Arrangements, die in der unmittelbaren Nachkriegszeit getroffen wurden, divergierten also – wie wir sahen – von Land zu Land. Im Blick auf die dann folgende Boomperiode fällt zunächst auf: Alle westeuropäischen Staaten haben den öffentlichen Sektor – gemessen am Anteil der öffentlichen Ausgaben am Bruttosozialprodukt – massiv ausgedehnt: Großbritannien von 30,4 Prozent (1950) auf 46,1 Prozent (1975), Frankreich von 28,4 Prozent auf 42,4 Prozent, die Bundesrepublik von 30,8 Prozent auf 45,6 Prozent, am wenigsten die Schweiz (von 20,8 Prozent auf 27,4 Prozent), am meisten Schweden (von 37,5 Prozent auf 51 Prozent) und die Niederlande (von 27 Prozent auf 54,3 Prozent).[36] Überall ist der Anstieg der öffentlichen Ausgaben in erster Linie auf eine Expansion der Sozialausgaben zurückzuführen; diese sind in der hier betrachteten Zeitspanne in allen westeuropäischen Staaten schneller gestiegen als das Sozialprodukt. Legt man die Abgrenzungskriterien und Statistiken der Europäischen Union zugrunde, so lag der Anteil der »Sozialschutzleistungen« am Bruttoinlandsprodukt 1975 im Durchschnitt der zwölf Mitgliedsstaaten der europäischen Gemeinschaft bei 24,3 Prozent. Deutlich darüber lagen die Bundesrepublik (29,7 Prozent), die Niederlande (26,7 Prozent)

age, or unemployment; health; housing; and education«. Vgl. *A. Marwick*, The Labour Party and the Welfare State in Britain, 1900–1948, in: American Historical Review 73 (1967), S. 380–403, hier S. 381.

35 *E. Roller*, Einstellungen der Bürger zum Wohlfahrtsstaat der Bundesrepublik Deutschland, Opladen 1992, S. 59–72.

36 Vgl. *J. Kohl*, Trends and Problems in Postwar Public Expenditure Development in Western Europe and North America, in: *P. Flora* u. *A. J. Heidenheimer* (Hg.), The Development of Welfare States in Europe and America, New Brunswick 1981, S. 307–344, hier Tabelle 9.1, S. 310 (öffentliche Ausgaben definiert als »the sum of central and local government expenditures plus social security outlays«).

und Dänemark (25,8 Prozent), deutlich darunter Großbritannien (20,1 Prozent) und Italien (19,6 Prozent).[37]

In dieser Expansionsphase lassen sich in allen westeuropäischen Vergleichsländern – mehr oder weniger stark ausgeprägt – vier Tendenzen beobachten.[38] Die erste lag in der Ausdehnung der sozialen Sicherung auf immer weitere Personenkreise. In den Ländern des »Beveridge-Typs« entsprach dies dem Programm der Universalisierung, das auf eine Grundsicherung für die gesamte Bevölkerung zielte. Die Länder des »Bismarck-Typs«, die an der »gegliederten« Sozialversicherung festhielten, vollzogen die Erweiterung schrittweise, manchmal mit komplizierten Hilfskonstruktionen, um auch Nicht-Erwerbstätige in den Schutz der im Kern ja erwerbsarbeitszentrierten Sozialversicherung gelangen zu lassen.[39] Zu den Antriebskräften der Ausbreitungstendenz zählte die ständig steigende Arbeitnehmerquote, aber auch das wachsende Interesse von Berufsgruppen des selbstständigen Mittelstands, in Systeme der sozialen Sicherung einbezogen zu werden.[40] Darin lag eine Reaktion auf die Erfahrung von Unsicherheit im ökonomischen Strukturwandel der Boomphase; viel stärker wirkte jedoch die Anziehungskraft, die von der steigenden Generosität der öffentlichen Sozialleistungen ausging. Zwar sollte nicht übersehen werden, dass der Ausbau des Sozialstaats auch die Ressentiments kleinbürgerlicher Gruppen schüren konnte, die sich auf der Seite der relativen Verlierer sahen – dafür ist der Poujadismus im Frankreich der 1950er Jahre das klassische Beispiel.[41] Aber der vorherrschende Trend lag in der Inklusionsdynamik, wobei die soziale Absicherung gewissermaßen von unten nach oben wuchs. Denn die neuen Vertei-

37 Vgl. Statistisches Taschenbuch 2006, hg. v. *Bundesministerium für Arbeit und Soziales*, o. O. o. J., Tabelle 9.18 und 9.18A. In der enger gefassten Definition der International Labour Organisation (ILO) wuchs die Sozialleistungsquote im westeuropäischen Durchschnitt von 9,3 % (1950) auf 21,2 % (1975), in der Bundesrepublik von 14,8 % (1950) auf 23,5 % (1975). Folgt man den seit 1960 verfügbaren Statistiken der OECD, die eine umfassendere Definition als die ILO zugrunde legte, stieg die Sozialleistungsquote im westeuropäischen Durchschnitt von 15 % (1960) auf 27,1 % (1975), in der Bundesrepublik von 20,5 % (1960) auf 32,6 % (1975). Zu den ILO- und OECD-Statistiken vgl. *J. Alber*, Der Sozialstaat in der Bundesrepublik 1950–1983, Frankfurt a. M. 1989, S. 40 f.

38 Als übergreifende Darstellungen sind hervorzuheben: *J. Alber*, Vom Armenhaus zum Wohlfahrtsstaat. Analysen zur Entwicklung der Sozialversicherung in Westeuropa, Frankfurt a. M. 1982; *P. Flora* (Hg.), Growth to Limits. The Western European Welfare States since World War II, Bd. 1–2, Berlin 1983–1987; *Ritter*, Der Sozialstaat; *M. G. Schmidt*, Sozialpolitik in Deutschland. Historische Entwicklung und internationaler Vergleich, Opladen 2005³.

39 *Baldwin*, S. 248 spricht in diesem Zusammenhang von »Solidarity by the Back Door«.

40 »Die Ausdehnung der Sozialen Sicherheit auf selbständig Erwerbstätige wird in der Entwicklung der Systeme seit 1953/54 zum charakteristischen Merkmal«, resümierte *J.-J. Dupeyroux*, Entwicklung und Tendenzen der Systeme der Sozialen Sicherheit in den Mitgliedsstaaten der europäischen Gemeinschaften und in Großbritannien, Luxemburg 1966, S. 125. Zum »Middle-Class Welfare State« vgl. auch *Pierson*, Beyond the Welfare State?, S. 135 f.

41 *R. Castel*, Die Stärkung des Sozialen. Leben im neuen Wohlfahrtsstaat, Hamburg 2005, S. 67 f.

lungsspielräume, die das anhaltende Wirtschaftswachstum eröffnete, wurden – je nach politischer Konstellation – auch für den Einbau von Gruppenprivilegien genutzt, ebenso für die Einfädelung von Leistungsarten, die überwiegend die Bezieher von mittleren und hohen Einkommen begünstigten.[42]

Zweitens hat der Boom die für sozialpolitische Zwecke verfügbaren Ressourcen so stark vergrößert, dass das Leistungsniveau der sozialen Sicherung erstmals deutlich über die Bedarfsgrenze des physischen Existenzminimums hinauswachsen konnte. Als neues, typisches Ziel rückte die Absicherung des im Erwerbsleben erworbenen Lebensstandards, des relativen sozialen Status, in den Bereich des Möglichen. Am deutlichsten war diese Tendenz bei der Lohnfortzahlung im Krankheitsfall und bei der Ausgestaltung der Altersrente ausgeprägt. Hier spielte die Bundesrepublik mit der Rentenreform von 1957 eine Vorreiterrolle. Diese Reform hob das Niveau der Beiträge und Leistungen so hoch an, dass die Rente nicht mehr nur ein notdürftiges Auskommen war, sondern den im Arbeitsleben erworbenen Lebensstandard sicherte. Das hieß freilich auch, dass die Verteilungsergebnisse der Marktsphäre so stark wie nie zuvor auf die Sozialeinkommen übertragen wurden. Denn das Versicherungsprinzip konstruiert über den lohnbezogenen Beitrag und die beitragsbezogene Rente eine Äquivalenz zwischen Arbeitslohn und Rentenhöhe. Dauer und Erfolg der Erwerbstätigkeit rückten somit in den Rang einer zentralen Kategorie für die Zurechnung sozialer Leistungen. Die »Beveridge-Länder«, die ursprünglich nur eine einheitliche Grundsicherung im Auge hatten, griffen die Tendenz zur Lebensstandardsicherung auf unterschiedliche Weise auf. Teils führten sie staatliche Zusatzprogramme ein, die nun auch eine lohnbezogene Differenzierung vorsahen, wie z. B. Schweden 1959 und 1963. Teils förderten sie stattdessen den Ausbau betrieblicher Sozialleistungen, die insbesondere in Großbritannien zu einer Art public-private-pension-mix führten. Die Ausweitung betrieblicher Rentenfonds, die eng mit kommerziellen Versicherungen verbunden waren, nahm in Großbritannien seit den 1950er Jahren geradezu spektakuläre Ausmaße an. Damit wurden freilich große Ungleichheiten in der Einkommenslage der Bevölkerung verhärtet. Diese klafften insbesondere zwischen jenem Drittel der britischen Arbeitnehmer, das vom Aufwind der »occupational welfare« erfasst war (deren Kosten die Betriebe zu einem erheblichen Teil über Steuervergünstigungen auf die Staatskasse abwälzten) und der Mehrheit, die dieses Glück nicht hatte, sondern sich auf das staatliche »national minimum« verwiesen sah. Um diese Disproportion zu mindern, führte Großbritannien 1975 ein zusätzliches, lohnbezogenes Rentensystem ein; zugleich wurde jedoch die Möglichkeit

42 In der westdeutschen Geschichte bietet die Rentenreform von 1972 ein hervorstechendes Beispiel für ein Gruppenprivileg: Sie räumte der Wählerklientel aus den selbstständigen Berufen ganz ungewöhnlich günstige Beitrittsbedingungen zur Rentenversicherung ein. Das Wachstum des Sozialstaats von unten nach oben illustriert die generöse (in den 1990er Jahren gekürzte) Anrechnung beitragsfreier Ausbildungszeiten auf die Rentenanwartschaft, womit der akademische Nachwuchs begünstigt wurde.

eines »opting out« eröffnet, was der »subventionierten Konkurrenz« privatwirtschaftlicher Angebote zugute kam.[43]

Die dritte Tendenz lag in der Dynamisierung von sozialen Leistungen. Darunter ist ihre Kopplung an bewegliche Bezugsgrößen zu verstehen, welche die Dynamik des Wirtschaftsgeschehens auf die Berechnung des Sozialeinkommens übertrugen. Auch in dieser Hinsicht bot die deutsche Rentenreform von 1957 ein frühes Beispiel: Sie band die Höhe der laufenden Renten in halbautomatischer Form an die aktuelle Entwicklung der Löhne, so dass die Versicherten auch nach ihrem Ausscheiden aus dem Erwerbsleben am Wirtschaftswachstum partizipierten. Das Prinzip der Dynamisierung ist seither in der Bundesrepublik sukzessive auf andere geldliche Sozialleistungen übertragen worden, z. B. das Krankengeld. Nahezu alle europäischen Staaten haben solche Anpassungsregelungen entwickelt, wobei die Verfahrensweisen und Anpassungsmaßstäbe allerdings ebenso unterschiedlich waren wie die erfassten Sozialleistungsbereiche. Der Gedanke der systematischen Anpassung hat sich am häufigsten bei den Altersrenten, am seltensten beim Kindergeld durchgesetzt.[44]

Als Viertes ist die Tendenz hervorzuheben, neue Leistungszweige und Leistungsarten einzuführen. Neben die Absicherung der Standardrisiken (Alter, Krankheit, Arbeitslosigkeit, Invalidität) traten neue Ausgleichs- und Förderungsprogramme wie Kindergeld und Wohngeld sowie Ausbildungs- und Arbeitsförderung. Neue Leistungen sind zuweilen mehr oder minder versicherungsfremd in die Sozialversicherung hineingepackt worden, um die Staatskasse zu Lasten der Beitragszahler zu schonen.[45] Oft löste sich die entwickelte Sozialpolitik jedoch vom Versicherungsprinzip, um das erweiterte Zielspektrum ohne Bindung an individuelle Vorausleistungen in Form von Beiträgen erreichen zu können. Sie suchte in verstärktem Maße nach Möglichkeiten, die sozialen Verhältnisse planvoll und vorausschauend zu beeinflussen. Dies gilt insbesondere für Programme, die im Bereich von Ausbildung, Gesundheit und Beschäftigung einer Verschlechterung von Lebenslagen vorbeugen oder Chancendefizite ausgleichen wollten. Eine Abgrenzung der Sozialpolitik von anderen Politikbereichen ist somit immer schwieriger geworden: Die Instrumente und Ziele von Sozialpolitik, Wirtschafts-, Finanz- und Arbeitsmarktpolitik, Gesundheits-, Bildungs- und Wohnungspolitik, Familien- und Bevölkerungspoli-

43 *R. Lawson*, Gegensätzliche Tendenzen in der Sozialen Sicherheit: ein Vergleich zwischen Großbritannien und Schweden, in: Zeitschrift für ausländisches und internationales Arbeits- und Sozialrecht 1 (1987), S. 23–44, hier S. 29.

44 Vgl. Die Anpassung von Sozialleistungen an wirtschaftliche Veränderungen in den verschiedenen Systemen der Sozialen Sicherung, in: Zeitschrift für die gesamte Versicherungswissenschaft 69 (1980), S. 225–355.

45 So wies z. B. das Arbeitsförderungsgesetz von 1969 die Kosten der »aktiven Arbeitsmarktpolitik« nicht dem Bundeshaushalt, sondern der Arbeitslosenversicherung zu. Vgl. *G. Altmann*, Aktive Arbeitsmarktpolitik. Entstehung und Wirkung eines Reformkonzepts in der Bundesrepublik Deutschland, Stuttgart 2004.

tik überschnitten sich und vervielfachten die Probleme der Koordination, die sich bereits im engeren Bereich der sozialen Sicherung stellten.

Um zusammenzufassen: In der »Blütezeit des Wohlfahrtsstaats« rückte die Sozialpolitik aus einer Randlage in das Zentrum des Wirtschafts- und Gesellschaftsprozesses. Neben dem Erwerbseinkommen gewann das sozialpolitisch regulierte Transfereinkommen eine für die volkswirtschaftliche Globalsteuerung bedeutsame Größenordnung. Auch die Umschichtung finanzieller Ressourcen auf Sach- und Dienstleistungen dehnte den Wohlfahrtssektor massiv aus, womit nicht nur erweiterte Ansprüche und Leistungen, sondern auch eigentümliche Beschäftigungseffekte entstanden. Denn mit der wohlfahrtsstaatlichen Gewähr sozialer Dienste und öffentlicher Güter stieg die Bedeutung des Staats als Arbeitgeber, womit zugleich die Tertiarisierung der Erwerbsstruktur einen kräftigen Schub erhielt.[46] In mancherlei Hinsicht entfaltete die Sozialpolitik also Breiten- und Tiefenwirkung auf die Lebensverhältnisse eines großen Teils der Bevölkerung. Damit wuchs nicht zuletzt die Legitimationsbedeutung, die der Sozialpolitik in der Konkurrenz der Parteien um Wählerstimmen zukam, mehr noch: Sie wurde eine wichtige Legitimationsquelle der politischen Ordnung. Allerdings wird man nicht davon sprechen können, dass traditionell nationalstaatliche Legitimationsmuster durch sozialstaatliche ersetzt worden seien.[47] Beide Legitimationsweisen wurden vielmehr so eng miteinander verwoben, dass Hans F. Zacher 1978 pointiert bilanzieren konnte: »Sozialpolitik ist heute fast überall der größte Schatz der nationalen Politik«.[48]

Robert Castel hat in diesem Zusammenhang den Begriff des »national-sozialen Staates« geprägt.[49] Er soll darauf aufmerksam machen, dass die westeuropäischen Staaten die Sozialpolitik in der Boomperiode zu einer Domäne der nationalen Souveränität ausgestaltet haben. Dazu waren sie in der Lage, weil sie wichtige Stellgrößen des nationalen Wirtschaftsraums zu kontrollieren vermochten. Die Liberalisierung des westlichen Weltmarkts nach dem Zweiten Weltkrieg war nämlich in eine internationale Regelungsstruktur eingebettet, die wichtige Hebel der Konjunktursteuerung und der Wachstumspolitik in der Hand der nationalen Regierung beließ. Diese konnte sich außerdem darauf stüt-

46 Zum Wohlfahrtsstaat als Arbeitgeber vgl. die internationalen Vergleichzahlen bei *G. A. Ritter*, Probleme und Tendenzen des Sozialstaates in den 1990er Jahren, in: GG 22 (1996), S. 393–408, hier S. 393.

47 In diese Richtung zielt Horst Baiers These eines »Herrschaftswandels vom Nationalstaat zum Sozialstaat«. Vgl. *H. Baier*, Herrschaft im Sozialstaat, in: *C. v. Ferber* u. *F.-X. Kaufmann* (Hg.), Soziologie und Sozialpolitik, Opladen 1977, S. 128–142.

48 *H. F. Zacher*, Horizontaler und vertikaler Sozialrechtsvergleich, in: *ders.*, Abhandlungen zum Sozialrecht, hg. v. *B. Baron v. Maydell* u. *E. Eichenhofer*, Heidelberg 1993, S. 376–430, hier S. 380.

49 *Castel*, S. 56f. Vgl. auch *A. de Swaan*, Perspectives for Transnational Social Policy, in: Government and Opposition 27 (1992), S. 33–51, hier S. 33: »Welfare States are national states, and in every country welfare is a national concern, circumscribed by the nation's borders and reserved for its residents alone«.

zen, dass »der Faktor Kapital« großenteils im nationalen Kontext »eingebettet« war und sich »weitgehend national« verhielt.[50] Für das bundesrepublikanische Modell der »korporativen Marktwirtschaft« bzw. des »koordinierten Kapitalismus« galt das in besonderem Maße, was sich am Beispiel der Deutschen Bank veranschaulichen ließe, die sich »sehr deutlich als nationale Bank im eigentlichen Wortsinn« verstand.[51] Der Begriff des »embedded liberalism«[52] hebt diese Kombination von liberalisiertem Welthandel und autonomen nationalen Spielräumen anschaulich hervor. Noch griffiger ist die Sentenz, dass die Nationalstaaten in der Boomperiode »Smith abroad« und »Keynes at home« verknüpfen konnten.[53] Daher gilt ganz generell, dass der Wohlfahrtsstaat eine »dezidiert nationale Veranstaltung« blieb.[54] Auch die supranationale Verflechtung der Europäischen Wirtschaftsgemeinschaft änderte daran einstweilen nur wenig, denn die Mitgliedsstaaten bewahrten sich gerade auch in der Sozialpolitik einen hohen Grad an nationaler Autonomie. So erklärt sich die große Variabilität der sozialstaatlichen Arrangements, die im internationalen Vergleich ins Auge sticht: Das Beziehungsverhältnis von öffentlichen, marktvermittelten und privaten Trägern und Leistungen der Wohlfahrtsproduktion, das konkrete Mischungsverhältnis von Einkommensersatzleistungen und sozialen Diensten, von aktivierenden und kompensierenden Maßnahmen, von konsumtiven und investiven Ausgaben, die Art der Finanzierung und des institutionellen Gefüges – all das divergierte von Land zu Land.

Der bekannteste und einflussreichste Versuch, die Vielfalt der Varianten in eine typologische Ordnung zu bringen, stammt aus der Feder von Gøsta Esping-Andersen.[55] Er unterschied am Ende der Boomperiode drei »Regime-Typen«: den liberalen oder angelsächsischen Typ, den korporatistischen oder kontinentaleuropäischen Typ und den sozialdemokratischen Typ skandinavischer Provenienz. Im »liberalen« Wohlfahrtsstaat sah er die Macht des Marktes am we-

50 *Zacher*, Grundlagen der Sozialpolitik, S. 591.

51 Zu dem westdeutschen Modell, das im Rückblick mit publizistischen Schlagworten wie »rheinischer Kapitalismus« oder »Deutschland AG« tituliert wird, vgl. *W. Abelshauser*, Umbruch und Persistenz. Das deutsche Produktionsregime in historischer Perspektive, in: GG 27 (2001), S. 503–523; zur Unterscheidung des deutschen »koordinierten Kapitalismus« vom angelsächsischen Typ liberaler Marktwirtschaft vgl. *V. R. Berghahn* u. *S. Vitols* (Hg.), Gibt es einen deutschen Kapitalismus? Tradition und globale Perspektiven der sozialen Marktwirtschaft, Frankfurt a. M. 2006; zur Deutschen Bank vgl. *L. Gall*, Der Bankier. Hermann Josef Abs. Eine Biographie, München 2004, S. 323.

52 *R. Mayntz* u. *F. Scharpf*, Politische Steuerung – Heute?, in: Zeitschrift für Soziologie 34, 2005, S. 236–243 mit Verweis auf eine Formulierung von John Gerard Ruggie.

53 *M. Seeleib-Kaiser*, Der Wohlfahrtsstaat in der Globalisierungsfalle. Eine analytisch-konzeptionelle Annäherung, in: Standortrisiko Wohlfahrtsstaat?, S. 86.

54 *W. Streeck*, Wohlfahrtsstaat und Markt als moralische Einrichtungen: Ein Kommentar, in: *K. U. Mayer* (Hg.), Die beste aller Welten? Marktliberalismus versus Wohlfahrtsstaat. Eine Kontroverse, Frankfurt a. M. 2001, S. 135–167, hier S. 152.

55 *G. Esping-Andersen*, The Three Worlds of Welfare Capitalism, Cambridge 1990. Seine empirische Erhebung bezieht sich hauptsächlich auf den Stand von etwa 1980.

nigsten zurückgedrängt. Zu den Charakteristika zählte er die Bevorzugung des Fürsorgeprinzips, das primär auf den Notfall und die Armutsbevölkerung zugeschnitten ist und die Leistungen an eine Bedürftigkeitsprüfung knüpft. Typisch sind ferner ein niedriges Niveau der staatlich finanzierten »universellen« Transferleistungen und/oder der beitragsfinanzierten Sozialversicherung. Neben dem »Archetyp« USA rechnete Esping-Andersen auch Großbritannien diesem Modell zu. Im Blick auf die Einkommenshilfen war dies gewiss vertretbar. Denn die allgemeine Grundsicherung – Beveridges »flat national minimum« – war auf eine so geringe Höhe abgesunken, dass Fürsorgeleistungen für die gering verdienenden oder die nicht erwerbstätigen Gruppen der Bevölkerung an Bedeutung gewannen, während der Staat für die Besserverdiener marktvermittelte Anreize setzte, indem er private Formen der Vorsorge förderte und betriebliche Pensionsfonds subventionierte.[56] In anderer Hinsicht lag das britische Beispiel jedoch quer zu dem liberalen Modell, denn Großbritannien verfügte über das am meisten »sozialisierte« Gesundheitssystem Europas und hatte die öffentlich administrierten sozialen Dienste vergleichsweise stark ausgebaut.

Den Gegenpol sah Esping-Andersen im »sozialdemokratischen« Regime-Typ. Hier hatte der Wohlfahrtsstaat die Macht des Marktes am weitesten zurückgedrängt, ja geradezu eine politische Gegenstruktur aufgebaut, die Esping-Andersen vor allem am Beispiel Schwedens erläuterte. Als Hauptmerkmale gelten die Prinzipien des Universalismus (z. B. Volkspension für alle Bürger) und der egalitär orientierten Umverteilung (mit Vorrang der Steuerfinanzierung), ebenso das hohe Niveau der sozialen Leistungen, die jedoch genügend Differenzierungsmöglichkeiten boten, um den solidarischen Konsens der mittleren und oberen Schichten nicht zu gefährden. Neben den monetären Leistungen ist im skandinavischen Modell das staatliche Angebot an professionellen sozialen Diensten stark ausgebaut – nicht zuletzt, um Frauen von der Familienarbeit zu entlasten und ihnen die Möglichkeit zu bieten, sich für die Erwerbsarbeit zu entscheiden. Die Expansion der öffentlichen Dienstleistungen förderte die Erwerbsneigung verheirateter Frauen außerdem dadurch, dass die Personalvermehrung ganz überwiegend der Beschäftigung von Frauen zugute kam.

Zwischen diesen beiden Polen siedelte Esping-Andersen den »korporatistischen« Typ an, dem er kontinentaleuropäische Länder wie Österreich, Frankreich, die Bundesrepublik und Italien zurechnete. Als charakteristisches Merkmal gilt die Dominanz der einkommensbezogenen und beitragsfinanzierten Sozialversicherung. Diese sieht zwar ein ähnlich hohes Absicherungsniveau wie das skandinavische Modell vor, ist jedoch nach Berufsgruppen segregiert und großenteils an der Beitrags-Leistungs-Äquivalenz orientiert, so dass der »Sozialversicherungsstaat« die gesellschaftlichen Statusunterschiede bewahrt und betont. Zu den Charakteristika zählt zudem die Zurückhaltung des Staats beim

56 *Lawson*, S. 30–32; *T. Scharf*, Sozialpolitik in Großbritannien. Vom Armengesetz zum »Dritten Weg«, in: *K. Kraus* u. *T. Geisen* (Hg.), Sozialstaat in Europa. Geschichte, Entwicklung, Perspektiven, Opladen 2001, S. 43–61.

Ausbau sozialer Dienste, worin der Vorrang zum Ausdruck kommt, der den traditionellen Solidarbeziehungen der Familie eingeräumt wird. Diesen Typus, den Esping-Andersen auch als »konservativ« etikettiert, bezeichnen andere Autoren als »christdemokratisch-zentristisch«, weil christdemokratische Parteien oder andere »Parteien der Mitte« die Sozialpolitik in den in Betracht kommenden Ländern maßgeblich gestaltet haben.[57]

Diese Trias, die auf älteren Dreiteilungskonventionen wie der Unterscheidung der Gerechtigkeitsprinzipien need, equity und equality[58] aufbaut, hat viel Beifall, aber auch mancherlei Kritik gefunden.[59] Tatsächlich ist sie nur von begrenztem Nutzen. Denn in der Realität herrschen Mischformen vor, so dass die Staaten je nach dem Gesichtspunkt, den man der Klassifizierung zugrunde legt, wechselnde Gruppen bilden. So gelangt man z.B. im Blick auf das Geschlechterregime im Wohlfahrtsstaat zu Typisierungen, die von den »drei Welten des Wohlfahrtskapitalismus« signifikant abweichen.[60] Insbesondere die kontinentaleuropäische Ländergruppe weist eine so große Variationsbreite auf, dass sie nicht »in einen einzigen Typ gepfercht« werden kann.[61] Je näher man hinsieht, umso mehr macht sich die »komplexe Eigensinnigkeit« (Franz-Xaver Kaufmann) nationaler Traditionen bemerkbar – auch im Süden Europas, der in Esping-Andersens Typologie größtenteils ausgespart blieb und neuerdings mit dem Begriff des »südeuropäischen Sozialstaatssyndroms« erfasst wird.[62] Alles in allem kann man festhalten, dass die typologische Methode bislang »nicht zu

57 *S. Jochem* u. *N.A. Siegel*, Wohlfahrtskapitalismen und Beschäftigungsperformanz. Das »Modell Deutschland« im Vergleich, in: ZSR 46 (2000), S. 38–64, hier S. 44–46. Zum Einfluss der christlichen Kirchen und der Christdemokratie auf die westeuropäische Sozialstaatsentwicklung am Beispiel Deutschlands, Italiens und der Niederlande vgl. *K. van Kersbergen*, Social Capitalism. A study of Christian Democracy and the Welfare State, London 1995.

58 Die seit den 1970er Jahren etablierte Unterscheidung von »need, equity (or reciprocity) and equality (or universalism)« als »classic principles of redistributive justice underlying social rights« bildet die Basis der vergleichenden Studie von *J. Clasen* u. *W. van Oorschot*, Classic Principles and Designs in European Social Security, in: *D. Pieters* (Hg.). European Social Security and Global Politics, London 2003, S. 225–261. Anders als Esping-Andersen rücken diese Autoren die Frage nach dem Mischungsverhältnis dieser Prinzipien *innerhalb* der einzelnen Länder in den Mittelpunkt.

59 Die Kritik betraf u.a. die historische Herleitung, die Indikatorenbildung, das Changieren zwischen idealtypischer und empirischer Argumentation sowie die Länderzurechnung. Vgl. den Diskussionsband von *Lessenich/Ostner* sowie *Schmidt*, Sozialpolitik in Deutschland, S. 219–228; *C. Toft*, Jenseits der Dreiweltendiskussion, in: ZSR 46 (2000), S. 68–86.

60 Vgl. *C. Kuller*, Soziale Sicherung von Frauen – ein ungelöstes Strukturproblem im männlichen Wohlfahrtsstaat. Die Bundesrepublik im internationalen Vergleich, in: AfS 47 (2007), S. 199–236.

61 *Kaelble*, Sozialgeschichte Europas, S. 351.

62 Vgl. *M. Ferrera*, The »Southern Model« of Welfare in Social Europe, in: Journal of European Social Policy 6 (1996), S. 17–37.

einer stabilen Klassifikation von Staaten innerhalb einer allgemein anerkannten Typologie« geführt hat.[63]

Gerade auch der westdeutsche Sozialstaat präsentierte sich am Ende der Boomphase als ein Mischtyp, der Elemente aller drei Wohlfahrtsregime miteinander verband. Dazu trug nicht zuletzt die Regierungsbeteiligung der SPD in der sozialpolitischen Reformära 1966–1974 bei. Zur »Gesellschaftspolitik« ausgeweitet, orientierte sich die Sozialpolitik in dieser stürmischen Aufbruchphase verstärkt an Leitbildern der Teilhabe und Chancengleichheit, der Prävention und »Lebensqualität«.[64] Somit stieg die Bedeutung von Programmen, die einkommenszentrierte Sozialleistungen durch soziale Dienste und Infrastrukturen im öffentlichen Raum ergänzten. Zugleich kam die Sozialversicherung in mancher Hinsicht einem »quasi-universalistischen Arrangement« nahe. So wurden z. B. die früher tiefgreifenden Unterschiede zwischen der Arbeiter- und der Angestelltenrentenversicherung nahezu ganz abgeschliffen, und das Leistungsrecht im Gesundheitswesen näherte sich einer egalitär ausgerichteten, »universalen Gesundheitsversorgung«.[65] Gleichwohl: Aufs Ganze gesehen blieb es bei der Vorherrschaft des Sozialversicherungsprinzips. Das Kernstück des westdeutschen Sozialstaats war nach wie vor ein System der Versicherung abhängiger Arbeit, das sich überwiegend durch bruttolohnbezogene Beiträge finanzierte und eine Familienkomponente aufwies, die vom Modell der Hausfrauenehe geprägt war.[66]

Epochenwechsel: Der Wohlfahrtsstaat nach dem Boom

In den siebziger Jahren endete die »Blütezeit des Wohlfahrtsstaats«. Seither macht sich eine epochale Trendwende bemerkbar, die den entfalteten Sozialstaat in Bedrängnis brachte. An die Stelle der forcierten Ausbaudynamik traten in weiten Teilen Europas Konsolidierungsprogramme und Krisendiskurse. Die Expansionstendenz wurde zwar nicht vollständig gebrochen, aber mehr und mehr von Umbau- und Rückbauprozessen überlagert. Zugleich zerbröckelte der relativ breite politische Konsens, der den Ausbau der sozialen Sicherung in der

63 *F.-X. Kaufmann*, Der deutsche Sozialstaat im internationalen Vergleich, in: Geschichte der Sozialpolitik in Deutschland seit 1945, Bd. 1, S. 799–989, hier S. 810. Dieser Beitrag erschien auch gesondert unter dem Titel: Varianten des Wohlfahrtsstaates. Der deutsche Sozialstaat im internationalen Vergleich, Frankfurt a. M. 2003.

64 Vgl. den Beitrag 7 im vorliegenden Band.

65 *L. Leisering*, Kontinuitätssemantiken. Die evolutionäre Transformation des Sozialstaates im Nachkriegsdeutschland, in: *S. Leibfried* u. *U. Wagschal* (Hg.), Der deutsche Sozialstaat. Bilanz – Reformen – Perspektiven, Frankfurt a. M. 2000, S. 91–114, hier S. 100, 104.

66 Die wichtigsten Elemente der Familienkomponente sind die (von der Versicherung des Ehemanns abgeleitete) Witwenrente und die beitragsfreie Mitversicherung der nicht erwerbstätigen Familienangehörigen in der gesetzlichen Krankenversicherung. Im Steuerrecht unterstützt das Ehegattensplitting den Erwerbsausstieg von Ehefrauen.

Zeit der Prosperität getragen hatte. Stattdessen gerieten die wohlfahrtsstaatlichen Arrangements nun in das Spannungsfeld scharfer politischer Positionskämpfe und ins Visier vielfältiger Kritik. Diese gipfelte in der These, der Wohlfahrtsstaat habe nicht nur seine problemlösende Kraft verloren, sondern sei selbst ein »Krisenerzeuger« geworden.[67]

Die Herausforderung der europäischen Wohlfahrtsstaaten im letzten Viertel des 20. Jahrhunderts lässt sich nur verstehen, wenn man zunächst den Wandel der gesamtwirtschaftlichen Rahmenbedingungen ins Auge fasst. Zwei Wellen weltweiter Rezessionen offenbarten, dass der »kurze Traum immerwährender Prosperität«[68] an ein Ende kam: die erste 1974/75, die zweite – mit noch gravierenderen Auswirkungen – 1980/82. Beide Male gerieten die meisten Industriestaaten in eine Krise neuen Typs, für die sich der Neologismus »Stagflation« einbürgerte: Die Produktion stagnierte oder war sogar rückläufig, während der Inflationsdruck stieg; zugleich verschlechterten sich die Zahlungsbilanzen und die Staatsverschuldung nahm ruckartig zu.[69] Auch nach der Überwindung der Konjunktureinbrüche verlangsamte sich das Tempo des wirtschaftlichen Wachstums in der westlichen Welt, so auch in der Bundesrepublik. Dort sanken die realen Zuwachsraten des Pro-Kopf-Sozialprodukts, die 1950 bis 1965 im jährlichen Durchschnitt bei 5,6 Prozent und 1965 bis 1980 bei 3,9 Prozent gelegen hatten, 1980 bis 2000 auf 1,8 Prozent.[70] Ein besonders alarmierendes Symptom lag im Verlust der Vollbeschäftigung. Diese hatte in der Boomperiode geradezu ein Kernstück des wohlfahrtsstaatlichen Arrangements gebildet. Nun aber sprang die Arbeitslosenquote im Durchschnitt der Länder der Europäischen Gemeinschaft von 2,3 Prozent (1970) auf 4,6 Prozent (1976), sie kletterte bis 1985 weiter auf 9,4 Prozent und pendelte in den 1990er Jahren um den bedrohlich hohen Wert von 10 Prozent.[71] In ähnlichen Sprüngen nahm die Arbeitslosigkeit in der Bundesrepublik zu: von 0,7 Prozent (1970) über 4,6 Prozent (1976) auf 9,3 Prozent (1985); sie sank dann bis 1991 wieder auf 6,3 Prozent, stieg dann jedoch steil bis auf 12,7 Prozent im Jahre 1997 und bewegt sich seither zwischen 10 und 13 Prozent (2005).[72] Die Aufschwünge reichten also nicht mehr aus, um

67 Vgl. die zeitgenössische Thematisierung (1979) bei *Flora*, Krisenbewältigung oder Krisenerzeugung?

68 *B. Lutz*, Der kurze Traum immerwährender Prosperität. Eine Neuinterpretation der industriell-kapitalistischen Entwicklung im Europa des 20. Jahrhunderts, Frankfurt a. M. 1989.

69 *H. James*, Rambouillet, 15. November 1975. Die Globalisierung der Wirtschaft. München 1997, S. 131–200; *Judt*, S. 509–523; *A. Wirsching*, Abschied vom Provisorium. Geschichte der Bundesrepublik Deutschland 1982–1990, München 2006, S. 223–242; zum wachsenden Schuldenberg der bundesdeutschen öffentlichen Haushalte vgl. *H.-P. Ullmann*, Im »Strudel der Maßlosigkeit«? Die »Erweiterung des Staatskorridors« in der Bundesrepublik der sechziger bis achtziger Jahre, in: *J. Osterhammel* u. a. (Hg.), Wege der Gesellschaftsgeschichte, Göttingen 2006, S. 253–268.

70 *Abelshauser*, Deutsche Wirtschaftsgeschichte, S. 293.

71 Statistisches Taschenbuch 2006, Tabelle 9.14 (Anteil der registrierten Arbeitslosen an der zivilen Erwerbsbevölkerung).

72 Ebd., Tabelle 2.10 (Anteil der Arbeitslosen an den abhängigen Erwerbspersonen).

den Anstieg der Sockelarbeitslosigkeit zu revidieren. Dies verweist auf strukturelle Zusammenhänge, denen mit den klassischen Mitteln der keynesianischen Konjunkturpolitik nicht mehr wirkungsvoll beizukommen war.

»Globalisierung« hieß der Schlüsselbegriff, der in den 1990er Jahren einen steilen Aufstieg erlebte und darauf aufmerksam macht, dass sich hinter den wirtschaftlichen Verwerfungen weit mehr verbirgt als der Kollaps des Weltwährungssystems von Bretton Woods (1973), die drastische Verteuerung der Energie (Ölpreisschocks 1973/74 und 1978/79) und der »Zinsschock« der 1979 eingeleiteten amerikanischen Hochzinspolitik. Zu den wichtigsten Änderungsschüben, die unter dem Sammelnamen der Globalisierung zusammengefasst werden, zählt die beschleunigte Internationalisierung der Geld-, Kapital- und Warenmärkte. Vielfältige Impulse wirkten darauf ein, stichwortartig seien genannt: die Herausbildung eines unkontrollierten Eurodollar-Markts in den 1960er und 1970er Jahren, rasante Entwicklungen im Bereich neuer Technologien (v. a. in der Elektronik), die das Informations-, Kommunikations- und Transportwesen revolutionierten, der Aufstieg Japans und ostasiatischer Schwellenländer zu wichtigen Exportnationen, neue Formen der betrieblichen Produktionsprozesse und der Organisation transnationaler Unternehmen mit der Tendenz, die Wertschöpfungskette der Produktion im weltweiten Rahmen aufzuspalten.[73] Eine der stärksten Antriebskräfte lag jedoch in der entschlossenen Politik der Liberalisierung und Deregulierung, die sich zunächst in den angelsächsischen Ländern (Reaganomics, Thatcherismus) und im Regime einflussreicher internationaler Organisationen wie dem Internationalen Währungsfonds (IWF), der Weltbank und der Organisation für wirtschaftliche Zusammenarbeit und Entwicklung (OECD) durchsetzte, dann auch in der Europäischen Gemeinschaft und – nach dem Zusammenbruch des Sowjetimperiums – auch in den osteuropäischen Transformationsländern.

Die Folge war nicht nur eine Verschärfung, sondern auch eine neue Dimensionierung des internationalen Wettbewerbs. Denn die Globalisierung verwandelte die herkömmliche »standortgebundene Absatzkonkurrenz« in eine »Standortkonkurrenz zwischen Staaten«. Damit ist die Tendenz bezeichnet, das »gesamte nationale Regelsystem« unter dem Aspekt der Attraktivität für das mobile Kapital und die unternehmerische Aktivität in die »Konkurrenz der Standorte« hineinzuziehen.[74] Aber auch die Unternehmenslandschaft »verflüssigte« sich: Die Unternehmen selbst wurden in bisher beispiellosem Umfang

73 Aus der Fülle der Literatur: *S. Müller* u. *M. Kornmeier*, Streitfall Globalisierung, München 2001; *J. Osterhammel* u. *N. P. Peterson*, Geschichte der Globalisierung. Dimensionen, Prozesse, Epochen, München 2007[4]; Schlussbericht der Enquete-Kommission Globalisierung der Weltwirtschaft, hg. v. *Deutschen Bundestag*, Opladen 2002.

74 Enquete-Kommission Globalisierung, S. 226. Vgl. dazu auch *Sachverständigenrat zur Begutachtung der Gesamtwirtschaftlichen Entwicklung*, Im Standortwettbewerb. Jahresgutachten 1995/96, Stuttgart 1995. Dass der »internationale Steuerwettbewerb« sich »durch die Globalisierung verschärft« hat, resümiert *U. Wagschal*, Steuerpolitik und Steuerreformen im internationalen Vergleich. Eine Analyse der Ursachen und Blockaden, Münster 2005, S. 417.

zur »Handelsware« globaler Finanz- und Kapitalmärkte, so dass sich die Eigentumsstruktur von Großunternehmen zunehmend internationalisierte und der an der Börse gemessene Preis des Unternehmens oft zum überragenden Richtwert der Geschäftspolitik aufrückte (Shareholder Value).[75] Zu den Begleitspuren dieses Konstellationswandels zählen der Abschied vom Keynesianismus und der Aufstieg neoliberaler Axiome. So schillernd der Begriff des Neoliberalismus im Einzelnen auch ist, so verweist er doch grundsätzlich auf »mehr Markt« und »weniger Staat« sowie auf ein Wachstumsmodell, das die Währungsstabilität als entscheidende makroökonomische Größe betrachtet (Monetarismus) und nicht mehr primär nachfrage-, sondern angebotsorientiert ist, also die Rentabilität unternehmerischen Handelns zu verbessern sucht (Angebotsökonomie).

Mit dem weltwirtschaftlichen Wandel waren Umbrüche in der Wirtschaftsstruktur und auf dem Arbeitsmarkt verbunden, die am Beispiel der Bundesrepublik etwas näher erläutert seien. Seit den siebziger Jahren nahm das Gewicht des industriellen Sektors in der westdeutschen Wirtschaft kontinuierlich ab. Wichtige Branchen der alten Industrie wie z. B. Stahl, Textil und Schiffbau waren international nicht mehr wettbewerbsfähig, so dass ein »quälender Schrumpfungsprozess« einsetzte.[76] Die Zahl der industriellen Arbeitsplätze sank in den Krisenbranchen dramatisch; aufgrund von Rationalisierungseffekten nahm sie jedoch auch in den Wachstumsbranchen der industriellen Produktion langfristig nicht zu, sondern ab. Optimistische Annahmen vertrauten umso mehr auf die Ausdehnung des Dienstleistungssektors, der im Zuge der »Tertiarisierung« der Erwerbsstruktur seit dem Ende der siebziger Jahre tatsächlich die Mehrzahl der Arbeitnehmer beschäftigte. Der tertiäre Sektor, der – u. a. mittels Computertechnologie – selbst ein großes Rationalisierungspotenzial besaß, war jedoch auf mittlere und lange Sicht nicht imstande, die industriellen Arbeitsplatzverluste zu kompensieren. Damit war der Weg in die strukturelle Arbeitslosigkeit gewissermaßen vorgezeichnet.[77]

Das Schlagwort des »Postfordismus«, das in den 1980er Jahren aufkam, verweist auf einen weiteren, für die Entwicklung des Arbeitsmarkts sehr bedeutsamen Zusammenhang. Als »fordistisch« galt eine auf standardisierter Massenanfertigung beruhende Produktionsweise, die in den 1950er und 1960er Jahren großindustriell verbreitet war und die Basis sowohl für den Aufschwung des Massenkonsums als auch für stabile Arbeitsverhältnisse mit kontinuierlicher Erwerbsbiographie bildete. In den 1970er Jahren begann in den hoch

75 *W. Plumpe*, Das Ende des deutschen Kapitalismus, in: WestEnd 2 (2005), S. 3–26; *W. Streeck* u. *M. Höpner* (Hg.), Alle Macht dem Markt? Fallstudien zur Abwicklung der Deutschland AG, Frankfurt a. M. 2003.

76 *Abelshauser*, Deutsche Wirtschaftsgeschichte, S. 436.

77 Zwar wirkten auch demographische Faktoren auf die Entwicklung der Arbeitslosigkeit ein, insbesondere die Ankunft geburtenstarker Jahrgänge auf dem Arbeitsmarkt und die steigende Erwerbsquote verheirateter Frauen. Im Kern ist die strukturelle Arbeitslosigkeit jedoch nicht demographisch zu erklären. Vgl. *G. Schildt*, Das Sinken des Arbeitsvolumens im Industriezeitalter, in: GG 32 (2006), S. 119–148.

entwickelten Industriestaaten wie der Bundesrepublik der Rückzug dieses Produktionsmusters, was vielfache Gründe hatte, aber nicht zuletzt mit den neuen Weltmarktbedingungen zusammenhing. Standardisierte Massengüter konnten nun andernorts billiger hergestellt und weltweit abgesetzt werden. Hingegen lag die Chance der traditionell führenden Industrienationen im Übergang zu einem Produktionsregime, das auf technologieintensive Güter ausgerichtet ist, auf ständiger technologischer Innovation beruht und jederzeit neu konfigurierbare Organisationsformen bevorzugt.[78] In den folgenden zwei, drei Jahrzehnten veränderten sich somit die Verhältnisse auf dem westdeutschen Arbeitsmarkt gravierend: Qualifikationsanforderungen und Flexibilitätserwartungen stiegen, die Beschäftigungschancen gering Qualifizierter verschlechterte sich rapide, »atypische« Beschäftigungsverhältnisse (Zeitarbeit, befristete Arbeitsverträge, Kurzzeitverträge) nahmen zu, Teilzeitarbeit expandierte, neue Formen der (Schein-)Selbständigkeit entstanden. Wie in der Güterproduktion drang die Tendenz zur Flexibilisierung von Erwerbsformen und Arbeitszeiten auch im Bereich der marktvermittelten Dienstleistungen vor. Um hervorzuheben, dass eine solche Differenzierung der Erwerbsbiographien einen »Grundpfeiler des standardisierten Normallebenslaufs«[79] und somit eine Säule des deutschen Sozialstaats unterspülte, bürgerte sich seit den 1980er Jahren der Begriff »Erosion des Normalarbeitsverhältnisses« ein.[80] Dieser Trend schlug mit folgenden Messwerten zu Buche: Um 1970 hatten 83 Prozent aller abhängig Beschäftigten eine unbefristete Vollzeitstelle inne, in der Mitte der 1980er Jahre waren es noch 77 Prozent, um die Mitte der 1990er Jahre nur noch 67 Prozent – mit weiter fallender Tendenz.[81]

Zwei weitere, zum Teil miteinander verflochtene Wandlungsprozesse verdienen besondere Beachtung. Sie erfassten im Grundzug alle westlichen Industriegesellschaften[82], werden hier jedoch am deutschen Beispiel verdeutlicht: der Umbruch der familiären Lebensformen und die demographische Zeitenwende. Ob als Krise der traditionellen Familie, als Pluralisierung der privaten Lebensformen oder als Abbau geschlechtsbedingter sozialer Unterschiede interpretiert – die »Entstandardisierung« von Ehe und Familie zählte zu den

78 *Abelshauser*, Deutsche Wirtschaftsgeschichte, S. 432–436; *D. Sauer*, Die Zukunft der Arbeitsgesellschaft. Soziologische Deutungen in zeithistorischer Perspektive, in: VfZ 55 (2007) S. 309–328; *C. S. Maier*, Two Sorts of Crisis? The »long« 1970s in the West and the East, in: *H. G. Hockerts* (Hg.), Koordinaten deutscher Geschichte in der Epoche des Ost-West-Konflikts, München 2004, S. 49–62.

79 *Wirsching*, S. 314.

80 *W. Bonß*, Erosion des Normalarbeitsverhältnisses. Tendenzen und Konsequenzen, in: *A. Rausche*r (Hg.), Arbeitsgesellschaft im Umbruch. Ursachen, Tendenzen, Konsequenzen, Berlin 2002, S. 69–86.

81 Erwerbstätigkeit und Arbeitslosigkeit in Deutschland. Entwicklung, Ursachen, Maßnahmen, hg. v. *Kommission für Zukunftsfragen der Freistaaten Bayern und Sachsen,* München 1998, S. 43, 46.

82 *Kaelble*, Sozialgeschichte Europas, S. 35–47.

Zeichen der Zeit. Herkömmliche Vorstellungen der Normalfamilie, die auch in den Bauplan des deutschen Sozialstaats eingegangen waren, gerieten daher in zunehmende Spannung zu einer komplexeren sozialen Wirklichkeit. Die Heiratshäufigkeit nahm signifikant ab, während die Scheidungsraten trendmäßig stiegen.[83] Die Zahl der nichtehelichen Lebensgemeinschaften verzwölffachte sich in Westdeutschland von 1972 bis 2000.[84] Ein-Personen-Haushalte erlangten wachsende Bedeutung und machten 1997 rund 35 Prozent aller Haushalte aus, in den Städten mit mehr als 100.000 Einwohnern sogar rund 44 Prozent.[85] Die Zahl der Alleinerziehenden – zumeist Frauen – wuchs von 1975 bis 2000 in Westdeutschland um etwa die Hälfte und lag im ganzen Bundesgebiet in diesem Jahr bei rund 1,8 Millionen.[86] Deutlich veränderte sich auch das Erwerbsverhalten der Frauen, insbesondere von Frauen mit Kindern im Haushalt: Der Anteil erwerbstätiger Mütter stieg kontinuierlich an und erreichte im Jahr 2000 rund 63 Prozent.[87]

Der demographische Wandel ergab sich im Wesentlichen aus dem Zusammenwirken von sinkender Geburtenrate und zunehmender Lebenserwartung. Der von 1955 bis 1964 währende Nachkriegs-Babyboom war vom säkularen Trend des Geburtenrückgangs auf exzeptionelle Weise abgewichen. In den späten 1960er Jahren fiel die Geburtenrate dann jedoch rasant und pendelte sich nach 1975 auf dem niedrigen Stand von 1,3 bis 1,4 pro Frau ein, deutlich unter dem für die Bestandserhaltung erforderlichen Niveau von 2,1.[88] Zum letzten Mal waren 1971 mehr Geburten als Sterbefälle in der Bundesrepublik zu verzeichnen, seither gibt es Jahr für Jahr Sterbeüberschüsse. Der Geburtenrückgang entsprach einem Trend, der sich in allen entwickelten Ländern beobachten lässt, in der Bundesrepublik jedoch besonders drastisch ausfiel. Pro tausend Einwohner gerechnet, fiel die westdeutsche Geburtenrate um die Mitte

83 Die Summe der altersspezifischen Heiratshäufigkeiten lediger Männer/Frauen im Alter von 15 bis 49 Jahren sank von 90/97 % (1970) auf 57/64 %(1999); die »zusammengefasste Scheidungsziffer« stieg von 15,9 % (1970) auf 38,5 % (2000), jeweils bezogen auf das frühere Bundesgebiet. Vgl. *H. Engstler* u. *S. Menning*, Die Familie im Spiegel der amtlichen Statistik. Lebensformen, Familienstrukturen, wirtschaftliche Situation der Familien und familiendemographische Entwicklung in Deutschland, hg. v. *Bundesministerium für Familie, Senioren, Frauen und Jugend*, Berlin 2003, S. 65, 81.

84 Von 0,14 auf 1,6 Mio.; einschließlich der neuen Bundesländer lag die Zahl 2000 bei 2,1 Mio. Vgl. *Engstler/Menning*, S. 44.

85 Zweiter Zwischenbericht der Enquete-Kommission »Demographischer Wandel – Herausforderungen unserer älter werdenden Gesellschaft an den einzelnen und die Politik«, BT Drs. XIII/11460, 5.10.1998, S. 262.

86 Vgl. *Engstler/Menning*, S. 39 f. Zählt man nichteheliche Gemeinschaften mit Kindern hinzu, so gelangt man auf 2,8 Mio. Haushalte mit 3,8 Mio. Kindern. Vgl. Zweiter Zwischenbericht der Enquete-Kommission, S. 265.

87 Unter Einschluss der erwerbslos gemeldeten Mütter rund 70 %. Vgl. *Engstler/Menning*, S. 107.

88 *H. Birg*, Die demographische Zeitenwende. Der Bevölkerungsrückgang in Deutschland und Europa. München 2001, S. 48–55.

der 1970er Jahre auf den niedrigsten Stand in der Welt, und sie rückte bis 1987 nur bis zur vorletzten Stelle auf.[89] Hingegen setzte sich der langfristige Anstieg der Lebenserwartung fort. So erhöhte sich z.B. die weitere Lebenserwartung 60-jähriger Männer zwischen 1960 und 1994 um rund 17 Prozent, diejenige der Frauen um rund 22 Prozent.[90] Verbunden mit einer doppelten Altersdynamik, die darin besteht, dass immer mehr Menschen alt und immer mehr alte Menschen sehr alt werden, führte der Geburtenrückgang zu jenem Prozess der Schrumpfung und Alterung der Gesellschaft, der unter Stichworten wie »demographische Herausforderung« und »Generationengerechtigkeit« seit geraumer Zeit ein besonders brisantes Thema des Sozialstaatsdiskurses ist.

Zum Wandel der Rahmenbedingungen zählt zudem die wachsende europäische Dimension der Sozialpolitik.[91] Seit dem Maastrichter Vertrag von 1992 überlagern mittelbare und unmittelbare Vorgaben der Europäischen Union stärker als zuvor die Gestalt der nationalen Sozialstaatlichkeit. Dabei zeichnet sich eine Aufteilung sozialstaatlicher Funktionen auf die europäische und die nationale Ebene ab: Der Europäisierungsgrad ist auf einigen Politikfeldern – wie beim Arbeitsschutz und beim Abbau geschlechtsbedingter sozialer Unterschiede im Arbeitsleben – sehr hoch, während die Kernbereiche der Einkommenssicherung und der Dienstleistungssysteme weitgehend der nationalen Ebene überlassen bleiben. Doch wirken hier beträchtliche mittelbare Zwänge, die sich aus den Erfordernissen der Marktvereinbarkeit im europäischen Binnenmarkt ergeben. Hinzu kommt der Druck der Maastrichter Konvergenzkriterien: Diese halten – ebenso wie die Geldpolitik der Europäischen Zentralbank – zu finanzpolitischer Disziplin und zur Haushaltskonsolidierung an. Somit kommen die Sozialausgaben, die ja einen besonders großen Haushaltsanteil ausmachen, verstärkt ins Visier der Rotstiftpolitik. Im Ganzen wird man jenen Beobachtern weitgehend zustimmen können, die im Maastrichter Vertrag einen »Sieg des neoliberalen Wirtschafts- und Gesellschaftskonzepts«[92] sehen, oder anders gesagt: Die EU erweist sich überwiegend als eine Einrichtung »zur Förderung der Marktintegration und zur Stärkung des ›Wettbewerbsstaates‹«.[93]

Unter dem Strich ist festzuhalten: Das Relationsgefüge der Sozialpolitik hat sich im letzten Viertel des 20. Jahrhunderts einschneidend und dauerhaft verschoben. Bei der Frage nach den Folgen empfiehlt sich eine kategoriale Unterscheidung zwischen Bedingungen und Deutungen oder »structure« und

89 *R. Geißler*, Die Sozialstruktur Deutschlands. Ein Studienbuch zur gesellschaftlichen Entwicklung im geteilten und vereinten Deutschland, Opladen 1992, S. 289.

90 Zweiter Zwischenbericht der Enquete-Kommission, S. 53.

91 *S. Leibfried* u. *P. Pierson*, Soziales Europa. Bilanz und Perspektiven, in: *H.-D. Klingemann* u. *F. Neidhardt* (Hg.), Zur Zukunft der Demokratie. Herausforderungen im Zeitalter der Globalisierung, Berlin 2000, S. 321–362; *E. Eichenhofer*, Europäisierung sozialer Sicherung, in: GG 32 (2006), S. 517–541.

92 *G. Ziebura*, Die deutsch-französischen Beziehungen seit 1945. Mythen und Realitäten, Stuttgart 1997, S. 382.

93 *Schmidt*, Sozialpolitik in Deutschland, S. 252.

»agency«. Denn die strukturellen Effekte der veränderten Verhältnisse bezeichnen nur die eine Seite des Problems. Die andere lag in der Art und Weise, wie die Veränderungen wahrgenommen, dargestellt und debattiert wurden. Was die strukturellen Auswirkungen betrifft, so lässt sich der Forschungsstand in sechs Hauptbefunden bündeln: Erstens schrumpften die Verteilungsspielräume im Maße des schwächeren Wirtschaftswachstums, der Engpässe in den öffentlichen Haushalten und der zunehmenden Staatsverschuldung. Die soziale Sicherung ist seither viel schwieriger zu finanzieren als im langen Nachkriegsboom. Zweitens verengten sich die Spielräume nationalstaatlicher Sozialpolitik unter dem Druck der Standortkonkurrenz. Die Internationalisierung der Finanz- und Kapitalmärkte und die freie Wahl der Produktionsstandorte ermöglichten es dem »Faktor Kapital« mehr als zuvor, sich nationalen Bindungen zu entziehen oder mit der Abwanderung zu drohen. So erhielt das Ziel, die Attraktivität des nationalen Standorts für die mobilen Produktionsfaktoren zu erhöhen, einen Rangschub nach oben – tendenziell zu Lasten der an den Standort gebundenen Faktoren, insbesondere der überwiegend immobil bleibenden Arbeitskräfte. Zwar ist die genaue Bestimmung der Globalisierungsfolgen hoch kontrovers, denn die Wirkungsanteile sind in der Fülle komplexer Verkettungen schwer zu messen, und die Daten werden oft interessengeleitet interpretiert.[94] Doch ist eine Grundtendenz kaum bestreitbar: Die Kapitalseite hat an »Einfluss auf die nationalen Finanzen und insbesondere auch auf den Sozialhaushalt und die Verteilung der sozialen Lasten« gewonnen.[95] Auf der Seite der Gewerkschaften kommt hinzu, dass ihre übernationalen Organisationen »äußerst schwach«[96]

94 Als mächtige Triebkraft des Sozialstaatsumbaus in den Industrieländern erscheint die Globalisierung u. a. bei *R. Sigg* u. *C. Behrendt* (Hg.), Soziale Sicherheit im globalen Dorf, Bern 2003; kontrovers unter Betonung national unterschiedlicher Ausgangsbedingungen und Reaktionsmuster: *R. Sykes* u. a. (Hg.), Globalization and European Welfare States. Challenges and Change, New York 2001. Der vorherrschenden Diagnose, »that globalisation undermines the welfare state«, setzt Vobruba die These entgegen, der Wohlfahrtsstaat sei »a functional requirement for globalisation«; die wohlfahrtsstaatliche Übernahme der sozialen Kosten der Globalisierung mache diese überhaupt erst möglich. Ähnlich argumentieren Rieger und Leibfried: ein leistungsfähiger Sozialstaat sei eine Voraussetzung für eine erfolgreiche Weltmarktintegration der nationalen Ökonomie, insbesondere um die Nebenfolgen abzusichern und die protektionistischen Dispositionen in der Bevölkerung zu kontrollieren. Vgl. *G. Vobruba,* The irreversible welfare state with the globalisation dilemma, in: *B. Cantillon* u. *I. Marx* (Hg.), International Cooperation in Social Security. How to cope with globalisation?, Antwerpen 2005, S. 81–91; *E. Rieger* u. *S. Leibfried,* Grundlagen der Globalisierung. Perspektiven des Wohlfahrtsstaates, Frankfurt a. M. 2001.

95 *Zacher*, Grundlagen der Sozialpolitik, S. 592. Ähnlich *Kaufmann*, Herausforderungen des Sozialstaats, S. 128.

96 *Ritt*er, Probleme und Tendenzen, S. 405. Seit diesem 1996 formulierten Befund haben allerdings die Europäischen Betriebsräte an Bedeutung gewonnen und Dachverbände wie der Europäische Metallgewerkschaftsbund sind stärker geworden. Vgl. *U. Jürgens* u. *M. Krzywdzinski*, Zur Zukunftsfähigkeit des deutschen Produktionsmodells, in: *J. Kocka* (Hg.), Zukunftsfähigkeit Deutschlands. Sozialwissenschaftliche Essays, Berlin 2007, S. 203–227, hier S. 219.

sind und ihr nationaler Organisationsgrad sinkt. Damit ist ein »zentraler historischer Koalitionspartner des Sozialstaats« erheblich geschwächt.[97] Drittens hat das Altern der Bevölkerung einen hohen Preis, der vor allem in den steigenden Kosten der Systeme der Alters- und Gesundheitssicherung bemerkbar wird.[98] Dazu trägt neben der wachsenden Zahl der alten Menschen, den verlängerten Rentenlaufzeiten und dem erhöhten Pflegebedarf auch das hohe Kostenniveau des medizinisch-technischen Fortschritts bei. Zudem verändert die rückläufige Geburtenrate das Zahlenverhältnis zwischen Rentnern und Beitragszahlern langfristig so ungünstig, dass vielfacher Handlungsdruck entstanden ist. Er wird je nach dem politischen Standort mit unterschiedlichem Akzent interpretiert. Das Spektrum reicht vom Einbau eines »demographischen Faktors« in die Rentenversicherung über die Suche nach Wegen zur Erhöhung der Geburtenrate und die Förderung einer aktiven Zuwanderungspolitik bis hin zu dem Ziel, die Frauenerwerbsquote nachhaltig zu steigern – was nicht ohne einen Ausbau der öffentlichen Kinderbetreuung gelingen kann – und die Lebensarbeitszeit zu verlängern. Viertens hat sich die Zunahme der Arbeitslosigkeit als ein besonders bedrohlicher ›Stressfaktor‹ erwiesen – nicht allein für die betroffenen Menschen, sondern auch für die Funktionsfähigkeit des Sozialstaats. Denn Massenarbeitslosigkeit vermindert die Einnahmen des Sozialstaats ebenso gravierend wie sie den Ausgabendruck erhöht. Um welche Größenordnungen es hier geht, kann das bundesdeutsche Beispiel verdeutlichen, wo die gesamtfiskalischen Kosten der Arbeitslosigkeit sich 1996 auf fast 160 Milliarden DM addierten.[99] Fünftens verlor der Sozialstaat mit dem Rückgang des traditionellen Zuschnitts der Familienhaushalte einen Garanten (unbezahlter) sozialer Dienste und somit eine »stille Reserve«[100] der Wohlfahrtsproduktion. Sechstens entstanden neue Armutsrisiken und veränderte Bedarfslagen, die auf mehr Flexibilität und Wahlfreiheit gerichtet waren. Darauf war der Sozialstaat, zu dessen Gründungsinventar kontinuierliche Erwerbsarbeit und standardisierte Normallebensläufe gehörten, nicht hinreichend gerüstet.

Vor diesem hier nur kurz umrissenen Hintergrund entfaltete sich seit den 1970er Jahren eine breite, bis zur Gegenwart anhaltende öffentliche Debatte über »Krise« und »Grenzen des Sozialstaats«. Besonders früh und heftig setzte die Kritik in Großbritannien und den USA ein, wo mit Margaret Thatcher

97 *J. Alber*, Modernisierung als Peripetie des Sozialstaats?, in: Berliner Journal für Soziologie 12 (2002), S. 5–35, hier S. 11.

98 In den 1980er Jahren alarmierte dieses Thema die internationale Expertenwelt. Vgl. *OECD*, Ageing Populations. The Social Policy Implications, Paris 1988; *International Labour Office* (Hg.), From Pyramid to Pillar: Population change and social security in Europe, Genf 1989.

99 *H.-J. Krupp* u. *J. Weeber*, Die Zukunft des Sozialstaates vor dem Hintergrund der zunehmenden Globalisierung, in: Sozialer Fortschritt 46 (1997), S. 245–256, hier S. 249 (alle Ausgaben und Mindereinnahmen von Bundesanstalt für Arbeit, Bundeshaushalt, Ländern und Gemeinden, Renten-, Kranken- und Pflegeversicherung).

100 *Kaufmann*, Herausforderungen, S. 61.

(1979) und Ronald Reagan (1981) Parteien an die Macht kamen, die den Wohlfahrtsstaat im Zeichen einer marktradikalen Ideologie unter Beschuss genommen hatten. Im Verlauf der 1980er Jahre schlug die Krisendebatte dann auch in der Mehrzahl der westeuropäischen Wohlfahrtsstaaten hohe Wellen, und sie verschärfte sich noch in den 1990er Jahren. Dafür ist symptomatisch, dass 1991 auch in Schweden, dem Musterland des sozialdemokratischen Wohlfahrtsstaats, eine dezidiert sozialstaatskritische Partei die Wahlen gewann.[101] Die Bundesrepublik zählt zu den Staaten, in denen die Debatte früh einsetzte, sich in vielschichtigen Krisendiskursen ausbreitete, jedoch nie so marktradikal geprägt war wie in den angelsächsischen Staaten.

In der westdeutschen Debatte über die Krise des Sozialstaats lassen sich mehrere Lesarten und Reichweiten unterscheiden. In der Glanzzeit des Sozialstaats war die Schar der prinzipiellen Kritiker klein geworden. Seine Grundlagen zog fast nur noch jener Teil der akademischen Linken in Zweifel, der den Sozialstaat im Rahmen von »Spätkapitalismus«-Theorien als »Vertuschung«[102] des Widerspruchs von Kapital und Arbeit interpretierte. Seit 1974/75 schwoll der Chor der Sozialstaatskritiker jedoch auch auf konservativer und liberaler Seite an. Dabei trafen zunächst solche Krisendiagnosen den politischen Stimmungsnerv, die sich um die Grenzen der Finanzierbarkeit und die steigende Staatsverschuldung drehten. Aber die Kritik reichte weit über das Fiskalische hinaus und verband sich mit Konflikten normativer Art. Ein gemeinsamer Nenner liberal-konservativer Kritik lag in dem Vorwurf, der Sozialstaat fördere eine Anspruchsinflation der Bürger, überfordere das staatliche Leistungsvermögen und untergrabe Selbsthilfepotenziale. Während diese Abwehr in älteren mentalen Schichten der bürgerlichen Gesellschaft wurzelte, brachten die alternativen Bewegungen eine neue Welle der Sozialstaatskritik hervor, die mit der kulturellen Strömung der sogenannten Postmoderne verbunden war. Sie richtete sich ebenso gegen die Staatszentrierung der Sozialpolitik wie gegen ihre Stützen im ökonomischen Wachstumsdenken und planerischen Steuerungsoptimismus der Hochmoderne. Im Gegenzug forderten die neuen sozialen Bewegungen eine Aufwertung des Bürgerengagements, insbesondere in Selbsthilfegruppen und Unterstützungsnetzwerken. Außerdem fand hier das alternative Konzept eines Grundeinkommens für alle Bürger Anklang, das Arbeit und Einkommen entkoppeln sollte. Mit der Schwungkraft der feministischen Bewegung rückte überdies ein Thema nach vorn, das bisher kaum problematisiert worden war: die geschlechtsspezifische Spaltung des Sozialstaats und sein Beitrag zur Verfestigung von Geschlechterhierarchien.[103]

101 *Siegel*, S. 397 f.

102 *W.-D. Narr* u. *C. Offe*, Einleitung, in: *dies.* (Hg.), Wohlfahrtsstaat und Massenloyalität, Köln 1975, S. 9–46, hier S. 27.

103 Vgl. *I. Ostner* u. a. (Hg.): Wohlfahrtsstaat und Geschlechterverhältnis im Umbruch. Was kommt nach dem Ernährermodell?, Wiesbaden 2003; *C. Kuller*, Ungleichheit der Geschlechter, in: *H. G. Hockerts* u. *W. Süß* (Hg.) Soziale Ungleichheit im Sozialstaat. Die Bundesrepublik Deutschland und Großbritannien im Vergleich, München 2010, S. 65–88.

Gemessen an der Wirkungsmacht verschob sich der Schwerpunkt der Sozialstaatskritik in den 1980er und 1990er Jahren eindeutig »vom konservativen und linken zum liberalen Pol«.[104] Dabei gewannen vor allem wirtschaftsliberale Stichworte an Stoßkraft: Der Sozialstaat sei eine Wachstumsbremse, er lähme die Investitions- und Konkurrenzfähigkeit, setze falsche Anreize, mache die Arbeit zu teuer und behindere mit dichten Regulierungen die Mobilität auf dem Arbeitsmarkt. In dieser Lesart erschien der Sozialstaat primär als Kostenfaktor und Standortrisiko, außerdem als Mitverursacher der hohen Arbeitslosigkeit. Aber auch die Gegenstimmen formierten sich, welche die Errungenschaften des Sozialstaats verteidigten, seine politischen und sozialen Integrations- und Stabilisierungsfunktionen hervorhoben und nicht zuletzt den gesamtwirtschaftlichen Wert der Sozialpolitik – vom Schutz der Gesundheit bis zur Verstetigung der Inlandsnachfrage – betonten.[105] Am Beispiel der massiv ausgedehnten Frühverrentung ließ sich zudem zeigen, dass gerade auch die Wirtschaft den Sozialstaat als eine Art Packesel benutzte, um Rationalisierungskosten – wie den Abbau älterer Arbeitskräfte – auf die Sozialkassen abzuwälzen.[106] Doch bestritten auch diejenigen, die um die Zukunftsfähigkeit des solidarischen Sozialstaats besorgt waren, keineswegs einen dringenden Reformbedarf: Es gab mancherlei »hausgemachte« Fehlentwicklungen wie z. B. die Festlegung von Leistungszusagen, die sich nur unter den günstigsten Umständen einhalten ließen, also höchst leichtfertig verabschiedet worden waren.[107] Es machten sich gravierende Steuerungsdefizite bemerkbar wie z. B. im Gesundheitswesen,[108] und unter den gewandelten Verhältnissen richteten sich auch die Verteidiger des Sozialstaats auf neue Anpassungserfordernisse ein. Zwischen dramatisierenden Prognosen und realistischen Szenarien zu unterscheiden und angemessene Lösungsvorschläge zu entwickeln, das führte freilich auf ein konfliktreiches Feld. Die Ära des Um- oder Rückbaus war von härteren Auseinandersetzungen geprägt als die Ära des Ausbaus in den Jahren des Booms, in denen aufgrund eines »Fahrstuhl-Effekts«[109] auch die relativen Verlierer noch absolut gewinnen konnten. Nun verschärften sich die Spannungen. Mehr als zuvor geriet die Sozialpolitik in Streitfelder, die von »strategischen Konflikten, Wer-

104 *Schmidt*, Sozialpolitik in Deutschland, S. 257.

105 Für die Auseinandersetzungen in den 1980er Jahren vgl. *M. G. Schmidt*, Sozialpolitische Denk- und Handlungsfelder, sowie *ders.*, Gesamtbetrachtung, in: Geschichte der Sozialpolitik in Deutschland seit 1945, Bd. 7: Bundesrepublik Deutschland 1982–1989. Finanzielle Konsolidierung und institutionelle Reform, hg. v. *ders.*, Baden-Baden 2005, S. 61–154, 794–811.

106 Zur Politik der Frühverrentung und ihrem Rückbau seit den 1990er Jahren vgl. *B. Ebbinghaus*, Reforming Early Retirement in Europe, Japan and the USA, Oxford 2006.

107 Vgl. den Beitrag 6 im vorliegenden Band.

108 Vgl. *U. Lindner*, Die Krise des Wohlfahrtsstaats im Gesundheitssektor. Bundesrepublik Deutschland, Großbritannien und Schweden im Vergleich, in: AfS 47 (2007), S. 297–324.

109 Diese Metapher hat *U. Beck*, Risikogesellschaft. Auf dem Weg in eine andere Moderne, Frankfurt a. M. 1986, S. 122 viel beachtet eingeführt.

tungskonflikten, Intereressenkonflikten« und »Verteilungskonflikten« durchzogen waren.[110]

Wie reagierte die Politik auf die veränderten Verhältnisse? Nimmt man zunächst im internationalen Vergleich die Messlatte der Sozialleistungsquote zur Hand, so stößt man auf einen unerwarteten Befund: Einer OECD-Studie zufolge ist die Sozialleistungsquote in den wirtschaftlich entwickelten Demokratien von 1980 bis 1995 nicht gesunken, sondern – mit Ausnahme der Niederlande – überall gestiegen.[111] Im Durchschnitt der 22 erfassten Staaten kletterte die nach OECD-Kriterien bemessene Quote von 19,1 auf 24 Prozent. In den USA und Großbritannien lag der Aufwärtstrend unter dem Durchschnitt (von 13,7 auf 16,3 Prozent bzw. von 18,3 auf 22,8 Prozent). Doch gemessen an den radikalen Reduktionsprogrammen der Reagan-Administration und der Thatcher-Regierung ist der Expansionsbefund erstaunlich genug. Dass das Niveau der Sozialausgaben sich gegenüber den ideologischen Frontalangriffen als weitgehend resistent erwies, ist nicht zuletzt mit der Organisations- und Wählerstimmenmacht der Sozialstaatsklientel zu erklären, die sich in der Boomphase formiert und etabliert hatte. Paul Pierson, der Pionier der »Rückbauforschung«, hat den Anteil der Sozialstaatsklientel an der Wählerschaft für die Mitte der 1990er Jahre in Schweden auf 58 Prozent, in Deutschland auf 51 Prozent und in den USA auf immerhin 33 Prozent geschätzt.[112]

Bei genauerem Hinsehen zeigt sich freilich, dass ein erheblicher Teil des Ausgabenwachstums nicht primär auf politische Entscheidungen, sondern auf sozialstrukturelle Faktoren zurückzuführen ist. Hier ist vor allem an die mit der Alterung der Bevölkerung und der wachsenden Arbeitslosigkeit steigenden Zahl der Empfänger sozialer Leistungen zu denken. Rechnet man diese beiden Schubeffekte aus den Statistiken heraus, dann tritt die Richtung der politischen Intentionen deutlicher hervor. Auf die oben genannte OECD-Studie bezogen wird dann erkennbar, dass die Hälfte der erfassten Länder die so »standardisierte« Sozialleistungsquote von 1980 bis 1995 abgesenkt hat, besonders deutlich Belgien, Irland, Schweden und die Niederlande.[113] Die USA und Großbritannien lagen auch bei einer solchen Neuberechnung noch in der Wachstumszone. Doch bringen die aggregierten Daten nicht zum Ausdruck, dass in beiden Staaten auch erhebliche Einschnitte vorgenommen wurden, die in Großbritannien vor allem einen weiteren Rückzug des Staats aus der Alterssicherung und die Förderung privater Alternativen betrafen.

110 *Zacher*, Grundlagen der Sozialpolitik, S. 682 f. Zum Problemhorizont »reifer Wohlfahrtsstaaten« in der Ära des Um- oder Rückbaus vgl. generell *Pierson*, The New Politics.

111 Vgl. *Siegel*, S. 23 f., 139–141. Zum tief greifenden Umbau des niederländischen Sozialstaats seit 1982 (»Poldermodell«) vgl. *J. Visser* u. *A. Hemerijck*, Die pragmatische Anpassung des niederländischen Sozialstaats – ein Lehrstück?, in: *Leibfried/Wagschal*, S. 452–473.

112 *P. Pierson*, Coping with Permanent Austerity: Welfare State Restructuring in Affluent Democracies, in: *ders.*, The New Politics, S. 410–456, hier S. 413.

113 Vgl. die bei *Siegel*, S. 146–151 vorgenommene und erläuterte Berechnung.

Blickt man auf die Länder der Europäischen Union und eine bis 1998/99 reichende Datenbasis, dann zeigt sich ein deutlich verändertes Bild: Im Verlauf der 1990er Jahre ist das Wachstum des Sozialstaats in allen 15 Mitgliedsländern zum Ende gekommen.[114] Der Umschlagspunkt lag zumeist in den Jahren 1992 bis 1994.[115] Im Durchschnitt schrumpfte die Quote der Sozialausgaben um vier Prozent, in fünf Ländern belief sich der Rückgang auf mehr als zehn Prozent (Irland, Finnland, Niederlande, Schweden, Spanien). Die Quote aller Staatsausgaben sank durchschnittlich um fast neun Prozent, in drei Ländern sogar um rund zwanzig Prozent (Finnland, Irland, Niederlande). Jens Alber hat auf der Basis dieser Daten einige Trends ermittelt, die sich in aller Kürze so zusammenfassen lassen: Auf der Finanzierungsseite zeichnet sich ein allmählicher Übergang von Sozialbeiträgen, die den Faktor Arbeit verteuern, zu Steuern ab, wobei jedoch die Durchschnittssteuerbelastung der Unternehmen eine sinkende Tendenz aufweist und zum Teil auch der Arbeitgeberanteil an den Beitragssätzen reduziert wird.[116] Gegenüber den Transferzahlungen haben die Sach- und Dienstleistungen an Gewicht gewonnen, wenngleich die Geldleistungen – im Schnitt 69 Prozent – nach wie vor von überragender Bedeutung sind.[117] Der Anteil der Leistungen, die an eine Bedürftigkeitsprüfung geknüpft sind, stieg im Schnitt nur moderat um einen Prozentpunkt auf zehn Prozent, weist aber eine enorme nationale Variationsbreite auf: von nur 3 Prozent in Dänemark bis 32 Prozent in Irland.[118] Im Gesundheits- und im Rentenbereich lässt sich ein Zurückschrauben der finanziellen Verantwortung des Staats erkennen, während die Organisationsform des nationalen Gesundheitsdienstes an Boden gewann: Nach Großbritannien und Irland sowie den skandinavischen Staaten sind auch alle südeuropäischen Länder zu dieser Organisationsform übergegangen, von der man sich anscheinend verspricht, die Kosten des Gesundheitswesens besser in den Griff zu bekommen.

In den hoch aggregierten Daten der 1990er Jahre schlägt sich erst ansatzweise die Reformstrategie des »Dritten Weges« nieder, die seit dem Beginn dieser Dekade vor allem im Umfeld der europäischen Sozialdemokratie debattiert und favorisiert wird. Auf diesem Weg sollen neue Arrangements gefunden werden, die mehr sozialen Ausgleich vorsehen als der »neoliberale Minimalstaat«, aber auch mehr Wettbewerbsfähigkeit generieren als der Wohlfahrts-

114 Hierzu und zum Folgenden *J. Alber*, Modernisierung als Peripetie.

115 In Deutschland lag er wegen der Sondersituation der Wiedervereinigung etwas später, bei 1996/97.

116 Die beiden zuletzt genannten Punkt ergänzt nach *Wagschal*, S. 78 f., sowie *K. M. Anderson*, Wohlfahrtsstaat und Arbeitsmarkt in Schweden und den Niederlanden, in: ZSR 47 (2001), S. 407–436, hier S. 425.

117 Bezogen auf die 15 EU-Staaten 1998. Die nationale Variationsbreite reichte von rund 60 % (Norwegen, Schweden) bis 77 % (Italien), Deutschland lag mit 69,7 % beim Mittelwert.

118 Deutschland lag mit 9,8 % beim Mittelwert.

staat in seiner gewohnten Gestalt.[119] Die beiden Schlüsselbegriffe dieser Debatte lauten »aktivierender Sozialstaat« und »Flexicurity«, wobei dieses neue Kürzel eine Kombination der Leitwerte Flexibilität und Sicherheit, insbesondere Beschäftigungssicherheit, zum Ausdruck bringen soll. Damit wird zugleich ein Abrücken von den Stabilitätsprämissen signalisiert, auf denen der Wohlfahrtsstaat in der Boomphase auf- und ausgebaut worden war. Ein Kernstück des Aktivierungskonzepts liegt darin, die Attraktivität von Sozialtransfers im Vergleich zur Teilnahme am Arbeitsmarkt zu senken, also workfare statt welfare zu betonen. In diesem Kontext werden Reformen gefordert, die das Arbeitsrecht flexibilisieren, vor allem aber die Beschäftigungsfähigkeit (employability), die Mobilitätsbereitschaft und das fachliche Qualifikationsniveau der Bürger erhöhen, gerade auch im Blick auf bislang eher arbeitsmarktferne Gruppen. Anders gesagt: Die individuelle Marktposition soll so verbessert werden, dass der Einzelne aus dem sozialstaatlichen Leistungsbezug möglichst heraustreten kann. Zugleich verschiebt dieses Konzept das Verhältnis zwischen Rechten und Pflichten, denn strengere Auflagen und vermehrte Sanktionsmöglichkeiten sollen dafür sorgen, dass die Individuen die gebotenen Chancen auch tatsächlich nutzen.

Bekanntlich ist ein solcher Grundzug des Sozialstaatsumbaus in den Reihen der Sozialdemokratie alles andere als unumstritten. In der Tat kommt viel darauf an, in welche Balance die fördernden und fordernden Maßnahmen gebracht werden, ob die Grenzen der Aktivierbarkeit von Arbeitslosen und sozial Schwachen angemessen beachtet werden, und welches der beiden Bauelemente die Oberhand gewinnt: das »emanzipatorisch-unterstützende« oder das »disziplinierend-verpflichtende«.[120] Im Grunde handelt es sich abermals um ein »Lab-Lib-Modell«, das die Wertsphären der Sozialdemokratie und des Liberalismus miteinander verknüpft und somit auch für neoliberale Positionen anschlussfähig ist. Daher hat sich auch die Europäische Kommission das Programm der Aktivierung und das Stichwort »Flexicurity« auf die Fahnen geschrieben.[121]

Abschließend sei ein Streiflicht auf den Gang der deutschen Sozialpolitik »nach dem Boom« geworfen. In der Bundesrepublik wurde der lange Trend zur Sozialstaatsexpansion bereits in der Mitte der 1970er Jahre gebrochen – frü-

119 Als locus classicus gilt ein Werk des Vordenkers von »New Labour«: *A. Giddens*, Der dritte Weg. Die Erneuerung der sozialen Demokratie, Frankfurt a.M. 1999. Auf diesem programmatischen Ansatz beruht auch das sog. Schröder-Blair-Papier: *G. Schröder* u. *T. Blair*, Der Weg nach vorne für Europas Sozialdemokraten, in: Blätter für deutsche und internationale Politik 44 (1999), S. 888–896.

120 *Alber*, Modernisierung als Peripetie, S. 27.

121 Vgl. *R. Salais*, Europe and the Deconstruction of the Category of »Unemployment«, in: AfS 47 (2007), S. 371–401. Die Europäische Kommission hat im September 2006 eine Expertengruppe »Flexicurity« eingesetzt, die zur Entwicklung gemeinsamer Grundsätze beitragen soll. Deren Bericht »Flexicurity Pathways. Turning hurdles into stepping stones« vom Juni 2007 ist auf der Webseite der EU zu finden.

her als in den meisten vergleichbaren Ländern. Zwar fehlt es nicht an Beispielen dafür, dass die soziale Sicherung und Förderung in einzelnen Bereichen weiter ausgebaut wurde. Doch setzte mit dem Kanzlerwechsel von Willy Brandt zu Helmut Schmidt eine Politik der Kostendämpfung ein, die das sozialpolitische Feld am Ende des Jahrzehnts fast ganz beherrschte und in den ersten Jahren der Regierung Kohl noch deutlich verschärft wurde.[122] Diese Sparoperationen waren zumeist fiskalisch geprägt, oft kurzfristig orientiert und ließen kaum konzeptionelle Weichenstellungen erkennen. Nachdem die Hochflut der Kürzungen 1984 abgeflaut war, folgten bis 1989 wieder einige expansive Schritte, insbesondere eine beträchtliche Aufwertung der Familienpolitik, die mit einer ordnungspolitisch markanten Erweiterung des rentenrechtlich relevanten Arbeitsbegriffs von der Erwerbsarbeit zur Familienarbeit einherging. Bemerkenswert ist ferner ein (moderater) Einstieg in die Liberalisierung des Arbeitsmarktes, sowie der – im internationalen Vergleich frühe – Versuch, auf das Älterwerden der Gesellschaft mit dem Einbau eines Demographiefaktors in die Rentenversicherung zu reagieren und diese obendrein in einen langfristig tragfähigen »Selbstregulierungsmechanismus« zu überführen.[123]

Die Regierung Kohl startete 1982 nicht nur mit der Ankündigung, die Staatsfinanzen zu konsolidieren, sondern wollte auch die Arbeitsteilung zwischen Staat und Markt neu justieren. Tatsächlich ist die Staatsquote von 50,1 Prozent im Jahr 1982 auf den Tiefstand von 45,8 Prozent im Jahr 1989 herabgedrückt worden. Daran hatte die sinkende Sozialleistungsquote einen erheblichen Anteil. Den Daten des Sozialbudgets zufolge fiel sie von 33 Prozent (1982) des Bruttoinlandprodukts auf 29 Prozent (1990); in der Abgrenzung der OECD verminderte sie sich allerdings nur um 1,8 Prozentpunkte.[124] Im europäischen Vergleich zählte die Bundesrepublik damit eher zu den »Vorreitern« bei der Bremsung der Ausdehnungsdynamik. Da die Kürzungen »recht symmetrisch« auf verschiedene Programme verteilt wurden, ist man zu der nicht unumstrittenen These gelangt, dass es »keine eindeutigen Verlierer und Gewinner der Kürzungspolitik« gab.[125]

Die Epochenzäsur der deutschen Einigung verschob die Prioritäten auf dramatische Weise. Zwei über Jahrzehnte hinweg stark divergierende Wege deutscher Sozialstaatlichkeit[126] zusammenzuführen – diese Aufgabe stellte in vielfa-

122 Zur Ära Schmidt vgl. Geschichte der Sozialpolitik in Deutschland seit 1945, Bd. 6: Bundesrepublik Deutschland 1974–1982. Neue Herausforderungen, wachsende Unsicherheiten, hg. v. *M.H. Geyer*, Baden-Baden 2008; zur Ära Kohl vgl. Geschichte der Sozialpolitik in Deutschland seit 1945, Bd. 7: Bundesrepublik Deutschland 1982–1989. Finanzielle Konsolidierung und institutionelle Reform, hg. v. *M. G. Schmidt*, Baden-Baden 2005; *Wirsching*, S. 259 f., 334–360; *J. Alber*, Der deutsche Sozialstaat in der Ära Kohl: Diagnosen und Daten, in: *Leibfried/Wagschal*, S. 235–275.

123 Zu dieser »Rentenreform 1992« vgl. den Beitrag 13 im vorliegenden Band.

124 *Schmidt*, Gesamtbetrachtung, S. 782, 805.

125 *Alber*, Der deutsche Sozialstaat, S. 254.

126 Zum Sozialstaatsweg der DDR vgl. die Beiträge 9 und 10 im vorliegenden Band.

cher Hinsicht eine einzigartige Herausforderung dar.[127] Um die Größenordnung des Problems zu verdeutlichen, möge hier der Hinweis auf die extrem hohe Sozialleistungsquote in den neuen Bundesländern genügen: Sie schwankte in den 1990er Jahren zwischen 45 und 55 Prozent.[128] Die Vereinigung bewirkte, dass die deutsche Sozialleistungsquote in der ersten Hälfte der neunziger Jahre wieder stark stieg und 1996/97 den Rekordstand seit der Gründung der Bundesrepublik erreichte. Zu den hoch problematischen Seiten der Einigungspolitik zählt die Abwälzung eines Großteils der Kosten und Folgekosten der deutschen Einheit auf die Kassen der Sozialversicherung. Damit wurden nicht nur die unteren und mittleren Schichten überproportional belastet, sondern auch die Beitragssätze hochgetrieben, was den Faktor Arbeit verteuerte. Denn anders als die Steuern werden die Sozialbeiträge nur auf das Arbeitseinkommen erhoben und in der Regel proportional und nicht progressiv bemessen. Schon lange zählte der relativ große und im Trend steigende Anteil der Beitragsfinanzierung zu den charakteristischen Merkmalen des westdeutschen Sozialstaats, und im Zuge der deutschen Einigung kam ein weiterer Schub nach oben: Während die Sozialbeiträge der Arbeitgeber und Arbeitnehmer um 1960 etwa die Hälfte des Sozialbudgets ausmachten, waren es 1994 fast zwei Drittel.[129] Ein Teil der hohen Arbeitslosigkeit in Deutschland – weniger in der exportorientierten Wirtschaft, wo der Produktivitätsfortschritt solche Kosten auffangen kann, als vielmehr im Dienstleistungssektor der lokalen Märkte – lässt sich mit dieser Art der Finanzierung des Sozialstaats erklären und ist insofern sozialstaatsinduziert.[130]

Massive fiskalische Engpässe, die wirtschaftliche Rezession, die Einhaltung der Maastrichter Kriterien und die nun mit voller Wucht durchschlagende »Standortdebatte« leiteten ab 1993/94 eine Politik der Kürzungen im Sozialbereich ein. Diese gipfelte 1996 in einem rigorosen Sparpaket, das gegen eine breite Ablehnungsfront und heftige Proteste der Opposition und der Gewerkschaften durchgesetzt wurde.[131] Das Paket umfasste so scharfe Einschnitte wie die Absenkung der Lohnfortzahlung im Krankheitsfall um 20 Prozent. Zudem wurden einige Schutzvorschriften im Arbeitsrecht abgebaut. Für die Flexibilisierung des Arbeitsmarkts erwies sich jedoch eine andere Entwicklung lang-

127 Vgl. *G. A. Ritter*, Der Preis der deutschen Einheit. Die Wiedervereinigung und die Krise des Sozialstaats, München 2007[2].

128 *Bundesminister für Arbeit und Sozialordnung*, Sozialbericht 2001, BT Drs. XIV/8700, 21.3.2002, S. 224.

129 *J. Alber*, Der deutsche Sozialstaat im Licht international vergleichender Daten, in: Leviathan. Zeitschrift für Sozialwissenschaft 26 (1998), S. 199–227, hier S. 203.

130 Zu diesem Ergebnis einer Vergleichsstudie, in die zwölf fortgeschrittene Wohlfahrtsstaaten einbezogen waren, vgl. *F. Scharpf*, Sozialstaaten in der Globalisierungsfalle? Lehren aus dem internationalen Vergleich, in: Max-Planck-Gesellschaft. Jahrbuch 2000, Göttingen 2000, S. 59–73. Zur Anpassungselastizität des niederländischen Sozialstaats zählt die Integration der Pflichtbeiträge zur Sozialversicherung in das Einkommenssteuersystem (seit 1990), womit sämtliche Einkommensquellen erfasst und Niedrigeinkommen beitragsfrei gestellt wurden. Vgl. dazu *Anderson*.

131 *Schmidt*, Sozialpolitik in Deutschland, S. 107.

fristig als wichtiger, die von den Tarifparteien selbst vorangetrieben wurde: Seit den 1990er Jahren gingen sie – zunächst in den neuen Bundesländern – mehr und mehr dazu über, Flächentarifverträge durch Öffnungsklauseln flexibler zu gestalten. Mittlerweile nutzt die Mehrheit aller tarifgebundenen Unternehmen solche Klauseln, um auf betrieblicher oder Unternehmensebene sogenannte Beschäftigungs- und Standortsicherungsvereinbarungen abzuschließen, die einen Teil des Wettbewerbs- und Verlagerungsdrucks auffangen.[132]
Von den Um- und Anbauten, die in der zweiten Halbzeit der Regierung Kohl gelungen sind, verdienen zwei besondere Beachtung: das im Zusammenwirken von Regierung und Opposition im Dezember 1992 verabschiedete Gesundheitsstrukturgesetz, das einige Steuerungsarrangements gegen den massiven Widerstand von ehemals äußerst wirksam agierenden Vetogruppen deutlich verbesserte, sowie die Einführung der Pflegeversicherung im Jahre 1994. Mit dem Aufbau dieser fünften Säule der Sozialversicherung reagierte die Sozialpolitik auf das Älterwerden der Gesellschaft – zweifellos eine wichtige Anpassungsleistung. Blickt man genauer auf die Modalitäten dieser Reform, so werden freilich auch zwei Wandlungstendenzen von übergreifender, ja paradigmatischer Bedeutung erkennbar. Zum einen wurde hier der Übergang vom Bedarfs- zum Budgetprinzip vollzogen. Denn das Gesetz band die Pflegeversicherung an den Primat der Beitragssatzstabilität, so dass sie nur nach oben begrenzte Festbeträge gewähren kann. In der Gesetzlichen Krankenversicherung hatte sich das Leitmotiv der »einnahmenorientierten Ausgabenpolitik« bereits seit Längerem angebahnt,[133] und in der Rentenversicherung verhalf später die rot-grüne Bundesregierung dieser Entwicklungslinie zum Durchbruch: Ihre »einnahmeorientierte Rentenpolitik« passte die Rentenleistungen grundsätzlich an die gegebene Einnahmenbasis an und nahm somit Abschied vom Prinzip der Lebensstandard-Sicherung. Dieses hatte genau umgekehrt auf der Regel beruht, die Einnahmenbasis an das erstrebte Leistungsniveau anzupassen.[134]

Nach dem Leitsatz »mehr Markt« öffnete die Pflegeversicherung des Weiteren ein Tor für kommerzielle Dienstleister. Dabei handelte es sich allerdings nicht um eine reine Privatisierung, vielmehr um einen neuen Kern der Verknüpfung von Staat und Markt, denn die Öffnung der staatlich alimentierten Pflegedienste für privat-gewerbliche Anbieter ging »mit verstärkter regulativer Steuerung durch den Staat« einher.[135] Mit anderen Worten: Der Staat trat als eigenständiger Produzent von Wohlfahrt zurück, jedoch nicht in seiner Bedeutung als sozialer Regulator. Auch diese Linie setzte die rot-grüne Bundesregierung später fort. Vor allem die 2001 eingeführte »Riester-Rente« ist nach

132 *B. Rehder*, Betriebliche Bündnisse für Arbeit in Deutschland. Mitbestimmung und Flächentarif im Wandel, Frankfurt a. M. 2003.

133 *H. Rothgang*, Die Einführung der Pflegeversicherung. Ist das Sozialversicherungsprinzip am Ende?, in: *B. Riedmüller* u. *T. Olk* (Hg.), Grenzen des Sozialversicherungsstaates, Opladen 1994, S. 164–187, hier S. 179 f.

134 Vgl. den Beitrag 13 im vorliegenden Band.

135 *Leisering*, Kontinuitätssemantiken, S. 109.

einem ähnlichen Grundsatz konzipiert. Denn damit schuf der Sozialstaat einen »Wohlfahrtsmarkt« für Produkte der Alterssicherung, dessen Regeln er in einer Art Public-Private-Partnership durch Zertifizierungsverfahren, Zulagen und steuerliche Förderung aktiv mitbestimmt.[136]

Im Zusammenhang mit der Einführung der »Riester-Rente« fiel aufmerksamen Beobachtern auf, dass nicht allein die interessierten Anbieter von Finanzmarktprodukten, sondern auch ein Grundstrom der medialen Öffentlichkeit sowie Teile der jüngeren Generation dazu übergingen, die Rentenversicherung unter dem Gesichtspunkt der Rendite zu beurteilen. Die Fokussierung der Diskussion auf die Rendite führte nicht selten zu schiefen Vergleichen und machte überdies deutlich, dass die Idee der Solidarfunktion der sozialen Sicherung an Bindekraft verloren hat. Gerade unter jungen Menschen gewinnt eine distanzierte Haltung zum Sozialstaat an Boden. Viele von ihnen nehmen sich angesichts des demographischen Wandels und der tief verschuldeten Staatskassen als eine benachteiligte Sozialstaatsgeneration wahr.[137] Hier ist eine neue, generationsspezifische Sozialstaatskritik entstanden, welche die Stoßrichtung und die Atmosphäre der Debatten um die Zukunft des Sozialstaats wesentlich mitbestimmen wird.

136 Vgl. den Beitrag 13 im vorliegenden Band.

137 *L. Leisering*, Wohlfahrtsstaatliche Generationen, in: *M. Kohli* u. *M. Szydlik* (Hg.), Generationen in Familie und Gesellschaft, Opladen 2000, S. 59–76.

Dank

Ohne die Anregung und das wohldosierte Drängen von Hans-Ulrich Wehler wäre dieser Band nicht zustande gekommen. Ihm gilt daher mein besonderer Dank. Dass an einem zeithistorischen Apercu aus seiner Feder im Beitrag 11 gleichwohl ein bisschen gerüttelt wird, wird ihn, der lebhafte Kampfsituationen liebt, gewiss nicht stören. Allen Herausgebern danke ich für die Aufnahme dieses Sammelbandes in die »Kritischen Studien zur Geschichtswissenschaft«.

Bei der Vorbereitung zum Druck konnte ich mich auf tatkräftige Hilfe verlassen. Edith Susanne Rill fertigte die Druckvorlage und das Register an und war auch sonst immer zur Stelle, wenn es brannte. Sophia Dafinger und Marcus Thrän halfen beim redaktionellen Vereinheitlichen und beim Korrekturlesen und sparten nicht mit nützlichen Tipps. Christiane Kuller begleitete das ganze Unternehmen mit mahnenden Zeitplänen, kritischem Blick und gutem Rat. Winfried Süß, dem Mitautor des Beitrags 7, sei auch an dieser Stelle für die intensive Zusammenarbeit gedankt, aus der die sozialpolitische Bilanz der »Reformära« hervorgegangen ist.

Die »ursprüngliche Akkumulation« meines Interesses an Geschichte und Gegenwart der Sozialpolitik verdanke ich Oswald von Nell-Breuning. Seine Reden und Schriften haben mich in jungen Jahren in ihren Bann gezogen. Einer seiner Grundsätze lautete, dass Arbeit niemals nur Ware sein darf, weil sie ein integraler Teil der Menschenwürde ist. Diese Einsicht hat an Aktualität nichts verloren, vielmehr an globaler Bedeutung gewonnen – ebenso wie mancher Aspekt seiner Schrift über »Grundzüge der Börsenmoral«, die unmittelbar vor der ersten Weltwirtschaftskrise erschienen ist.

München, im Dezember 2010 Hans Günter Hockerts

Abkürzungen

AA	Auswärtiges Amt
AADP	Akten zur Auswärtigen Politik der Bundesrepublik Deutschland
ACDP	Archiv für Christlich-Demokratische Politik, Sankt Augustin bei Bonn
AdsD	Archiv der sozialen Demokratie, Bonn
AfS	Archiv für Sozialgeschichte
APuZ	Aus Politik und Zeitgeschichte
BAK	Bundesarchiv Koblenz
BDA	Bundesvereinigung der Deutschen Arbeitgeberverbände
BGBl	Bundesgesetzblatt
BABl	Bundesarbeitsblatt
BEG	Bundesentschädigungsgesetz
BR Drs.	Drucksache des Deutschen Bundesrates
BT Drs.	Drucksache des Deutschen Bundestages
CDU	Christlich-Demokratische Union
DAF	Deutsche Arbeitsfront
DGB	Deutscher Gewerkschaftsbund
DP	Deutsche Partei
EU	Europäische Union
FAZ	Frankfurter Allgemeine Zeitung
FDP	Freie Demokratische Partei
FVP	Freie Volkspartei
GG	Geschichte und Gesellschaft
PA BT	Parlamentsarchiv des Deutschen Bundestages
PA AA	Politisches Archiv des Auswärtigen Amtes
PVS	Politische Vierteljahresschrift
RzW	Rechtsprechung zum Wiedergutmachungsrecht
SPD	Sozialdemokratische Partei Deutschlands
Sten. Ber. 1. (2.) WP	Verhandlungen des Deutschen Bundestages, 1. Wahlperiode 1949 (2. Wahlperiode 1953). Stenographische Berichte
SZ	Süddeutsche Zeitung
URO	United Restitution Organization
VfZ	Vierteljahrshefte für Zeitgeschichte
VSWG	Vierteljahrschrift für Sozial- und Wirtschaftsgeschichte
ZK	Zentralkomitee
ZSR	Zeitschrift für Sozialreform

Verzeichnis der ersten Druckorte

1. Integration der Gesellschaft: Gründungskrise und Sozialpolitik in der frühen Bundesrepublik, in: Zeitschrift für Sozialreform 32 (1986), S. 25–41.

2. German Post-war Social Policies against the Background of the Beveridge Plan. Some Observations Preparatory to a Comparative Analysis, in: W.J. Mommsen (Hg.), The Emergence of the Welfare State in Great Britain and Germany 1850–1950, London 1981, S. 315–339 (erweiterte deutsche Fassung).

3. Die Rentenreform 1957, in: Handbuch der gesetzlichen Rentenversicherung. Im Auftrag des Vorstandes des Verbandes Deutscher Rentenversicherungsträger hg. v. Franz Ruland, Neuwied 1990, S. 93–104.

4. Wiedergutmachung in Deutschland. Eine historische Bilanz 1945–2000, in: Vierteljahrshefte für Zeitgeschichte 49 (2001), S. 167–214.

5. Metamorphosen des Wohlfahrtsstaats, in: M. Broszat (Hg.), Zäsuren nach 1945. Essays zur Periodisierung der deutschen Nachkriegsgeschichte (Schriftenreihe der Vierteljahrshefte für Zeitgeschichte, Bd. 61), München 1990, S. 35–45.

6. Vom Nutzen und Nachteil parlamentarischer Parteienkonkurrenz. Die Rentenreform 1972 – ein Lehrstück, in: K.D. Bracher u.a. (Hg.), Staat und Parteien. Festschrift für Rudolf Morsey zum 65. Geburtstag, Berlin 1992, S. 903–934.

7. Gesamtbetrachtung: Die sozialpolitische Bilanz der Reformära, in: H.G. Hockerts (Hg.), Geschichte der Sozialpolitik in Deutschland seit 1945, Bd. 5: Bundesrepublik Deutschland 1966–1974. Eine Zeit vielfältigen Aufbruchs. Baden-Baden 2006, S. 945–962.

8. Einführung, in: H.G. Hockerts (Hg.), Drei Wege deutscher Sozialstaatlichkeit. NS-Diktatur, Bundesrepublik und DDR im Vergleich (Schriftenreihe der Vierteljahrshefte für Zeitgeschichte, Bd. 76), München 1998, S. 7–25.

9. Grundlinien und soziale Folgen der Sozialpolitik in der DDR, in: H. Kaelble u.a. (Hg.), Sozialgeschichte der DDR, Stuttgart 1994, S. 379–404.

10. Soziale Errungenschaften? Zum sozialpolitischen Legitimitätsanspruch der zweiten deutschen Diktatur, in: J. Kocka u.a. (Hg.), Von der Arbeiterbewegung zum modernen Sozialstaat. Festschrift für Gerhard A. Ritter zum 65. Geburtstag, München 1994, S. 790–804.

11. West und Ost – Vergleich der Sozialpolitik in den beiden deutschen Staaten, in: Zeitschrift für Sozialreform 55 (2009), S. 41–56.

12. Einführung, in: H. G. Hockerts u. W. Süß (Hg.), Soziale Ungleichheit im Sozialstaat. Die Bundesrepublik Deutschland und Großbritannien im Vergleich, München 2010, S. 9–18 (mit Erweiterungen).

13. Abschied von der Dynamischen Rente. Über den Einzug der Demographie und der Finanzindustrie in die Politik der Alterssicherung, in: U. Becker u. a. (Hg.) Sozialstaat Deutschland. Geschichte und Gegenwart, Bonn 2010, S. 257–286.

14. Vom Problemlöser zum Problemerzeuger? Der Sozialstaat im 20. Jahrhundert, in: Archiv für Sozialgeschichte 47 (2007), S. 3–29.

Personenregister